读史论世说古今

《乐读〈史记〉》是研究出版社即将推出的一部新书，作者杨铄今是位企业高管，他在繁忙的工作之余通读《史记》，一篇一篇写下他的读书心得，一百余篇，洋洋略七十万言，分上下两册，十分难得。责编转给我该书清样，希望我写一个简短的序言，向大众推荐。我展卷一读，全书内容篇篇写得精彩，十分引人入胜，确是一部值得推荐的好书，乐于写出我的阅读感悟，与大家分享，权作推荐吧。

“乐读《史记》”，短短四个字的书名，就特别引人注目。众所周知，《史记》是一部文史名著，鲁迅评价为：“史家之绝唱，无韵之《离骚》。”确实是一部人人必读的国学根柢书，但《史记》毕竟是两千多年前古人写的一部文言文史书，通读它不是一件容易的事，试问盈天地间成千上万的读书大众，通读《史记》的有几多人？而《乐读〈史记〉》的作者，在繁忙的工作之余通读了《史记》，还一篇一篇地做了解读，是何等的毅力？是何等的坚忍？作者用一个字做了回答，写到书名中，就一个“乐”字！《论语·述而篇》记载了圣人孔子读书时的快乐："发愤忘食，乐以忘忧，不知老之将至云尔。"意思就是：读书做事，用功便忘记了吃饭，书中带来的快乐便忘记了忧愁，甚至衰老的到来都不知道，就是这个样子。翻译大家、复旦大学原校长陈望道先生，1920年端午节时正忘我地翻译《共产党宣言》，母亲送来粽子和糖盘，陈望道竟然一边看书，一边把粽子错蘸在墨盘里来吃。据说，陈毅元帅青年时也在一个端午节到亲戚家串门，发现了一本他爱不释手的书，也一边看书，一边把粽子错蘸墨汁吃了，逗得大家哈哈大笑。陈毅却幽默地调侃说："这下我肚里有墨水了。"杨铄今读《史记》，大概也达到了这样忘情的境界，所以用"乐读《史记》"四个字来题书名。

中世纪英国哲学家培根说了一句风靡全世界的人生修养格言："知识就是力量。"读书就是获取知识的主要源泉。一个人活到老，学到老，一辈子都不能离开书。怎样读书？知识无涯，人生有限，书籍汗牛充栋，不可能尽读天下之书，有效率有选择地读书，无外乎两种方法：一是博览群书，即陶渊明所说："好读书，不求甚解。"不是不解，乃博览之谓也。二是精读几部名著，随人的兴趣与工作需要选择。杨铄今先生《乐读〈史记〉》，给我们展示了博览与精读的经典范例，值得学习。杨先生选择《史记》精读，不仅通读《史记》全书，而且一篇一篇解读，写出心得感悟，进入古人的场景，用杨先生的话说："我们读《史记》，跨越时空与古人对话。"（见该书《楚元王世家》）这就是忘我的境界，故能获得别样的体悟。略举数例，以观《乐读〈史记〉》全书大略。

《夏本纪》，从大禹治水的艰辛与成功，读出了创业者最基本的要素就是实干精神；从舜与禹、皋陶君臣对话总结的“九德”，可以成为当今企业文化的灵魂和基础，成为企业选人用人的标准。

《殷本纪》，从甲骨文的发现追索商王朝的兴衰，读出明主背后有贤辅，如商汤与伊尹、武丁与傅说；而昏暴之主背后也必有一群乌合之众，如纣王与费仲、恶来、妲己等。引申到企业的发展兴衰，创业者要选择好合伙人，团结一心，事业兴旺；离心离德，分崩离析。

《秦始皇本纪》《项羽本纪》《高祖本纪》，这三篇是《史记》中三篇恢宏大传，司马迁精心刻画，或者说用尽心力，塑造了中华民族发展史上出现的里程碑式标志的三大历史伟人：一个是千古一帝秦始皇，一个是悲剧英雄项羽，一个是布衣皇帝刘邦。三大伟人站在千年历史的拐点共同创造了新的历史格局，就是用秦汉大一统的中央集权政治取代了夏商周三代历经近两千年的共主王权与诸侯共治天下的封土建藩制度。《乐读〈史记〉》作者没有做学究式的学术研讨，单刀直入，透视三大伟人，他们是怎样成就了自己的事业，各自结局带给人们什么样的启示。秦始皇，出身王室，有天生的雄厚资本创业；项羽出身没落贵族，仍有祖上声名的余辉。“秦王扫六合，虎视何雄哉！”秦始皇成功的业绩是统一天下，成功的诀窍是他的谋略与独断，通称雄才大略，而失败也恰是他的专横独断，为政暴虐。俗话说，性格决定成败。项羽个性勇猛，永不服输，他的成功，就是认准的事，果断行动，毫不犹豫。他果敢杀帅夺军，巨鹿大战败秦主力，成就了霸业。项羽有勇无谋，单打独斗，不是刘邦对手，只好做个悲剧英雄。秦始皇和项羽，如同天上流星，划亮天空就直落下坠。恰恰是布衣刘邦，集众智、合众力，成就了四百年汉王朝的伟业，还带领了一大帮泥腿子兄弟成了布衣将相。刘邦为巩固汉王朝，开启了杀功臣的先例，但他只杀掉封王的功臣，趁此废除了异姓王。多数功臣都是广为封赏，甚至最恨的仇人雍齿也因功封侯，汉室诸多之变和七国之乱，两度危局全靠功臣集团排除。作者的结论，三个伟人比较，刘邦是最合格的“职业经理人”，就是他胸怀大器，有大度。

《乐读〈史记〉》的作者是怎样读世家、列传，解析人臣将相的人生？《魏公子列传》中，魏公子礼贤下士，得到以侯嬴为士人代表的以“死”为代价的回报，作者从中悟出，创业者要尊重人才，善用人才，不只是提供良好的待遇，更要提供能够发挥特长的平台，这是社会进步的基础。从《范雎蔡泽列传》两人游说取卿相之术，读出要想个人事业成功，要借助大人物的帮助，说话要有策略，找好切入点，出口便能说服人。《伍子胥列传》中，伍子胥立志为父兄报仇血恨，几经曲折，死里逃生，初心不改，获得成功。作者读出两条人生修养的哲理。一是能屈能伸，大丈夫懂得隐忍，做事要耐得住寂寞，这样离成功就是一步之遥。二是明确目标，坚定执行，不达目的，决不停止。从《乐毅列传》乐毅个人的升沉进退中，读出成就别人，就是成就自己。乐毅成就了燕昭王复国败齐，也成就了个人的功名。燕惠王不喜欢乐毅，解了他的兵权，乐毅就到赵国去谋职。一个人走了“背”字，失去领导信任，学习乐毅，不要记仇，甩掉包袱，尽早离开，另谋高就，也是一个不错的选择。从《刺客列传》豫让杀身报知己的故事中，读出一个管理者要让职工都像豫让一样效死力，就要学习智伯“以国士待士”，就是平等对待职工，尊重职工的感情，倾听职工的诉求，必然赢得职工的死力回报，必能达到不令而行的理想境界。

综上所述，杨铄今《乐读〈史记〉》，他之所以“乐”，不只是从书本中获取知识，他更是以之为人生修养，他的解读叙议结合，篇后面有较短结论，画龙点睛，把他的修养感悟升华为哲理性的历史经验和教训，呈现出别样的感悟。作者视野开阔，不只是打破时空与古人对话，而且扩及理解，全书内容包括古今中外。就拿企业来说，不只有中国的百度、腾讯、搜狐、雅虎、阿里巴巴，还有国外的谷歌、苹果、爱立信；中国的企业家李嘉诚、马云、杨志远、张朝阳，还有国外的乔布斯、比尔·盖茨等，不一一叙述。司马迁创作《史记》的宗旨，有三句话十五个字：“究天人之际，通古今之变，成一家之言。”“究天人之际”，就是容纳百科知识；“通古今之变”，记述三千年历史，打破时空让古今人物纵横比较；“成一家之言”，通过历史叙事与人物塑造，表达如何治国，如何做人，这就是书中蕴含的哲理思想。所以《史记》的内涵，它是一部治国宝典，是一部人伦道德教科书。《史记》价值，用两句话概括：“为后王立法，为人伦立则。”杨铄今选择《史记》来“乐”读，立意高远。《乐读〈史记〉》全书内容亦是效法《史记》，囊括古今中外成功的创业人物，汇聚一堂对话，用今天的话说，叫穿越时空，互相对话，让大家一起感悟，企业怎样管理，立于世间如何做人。我们想象，这一时空穿越，作者要博览多少群书，掌握多少知识，才能运用自如。因此，我们阅读《乐读〈史记〉》这部抒发人生修养情怀的新书，不仅长知识，更是长修养。作者的读书方法，精读与博览相结合，用七个字来概括，就是“读史论世话古今”。读的是《史记》，评说的是当今，穿越的是古今中外。所以这七个字做了本文的题目，也是作者创造的一种读书方法。

是为序。

张大可

中国史记研究会会长

总目

001 本纪
091 书
151 世家
383 列传

目录

001 本纪

003 五帝本纪
010 夏本纪
017 殷本纪
024 周本纪
031 秦本纪
038 秦始皇本纪
045 项羽本纪
052 高祖本纪
061 吕太后本纪
069 孝文本纪
076 孝景本纪
084 孝武本纪

091 书

093 礼书
100 乐书
107 律书
114 历书
121 天官书
129 封禅书
136 河渠书
143 平准书

151 世家
153 吴太伯世家
159 齐太公世家
167 鲁周公世家
174 燕召公世家
182 管蔡世家
190 陈杞世家
198 卫康叔世家
207 宋微子世家
215 晋世家
223 楚世家
229 越王勾践世家
237 郑世家
244 赵世家
252 魏世家
259 韩世家
268 田敬仲完世家
276 孔子世家
283 陈涉世家
291 外戚世家
298 楚元王世家
304 荆燕世家
312 齐悼惠王世家
320 萧相国世家
328 曹相国世家
336 留侯世家
346 陈丞相世家

354 绛侯周勃世家
361 梁孝王世家
368 五宗世家
375 三王世家

壹

本纪

五帝本纪

《史记》是西汉史学家司马迁所著的一本史书，是中国历史上第一部纪传体通史。全书共分为十二本纪、三十世家、七十列传、十表、八书，共一百三十篇，记载了从上古黄帝到汉武帝年间共3000多年的中国历史。其开创的纪传体编史法成为后来历朝历代的官修正史模板，是当之无愧的“二十四史”之首。除了影响深远的史学价值之外，《史记》还是一部极为优秀的传记文学作品，被鲁迅先生誉为“史家之绝唱，无韵之离骚”。

说到中国历史，值得自豪的事情太多了，比如我们的文明不间断地延续了五千年之久；再比如，汉族是世界上人口最多的民族。这里有两点含义需要我们重点关注。首先，这个五千年是怎么来的，历史为什么要从这里划个界；其次，汉族作为一个民族大约有13亿人口，见于文献的姓氏不下5000个，为什么反而都称自己为“炎黄子孙”？实际上，之所以选用五千年这个时间跨度，是因为在此之前的历史多为传说，而后才有相对可靠的信息流传下来。至于“炎黄子孙”的说法，则是源于五千年前分别由炎帝和黄帝率领的两大部落经由战争、融合从而形成的华夏族，成了日后活跃在神州大地上的主体民族。

根据现代考据，黄帝生活的年代在公元前27世纪左右，距今约4800年。在中国传统文化中，血亲人伦向来就是一个大的话题。作为黄帝的后人，司马迁与时人一样对黄帝的感情还是非常深厚的。不过，即便是司马迁所处的年代，黄帝这个人对司马迁而言也是太过久远了。但越是如此，司马迁寻根的愿望也就越发强烈。如果说“通古今之变”是司马迁写王侯将相的理性诱因，那么“寻根问祖”则是他写包括黄帝在内的五帝的感情激荡。从这个角度来看，把《五帝本纪》作为《史记》的开篇，也就是顺理成章的事情了。

那么，“五帝”到底是哪五个人呢？关于五帝的说法虽然历来就有，但是具体是哪些人物仍有分歧。在司马迁的《五帝本纪》中，这五个人分别是黄帝、颛顼、帝喾、尧和舜。这也是目前学术界有关五帝比较普遍的看法。

说到黄帝，很多人脑海中会浮现出这样的疑惑：这是他的名字吗？当然不是，实际上“黄帝”是后人对他的一种尊称。而之所以用“黄帝”这个称号，是因为他在做天子的时候，曾有土壤属性的祥瑞征兆出现。因为土壤是黄色的，所以人们便称他为黄帝。

按照司马迁的说法，黄帝是少典氏的子孙，姓公孙，名轩辕，他“生而神灵，弱而能言，幼而徇奇，成而聪明”。大意就是说，黄帝这个人，降生时有神迹显现，小时候能言善辩，少年时聪明机敏，成年后见闻广博，对事物看得透彻。话说黄帝生活的时代，神农氏的领导力量日渐衰弱，结果各路诸侯互相攻伐，给百姓带来了深重灾难。神农氏的领导力衰弱后，黄帝就自己习武练兵，平定四方。最后，黄帝不但让各路诸侯纷纷归顺，还在涿鹿打败诸侯中最凶残的九黎部落，并杀死了他们的首领蚩尤。从此以后，不但前来归顺的诸侯多了，大家还一致拥护黄帝为天子，取代神农氏。

黄帝登基后，不仅让天下一统，还广施恩泽，受到世人的爱戴。因此，他的子孙后代继承他的帝位就顺理成章了。其中，做得比较好的有他的孙子高阳和高辛，也就是五帝中的颛顼和帝喾。大概是由于可靠记载不足的原因，司马迁对这两位没有做过多的介绍，而是把重点放在了五帝中的最后两位，即尧和舜身上。

尧是帝喾的儿子，不过在帝喾去世后继位的并不是他，而是他的哥哥帝挚。帝挚登基后没干出啥政绩，而尧则因为仁慈爱民，治理有方，盛德闻名天下，所以帝挚当了9年帝王后就把帝位禅让给了尧。司马迁说，尧的仁德像青天，智慧如神明，他在位时各方诸侯都和睦相处，百官也都各司其职。按理来说，光凭这些尧就可以作为圣君流芳百世了，但他最有名的政绩还不是这些，而是发现了舜。

尧在位70年后，开始考虑继承人问题。他问诸侯王：“你们觉得谁可以继承我的事业？”有诸侯王说：“您的儿子丹朱不错。”尧摇头说：“哼！丹朱啊，他这个人太暴躁，也不够聪明，不能用。”又有大臣说：“共工善于团结民众，做出了很多业绩，可以用。”尧说：“共工好讲漂亮话，但用心不正，貌似恭敬，实则虚伪，不能用。”

后来，诸侯王又推荐了几个人，但是经过尧的考察，都不合适。最后，尧干脆号召四方诸侯都来推荐贤才，其中就有人推荐了舜。

当时舜是一个什么样的人呢？在他身上有很多标签，比如“在民间隐居的单身汉”“盲人的儿子”“父亲愚昧，母亲顽固，弟弟傲慢”，等等，总之出身地位不高。但是，舜有个非常突出的优点就是孝顺。孝顺在今天是一种美德，但在古代如果一个人以孝闻名，就可以被推荐做官，叫作“举孝廉”，指的是地方官向上级推举本地“孝子廉吏”，比如曹操就是孝廉出身。舜的孝顺有哪些表现呢？司马迁给我们举了很多例子。

有一次舜的父亲瞽叟（双目失明的老人）让他去挖井，等舜挖到深处的时候，突然有很多土从上面掉下来。原来，瞽叟和舜的弟弟象早就对舜有意见，而且当时尧已经把两个女儿嫁给了舜，还赏赐给他很多财物。瞽叟和象为了瓜分舜的财物，就想找个机会把他杀掉。所以，与其说是舜在挖井还不如说是家里人在给他挖坑。等到土埋得差不多了，瞽叟和象就高高兴兴地离开了，他们以为舜已经死了。结果，当他们瓜分完舜的财物时突然发现舜又回来了。其实，瞽叟之前已经多次设计想要害死舜，但都被舜化解了，所以舜早就有了心理准备。为了以防万一，舜在挖井的时候在井壁凿出一个可以通向地面的暗道，他就是从暗道里逃出来的。

舜回到家后看到象已经住进自己的房间，还弹着自己的琴。象看到舜回来了吓了一大跳，以为见了鬼，他立马假装悲伤地说：“兄弟啊，我还以为你回不来了，正在想念你，想你想得我胸闷，所以弹琴解闷呢。”

舜却表现得很平静，还顺着弟弟的话说：“是啊，幸亏有神灵庇护，让我大难不死，你这样想念我，可真是我的好兄弟啊！”自那以后，舜还是像以前那样侍奉父母，友爱兄弟，而且更加恭敬。

对于家人的陷害，舜的表现从表面上看好像是一种软弱，其实这正是他为人处世的智慧。首先，体现了他以德报怨的胸怀；其次，舜对于父母的隐忍里面，还传达出一种非常重要的说服策略，即情感感化。所以诸侯在评价舜的时候说："舜恪尽孝悌之道，与家人和睦相处，以善感化他们，使他们不至于走向邪恶。"

其实，舜对于父母和弟弟的品行是有着非常清醒的认知的。如果自己放任不管，他们肯定会越变越坏。那么，如何阻止他们呢？通常有两种方法，一种就是给他们讲道理，一种则是情感感化。给父母讲道理，别说是在尧舜时代了，即便是放在今天，稍微有点经验的人都知道这事儿没那么容易。扪心自问一下，当自己和父母发生矛盾的时候，有几次是靠讲道理化解的。其实，人世间的事情很复杂，有些用道理能讲得通，但有些用情感感化更有效。

20世纪70年代，法、英等国合资组建了空中客车制造公司。由于当时经济不景气，各大航空公司业绩都不好，而"空客"公司又因为起步晚，想要打开局面更是难上加难。当时，他们打算向印度销售一批飞机，但印度政府初审后未予批准。这是一个大订单，为了改变印度政府的决定，"空客"公司决定派一名专业谈判人员去印度。

这个临危受命的人叫贝尔那·拉弟埃。在印度首都新德里，拉弟埃见到了印航主席拉尔少将，见面第一句话拉弟埃就说："我真不知该怎样感谢您，因为您给了我这样的机会，使我在生日这一天又回到了我的出生地。"

一个简短的开场白，不仅迅速拉近了两人的关系，而且也向拉尔少将传达出这样一个信号：我——拉弟埃，不仅出生在这里，而且深爱着这片土地。随后，拉弟埃补充说，自己的父亲是法国企业家代表，常驻印度，所以他们一家都非常喜欢印度。这些话使拉尔少将感到愉快，便设宴款待拉弟埃。在宴会的聊天过程中，拉弟埃继续发动情感攻势，努力营造和谐、融洽的氛围，拉尔少将的心理防线开始逐渐松动。

看到火候已经差不多了，拉弟埃又从包里取出了一张珍藏已久的照片，神色凝重地呈给拉尔少将说："将军先生，请看这张照片。"

拉尔少将接过照片一看，惊呼道："天啊，这不是圣雄甘地吗！"

众所周知，圣雄甘地是印度著名的民族领袖，有"印度国父"之称，在印度乃至全世界都拥有非常崇高的威望。

拉弟埃接过少将的话头自豪地说："是的，正是圣雄甘地。将军您再看看，旁边的这个小孩是谁？"

少将注意到了照片中的小孩，但是没能认出来是谁。拉弟埃满怀深情地说："那就是我啊！那时我才 3 岁半，随父母离开印度返回欧洲，途中有幸与圣雄甘地同乘一艘船，并合影留念。"

拉弟埃无限幸福地回忆着往事，拉尔少将也完全被感动了。就这样，这笔原本以为无望的订单顺利地达成了。

看到没有，这就是情感的价值。虽然舜没有像拉弟埃那样，把自己的情感表达得那么直白，但是他们的做法在本质上是相同的。他们不过分讲道理，而是试图通过情感去感化对方。事实证明，他们都成功了。

舜因孝闻名，被举荐给尧。尧为了考验舜的德行，不仅把女儿嫁给他，还赐给他很多财产；为了考验舜的才智，尧还让他担任司徒，参与百官事宜。结果，舜不仅德行高尚，而且执政有方，把所有的事情都处理得井井有条。最后，舜被尧选定为接班人，并在尧死后登临天子之位。

结语

太史公说，五帝虽然被很多学者称述，但因为年代久远，很多记述都不清楚。为了挖掘五帝的事迹，他不仅研读《尚书》《春秋》《国语》等文献，还长途跋涉，到全国各地去求证。从治学态度来讲，他的行为是我们的典范。但就这篇《五帝本纪》来说，我们学到的显然不只是治学。

尧之所以能在五帝之列，和他善于选人用人有很大关系。尧知人善任，他发现了舜，但不先入为主地直接任命，而是通过种种手段考察和锻炼舜的才能，直到舜完全胜任领导的职务，才果断地进行权力移交，让部落得以长久安定繁荣。

选人当然不只是政治家的使命，企业家更应该掌握选人、用人、育人的智慧，打造强大的人才队伍，助力基业长青。

夏本纪

中国有 34 个省级行政区，每个行政区都有自己的简称或别称。比如北京简称“京”，河北别称“冀”，河南别称“豫”。这些简（别）称不仅用在官方文件中，而且还像每辆汽车的姓氏一样出现在牌照的开头。北京的简称很容易理解，“京”不仅是国都的泛称，还是北京这一名称的一部分。但是“冀”和“豫”这样的别称怎么解释，又是从哪里来的呢？这时候我们就要翻开历史，从古人那里寻找答案。那么，要翻到历史的哪一页呢？依我看，至少要翻到公元前 2000 年左右。因为当时大禹治水的时候开发了九州，而冀和豫分别是九州之一。河北之所以用“冀”作为别称，是因为当时的冀州是以今天的河北为中心；而河南之所以用“豫”作为别称，则是因为当时的豫州是以现在的河南为主体。

文化的魅力有时候就是如此奇妙，多少王侯将相的事迹都淹没于历史洪流之中，而这些曾经用于划分区域的文字符号不仅顽强地“活”了下来，还融入了现代化的交通工具之中，成为我们生活的一部分。

说到大禹，很多人首先会想到治水、九州，或者是开启了中国第一个世袭制王朝——夏朝。这些表面上看似乎离我们很远，但作为“华夏子孙”，开着“豫”“冀”打头的汽车，历史好像又近在眼前。接下来，让我们透过司马迁的视域，来看看开启了夏朝的大禹到底是一个什么样的人，并看看夏的兴衰到底给了我们怎样的启示。

在说禹之前，咱们先谈谈他的老爸鲧，他也曾经治过水。

当年尧在位时，神州大地洪水泛滥，包围了高山，漫上了丘陵，老百姓都为此忧愁。尧就让四方诸侯推荐能治水的人，结果大家一致推荐了鲧。虽然尧并不太信任鲧，但众诸侯都说：“比较起来，其他大臣好像没有哪位比他更强的，要不就让他试试吧。”

于是尧就采纳了大家的意见，让鲧去治水，鲧采用了“堵”的办法治水九年，洪水依然没有得到根治。后来，舜代理天子事务，看到鲧的治水工作很不理想，就把他流放到羽山。结果，鲧就死在了那里。

若干年后，尧帝过世，舜帝即位。

舜召集四方诸侯共同商量治水的问题，他问道：“你们看看，有谁能把洪水彻底治理好呢？”

四方诸侯异口同声地说：“让禹来干吧。”

舜对大禹的为人和能力也很认可，决定任命大禹去治水。

大禹的父亲是鲧，而鲧的父亲则是五帝之一颛顼。也就是说，大禹是颛顼帝的孙子，黄帝的玄孙。司马迁在《夏本纪》中称赞大禹：“为人敏给克勤；其德不违，其仁可亲，其言可信；声为律，身为度，称以出。”意思是说：大禹为人聪敏机智，吃苦耐劳；他遵守道德，仁爱可亲，言语可信；他的声音就是标准的音律，他的动作举止就是标准的尺度，规范和准则都可以从他身上得出。这一段对大禹的描写，可以看出司马迁对大禹的崇敬。

大禹受命治水后，果然不负舜帝和诸侯的期望。他开发九州，开通道路，疏导河流；根据九州土地肥沃情况，制定不同的赋税标准；在行政上，大禹还分封诸侯，并赐给他们土地和姓氏；另外，禹还以国都为中心，方圆五百里为半径，将国土分为甸服、侯服、绥服、要（通“腰”）服和荒服。而且，每一个区域都有自己的使命和职责，比如，甸服就是为天子服田役纳谷税的地区；侯服是为天子侦查顺逆和服侍王命的地区；绥服是受天子安抚，推行教化的地区；要服是受天子约束，服从天子的地区；荒服是为天子守卫戍边的蛮荒地区。

等到把这些工作都做完之后，天子的声威教化也随之传播到全国各地。舜帝为了表彰大禹治水有功，赐给他一块代表水色的黑色圭玉，向天下宣告治水成功。天下安定太平。

大禹治水成功以后，舜帝把几位有功的大臣聚到一起进行了一次谈话，其中就包括禹、伯夷、皋陶，谈的是齐家、治国、平天下之类的事情。

皋陶先表达了自己的看法。他说：“实实在在地遵循道德办事，就能做到谋略高明，臣下团结。”

听了皋陶的话，禹点头表示赞同，但他反问道：“可要怎么做呢？”

于是皋陶从自身修养、长远打算、了解他人等方面发表了自己的看法，然后提出了为人处事的九种品德，分别是："宽而栗，柔而立，愿而共（通'恭'），治而敬，扰而毅，直而温，简而廉，刚而实，强而义。"译成白话文就是：宽厚而又威严，温和而又坚定，诚实而又恭敬，有才能而又小心谨慎，善良而又刚毅，正直而又和气，平易而又讲求实效，刚强而又平实，坚强不屈而又坚守道义。

听了这些话，你是否会觉得耳熟呢？实际上就品德而言，古人与我们现代人的要求并没有什么不同。在古代，"九德"可以帮助诸侯保有他们的封地，保证有才德的人居官任职而不胡作非为；放在现代，这"九德"可以成为企业文化中的灵魂和基础，成为企业选人用人的标准。

所以，虽然企业文化是现代管理模式的创新，但是追根溯源，都能在古人那里找到痕迹。然而，有了企业文化就可以保证一个公司万事大吉了吗？很显然，天下根本没有这么美的事。对于一家企业而言，还有什么更重要的事呢？

皋陶发表完自己的看法后，舜帝便转向禹，问道："你也说说你的意见吧。"

禹一边作揖一边答道："我说什么呢！我只想每天孜孜不倦地做事。"

皋陶故意追问道："那么，怎样才叫孜孜不倦呢？"

禹便把自己治水的经过和一些细节给大家讲了一下，他说："我新婚才四天就离开家去治水，儿子启诞生时，我也没回家看看。在陆地上乘车，在水中乘船，在泥沼中乘木橇，在山路上就穿上带铁齿的鞋，翻山越岭，竖立木桩，并在木桩上做好标志。然后挖掘沟渠，把水导入河道，再疏通河道，让洪水归入大海。我和下属一起赈济灾民，为他们提供新鲜的粮食和肉食，把无家可归的人迁移到食物丰富、居住条件好的地方，这样一来，洪水得到了治理，百姓也安定了。”

听了禹的讲述，皋陶感叹说：“是啊，这才是您的巨大功绩啊。”

舜帝也非常感慨地说道：“唉，臣子啊，臣子啊！臣子是我的臂膀和耳目。我想帮助天下民众，你们要辅助我。”

不知司马迁是否有意为之，总之，这段对话把管理的两种理念表现得淋漓尽致。一种是以“九德”为代表的文化价值；另一种就是从禹的思维以及叙事中所体现出来的实干精神。

舜帝让禹发表一下自己的意见，他的第一反应是“说什么呢”，他每天想的好像都是如何孜孜不倦地做事，紧接着他把自己所做的事情讲了一遍。其实，禹的思维以及他的行为，就是标准的实干家做派，是九德的榜样。

要说到现实社会中的实干家，就不得不讲一讲华为任正非。众所周知，在中国企业家的圈子里，若论低调鲜有超过任正非的。实际上，这也是很多实干家共有的特征。任正非的低调一方面与他的性格有关，另一方面也与他的经历密切相关。

任正非 44 岁时，因为经营不慎被骗了 200 万元，被公司除名，他的妻子也在那时候与他离了婚。但失败和苦痛并没有击垮这个男人，经过短暂调整，他集资两万元创立了华为公司。

在一次采访中，任正非这样说道：“我没有资本，没有人脉，没有资源，没有技术，没有市场经验，我一无所有，唯有勇敢向前。”

正是不怕输、敢闯敢干的精神，经过二十余年的努力，让任正非把华为从最初的小作坊发展成世界电信业龙头。不过，即便已经是世界顶级企业的总裁，任正非依然保持朴素的作风，他经常一个人出差打车回公司，经常和员工一起在员工食堂吃饭。与很多功成名就的企业家到处演讲、宣传成功学不同，任正非总是极力避免自己出现在聚光灯下，甚至连改革开放40年“改革先锋”的荣誉称号也主动放弃了。

任正非的实干精神的一个最为核心的体现，便是他对产品研发的重视。前段时间美国扬言制裁华为，任正非是如何表态的？首先，他不会去求美国，让美国放自己一马；其次，华为高调宣布了自己的海思芯片和鸿蒙系统计划，以期在手机、其他电子设备以及人工智能等方面降低对美国的依赖。

国家也好企业也罢，没有文化的积淀就容易迷失方向，没有实干的精神则会迅速崩塌。

舜帝在位时任用大禹治水，并指定他为继承人。舜去世后禹继承天子位，天下诸侯都来朝拜，定国号为夏，改姓为姒氏。禹去世后，虽然把天下传给了舜帝的儿子益，但是因为益辅佐禹的时间不长，政绩不显，所以天下臣民都不拥戴他，转而去拥戴禹的儿子启。于是，启就顺应天命继承天子之位，也就是夏后启。启之后，夏朝又历经了太康、中康、少康等帝王，最后终于夏桀。

结语

夏朝共传了十四代，十七后（夏朝统治者在位时称“后”，去世后称“帝”），延续约 471 年，后因统治者失德，导致诸侯离心，结果武力也不再管用。

实干对于初期的创业者而言，应该算得上是共性和共识，而且事业有成后构建企业文化也是通行的做法。但是，功成名就之后，如果想把事业做得长久，就要把文化的力量与实干的精神融会贯通，不能厚此薄彼。当然，实干的精神本身也是企业文化的一部分，而企业文化也唯有在实干的刺激下，才能迸发出更强的力量。

殷本纪

19 世纪末期，在河南省安阳市西郊洹河岸边，一个叫小屯的地方有位农民正在田间为庄稼除草。刚开始还挺顺利，但锄到一半的时候发现不好锄了，扒开土一看，发现里面有很多碎骨片，骨片上还有稀奇古怪的花纹。晚上这位农民回到村里与邻居们闲聊的时候，发现大家都有这样的经历。刚开始，大家只把这事当作消遣，没多久，碎骨就是龙骨，而且能治病的传闻便不胫而走，于是当地村民开始收集碎骨片，或留作己用，或卖给中药铺。到 1899 年，这些碎骨片竟然出现在北京的药店里。

说来也巧，当时金石学家王懿荣因病购药，就在药店里发现了这些碎骨片，而且意识到骨片上的奇怪花纹可能是一种古代文字。于是，他开始重金收购这些骨片，并考证出这些“甲骨文”是“殷人刀笔文字”。4 年后，晚清学者刘鹗将这些甲骨文拓印出版；9 年后，罗振玉知道甲骨出于小屯，并认定那里就是殷墟遗址；18 年后，王国维对甲骨文上的资料进行考据，整理出商王世系表；29 年后，在傅斯年的大力支持下，对殷墟进行第一次试挖掘。

这一挖不但挖出了20世纪初的中国重大考古发现，而且几乎完全改变了传统史观中夏商周三代历史的面貌，真实确立了殷商社会作为信史的科学地位。一个小小的殷墟为何会有如此大的影响力？这就不得不从公元前13世纪商王盘庚迁都一事说起。实际上，正是因为这次迁都于一个叫殷的地方，后来人们干脆把商朝又称为殷，而这也是司马迁在写这个朝代的历史时，以“殷本纪”为名的原因了。

殷商和夏、周一样都是古老的部落。始祖契大约与夏禹同时被封于商。到公元前17世纪或前16世纪，商族逐渐强大，其首领商汤发动了灭夏战争，夏亡，商朝正式建立。商朝建立后，经过了成汤时兴、盘庚迁殷、武丁中兴，传十七代三十一王，延续了五百多年。商王朝五百多年的兴衰史就像一部百年老字号的企业发展史，几度春秋，几经风雨。盘庚迁殷后，基业看似已定，但最终还是在武乙、帝乙、纣王连续暴虐无道的统治下走向覆灭。

说到殷商，就不得不提帝王创业路上的一对黄金搭档：商汤和伊尹。

商汤，是商的开国之君，伊尹是谁呢？

根据先秦古籍的记载，伊尹有多种身份，是中国古代著名的政治家、思想家，是已知最早的道家人物之一，也是中华厨祖。据说他著有重要的中医药典籍《汤液经法》，后世普遍认为是伊尹发明了中药汤液，医圣张仲景依据《汤液经法》撰写了《伤寒杂病论》已成为不争的史实，这对中医的传承与发展影响巨大。无怪乎，有人曾将黄帝、神农和伊尹并称为“三圣人”。

那么，伊尹是如何出仕的呢？

《史记》里说伊尹名叫阿衡。早年，阿衡想求见商汤却苦于没有门路，于是就去给有莘氏做陪嫁的男仆。据说伊尹早年学过做饭，每顿饭都能让商汤吃得心花怒放，于是伊尹成功引起了商汤的注意。

俩人第一次见面时，伊尹居然背着饭锅、砧板站在商汤面前。然后，伊尹一边做饭，一边和商汤探讨一些治国的道理。看着商汤满面春风，正吃得满嘴流油，伊尹借机谈论起烹调的滋味，如何“以鼎调羹”，如何“调和五味”，他娓娓道来，最后进行归纳总结，他说：“其实做饭和治理国家是一个道理，虽说众口难调，但一定要拼尽全力做出一锅人人爱吃的饭，这就是要实行王道，即积极整顿吏治，洞察民心国情，全力推动经济繁荣、政治清明。”这个说法怎么听起来如此耳熟呢？没错，老子“治大国若烹小鲜”的说法就来源于伊尹的这个故事。

其实，伊尹与商汤的故事还有另外一个版本。司马迁是这样讲的：

有人说伊尹本是个有才德而不肯做官的隐士，商汤曾派人去聘迎他，前后去了五趟他才答应前来归从，并向商汤讲述了远古帝王及九类君主的所作所为。商汤于是举用了他，委任他管理国政。

然而，创业事业刚开始，职场精英伊尹似乎遭遇了挫折，立场有些摇摆不定。虽说商王对他不错，但似乎夏部落的施展空间和舞台更大些，中途伊尹曾经离开商汤来到了夏桀那里。然而当他看到夏桀无道，十分憎恶，对比一番后，还是觉得商汤那里更适合自己发展，于是他毅然决然抛弃夏桀，又回到了商都亳。

好在商汤是个非常仁德的君主，对待手下宽厚大度，也就没计较什么。除了对待手下宽厚外，商汤的仁德还有哪些体现呢？司马迁给我们举了一个例子。

有一天，商汤外出游猎看见郊野四面张着罗网，张网的人祈求神明说："老天爷啊，愿天上飞的，地下跑的，从四面八方来的，全都进入我的罗网吧！"

商汤听了有点不高兴。他说："哎，这样怎么能行呢？竭泽而渔，就把禽兽全部打光了！"于是他命人把罗网撤去三面，让张网的人重新祈求神明说："老天爷啊，想往左走的就往左走吧，想往右逃的就往右逃吧，不听从命令的，就进我的罗网吧！"诸侯们听说这件事后都由衷地赞叹说："汤真是仁德到极点了，连禽兽都受到了他的恩惠，这样的君主值得跟随啊！"

据说这件事对伊尹影响也是蛮大的，他下定决心辅佐商汤成就一番霸业。

接下来，伊尹不仅帮助商汤灭夏，还在商汤去世后又辅佐了四代君王。作为宰相，伊尹不仅出台法律条文，还整顿吏治，洞察民情，可以说，他的这些努力为商朝初年的经济繁荣奠定了坚实的基础。据说伊尹去世后，商王感念他为国家所做的贡献，用天子之礼来厚葬他。

从殷商这个"百年老字号"王朝的发展中我们看出，这代王朝的辉煌除了有英明的君主，也离不开优秀的人才。那么，身为现代社会的创业者，要想成就一番大事业，我们究竟该找什么样的合作伙伴呢？

我认为条件有很多，但最关键的一点就是要价值观统一。如果两个人价值观不同，后期在沟通的时候就会非常费劲，很容易中途分道扬镳，就好比伊尹跑去找夏桀，就属于典型的价值观不合。如果你要找一个合伙人，就一定要关注他的生活价值观：他是一个什么样的人，他想过什么样的生活，因为你找的不是职业经理人，而是一个事业合作伙伴，只有双方合心，才能合作。此外，还要看这个合作伙伴具备什么样的特质和能力，两个人能否性格互补、优势互补，只有这样彼此才能合作默契。

1983 年，乔布斯为了让当时的百事可乐总裁约翰·斯卡利加入苹果公司，可谓煞费苦心。当时的苹果公司虽然已经上市，但是成立仅 7 年，而百事可乐是一家诞生近百年的国际知名企业。乔布斯很聪明，他知道仅仅从利益角度很难触动斯卡利，所以就有了那句煽动性极强的话："你是想卖一辈子糖水，还是跟着我们改变世界？"

作为职业经理人，斯卡利名副其实，比如刚到苹果公司的那段时间里，他就和乔布斯共同创造了最棒的产品（第一部 Mac）和最棒的广告（"1984"），特别是后者，迄今仍被视为最伟大的广告！但是，这段"蜜月"很快就结束了，由于乔布斯经营理念与当时大多数管理人员不同，加上市场被 IBM 公司挤压，最终经营大权被董事会撤销。没有乔布斯的苹果公司就像丢了灵魂，这一点可以从苹果公司接下来的衰退中看出。

表面上看，斯卡利来苹果公司任职是因为他和乔布斯有共同的"志向"，实际上与其说"改变世界"是一种志向，还不如说那是他们的一种激情。激情只能让他们共度"蜜月"，却无法让他们共度难关，理念的分歧暴露了他们在价值观上的根本分歧。其实区分激情与价值观很容易：激情表面宏大，但持续性不强；而价值观从小处得来，但影响深远。商汤关心鸟兽、乔布斯关注细节都是这样的体现。事实上，他们后来的很多追随者，都是被这些细节吸引到他们周围的。

同为君王，武乙、纣王却与商汤大不相同。武乙和纣王暴虐无道，刚愎自用，任用奸佞，结果自毁长城，最终武乙遭雷劈，纣王自焚，终走向毁灭。

提及商纣王，不得不想起其身边祸国殃民的苏妲己。苏妲己是商朝的属国苏国进献来的美女，商纣王对其十分宠爱，想尽一切办法讨她的欢心。苏妲己的脾气十分古怪，不苟言笑，商纣王为了博美人一笑做了许多荒唐的事情，例如酒池肉林、炮烙之刑等，使大臣和百姓们处于水深火热之中。

那么，他们的失败究竟是从什么时候开始的呢？从奢靡腐化、滥杀无辜、闭目塞听、宠信奸佞小人开始的。商纣王据说原本是个天资聪颖、孔武有力、能言善辩的君主，但是自恃有点能力，刚愎自用，从不把别人的建议放在心上。

纣王同父异母的哥哥微子启对他说："我们这样拼命喝酒，败坏了先祖留下来的美德。喝酒使我们的百姓、大臣们都做出偷窃奸邪的坏事来，眼看我们殷朝就要灭亡了。"纣王不听微子启的劝告，微子启只得偷偷离开他。

纣王的叔父箕子也劝纣王，纣王不但不听反而把他囚禁起来。纣王的叔叔比干好言规劝他悬崖勒马。他居然命人杀死比干，剖开肚子取出心来观赏。纣王这样残暴，吓得谁也不敢再去劝谏他了，大臣们有的装病不上朝，有的虽上朝但一言不发，一些大臣甚至偷偷地拿走商朝太庙里的祭器、乐器投奔了周武王。

物以类聚，人以群分，纣王最终在众叛亲离这条路上越走越远，结果最后不仅国破身亡，还背上了千古骂名。

如果把君王的工作当作创业，他们失败的原因也非常值得我们反思。比如，纣王之所以灭亡，除了自身性格缺陷导致领导力差外，还在于与下属沟通能力差，甚至不屑沟通；在与周王朝的竞争中不知不觉地丧失了精神意志；注意力分散，被诸多假象迷住了眼睛；与合伙人、投资人关系闹僵；乱用关系网；用户体验差导致口碑差；等等。诸多矛盾积累到一定程度，结局注定失败。

结语

翻看商朝兴衰的历史，你会发现似乎印证了一个吸引力法则。凡是心系黎民、求贤若渴的明主身边一定会有一个辅佐他成就大业的功臣，如商汤与伊尹、武丁与傅说；而暴虐无道、刚愎自用的昏主身边必然也聚集着一群乌合之众，如纣王与费仲、恶来、妲己等。最终得道者多助，失道者寡助，合心合德的创业合伙人最终成就了一番霸业，离心离德的创业合伙人则最终分崩离析。

周本纪

2006年7月10日，第十八届世界杯足球赛决赛在德国柏林举行，对阵的双方是法国和意大利，经过加时赛的苦战，双方还是平手，分不出胜负。没办法，最后只能通过点球来定输赢，结果意大利险胜法国，时隔24年后，又一次将大力神杯带回了祖国。

举办世界杯的时候哪个行业最火？当然是博彩行业了。押注哪个球队获胜带给球迷的刺激有时候甚至不亚于现场观看。在这群押注的大军之外，有一位学者也在用自己的方式预测世界杯的赛事，并成功预测了2006年世界杯冠军的归属。这位学者就是香港大学哲学博士周锡䪖，而他判断的依据则是一本名字我们异常熟悉，但内容却又异常陌生的奇书——《易经》。

这本书有多奇呢？汉武帝尊其为“六经之首”，国学大师熊十力视其为“学问之源”，甚至连爱因斯坦、松下幸之助等“外行”人士都对这本书大加称赞。

那么，这本书是谁写的呢？据说是周文王姬昌，也就是周朝的奠基者所作。所以，《易经》还有另外一个名字叫《周易》。那么，这个写出了《易经》的王朝拥有什么样的智慧，可以让一个朝代延续近八百年之久？

在《周本纪》的记述里，有一个特点，那就是司马迁在写周朝历史的时候，对儒家文化倾向非常明显，比如对仁义兴邦的宣扬。在介绍周武王的时候，司马迁不但对他灭殷的过程进行详细刻画，还写了他日不暇食、夜不安寐，立社稷，改正（征）朔，实行分封、以殷制殷等安邦定国、攘边安内的政策策略。这一切都给读者展示了一个有宏图大略、有经营之术的古代政治家形象。周武王灭掉殷商后这段历史堪称统治者教科书式的完美表现。

首先，我们来了解一下周朝是如何迅速消灭商朝的。

其实，可以说周朝是钻了商朝的空子。当时刚愎自用的商纣王在选择和判断上出现了很大失误，他无视周国的威胁，全力讨伐东南夷，导致朝歌空虚。姬发得知商王朝内情，趁机长驱直入抵达朝歌城外的牧野（今河南新乡），商王朝在守兵不足的情况下，匆忙组织奴隶编入军队，同周国决战。结果奴隶们临阵倒戈，商军大败，商纣王自焚而死。

据《史记》记载，当时双方兵力悬殊，纣王出兵七十万人，周朝只有区区几万人，牧野之战是中国战争史上以少胜多的著名案例，也是中国古代车战初期的著名案例。它结束了商王朝五百多年的统治，确立了西周王朝的统治，为西周时期礼乐文明的全面兴盛开辟了道路。牧野之战中体现的谋略和作战艺术，对中国古代军事思想的发展具有不可低估的意义。

为了灭商，周国做了充分准备，凝聚了几代人的心血。但是，牧野之战的效率还是让所有人始料未及，周国曾经几代人的心愿就在这才持续一天的战斗中实现了。这种强烈的感情冲击让姬发不安，他内心感到万分的意外和震撼。百足之虫，死而不僵，更何况商王朝在中原统治五百多年，怎么一天之内就惨败了？朝歌是否还有危险等着自己？满心的疑虑让姬发心神难安。

第二天一大早，该进入商都朝歌了。姬发一身戎装，骑着高头大马来到朝歌城前，身边护卫森严。他看到无数张惶恐不安的面庞，在城门两旁列成排，朝自己张望，原来是朝歌城里的百姓自发来列队迎接了。

他们看起来惶恐不安，是多么的无助，哪里会有什么陷阱呢？这让姬发心里稍安。他向朝歌百姓传话："上天赐福给大家，我们是来为大家谋福的，绝不欺凌百姓！"百姓们得到保证，感动不已，纷纷拜谢。姬发回礼后，终于放心地进入了朝歌城。

姬发来到商纣王自焚的鹿台，亲手斩下他的头颅，挂在大白旗上示众。姬发又来到纣王宠妾的住处，苏妲己早已上吊自杀了，姬发又亲手砍下了她和另外一个宠妃的头颅，挂在小白旗上。

姬发起兵时曾经指责商纣王荒淫无道，现在作为呼应终于可以给世人一个完美的交代了。做完这些是不是该享受胜利的果实了？

姬发处理了纣王后行事非常谨慎，他仍然认为朝歌存在危险，再次出城回到军中，第二天回城继续处理后续事宜。在新旧朝更替这段时间里，周武王一点儿也不敢松懈，反而更加殚精竭虑，他使用怀柔政策把前朝的遗老遗少们都安排妥当，最后又分封了自己人。

分封后武王召集九州的长官，登上豳（彬）地的土山，遥望商都感慨万千。武王回到周地后，每当夜晚周武王就辗转反侧，难以入眠。有一天，他的弟弟周公旦（姓姬名旦，也叫姬旦，后来经常出现在孔子的梦中，所以后人常将周公与梦联系在一起）来到武王住所，关切地问他："大哥，天下都和平了，你为什么还睡不着啊？"

周武王长叹一口气，感慨地说："兄弟啊，这个世界变化如此之快，我还是有点难以置信，完全没有安全感啊！距离殷商不祭祀上天到现在已经六十年过去了。纣王那时候暴虐无道，小人在朝掌权，贤臣遭到放逐，上天抛弃了殷朝。得道多助，成就了我们今天的王业。遥想当年，殷朝承受天命刚建立的时候，任用名贤三百六十人，即使政绩不显著，也不至于灭亡，没想到后来竟发展到今天这个地步。我不知道上天是否会保佑我们，怎么有空闲安睡呢？"

周公旦了解了大哥的想法，不禁对大哥居安思危的意识连连称赞。接着武王又全面阐述了自己的施政纲领，他说："我要上天一定要保佑周朝，使天下的人都服从中央；我要找出所有的恶人，贬责他们，使他们受到与殷王一样的惩罚；我要日夜慰劳安抚民众，彻底安定我们西方的领土；我要办好各种事情，直到周朝的德行光照四方。"

说干就干，周武王很快营建了洛邑作为周朝的陪都，然后才离开。战争结束后，他把战马纵放在华山的南面，把耕牛放养到桃林原野，收起兵器解散军队，然后昭示天下，今后再也不用这些了。武王灭了殷朝两年后，他还向箕子询问殷灭亡的原因。

《老子》说"民之从事，常于几成而败之。慎终如始，则无败事”；《诗经》说“战战兢兢，如临深渊，如履薄冰”；《易经》说“亢龙有悔”。都在教人谨小慎微，不要得意忘形，尤其是接近成功时更应小心谨慎，不要前功尽弃。可见，自从季历死在殷都后，谨慎、稳健几乎刻在了周文王和周武王的骨子里，而正是周武王的谨慎与稳健，才为他的子孙后代赢得了八百年的辉煌灿烂。

相反地，自古以来取得短暂胜利后不思进取，或者过于冒进最终导致功败垂成的案例数不胜数。且不说历史上项羽、更始帝刘玄、曹操、诸葛恪、桓温这些历史英豪，仅以现在的商业巨子为例，一味冒进，缺乏危机意识，不反思自己，最终功亏一篑的案例比比皆是。比如锤子科技沦落到走穴，ofo 单车押金难退，暴风影音四面楚歌，等等。

以乐视为例。乐视曾经在国内视频行业创下许多个记录：第一家 A 股上市的视频网站、创业板市值冠军、一度拥有最多的影视剧版权。在 2004 年上线之后的数年，乐视曾毫无争议地位列网络视频第一梯队，乐视和搜狐是那个年代最热门的视频网站。

然而乐视被暂时的胜利冲昏了头脑，祸根是从盲目跨界扩张、频繁冒进埋下的。自从制定了多元化扩张战略以后，除了电视之外，乐视介入的手机、体育、汽车等行业，在当时都被认为是行业的“风口”。大量的资金虎视眈眈，疯狂地涌入。

乐视的多元化发展对当时股价的提振无疑是巨大的。然而，多元化扩张是一把双刃剑，在自己的能力掌控之内，可以发挥“1+1>2”的作用，但是如果自己的力量驾驭不了的话，往往会被反噬，最后伤了自己。

在这些看似有巨大想象空间的多元化中，尽管每个板块都会有相应的团队去操作，但目前看来，多元化的操作还是分散了乐视的专注，拖累了主业的发展。在乐视起家的互联网视频行业，乐视已经被爱奇艺、腾讯视频、优酷土豆等远远地甩在了后面。

最终乐视失去亚冠中超版权，“易到租车”被爆资金问题，“融创中国”成为第二大股东，CEO、CFO大换血，乐视美国裁员……一系列的事件，犹如多米诺骨牌，让曾经风光无限的乐视跌下了神坛。

如今乐视已彻底沉到谷底，不仅未能守住极具商业价值的网络视频市场，还错失了短视频、直播的发展时机。如果深耕网络视频，抓住短视频和直播的机遇，乐视网的市值或许能够得到更好的支撑。

乐视的惨痛教训，留给企业家宝贵的警示：不要盲目扩张，应该在自己擅长的领域借力而为。如果要跨界，一定要量力而行。做企业不是赌博，不断复盘、反思自己，稳扎稳打，在自己最擅长的领域发挥工匠精神，才是打造百年企业的正道。

结语

以史为鉴，可以知兴替。虽然周武王的时代已经过去两千多年，但是他在对待如何开创基业这件事上谨慎、稳健、居安思危的积极态度依旧值得我们后人学习和反思。

人生是一门选择的艺术，任何事情都离不开选择。正确的选择能够让人们获得成功；反之，错误的选择则会将人们带进失败、痛苦的境地。生活中有很多事情需要自己做选择，面对每一次选择，我们都应该深思熟虑，慎重选择。今天的选择决定了明天的生活，现在的选择决定了未来的成败，一旦匆忙间做错了选择，将后患无穷。

秦本纪

2015年底，一部由郑晓龙导演、孙俪主演的古装电视剧《芈月传》上映，迅速红遍大江南北。这部电视剧能够成功有很多原因，比如实力派导演加重量级明星。当然，战国背景、女政治家等标签，也会让这部戏充满趣味。不过，还有一个非常重要的因素是我们都无法忽视的，那就是秦国历史在芈月的时代发生了历史性的转折。正是这个转折，让芈月的角色无论是在影视剧中，还是在真实的历史中，都显得格外重要。是什么样的转折呢？那就是芈月的儿子秦昭襄王在位时，通过“远交近攻”的策略发动了一系列兼并战争，不仅极大地挫伤了六国的锐气，还极大地扩张了秦国的领土。按照历史学家翦伯赞的说法，“昭王末年，秦对六国的斗争已取得决定性胜利”。也就是说，秦始皇之所以能够统一天下，实际上早在秦昭襄王的时候就已经确定了。此时，我们再返回去看芈月的角色是什么？她养育的难道只是一个秦国统治者吗？真没那么简单，就历史呈现出来的事实而言，说她“生”出了一个秦帝国也不为过。这样一个角色观众怎么会不感兴趣呢。当然，电视剧把重心放在芈月这个角色上是情节的需要。而今天，我们从管理学的角度出发，看看这个最初居于西部边陲的嬴氏家族，是如何一步步走向权力的巅峰的。

中国历史似乎有这样一个传统，就是对于那些有过丰功伟绩的帝王在进行出生的溯源时，总会连带一些神迹，好让他们的故事听起来就像是命中注定一样。比如在讲汉高祖刘邦的时候，司马迁就提到刘邦的母亲在梦中与神交合，不久就有了身孕，生下刘邦。按理来说，秦始皇这样一个伟大的帝王，也应该在出生时发生一些类似电闪雷鸣、蛟龙缠身的事迹。很可惜，司马迁没写，单刀直入就把秦始皇的出生讲了，没有任何渲染。是真的没有还是另有隐情呢?

按照司马迁在《秦本纪》中的叙述，秦国的祖先是颛顼帝的后代孙女，名叫女修。话说有一天女修正在织布，看到门下飞来了一只燕子。刚开始，女修忙于织布就没在意。又过了一会儿，再去看的时候发现燕子不见了，但地上留下了一个蛋，女修也没多想就把蛋当作晚饭给吃了。结果，没多久女修就怀孕了，并生下儿子取名大业。大业后来娶了少典部族的女儿，而且他们的儿子大费还曾经辅助过大禹治水。为了表彰大费在治水时的贡献，舜帝不仅赐给他旌旗，还赐他嬴姓。

大费的子孙后代，有的住在中原地区，有的住在西戎族地区。而住在西戎族地区的嬴氏子孙，还有一个使命便是镇守西部边疆。到周朝的时候，一个叫非子的嬴氏子孙因为管理马匹有功，周孝王就把秦地赐给他作为封邑。而这个叫非子的人也被称为秦嬴。至此，秦不仅有了自己的姓，还有了自己的领土。

秦的封地大约就在今天甘肃天水一带，与当时的西戎毗邻。所以，秦早期的故事多和西戎有关。比如，秦嬴的曾孙秦仲就是被西戎杀死的，而秦仲的孙子世父为了报仇，甚至不惜放弃自己的继承权。好在当时的周王室还比较大度，比如周平王就发话了："戎无道，侵夺我岐、丰之地，秦能攻逐戎，即有其地。"所以，攻打西戎对秦国而言至少有两个好处：报仇、扩张。其实，这个西戎并不像中原其他诸侯一样，指的就是具体某个地方或者某个群体，西戎是中原地区对西方与华夏部落敌对的诸部落的统称。所以，这个西戎也不是那么容易驯服的。不过，等到秦穆公在位时，秦国国君不仅成为春秋五霸之一，还称霸西戎地区。那么秦穆公是如何做到的呢？答案在于两个字：人才。

司马迁在写《秦本纪》的时候，差不多把秦国的历代君王翻了个底朝天。不过，在秦穆公之前，说的都是"某某公"如何如何，唯独到秦穆公这里，开始介绍他手下的大臣了。这也从侧面印证了人才对秦国发展的重要性。

"百里奚举于市"的典故，想必大家都听说过，它就发生在秦穆公的时候。秦穆公五年（公元前 655 年），晋献公灭了虞国和虢国，俘虏了虞君和他的大臣百里奚。当时秦穆公正从晋国迎娶夫人，百里奚就被当作秦穆公夫人的陪嫁奴仆送到秦国。不过，这个百里奚逃离秦国跑到宛地，又在楚国边境被抓。

秦穆公听说百里奚有才，想用重金把百里奚赎回来，又担心楚国不肯放人，就派人对楚王说："我的陪嫁小臣百里奚在你那里，请允许用五张黑公羊皮赎回他。”就这样，秦穆公用五张羊皮把百里奚给赎了回来。

当时百里奚已经七十多岁，秦穆公想和他谈一谈国家大事。但百里奚却推辞说：“我是亡国之臣，怎么值得您来询问呢？”

秦穆公的回答也颇有智慧，他说：“虞国国君不任用您，所以亡国了，这不是您的罪过。”

就这样，秦穆公坚持和百里奚谈了三天，很受启发，并把国家政事交给了他。之后，百里奚又把蹇叔举荐给了秦穆公。事实上，秦穆公后来之所以能击败晋国，灭掉梁国，与这些谋臣有着直接的关系。

秦穆公去世后，又历经几代国君的努力，秦国势力也有了显著的增强，特别是在秦孝公时代，采取了商鞅变法，奖励耕战，并迁都咸阳，建立县制行政。此时的秦国其实在很多方面都有了秦帝国的影子。按照西汉名士贾谊在《过秦论》中的描述，当时的秦孝公“据崤函之固，拥雍州之地，君臣固守以窥周室，有席卷天下，包举宇内，囊括四海之意，并吞八荒之心”。当然，纵然秦孝公有“并吞八荒之心”，但“囊括四海之意”到临死也没能如愿。要说在秦国历史上，距离实现这一目标最近的，除了秦始皇，就是咱们开篇提到的芈月的儿子秦昭襄王了。

秦昭襄王这个人早年曾在燕国当人质，后来他的异母兄秦武王去世，他便在母亲芈月（宣太后）的安排下，经过一系列操作，最后夺得了王位。刚开始，宣太后当权执政，后来昭襄王听从属下范睢的意见，夺取母亲的权柄开始亲政。亲政后，秦昭襄王文以范睢为相，武以白起为帅，施行“远交近攻”的策略。发动长平之战，大胜赵军。攻陷东周王都洛邑，俘虏周赧王，迁九鼎于咸阳，结束了周朝八百年统治，奠定了秦国统一战争的胜利基础。

作为一种策略，“远交近攻”其实也是“三十六计”之一。这种策略不仅用在古人的攻城略地上，还被广泛用在如今的商战上。较为有名的便是雀巢公司借助第三世界国家摆脱危机。

说到雀巢，大家首先想到的便是速溶咖啡，而且现在说不定就有人一边听着“今今乐道”，一边喝着雀巢的速溶咖啡。但是，咖啡只是雀巢帝国的产品之一，诸如奶粉、巧克力等，也都是它们的拳头产品。别看雀巢公司现在稳坐世界五百强，而且已经兴盛了 120 多年，但在 20 世纪 70 年代，它却险些因为信誉扫地而“一命呜呼”。

原来，在 20 世纪 70 年代末的时候，世界上出现一种舆论，说发展中国家母乳哺育率下降以及婴儿死亡率上升与雀巢食品的竞销有关。一开始，雀巢领导层觉得这种说法纯属无稽之谈，就没有理会。结果，在竞争对手的煽风点火之下，80 年代的时候竟然在世界上掀起一场抵制雀巢的运动。这场运动给雀巢带来了前所未有的危机，以至于雀巢产品在欧洲几无立锥之地。在残酷的现实面前，雀巢领导层不得不进行公关反击。为此，他们花重金请到了世界著名公共关系专家帕根来商量对策。

经过调查分析，帕根发现，造成这场抵制雀巢食品运动的根源，就在于雀巢公司以大企业、老品牌自居，拒绝接受公众的意见。另外，因为雀巢的推销活动对公众都是保密的，这就使得雀巢与公众之间的信息交流不畅。而这些恰恰就是公共关系的大忌。

问题找到了，接下来就是解决问题了。首先，雀巢公司根据帕根的计划，把行动的重点放在了抵制最强烈的美国。它们不仅虚心听取社会各界对雀巢公司的意见，还开展大规模游说活动，组织有权威的听证委员会，审查雀巢公司的销售行为等。经过一番努力，美国消费者对雀巢的态度慢慢有了改观。紧接着，雀巢继续采用帕根的建议，开辟发展中国家的市场，而且把它作为雀巢的最佳市场。不过，在开拓市场的过程中，雀巢不再像以往那样仅仅把第三世界国家单纯看作一个市场，而是从建立互利伙伴关系着手。为此，雀巢公司每年用60亿瑞士法郎从发展中国家购买原料，另外，每年还拨出8000万瑞士法郎来帮助这些国家提高农产品的质量。不仅如此，雀巢还聘请100多名专家在第三世界国家举办各种职业培训班。

经过一系列活动，雀巢公司在发展中国家树立起了良好的形象，销量也明显增加。实际上，雀巢在美国的所作所为是对危机的正面应对，可以视为一种主动的“近攻”，而在第三世界的策略，则是站在长远的角度考虑，相对柔性，可以视为一种“远交”。雀巢的这场公关战打得相当漂亮。到1984年的时候，雀巢公司的年营业额高达311亿瑞士法郎，雄居世界食品工业之首。

相对于“近攻”，其实“远交”在实践层面上更讲究技巧，也更耗费时间。好在秦昭襄王相对长寿，在位时间更是长达56年，所以，他有足够的智慧和精力去实施这种策略。公元前251年，秦昭襄王去世，他的儿子孝文王登基。4年后，孝文王的孙子嬴政继位，26年后，秦灭六国，天下一统。

结语

秦国历史，始于秦非子获周王封地，历经六百余年的发展，从一个边陲小国，发展到后来的一统天下，有很多偶然的因素。但是，我们不能忽略其中一些关键性人物及事件的决定性影响。论人，秦孝公、秦穆公、秦昭襄王等历代秦国君主的雄才大略不可或缺，但像商鞅、张仪、范雎等历代名臣的作用也不容忽视；论事，商鞅变法、连横诸侯等，无论是它们当时的现实意义还是后来的借鉴意义，都不可小觑。当然，事是人想出来的，也是人干出来的，所以，秦的崛起到最后还是要归结到对人才的重视。重视人才，不仅是古人的共识，也是我们现代商业的共识。

秦始皇本纪

《秦始皇本纪》采用纪年的方式，记述了秦始皇嬴政和秦二世胡亥这两代帝王的主要活动以及秦国发生的重大事件。

说到“秦始皇”这个名字，大家都很熟悉。小的时候我们就知道“车同轨，书同文”这些句子，大人也会说这些事都是秦始皇干的。每逢节假日秦始皇陵东侧的兵马俑景区也总是人头攒动。无论是谁，当他看到秦始皇巨大的雕像，以及李白“秦王扫六合，虎视何雄哉”的诗句时，都会从心底感到一种来自历史深处的震撼。作为中国历史上第一个真正意义上的皇帝，秦始皇为建立统一的多民族国家做出了杰出贡献，并且奠定了后世两千多年的政治与社会基础。今天，我们一起走近这位前无古人的统治者，从他的奋斗历程中汲取有用的经验。

秦始皇是秦庄襄王的儿子，名叫嬴政。在他十三岁那年，庄襄王去世，他便继承了王位。这位十三岁的少年继承了父亲的王位，恐怕大多数人都会投来羡慕的目光，但是在这个光环的背后也存在着很多的矛盾和困惑。嬴政登基时，秦国虽然已经拥有了强大的国力，但是想要一下子吞并六国还是有不小的难度。而且，一个少年国君，对内要和相国吕不韦等人进行政治对抗，对外还要处理跟其他六国的关系，这个难度可想而知。

这时候，一道选择题就摆在了秦始皇的面前：是优先解决内部事务，还是对外进行军事扩张？

秦始皇毫不犹豫地选择了前者。因为他很清楚，相国吕不韦存在一天，他的权力就必然会遭到限制。对于一个有着远大理想的国君来说，没有绝对的权力就像老鹰缺少了翅膀。

但是，扳倒吕不韦可不是件容易的事。再说了，如果没有吕不韦的拼命扶持，秦始皇的父亲庄襄王多半还在赵国当人质。庄襄王统治时期，吕不韦就已经是秦国的相国了，这可是个一人之下万人之上的角色。秦始皇即位后，更把他拜作“仲父”。当年齐桓公也称管仲为“仲父”，可见吕不韦在秦国地位之高，远非当时的李斯等人可比。

不过，危机之中往往蕴藏着转机。始皇九年，吕不韦的亲信嫪毐公然盗用秦王和太后的印玺在京城发动叛乱。秦始皇得知后立即派人镇压嫪毐，并且发布全国通缉令：谁能活捉嫪毐赏一百万；如果把他杀了，则赏五十万。没过多久，嫪毐及其党羽就被全部活捉了。

嫪毐是吕不韦的亲信。从政治上说，这是非常危险的信号。即便什么都没做，吕不韦也是跳进黄河都洗不清了。第二年，吕不韦就被秦始皇罢了官。尽管如此，一生历经风雨的吕不韦也知道，自己和当今的国君已经渐行渐远，最后干脆自我了断了。

一个被后世反复称赞的政治奇才吕不韦就这样结束了自己的生命，不免让人有些叹息。但是从秦始皇的角度来讲，“嫪毐之乱”既是一个恶性事件，也是一个除掉吕不韦的大好时机。如果此时同情心泛滥，可能他一辈子都要生活在吕不韦的阴影下。二十来岁的秦始皇就如此杀伐决断，足以让人看出一个杰出领导者的潜力。

吕不韦集团瓦解后，秦始皇在朝廷内部的统治权威基本就确立了。下一步他要面对的是六国，只有真正灭亡六国，战国乱世才能彻底结束。那么如何击败这六国呢?

虽然我们后世将秦国和另外六国共称为“战国七雄”，但这七雄之间的实力，还是分档次的。

第一档次是秦国。商鞅变法为秦国奠定了强大的国力基础，尤其是军事实力基础，其余六国任何一国都无法单独与之对抗。

第二档次是楚国、赵国和齐国。楚国疆域辽阔，赵国杰出将领颇多，齐国则坐拥着春秋以来的国力基础。

剩下的便是魏国、韩国和燕国。本来魏国在战国初期是很强势的，但由于树大招风，成了众矢之的，导致国力迅速衰弱，看来“闷声发大财”还是有道理的。韩国和燕国就是真正的弱国了，无论军事实力、经济实力还是人才储备都不如其他五国。

看了国力档次划分，我们就知道秦国的硬实力是很强的。但是，它还没强到可以同时击败六国的程度，所以就必须采用谋略来各个击破。这个时候，秦始皇展现出了自己的深谋大略。

从地缘上说，赵国、韩国和魏国离秦国最近，燕国和齐国相对较远。韩国国力最弱，离秦国最近，又是打通关中通道的战略要地，所以没得商量，第一个就得拿韩国开刀。接下来的步骤，就显得至关重要了。

经过和李斯等人的商议，秦始皇决定笼络远方的燕国和齐国，让它们按兵不动，并用外交手段稳住魏国和楚国。摆平这四个国家后就立马集中兵力对付赵国。对秦国而言赵国算得上一个劲敌，不仅出了廉颇、李牧等名将，而且军队战斗力很强。所以，秦国必须早点和赵国进行战略决战，只有啃下这块硬骨头才能真正问鼎天下。

经过持续多年的恶战，在始皇二十五年（公元前 222 年），秦国终于灭掉了赵国。接下来，秦始皇把目标放到了最南面的楚国身上。由于魏国阻隔在向南进军的路上，再加上魏国本来就是一个很重要的战略枢纽，所以秦国顺带先把它灭了。

等到楚国岌岌可危时，燕国和齐国才如梦初醒：原来秦国拉拢我们的目的是要一统天下啊。但无论如何，这个时候的秦国已经处于天下无敌的地位了，燕国、齐国即便不甘心也只能顺应历史的潮流。始皇二十六年，也就是公元前 221 年，秦国完全灭掉了其余诸侯国，成为一统天下的千古霸主。

从谋划一统天下的战略到齐王建投降，中间经历了大概二十年的时间。这二十年，秦始皇和他的文臣武将们有条不紊地执行着他的战略规划，把看似复杂的问题一个个着手化解。听秦始皇横扫六国一统天下大家可能感觉挺过瘾，但是可不要觉得谋划和决断是这么简单的一件事，这往往是判定一个领导者素质的重要指标。在一般的领导者面前，只要问题一多一杂他就开始变得焦头烂额，犹犹豫豫，爱发脾气，很容易造成决策失误。为什么？因为他无法在短时间内在大脑中构建出一套解决问题的系统，从而做出正确的决断。

想当年红军长征可以说是历尽艰险，九死一生。但为什么红军最后能冲破层层阻挠，顺利会师陕北呢？答案就在于毛泽东的谋略与决断。

当时的红军，既要应付蒋介石中央军的围剿，还要对抗白崇禧、陈济棠、龙云等地方军阀的追击，而且内部有王明、李德这些脱离中国实际的人来干扰决策，总体来说，完全称得上是内忧外患。要破局，就必须对当前问题进行梳理，来寻求解决的办法。

经过一番思考，毛泽东大致采取了以下几点策略：

对待蒋介石，继续打游击战，不跟人数、装备占据优势的中央军打阵地战，在运动中歼灭他们的有生力量。

对待地方军阀，利用他们和中央军之间的矛盾，抓住空隙，让红军从夹缝中获取战略突破空间。

对待王明、李德等人，不和他们进行理论争辩，直接让他们在实践中出现错误，暴露问题，到时候大家的民意自然会否定他们的决策。

就这样，红军一步步攻克艰险，最后胜利冲破了国民党的重重包围圈。

在秦始皇统一六国之后，面临的第一个问题就是全国疆域该怎么分配？很多大臣都建议，还是仿效周天子把领土挨个分封给亲王和开国元勋，以酬赏他们的功劳。但是这种制度必然会引发后续中央和地方的关系紧张问题，而且已经有了先例，一旦处理不当还会让整个国家陷入混乱。

正当文武百官为这个问题发愁的时候，秦始皇提出了一个开天辟地的主张：直接废除分封制，把全国分为三十六个郡，把全部领土纳入中央管理的体系内。

这样一来，地方诸侯王和中央政府之间的矛盾被消解了，一个更加强大有效的国家管理体系走上了历史舞台。无论后世的朝代怎么改革，比如隋朝的州县制，元朝的行省制等，都离不开秦王朝的郡县制框架。哪怕到现在，我们依然有很多县级行政区域存在，这就充分说明了秦朝制度的深远影响。

除开郡县制，面对六国复杂的货币制度，形形色色的文字，秦始皇经过深思熟虑，也决定废除各国专属的货币，推行统一的货币和文字。在当时，六国的遗老遗少对此是很不满的，他们觉得秦朝毁掉了他们的特色和文化。但我们也常说一句话，叫“功在当代，利在千秋”，秦始皇“车同轨，书同文”的政策，在当时引发了巨大的争议和抵触，但从长远来看，我们今天拥有统一的语言和文字，以及完善的货币制度，这些都是秦朝奠定的基础。更何况，国家和民族如果没有统一的语言和文字，根本就无法建立起深厚的情感纽带和民族认同，从而也就无法实现国家的文明富强。

作为当代人，我们仔细回顾秦始皇统一六国后的决策，依然深深佩服他高瞻远瞩的政治智慧和废旧推新的创新精神。

公元前 210 年，秦始皇病死于巡游途中。公元前 207 年，在刘邦、项羽等各路起义军领袖的打击下，大秦王朝走完了自己短短十四年的历程。一个横扫六合，雄踞八荒，最后在风雨飘摇中退出历史舞台的帝国，就像流星一样闪过中国历史的星空，生命短暂，却闪烁着永恒的光芒。

结语

秦始皇是一个很难用三言两语说清楚的人物，他身上既有明君的雄才伟略，也有暴君的专横独断。对他的赞美与争议，从秦朝延续到了今天。但无论如何，谁也没法忽略他巨大的历史贡献。从青年的意气风发，到壮年的千古伟业，秦始皇的人生经历与才能，也为我们留下了很多宝贵的精神财富。

对于现代企业的管理者而言，面对当下混乱的市场局面，要时刻保持冷静，以敏锐的目光捕捉市场的发展趋势，制定出切实可行的发展战略。另外，古人说："苟利于民，不必法古；苟周于事，不必循俗。"对于企业来说，创新精神是第一生产力，也是企业的源头活水。特别是当我们发现固有的商业模式、公司产品、企业制度发生老化时敢不敢进行革新、迭代，如何革新、迭代，才是我们应该思考的问题。

项羽本纪

在说项羽之前，咱们先说说《史记》里的一件怪事。我们都知道，《史记》里的“本纪”是帝王传记的专用名词，讲的都是“三皇五帝”、秦始皇、汉高祖这样的人物。但是项羽呢？他人生最高光的时刻也不过是自封了一个“西楚霸王”的名号，而且最后兵败垓下，自刎乌江，结局可谓凄惨。但是，就是这样一位“失败者”，却被司马迁按照帝王的标准写进了史书。

项羽，名籍，字羽，生于公元前233年，下相人，也就是今天江苏省宿迁市附近，和如今的商界大腕宗庆后、刘强东等算是同乡。后来，项羽和刘邦争天下，刘邦曾经做过项羽的下属，所以很多人认为他俩年龄应该差不多，或者认为项羽要稍大些。实际情况是项羽比刘邦小23岁。而且，项羽的老家离刘邦的家乡沛县也就200多公里，即便在当时也算不上太远。

与刘邦草根出身不同，项羽的祖上可谓是将帅世家。他的爷爷项燕就是楚国大将。项羽8岁那年，项燕在抵御秦国进攻的时候打了一场大胜仗，为项氏家族在楚国赢得了极大的声望。后来很多起义军的首领加入项梁、项羽的部队与此有莫大的关系。不过最后项燕战败，楚国灭亡，项羽便在叔父项梁的带领下流落民间。

老话说三岁看大，七岁看老。项羽早期的经历是否也有他日后成大事的征兆呢？太史公为我们说了两件事情。

一件事说的是项羽的叔父项梁，也就是他的监护人，在项羽小的时候让他学习认字，他学了两天觉得没劲又改学剑术，剑术没学几天他又不想学了。项梁怒斥项羽，希望他能改变态度。项羽却反驳说："写字，能够用来记姓名就行了；剑术，也只能敌一个人，不值得学。我要学的是'万人敌'的本事。"我们经常通过一个人看问题的角度来审视他的格局，项羽此番言论，格局可见一斑。既然侄子都这么说了，项梁也就无话可说，只能转而教他兵法和统率千军万马的本事。

项羽早年的另外一个故事更有名。当时秦始皇巡游会稽，项梁、项羽也和大家一样都去观看了。别人是凑热闹，项羽呢？他发誓去了。他是怎么说的呢？"彼可取而代也。"项羽话刚出口，项梁就赶紧捂住他的嘴，生怕被别人听见。如果说学兵法的事让项梁有点想法的话，那么这次的经历让他更加坚信，自己的侄子可能真不是一般人物。

我们不应该小看项羽小时候的表现在项梁心中留下的印象。实际上，后来项梁之所以敢起事，能起事，离不开对项羽的依赖。或者说，如果项羽平时表现得懦弱，那么项梁起事之前恐怕还要三思。一个最明显的例子就是，当会稽郡守看到陈涉等人在大泽乡起义时，也想拉拢项梁和他一起造反。既有亡国之恨，又有杀父之仇，项梁当然愿意了。不过他的野心可不是当副手。所以，项梁出去跟项羽简单沟通了一下，进门之后给项羽使了个眼色，郡守的头颅便从自己的脖子上滑到了项羽的手上。这一年项羽 24 岁。

前面说过，项羽祖上是将帅世家，在楚国威望极高，即便楚国灭亡，当地人也对项氏家族怀有崇高的敬意。所以，项梁一起事楚国其他很多起义军便纷纷加入，即便很多势力比项梁还要强大的部队，也主动投靠。比如陈婴，当时追随者两万人，而项梁才八千人，但陈婴还是说服部下加入项梁的军队。

说到这里，纠正大家一个可能出现的认识误区，不要以为推翻秦朝的就是项羽或者刘邦，也不要以为他们从一开始就是反秦的主力。实际上，当时的政治环境和今天的商业环境非常像。我们今天叫“大众创业、万众创新”的时代，当时呢？我们也可以用两个词语形容，那就是“陈胜起义，群雄响应”。所以，当时人们造反就像如今年轻人创业，不仅热情高涨，而且遍地开花。不过最后做大的还是楚国人，代表人物就是项羽和刘邦，这也与创业相似，花开一大片，成功三两枝。说到这里，我们就不得不提一下张朝阳和马云的颠倒人生。

马云在商界绝对算得上偶像级人物，但是他的起点并不高，而且创业经历十分波折。与马云相反，张朝阳毕业于清华大学，又是麻省理工学院的信息学博士，而且创业初期就获得了硅谷大佬的风险投资。带着大笔资金，张朝阳回国创建了搜狐公司，成为当时中国最著名的三大门户网站之一。又过了两年，也就是 2000 年，搜狐在美国纳斯达克挂牌上市。2005 年，搜狐正式成为 2008 年北京奥运会赞助商，成为奥运史上第一个互联网类别赞助商。从 20 世纪末互联网兴起到现在，中国的互联网产业涌现出了很多精英人物，但在当时，张朝阳绝对算得上是领袖甚至旗帜性人物之一，那时的马化腾、马云等还只能算是学生级别。据说，马化腾创办腾讯就是因为听了张朝阳的一次演讲受到了激励。

经常玩牌的人应该都知道这样一句话，叫“先赢的是纸，后赢的是钱”。这句话不管是用在古代的反秦战争，还是如今的商业竞争，都说得通。比如张朝阳的搜狐虽然占尽先机，但他后来没有抓住关键机遇，完美错过了搜索、游戏、视频、社交、自媒体等一个个新风口，在经历了短暂的高潮后便迅速衰落，被百度、腾讯、阿里巴巴这些后起之秀反超。特别是马云，虽然他创业起点不高，初期运气也不太好，但他的格局和魄力还是促使自己坚持了下来，最后快速崛起。实际上，即便是在阿里巴巴成长初期，它也不是最早涉足电子商务的，更不是佼佼者。但是经过一系列著名的“战役”，马云不仅坐稳了国内电商老大的位置，而且即便放眼世界，也鲜有敌手。

前面提到，为了反抗秦国的统治各地起义力量可谓风起云涌，不过都比较分散。对于楚国而言，为了早日实现反秦大业，各起义首领决定在一个叫薛县（今山东滕州南四十里）的地方会盟，当时刘邦已经在沛县起兵，所以也参加了，而且后来很多对历史产生重大影响的人物都在这次会议上亮相了。

薛县会盟以后分工大致明确了。楚国定都盱台（今江苏盱眙东北），由楚怀王坐镇，陈婴辅佐。其实，那时候的项梁就相当于父亲的角色，是楚国的军事统帅。项羽、刘邦等人都在他的指挥范围之内。不过，项梁这个人容易骄傲，没过多久就因为轻敌而战死。

项梁死后，按理来说这个军事统帅应该由项羽担任，但楚怀王当时听了齐国使者的建议，觉得宋义比较合适就封他为上将军，项羽继续担任次将军。宋义这个人虽然有点军事谋略，但格局有点小，比如在奉命北上救赵的路上，他就盘算，可以让秦国和赵国先交锋，等他们两败俱伤时再行动。客观来讲，宋义的策略确实有实用价值，但是你也要分场合看对象啊！至少在这件事上，宋义有两个非常严重的判断失误：第一，他忽视了项羽的感受；第二，他低估了项羽的脾气。结果，当项羽找宋义理论的时候，宋义说："若论冲锋陷阵，战场杀敌，我宋义比不上你；但要说坐于军帐，运筹决策，你比不上我宋义。"项羽的性格有两个非常重要的特点，那就是重情义和暴脾气。本来为次将，他心里就不太痛快，现在宋义又用这话激他如何受得了。再加上宋义这个人也不检点，上任没几天就派自己的儿子到齐国为相。你不是说我项羽在运筹决策方面不如你宋义吗，那就用我擅长的方式解决问题——第二天早上，项羽到军帐中参见宋义，结果手起刀落，把当年斩杀郡守的一幕又上演了一遍。

或许有人觉得宋义死得有点冤，但如今商场之上，又有多少人不是因为自己的一个错误判断或者失误，而葬送了自己的事业和前程呢？在商场上，相似的情况非常多，比如曾经的互联网巨头雅虎公司。想当年，雅虎从创立到上市仅用了两年的时间，在 2000 年公司市值就高达 1250 亿美元。要知道，美国的一些老牌巨头企业，比如通用和福特，当时市值也就 500 亿美元左右。而雅虎只用了不到六年时间就做到了通用和福特百年都不曾做到的事。

雅虎的迅速崛起在当时是一件非常轰动的事情，所以很多人慕名前往寻求帮助，这里面就包括杨志远的两名斯坦福校友。原来，这两位年轻人研发了一种新型搜索技术，希望能够卖给雅虎，但是杨志远没有同意。表面上的原因是价格没谈拢，实际上却是当时的杨志远本人有点自我膨胀，他靠雅虎门户起家，对搜索技术的前景看不清，又有点瞧不起两位学弟。说白了，就是因为认知偏差，产生了判断失误。那哥俩一看，既然你雅虎不要，那我们就自己干吧，他们利用自己的搜索技术创办了一家公司，名字叫“谷歌”。

不管是为人还是处事，选择和判断都是最基本的能力。

杀了宋义后，项羽不但威震楚国还名震诸侯。从这个时候开始，项羽的人生进入了巅峰模式。接下来发生的事情，就是大家都耳熟能详的了。为援救巨鹿，他率军渡过漳河，用破釜沉舟的方式激发士气，大败秦军；到新丰鸿门设宴招待刘邦，结果不听亚父范增的劝告，放虎归山。鸿门宴后没多久，楚汉战争便全面爆发。后来的结局，一代战神自刎乌江，临死前发出了“力拔山兮气盖世，时不利兮骓不逝”的感叹，成为历史上最著名的悲情英雄。

结语

古希腊哲学家赫拉克利特有一句名言：一个人的性格就是他的

命运。赫翁如何得出这一观点已无从知晓，不过后世用自身经历为这一格言确证的人物却层出不穷。

项羽虽为战将，但他的性格与处世方式还是可以为当代的创业者提供一些借鉴：

1. 认准之事，就果断行动，不要犹豫。

2. 做大事者，不要在乎一时的得失。要记住：抢占先机诚可贵，后来居上价更高。

3. 对形式的认定和判断，不能太自我，要从大局和长远角度出发。

4. 勇气和谋略并不冲突，知道何时运用它们才是最高的智慧。

高祖本纪

几千年来，中国的主体民族和主体文化都与汉族有关，而汉族的这个“汉”字，就是来源于汉高祖刘邦所建立的汉朝，如果没有汉朝的存在，中华文化的根脉就是不完整的。刘邦创立的汉朝奠定了汉文化民族身份认同感的感情基础，而身份认同和疆域统一是相辅相成的良性循环，这已经是不世之功了。另外，刘邦还解决了传承难题。历史学家黄仁宇曾经总结说：“中国皇朝存续，关键只在‘第三代接班人’。”来看汉朝：刘邦死后吕后掌政，中间惠帝在位 7 年，亲政 16 年的吕后是实质上的第二任皇帝。在此之后，汉朝迎来了中国历史上不错的几任好皇帝，像文帝与景帝相继出现的“文景之治”。

从创业者的角度看，刘邦称帝是典型的白手起家的故事。我们要从历史中学管理，历史上的管理者就是帝王，刘邦就是个很好的案例。

刘邦是沛丰邑中阳里（今江苏丰县）人，姓刘，字季。传说刘邦的母亲在大泽边休息时做了一个梦，梦中和神仙相遇，这时候，空中电闪雷鸣，刘邦父亲正好在找妻子回家吃饭，忽然看见一条蛟龙趴在她的身上。不久之后，刘邦母亲就怀上了刘邦。

在各种帝王的故事中都会出现类似的传说，以显示这个人来历不凡。其实刘邦除了这个带有神话气息的出身外，真的就非常普通了。相比于其他英雄，刘邦这个开国皇帝更有烟火气息，离普通人更近。在司马迁笔下，刘邦绝对不是一个高大全的完美领袖，他既有勇气和眼光，又贪财好色。既能够让将领心服口服，也会让自己的妻儿下属反复吐槽。这种平民色彩，反而让刘邦显得非常率真，不虚伪造作，这一点和唐宗宋祖都不同。

刘邦有一个最大特点，就是很接地气，甚至有的时候简直没底线，贵族出身的项羽拿他这种无赖根本没办法。

刘邦的父亲是自耕农，没钱。他一没有家世背景，二没有过人的才华，三没有充沛的体力，算是个“三无”青年。兄弟四个中他排行老三，从小游手好闲，轮流到哥哥家吃饭，有一次嫂嫂听见他来，拿着锅铲把锅铲得哐哐响，表示饭吃光了。父母也每天骂他不成材。在这种环境下成长起来的刘邦，性格特别善于隐忍。

楚汉相争的时候，项羽把他父亲抓起来，在城头上说：“刘邦，你要是不投降的话，就把你父亲煮了吃。”刘邦却回答说：“咱哥俩是拜把子兄弟，我爸爸就是你爸爸，你要煮你爸爸的话，也分我一杯羹啊。”项羽气得直翻白眼。

他做的另外一件特别有名的事，就是在被项羽打败后，在逃跑的路上把儿女丢弃在路上，只顾着自己逃跑。不仅如此，当他的手下夏侯婴把孩子抱上车后，刘邦居然再次把孩子推下了车。

你可以说这个人很残忍，但他确实能在身处逆境的时候，忍常人所不能忍。

当年说好第一个攻进关中的是大功，刘邦却被贬入汉中，他忍了，更是趁机埋头经营，准备卷土重来；在鸿门宴上，冒死赴宴，对项羽低声下气，他忍了；韩信收齐地，自荐要当“伪齐王”，等于背叛，他生气之余听张良劝谏，也忍了，还封韩信为“真齐王”。

这种忍，其实也显示了他的胸襟气度。刘邦很重视别人的意见，不会受困于自己的经验和威望，也不会为了面子而固执己见，他甚至常常违背自己的决定，180 度大转弯去接受别人的意见。

陈胜吴广起义后，刘邦这边也举兵响应。但光有士兵不行，还必须笼络更多的人才，所以刘邦也四处招揽名士，但是他骨子里看不起知识分子。当他的军队经过高阳后，有个叫郦食其的儒生听说刘邦厚待贤才便前去拜见。可当他出现在刘邦面前时，发现刘邦正叉开双腿坐在床上，让两个女子给他洗脚，一副悠闲自得的样子。郦食其看见后心里顿时一紧，也不叩拜刘邦，只是拱手作了个长揖说：“沛公，如果您下决心要诛灭没有德政的暴秦，就不应该这样接见有才能的人。”

很多下属向领导或者未来领导提意见时，都会非常注重自己的言辞，婉转来婉转去，生怕对方发怒怪罪。郦食其没有这种顾忌，而刘邦也没有发怒，他马上站起身，提起衣服，连连向郦食其道歉，毕恭毕敬地把郦食其请到上座。郦食其见此也颇为感动，觉得刘邦真的是一个爱惜人才能够成就大事的人，便忠心耿耿地给刘邦卖命。

公元前206年，刘邦的军队接受了秦王子婴的投降，随后顺势进入咸阳。年轻的时候，刘邦目睹过秦始皇出巡的盛况，并发出了“大丈夫当如此也”的感叹。当他真正进入秦始皇曾经生活的皇宫时，也确实禁不住这里的诱惑，便打算在皇宫里安心休养。樊哙、张良等人见了连忙劝阻，说天下局势未定，主公这样未免有些不妥。刘邦一听觉得很有道理，连忙下令保管好皇宫里的财务，便乖乖回到自家军营里。

这一点上，项羽就远远不如刘邦。他虽然性格宽厚，爱戴士卒，但同时也刚愎自用，固执己见。最后垓下决战失败后，项羽还感叹说时运不济，天命不在自己，仍然没有放下架子反思自己的错误。

我们之前说了刘邦的出身，这个人终其一生都不拘小节，甚至很过分。他曾经拿儒生的帽子当尿盆，以此来侮辱儒生，但是他大事从不糊涂，能与高人相处，知人善任，更能接受别人的意见，以提升自己的识见。有了这些气质，他在重要关口的决定都是准确而且及时的。

他紧守关中基地，不仅在群雄之中脱颖而出，而且汉家四百年的统治，也因中居形胜之地，帝业因此不坠。以刘邦的创业经验看，一个领袖必须气量宽宏，有胆有识，胜不骄，败不馁，知人善任，听信谏臣，收集信息，集众人的智慧以成就自己的智慧。

刘邦从地方无赖混到亭长职位，算是个基层公务员，他利用这点职权结识了县中的众多官吏，其中就包括后来成为他左膀右臂的萧何、曹参等人。在吕公招待客人时，他不名一文，却敢冒称赠送厚礼，混到了上座，戏弄宾客，这种气魄获得了吕公赏识，还把女儿下嫁给他。在押送戍卒时，戍卒逃亡，他干脆释放所有戍卒，自己也逃亡大泽中。

大家应该都听过“约法三章”这个成语，它就来自刘邦的故事。刘邦在关中时对当地一些百姓代表们说：“父老乡亲们，秦朝的法律太严苛，让你们受苦了。我领兵进关前，楚怀王与诸侯们约定，谁率先进入关中，谁就有资格称王，所以我就是真正的关中王。现在，我和父老乡亲们约定，法律只有三条：杀人者处死刑，伤人和抢劫者依法治罪。总之，我们不会对大伙有任何侵害，千万不要害怕！”

老百姓都被秦朝暴政盘剥了很久，刘邦这些开明的政策让百姓心生感激。刘邦不光宣扬口号，还四处派人给百姓送粮送酒。反观项羽，他进入咸阳后自封为西楚霸王，大肆杀掠，离开咸阳时又把秦宫里的财宝、妇女全部捆载而去，最后还放了一把大火烧毁了阿房宫。

你为百姓考虑百姓自然能够有所反馈，有了群众基础战争的天平必然会向你这边倾斜。

在刘邦起兵的早期阶段，他就擅长走群众路线，在攻打沛县的时候，他把书信射入城中，呼吁百姓对抗秦朝，否则大家都没好日子过，还号召大家推选一个新的领袖来领导。结果百姓们不仅杀了郡守，还推举刘邦来带队。如此刘邦不费一兵一卒就拿下了自己早期的根据地。

这些事迹都足以说明刘邦拥有敢于一搏胜负的勇气，也可以凭借手中的资源做出最佳决定。后来他在汉中休养生息，暗度陈仓占据关中，再后来遣韩信取得齐地，北联张耳、陈余，南结彭越、英布，最后诸军会合，大败项羽于垓下。

刘邦在创业过程中接纳了大量人才，并且对他们给予真正的信任。他听取萧何建议，进入关中后不动金银财宝，却获得当时全国的户籍、赋税档案和舆图（国家地理图）。这一大批数据使刘邦掌握了全国形势及资源分布情况，拥有了其他军阀所不具备的全面信息。

后来刘邦从汉中潜出陈仓，掌握了秦国故地，关中表里山河，易守难攻。毗邻的巴蜀、陇右属北方边郡，据有盐、铁、战士与马匹等重要资源，是他能取得天下的重要原因。天下既定，刘邦又听取娄敬的建议定都关中，也是为了继续掌握这些资源，高屋建瓴，控御东方。这些判断不能说是偶然的幸运，而是由于他能接纳他人的建议。

正式称帝后，刘邦曾试探性地问大家："各位兄弟，今天你们只说真心话，不要欺瞒我。我之所以能取得天下，靠的究竟是什么呢？项羽之所以失去天下，又是因为什么呢？"

对于这个问题，高起、王陵两人这么回答："说实话，陛下您性情傲慢，而且喜欢侮辱别人。项羽宅心仁厚，也很关爱士卒。但陛下派人攻城略地，打下的土地和财富就会分给大家，让手下人有福同享。而项羽却嫉贤妒能，谁功劳突出就嫉妒谁；谁有才能就排挤谁。打了胜仗也不给人家授功，夺了土地也不会和人分享，这就是他失去天下的原因。"

刘邦听了笑了笑说："看来你们只知其一，不知其二。如果说运筹帷幄之中，决胜千里之外，我比不上张良；镇守国家，安抚百姓，供给粮饷，不断绝粮道，我比不上萧何；统率百万大军，攻无不克，战无不胜，我比不上韩信。这三个人都是人中豪杰，我却能够任用他们，这就是我能够取得天下的原因所在。项羽虽然有谋士范增却不能重用，这就是他被我擒获的原因。”

刘邦这段话对自己有清晰的认知，在刘邦集团里杰出的人才并不止张良、萧何与韩信三个人，在争霸天下的过程中，刘邦根本不在乎自己有多少精彩表现。项羽在阵前找他单挑，他拒绝，然后项羽让弩弓手朝他射箭，还把他胸口射伤。这些事情在项羽看来肯定没法接受，那是奇耻大辱。可刘邦不觉得，他可以接受自己出丑，占据下风，只要手下文臣武将秀出风采就足够了。

在刘邦手下，张良、陈平成了谋士的标杆，萧何也赢得了堪比管仲的美名，韩信更是书写了一系列军事神话。你有多大能力刘邦就给你提供多大的舞台，他根本不在乎自己是不是主角。但在项羽看来，主角只能有一个，那就是他自己。

在企业界，英语培训早期的启蒙者是李阳和俞敏洪，最初李阳的“疯狂英语”和俞敏洪的“新东方”都各具特色。但后来李阳渐渐销声匿迹，而俞敏洪却越做越好。对此，俞敏洪是这样说的：李阳个人能力强，魅力出众，这点比我强。但我更擅长把一串珍珠连接在一起，耐磨而实用。

的确，在新东方内部俞敏洪从来都是最喜欢自嘲的那个人，王强、徐小平等合伙人也没少调侃他。关于自己早期的自卑和木讷，以及创业初期的艰难，俞敏洪从来都毫不掩饰，甚至还告诉大家：

在北大读书的时候，他就是王强、徐小平等人的迷弟。

可李阳始终是公司唯一的竞争力，他在电视和演讲台上滔滔不绝的时候，俞敏洪选择了一种更加宽厚、更加温和的方式去发展。如今李阳已经沦落到几乎去做传销的境地了，而新东方却成了教育领域的旗舰。新东方能有今天的成就，和俞敏洪本人的气度与格局有着直接的关系。领导者没必要证明自己很厉害，能够不声不响地带出一个厉害的团队，那才是真正的领导艺术。

结语

刘邦一生打过无数败仗，但他赢了垓下决战，从而夺取了天下。

刘邦一生做过很多错事，但他只反思自己，不挑剔他人，从而成就了一众布衣卿相的传奇。

在中国历史上，开创时期的君主，白手起家的只有汉高祖刘邦与明太祖朱元璋二人。朱元璋出身贫苦孤儿，依附佛寺为僧，然后投入红巾军，由郭子兴的卫士逐渐独当一面，逐鹿中原，荡平群雄，高举抗元义旗，推翻元朝，建立明王朝。

朱元璋一生也算豪迈过人，但与刘邦相比，还是少一点宏大的气魄。

统一中国后，朱元璋满足于自保，沿北边筑长城守塞，既没有像汉代边郡建立有万骑巡边的机动部队，也没有如唐代设都护驻防，甚至没有建立明朝与蒙古诸部之间的宗主藩属关系。他诛杀功臣，广封皇子，都是“家天下”的作风，所以终明一代，明朝始终是自保的格局，缺少了汉代大开大合的气魄。

再看刘邦。开国以后，他杀了彭越、英布、韩信三人，这三人虽曾经是他的战友，此时却是必须消灭的对手。对于多数功臣，刘邦却是广为封赏。天下初定时，面对功臣们的猜疑，刘邦听取张良的建议，封了与自己一向不和的雍齿为列侯，从此众心始定。此后功臣们都得封爵，汉初天下，刘氏子弟为诸侯王，功臣为列侯，这是一个家族与功臣共安天下的局面。

刘邦这个人对亲情淡薄，但却对友情看重。所以，汉代功臣集团维持的时间远比宗室内戚要长，汉初经过吕氏及七国之乱两次家族内乱，都是功臣集团出力保住了大汉政权。

所以说，刘邦对“职业经理人”的使用，远超过一般的董事长，换来了西汉东汉历经 29 帝 407 年的基业。

吕太后本纪

喜欢看宫斗剧的人应该会发现，像武则天、慈禧之类的女性领导者往往是其中的绝对主角。很多时候，当观众看到那些嫔妃被皇后欺凌甚至虐待的时候，心里会产生一种不自觉的同情，觉得这些皇后、太后真是太坏了，怎么能这样对待这些弱女子呢，从而衍生出一堆道理，比如“女人何苦为难女人”“皇后就是嫉妒嫔妃年轻美貌”，事实真的是这样吗？

和武则天、慈禧她们一样，吕雉作为汉朝的开国皇后也没少被世人批判。但大家都学过辩证法，知道事物是有两面性的，很难说哪一方是绝对的邪恶残暴，另一方是绝对的善良纯洁。今天，我们就从用强硬手段捍卫核心利益和主动出击扩大权力两个角度，来为大家解读一个更加立体的吕太后。

尽管现今社会很强调人与人之间和谐共处，强调情商和交际，但如果有人执意侵害我们的核心利益，我们完全有理由进行抗争。不是什么时候都要彬彬有礼，该强硬该果断的时候一定要表现出来，否则吃大亏的还是自己。

先来说说吕太后和刘邦是怎么认识的。早年，在刘邦还是一个“小乡长”（泗水亭长）完全没有显露帝王之相的时候，吕雉的父亲对这个年轻人就特别有好感。经过一段时间的接触后，老吕决定把自己的大女儿嫁给刘邦，二女儿嫁给刘邦的朋友樊哙。刘邦本来就是个贪图美色的人，年轻时候的吕雉是一个标准的美人，所以刘邦二话不说就同意了。

按照我们的传统说法，吕雉就是刘邦的糟糠之妻。在刘邦最艰难的日子里，吕雉跟随他一起打拼。而且吕雉也确实很有能力，后来平定韩信、英布等人叛乱的时候，吕雉都立下了汗马功劳，绝不是那种只会拖后腿撒娇卖萌的角色。这样一个妻子，按理说刘邦应该好生对待和珍惜吧？但这家伙始终不安分，当上汉王后，他在定陶认识了一个戚姓女子。这女子容貌出众，能歌善舞，很得刘邦欢心，刘邦直接把她纳为妃子，史书上把她称作“戚夫人”。

那时候吕雉年纪也不小了，行动不方便，没法长期陪伴在刘邦身边，这更是给了刘邦和戚夫人培养感情的机会。

其实古代皇帝拥有三宫六院很正常，如果因为对方年轻貌美就心生醋意，后宫那么大，那么多嫔妃，皇后挨个嫉妒岂不是要活活气死吗？如果不涉及政治上的冲突，大多数时候皇后跟嫔妃都能和谐共处。但这个戚夫人恰恰有点不安分，偏要去开启这个“潘多拉魔盒”，从而引发了一连串不可控的后果。

当时的太子是吕雉的儿子刘盈。这个孩子天性善良，从未来国家领导人的标准来看，气质过于柔弱，恐难当大任。在刘邦看来，这孩子一点儿都不像自己，所以也不太喜欢他。那么他觉得谁最像自己呢？戚夫人生的儿子刘如意。渐渐地，刘邦在心底萌生了一个想法：那就是废掉刘盈，立如意当太子。

在古代，太子的废立之争就像一颗核弹，可以引发整个朝廷的大震荡。这种事情一般人不敢参与，更不敢去煽风点火。但是，戚夫人在得知刘邦的想法后，天天在刘邦面前哭闹撒娇，要求刘邦尽快废掉刘盈，立刘如意为太子。

在这之前，吕雉对戚夫人的印象很淡漠，只大概知道有这么个人，既没好感也谈不上什么嫉妒。但戚夫人这个举动着实让吕雉的心底有了极大的抵触。“你比我年轻，比现在的我貌美，和皇上走得更近，都没什么，像你这样的女子我见多了。但是，你居然想废掉我儿子立自己儿子为太子，你觉得我还能忍吗？”

客观地讲，吕雉是跟随刘邦一起创业的结发妻子，真正跟刘邦吃过苦受过累的。她后来拥有的一切，包括刘盈被立为太子，这些都是自己辛苦打拼下来的。我们总是说，成功的男人背后必然有一个支持她的优秀女性。刘邦身后的这个优秀女性就是吕雉。

而戚夫人认识刘邦的时候，刘邦已经是汉王了，是准备和项羽争夺天下的一方霸主。她没有吃过共同创业的苦就直接享受了极致的宠爱和富贵，以至于她根本就没有看清楚自身的实力。朝廷里面，吕雉的两个哥哥都是刘邦帐下的功勋武将，大将樊哙还是吕雉的妹夫，张良、陈平等谋臣也都比较支持吕雉。而戚夫人这边，朝廷里面没一个文臣武将是她的党羽，除了刘邦对刘如意特别的疼爱外，她没有任何跟吕雉对抗的政治资本。

刘邦也在众人面前流露过立新太子的意思，但都被一帮老臣劝住了。后来刘邦驾崩，这意味着戚夫人唯一的靠山也消失了。但是，你之前言行埋下的祸根，不会因为你的处境变化而消失，吕雉必然是要跟戚夫人算这笔账的。

读史书你会发现，其实吕雉跟多数嫔妃一直都能和平共处，包括后来汉文帝的母亲薄夫人，吕雉对她就特别好。所以吕雉跟戚夫人翻脸的根源绝不是所谓宫斗类的情感矛盾，而是政治矛盾。

在后宫，如果仅仅是情感矛盾，那还可以化敌为友；但如果是政治矛盾，那就真的是不共戴天了。更何况戚夫人有着犯大忌的前科，这一点是吕雉绝对无法容忍的。

刘邦死后刘盈即位，吕雉在第一时间就成了实际的掌控者。尽管戚夫人的政治势力很薄弱，但吕雉还是决定先下手为强，因为她跟随刘邦见了太多类似的事：很多人原本有优势，就是因为优柔寡断，行动迟缓，最终丧失了先机。于是，她把戚夫人囚禁到永巷（宫中关押女性罪犯的地方），让她跟仆人们一起劳动。

如果此时戚夫人安分点，或许还可以保全性命。结果她天天在劳作之余都会唱歌，唱的还全是儿子在当王，母亲却成了奴隶，儿子啥时候来救母亲这些很敏感的东西。后来吕雉知道了心想："既然你盼着儿子来救你，那我就让你永远也见不到儿子。"于是找个理由召见刘如意进宫，设计毒死了他，然后又命人把戚夫人弄成了"人彘"，这个人彘可是太残忍了，具体来说就是把人的四肢剁掉，挖出眼睛，用铜汁注入耳朵，让他变成聋人，再用哑药灌进喉咙，割去舌头，破坏声带，使人不能言语，然后扔到厕所里。

吕雉虐杀戚夫人的方式确实违背人性，以至于她的儿子汉惠帝刘盈都说“此非人所为”。从吕雉角度讲，她是刘邦的结发妻子，跟随刘邦艰苦创业，立下了很多功劳，也吃了很多苦，受了很多委屈。而戚夫人仅仅凭着年轻美貌，长袖善舞，就想把吕雉这么多年的心血全部夺走，这确实对吕雉也不公平，所以用强硬手段去维护自己的核心利益，恐怕也是吕雉必须要做出的选择。

2016年10月11日，一代武侠小说宗师金庸先生向广州市天河区人民法院递交诉状，状告青年畅销书作家江南侵权，索赔500万。从法院的公告中我们可以得知，金庸先生之所以起诉江南，是因为后者曾在2002年写了一部小说名叫《此间的少年》，发表在网络上并出版。

在《此间的少年》这部小说中，江南借用了金庸先生小说中众多人物的名字，将这些人物变成“青春校园”故事的主角。用现在年轻人的话说就是以金庸先生的小说为蓝本，写了一部“同人小说”。

但这却引起了金庸先生的强烈不满。早在2005年金庸先生就曾强调过：“文学一定要原创，有些网民拿我小说的人物去发展自己的小说，是完全不可以的。你是小孩子，我不来理你，要是真理你的话，你已经犯法了。在香港用我小说人物的名字是要付钱的。”因为这些小说人物都是金庸先生自己独创的，具有代表性的意义，随意使用必然会造成侵权行为。

金庸先生之所以在《此间的少年》出版十多年后才起诉江南，主要是因为时下的网络文学中以金庸小说为背景所创作的作品越来越多，让金庸先生不胜其扰，感到有必要维护自己的合法权益。因此具有极高知名度的青年作家江南就成了金庸先生抓到的“典型”。

最终，天河区人民法院在 2018 年依法做出判决，判决作家江南的行为构成不正当竞争，应向金庸先生公开道歉，并赔款 188 万元。

也许有人会说，江南只不过借用了几个名字就被告上法庭，金庸先生这样做很没有大宗师的气度。可是这件事情已经侵害到了金庸先生的核心利益，毕竟这些小说是他一辈子的心血，如果不以强硬手段处理此事，放任这种现象愈演愈烈，那自己以后的任何基本权利都很难被保障。

所以，尽管吕雉的手段确实不人道，但她的出发点是捍卫自己和儿子的核心利益。我们大家在职场打拼或者创业，也难免遇到很多不合情也不合理的处境。这时候就不能一味退让，该捍卫核心利益时就应该挺身而出，否则对方只会得寸进尺。情商的意义，绝不是一味地讨好和妥协，它讲求的是一种相互尊重基础上的和谐。

公元前 188 年，汉惠帝驾崩。可临到发丧时吕太后只是干哭，并没有掉多少眼泪。这个情况被张良的儿子张辟彊看到了，他敏锐地察觉到了其中的原因，于是就去问丞相陈平：“太后只有惠帝这么一个儿子，如今儿子去世了，太后作为母亲，只干哭而不悲痛，您知道这是为什么吗？”

陈平一脸疑惑地问：“为什么呀？”

张辟彊说：“因为皇上没有成年的儿子，所以太后顾忌的是您这些老臣，怕你们和她争权。如果您请求太后任命吕家的吕台、吕产等人为将军，统领两宫卫队，并把吕家的人请进宫中，这样太后就会安心，你们这些老臣也许就能够幸免于祸了。”

陈平一听就明白了，吕后这是要准备动手了。以吕后的手段，陈平这班大臣当时是无法与她抗衡的，不如顺坡下驴，主动交出权力来保全自己，于是便听从了张辟彊的建议。

果然，吕太后看到陈平的表现后才算彻底放下心来。从此，吕氏家族掌握了汉朝的朝政大权，但也是从这时候开始，其他刘氏皇族成员以及文武百官，都开始对吕雉有了不小的意见。

在吕雉和戚夫人争夺太子位置的时候，由于吕雉皇后的身份，以及她的功劳和威望，大家基本都还是站在她这一边，毕竟她代表的也是刘邦。但刘邦和汉惠帝去世之后，吕雉独揽大权，甚至还想让吕氏家族取代刘姓江山，这就有些触犯底线了。中国古代社会毕竟还是由男性主导，而且很重视帝王的正统血脉和香火延续，吕雉以一个女性的身份，直接挑战这个强大的传统，必然会受到很多阻挠。

吕雉死后，吕氏家族的形势就开始急转直下，最终输给了刘姓家族和文武百官。皇帝的位子最终由刘邦的四儿子刘恒接替。这个刘恒就是汉文帝，闻名后世的“文景之治”便是从他开始的。

这里我们要说一下：“文景之治”有着很高的历史评价，因为它让汉朝继续休养生息，人民安居乐业。但是，“文景之治”不是孤立的。从刘邦建国到“文景之治”，这段时间里必然有一个过渡阶段，这个过渡阶段就是由吕雉主导的。

客观来说，吕雉虽然在宫廷的权力斗争中很有存在感，但对于百姓民生，她继续贯彻刘邦开国时期轻徭薄赋的政策，人民生活一直很稳定，社会风气和治安都很好。

结语

从和刘邦共患难的结发妻子，到权倾天下的皇太后，吕雉的一生可谓是体验了一个女性所能体验的极致。尽管对吕雉的历史评价一直存在很大的争议，但她对自身权益坚决捍卫的强硬态度，做事情时的高度执行力和判断力，这些品质都对我们当代的创业者有着很好的启示。

孝文本纪

熟悉历史的人都知道，中国历史上有不少伟大的“治世”，如隋朝的“开皇之治”，唐朝的“贞观之治”，等等。而中国历史上第一个真正意义上的治世，当属汉初由汉文帝、汉景帝所缔造的“文景之治”。其中，汉文帝是“文景之治”的实际开创者，也是中国历史上少有的“零差评”皇帝。在他执政期间，汉朝整体的经济水平有了显著的提升。正如王夫之所说：“汉兴，至文帝而天下大定。”司马光在《资治通鉴》中也给出了极高的赞誉，说文帝一朝是“海内安宁，家给人足，后世鲜能及之”。

汉文帝在位二十三年，政绩斐然。对内，他改革吏治，取缔酷刑；对外，他安抚南越，北拒匈奴。“文景之治”的序幕被正式拉开。那么，汉文帝究竟是如何登上皇位的，他又是怎样的一个皇帝？今天就让我们跟随太史公的笔触，一起走近这个名垂千古的孝文皇帝。

汉文帝刘恒是汉高祖刘邦的第三子，西汉第三位“正式”的皇帝。公元前 180 年，掌握西汉实权达十五年的吕后终于闭上了眼睛，追随刘邦去了。随着她的死亡，吕氏宗族的“好日子”也走到了头。在前朝老臣与刘氏宗亲的共同努力下，吕氏一族彻底覆灭，政权重新归还到了刘氏手中。

原本被吕后所立的少帝刘弘肯定是不能继续当下去了，那该立谁做皇帝呢？就这个问题，大臣周勃、陈平、灌婴、张苍与刘氏皇族的刘泽开始了激烈的讨论。按照中国古代的皇室传统，老皇帝死了以后，只有和皇帝同姓的人才能继位。而在当时，二代皇帝汉惠帝的子嗣不是死了就是和吕氏有牵连，所以皇帝只能从刘邦的其他血亲里选。

刘邦的兄弟肯定是不可能，刘邦死的时候都 61 岁了，那时候刘邦的哥哥弟弟也都死的差不多了，没死的也活不了几年了。那么就只剩下了刘邦的儿子和孙子。孙子里面最有竞争力的就是刘邦的长孙刘襄，可他得罪了刘氏宗族的代表、自己的大爷刘泽，所以刘襄也只能跟皇位说拜拜了。因此皇帝的候选人只能从刘邦活着的俩儿子里选：代王刘恒和淮南王刘长。但是刘长从小被吕后抚养长大，跟吕后亲如母子，要是立了他万一被“秋后算账”怎么办？所以代王刘恒就成了皇位唯一的人选。

刘恒除了符合硬性的继承标准外，最关键的一点是大臣们觉得他比较懦弱，利于控制，不会给自己找麻烦。做好决定后，陈平、周勃就让人去代地迎接刘恒进京即位。刘恒一进京，周勃就想套近乎，他原本想把汉文帝单独叫出来说几句话，以表明自己的拥戴之功。孰料汉文帝手下的大臣宋昌当时就怼了一句：“你要说公事，就公开说；你要是说私事，对不起，为王之人不受私情。”搞得周勃哑口无言。这让众人不禁高看了刘恒一眼：他手底下能有如此之能臣，想必他的能力也差不到哪儿去。果然，后来汉文帝的举措让所有大臣都大跌眼镜——本想找一个懦弱好控制的皇帝，谁成想来了这么个英明神武的主。也正是群臣们的这次“看走眼”，才造就了后来的“文景之治”。

西汉皇帝皆以“仁孝”治天下，这一点汉文帝起到了很好的带头作用，他是将仁政举措推及民众的第一人。汉文帝的仁政包含两个方面：对大臣和对百姓。对待朝中的大臣们，汉文帝一向采取温和治理、宽容待人的态度，像袁盎这类诤臣，说话往往不太好听，但汉文帝总是耐心听取他们的意见，并鼓励他们多多“骂”自己。济北王刘兴居叛乱时，汉文帝也没有追究下面官员和兵士的任何责任，全部予以赦免，并官复原职。这种容人的度量，在历代皇帝中都很少见。在对待百姓上，汉文帝更是历代皇帝所效法的榜样。汉文帝首先减少了赋税，在天下发生灾害时停止诸侯对朝廷的进贡，并及时开仓赈粮；汉文帝大力提倡农业生产，并亲自下田耕种，他通过自己的身体力行，不遗余力地推行恢复生产政策；法律方面，汉文帝废掉了“诽谤妖言”罪，最重要的是汉文帝还下令废除了肉刑。

说到汉文帝废除肉刑，就不得不提“缇萦救父”这个入选了“二十四孝”的故事。当时齐国的太仓令淳于意（即《扁鹊仓公列传》中的仓公），因为得罪了达官显贵被人设计陷害，按法律将被押送到长安施以肉刑。淳于意没有儿子只有五个女儿。女儿们跟随押送父亲的囚车啼哭不止，淳于意一边哀叹自己时运不济，一边骂：

“可叹我没有儿子，关键时刻也不能帮忙。”

淳于意的小女儿缇萦听了之后悲伤大哭，她不顾艰难险阻一路跟随父亲来到了长安，并想办法上书给汉文帝说：“我父亲为官正直清廉，为人忠厚慈爱，没有人不称赞他。现在他因为别人陷害将被处以肉刑，对于此事，我相信皇上您最终会还他一个清白，我并不难过，我悲伤的是，肉刑实在是太残酷了，就算我父亲真的犯法，日后他想改过自新也没有办法了。所以我愿意投身官府充当奴隶，只求能赦免我父亲的罪过。”

汉文帝看后大为感动，感叹道：“现在法律上有三种肉刑，都很残酷，可这世间的奸邪之事不还是层出不穷吗？主要还是因为我作为皇帝没能好好地教化百姓，没起到表率作用啊。我对此感到很惭愧。我们设定法律的目的，不是为了惩罚百姓，而是要引导他们走上正确的道路。如果因为有人犯了些小错，就让他成为终身的残疾，这不符合我们法律的目的，也不符合人之常情。我们应该给犯人留有改过自新的机会。”于是宣布废除肉刑。汉文帝这种带有人道主义光芒的举措，无疑具有进步意义。

除了广施仁政外，汉文帝最让人津津乐道的是他艰苦朴素的生活作风，他经常穿着草鞋上殿办公，为群臣做了节俭的表率。《孝文本纪》里也记载了一则汉文帝勤俭节约的案例：

汉文帝虽然是个节俭的好皇帝，但毕竟是个常人，也有自己的爱好，他特别喜爱驾车和游玩。有一次，汉文帝为了方便外出观赏皇家园林里的美景，想修建一个大露台，就去了解修建露台的具体预算。他特意召来工匠问道："我想修一个可供我和夫人、大臣们一起游玩的露台，你估计要花多少钱啊？"

工匠回答说："要是想修得气派一点华美一点的话，那可不便宜。"

汉文帝一听赶紧说："不用讲究气派华美，差不多能带大家玩就行，这样能便宜一些吧？"

工匠说："要便宜的也有，大约需要一百斤黄金。"

这下汉文帝却皱了眉，他追问道："便宜的也要一百斤黄金？你的收入是多少啊？"

工匠跟汉文帝说："我给皇上您修房子，在一般人里还算是个中产家庭吧，我干一辈子应该能挣十斤黄金。"

汉文帝长叹一口气说："修个便宜的露台，还需要十户中产人家一辈子的积蓄？这也太浪费了！想当年先帝那么努力奋斗才修建了这些宫殿，我应该对自己住这么贵的房子感到羞愧，还修露台干吗呢？我不能辱没先帝的名声呀。"于是立即取消了修建露台的计划。

汉文帝不光自己节俭，就连他身边的女人也跟他一起节俭。他最喜欢的慎夫人，也是"衣不得曳地，帷帐不得文绣，以示淳朴，为天下先"。啥意思呢，就是慎夫人的衣服都不能拖着地，上面也不能绣花，真正做到了"我为国家省布料"。

最厉害的是，汉文帝活着节俭，死了也节俭。他在遗诏里面规定，他死了以后全国人民最多哭三天。之后就该干吗干吗去，不用披麻戴孝，该娶媳妇就娶媳妇，该喝酒吃肉就喝酒吃肉。而且，陵寝不要太奢华，不要大修大建，不要陪葬贵重的珠宝玉器，一定要薄葬，千万不能给百姓增加任何负担。结果2000多年过去了，汉代所有皇帝的陵寝都被盗过，只有汉文帝的霸陵至今完好无损。为啥？因为里头没啥可偷的。

汉文帝因其艰苦朴素、勤俭节约的品质，成为中国历史上获赞最多的皇帝之一。有近百位诗人写诗歌颂他，有千余文人在自己的作品中提到了汉文帝的正面形象。

这种勤俭节约的精神在今天也依然有着鲜活的生命力。在拉丁美洲，有这么一位总统“寒碜”得不行，以至于每次和他一起开会亮相，总让其他国家的总统们坐立不安——因为他从来不带随从，不打领带，穿着十分随意，全身上下居然找不出来一件名牌。他叫何塞·穆希卡，是乌拉圭前总统，被西班牙媒体称为“全球最穷总统”。1935年出生的穆希卡，出身于农民家庭，2009年当选总统。尽管当时他是“穷苦人的候选人”，但最终却凭借超过半数的选票当选。任职总统后，穆希卡拒绝迁入总统官邸，因为“那比蹲过14年的牢房大太多”。他更拒绝了随从和防弹轿车接送，自己每天开着车龄“20多岁”的金龟车上下班。“异类总统”的举动还远远不止这些，周末他还会自己整理一下菜园，带着爱犬出门看球赛。他担任国会议员的妻子对于外界的不理解坦然一笑，称自己早已见怪不怪了。2011年，穆希卡把自己在埃斯特角的总统官邸和两处住房以270万美元的价格卖给了乌拉圭东岸共和国银行，然后把卖房所得的资金全部用于实施政府的住房计划。

对于自己被称为“全球最穷总统”，穆希卡微笑着回应道：“我一点儿也不穷，说我穷的人才是真穷，说我只有几样东西倒也没什么错，但俭朴却使我觉得非常富足。”

结语

回顾汉文帝的一生，他经历了从皇子到诸侯王，再到皇帝的三级跨越。然而他却依然能保持自己仁德节俭的优秀品质不动摇，这是十分难能可贵的，也是需要各位企业家去努力学习的。稻盛和夫曾在《京瓷哲学：人生与经营的原点》一书中说过：“不管自己变得多么富有，不管企业变得多么优秀，都必须做到‘不忘本，不变质’。这就需要企业家常怀自省之心，常思克己之道。”

俗话说：“由俭入奢易，由奢入俭难”，一旦养成了铺张浪费的习惯，当形势变得严峻时，即使想要“勒紧裤腰带”，也很难恢复到原有的状态。因此，无论在什么情况下，我们都必须注意节俭。这不仅是出于省钱的考量，也是一种保持自我品格的修行，希望大家可以共勉。

孝景本纪

历史上的“文景之治”是由汉文帝和汉景帝共同创造的，这段时期国家富足、百姓乐业、社会祥和，也为之后汉朝基业的延续打下了坚实基础。

汉景帝，名刘启，是汉文帝的第四子，母亲是窦太后。刘启本来是没有机会继承皇位的，毕竟前面还有仨哥哥。但历史就是这么神奇，飞向你的馅儿饼你躲都躲不掉。汉文帝前三个儿子莫名其妙地都挂了，原本的老四瞬间变成了老大。汉文帝传位时环顾一周，没找到其他合适的人选，又看了看身边的刘启，最终两手一拍：“得，儿子，就是你了。”于是，公元前157年，时年31岁的汉景帝正式即位，成为西汉第四位皇帝。但就是这样一个将汉王朝推向历史高峰的明君圣主，却有着令人捉摸不透的性格特征，以致很多大臣都因此命丧九泉。这究竟是怎么回事呢？

汉景帝这个人，在中国历史上的评价非常高。苏辙就曾经说过：“汉之贤君，皆曰文、景。”但就是这么一位优秀的皇帝，也有不少毛病，比如脾气暴，还容易犯迷糊，经常在一些重要的事上犯错误，差点儿断送了汉朝的基业。

在刘启还是太子的时候，曾经和吴王刘濞的儿子刘贤下棋，本来就是个游戏，结果下着下着俩人还下急了眼，为了一个子儿争得面红耳赤。刘贤从小在吴地（大约是以今天的苏州为中心的区域）长大，当时那里属于比较偏远的地区，所以性格也比较彪悍，和刘启一吵架，各种脏话都飙出来了。本来这事是刘贤犯错在先，如果刘启够聪明，稍微冷静一下，或者告刘贤一个不敬之罪，都能很好地解决这个问题。可谁想到刘启的火暴脾气一上来就不管不顾了，当时就犯了浑，想都没想，一生气一发狠随手抡起棋盘，哐的一下就给刘贤开了瓢。红的白的流了一地，刘贤当场一命呜呼。

太子打死了王子，这可是个大事。吴王刘濞听说了更是火冒三丈，非要找汉文帝要个说法。汉文帝一看，自己的儿子打死了自己堂弟的儿子，这怎么论啊。给太子判刑吧，下不去这个手，可自己又确实理亏，只好训斥了太子一顿，又不停地安抚刘濞，想打个马虎眼糊弄过去。

本来刘启服个软，真心跟皇叔认个错，这仇怨也许就能消解了。但他却偏偏在这时候犯了迷糊，认为自己没有错，根本没把打死刘贤这事当回事，一点悲伤和忏悔的表现都没有，更别提正式道歉了。

这毕竟是杀子之仇啊，从这时起仇恨的种子就开始在吴王刘濞的心里生根发芽了，他总觉得皇帝家欠他一个儿子，所以就越发骄纵和膨胀。他堂哥汉文帝因为自己理亏，所以对刘濞的做法也是睁一只眼闭一只眼。这一来二去的，刘濞想篡夺江山的念头就逐渐萌生了，等到汉景帝即位后，刘濞反叛的心思已经完全控制不住了。

公元前154年，汉景帝接受晁错的建议下令削藩。刘濞听闻此事当时就急了："当年你打死我儿子，今天又要削我的封地，刘启你小子是成心和我过不去啊。好，今天咱新仇旧账一起算！"堆积多年的火药桶就此爆炸，吴王刘濞联合其他六个刘姓诸侯王发动了叛乱，他们打的旗号是"诛晁错，清君侧"，这就是历史上的"七国之乱"。

诸侯王造反的消息迅速传到了汉景帝耳朵里。景帝一下就慌了，连忙叫来大臣们商议对策。这时，一向与晁错关系不太好的大臣袁盎建议说："这事简单啊，七国闹事这个火药桶，是晁错点的火，谁让他下令削藩呢。您现在只要杀了晁错，把七国的土地一恢复，再把诸侯王的罪名赦免了，这场叛乱必然会兵不血刃地平息。"

景帝这时又犯迷糊了，他觉得袁盎说的有道理，就有了杀晁错的打算。到了第二天又有好几位大臣联名上书，请求诛杀晁错。这回景帝彻底下定了决心，下旨将晁错腰斩。

晁错死后，大臣邓公前来汇报战况，听说景帝诛杀晁错后仰天长叹，对景帝说道："陛下您这次可做错了。诸侯王造反是蓄谋已久的事情，怎么会因为一个大臣而起兵叛乱，这无非是一个借口罢了。您杀晁错对内是堵塞了忠臣之口，对外则为诸侯王报了仇，这是个有百害而无一利的决定啊。"

景帝这时才如梦方醒，但世上没有后悔药啊。果然，诸侯王的叛乱并没有停息，而是愈演愈烈。聪明一世的景帝却因为一时的迷糊，在诛杀晁错这件事上犯了大错，白白损失了一个足智多谋、忠心耿耿的大臣。

好在景帝只是糊涂一时，在最终决策上却毫不含糊。他马上安排周亚夫为统帅全权打理军事，赋予他最高战场决策权。最终，周亚夫仅用三个月就平息了“七国之乱”。从这件事我们能够看出，汉景帝在性格上的致命缺点，那就是过于情绪化，在有些事情上考虑得太不周全。这种性格一旦发作起来，那可是为害不浅。

有着百年历史的爱立信曾与诺基亚、摩托罗拉称雄于世界移动通讯业。但在1998年之后的三年里，当世界移动电话业务高速增长时，爱立信的移动电话市场份额却从18%迅速降至5%，在中国市场的份额也从30%左右迅速下滑到了2%，不但退出了销售前三名，而且还排在了后来者三星和飞利浦之后。

爱立信之所以会在中国市场受到重创就是因为在产品质量这件事上犯了迷糊。1998年,《广州青年报》从8月21日起连续三次报道了爱立信手机在中国市场上的质量和服务问题，引发了消费者对爱立信的大规模批评。但是爱立信非但没有给予回应还火上浇油，在没有取得入网许可证的情况下推出了最新款手机SH888，这一举动让轻易不发声的电信管理部门都发出了要求爱立信整改的声明。至此，爱立信手机存在的问题浮出水面。

按说质量问题并不是个小事，应该得到足够的重视才对，要是以诚恳的态度站出来道歉，努力改善质量问题，还是有机会挽回中国消费者的心的。可此时的爱立信就像打死了刘贤的汉景帝一般，对于自己的质量问题不闻不问，甚至没有做出任何声明，这让中国消费者感到极为愤怒。

到了2001年，在中国手机市场上都在说爱立信如何如何不好，而爱立信最新款手机 T28 再次出现了质量问题。爱立信却一再地辩解自己的手机没有问题，而是一些别有用心的人在背后捣鬼。对于这种一而再再而三的错误，中国的消费者们终于忍无可忍，无情地疏远了爱立信，导致它在中国市场遭遇“滑铁卢”，再也没能重现当年的风采。

其实，信奉亡羊补牢观念的中国消费者不是没给过爱立信机会，只是爱立信没能好好把握，对质量和服务中出现的缺陷始终视而不见，迷迷糊糊地不肯表明态度，终于使爱立信输掉了中国市场。

汉景帝的另一个性格特征就是不爱说话。这个说话不是指平时的谈天说地，而是汉景帝有什么想法从来不向别人透露，总是自己默默地打算盘。王立群教授在《百家讲坛》上说：“人可以分为四种类型：既干又说的人、只干不说的人、只说不干的人和不说不干的人，汉景帝就属于那种只干不说的人。”

汉景帝的这种性格如果放在平常人家的相处中，大家互相体谅一下也就算了，但是放在政坛上就非常容易闹误会，进而引发严重的后果。

汉景帝最初立的太子是皇长子刘荣，刘荣的母亲是栗姬。按理说，刘荣只要能挨到汉景帝驾崩就自然继位了。但是历史却跟他开了个大玩笑，给他安排了一个完全不懂揣摩别人心思的母亲。当时汉景帝的姐姐长公主刘嫖想把自己的女儿陈阿娇嫁给刘荣做老婆，这样一来自己的女儿将来就是皇后了。谁知道栗姬不知好歹拒绝了这门婚事。这下可把刘嫖气坏了，转脸就去找汉景帝的另一个妃子王娡谈婚论嫁去了，并把自己的女儿阿娇许配给了王娡的儿子刘彻为妻，成语“金屋藏娇”说的就是这个故事。

栗姬不懂人情世故，得罪大姑子也就算了，最要命的是她连汉景帝也得罪了。本来栗姬得罪刘嫖后，刘嫖就经常在景帝跟前说栗姬的坏话，但是景帝内心对栗姬还是有感情的，所以也就没太当回事。

随着景帝身体的逐渐衰老，他自感来日无多，所以就想起了安排身后事，当时景帝还没有立皇后，栗姬作为后宫最得宠的人，自然是皇后的最有力竞争者，也是景帝托付后宫的第一人选。有一次，景帝把栗姬叫到床边，交代她说：“媳妇儿啊，我怕是不行了。我走以后，你就是后宫之主了，我这其他妃嫔和十几个儿子，可就全托付给你了。”按理说，正常人的反应肯定是赶快答应下来。不管你内心有多少想法，这时候都不能表现出来，应该尽量哄着景帝高兴才是啊。但遗憾的是，这个栗姬就不是个正常人。她一听心想：“啥玩意？你死了让我来照看你其他的小老婆和儿子，哪有这种道理。你活着的时候没给我什么好处，现在你不行了却想让我来当免费保姆，凭啥呀！”于是直接拒绝了景帝。

这事要是放在别的皇帝身上可能当场就发飙了，至少也应该说一下自己这么做的原因吧。但咱这位汉景帝也不是一般人，他啥都没说，只是默默地用“小本本”把这事给记下来了：“你栗姬不听我的话，不是好人。”

过了不久，汉景帝的身体又逐渐好转了，于是他放弃了栗姬，选择立王娡为皇后，并且废掉了刘荣的太子之位，改立刘彻为太子，这就是日后大名鼎鼎的汉武帝。可怜栗姬陪伴汉景帝这么多年，却不懂汉景帝的性格，要是稍微能揣摩一下景帝的心思，也不至于让儿子丢掉皇位啊。

还有一个例子也能看出汉景帝只做不说的性格。

周亚夫是名将周勃的儿子，靠着父亲的关系和自己平定“七国之乱”的战功做到了大将军。这个人也与栗姬差不多，读不懂汉景帝隐忍的性格，所以一次次挑战景帝的底线，最终冤死。

比如，景帝想废掉皇长子刘荣改立刘彻，周亚夫反对；景帝想封王皇后的哥哥王信为侯，周亚夫反对；景帝想给投降的匈奴将领封侯，周亚夫更是坚决反对……总之，不管景帝想干什么，周亚夫都举着一面旗子，上面写着“我反对”。一般来说，大臣驳皇帝面子，皇帝肯定就表现出来了。这些大臣，要么砍头，要么贬官，最次也要挨板子，但景帝没有这么干。每次周亚夫怼完他之后，景帝都没有表现出任何不满，只是转过身再次拿出“小本本”，把周亚夫“犯的事”一条条都记下来。但周亚夫却根本不知道这件事，这也为周亚夫之后的悲剧命运埋下了伏笔。

后来汉景帝用一整块肉来测试周亚夫的耐心，周亚夫却丝毫没有领会到汉景帝的用意，再次触怒了汉景帝，这件事在《绛侯周勃世家》中有详细的讲述，我们这里就不再细讲了。这次景帝没有把周亚夫的事再记“小本本”上，而是在周亚夫的名字上拿红笔打了个大大的叉。至此，周亚夫的悲剧命运便注定了。

可怜的周亚夫，最后一次能拯救自己的机会，也因为不了解景帝的性格而没能把握住，最终因为莫须有的造反罪名被景帝下狱，绝食而死。

结语

以上就是汉景帝的故事，从汉景帝的故事中，我们可以得到以下两个启示：

1. 遇事一定要仔细思考，斟酌思量后才能进行抉择，心思的严谨才能造就行为的严谨，细节上的疏忽大意很可能会酿成巨大的灾难。

2. 跟人打交道时，要了解他们的性格特点和处事特征。要用恰当的方式与人交往，千万不能由着自己的性子胡来。尤其在与领导打交道时，要了解领导的性格特征，尤其是那种只做不说的人，要尤其学会察言观色，揣测他们未表达的意思，不然，你很可能就会成为那个“冤死鬼”。

孝武本纪

在中国历史上，“盖棺定论”是一个很重要的说法。《史记》里面绝大部分人物都符合“盖棺定论”的说法。但有一个人，他和司马迁处于同一个时代，没办法“盖棺”，可这个人的身份、地位如此特殊，影响力如此之大，以至于司马迁特别想给他下个“定论”。能让司马迁有如此心理的人物还能有谁呢？当然是汉武帝了。怀着这种特殊的心情，一篇题为《今上本纪》的文章就被司马迁写出来了。

写完之后，司马迁可能自我感觉还不错，就把文章呈献给汉武帝。司马迁这个人我们都知道，“不虚美，不隐恶”，所以即便是写起当朝天子，肯定也是实事求是。不过，刚正不阿的人一般情商都不怎么高。事实也证明了这一点：汉武帝看完之后“怒而削之”。汉武帝因何而怒，又如何削，我们就不得而知了，反正这篇文章就这样消失了。

这样的后果是：身处司马迁时代，文治武功天下无双的汉武帝，竟然没有自己的“本纪”。有些人可能会纳闷了，难道《孝武本纪》讲的不就是汉武帝吗？其实这个《孝武本纪》并不是司马迁当时写的《今上本纪》，甚至连翻版都算不上。《孝武本纪》里面的内容是后人抄录《封禅书》补缀而成的。这也是为什么同在《史记》里的篇目，《孝武本纪》会与《封禅书》的内容有大量的重复。

那么，《孝武本纪》里的汉武帝是什么形象呢？用一个词来形容，那就是"祭神求仙"。客观来讲，把"祭神求仙"作为汉武帝的一个侧面并不为过，因为他的一生确实把很多精力都放在了这上面。但是，作为一个拥有雄才大略的帝王，仅仅用"祭神求仙"来形容还是太偏颇了。所以，咱们从两个维度来切入讲汉武帝：一个是以《孝武本纪》为起点，来看看"祭神求仙"的汉武帝是什么样的；另一个是以史实为依据，看看文韬武略的汉武帝又是什么样的，还有他的人生会给我们怎样的启示。

汉武帝，原名刘彻，是汉景帝排次第十个儿子，最初被封为胶东王。但在孝景帝七年，太子被废，胶东王刘彻便被选为太子。九年后，孝景帝驾崩，胶东王刘彻继位。

以上便是汉武帝在《孝武本纪》里的出场，简单到甚至有点寒酸。当然，前面已经讲过，丰功伟绩不是本篇的主题。实际上，《孝武本纪》接下来通篇都围绕汉武帝"祭神求仙"的事迹展开叙述。

其实，汉武帝热衷于祭祀鬼神也和当时的社会传统有关。在古代，每当改朝换代或者久乱之后天下太平，帝王通常都会举办祭祀天地的大型典礼，也就是封禅。封禅的目的一方面是向天地报告重整乾坤的伟大功业；另一方面也是表示接受天命，治理人世。而且，作为古代帝王的最高大典，封禅并不是说哪个皇帝想做就可以做的。汉武帝之前，秦始皇曾到泰山举行过封禅仪式；汉武帝之后，唐高宗、武则天、宋真宗等也都举行过。不过，除了武则天是在中岳嵩山举行封禅之外，其他帝王的封禅仪式都是在泰山举行。为什么选择泰山呢？这是因为古人认为群山中泰山最高，因此人间的帝王到最高的泰山去祭过天帝，才算受命于天。

汉武帝登基的时候，汉朝已经开国六十多年。经过他爷爷和父亲的“文景之治”，汉朝统治秩序基本上可以用国泰民安来形容。所以，在这个时候举行封禅仪式似乎是顺理成章的事情。当时，汉武帝推崇儒家学说，就广招儒学贤良，想让他们来主办这件事。不过，当时的窦太后崇尚黄老学说，不喜欢儒学，所以这事也就没做起来。直到六年后，窦太后去世了，有关祭祀的礼仪制度才又开始筹议。

公元前110年，经过公卿大臣以及儒生们的不懈努力，封禅的礼仪制度都制定得差不多了。于是汉武帝便在这一年率领群臣东巡，并在泰山顶上举行封禅大典。汉武帝一生文治武功，干成了很多惊天动地的大事，但如果要论精神上最高光的时刻，恐怕还要算在泰山上举行封禅大典了。别的帝王都只去1次，他一个人就去了5次。

封禅，原本只是一种礼仪，这和美国总统就职时按着《圣经》宣誓没啥区别。但是，在中国古代很多涉及祭祀的礼仪都和迷信有很大关系，比如汉武帝，当时就非常迷恋一个叫李少君的方士（道士前身）。按照司马迁的说法，这个方士隐瞒了自己的年龄和出身经历，经常自称70岁，能驱使鬼神，懂得长生不老之术。

有一次，李少君去拜见汉武帝，汉武帝便拿出来一件古铜器，问他是否认识。

他对着铜器转了一圈后，笃定地说：“这件铜器是齐桓公十年陈放在柏寝台的。”

汉武帝派人仔细查阅铜器上的铭文，发现它果然是齐桓公时期的铜器。

这下可不得了，整个宫中都沸腾了，都在传说李少君是神仙，可能已经有几百岁了。按说这神仙的事，宫女、太监们说说也就算了，没想到汉武帝也信了。不久后，李少君病死了，汉武帝还以为他成仙了，专门派人远赴蓬莱等地去寻找、研究李少君的方术。这些派出去寻找方术的官员一无所获，倒是把李少君的事迹给传开了，结果沿海很多心术不正的方士们都开始效仿李少君，纷纷来到长安，游说神仙之事，顺便发点横财。

俗话说，常在河边走哪有不湿鞋的，有个叫少翁的方士就成了这个“倒霉蛋”。刚开始时，汉武帝很相信少翁的神仙术，还封他为“文成将军”。可过了没多久，少翁的方术突然不灵了，因为汉武帝让他请的神仙总是不来，少翁怕露馅儿啊，他就写了一份帛书让牛吃了，假装自己不知道，故意对汉武帝说，这牛的肚子里有古怪。汉武帝就把牛杀了，然后就发现了那份帛书，还看到上面写着一些奇奇怪怪的话。

这汉武帝是谁啊？少翁偶尔要点小把戏糊弄一次还行，但这次的事太蹊跷，汉武帝就开始怀疑了。后来汉武帝派人一比对字迹发现帛书是少翁写的，汉武帝恼羞成怒，不仅杀了少翁还把此事给隐瞒了起来。

少翁不是第一个被杀的方士，也不是最后一个。实际上，因为汉武帝对鬼神的敏感，在他晚年的时候，还发生过一次被称为“巫蛊之祸”的政治事件，受到牵连的人达数十万，死者更是有数万人之众。

祭神求仙也好，巫蛊之祸也罢，都只是汉武帝的一个侧面。接下来我们结合史实，看看雄才大略的汉武帝都做了哪些事。

2013年，国家主席习近平在访问中亚国家哈萨克斯坦以及东南亚的时候，分别提出了共同建设“丝绸之路经济带”和“21世纪海上丝绸之路”的重大倡议。自那以后，“一带一路”就是中国的一张重量级的标签，在国际社会引起广泛关注。不过，这个充满现代化的标签却和一个西汉使臣有着千丝万缕的联系。这个人就是张骞，他最伟大的功劳就是出使西域，打通了促使中西方经济、文化交流的丝绸之路。今天的“一带一路”其实就是古代“丝绸之路”的升级版。

那么，张骞为什么要出使西域呢？这就和汉武帝当时正在干的另外一件大事挂钩了。我们都知道在古代，匈奴作为北方的游牧民族，一直就是中原政权的一大祸患。汉高祖刘邦统一天下之后，虽说军事实力蒸蒸日上，但与匈奴的关系却非常脆弱。为了稳定与匈奴的关系，当时惯用的策略就是与匈奴和亲。不过这种政策在汉武帝看来，非常屈辱，而且解决不了根本问题。那么怎样才能从根本上解决呢？汉武帝信奉的是“武力”的力量。

抗击匈奴这事秦始皇也干过。不过，汉武帝打匈奴，打得尤其狠：他是第一位派大军深入匈奴腹地进行决战的皇帝。我们知道，汉武帝对匈奴的战争取得了决定性胜利，但刚开始也不是十拿九稳的事。为了彻底击溃匈奴，汉武帝早期的一个策略是联合位于中亚的游牧部落大月氏一起抗击匈奴。张骞就是在这样的背景下出使西域的。

只就当时的目标而言，张骞出使西域并不算成功。但是，他在这个过程中却有了一个巨大的意外收获：开通西域，开辟丝绸之路。这对于整个西汉乃至后世都有着非常大的影响。这正是“有心栽花花不开，无心插柳柳成荫”。

在企业发展的过程中，类似于这样的意外收获也不少，比较典型的一个案例就是“伟哥”的发明。

说到“伟哥”，大家第一个想到的肯定是壮阳，但是，“伟哥”最初并不是为“壮阳”而研发的。至于壮阳，只是“伟哥”的副作用，而且这个效果是意外发现的。

“伟哥”的名字其实应该叫作“西地那非”，最早是作为心血管疾病的药物进入临床研究的。科学家在临床试验过程中发现这个药物对心血管疾病并没有什么疗效，正准备放弃的时候意外发现了一个很奇怪的现象。什么现象呢？就是很多男性患者在实验失败之后都不愿意交出剩余的药物，反而索要更多的药物。

这是怎么回事呢？原来，参与实验的患者发现这种药物有一种非常奇妙的“副作用”，就是可以迅速让自己的生殖器膨胀，进而改善性生活。要知道，勃起功能障碍在当时可是一种常见疾病，而且没有什么办法治疗。

科学家们像是发现了新大陆。他们转变了研究方向，开始就西地那非的壮阳效果进行研究。结果，实验大获成功。随后，研究者将这款壮阳药物取名“伟哥”，并于1998年成为美国上市的首个口服抗阳痿药，随后“伟哥”享誉世界。

结语

乔布斯在斯坦福大学做演讲时曾说过这样一句话：“展望未来时，你不可能预知这些片段将如何串联起来，只有在回顾往事时才会明白其中的关联。因此你必须相信这些点点滴滴在未来总会以某种方式串联在一起。”

汉武帝派遣张骞出使西域，研究者开发“伟哥”，就最初的目标而言都失败了。但是把时光轴拉长，或者换种思维去看待他们的价值，便会证明一个道理：世界上没有白走的路，每一步都算数。所以，做人也好，做企业也罢，不要怕自己走弯路，也不要怕付出，因为你无法预先知道自己的哪一步会和将来的成功挂钩。

贰

书

礼书

今天，我们为大家分享的是《史记》里的另一个分支：书。什么是书呢？就是各种典章制度，包括礼、乐、音律、历法、天文、封禅、水利、财用等八个部分的内容。相应地，《史记》里也有八篇。今天，先从第一篇《礼书》讲起。

礼书，顾名思义，就是讲“礼”的。很多人开始纳闷了，《史记》不是记录人物传记的吗？怎么还讲“礼”？这不是孔子以及董仲舒这类儒生干的事吗？当然，这个疑惑也不能全怪大家，毕竟如果不是专门研究《史记》的，很少有几个人读过这部分内容。不过，这也恰好说明了两个问题：其一，司马迁的人物传记写得太精彩了，以至于很多人都忽略了他非人物传记的部分；其二，礼在古代实在是太重要了，以至于连司马迁也忍不住想为它写个传。

那么，这个礼究竟有多重要呢？

司马迁在开篇就带着一种近乎朝圣的心情向我们发了一通感慨：“礼”实在是太博大而盛美了！它统摄万物、役使众人，怎么能是人力所能做到的呢？有人可能会在心里偷笑了，早知道太史公的叙事能力一流，没想到他抒情水平也不一般。不过，这是不是有点过了？其实说礼统摄万物、役使众人还真不算夸张。往大了说，现在有哪个国家在接待外宾的时候，不遵守相应的礼仪制度；往小了说，现在哪个公司、哪家单位没有自己的礼仪文化，对员工的行为进行适度约束；就算是我们自己，在和朋友闲聊的时候，也不可能无拘无束，想说什么就说什么，想做什么就做什么。所以，古人对“礼”的重视，非但在方向上没错，而且很多实践方式及思想观点对今天的我们还是非常有借鉴意义的。

咱们今天的分享主要围绕两个部分：其一，了解一下礼仪文化在司马迁时代的历史变迁；其二，探讨一下古代礼仪对我们今天为人处世的现实借鉴意义。

我们知道，孔子对周朝的礼乐制度非常推崇，而且毕生致力于恢复周礼。也就是说，礼在周朝的时候还是好的，只是随着周朝的衰落开始变坏了。具体表现在什么地方呢？就是人们不再遵守身份职位等级，互相逾越。比如齐国相国管仲的家里，就建了三归台（指“民人归，诸侯归，四夷归”，三归台记载着管仲这位千古名相的卓越功绩），极尽奢华。就连孔子的学生，也在听老夫子讲学的时候心里美滋滋的，内心是认可的。但是，一出了门走到大街上，看到华美的事物，眼睛和心就不听大脑使唤了，感觉这也好，那也妙。所以，这就是当时整个社会的风气。孔子的学生都这样，老人家能不生气吗？但是，孔子对此也是心有余而力不足，抱憾而终。孔子死后，他的理念未被采用，学生也未被举用。很多门人流落齐国和楚国，甚至海滨一带。不过，孔子的理念也只是暂时埋没，因为三百多年后，当汉武帝执政时，包括董仲舒在内的很多儒生都受到了重用。与儒家学说后来统治中国两千年相比，三百多年的等待似乎也不算长。当然，这是后话。还是先回到后来统一了天下的秦朝。

秦始皇统一六国后，虽然干出了“焚书坑儒”这种人神共愤的事情，但对待礼仪还是非常宽容的。他不但把六国礼仪制度全部收罗，还选择其中好的留用。但是，六国风气已经那样了，你从里面去选择，这和从两个烂苹果里选好的有什么区别呢？所以用司马迁的话说，秦国的礼仪与古圣先贤不合，但是与古代传统还是相同的，都是尊君抑臣，显示朝廷威仪罢了。

汉高祖继位后，让叔孙通对前代礼仪做了一些修改，但大体上还沿用秦朝旧制。这倒很符合刘邦的个性，他不但沿用礼仪，而且连天子称号、大小官吏的名称等都少有变更。等到汉文帝继位后，政府有关部门终于发声了：咱们的礼仪制度是不是应该重新制定一下啊。但是那个时候，正值黄老之学流行，而汉文帝正好是这一学派的粉丝。他就觉得，烦琐的礼节只能粉饰外表，无益于治天下。与“以礼治国”相比，他更相信“无为而为”。“文景之治”怎么来的？就是这么来的。所以，这件事也就不了了之了。好了，终于等到他的儿子汉景帝继位了，又有一位名叫晁错的大臣提出制定礼仪，汉景帝也采纳了。不过，接下来发生的事情让大家有点措手不及：因统一礼仪，地方诸侯势力被削弱，导致“七国之乱”。重要的是，这七个诸侯国的叛乱只有一个诉求：诛晁错。景帝最后也没办法，为了平息局势，只能把晁错杀了。结果，以后再也没有人敢谈制定礼仪这件事了。

制定礼仪，这个说大不大说小不小的事情，文帝不想干，景帝没干成，最后只能让武帝来干了。说起汉武帝，我们首先想到的是他击匈奴、破闽越、通西域这些雄才大略，但是他最伟大的遗产恐怕还是文化领域的“废黜百家，独尊儒术”。后世儒生曾经说过这样一句话：“天不生仲尼，万古如长夜。”如果说，孔子是照亮长夜的灯的话，那么汉武帝无疑就是那个点灯的人。儒家虽然是一个学派，但是其中的很多思想观点是具有明显礼仪特征的，比如三纲五常的规范等。站在现代的角度来看，它的负面效应很大，但在当时来看，它对维护封建统治以及社会的整体和谐，还是有进步意义的。那么，汉武帝为什么要定礼仪？又为什么要以儒学为准绳呢？这就要从汉武帝本人的性格和执政风格来讲了。

首先，武帝本人就是能诗善赋之人，因此对文人有一种天然的好感；其次，武帝志向远大，思想开明，任人唯贤。在公元前 134 年，汉武帝下诏征求治国方略，结果董仲舒以一篇《举贤良对策》受到重用。董仲舒可是儒学集大成式的人物，他受到重视儒学还能不腾飞？结果，汉朝的礼仪制度就在这群儒生的努力下完成了。

礼仪制定完成后，汉武帝还在太初元年改定历法，变换服色，而且亲自到泰山封祭。

2018 年 6 月 6 日下午，国家主席习近平在人民大会堂东门外广场举行仪式，欢迎吉尔吉斯斯坦总统热恩别科夫对中国进行国事访问。与以往的国事访问欢迎仪式相比，这次有一个很大的不同，那就是三军仪仗队女兵方队首次亮相。实际上，像这样的外交礼宾工作改革经常发生。因为，国家要根据新形势，顺应新发展，不断调整自己的礼仪制度。

看到没有，作为有着悠久历史的礼仪之邦，中国非但没有丢下这个传统，而且时至今日还在不断改进。当然，国家只是礼仪实践的一个主体，现实生活中，礼仪的实践可谓无处不在，特别是商务礼仪，就像是现代职场人士赖以呼吸的空气，既无处不在又不可或缺。有哪些礼仪呢？很多，比如仪表礼仪、谈吐礼仪、举止礼仪、会议礼仪、电话礼仪，等等。

礼仪很重要，这个道理大家好像都懂，但它究竟有什么用呢？我们不妨听听 SOHO 中国董事长潘石屹先生亲历的一件事情。

有一次，潘石屹受邀参加了“亚洲超人”李嘉诚先生举办的宴会。事后，他把自己的这次经历写成了博客，分享了自己的感受。事情大概是这个样子的：

李先生早先已经通过秘书对受邀宾客的详细资料做了一番了解，并且在宴会开始前，站在电梯口迎接客人。宴会开始后，潘石屹发现，每张桌子都会留有一个空位置。后来他才意识到，这个位置是为李嘉诚先生留的，因为宴会开始做简短发言后，李嘉诚先生会在每张桌轮流坐上十分钟左右。李嘉诚先生会向到场的每位客人致意、问好，并且面带微笑倾听每位客人的自我介绍。受到这样的待遇，潘石屹先生是什么样的感受呢？按照他的话说，感觉自己是李嘉诚先生今天邀请的重要客人，心里非常温暖。

前面我们提到商务礼仪，不妨以李嘉诚先生为例，看看他的上述社交活动都运用了哪些。

首先，潘石屹先生特别提到了李先生的微笑。那么微笑应该隶属于商务礼仪的哪一类呢？所有。要知道，微笑就像是一把万能钥匙，可以打开任何一扇礼仪之门。

其次，李嘉诚先生在这次宴会中表现出来的礼仪素养还有倾听。因为倾听，更容易让对方感觉到自己被重视，而这也是沟通非常重要的技巧之一。

“销售之神”乔·吉拉德曾经说过，有两种力量在自己的销售生涯中扮演着非常伟大的角色，一个是微笑，一个是倾听。这和上面说到的李嘉诚的礼仪素养完全一样。这是偶然吗？当然不是。确切来说，这是所有成功者的必然。

马斯洛把人的需求分为五个层次，最高的是自我需求，次一级的是尊重需求。实际上，人之所以需要礼仪，除了像司马迁在《礼书》中说的，既是人性使然也是欲望使然外，还有另外一个原因就是给予他人尊重。微笑是人的一种本能，也是自我感觉良好的一种内在修养，可以视为人的自我需求的一部分；倾听，毫无疑问，会让他人感觉到被重视，也是沟通非常关键的技巧。一个小小的礼节，就把人的需求的两个最高层级表现得淋漓尽致，谁还敢说礼仪无用呢？

结语

子曰：“不学礼，无以立。”如今，不仅孩子在小的时候要学习懂礼貌，而且成年人在步入社会，走进职场的时候，也要学习礼仪。

所以，古人对于礼的重视对于今天的我们还有非常重要的启迪。我们能从中学习到什么呢？至少三点：

1. 礼可能是小事，但终究是大事，对个人来说如此，对国家而言更是如此。

2. 礼的形式可能会随着时间的流逝、形式的变化而出现改革，但礼的传统永远不会过时。

3. 礼仪，不只是简单的外在呈现，也是我们的内在需求，更是情商的一种体现。

乐书

二战末期，在波兰首都华沙一幢被战火摧残的满目疮痍的建筑里，有位幸存的男子正试图用弯钩撬开一盒罐头，一不小心罐头掉在地上。当这位男子试图去捡的时候，突然发现眼前站着一个德国军官，直勾勾地看着自己。

“你是谁，在这里做什么？”军官问道。

因为恐惧，或许也因为饥饿、疲劳，男子战战兢兢地说：“我在试图开这个罐头。”

“你住在这里？”军官又问道。

“不。”

“你是犹太人？”

男子沉默着，没有作答。

“你是做什么的？”

犹豫了片刻之后，男子说道：“我是一名钢琴师。”

听到这里，德国军官眼前一亮，半信半疑地盯着男子又看了几眼，然后摆头示意男子跟他去另一个房间。

来到隔壁屋子后，这位男子看到一台钢琴，然后军官就让他坐下来弹一曲。

刚开始，男子还有点放不开，但很快便进入状态，以一种忘我的状态弹了一首曲子。在男子弹奏的过程中，德国军官陷入了沉思。他在想什么呢？或许是自己的妻子、孩子，又或许是自己的未来。

当时的华沙在纳粹的白色统治之下，宛如人间地狱。不要说犹太人，即便是纯粹的波兰上流人士，也有随时丧命的风险。但是，这位军官不但放过了这位犹太男子，还在接下来的一段时间里，秘密给他送食物。几周后，华沙被苏联军队解放，这位男子获救了。

以上是经典电影《钢琴师》里的一个片段，里面的男子并非虚构，而是波兰钢琴家席皮尔曼，《钢琴师》这部电影即根据他的回忆录改编而成。我们很难将音乐的作用在这个故事中量化，但很显然，正如司马迁在《乐书》中反复强调的：音乐的特性就是沟通情感，而且与伦理相通。

音乐不仅是我们现代人生活中不可或缺的一部分，也是古人文化中非常重要的一面。接下来我们就通过《史记》里的《乐书》，来了解一下音乐的力量是如何反映在古人生活中的，并通过对比网易云音乐、抖音等现代案例，来谈谈音乐的商业价值。

凡是中国人只要稍微有点文化，应该都知道“六经”的说法。所谓“六经”是指《诗》《书》《礼》《易》《乐》《春秋》。“六经”中，除《乐》以外，其他“五经”都有流传于世。《乐》虽然没有流传下来，但与《乐》有关的很多文献还是散见于民间，《乐书》便是一个窗口。

说到乐就不能不提诗和礼。我们都知道，所谓乐就是音乐，再宽泛一些，也可以称之为歌。此时，把它和诗一搭配，“诗歌”这个称呼似乎更有名。其实，在古代诗与歌是不分家的，因为很多诗写出来就是为了合乐咏唱的。从功用上讲，这算是乐的一个价值。此外，乐还有第二个价值，按照《乐书》里的说法，叫“凡作乐者，所以节乐”。什么意思呢？就是说凡是作乐的目的，就是要节制人们的欢乐。这个说法很有意思，就好比有人把“武”字解读为“以战止战”一样。实际上，乐的这第二个价值和礼相通，毕竟节制欢乐也是礼的一个范畴。所以，在《史记》的《乐书》中，但凡讲乐必有礼伴。

与司马迁在很多篇章中所体现出的儒家倾向类似，《乐书》里面在讲乐的时候，这一倾向同样明显。比如在讲到声与音时，它就说道：“凡是音，都是在人心中产生的；乐，是与伦理相通的。所以，懂得声而不懂得音的，那是禽兽；只知音而不知乐的，那是普通百姓。”另外，乐和礼一样，不仅涉及个人修养，还与治国之道相关。按照《乐书》里的说法：民心用礼节制，民气用乐调和，以政治来推行，用刑罚来防范。

乐的价值在古代与政治挂钩似乎是天经地义的事情，比如人们认为，舜之所以使天下得到治理，与他通过弹奏五弦琴，歌唱《南风》的诗篇有关；而纣王之所以国灭身亡，是因为他经常听朝歌北部边疆的乐曲。正因为如此，太史公才会说：“上古时期的明君圣王之所以奏乐，并不是为了让自己心中欢娱而肆欲恣情，而是为用音乐来教化治理天下。”

把音乐作为治国之道，多少还是有些夸张的，而且其中不乏一些迷信的色彩。比如《乐书》中就把晋国“三年大旱，寸草不生”归于晋平公听了亡国之音的缘故。但是，今天的我们在推崇音乐的伦理价值时，其实还是有现实依据的。比如 1999 年的春节晚会上，有一首歌叫《常回家看看》，不仅唱哭了很多在场的观众，还在阖家团圆的特别时刻，引发万家共鸣，成为具有时代烙印的全民流行歌曲。不管是老人还是小孩，都会哼上几句。

当然，不管是流行歌曲《常回家看看》，还是我们的国歌《义勇军进行曲》，其实最根本的还是沟通情感。现代用语中，用来形容人与人之间情感智识互通最常用的词汇还要属“知音”。而“知音”这个词语，从它的表面意思就可以看出与“乐”有关。

话说春秋战国时期，有一年晋国上大夫俞伯牙奉命出使楚国。当他乘船来到汉阳江口的时候，突然遇到风浪，没办法只能在一座小山下停泊避风。到了晚上，风浪渐渐平息，正好当天又是八月十五，所以云开月显，景色十分迷人。此情此景，若是放在屈原、李白等人身上，自然是诗兴大发。但俞伯牙不善写诗，擅长弹琴，于是他便兴致勃勃地拿出随身携带的琴，弹了一曲又一曲。正当他沉浸在自己美妙的琴声中时，突然发现岸边有个人，一动不动地站着，由于惊吓不小心用力一猛，啪的一声弄断了一根琴弦。就在俞伯牙猜测那个人为何而来时，对方发话了：“先生，别担心，我只是个砍柴的，今天回家晚了，听到你的琴声，感觉十分绝妙，就忍不住站在这里听了起来。”

俞伯牙借着月光一看，果然是个樵夫。不过他也疑惑了：一个砍柴的，如何听得懂我的琴呢？于是就问道："你既然听这么久了，那就说说我刚才弹的是什么曲子吧？"

听了俞伯牙的问话，樵夫笑着说："先生，您刚才弹的是孔子赞叹弟子颜回的曲子，只可惜弹到第四句的时候，弦就断了。"

听了樵夫的话俞伯牙大吃一惊，赶紧把对方请到船上细谈。看着俞伯牙的琴，樵夫说道："这是瑶琴，相传是伏羲所造。"紧接着，他又把瑶琴的来历说了一遍。

俞伯牙一边听着樵夫的讲述，一边暗自在心中佩服。紧接着他又弹了几支曲让樵夫辨识其意。接下来发生的事情就是大家都知道的了，一曲《高山流水》弹奏之后，俞伯牙和这个叫钟子期的樵夫成了"知音"。

乐，表达的是人永恒不变的情感；礼，表现的是世事中不可移易的道理。俞伯牙和钟子期虽然以乐相识，但他们的交往也是礼的典范。至于礼，也会因为具体事宜的不同用相应的音乐来表达。比如婚庆之事，乐要喜庆；丧葬之事，乐要哀伤。就后者而言，莫扎特的《安魂曲》不仅是一个典范，而且也反证了乐在表达人类情感方面永恒不变的基调。这也是为什么创作于18世纪的《安魂曲》在21世纪的今天依然被奉为经典。

音乐的魅力很大，我们在前面的讨论中已经领略过了。据说，就连孔子这样的万世师表都曾经听周朝的《韶》乐，因为曲调太美，竟然三个月都尝不出肉的滋味，连孔子都这样更不用说现在的年轻人了。所以，音乐的市场几乎可以把全世界的每个人都当作潜在用户，看看现在做互联网的，有几家没有自己的音乐版块？即便是支付宝这种我们平时把它当钱包用的工具，也都能从里面搜索出虾米音乐这样的服务。

不过，在音乐领域做得比较出色的还要属网易云音乐。

网易我们都知道，是曾经与张朝阳、王志东一起被称为“网络三剑客”的丁磊于1997年创办的。网易是以搜索引擎、电子邮箱等业务起家的，不过，随着互联网泛娱乐化趋势的增强以及智能手机的普及，网易也把自己的服务往在线音乐领域拓展。2013年4月，网易云音乐上线，经过短短6年的发展，网易云音乐已经因为它诸多创新及个性化的服务，赢得了数量庞大的忠实粉丝。

那么，网易云音乐到底是如何在音乐上创新的呢？

首先，网易云音乐是国内首个以“歌单”作为核心架构的音乐APP。我们常说，物以类聚，人以群分，实际上很多音乐也可以因为“性情”相投而被聚在一起，从而减少人们在检索类似歌曲方面的困难。

其次，网易云音乐的“乐评”功能也是一绝。同一首歌通过其他人的评论，体会当中的故事，体会同样的感受，在评论中找到共鸣。

当然，网易云音乐还有其他个性化功能，比如私人FM、主播电台等。实际上，我们可以从这些功能中发现一个共性，就是它的社交倾向比较明显。就像俞伯牙弹琴，如果是自己弹，那就是独乐乐；如果遇到一个懂自己的人，或者通过音乐找到了共同话题，那种快乐就要上个档次了。

另一个把音乐的商业价值发挥到极致的则是如今已经火到国外的抖音。抖音我们都知道它是一款社交软件，而且是以创作短视频为基础。但是如果没有里面经典的音乐，短视频的画面感就会大打折扣。如果说诗是歌曲的原配的话，那么如今火爆的短视频就像是歌曲的“二婚”。

结语

《乐》作为六经之一，很多人难以理解，但是至少从音乐在我们当今生活中扮演的角色以及由它释放的商业价值来看，古人对乐的重视还是有几分道理的。当然，就像古人对乐的理解围绕情感展开一样，如今各大企业在对音乐这一产业进行开发的时候，也是把个人情感的释放、表达、沟通作为重点。这也就给我们一个启示，在互联网时代，个人的情感表达与释放，将会扮演着越来越重要的角色。有些平台以音乐为契机，有些平台以书籍为窗口，不管属于哪一种，重视人性中最为根本的部分，将会让你的产品或服务更完美。

律书

作为八书之一，《律书》不是很好读。这篇是我国传统律学史上的重要研究对象之一，从《史记》三家注（南朝宋裴骃《史记集解》、唐司马贞《史记索隐》、唐张守节《史记正义》的合称）起，历朝历代的学者都曾对律展开研究。其中“律数”与“生黄钟术”两节内容令历代经学家耗费心力极多，尝试从不同角度对它们进行笺释（可以简单地理解为给古书作的注释），但争辩千年仍未有定论。

值得庆幸的是，2017 年海昏侯（汉废帝刘贺）墓出土了两件早已失传的绝世宝贝，让人们看到两千多年前国家法定的律、度、量、衡的基准器（或叫法器、标准器），从而揭开了汉代律历制度中最为神秘的一道面纱。

在江西省博物馆《惊世大发现——南昌汉代海昏侯国考古成果展》玉器展柜的一角，放置着两件玉管，都是和田玉质，一件稍粗，一件稍细，上面均有黑沁（沁色是出土玉器的常见外部特征，也是鉴定古玉真伪的重要依据），没有雕刻任何纹饰。这两件玉管出土于主棺之中，放置在离刘贺遗体最近的地方，说明这是墓主生前极为珍爱之物。那么，这究竟是个什么宝贝呢？为了研究这两件黑色的小玉管，十多名重量级专家开了一个研讨会，经过三天三夜的研究最后确定了它们的名称——黄钟律管。

看过电影《秦颂》的人都知道，给秦始皇演奏音乐的宫廷乐队，有钟、鼓、竽 、琴、瑟等很多乐器，而这些乐器必须要有统一的律。《汉书·律历志》这样说："五声之本，生于黄钟之律。九寸为宫，或损或益，以定商、角、徵、羽。"

只有确定了黄钟律，才可以定其他的五音十二律（十二律分为六个阳律和六个阴律，六阳律是黄钟、太族、姑洗、蕤宾、夷则、无射；六阴律是林钟、南吕、应钟、大吕、夹钟、中吕）。而这两个玉制的黄钟律管，就是给乐器定律的"法宝"，换句话说，没有这两只律管，乐器的律调就不准，有了这两只律管，海昏侯的乐队才会发出最优美、最和谐的声音来。

礼乐文明是最纯正的华夏文明，古人把"乐"看得极重，而且在他们的观念里，礼、乐互补，共同构成了中华文明中最核心的文化要素。而且古人认为，音乐可以改变民众心理，使风俗摆脱愚昧趋向文明。正因为如此，律学就显得尤为重要。律学，属于音响学、音乐、声学、数学与音乐学的交叉学科，音乐中所有音高方面的研究都涉及律学。律就是"率"的同音字，律学是研究万物形体比例的学问，即物度规则。说得通俗一点，就是事物发展的客观规律。

帝王做决策，确定万物的度数和法则都要遵循六律。他们认为六律是万事万物的根本。而且，六律对于战争尤其重要，重要到什么程度呢？据说，周武王伐纣的时候，太师通过吹律管听声音来占卜吉凶，当时乐师们从初春之律一直吹到冬末之律，声音中充满了杀气，且伴有吉祥的宫音相合。于是，周武王就此判定，讨伐纣王是符合天道的，正义之师一出手必定胜利。

我们再从一个历史小故事来了解一下掌握“律”的重要性。

东汉的蔡邕（才女蔡文姬之父）是位听琴的高手。一天，他受邻居邀请上门小酌，结果到门口时听到邻居正在弹琴。作为抚琴高手，蔡邕自然要听听这位邻居的水平如何。这不听还好，一听吓一跳，因为蔡邕从曲子里听出了“杀机”，这还了得，明明说是请自己来吃酒，结果却想下毒手。于是，蔡邕掉头便往家里跑。

邻居家的看门人见蔡邕慌里慌张地走了，很奇怪，就把这事赶紧报告给了主人，主人立马追了上去。问明缘由后主人不禁哈哈大笑，说道：“刚才我在弹琴的时候，看见螳螂正在捕捉一只蝉，我害怕螳螂捕不到蝉，就不知不觉将这‘杀机’也带进了乐曲里。”蔡邕听后也不由得莞尔一笑。

通过这个小故事我们可以发现，音乐的确有一种魔力，能把自己的思想传达给他人，让人感同身受。古人认为喜欢就有爱心产生，愤怒就会有恶念产生，这是人之常情，真性情可以通过律传达出来。在马克思主义哲学中，普遍联系是唯物辩证法的一个基本观点。所以，音乐与善恶、强弱的关联也是存在一定的科学依据的。实际上，不管是两军对垒还是齐家治国，都要相信联系的普遍性。只有相信这种普遍性，人们才有可能遵循客观规律，真正做到顺势而为。

19世纪70年代墨西哥发生了一场牲畜瘟疫。当时，有位远在美国的肉类食品公司老板正好在报纸上看到了这则新闻。作为普通人看到了这样的新闻，无非把它当作饭后的谈资消遣一下，或者再深入一点流露些同情心。但是这位老板不一样，他的商业嗅觉特别灵敏。他想，如果墨西哥发生了瘟疫那就必然会很快传播到相邻的美国加利福尼亚州和得克萨斯州。而这两个州都是美国的肉类食品供应地，一旦发生瘟疫政府必然会下令禁止这两个州的肉类食品外运。

为了对新闻的真实性进一步确认，这位老板立即派他的私人医生到墨西哥进行实地考察。第二天，医生打来电话说那里确实发生了牲畜瘟疫，而且情况非常严重。瘟疫对墨西哥而言是一场灾难，但在这场灾难中这位老板发现了商机。他果断从加利福尼亚州和得克萨斯州大量购买牛肉和生猪，并火速运往美国东部。

几天后，局势的发展正如这名商人所料：瘟疫传入美国，美国政府下令禁止加州和得州的肉类外运，美国肉类食品因供应短缺而涨价，这家肉类食品公司却因此获利9000万美元。

规律虽然是客观存在的，不以人的意志为转移，但人们可以充分发挥主观能动性，去认识和利用规律。案例中的美国老板就是充分运用了价值规律以及价格与供求之间的相互影响和相互制约关系，才在灾难中发现商机，最终赚了个盆满钵满。

其实，任何集体的发展都蕴涵着一个天道，那就是“理”。只有“理”占据道义的制高点，事业才能通达，历史的发展也呈现出这样的轨迹。比如元末的时候，明教的力量比较大。明教试图用“神的旨意”把人们内心的勇气激发出来，但朱元璋觉得这个“理”行不通，所以打到南京以后他马上换了一个口号，提出“驱除胡虏，恢复中华”。他的这个理在当时的大背景下，显然比“神的旨意”更有号召力，所以最后他成功了。

有些企业做事不懂得遵循市场规律，总想走“短平快”的捷径，前期可能赚了快钱，但最终会搬起石头砸自己的脚，这样急功近利、唯利是图的企业注定要被社会抛弃，被市场淘汰。在这方面，百亿保健帝国权健的命运可谓是对这一观点的绝佳诠释。

2018 年 12 月 25 日圣诞节这一天，“丁香医生”的微信公众号发布了一篇文章，名字叫《百亿保健帝国权健和它阴影下的中国家庭》。文章一经推出，迅速火爆朋友圈，与此同时也将天津权健公司推上了风口浪尖。

与大部分感觉“名誉受损”的公司一样，权健也希望通过公关来化解。所以，26 日凌晨权健通过官方微信号发布“严正声明”，称“丁香医生”微信公众号发布的文章不实，指责其“利用从互联网搜集的不实信息，对权健进行诽谤中伤，严重侵犯权健合法权益，致使社会大众对权健品牌造成误解”。声明要求，“丁香医生”撤稿并道歉，权健还将通过法律途径维护自身权益。

似乎早就预料到权健会有这么一出，所以就在 12 月 26 日当天，“丁香医生”不仅转发了权健声明，还以一种非常强硬的口吻说：不会删稿，对每一个字负责，欢迎来告。

结果，这一号称“权健传销门”的事件愈演愈烈，超出了吃瓜群众包括权健自己的预料。鉴于民怨四起，声讨权健的声浪越来越大，天津市委、市政府也采取了行动，成立联合调查组对网民关注的问题展开调查核实，并进驻权健集团深入调查，最后黑幕被彻底揭开，到 2019 年 1 月多名权健负责人被批准逮捕。

其实，改革开放以来中国企业发展经过了三个阶段：1980—1990 年是“比胆”阶段，谁胆大谁赚钱，从“傻子瓜子”年广久开始，登峰造极的是牟其中（南德集团前董事长，一个曾同时肩负中国“首富”和“首骗”两个名号的备受争议的人物）；1990—2010 年是“比术”（经营管理技能）的阶段——“胆 + 术”的竞争，以术统胆，典型的如史玉柱的脑黄金，央视的标王“秦池酒”，等等，如今，很多当年的著名品牌逐渐没落，说明仅仅靠管理之术，已经无法拥有优势竞争力了；21 世纪初开始的是“比道”阶段——“道 + 术 + 胆”，以道驾驭术和胆。这是因为中国企业已经身处国际化竞争阶段，在术的竞争已经国际标准化、同质化后，只有以“中华之道”统御“西方之术”，才能创造后来居上的新竞争优势，成长为具有中国特色的跨国公司，比较典型如华为、联想、福耀等企业的崛起。

“企业道”是一个企业的灵魂价值观，道可分为善道、邪道、霸道，等等。“邪道”投机人性之恶，快速致富，但最终会引起社会的厌恶和抵触；“霸道”多靠强势特权，以势压人，巧取豪夺，但最终难免会在权力背景变迁后，于内外交困中瓦解；而“善道”则是满足国家社会的合理需求，先成就别人再成就自己，这在同仁堂等百年老字号基业长青中已得到最好的证明。

所以说，世界上看起来好像有千万条路，实际上就是一正一邪两条。走了邪路可能让你短期成功，但结局注定是失败的。所以，无论做什么一定要走正道，哪怕将会遭遇重重困难。

结语

《史记》里《律书》这章虽然有点晦涩难懂，但是它告诉我们一个最简单的道理，就是凡事一定要遵循规律。在处理人与自然、人与社会、人与人、人与自己的关系上，与天合、与地合、与人合、与己合。

天合，就是把握天时、天机，要顺势而为，变化蕴含着机会；地合，就是要海纳百川，我们要有胸怀，要能包容；人合，就是人与人要平等相待、正直友善；己合，就是要勇敢担当、勇于奉献。唯有此，不冒进，不贪功，不偷懒，个人、企业稳步发展才能功成名就。

历书

2016年11月30日对中国人来说是一个值得记住的日子。因为在这一天，中国申报的“二十四节气——中国人通过观察太阳周年运动而形成的时间知识体系及其实践”被正式列入联合国教科文组织人类非物质文化遗产代表作名录。至此，这个可以追溯到上古时代的“节令”终于赢得了它应有的荣誉。

对咱们中国人来说，二十四节气实在是再熟悉不过了，从小我们就会背：“春雨惊春清谷天，夏满芒夏暑相连，秋处露秋寒霜降，冬雪雪冬小大寒。”但有人可能不知道，这二十四节气其实早在上古时代就已经有了，而总结出这24个节气的基础就是历法。所谓“历法”，指的就是通过对天象的精确观察，根据天象变化的自然规律，科学合理地计量时间、制定时间序列的法则。人们可以根据历法判断气候的变化，预知季节的交替，这对于靠天吃饭的古人来说实在是太重要了，这也是司马迁会在《史记》里把《历书》单列进行记述的原因。

接下来，我们就从历法在司马迁所处时代之前的演变以及统一时间标准对于今天商业社会的重要性两个维度分别来讲述。

在古代，每逢改朝换代帝王通常都会做三件事：制定政令、改换历法、改变朝服。制定政令这很容易理解，就连现在美国换个总统，继任者一上来也是对前任的很多法令措施一脸的嫌弃，能删则删，能改则改。比如特朗普，2016 年赢得大选后还没正式上任，就宣布要废除奥巴马在任期间颁布的 70% 的法令。至于改变朝服，其实也很有必要，要不然，当影视剧中的乾隆皇帝穿着和秦始皇一样的衣服，你是不是会以为他时空穿越了呢？那么，为什么历法也要修改呢？

其实，历法从一开始就没有确定过，它一直都是与时俱进的。改历法，一方面是为了完善，以便于它更好地辅助农事生产；另一方面也是为了维护帝王的权威，毕竟如果各地的历法都不统一，很多事情就没办法统一。

在修改历法中，有一项工作特别重要，那就是推算历法的起始点。这事要是放在今天，那根本就不叫事：每天、每年从什么时候开始，什么时候结束，我们甚至可以精确到毫秒。但古人一没闹钟，二没手机，如何计算时间？答案就是“看日月，观四季”。

历法是怎么来的？就是在日月的交替运行中得来的。据说，在上古的时候，历法一般将孟春月（即一月）作为正月，因为这个时候，冰雪消融，大地百草萌芽，冬眠的动物也开始苏醒。“春”这个汉字，按照《说文解字》里面的解读，认为“春，推也”，有“春阳抚照，万物滋荣”之意，所以也可以延伸为生机勃勃、充满活力的意思。

把春季作为开始，依次度过夏季秋季，止于冬季，就是一年，这在今天的我们看来太正常了。不过，对于古人来说就有一个问题：春从哪一天开始？冬在哪一天结束？一年到底按多少天计算？我们现在知道，地球绕太阳公转一圈就是一年，历时 365.2422 天，但这可是借助高度现代化的精密设备测算出来的。古人充其量能测出来大概多少天，让他们往小数点后面精确就太难为他们了。不过，这一年零点几天的误差，三年、五年不明显，但十年、二十年累计下来可就不得了。那么，这该怎么办呢？

这时候，闰月就派上用场了。咱们中国人的生日传统上都是按照阴历算的，这一闰月，有些人可能一年就能过两次生日。实际上，这个福利早在黄帝那会儿就有了，因为闰月这种历法就是在那个时候设置的。

历法之所以重要，其实还有一个原因，就是古人把它和万物消长的规律以及鬼神祭祀相联系。比如现在有些地区的老辈儿人还在用老皇历，上面不仅显示公历、农历和干支历等多套历法，还附加大量与趋吉避凶相关的规则和内容。其实，这些都是有传统的。不过，制定于黄帝时期的历法后来因为战乱被破坏了，加上古人在对日月星辰和四季观察上的偏差，结果不同朝代的历法有很大不同。比如，夏朝历法以一月为岁首，商朝的历法以夏朝历法中的十二月为岁首，而周朝的历法以夏朝历法中的十一月为岁首。

春秋战国时期，诸侯纷争，各自为政，修正历法这事就被搁下了。按理说，秦始皇统一六国后，你车都同轨了，书也同文了，这

“历”也应该“同法”才对呀。其实，当时还确实有人做了这件事，这个人就是邹衍。邹衍是道家和阴阳家的代表人物，五行学说的创始人，他对天文历法很有研究，而且创立了“五德终始说”和“大九州说”，在当时被尊称为“衍子”。秦始皇统一六国后本打算采纳邹衍的理论，统一历法，不过遗憾的是，秦始皇还没来得及实施，秦国就到头了。所以，统一历法的事就落到了汉朝的身上。

话说汉高祖刘邦平定天下后，立即着手建立国家的基本制度和纲纪，而且他也准备操办统一历法的事。不过，高祖在位仅仅八年，还没等把这事办完就驾崩了。高祖死后，吕后上台，国家政局不稳，历法这事又给耽误了。结果，和前面讲的“礼”一样，历法的推算、统一工作最后落到了雄才大略的汉武帝身上。

汉武帝登基后，广招天下奇人异士，一个叫唐都的方士因为善于观测天文被推荐到朝廷。据说，就连司马迁的父亲司马谈也曾向唐都学习天文，最后，经过唐都等人的努力，推算出的历法正好与夏历相符。历法制定好后，汉武帝下诏更改年号，并在泰山举行了封禅大典。

公元前 104 年，也就是历法制定好的这一年，汉武帝还干了一件事，那便是改变历法纪元，改年号为“太初”，这一年号后来被汉武帝用了四年。实际上，年号是中国封建王朝用来纪年的一种名号。从先秦到汉初没有年号，汉武帝登基后才首创年号，而太初是汉武帝用过的第七个年号。此后，年号制度被历朝历代效仿，一直以中国为师的日本也效仿当时的唐朝，从公元 645 年（唐贞观十九年）开始使用年号，并一直延续到今天。这不，就在 2019 年 4 月，随着明仁天皇提前退位，皇太子德仁成为日本新天皇，日本政府宣布，改新年号为“令和”，并从东京时间 2019 年 5 月 1 日零时正式启用。

那么，年号有什么用呢？

简单说就是纪年。如果说得更严格一点，那就是统一时间标准。以日本为例，他们的很多食品包装袋上都用年号标注生产日期，比如一盒巧克力的生产日期是令和元年 5 月，也就是 2019 年 5 月。因为现在公元纪年是统一标准，所以和年号换算起来还比较容易，但在战国时代，各个诸侯国甚至各个地区都有自己的历法，如果都用自己的那套历法，那可就乱套了。现在年号一出，所辖领土范围内统一实行一个标准历法。

制定年号，对古代君王绝不仅仅只是一种权威的象征，也绝不只是为了方便记录历史事件，实际上它从根本上反映了人们对时间确定性的追求。而想确定时间，统一标准就是必须的。标准时的诞生，就非常充分地说明了这一点。

在 19 世纪 80 年代以前，世界各地的时钟是不统一的，人们都是根据太阳的运行各自调整时钟，比如，很多西方国家的城镇，都是按照太阳照过当地最高教堂的塔尖来校准时间，哪怕相邻的两个城镇，时间都有可能不同。但是，新出现的铁路公司挑战了千年不变的自然法则，因为如果每个地方都沿用自己的时间，那么火车的运营将混乱不堪，所以，随着铁路线的延长，人们无法再跟着太阳转了。而在地域辽阔的美国，对标准时的要求就更加迫切，于是，

1883年11月18日美国第一个全国统一的铁路时刻表诞生了，在这一天的正午时分，美国东部的时钟全部回拨到同一个刻度上。从此，上帝的时间被改用人间的指针来度量。

所谓标准时，就是把地球按地理经度分为24个时区，每一个时区包含地理经度15°。每一时区都按它的中央子午线来计量时间，相邻两时区标准时相差1小时。正因为标准时的存在，我们可以根据北京的时间来算出伦敦、纽约的时间，也正因为如此，航班才会飞过大半个地球后安全、平稳地降落在另一个国家的机场。

标准时的诞生，虽然不是特别重大的创举，但意义重大，影响深远。实际上，让时间标准化只是工业革命一系列标准化的产物之一。经济之所以能在今天实现全球化，和标准时的运用有着非常直观和密切的关系。

前面我们讲过，古人纪年充其量计算到天，但是今天的我们可以把年精确到分秒，但是，这样就可以高枕无忧了吗？要知道，高度信息化的今天，对时间的标准和要求也水涨船高，稍有疏忽就会铸成大错。世纪之交的“千年虫”问题就是一个深刻的教训。

20世纪60年代，计算机存储器的成本很高。为了节省存储空间，计算机系统的编程人员采用两位数字表示年份。随着计算机技术的迅猛发展，虽然后来存储器的成本降低了，但在计算机系统中使用两位数字来表示年份的做法却由于思维上的惯性而被沿袭下来，年复一年，直到21世纪来临之际，大家才突然意识到，用两位数字表示年份将无法正确辨识公元2000年及以后的年份。

“千年虫”听起来像是一种电脑病毒，但其实是一种日期处理程序上的“bug”。虽然早在1997年，信息技术圈已经拉响了“千年虫”的警钟，并很快引起了全球关注，但在世纪之交的过渡时期，全世界范围内依然发生了很多起因为“千年虫”问题而引发的系统混乱甚至崩溃故障。比如在香港，著名的“7-Eleven”连锁便利店就曾经遭到“千年虫”的袭击，系统错把2001年当成1901年，使许多用户的信用卡无法使用。后来，“7-Eleven”总共投入了880万美元才解决了这个问题。

其实，不管是古代修订历法、确定年号，还是近代制定标准时，解决“千年虫”问题都可以归结为对时间标准的管理。唯有时间标准统一，人与人之间的交流，世界各地的交往才会更加流畅。

结语

透过历史，借助技术，按照现代社会的管理法则，我们会发现，时间可以是一个工具，也可以是一种资源，一种成本，但最重要的是，如果我们想让时间发挥出价值，就必须统一我们的“度量衡”。农耕社会，精确到节气就够了；工业社会，至少要精确到小时；信息化社会，没有“分秒必争”的意识，就难以在高度竞争化的时代潮流中立足。

天官书

在说《天官书》之前，咱们先讲《聊斋志异》里的一个小故事。

话说古代有一对好友正在屋内闲聊，外面突然电闪雷鸣，不一会儿就暴雨如注。其中一个朋友就感慨道：“这打雷到底是怎么一回事呢？唉！真想到天上去看看。”没多久，两人就困了，便各自睡去。

又不知过了多久，那个发感慨的朋友醒了。当他准备走动时，发现自己身体摇晃，定睛一看，原来正在云气之中，而且四周满是星斗。这些星星嵌在天上就像成熟的莲子嵌在莲蓬里一样，大的像瓮，小的像杯子。用手去摇，大的十分沉稳，小的却可以摇动，甚至可以摘下来。他拨开云气向下一看，吓了一跳：只见银河茫茫，城市如豆粒。此时，他才意识到自己正在天上。

《聊斋志异》是文学作品，这个名叫《雷曹》的故事是蒲松龄从文人的视角对星空做的一番想象。2013 年 5 月 15 日，为了说明文学家在对天体宇宙进行想象时与科学家的不同，诺贝尔文学奖获得者莫言又把这个故事讲了一遍。当时，他正在北京大学和物理学家杨振宁、画家范曾一起参加一个名为“科学与文学的对话”的活动。科学与文学是两个完全不同的领域，既然能对话自然有相通之处。为此，杨振宁特意把范曾的一句“真情妙悟著文章”的诗拿出来，说这七个字将科学研究所必需的过程说得非常清楚，还问莫言，这句诗用来描述文学创作的过程是否同样恰当。

莫言幽默地说：“更加恰当了，因为是‘著文章’嘛。”

那么，上面的这些内容和《天官书》有什么关系呢？又对我们“读史记，学管理”有何借鉴呢？

如果我告诉你《天官书》的内容，你就会恍然大悟。实际上，《天官书》记载的是西汉以前人类对天文学研究的成就，所以，《天官书》也可以叫《天文书》，而司马迁的《天官书》正是一篇“文学与科学的对话”。

文学与科学如何能对话？答案正是我们经常说的想象力。正是因为有了想象力的翅膀，人类才会有妙想，也才有妙悟。也正因为想象力，科学、文学、艺术甚至商业才可以互通。不过，在所有的这些之前还有一个前提，那就是范曾诗句中所提到的“真情”。

接下来，咱们就从“奇思妙想”和“真情妙悟”两个维度，来看看司马迁那个时代的星空是什么样子的，顺便看看“真情妙悟”对做企业、搞创业究竟有怎样的价值。

《天官书》讲的是古人对天文学研究的成就。那么，这个“天官”究竟是什么意思呢？

其实，天官指的就是天上的星宿。在古代，人们认为天能影响人事、预示灾祥，人的行为也能感应上天，所以，天文学也蒙上了“天人感应”的迷雾。比如，古人就认为天上的星星和人间的君臣是相对应的，也有尊卑等级，所以，天官等级就是人间等级的投影。这也是为什么涉及天文学领域的内容，司马迁要用《天官书》命名。

《天官书》的结构有点复杂，而且里面还糅杂了许多后世学者的观点，但我们大体上还是可以把它分为七个部分，分别是：经星、五纬、二曜 、异星、云气、候岁和总论。

听到这里，可能有些人已经开始犯晕了，这都是什么呀，听不懂。

别着急，这七个部分虽然听起来怪异，但其实我们不但不陌生，而且还在日常生活中经常用到、碰到。另外，前面不是讲过吗，古人看星空，那可和我们现代人探索宇宙完全是两种不同的概念。现在的科技是发达了，但趣味性反而弱了。相反，古人虽然没有“万有引力”和“相对论”这样的理论支撑，也没有类似人造卫星和哈勃望远镜那样的观测设备，但是，他们的想象力可以说把星空给研究“活”了。

好了，咱们先从第一部分“经星”讲起。所谓“经星”我们现在叫恒星，因为古人认为恒星的位置是不变的。与“经星”相对的叫“纬星”，我们现在叫“行星”。《天官书》的“经星”这一部分讲的主要是三垣二十八宿，这可不是《西游记》里帮孙悟空捉妖的二十八宿，它们的现代名字叫星座。说到星座，很多人可能就来劲了，说这不就是现在年轻人找对象的时候，用来判断两个人性格和命运“和不和”的东西吗？猜对了。但实际上，这样的星座不只有 12

个，根据国际天文学联合会的划分，全天精确划分后有 88 个星座。

司马迁以前的古人没有天文望远镜，看不那么远，他们以可观测到的日、月、行星（金星、木星、水星、火星、土星）的运行位置为基准，以北斗七星为中心，把天空划分为二十八个星区，大约就相当于是 28 个星座吧；每个星区又包含数量不等的恒星，这就是二十八宿。二十八宿又按照方位细分为东南西北各七宿，比如北方叫玄武七宿，包含斗、牛、女、虚、危、室、壁；南方叫朱雀七宿，包含井、鬼、柳、星、张、翼、轸，等等。我们现在常听人说“左青龙、右白虎、上（前）朱雀、下（后）玄武”，就是从这儿来的。

古人的想象力很丰富，他们把整个天体想象成一个朝廷，又根据恒星与北极星的远近关系，把“天宫”划分为三个大的功能区，这就是三垣。三垣的名称分别是紫微垣、太微垣、天市垣。紫微垣居于北天中央，又叫中宫或紫微宫，是皇宫的意思，这也是后来的皇宫叫紫禁城的由来。所以古人为紫微垣附近星区的恒星起的名字都是官名，比如左枢、上宰、少尉、上辅之类的。太微垣位于紫微垣的东北方，是政府的意思，所以星名也多用官名，比如，左执法即廷尉，右执法即御史大夫等。天市垣位于紫微垣的东南方，是市场的意思，星名也多用货物、市场工具来命名，比如斛、斗、市楼、车肆等。

以上我们说的是“经星”，接下来咱们再讲讲“五纬”。

所谓“五纬”，其实指的就是金、木、水、火、土这五大行星，因为这五大行星在天空中像纬线一样由东向西穿梭行进，所以叫五纬，也叫五曜。古代的五星分别有自己的名字：金星叫太白，木星叫岁星，水星叫辰星，火星叫荧惑，土星叫镇（有的书用填字，古时镇与填应是通假字）星，因为古人认为“天有五星，地有五行”，所以后来这五颗星也就用五行来命名了。但是古人看这五颗行星与我们现代人的看法区别还是很大的，咱们不妨用土星举一个例子。

用司马迁的原话说：镇星“曰中央土，主季夏，日戊、己，黄帝，主德，女主象也”。意思是说，按五行来说，镇星在五方的中央，属土，主管夏末；按天干来说属戊、己；按五帝来说是中央皇帝，主管道德，是女主的象征。

也就是说，在古人眼里这五个行星不仅和节气相关，也和伦理道德相关。而且，不同的行星会合，还会有吉兆或凶险发生。比如，木星和土星会合，就象征国内将发生内乱；五星一起会合，表示要易世而行，改朝换代了；等等。当然，这些都有被过度演绎或有点迷信的成分，咱们就不细说了。

在《天官书》的七个部分中，经星和五纬讲得最详细，也是记述的重点。后面的“二曜”也就是太阳和月亮的记述最为简略，而且偏重于占卜，“异星”虽然有提到但没有讲（据后世学者考证，这里的内容可能脱漏了），云气和候岁都因为占卜、祭祀的韵味太重，我们也不做过多讲解了。

最后一部分总论是“太史公曰”，历述各个历史时期的天文现象与重大事件的对应关系，《天官书》全文 8107 个字，“太史公曰”占了 1211 个字，在《史记》全书中是唯一的一篇长赞，系统地表达了司马迁对天人关系的见解。《天官书》让我们见识了古人在看待星空方面的奇思妙想。那么，这些奇思妙想究竟对今天的我们有什么借鉴意义呢？下面，我们还是沿用范曾先生“妙悟”的观点讲讲：真情妙悟做企业。

古人看星空的时候，我们用的词是“奇思妙想”，实际上，“奇思”和“妙想”是分不开的，没有奇思哪来的妙想。“真情”和“妙悟”的关系也是同样的道理，如果没有真情投入，杨振宁也好，莫言也好，他们在各自的领域是很难产生“妙悟”的。在创业的过程中，“情”与“悟”同样也是分不开的。

在这方面，全球最大的金箔生产企业，金陵金箔集团的董事长江楠就是一个典型的例子。

江楠应该算是“创二代”。早在1983年，他的父亲江宝全就受组织委托，从当地一家国有企业调到濒临破产的江宁金箔锦线厂（南京金陵金箔股份前身）当厂长。不过，这一年也是江楠记忆中家里最难熬的日子，当时的江宁金箔锦线厂固定资产38万元，却有190多万元的巨额债务。

江楠后来回忆说：“父亲虽然名义上升了职，但接手的却是一个烂摊子。那一年，我才8岁。”

由于当时金箔锦线厂的条件有限，江楠不到30平方米的家就成了工厂的第二办公室。下班后，父亲总会带着人在家里商讨、研究工作，有时刚走一拨又来一拨，经常持续到深夜。

江楠在一次采访中回忆说：“当时我读小学三年级，在隔壁的屋子里就能听见他们谈工作，虽然不是很懂，但是总会听到‘金箔’这个词，慢慢也就知道了父亲所在的单位是做金箔的。”

也就是从那时起，“金箔”这个词开始在江楠的心中生根发芽，对金箔的最初的情怀也就从这时产生了。工厂的转机发生在1983年，当时北京故宫全面修缮，需要大量的金箔产品。后来，布达拉宫等单位也来订制金箔，工厂的经营状况才慢慢地好了起来。1995年，江楠从东南大学毕业。他在南京市旅游局工作了三年后，选择下海，加入金箔行业，并在2014年4月，担任金陵金箔的掌舵人。不过，江楠接手的并不是一个顺风顺水的企业。相反，当时的金陵金箔因为企业改制以及2008年金融危机的影响，经营陷入低谷。江楠接手的那一年，企业亏损了1000多万元。带领金陵金箔走出困境成了江楠面临的第一个考验。

面对这样的压力，江楠的动力在哪里呢？最重要的一点就是江楠对金陵金箔的感情。想想看，这个厂子早在江楠8岁的时候，就已经成了他生活、记忆中的一部分，特别是那段艰难的岁月，记忆更是深刻。而且，这个工厂可是融入了父亲半辈子的心血，而父亲又是江楠最尊重和崇拜的人，他怎么能忍心让厂子就这样倒下去呢？所以，他必须顶上去。另外，他也很清楚，父亲江宝全敢把这么大的摊子交给自己，正是因为相信自己有干劲，有想象力和创造力，冲着这份信任，自己也必须干出个样来。

于是，江楠首先通过加大技术创新力度来提升产品品质，并通过精准的品牌宣传带领企业走出困局。然后他开始在运营和服务模式上进行创新，他把企业的目标用户从传统的“B端”，如故宫、布达拉宫等，拓展到“C端”，推出了一系列非常有特色的文化产品，比如金箔春联、金箔经书等，把金箔与书法艺术和中国传统文化相结合，不但占领了中国市场，还打开了东南亚、中东地区等国际市场。如今，金陵金箔已经成为世界五大金箔生产中心之一、中国最大的真金箔生产基地，年营业额超过 150 亿元。

江楠为金陵金箔引入的这些创新因素，表面上看好像是时代的趋势，但如果细究的话就不难发现，里面包含着江楠对这个父亲付出了大半辈子心血的企业的感情，以及它对金箔行业的情怀。情感到位了，它自然会通过一定的方式把江楠的创造力激发出来，进而以“悟”的形式呈现。

结语

前阿里巴巴集团执行副总裁、参谋长曾鸣在《重新定义公司：谷歌是如何运营的》一书的推荐序里说：未来社会最有价值的人，是以创造力、洞察力、对客户的感知力为核心特征的创意精英。创造力如何激发，洞察力又如何体现？其实，关键的无非还是奇思妙想、灵感顿悟。不过，要想让这些金子发光，还有一个核心要素，就是“真情”。对于科学家、文学家来说，真情是他们对各自领域的爱；对于企业家群体来说，真情还有另外一个维度，那就是对用户的爱。用曾鸣的话说，就是“对客户的感知力”。心中有用户，脑中才会有创意。

封禅书

在说封禅书之前，咱们先讲一个蜀汉开国皇帝刘备的小插曲。刘备这个人我们都很熟悉，而且也知道他有个叫“阿斗”的儿子。但是，“阿斗”只是小名，他的大名叫刘禅。刘禅这个人，憨实敦厚，胸无大志，那为何刘备还要立他为太子，让他当继承人呢？其实，这也是没办法中的办法，因为刘备本来就没几个儿子。据史书记载，加上刘禅刘备总共才四个儿子。另外三个儿子分别叫刘封、刘永、刘理。细心的人很快就会发现，这刘封和刘禅的名合在一起就是我们今天的主题“封禅”。按照正常的逻辑，既然“封”在“禅”前面，这刘封自然是哥哥了，可为什么继承人不是刘封呢？实际上，刘封并不是刘备的亲生儿子，而是刘备在还没有子嗣的时候就收养的义子。那么，刘备给亲生长子阿斗起名“刘禅”，究竟意欲何为呢？这就需要我们对“封禅”这个概念先有一个了解。

“封禅”这个词的意思，一般有两种说法：一种说法是在泰山上封土为坛以祭天，称为“封”；在泰山下一处小山上清理出一块地面以祭地，称为“禅”，合称“封禅”。第二种说法认为祭天的册文要用银绳缠束，打结的地方封以金泥，加盖印玺，再埋入地下。

但不论哪种解释，封禅的意思都是指封泰山、禅梁父(梁父，山名，又名映佛山，坐落在新泰境内的徂徕山东面)的祭祀天地活动。不过，这封禅可不是小孩子玩过家家，谁想做就可以做的。实际上，能举行封禅仪式的都是帝王级的人物。

关于这一点，司马迁在《封禅书》的开篇就说得很清楚：“自古受命帝王，曷尝不封禅？”这意思是说，自古以来受天命为帝王的人，哪有不封禅的？那么，是不是成了帝王就可以封禅呢？如果真是这样，封禅估计也就没啥分量了。你想想看，如果夏桀、商纣王这样的人都可以随随便便封禅，那秦始皇、汉武帝这样的君主还会稀罕吗？如果封禅只是普普通通的事情，司马迁还有必要把它单独作为一书写进《史记》吗？

所以说，这封禅非但只有帝王能做，而且还必须在特定的时间去做。此时，我们再回头去看刘备给儿子起的名字应该可以从中窥视到他当初的野心了吧。

如此说来，帝王一般会在什么情况下才会举行封禅大典呢？

司马迁在《封禅书》中说道：“盖有无其应而用事者矣，未有睹符瑞见而不臻乎泰山者也。虽受命而功不至，至梁父矣而德不洽，洽矣而日有不暇给，是以即事用希。”也就是说，帝王要想举行封禅大典，必须在天下大治且有祥瑞征兆时才可以。反观当时的天下，治世少，乱世多，所以封禅的典礼少则数百年，多则上千年才举行一次。

通过司马迁的记叙，我们大体上可以明确两层意思：其一，封禅是一种古老的礼仪制度；其二，封禅礼仪的许多细节因为举办次数太少，很多都已经失传了。

英国小说家简·奥斯汀曾经在其作品《傲慢与偏见》的开篇，给我们总结出一条举世公认的真理：有钱的单身汉总要娶位太太。实际上，只要稍微给这条真理打扮一下，换身行头，就可以直接用来形容古代帝王对于封禅的心理：功成名就的帝王总要到泰山举行封禅。古代帝王之所以对封禅有这样的心理，一方面是如上文所说的，祭祀天地，向天地报告重整乾坤的伟大功业；另一方面，也是通过这种方式表示接受天命治理人世，以显示自己的正统。

即便如此，也不是所有的有过丰功伟绩或者取得治世的帝王都乐意举行封禅大典的。这一方面源于封禅礼仪的复杂性让很多有志于封禅的君主望而却步，另一方面也和君主自身的品性相关。比如汉文帝就曾经说："朕即皇帝位至今已十三年，依赖宗庙的神灵，社稷的福报，境内安定，疾疫不兴。其间连年丰收，如朕这般无德，为何能享受这样的福报？"最后，考虑到祭祀、封禅等礼仪对老百姓没有什么好处，他也就没有采纳臣子的建议到泰山举行封禅。

当然，这是文帝的想法。实际上，等到他的孙子汉武帝继位后，到泰山封禅就和北击匈奴一样，都是必须要做的事情。

为了能够在泰山举行封禅大典，汉武帝不仅广招儒士制定礼仪，还亲近方士求仙问道，最后等到时机成熟后便携群臣，风风光光、浩浩荡荡地来到泰山。按说这封禅大典，规模盛大，一位皇帝一生到泰山去一次也就差不多了。要知道，自秦始皇开始，至宋真宗止，总共才有六个皇帝十次封禅泰山。可咱这汉武帝不一样，他好像对封禅有瘾，一生去了五次。

虽然我们前面已经对这些帝王到泰山举行封禅的原因及心理做了介绍，但要真正理解他们的行为好像还差了点什么。实际上，封禅作为古代祭祀传统的一种形式，体现的正是人的敬畏心理，心怀敬畏，这可以说是中国传统文化中非常重要的一个理念。古人的敬畏对象，一般包括神佛、天地以及祖先。正是因为敬畏天地，才会让汉武帝这样的君主，不远千里到泰山进行封禅。封禅固然有迷信的成分，但是心怀敬畏，绝对是一种智慧。正如古人所言：畏则不敢肆，则德以成；无畏则从其欲，而及于祸。人如果没有敬畏之心，便会变得无所顾忌，为所欲为，所以，敬畏之心不仅是政治家治国的根本，也是企业家创业、守业的刚需。

日本“经营之圣”稻盛和夫曾经在总结自己经营理念的时候，特别提到“敬天爱人”的重要性。他认为，经营企业首先要对“天”有敬畏之心。

而说到敬畏之心，我们“今今乐道”读书会曾给大家讲过一本叫《恶血》的书，说的就是“女版乔布斯”伊丽莎白·福尔摩斯在利益面前迷失自我，失去敬畏，从而一步步走上犯罪道路的事情。正所谓“眼看他起朱楼，眼看他宴宾客，眼看他楼塌了”。

伊丽莎白·福尔摩斯从小就是我们口中“别人家的孩子”。她是一个地地道道的名门闺秀，父亲的家族曾经是美国十九、二十世纪之交最富有的家族之一，还是辛辛那提综合医院和辛辛那提大学医学院的开创者；母亲的家族就更厉害了，家族历史甚至可以追溯到拿破仑时代的第一将军。受家族影响，伊丽莎白从小就争强好胜，学习成绩从来都是全A。后来顺利进入斯坦福大学学习化学工程专业，入学两年后，成绩优异的伊丽莎白在导师的鼓励下辍学，开始了自己的创业。

福尔摩斯创办的公司名叫“Theranos”（因为没有标准翻译，我们姑且先称其为“瑟拉诺斯”，以下我们都用“瑟拉诺斯”来代指这家公司），是英语里“治疗”和“诊断”两个单词合成的新词。她所经营的项目如果简单来说就是一个抽血化验的工作。但是这个公司的抽血化验却和其他医院有很大差别，首先他们抽血的时候不用大头针，不用扎胳膊，也不用抽好几管血；其次化验的时候不用跑专门的医院，结果很快就可以出来；再次，化验的项目不是简单的几项生理指标，而是与健康相关的几百项指标，并且还能筛查和预测疾病；最后，也是最关键的一点就是，做这个检测非常便宜。

你想啊，只需要轻轻在指尖取上2—3滴血液，便可以得到高达几百种常见的血液检测。相比常规的检测方法，伊丽莎白的这种方法简直是一项令人惊叹的创新，这不但能拯救千万人的生命，甚至真的能“改变世界”。这让我想到了一部美国科幻电影叫《千钧一发》，里面所呈现的未来世界就是这样，可以靠从人身上采集的一两滴血来判定这个人的基因优劣以及患各种病的可能。这与伊丽莎白所做的这个项目是何其相似，如果这是真的，或许这个世界现在已经变得不一样了。

可惜，要实现伊丽莎白的目标实在是太难了。伊丽莎白想要做的是“让天下没有难抽的血”，但是要实现这个目标就必须要解决三个问题：少抽血、全面检测、快速出结果。而只取两滴血，连做化验样本都不够；要让设备能检测几百项指标，仪器又必须足够大。这都不符合伊丽莎白先前完美的构想，因为现实条件根本不允许啊，那该怎么办呢？伊丽莎白的方法就是——造假。

她用生理盐水稀释血液，一开始还只是在血液里加一些生理盐水，到后来，干脆就在生理盐水里调一点点血，那最后得到的结果是什么样子也就不言而喻了。她象征性地用自己家的机器检测几项后，其他结果都是从别人家买来的。伊丽莎白就是靠着这些假数据、假机器以及一份假 PPT 越骗越大，逐渐打下了一片偌大的江山。

纸里永远包不住火，瑟拉诺斯公司的商业欺骗行为逐渐被媒体曝光。后来，美国的 FDA（相当于中国的食品药品监督管理局）也对其展开了调查。当调查结果公布的时候，所有人都大吃一惊，这种形式的化验跟连蒙带猜有什么区别呢？

于是，这个曾经被不知道多少人树为典范的“女版乔布斯”一下子变成了一个女骗子。不仅公司破产、面临电汇欺诈罪和串谋欺诈罪的刑事指控、欠下巨额债务，同时还让自己的家族蒙羞。

我们现在回头看看伊丽莎白的创业初衷与方向，其实都是极好的，并且她雄厚的家族背景也给她创业提供了坚实的后盾支持。如果她能循序渐进，一步步踏踏实实地走下去，结局或许会变得不一样。但是她在“为了成功，不择手段”这种思想的指引下，完完全全地舍弃了对心中道德率的敬畏，开始了自己的诈骗之路。

德国哲学家叔本华曾经说过这样一句话：“如果我们怀疑一个人

说谎，我们就应该假装相信他，因为他会变得愈来愈神勇而有自信，并更大胆地说谎，最后会自己揭开自己的面具。”实际上，人的敬畏心理也会遵循着和说谎一样的发展轨迹。你今天敢对家法不敬，明天就敢对公司制度不屑，后天就敢对国法不从。假如那些身败名裂的企业家们能够早日意识到这一点，想必会在创业、守业的过程中，更加谨慎小心。

结语

明代大儒方孝孺曾这样劝告世人：“凡善怕者，必身有所正，言有所规，行有所止，偶有逾矩，亦不出大格。”其实，真正聪明的管理者，向来知道什么该做，什么不该做，懂得适可而止，敬畏生命，敬畏规律，敬畏道德，敬畏法律，敬畏良心。作为企业家，在创业、创新的路上，应该有一种无畏的精神，但最好是因为心有所敬而无畏，而不是内心无知而无畏。

河渠书

我们都知道，世界上有四大文明古国，除了我们中国，还有古巴比伦、古埃及和古印度。这四大文明古国有一个共同特征，就是它们文明的发祥地都处在大江大河流域：古巴比伦文明发源于底格里斯河与幼发拉底河的两河流域；古埃及文明发源于尼罗河流域；古印度文明发源于恒河流域；中国，当然就是黄河流域。

正因为如此，这些孕育了人类文明的河流也被当地人亲切地称呼为“母亲河”。

说到母亲，我们都会想到“慈祥”“和蔼”“温顺”这样的词语。实际上，这些被誉为“母亲河”的大江大河在大部分时间以及大部分河段，的确是平静、温顺、壮丽的。但这些都只是她们的一面，有时候，她们也有疯狂、暴躁的一面，比如决口、泛滥等。所以，治水也就成了人类文明史中非常重要的一部分。因此，司马迁把“河渠”单列一书进行记录也就不足为奇了。

司马迁在《河渠书》里面讲了好几个治水的故事，比如西门豹引漳水治邺（古地名，在今河南北部安阳一带）、李冰父子治都江堰等，但花费笔墨最多的还要属黄河。要知道，黄河虽然是我们的母亲河，但就治理难度而言，放在世界上也是排得上号的。

今天我们就来看看雄才大略的汉武帝是如何治理“桀骜不驯”的黄河的。

公元前 132 年，黄河支流瓠子河（今河南濮阳境内）决堤，这是西汉历史上的重要事件，也是汉朝立国以来最大的一次黄河决口。这次决口不仅在《河渠书》中有记载，而且在《史记》里的《孝武本纪》以及《汉书》中的《武帝纪》里都有记载。比如《汉书·武帝纪》中就说“河水决濮阳，泛郡十六”。总之，这次黄河泛滥，受灾面积很广，一直向南淹没到了淮河、泗水一带。

黄河决口，这可不是小事，所以汉武帝立马派去了得力大臣汲黯、郑当时征调民夫前去救灾。不料黄河就像一匹桀骜不驯的野马，刚刚堵好的堤坝又被冲坏，怎么修都无济于事，黄河决口，百姓们流离失所，苦不堪言。因为黄河泛滥，很多地区没有收成，甚至出现人吃人的现象，这苦日子简直就是人间炼狱啊！

统治阶级是怎么面对这件事的呢？当时，武安侯田蚡为丞相，他是汉武帝的亲舅舅。田蚡见黄河一直治理不好，就上书汉武帝。结果他的一句话决定了黄河今后 20 年的命运。田蚡上书说：“江河之决皆天事，未易以人力为强塞，塞之未必应天。”什么意思呢？翻译成白话文，就是说：“彻儿啊，这种大灾大难其实都是上天已经安排好的，不是人力可以阻拦的事。就算能用人力解决了，那也不符合天意啊，谁让老天最大啊！”

田蚡为什么这样讲呢？难道他真的相信这一切都是天意吗？哪里有这么简单。按照司马迁的解释："武安侯田蚡为丞相，其奉邑食鄃（今山东夏津附近）。鄃居河北，河决而南则鄃无水菑（古同'灾'），邑收多。"原来田蚡的封地鄃县刚好在黄河北岸，黄河决口后，大水一路向南冲击，而南面遭灾对他不但没有影响，封地上的收成还会更好，这就可以让他多收租税，带来巨大的经济利益。所以，他出于私心就向汉武帝说了上面那段话。

在这里插一句，汉武帝时期主张"罢黜百家，独尊儒术"，他曾经连续对董仲舒进行了三次策问（以对答的形式考试），基本内容是关于天人关系和国家大政的问题，这就是著名的"天人三策"。"天人三策"的核心主张是天人感应、君权神授、独尊儒学、改革人才制度等。皇上若做了坏事，老天就会用异常的天象警告帝王。据《汉书》《后汉书》记载，汉宣帝、汉元帝、汉成帝、光武帝等几个皇帝，在出现日食、旱灾、蝗灾、洪灾、地震等灾异时，都下过"罪已诏"，因为按照"天人感应"的学说来看，这些自然灾害都是因为皇帝的政令有亏造成的。

看到精通儒学的丞相这样说，皇上身边一群溜须拍马、坑蒙拐骗的风水先生们也连连点头称是。出于对舅舅的信任以及"天命难违"的潜意识心理，汉武帝沉吟了片刻后说道："嗯，爱卿说得有道理，那就先这么办试试看吧！"

既然皇帝都这样表态了，大臣们还有什么可争论的。结果，汉武帝这一试就试了23年，这期间有关黄河决口的事，很少有大臣再提及。

公元前109年，汉武帝封禅泰山，巡祭了天下的名山大川，这才发现黄河水害有多严重，于是，深信“天人感应”的汉武帝才下决心要堵塞黄河的决口。之后，他命令汲仁（汲黯之弟）、郭昌，动用几万民工参加治黄工程。为此，汉武帝亲临黄河决口处，沉白马、玉璧于河中祭奠河神，命群臣及随从官员自将军衔以下，都背负柴薪，填塞决口。当时修复瓠子河决口的工程十分艰巨，由于当地百姓一般都烧柴草，导致当地可用的木头很少，汉武帝便下令把淇园（以前卫国的皇家园林）的竹林全部砍完用来做桩，以便进行修堵。最后，在汉武帝亲临治理黄河现场的感召下，大家万众一心，终于堵住了黄河的这个大口子。堵住决口以后，汉武帝还在决口处筑了一座宫殿，取名为宣房宫。

我们从汉武帝治理黄河这件事可以看到，在天灾面前人是多么渺小。如果不遏制水患，致使田地房舍冲毁，危及人民生命，百姓生活无着，后果将是非常可怕的。黄河每一次发大水都会直接动摇国本，因为粮食绝收会导致民怨沸腾，随时都有可能导致民变。更何况，天灾中往往还夹杂很多像田蚡所为那样的人祸。

其实，黄河时隔23年后之所以能治理成功，关键是汉武帝的心境发生了变化：田蚡当丞相时，汉武帝害怕自然，所以选择不作为；23年后，他受天神指引，加之看到民不聊生的悲惨景象，便决心治理黄河。此时的汉武帝坚毅无比，亲自带领群臣前往治河工地，最终走出了困境。俗话说“人定胜天”，这句话不无道理。在尊重客观规律的前提下，人把心定下来才能胜天，因为只有心定下来以后，才有清醒冷静的头脑，有了清醒冷静的头脑才会把事情做好。

汉武帝治理黄河就像企业家管理企业一样，当面前的大环境你无法改变时，就应该利用激励机制，发挥人的主观能动性，团结一切能够团结的力量，与下属同仇敌忾，群策群力，在顺应市场的同时改变身边的环境，这样或许你就能杀出重围，成功突破自我，再上一个新台阶。

餐饮界的海底捞，就是把人的主观能动性发挥到极致的典范。如今，海底捞不仅是餐饮界的楷模，更是很多互联网大佬学习的榜样。那么，海底捞是如何做到的呢？

这还要从张勇在四川简阳创立海底捞时讲起。刚开始，海底捞只有四个员工，而且那时的张勇甚至连炒料都不会。不过，张勇认为只要勤快，笑脸相迎，就会有回头客，他发现优质的服务能够弥补味道上的不足，从此更加卖力。为此，他不惜帮客人带孩子、拎包、擦鞋，无论客人有什么需要，他二话不说就去帮忙。做了没几年，海底捞在简阳就家喻户晓了。

1999 年，张勇决定将海底捞的牌子做到西安，但事与愿违，海底捞刚到西安头几个月都接连亏损，眼看就要把之前辛苦积攒下来的老本赔个精光。危急关头，他果断委托很早就跟随自己一起创业的得力助手杨小丽全权负责西安店的经营，重拾海底捞的核心理念——服务高于一切！

杨小丽如今是海底捞的“第一副总”（总经理是张勇）。不过，她的起点并不高，中学毕业的她不到 18 岁就进入了海底捞任职，19 岁就成为第一家店的经理。年纪轻轻就被张勇委以重任，杨小丽自然是异常感动，所以，当 21 岁的她被指派去西安的时候，自然会把个人的能力发挥到极致。果不其然，短短两个月的时间里，海底捞西安店就在杨小丽的操作下，奇迹般地扭亏为盈。

杨小丽之所以能够让海底捞西安店迅速扭亏为盈，除了个人的能力之外，还有一点就是创造性地把张勇“服务高于一切”的理念发挥到了极致。比如，2003 年受到“非典”的影响，往日宾客满堂的海底捞变得冷冷清清。身为海底捞西安店的经理，杨小丽开始寻思对策：客人不愿进店就餐，那就送上门去。于是，她马上就在报纸上发布了一条关于海底捞火锅外卖的消息。送火锅上门，这招很新鲜，而且确实管用，没过多久海底捞的订餐电话就响个不停。为了送货方便，他们还将传统的煤气罐更换为轻便的电磁炉，前一天送餐，第二天再取回电磁炉，这事当时很轰动，还上了央视的焦点访谈栏目。

海底捞“服务高于一切”的理念不仅用在用户身上，也用在了自己的员工身上。比如，海底捞为员工租的房子都是正规小区或公寓中的两居、三居室，而且还在宿舍里配备电视、空调、洗衣机、电脑等设备。不仅如此，海底捞还为员工配有保姆，也就是说，海底捞的员工在店里服务他人，回到宿舍之后，可以享受到来自保姆的服务。那么，海底捞为什么要在这些事情上花费心思呢？按照张勇的说法，是为了让宿舍有家的感觉。因为，只有把员工当自己家人，让他们有家的感觉，员工才会把客户当亲戚对待。

经过多年的实践与摸索，张勇形成了自己独特、不可复制的管理理念和企业文化：只有真诚地关爱自己的员工，客人才能最终受益，快乐就餐！张勇总结自己的成功经验说：“我哪有什么成功秘诀，就是把员工当人看，把客户服务好！”其实，这就是以人为本的企业精神和情感文化。

结语

法国17世纪的天才哲学家、数学家帕斯卡曾经把人比喻为“一棵会思想的芦苇”。这一比喻非常形象而且具有智慧，因为在大自然中，人确实像芦苇一样脆弱，特别是在自然灾害面前，人类的无助更是无以复加。但是，就是这样一棵脆弱的“芦苇”，一旦有了思想的加入，立即变得与众不同。

今天，我们的“神舟”上天也好，“蛟龙”下海也罢，从根本上讲，都得益于思想的力量。如果我们要再为这一力量加一个标签，那便是主观能动性。两千年前，主观能动性让汉武帝驯服了黄河，而如今，主观能动性不仅塑造了像海底捞这样的企业，也激发出诸多像张勇这样的传奇企业家。当然，汉武帝治理黄河有和自然“扳手腕”的心理，而做企业，则要像张勇一样，既要顺时、顺势，也要顺员工、顺顾客。

平准书

现代西方经济学界，大概可以分为两个流派：一派是以芝加哥学派为代表的新自由主义学派，他们主张市场力量主导社会发展，国家应减少经济干预行为；另一派是凯恩斯学派，他们主张以政府行为带动经济发展。有关市场和政府在经济发展中的作用的问题，一直是经济学界长期争论的话题。当今学界，若论经济似乎是“言必称欧美”，但实际上，类似“市场和政府”的争论早在我国的西汉时期就已经被很多政治家讨论过了。

司马迁就在我们今天要讲的《平准书》里表达了“以富利为核心，肯定工商经济，主张合理劳动致富”的自由经济思想。同时，对汉武帝时期采取的国家战时经济政策进行了详细的阐述与隐晦的反对。

那我们现在就来看看《平准书》里到底是怎么讲的。要读懂《平准书》，首先就要对汉初的经济政策有所了解。

经历了秦末农民起义的战乱，汉朝初建，天下百废待兴。贫穷和羸弱是那个时期的代名词，怎么个穷法呢？《平准书》里是这样记载的："自天子不能具钧驷，而将相或乘牛车。"这就是当时的真实写照。什么意思呢？就是说当初高祖刘邦贵为一国之君，出行想找四匹颜色一样的马拉车都找不到，其他的王侯将相就更惨了，出行一般都是乘牛车。就在这种形势下，汉初统治者开始推行"无为而治""与民休息"的方针政策，这使得汉初经济得以快速恢复。

到了汉武帝初年，国力空前强大，司马迁在《平准书》里说：除非遇到水旱灾害，老百姓自给自足完全没问题。当时，"京师之钱累百巨万，贯朽而不可校（古代的钱都是用线串起来的，现在串钱用的线都朽烂了，钱币散落一地，无法计数）。太仓之粟陈陈相因，充溢露积于外，至腐败不可食（当时国家年年丰收，仓库里的新粮压旧粮，仓库装不下，露在外面，直到腐烂也没人吃）。"

在这种情况下，汉武帝开始了自己的扩张步伐。后世的史学家评论说："始皇开中国之政，孔子开中国之教，汉武开中国之土。"在汉武帝时期，北伐匈奴，南驱东越、南越，东征朝鲜，西开西域。可以说，我们中国现在的大半领土都是在汉武帝时期确立下来的。但是我们都知道"打仗就是在烧钱"，连年四处征伐几乎耗尽了汉初积攒下的家底，这让汉王朝陷入了"藏钱经耗，赋税既竭，犹不足以奉战士"的财政困境。

但是，边患尚未安定，汉武帝不能露出疲态。到了这个时候，这场赌局已经没有"和局"一说了，不赢就只能输，输家一无所有。于是汉武帝开始思考如何才能"搞钱"了，我们今天就给大家讲讲他是怎么"搞钱"的。

汉武帝的第一个方法是——卖爵，这是一个饮鸩止渴的老办法。当年他的爷爷汉文帝在抵御匈奴的时候就曾采用过这个方法，当时政府规定：只要有人向边关输送粮食就授予爵位，高等爵位的人享受免赋免役的特权。近代著名史学家钱穆先生对这个政策是这样形容的："朝廷卖爵，就跟现在国家发行国债差不多。"

在财政危机下汉武帝开始大规模地卖爵，十一级爵位明码标价，童叟无欺，还鼓励大家购买。就这样，"近忧"被解决了，但是"远虑"又来了。

买爵的人多了，大家都能免赋免役，纳税的人自然而然就少了，而且这些买爵的人大多没有通过"公务员考试"就进入了官场，直接后果就是拉低了官员的整体素质。所以，卖爵不是一个长久之计。

于是，汉武帝盯上了货币。

汉初的时候，政府是允许民间和诸侯国自己铸造钱币的，采取的是货币自由竞争的制度。货币史专家彭信威在他的《中国货币史》中写道："汉初统治集团是将货币看作普通财富，认为它的购买力不变，国穷民困只是因为没有钱，铸币就是生产，有了货币就可以购置各种各样的消费品。"

于是，政府对民间开放了铸币权，这就相当于现在我们每个人都可以自己印人民币啊。这个政策确实使投入流通的货币量大大增加，但物资并没有随之增加。这就导致货币贬值，物价飞涨，甚至出现"米石万钱，马匹百金"（一石米价值上万钱，一匹马价值上百金）的局面，整个社会乌烟瘴气，动荡不安。

汉武帝就趁着这个机会收回了铸币权，这样就能控制金融市场，达到敛财的目的了。但是光垄断铸币权还不行，民间偷铸钱币之风屡禁不止。于是武帝下令，过去铸的币统统销毁，以后郡国和私人坚决不准铸币，否则严惩不贷。同时，国家垄断全国铜矿的所有权，天下货币全部要由上林苑铸造，命水衡都尉（汉代主掌皇室财政的官吏）所属的钟官（负责铸造货币）、辨铜（负责审查铜的质量成色）、技巧（负责刻范）三官负责，史称“上林三官五铢钱”。

这回铸币权彻底被国家掌握了，五铢钱也成了中国历史上被使用最久的货币，历时700多年，直到唐朝才改用开元通宝。

汉武帝在取得铸币权后，又把目光瞄准了利益最丰厚的几大制造业——盐、铁、酒。他要把这几大制造业收归国有，掌握国家的经济命脉。

汉初，国家和人民都太穷了，政府为了尽快恢复民力，不再设关征税，并将包括盐、铁等在内的山林矿藏资源向民间开放。这个政策一下激活了民间的工商业，从此“富商大贾周流天下，交易之物莫不通，得其所欲”（意思就是因为商人的增多，全天下的货物开始流通，要啥都能买得到）。

几十年对盐、铁等工商业的放任自流，造就了很多豪商巨贾。汉武帝一看，这几个产业太能挣钱了，干脆一纸诏令就把经营盐、铁的权利收归国有，以后任何人不得私自煮盐、冶铁，或者擅自转运销卖，违法者重罚。

盐、铁可是老百姓的生活必需品，需求量得多大啊。所以，自从盐铁专营后，“民不益赋而国用饶”，就是说国家哪怕不用增加赋税也有花不完的钱。

后来，汉武帝又在盐、铁专营外把酒类专营也加了进去。这样天下最挣钱的三个产业就这么被汉武帝收归了国有。

汉武帝最后一个“死亡凝视”给了当时的那些富商大贾。因为汉初的政策，汉朝中期的有钱人实现了一个“井喷式”的增长，汉武帝就想跟这些有钱人要点儿钱去打仗。

于是，汉武帝先推出了一个“算缗令”，这就相当于我们现在的经济普查，看看大家手里都有多少钱，好方便和大家收点儿税钱，其实这就是一个面向富商大贾的政策。计算方式是二千钱为一算，每二千钱交一百二十钱的税，大概是6%的税率。

但是当时汉朝的有钱人一个比一个抠，谁也不愿意配合皇帝的政令，争相隐匿自己的财产。在汉武帝面前口号喊得比谁都响，回头跑得比谁都快。这是把皇上当傻子吗？汉武帝一看这种情况，心想：我堂堂一国之君还要勒紧裤腰带给前线的将士们送钱，你们这些人一个个这么有钱，却躲得比兔子都快，这么大一个国家还有什么能靠上你们？有利益就来，该履行义务就跑，简直是罪大恶极！罪大恶极啊！

于是，汉武帝一怒之下又推出了一个“告缗令”。这个“告缗令”说白了就是鼓励互相告发的政策。“告缗令”主要针对的是那些隐藏财产的有钱人，发动群众鼓励举报。举报者的举报信息一旦被核实，被告者会被抄没全部家财，政府会将被告者一半的家产奖励给告发者（这就相当于举报者和政府五五分账）。

于是，一场“人民内部的战争”打响了，官府不断接到“告缗”举报，民间形成了一股告密风潮。

这些富商大贾还没来得及算清自己有多少财产就惨遭告发，汉武帝还特意安排了一帮酷吏审理相关案件，这些被投入监牢的有钱人很少有翻案的机会。所以，随着“告缗令”的推行，汉武帝赚得盆满钵满，史书记载：“得民财物以亿计，奴婢千万数。”由此可想汉武帝抄了多少富豪的家。

不过，这期间还有一件特别好玩的事儿值得我们说一下。当年，就在别的有钱人慌忙隐藏财物的时候，有一个富豪却偏偏反其道而行之，天天上书皇上，希望能把自己的家产捐给国家。这个人就是卜式。

卜式是河南郡（今河南洛阳）人，以种地养羊为业。由于他为人勤劳又爱动脑筋，很快发了家，家里有上千头羊。他买田置地，日子过得很红火。当时匈奴经常侵犯汉朝边关，卜式就上书朝廷，表示愿意捐出一半的家财来资助边关将士。皇帝很诧异，不知道他这样做图个啥。

于是就派使者问卜式：“你把钱都捐了，是不是想当官啊？”卜式说：“我从小放羊，不知道怎么当官，也无意当官。”使者又问：“那就是你家有冤情，借此机会来引起皇帝的注意，好申诉？”卜式回答：“我向来与人为善，人缘很好，没啥冤情。”使者很不理解，直接问道：“那你到底想干啥呢？”卜式说：“现在国家讨伐匈奴，战士们在边关流血牺牲，我们老百姓就该有钱的出钱，有力的出力，这样才有可能灭掉匈奴。”

使者如实向朝廷报告了卜式的话。汉武帝很高兴他能这么说，但是并没有接受卜式的捐赠，卜式就继续在家养羊种地。

一年后，匈奴的浑邪王投降了汉朝。当时，朝廷因为连年征战开支过大，国库空虚，财政很紧张。这时，卜式主动拿出二十万钱给河南郡太守，用于救助流民。河南郡上报富人捐助名单时，汉武帝一眼就看到了卜式的名字，心想：这不就是那位要捐出一半家产资助边关的老兄嘛！看来他是真心为国啊！

卜式的这个做法让汉武帝觉得特别欣慰，因为当时大部分的有钱人一听说朝廷来“化缘”了就争相隐匿财产，只有卜式不但不隐匿还积极主动捐钱。汉武帝当即决定赏赐卜式十二万钱，谁能想到赏赐下来后，卜式转手就把这十二万赏钱全部捐给了贫苦百姓。

这一下汉武帝可是真的被感动了，他亲自下旨，尊卜式为长者，官拜中郎将，赐爵左庶长，又赐给他良田十顷，并布告天下。

其实，汉武帝如此重赏卜式也是有原因的。当时，大汉王朝那么多的富商大贾，没有一个能像卜式这样积极主动配合国家政策。于是汉武帝就想把卜式树立成一个榜样，让其他人学习一下。可惜大部分的有钱人都没明白汉武帝的意思，于是，才有了后来的“算缗、告缗”政策。

卜式和汉武帝的这事儿让我想起了20世纪90年代股票刚起步时的事情来。90年代初期，大陆的股票市场刚刚开始起步，国家决定成立上海和深圳两家股票交易所。

当时设立股票交易所的初衷，就是为国有企业尤其是国有大中型企业直接融资服务的。但是当时股票对于老百姓来说是个新鲜事物，谁也不敢接触。那时，国家为了“推销”股票，甚至以红头文件的名义按人头分配，要求各单位“吃皇粮”的干部带头购买。

很多干部没辙了，国家都下文件了只能买了。可谁能想到，后来几乎所有的股票一上市就疯涨，很多最先投资股票市场的人一夜之间就莫名其妙地成了百万甚至千万亿万富翁。

其实这个道理很简单，就像雷军说的那句话：“站在风口上，猪都能飞起来。”我们经商做生意，其实需要对国家政策有一个清晰的认识，国家让做什么、提倡做什么、反对做什么……最好弄得清清楚楚、明明白白。这其实就是我们总说的“愚者暗于成事，智者见于未萌”。（蠢人哪怕成功了都不知道为什么成功，聪明人在事情还没发生时就已经预测到了未来的结果。）

结语

如今政商关系是我们这个社会诸多关系中非常重要的一种关系，把这种关系处理好，会对企业的长远发展起到举足轻重的影响。卜式之所以能够赢得汉武帝的青睐，是因为他虽然是一个商人，但他非但没有将自身利益与国家利益割裂开来，还顺势而为，发挥自身优势，在为国家做出贡献的同时，也获得了巨大的回报。所以，对于企业家来说，认清上面的政策是非常必要的，顺势而为总比逆风而行容易得多。

叁

世家

吴太伯世家

司马迁在《史记》中把《吴太伯世家》列为第一世家，可见这一世家在历史中的地位之高，影响之大。那么在《吴太伯世家》中都讲了些什么呢？

简单来说，《吴太伯世家》主要讲述了从吴太伯远避荆蛮（荆指楚，蛮指越，太伯所奔之地处于楚、越之间，故号荆蛮，今江苏无锡一带），开创吴国，到吴王夫差身死国灭的700年历史，清晰地再现了吴国由弱变强又盛极而衰的全部历程。

吴国的起源，我们要追溯到周太王时期，而周王朝的老祖宗就是周太王。周太王有三个儿子，其中大儿子就是吴太伯。说到这个儿子，不得不说周太王可是一碗水没有端平。因为当时的宗法制度是“嫡长子继承制”，吴太伯按照顺位是应该当周王的，但是周太王却把王位传给了三儿子季历，因为季历有个好儿子叫昌，这个人就是赫赫有名的周文王姬昌。原来，周太王是想把王位传给孙子。吴太伯一看，既然父亲这样想，咱们就走吧，也没说啥，带着二弟仲雍和一家子来到荆蛮建立了吴国。

吴国就是这么来的，下面的故事也就从这里开始。

首先，咱们先说说吴家的传承。说传承当然要从我们吴国的创始人说起了。前面说到吴太伯将王位让给了弟弟季历。咱们现在回头来看这件事的时候就是史书中一句话的事。但是，在当时的社会中这可是一件天大的事，弄不好就可能引发王室的内斗，兄弟相争必有伤亡，毕竟一山不能容二虎，王位更是不能让。所以吴太伯的大义之举获得了当时世人的称颂，孔子曾对其盛赞道："太伯可谓至德矣，三以天下让，民无得而称焉。"这就是太伯让位的故事。

在吴太伯建吴后，吴国就开始了漫长的迭代。哥哥传给弟弟，父亲传给儿子，儿子再传给儿子，到了第十九代吴王寿梦这里出现了一位超级人物，这就是"延陵季子"。

咱们这位超级人物——延陵季子可谓是家族文化传承的集大成者。太史公读完《春秋》大发慨叹道："延陵季子之仁心，慕义无穷，见微而知清浊。"意思是："延陵季子的仁爱心怀，向慕道义终生不止，能够见微知著，辨别清浊啊。"

那么，他具体是怎么做的呢？话说吴王寿梦有四个儿子，长子叫诸樊，次子叫余祭，三儿子叫馀昧，四儿子叫季札。这个季札就是延陵季子。季札最有才能，寿梦便想立他为王。但是，季札避让不接受。寿梦只好让长子诸樊继位，代理执政。

等到诸樊为寿梦服丧期满后，他把王位让给季札。但是季札推辞说："曹宣公死后，各国诸侯和曹国人都认为新立的曹成公不道义，想要立子臧为曹君，子臧离开曹国以成全曹成公继续在位，老百姓们都说子臧是个遵守节义的人。您作为长子本就是合理的继位人，谁敢反对您呢！让我做国君，这不是置我于不仁不义的境地吗？”

听了这话诸樊虽然答应了，但是吴国的老百姓可不干了，坚持要立季札为吴王。季札一看这阵仗，干脆放弃了自己的贵族身份跑到乡下当了屁平民。

但是，大家以为这样就完了吗？那就太小瞧吴家传承的影响力了。诸樊去世后立下遗嘱，把王位传给弟弟余祭，就是为了按照兄传弟的次序，最终把王位传给季札来完成先王寿梦的遗愿。而且，他们几个兄弟都很欣赏季札让国的高风亮节，也愿意将王位传给季札。

余祭最后把王位传给了弟弟馀眛，没过多久馀眛就死了，这下把王位传给季札应该顺理成章，没什么问题了吧？但是，季札再度推辞，还逃离了吴国。这事到最后也没成。

或许大家很费解，不知道季札怎么想的。这么多次当吴王的机会，又不是偷来抢来的，干吗不当呢？当王多好啊。话可不能这么说，咱们现在说的可是吴家的传承。回想一下，吴家的老祖宗吴太伯，当年是不是这么做的？季札要是继承了王位不是“啪啪”打祖宗的脸吗？

另外还有一点上文咱们提到了，季札有见微知著的能力，能够凭借敏锐的眼光分析当时的时局，做出精准的预判。他在出使鲁国听乐的时候，就能根据各国的音乐来判断各个国家未来的走势或命运。听到《齐风》季札就说：“美呀，乐曲宏大深远，真有大国之风，堪称东海一方的表率，这个国家前途无可限量啊！”我们也看到了，在后世的战国七雄中齐国仍占有一席重位，也是最后一个被秦国统一的国家。当听到《陈风》时季札说：“国若无良君，能够长久的了吗？”后来果然应验，公元前 478 年陈湣公被楚惠王所杀，陈国覆灭。

既然季札有着近乎预知未来的能力，那为什么不做吴王呢？做了吴王凭借着自身的能力不是能将吴国变得更加强大吗？请大家不要听跑了题，咱们现在在说吴国传承。其实历史到了后面也从侧面验证，季札坚守初衷是对的。吴王馀眛没能将王位传给季札，就传给了自己的儿子僚，这个人就是吴王僚。众所周知，吴王僚最后死于专诸的剑下，而安排这个刺客的人就是诸樊的长子阖闾。刺杀的理由就是：既然季札不接受王位，按道理应该由我这个先王的长子继承。

看到没有，这就是破坏了传承的后果。

咱们说了这么半天传承，这传承到底是什么呢？对我们创业和管理企业又有什么用呢？我们不能光听了一个故事就完了。其实，所谓传承就是我们现在讲的企业文化、公司的基因。下面我们就来说说企业文化对公司来说有多么重要。

美国安然公司，这个公司可以说是美国商业的一代神话。为什么这么说呢？先简单看一下安然公司的发展历程。

1985 年 7 月，休斯敦天然气公司与北方内陆天然气公司合并成立安然公司，成为拥有 3 万多公里州内及跨州管道的天然气管道公司。

1986 年 6 月，安然公司开始进行天然气产品交易，此后逐步发展成为北美和欧洲最大的天然气企业。

1997 年 8 月，安然首次宣布引入天然气方面的衍生产品交易，后来它的交易品更进一步扩大到了煤炭、纸浆、纸张、塑料、金属和电信宽带等。

1999 年 11 月，安然启动了全球商品交易平台“安然在线”，后来成为年交易规模近 2000 亿美元的全球最大电子商务交易平台。

…… ……

在我们看来，安然的发展犹如坐上了三级火箭，市值的最高峰曾达到 800 多亿美元，其发展速度让人难以置信。

然而，这个曾经世界上最大的能源、商品、电讯公司在 2001 年突然向纽约法院申请破产保护，宣告这一商业神话的破灭。

为什么这么一个庞大的商业帝国在不到一年的时间内突然就破产了呢？据分析，安然破产极为重要的一个原因是：企业文化出了问题。这种问题来源于安然的高层把做实业时的稳扎稳打的理念及“专注战略”，狂妄而草率地过渡到了金融投资的所谓创新事业，变成了完全靠投机行为盈利的公司。

1997 年，安然公司将业务扩展到天然气衍生金融产品交易领域。2000 年“金融交易”占安然销售额的 90%，这些交易合约形式包括利率掉期、金融衍生物和其他复杂的金融商品。然而，这种所谓的“创新”有一个弊病，即传统的会计制度很难对这些新的合约收益加以确认。这就是“安然陷阱”。

其实，当麦肯锡咨询公司的“点子大王”杰夫·斯基林进入安然时，就已经把安然的企业价值观扭转了。特别是 1997 年年仅 36 岁的安迪·法斯托被任命为安然 CEO 后，安然就开始在金融领域

“超常规”扩张，这时的安然已经从一家大型能源公司沦为一家从事能源衍生交易的“对冲基金”。

所以杰克·韦尔奇说：“通用过去与安然有很多合作，安然是第一流的石油天然气供应商，但是安然后来转向了金融贸易，对这一领域他们完全不熟悉，而且雇用新的人员，改变了自己的企业文化。”

美国安然公司的惨痛教训，给我们留下了宝贵的警示：自己的核心盈利业务一定不能丢，公司的原始基因是最珍贵的东西。我们要将企业做成什么样？企业能走多远？这两点几乎是决定性因素。否则企业便会在文化中迷失，在市场中死亡。

结语

吴太伯的时代已经离我们有三千多年，但是他所开创的这种传承精神、原始基因对于今天的我们来说，借鉴意义依然很大。企业文化的核心是企业的价值观。树立正确价值观并坚守它，会让我们的团队、组织无往而不利。从美国“安然事件”中我们也可以看出，一个公司的价值观对公司来说是多么重要，可以说是决定生死的事。所以我们在组建团队、创立公司的时候，第一件事就是要把公司价值观定好。所谓“不忘初心，方得始终”，初心如果丢了或者变了，恐怕就会不得善终了。

齐太公世家

今天，我们讲的是《史记》世家中的第二篇《齐太公世家》。

齐国是周朝时期一个极为强盛的诸侯国，分为姜姓吕氏齐国和田齐两个时代，位于今天山东省的北部地区，被后世评价为春秋四强国之一。

在《齐太公世家》中，司马迁对齐太公、齐桓公的圣德和仁政进行了着重刻画：齐太公辅佐文王、武王，修德振武，灭商盛周；齐太公获得周王分封后，将齐国治理得井井有条，国富民丰。后世的齐桓公更是“九合诸侯，一匡天下”成为春秋五霸之首。

今天，我们的故事也主要围绕着太公和桓公讲起。以现代商业的标准来看，太公可以说是一个“100 分的 COO”，而桓公却只能算是一个“60 分的 CEO”。原因何在呢？

齐太公其实就是《封神榜》中神通广大的姜子牙。齐太公小时候家里很穷，不仅如此，到了 70 多岁还没有一份正式的职业。但是人穷志不穷，齐太公是个终身学习者，当时如果有知识付费这个行业，太公一定是忠粉，他每天坚持阅读，而且能知行合一。

为什么说这个无业老头后来成了“100 分的 COO”呢？

COO 我们都熟悉，主要职责就是负责企业运营，这三个字母就是首席运营官的缩写。简单来讲，COO 的工作就是管理产出，管理那些真正衡量公司发展的指标。这活不好干，因为运营一家公司比设计和生产一款产品难得多，你需要具备多种能力，就好比从一张图纸开始设计和完成一个强大的引擎，一开始这个引擎是勉强组装起来的，看起来很复杂、很丑，而 COO 要做的就是让它变得漂亮、简单、强大，变成一辆谁都可以开的炫酷跑车。

关于运营，巴菲特曾有一个经典的比喻：将你的公司打造成傻子都可以管理的公司，因为总有一天你的公司会落到傻子手里。

可以说，COO 是 CEO 的头号助攻，而齐太公后半辈子几乎都是这一角色。

古稀之年的齐太公在遇到周文王后迎来了自己的“开挂人生”，可以称之为“史上最强 COO”。

遗憾的是，文王没有见到商朝覆灭就去世了，齐太公就开始辅佐武王姬发。周武王九年，姬发想完成老爸的未竟事业。但是齐太公对姬发说：“大王，现在还不是出兵伐纣的时候，咱们不如先搞一个战前演习，借此来试探一下其他诸侯的反应。”

武王同意了齐太公的建议。后来各路诸侯在盟津（今河南孟津）会盟，写下著名的《太誓》。《太誓》就是战争前总动员的文书，说明这次战争的意义、目的、纪律和战后财产分配等问题。说白了，就是和各个诸侯签订了合同，大家签字画押，事成了大家都有糖吃，失败了谁也跑不了。一家有雄心的企业总需要有愿景，愿景会指明要到哪里去，齐太公组织的《太誓》就是一个建立共同愿景的过程。

两年后，纣王杀了自己的叔父比干，又囚禁了叔父箕子。这下可不得了了，比干是两朝元老，被誉为“亘古忠臣”，这样的千古第一忠臣都被纣王杀了，那还有谁会效忠于他？再加上酒池肉林、炮烙酷刑种种事情，比干的死成为点燃燎原之火的一个火星。

齐太公此刻表现出了自己的战略眼光。他迅速分析比干之死背后所传递出的信息，做出精准判断，建议武王马上伐纣。这中间还有一个小插曲，武王出征前卜了一卦，一看龟壳的裂纹，大凶，会有狂风骤雨。古人都很相信这些所谓的“神谕”，大臣们都劝武王取消作战计划，但是只有齐太公强烈劝谏武王出征，结果武王大军会师牧野（今河南新乡），大败商纣王，最后斩杀纣王于鹿台（商纣王所建的宫苑建筑）。

商纣王这个暴君倒下之后，齐太公当即建议武王立刻树立自己的“IP形象”。于是，武王赶紧命人搭设神坛，铺上彩旗，放上牲畜祭品，自己把手洗干净，焚香祈祷，向上天一条一条列数纣王的罪行。接着，武王把纣王囤积在鹿台的钱和钜桥的粮食分发给了老百姓，又增高了比干的墓，救出了他的儿子，把象征天下的九鼎运回了洛阳。这一系列的举措，既打败了竞品公司，又给用户提供了一波红利，还树立了自己的威信，可谓一举三得。

在国家，是“得民心者得天下”；在企业，就是得用户者得天下。现在，本土互联网公司在与跨国公司竞争时就经常采用这种策略。

2002 年，阿里巴巴公司准备进军中国电子商务市场，并在 2003 年秘密成立“淘宝”，与入华不久的“eBay”展开一场血战。最后“淘宝”完胜这场战役，“eBay”退出中国。“淘宝”获胜的因素显然是比“eBay”更清楚中国商家的需求，它走了一条“得民心”的群众路线。“淘宝”从一开始就不向会员收取任何费用，并将此战略作为制胜法宝。买家注册或交易不用付任何费用，卖家注册、展示商品或在线销售也不用付任何费用。

“eBay”开始也是免费刊登商品的，但到了 2001 年 8 月，受制于不断攀升的费用和成本，它开始对卖家收取刊登费，第二年又对所有交易收取佣金。后来收费成为“eBay”模式的核心原则。显然，在当时的中国市场，免费比收费更便于获客。除此之外，阿里巴巴公司还建立了各种讨好消费者的机制，如“阿里旺旺”就是综合采纳“淘宝”用户的意见设计而成的，算是“消费者驱动创新”模式的早期榜样之一，后来的“小米”建立自己的“米粉”社群，也是受到了这一模式的启发。

阿里巴巴公司就如同周武王，而高傲的“eBay”就如同商纣王，远离了用户，自然就失去了存在的基础。

武王的背后就是齐太公，说他是“满分 COO”一点也不为过。齐太公总是能够以敏锐的眼光发现问题，对于时局判断又十分精准，能看清问题本质，还有超强的执行力，能督导各部门按照目标完成任务，是运营高手中的高手。

我们再来说说桓公这个“60 分的 CEO”。

齐太公之后，齐国就一代一代地往下传，太公大约在公元前1017年去世，桓公在公元前685年上位。因此，太公早于桓公332年左右，这300多年中，齐国也出现过兄弟相残、叔侄反目之类的事件，直到齐桓公当政，齐国才成了春秋第一霸主。

齐桓公五年的时候，齐国攻打鲁国，鲁国不敌，鲁庄公就献出遂邑（今山东宁阳西北）来求和，齐桓公同意了。但是，两国即将盟誓的时候，鲁国的曹沫突然拿起一把匕首架在了齐桓公的脖子上，说："请您归还所有鲁国的土地。"齐桓公被迫答应了，但是等曹沫扔了匕首，回到臣子的座位后，齐桓公突然想反悔，并要杀死曹沫。齐国的COO管仲及时劝阻说："大王，您可别冲动，如果被要挟时答应了人家的要求，然后又毁弃诺言并杀死人家，虽然可以满足一时之快，但会在诸侯中失去诚信，也会失去天下人的支持，不能这样做啊。"

齐桓公一想也是这么回事，就兑现了诺言。诸侯们知道了这件事之后，觉得齐国守信用，就愿意和他们亲近。七年之后，各诸侯与齐国在甄（今山东鄄城，古代甄、鄄通用）地会盟，齐桓公从此成了一代霸主。

齐桓公35年，桓公与各路诸侯又在葵丘(今河南民权)会盟，周襄王派人赏赐桓公祭祀文王、武王的祭肉，丹彩妆饰的弓箭和天子乘坐的车子，并且特许桓公可以不必下拜谢恩。齐桓公一看如此高的赏赐和礼遇，再加上自己是诸侯盟主，感觉有点飘飘然了，就想接受。管仲这时劝说道："这样做可不行。"桓公虽然下跪拜礼接受了封赏，但他的心态已经开始发生了微妙的转变，骄傲、轻慢的态度越发明显。

后来，齐桓公自己都说："寡人九合诸侯，一匡天下，这与以前夏商周三代的开国天子有什么不同呢？"于是就要封祭泰山。这还得了，封祭泰山这是周天子才能干的事。虽然泰山之行最终因为缺少一种祭品没有成行，但是，可以看出齐桓公已经膨胀得快要爆炸了。

不好的苗头只要在开始的时候没有得到及时的制止，后来就会发展成洪水猛兽。到了齐桓公四十一年，管仲重病不起，桓公问他："现在您病重了，万一您不在了，您看易牙、开方、竖刁这三个人能接替您吗？"

结果，管仲当场气得差点死过去，恨恨地说道："易牙煮了自己的儿子给您吃，这人能用吗？开方十五年不回家看望自己的父母，这人能用吗？竖刁为接近您敢于自宫，这人对自己都这么狠，能用吗？这可不符合人性啊。您要用了这三个人，齐国离亡国也就不远了。"

听了半辈子管仲话的齐桓公，还是决定自己做一回主，重用了那三个人，结果导致三人专权，最后自己竟被这三个人软禁，给活活饿死了。齐国动乱的种子就从这时埋下了，后来也间接导致了"田氏代齐"的发生。

所以说，齐桓公只是一个"60 分的 CEO"。虽然他前半生很辉煌，但在重大问题上听不进去其他声音，自我膨胀，独断专行，结果给国家留下了祸患。特别是在人才选拔上，犯下了重大错误，导致没有善终。

全球商业史上，也有太多 CEO 虽然有一个好的起点，但因为后期的盲目自大，产生重大决策失误，导致公司陷入危机。

2002年7月21日，美国世界通信公司申请破产保护，成为美国历史上最大的破产保护案。公司CEO伯纳德·埃伯斯锒铛入狱，刑期长达25年。管理专家发现，世界通信公司破产的一个重要原因就是CEO埃伯斯的几次重大决策失误。

1995年，埃伯斯把自己创办的LDDS（长途话费优惠服务公司）重新命名为“世界通信”之后，便开始了他的“疯狂并购”计划，短短几年间，一口气并购了70多家公司，世界通信公司一跃成为美国电信行业的新霸主。1998年，在打败欧洲电信巨头BT（英国电信公司）的同时，又收购了美国第二大长途电话商MCI（微波通信公司）。一连串的收购，让世界通信公司的市值突破1960亿美元。埃伯斯因此被誉为“数字英雄”。

在尝到收购甜头之后，埃伯斯萌生了其他的想法，他利用手中高价的股票向银行融资从事个人投资。然而，公司收购MCI后不久，美国通信业泡沫开始破裂，MCI的营收出现了负增长。但是，此时的埃伯斯并没有及时反思，反而在2000年想要用1300亿美元巨资收购电信巨头斯普林特公司。可是，这一交易受到大西洋两岸反垄断机构的联合阻挠，理由是担心合并后的电信巨头将垄断全球网络服务市场，从那时起，世界通信公司的股价开始走低。

在贷款银行和股市的双重压力下，埃伯斯开始病急乱投医，竟然要求公司的财务总监和审计官制作假账来掩饰不断恶化的财务状况。最终丑闻被揭露，导致股价暴跌。世界通信公司也就再没能恢复过来，一代商业神话也宣告终结。

埃伯斯就是典型的“60分的CEO”。或许有人不服气，说你凭什么说埃伯斯是一个“60 分的 CEO”，人家之前是掌握千亿资本的商业巨头，世界通信公司的失败也不能全怪埃伯斯一个人啊。先别急，我们来回顾一下 CEO 这个职位的定义和职责。

CEO 是一个企业的最高决策者，对董事会负责，在公司或组织内部拥有最终的经营管理决策权。埃伯斯的决策失误是导致世界通信公司破产的直接原因。世界通信公司破产之后，投资者赔得几乎血本无归，众多职工面临着失业、欠薪，由此引发的官司和纠纷造成了巨大的不良影响。所以，说埃伯斯是公司的“大罪人”，一点儿都不为过。

结语

故事讲完了，我们总结一下要点：

怎样做才能成为“100 分的 CEO”呢？很难。实际上，找到“100 分的 COO”也很难，没有人一辈子不犯错，最好的方式就是，CEO 之下的各种“O”们，在自己的领域中的分数都比 CEO 高，这样就能将不确定性控制在最小的范围内。

鲁周公世家

今天，我们讲的是《史记》中的第三十三卷《鲁周公世家》。

公元前 1046 年的一个晚上，洛阳城显得十分安静，这座古城仿佛因为承受了太多的历史沧桑早沉睡去。但是城中的天子大殿上灯火通明，殿内传出一声声深长的叹息。

一位披着长衫、身材略显消瘦的中年男子关切地问道："哥，这么晚还没睡啊？"

哥哥用手揉了揉酸涩的眼睛，回答道："姬旦，你来了。唉，这新朝刚立，万事缠身，睡不着啊。"

姬旦关切地说："哥，你白天百事缠身，晚上一定要注意休息，保重身体啊。那些琐碎的事儿，让我去跑就行了，身体要紧呐。"

听完弟弟的话，哥哥欣慰地笑了，说道："一想到有你在我身边，我这心里就安稳了许多。今天就到这吧，你也回去早点休息吧。"

说完，哥哥摆了摆手，姬旦行了礼，便恭恭敬敬地退了下去。

故事中的姬旦就是咱们今天故事的主人公——周公。

周公，姬姓，名旦，是周文王姬昌的第四个儿子，周武王姬发的弟弟。看过《封神榜》的人对周公应该都很熟悉，更熟悉的恐怕是在中国流传久远的《周公解梦》。我记得小时候要是晚上做了一个什么不好的梦，第二天一早总会把这本书拿出来翻一翻看看是凶是吉。后来才知道，《周公解梦》根本就是后人借周公的名义编的，与周公没啥关系。

汉初大思想家贾谊评价过周公："文王有大德而功未就，武王有大功而治未成，周公集大德大功大治于一身。孔子之前，黄帝之后，于中国有大关系者，周公一人而已。"

这评价可不是一般的高啊。下面我们就来讲讲周公的大德、大功和大治。

周朝建立后不久，周公被封在鲁地（今山东鲁南、鲁中地区），但是周公没有回去而是留在了武王的身边。这里大家可能有个疑问：为什么周公没有回到封地呢？回到封地多好啊，在封地自己是老大，上下班不用打卡，也不用看人脸色，自己有什么想法也能第一时间去实现。要是留在武王身边，充其量就是一个高级打工者。

其实呢，这跟周公个人的品性特点有着密切的关系。

话说周朝刚刚建立不久，武王就病倒了，这下可急坏了周公。于是周公组织人做了一件事。什么事呢？祭祀！祭祀在古时候可以说是一件极为重要的活动。祭祀分为两种，第一种是祭天地，第二种是祭祖先。周公做的就是第二种，祭祀周朝的三位老祖宗"周太王、周王季、周文王"。

但是这还不够，在祭祀的时候周公一躬身跳上祭坛，躺在祭坛上，把自己当作贡品，开始虔诚地祈祷，他说：“三位先王若是在天有灵的话就帮帮周朝吧，你们的子孙姬发，现在为国事操劳过度，积劳成疾，卧病在床已经有数日之久了。”

说着说着周公便开始呜咽了起来，口中继续说道：“如果三位先王欠了上天一个儿子，那就让我去代替天子吧。我从小就心灵手巧，多才多艺，什么样的鬼神都能伺候。在这方面，天子不如我，是伺候不好鬼神的，而且天子是秉受天命的人，他的主要工作是普济天下，让周朝的后世子孙过上平安幸福日子，三位先王也能因为天子的在位而永远享受供奉。如果三位先王同意的话，就赶快让天子好起来吧！”

说完之后周公放声大哭，最终因为情绪过于激动而晕死了过去。祭祀的科学性咱们就不去考证了，但是你还别说，两天后周武王的病还真就好了。《左传·成公十三年》中说“国之大事，唯祀与戎”，祭祀和战争是国家的两件头等大事，可见古人对祭祀的重视程度。

后来，武王去世，他的儿子成王继位，但是成王年纪太小了，周公就代侄子辅政，相当于后人常说的“摄政王”。这权力要是放在心术不正的辅政大臣手里，那就跟自己做天子没什么区别，篡权夺位也是常有的事。

但是周公却是一个把国家命运和个人命运捆绑在一起的人，他最先考虑的是武王去世，成王还小，这时候恐怕会有诸侯趁机作乱，毕竟权力的诱惑太大了。面对王室其他成员，尤其是他的三哥和五哥说他“挟天子以令诸侯”的流言蜚语，周公仍然站出来挑起了国家重担。他与姜太公谈心表明心曲，他说：“老姜啊，你应该理解我，我之所以不避嫌代理朝政，是因为怕周朝出乱子啊。武王刚走，成王还小，周朝又刚建立没多久，想当初武王把成王交给我，这要是在我手里出了乱子，哪还有脸去见武王和历代先王啊！”

姜太公频频点头说：“是啊，我特别能理解你的苦衷，咱们做臣子的，能做到这分上的，恐怕也只有周公你了。咱们只管做好该干的事，问心无愧就好了，别去理会那些风言风语。”

后来，管叔和蔡叔（周公的三哥和五哥）扶持商纣王的儿子武庚领着一些淮夷（商周时期生活在我国东部的黄淮、江淮一带的部族）造了反。这是典型的贼喊捉贼，前脚诬陷完周公“挟天子以令诸侯”，后脚自己就开始造反。这就是中国历史上臭名昭著的“管蔡之乱”。但在周公的妥善处理下，没能闹出什么大乱子。

管蔡之乱刚平息，成王又病了，医生给看了，药也吃了，可病就是不见好。这可把周公急坏了。上次武王生病，周公把自己做了贡品。这次成王生病，周公直接剪掉了自己的指甲，扔进了河中，向河神祈祷说：“天子年少不懂事，触犯了神灵，我愿意以身代罪受罚，现在我剪掉自己的指甲，为天子的过错忏悔，请神灵原谅。”

大家可不要以为剪掉指甲是件小事儿。这就和当年曹操割发代首一样，是很严重的处罚。当年曹操发兵宛城（今河南南阳宛城区）时规定：“大小将校，凡过麦田，但有践踏者，并皆斩首。”话音刚落，曹操的马突然惊了，把麦子踩倒了一大片，但是军令如山，曹操就拿起剑割了自己的一绺头发，传示三军：“丞相踏麦，本当斩首号令，今割发以代。”

按过去标准，身体发肤受之父母，自己是不能随意毁伤的，剪掉指甲，就相当于剪掉了手指，这罪过可不小。神灵是不是真的被周公感动了，咱不知道，但最后成王的病是好了。

后来成王长大了，周公就将政权交还给了成王，并写了一篇文章叫《毋逸》，告诫他不能贪图安逸，只有勤政修德，国家才能长治久安。周公交还政权后，“北面就臣位，匔匔如畏然”。古时，天子坐在大殿之上是面朝南而坐，群臣面向天子而站，所以说臣子都是面朝北的，站在臣子位置的周公无论是不是掌权，都是一副恭敬谨慎的样子。这就是著名的“周公反政”的典故。周公此举也得到了众人的尊重与称赞。这与后世敢于废立皇帝的辅政大臣霍光、“只知有忠贤，而不知有皇上”的九千岁魏忠贤等人形成了鲜明的对比。

周公在辅佐成王期间不仅治好了成王的病，还把周朝治理得井井有条，百姓安居乐业，市场上童叟无欺。除此之外，周公还做了一件极为重要的事，就是制定了一套完整的典章制度，比如著名的井田制、分封制、宗法制、礼乐制等。其中最重要的是确立了“嫡长子继承制”。周朝之前，继承制度很混乱，君主死后，有儿子继承王位的，也有兄弟继承王位的，为争夺王位经常发生叔侄反目、兄弟相残的流血事件。周公以血缘关系为纽带，把家族和国家，政治和伦理融合在了一起，制定出的嫡长子继承制度，妥善地解决了王位继承的问题，也让王位的继承变得有章可循。这个制度的形成为周朝八百年的统治奠定了基础，对后世的封建社会也产生了巨大的影响。

上面说到周公崇尚制度，建立了很多根本性宗法制度，这些制度的重要性从周朝的长盛国运就可以看出。其实，对于任何组织来说，定制度、立规矩都是一件极为重要的事。老话说得好，“没有规矩，不成方圆”。现代企业中，在给企业“立规矩，定制度”方面，最著名的要数《华为基本法》了。

华为一直被认为是个低调神秘的公司，因为大家除了知道华为很强很大，其他方面知之甚少。不过近两年，因为“中美贸易摩擦”华为被推到了风口浪尖，华为的研发、管理和福利等才开始被人了解，《华为基本法》也成为很多大企业学习和效法的目标。

华为在 1987 年刚成立的时候只有十几个人，东拼西凑弄了 2 万块钱就算是公司的启动资金了。但是到了 20 世纪 90 年代后，华为已经开始跻身于国内通信企业的前列。

随着华为员工数量的增多、公司规模的扩大，任正非深切地意识到，公司必须建立一套完善的管理制度。于是任正非开始设计和拟定相关的管理“法”，凭借着自己多年打拼积累的经验和教训，还有中外管理顾问的帮助，《华为基本法》在 1998 年宣告诞生。

《华为基本法》一共分为六大章，103 条。其中涵盖了华为的核心价值观、企业发展战略、规划设定、组织管理、经营政策、人力资源配置、企业管控制度等方方面面，后来经过几次修订，《华为基本法》可以说是中国现今企业中最规范、最全面的一部“企业法”了。

华为也凭借着这部“基本法”开启了“华为模式”。华为的每一名员工在处理问题的时候真正做到了“有法可依，有章可循”，整个华为的凝聚力和战斗力都在这部“基本法”中得到了放大。后来任正非先生自己都说：“《华为基本法》是华为公司在宏观上引导企业中长期发展的纲领性文件，是华为公司全体员工的心理契约。”可见《华为基本法》的作用之大。

结语

故事讲完了，我们来总结一下要点：

周公可以说是一个完人，一代枭雄曹操也曾作《短歌行》赞美说“周公吐哺天下归心”（正吃着饭，有人来拜访，他立即吐掉吃到嘴里的东西，跑去接待客人，形容他的敬业和礼贤下士）。周公这种对工作负责、敢于担当、懂得取舍的职业精神非常值得我们借鉴和学习。

此外，我们还要意识到，规则和制度对于企业的重要作用。诺贝尔奖得主弗拉迪斯拉夫·莱蒙特说：“世界上的一切都必须按照一定的规则、秩序各就各位。”规则与制度的制定对于企业而言，尤其是当企业发展到一定规模之后，可以说是必须解决的问题。因为这些规则、制度决定了企业能否走得稳、走得好、走得远。放到更大维度中，这些规则和制度就上升到了“法”的层面，而“法”是人类社会能够正常运行的前提和保证。

燕召公世家

说起燕召公，大多数人可能不熟悉。他姓姬，名奭。他是西周宗室，与周武王姬发、周公姬旦是同辈。周武王灭掉商纣王之后，将燕地分封给他，可以说召公是燕国的始祖。周武王的儿子周成王继位时只有 12 岁，当时有三公（太师、太傅和太保）辅佐。周公是太师，主管朝政，相当于摄政王；太傅是大名鼎鼎的姜子牙；召公也位列三公，是太保，主管陕原以西的疆域。

召公奭是一位非常了不起的人物。他治理地方很有一套，无论是官员还是百姓，对他都交口称赞。有一次，召公看到附近的山野中长着一棵棠梨树，便坐到树下休息。他从树上采摘棠梨果子止渴，满意地说："这株甘棠树太好了，绿荫可遮日，果实又香甜美味，农民们干农活疲惫了，刚好可以在树下休息和摘果实止渴，所以要好好地珍惜这棵树，不能砍掉当柴火烧掉了。"之后，召公经常在这棵树下理事断案，了解百姓疾苦，处理民间纠纷，他执法如山，公正不阿，努力做到民无冤情。他对身边的人说："不劳（我）一身，而劳百姓，不是仁政。"为了怀念召公，人们专门作了一首《甘棠》诗来纪念他：

蔽芾甘棠，勿翦(通剪)勿伐，召伯所茇；

蔽芾甘棠，勿翦勿败，召伯所憩；

蔽芾甘棠，勿翦勿拜，召伯所说。

译文：梨棠树枝繁叶茂，不要修剪也不要砍伐它，因为召伯曾经住在树下；

梨棠树枝繁叶茂，不要修剪也不要损毁它，因为召伯曾经在树下歇息；

梨棠树枝繁叶茂，不要修剪也不要拔掉它，因为召伯曾经在树下停留。

《燕召公世家》自燕召王开始，总共提到了35位君王，但是能称得上圣主明君的只有燕召公。司马迁非常推崇燕召公，曾说：燕国在外受蛮貉（古时指南方和北方的落后部族）等外族的逼迫，在内又和齐、晋等国领土相交，艰难地生存在强国中间，实力最弱小，好几次差点被灭国，却能够延续八九百年，是姬姓封国中最后灭亡的，就是由于召公的功德厚泽。

对《燕召公世家》中的大多数君主，司马迁都是一两句话提笔带过，他着墨最多、描写最生动的是昏聩的燕王哙和他的儿子燕昭王。他们是两个极端，他们的故事就是著名的“子之之乱”和“昭王中兴”。

燕王哙在位时，燕国与齐国正处于和平时期。燕王哙自觉无内忧外患，只顾贪图安逸，加之非常赏识子之，就将朝政都交给子之。子之这个人非常阴险狡猾，有一次，子之坐在朝堂撒谎说：“看，跑出去的是什么？白马吗？”周围的人说没看见，不过有一个人跑出去追赶了，回来说：“有白马。”子之这么做的目的是什么呢？就是看看谁对他忠诚。子之眼看着燕王哙一天天地变老，就逐渐产生了篡夺燕王王位的想法。他是如何实现这个目标的呢？

子之有目的地和苏代交好。苏代是苏秦的弟弟。苏秦大家很熟悉，他合纵六国对抗秦的事迹家喻户晓，苏代的能力也不比哥哥差多少。

有一年，苏代作为齐国的使臣出使燕国，燕王哙问他：“齐王这个人怎么样？”

苏代回答说：“齐王肯定不能称霸。”

燕王哙又问：“这是为什么呢？”

苏代回答说：“那是因为齐王不信任自己的大臣。”

苏代说这些话就是想要刺激燕王哙，他的潜台词是想让燕王哙更加信任子之。果然，听了苏代的话后，燕王哙更加倚重子之。事后，子之送给苏代黄金千两以作答谢。

子之又让人给燕王哙传达王位禅让的“美德”。有个人叫鹿毛寿，直接就对燕王哙说：“您不如把国家让给国相子之吧。人们都说尧圣贤，就是因为他把天下让给了许由，而许由没有接受，这才让尧既有了禅让天下的美名，但实际上又没有失去天下。大王如果现在把国家让给子之，子之一定不敢接受，这样大王您就和尧具有了同样的美德了。”这样忽悠人的话，糊涂的燕王哙居然相信了，还真把国家大权都托付给了子之。

子之已经是实际上的君王了，但是他还不满足，就又让人对燕王哙讲大禹的故事：大禹举荐了伯益，但是任用启（大禹的儿子）的人为官。等到大禹年老后，认为启不足以担当天下重任，就把君王位传给了伯益。不久，启就和他的同党攻打伯益，夺走了君王位。天下人都说大禹名义上是把天下传给了伯益，而实际上是让启自己去夺天下。现在大王说是把国家托付给了子之，但当官的没有一个不是太子的臣子，这就和大禹的做法一样，名义上把国家托付给了子之，而实际上是由太子执政。这些话如此明显地表达了子之篡夺王位的野心，但是燕王哙就像是鬼迷了心窍，他把百官集结起来，俸禄三百石以上官员的印信都收起来交给子之，废掉姬平的太子位，直接将王位禅让给子之。子之心里面别提有多得意了，表面上却推辞再三之后再接受。子之的王位禅让流程一个不少，祭天地，穿王服，手执圭（王权的象征），面朝南称王。燕王哙反而变成了臣子。子之由此真正成了大王，还让苏代和鹿毛寿都官拜上卿（相当于宰相）。燕王哙的这次“禅让”，是战国时期绝无仅有的一次。燕王哙被臣子如此玩弄于股掌之中，可悲可叹！

子之当权，燕王哙不在乎，但是并不代表其他人不在乎。将军市被就不服，率领属下攻打子之。奋战十多天，死伤数万人。市被还是失败了，最后被子之杀害，暴尸示众。鹿毛寿对子之说：“市被之所以犯上作乱，是因为太子平。”子之就想杀了太子平。姬平打扮成老百姓的样子逃亡到了无终山（今天津市蓟州区）；他的庶弟姬职流亡到了韩国。自此，燕国大乱，百官离心离德，民怨四起。

燕国动乱之际，孟轲（即大家熟知的孟子）对齐王说："现在去攻打燕国，正是周文王、武王伐纣那样的好时机，千万不能失掉啊。"齐王就以讨伐子之匡扶正义的旗号发兵燕国。燕国的臣子和百姓痛恨子之的篡位，对齐国的进攻不但不抵抗，反而大开城门夹道欢迎。齐军很快占领了燕国都城。子之被擒，鹿毛寿战死，苏代投奔了周王室，燕王哙自杀。子之最后被凌迟处死。

这就是"子之之乱"的起因始末。人们都说，子之是祸乱之首。但是毫不夸张地讲，如果没有燕王哙的纵容，也没有燕王哙的拱手相让，子之也不会那么轻易地把国家祸乱到灭国的程度。

子之死后两年，燕国人共同拥立太子平为王，这就是燕昭王。燕昭王是燕召公之后燕国唯一的明君。他最著名的事迹就是礼贤下士，为燕国招揽了很多人才。他曾对郭隗说："齐国趁我国内乱时攻破了燕国，我知道燕国国小力弱，还不能报复齐国。但是我希望能够得到贤能的辅助，一起治理国家，雪洗先王的耻辱。先生如果能推荐这样合适的人才，我愿意亲自侍奉他。"郭隗回答说："大王如果想要得到这样贤能的人，那就先从我郭隗开始吧。这样的话，那些比我贤能的人，也会不拒千里之远过来投奔您。"燕昭王听取了郭隗的建议，为郭隗重建了住宅，以老师的礼节对待他。之后，燕昭王爱贤敬贤的名声不胫而走，风传天下。各国的贤能之士争先恐后投奔而来。

乐毅从魏国投奔而来，邹衍从齐国投奔而来，剧辛从赵国投奔而来……一时间燕国人才济济。同时，燕昭王还放下身段祭奠死者，慰问孤儿寡妇，和百姓们同甘共苦。燕昭王励精图治28年，不仅燕国变得殷实富足，而且培养了奋发图强的民风。当齐国对内劳民伤财，横征暴敛，对外不断用兵，惹得诸侯不满的时候，忍辱多年的燕昭王认为报仇雪耻的时机到了，决定举兵伐齐。

燕昭王任命乐毅为上将军，和秦国、楚国以及赵、魏、韩等国合谋讨伐齐国。联合军队在乐毅的领导下，一举攻破齐国的防御，势如破竹连下齐国七十二城，打得齐国只剩下聊城、莒城（今隶属于山东日照）和即墨（今山东平度东南），其余的国土全部被燕国占领，长达六年之久。

燕昭王去世以后，燕国再没有出现一位英明的君王。现在能够让我们记住的，就是燕太子丹豢养死士，指使荆轲刺杀秦王，而且还失败了。燕国最后被秦国灭亡。

纵观燕国整个历史，大多数情况下它是被欺压的角色，只有为数不多的高光时刻，一次是燕召公时期，一次是燕昭王时期。而这两个时期燕国能够国强民富，都是因为君王英明爱民。我们还看到，燕昭王通过自己的亲身行动不仅招揽了很多人才，而且调动了百姓的积极性，他强国复仇的梦想在他做出亲贤爱民的行动时就注定了一定会实现。

英明的领导人更是企业驰骋商海的关键因素，尤其是在这位领导人能够以身作则，深受员工尊重和爱戴的时候。

日本航空公司是日本乃至整个亚洲规模最大的航空公司，世界企业500强之一，就是这样的公司曾经一度走向破产。当时日本航空公司问题很多，比方说座席过剩，即使低价销售，许多航班还是会出现空座；投资失败，日本航空公司增设的酒店等相关企业，盈利性不足还拖累了主业发展；经营成本过高，庞大的员工数量有大量的成本支出；等等。

这样的一个烂摊子，怎么才能起死回生呢？日本首相鸠山由纪夫极力推荐稻盛和夫。鸠山由纪夫说，如果能请动稻盛和夫，日本政府不需要再投入几百亿美元就可以使日航重新崛起。为此，他亲自登门邀请稻盛和夫。

但当时的稻盛和夫，已经78岁高龄，早已经不再管理公司事务，正在潜心研究佛法，开始安度晚年。几乎所有人都为他捏了一把汗，怕他“晚节不保”。但是没有想到，稻盛和夫竟然答应了。不过他提出了两个条件：一是以零薪水出任日航CEO；二是他将不带团队去日航，在他看来，他公司内部没有人懂航空运输。就是在这样一个彻头彻尾的“门外汉”的领导下，日航进行了一系列的改革：大幅调整了飞机编制，卖掉了效率低下的飞机；无效益的关联企业相继被出售；大批员工被裁，员工的薪酬也被削减。经过这些努力，2009年度还背负着1337亿日元经营赤字的日航，在2011年度就创下了2049亿日元的营业利润，实现了超乎想象的V字型反转。

这个了不起的成就，秘诀在哪里呢？稻盛和夫说，并不是靠什么经营技巧，日航得以重建的关键，就在于三万两千名员工的意识和观念发生了转变。为什么是稻盛和夫而不是别人促成了这种转变呢？稻盛和夫曾这么说过：“主要是我让日航的领导和员工们感动了。我已经快80岁了，身为航空业的外行，不取一分报酬，没有私利，原来与日航也没有任何瓜葛，冒着玷污晚节的风险，鞭策这把老骨头，全身心投入日航的重建。看到像他们的父亲、爷爷一样年龄的人，为了他们的幸福拼命工作的样子，日航的员工们感动了，他们觉得‘自己不更加努力可不行啊’。由于日航全体员工团结奋斗、不断改革改进，日航重建才获得了成功。”

结语

国不可无君，但不能是昏君。企业长久发展，也需要一个智慧、达观、靠谱的领导人。

领导人在平时的工作中做到亲近工作一线，率先垂范，能够给予员工很大的精神鼓励。其实，这种管理方法恰恰是最难学的。稻盛和夫每一次讲座，都像是一堂思想品德课，他讲的是，“敬天爱人”“付出不亚于任何人的努力”“做人何谓正确”，等等。稻盛和夫的做法总结起来有两句话：

1. 做正确的事。

2. 以身作则，激发员工的积极性和创造性。

管蔡世家

《管蔡世家》勾勒了从西周到春秋战国时期，蔡国跟曹国约八百年的历史，告诉读者像蔡国这样弱小的诸侯国，国君如何一次次作死，最终在强大诸侯国的碾压下落得个惨淡的下场。

那么，蔡国的国君究竟要作成什么样，才会导致蔡国在五百多年的时间里，经历了数次国君被掳被囚，国家多次灭亡的悲剧？

故事要从蔡国的首任君主蔡叔度说起。

周武王平定天下后，大肆分封功臣和自家兄弟。作为周文王的儿子，周武王弟弟的蔡叔度，自然在受封之列。

蔡叔度被封在了蔡地（今河南上蔡），管叔鲜被封在了管地（今河南郑州），并由二人负责辅助商纣王儿子武庚治理殷商遗民，起到监管职责，足见周武王对他们的信赖。

但恰恰是这份重用，让蔡叔度开始有些飘飘然，以为自己的实力远不止周武王看到的这些，对于手中的权力他也感到不满足。

周武王在灭商后不久便病逝，年幼的周成王继位。因为周武王的四弟周公旦曾两次辅佐周武王东伐纣王，并制作礼乐，有着诸多功绩，所以周朝暂且由他摄政。虽然周成王的年纪小，但是周公旦始终尽心尽力辅佐他，甚至把他抱在膝盖上接见诸侯，处理政事。

不过，看过《三国演义》的朋友可能会问一句："这不是挟天子以令诸侯吗？"蔡叔度跟管叔鲜也是这么想的，看到周公旦大权在手，就开始坐不住了，觉得这事他俩也能干啊，于是两人凑一块儿开始商量："当今天子这么小，王位能坐稳吗？""同为文王的儿子，姬旦能摄政，我们为什么不能？"

一个巴掌拍不响，于是蔡叔度跟管叔鲜赶紧来找武庚，密谋开小会，准备造反。蔡叔度跟管叔鲜打好了腹稿准备游说武庚："你看现在的天子太小，周公现在这样到底是什么意思？咱们可不能让周公一个人说了算啊。"

被监视的武庚原本就有蠢蠢欲动之念，一听管、蔡二人这番话，立刻就明白了其中的深意。但他开始时不动声色，怕这两人是来试探自己的，就回答道："姬旦是辅佐武王立下赫赫功绩的大忠臣，怎么会对天子做出不利之事？"

一听这话，蔡叔度跟管叔鲜就有些着急了，怕武庚悄悄向周公打小报告，举报自己，赶紧拉住他，说道："他当时辅佐的是年轻力壮、胆识过人的武王，如今天子年幼，姬旦能像过去那样安分守己吗？"

武庚装作若有所思的样子点了点头，说道："嗯，人心难测，这事不好说，那你们想怎么做呢？"

蔡叔度跟管叔鲜一看有戏，便互相对视一眼，交换了下眼神，上前一步劝说："这事好办，我们可以取而代之，难道你愿意在这小小的地方窝囊一辈子？"

武庚一听，看来这两人不是在诈自己，觉得再装下去就没意思了，就切换了脸色，微眯着两眼问道："谁不想回王畿［西周时期指镐京（西安西南）及其周围由周王直接统治的直辖区域］之地，那咱们接下来要怎么做呢？"

既然大家心思都一样，那就筹划下如何起事。为了师出有名，三人先开始散布流言："姬旦将对天子不利。"三人成虎，更何况是这种恶意传播的谣言。一时之间全天下的人都开始怀疑周公旦图谋不轨，完全忘记了周公当初辅佐武王伐纣的功绩。

流言四起，蔡叔度等人看舆论酝酿得差不多了，开始举兵叛周。起来响应的有东方的徐（今江苏泗洪一带）、奄（通"郾"，今河南郾城）、淮夷（淮河流域的一个部落）等几十个原来同殷商关系密切的大小国家。

然而，蔡叔度高估了自己的能力，也错看了周公旦的忠君之心。当叛军四起时，周公旦当机立断，奉成王之名东征讨伐叛军，最终诛斩武庚和管叔鲜，蔡叔度落得个被流放的下场，随行的只有 10 乘车和刑徒 70 人。

后来蔡叔度死去后，他的儿子遵德向善，立了不少功劳，才又被封在了蔡地。经过几代国君的治理，蔡国尽管只是一个小国，却变得繁荣起来了。

蔡叔度等人身居国家管理层，想的不是如何维持周王朝内部稳定，而是勾结前朝商纣王的儿子武庚掀起叛乱，搅得天下大乱，受到惩罚是理所当然。

他们更没有看清形势，错误估计自己跟周公旦之间的实力对比，以为单靠流言和一支叛军就能得逞，最后落得惨淡收场。

同样，管理层争斗最后给公司带来负面影响的例子不少。我们就以互联网业界最有名的夫妻搭档李国庆、俞渝夫妇为例来讲一讲。

1999 年“当当网”刚创立时，正值国内电商起步，李国庆、俞渝夫妇，一个书商出身，一个有着华尔街背景，可谓强强联合。夫妻俩还找来了微软的市场总监、Intel 和贝塔斯曼的技术总监组成创业团队，靠着这样超豪华配置的团队，“当当网”顺利晋级为国内 Top 级别的电商网站。

2010 年 12 月，在拒绝了“亚马逊”的收购后，“当当网”终于在“纽交所”成功上市。敲钟时，李国庆为了契合“当当”的名字，要求敲两下钟。俞渝和“纽交所”工作人员沟通后，李国庆如愿以偿。不过，“纽交所”的传统是：敲一下代表开市，敲两下代表闭市。结果，在六年之后“当当网”突然宣布以每股 6.7 美元的股价完成私有化，从“纽交所”退市。后来，李国庆在“当当网”上市时敲两下钟的举动，成了业内调侃的段子。

然而在 2019 年 1 月，“当当网”官方微博突然宣布了李国庆辞职的消息，并表示董事长俞渝女士兼任公司 CEO，“当当网”的日常管理决策由俞渝带领公司高管完成。

作为企业的一手创办者，李国庆在短短的 20 年间净身离场的主要原因在于李国庆和俞渝之间的“权力争夺战”。

李国庆曾经表示，他和俞渝在经营管理、用人、战略上老不一致，却都想着按照自己的想法来，为此经常发生激烈争执。有争执不要紧，可以拿到董事会解决，但因为李国庆和俞渝是夫妻，又是公司的大股东，每当把问题拿到董事会，董事会就说不用表态了，也不用表决了，让他们俩自己去商量吧。

无奈之下，作为丈夫的李国庆只好和俞渝协商，让她负责“当当网”的老业务（主要以网上售书为主），自己管“当当网”新业务（实体书店、电子书、自出版、自有品牌的百货等）。

这样一人管一摊总该没有冲突了吧。不过，2018 年“当当网”突然传出将卖给海航科技的消息（后因海航科技出现经济危机，收购未果）。正是因为“当当网”的这一举动导致李国庆与俞渝之间矛盾的激化升级。当时李国庆坚决反对卖给海航科技，认为海航科技看中的是“当当网”的现金流，收购“当当网”就是要抽干“当当网”的现金流。而俞渝却决定将“当当网”卖给海航科技，便联合“当当网”的其他股东一起，要求李国庆交出新业务，好卖给海航科技。最终，李国庆不得不把经营 3 年多的新业务上交，只能去管理公共事务部。至此，李国庆在“当当网”的权力变得越来越小，直到后来宣布交权离职。

李国庆和俞渝的权力争夺，直接导致“当当网”多位高管离职，影响了“当当网”的很多项业务，大部分业务出现下滑，部分业务出现负增长。而且“当当网”内部也开始变得人心惶惶，员工们把很多精力花在了自己的职业归属的问题上，从而进一步导致企业业务下滑。

由此我们可以看出，联合创始人职责划分不清，最终受损的不仅是人与人之间的感情，更会给公司带来各种层面的损失。

太史公曾评价蔡叔度、管叔鲜这种造反作乱之人，并认为没什么值得记载的。尽管如此不屑，但司马迁最后还是把他们写进了《管蔡世家》，大概是因为蔡国后来的作死经历，太值得让人深思了。

接下来，咱们就说说毁于美色的蔡哀侯。蔡哀侯跟息侯都从陈国娶了夫人，算起来这两人还是连襟。有一天，息夫人路过蔡国，身为姐夫的蔡哀侯，理应对息夫人以礼相待，甚至派人隆重护送息夫人回息国。

谁知道蔡哀侯看到漂亮的小姨子，一丝邪念涌上心头，心想："怎么说，我也是一国之君，谅她一个女流之辈也掀不起什么风浪来。"于是色眯眯的蔡哀侯看向息夫人的眼神就变得有些赤裸裸，甚至想动手动脚。

息夫人一瞧，还有什么不明白，不好变脸，怒斥蔡哀侯"自重"，只能借口自己有急事赶紧离开，生怕待在这里发生什么意外。

让蔡哀侯没想到的是，息夫人非但没有忍气吞声，反而怒气冲冲地回家找老公息侯告状："亏我叫他一声姐夫，没想到对我居然抱着那种心思，蔡侯太不要脸了！"

"什么，蔡侯竟敢如此色胆包天！"息侯听了勃然大怒，"这分明是不把我这个一国之君放在眼里！"

息夫人听闻不由得更加委屈，双眼含泪，看上去楚楚可人，"那夫君可要替我给他一个教训。"

"夫人放心，这件事就交给我了。"息侯一边宽慰息夫人，一边很快冷静下来，心想："息国和蔡国实力差不多，如果自己真的发兵，替夫人出气，不一定能从蔡侯那里讨到便宜，得找一个大靠山才行。"息侯眼珠一转，计上心来。

息侯安抚好夫人之后，便找到野心勃勃的楚文王聊了起来，息侯说："大王，我知道您早就想收拾蔡国了，现在我想到了一个妙招，可以一举拿下蔡国，不知道您想不想听听？"

楚文王一听，立即来了兴趣，催促说："快快说来听听。"

息侯便说道："您可以假装带兵来打我，我就向蔡国求救，蔡侯肯定会派兵援助。到时候您立刻调转矛头去攻打蔡国，你我二人里应外合，必然可以将它一举拿下！"

送到嘴边的肥羊岂有放过的道理？楚文王一听果然是好计，但却担心有诈，楚文王半眯着眼看着息侯，似笑非笑地问道："我听说您的夫人跟蔡侯的夫人还是姐妹啊，你这么做是为了坑蔡侯还是坑我呢？"

"的确，算起来我跟蔡侯还是亲戚关系，"息侯说起献计原因就压不住怒火，"可是他不仅不念及我们是亲戚，还想占我夫人的便宜。"说罢，息侯便将息夫人路过蔡国遭到蔡哀侯调戏的事情和盘托出。

"原来如此，那我就助你一臂之力。"没有了顾虑的楚文王依计行事，没花多少力气就顺利打下了蔡国，还把蔡侯带回楚国扣留了九年。

庆功宴上酒酣耳热之际，楚文王突然想起这次发兵的原因，便对息侯说："既然我们已经帮尊夫人出了气，那何不叫夫人出来一见，大家把酒言欢？”

“这……”息侯本想拒绝，可想到楚文王在宫殿外的兵马，只能硬着头皮答应，叫来息夫人应酬。

只见这息夫人“手如柔荑，肤如凝脂，领如蝤蛴，齿如瓠犀，螓首蛾眉，巧笑倩兮，美目盼兮”。其实，这位息夫人就是我们熟悉的桃花夫人，王维还为她写下“看花满眼泪，不共楚王言”的诗句。

楚文王看到息夫人，顿时两眼放光，直咽口水，心里暗道，难怪蔡侯心驰神游，换了我也把持不住啊。

后来，楚文王干脆一不做二不休，假戏真做，把息国也给灭了，强娶息夫人回家，还生了两个儿子。息侯这才叫赔了夫人又折兵，连国家都给作没了。

结语

无论是蔡叔度，还是后来的蔡哀侯，作为一国之君，都没有正确衡量自己与大国之间的实力差距，贸然凭着自己的心情做事，最终把国家搞得一团糟。而企业的兴衰往往就掌握在管理者的一个决策中，管理者要做出正确选择，就需要管理层内部和睦相处，而不是逞一时之勇，最后让企业声名受损，甚至是造成不可估量的损失。

陈杞世家

《陈杞世家》是春秋时期陈国（大致在今天的河南东部和安徽西北部一带）和杞国（今河南杞县）的合传，讲述了陈、杞两个小国从建国到灭亡的历史。里面的很多记录，特别是对于杞国这样一个小国的记载，就像是流水账，实在是乏善可陈。倒是同样是小国的陈国，因为出了一个艳名远播的夏姬，故事就精彩多了，我们今天就重点讲讲陈国的故事。

夏姬，作为一个美丽的女性，她虽然没有攻城略地的伟业，却直接或间接地影响和改变了春秋中后期的政治格局，让无数叱咤风云的英雄人物拜倒在自己的石榴裙下，《列女传》中说她："三为王后，七为夫人，公侯争之，莫不迷惑失意。"就是说她与陈灵公等三个国君有不正当关系，先后嫁了七次，还有很多王公贵族争抢她，所有见过她的人都被迷得神魂颠倒。其实，还应该再加一条叫作"九为寡妇"，她先后有九任丈夫，但都英年早逝，一女而克九夫，其杀伤力可见一斑。下面，我们就来讲讲这个不一般的女人。

公元前640年，郑国国君郑穆公与少妃姚子生下了女儿夏姬。这夏姬长得有多美，用文字很难形容，总之是美得有点倾国倾城，有点祸国殃民。美艳的夏姬性格也非常开放，甚至有点放荡，她先是和自己同父异母的哥哥公子蛮私通，闹得是满城风雨，后来公子蛮死了，夏姬被嫁给了陈国大夫夏御叔为妻，夏姬之名也由此而来。夏姬嫁给夏御叔不到九个月，就生了一个儿子，取名叫夏征（有的书也写作“徵”）舒。这个夏御叔的身体不是很好，早早就死了，可是夏姬却正处在一个女人最美丽的时候，自然是寡妇门前是非多了。

首先是陈国的国君陈灵公看上了她，然后陈国两个公卿级的大人物仪行父和孔宁也看上了她。不得不说，夏姬这人似乎天生就是为是非而生的。也不知道她是怎么想的，总之是来者不拒，照单全收。

结果，陈国这君臣三人就没日没夜地往夏姬家跑，好像比赛似的。他们晚上到夏姬家去，白天回到朝堂上，每个人手里边都有夏姬私赠的内衣，还拿着相互显摆：看看，别以为就你有，我也有。

当时有个叫泄冶的大臣站出来指责他们，说：“君臣淫乱，民何效焉？”意思是说，你们君臣这样淫乱，让老百姓如何去效仿啊？这本是逆耳忠言，没想到陈灵公不但不听，还授意孔宁、仪行父把泄冶给杀了。这样一来，再也没人敢来进谏了，这三个家伙就更频繁地往夏姬家跑。有一次，三人同时来到夏家喝酒，三杯酒下了肚子就不说人话了。

陈灵公指着夏姬的儿子夏征舒对仪行父说：“你瞧，他长得像你。”

仪行父也不吃亏，反过来说：“我瞧他怎么长得像你？”

没一会儿，陈灵公又拿孔宁开起了类似的玩笑。

这时的夏征舒早已不是小孩子了，听到三人这样拿自己开玩笑，顿时怒火中烧，带上强弓弩箭悄悄埋伏到了家里的马棚里。等到宴会结束，陈灵公三人跌跌撞撞地往外走时，早已等候多时的夏征舒弓开满月，抬手就是一箭。这三人还没反应过来，陈灵公就被射了个透心凉。这孔宁和仪行父一看，君主都被射死了，脑子立马清醒了，撒腿就跑。夏征舒再想射第二箭时，发现那俩货已经从狗洞里钻出去了，而且不敢回家，光着身子逃到楚国去了。

杀了风流君主后，夏征舒就想，你仪行父、孔宁不是说我长得像陈灵公吗，那我索性就认了，干脆自己就做君主得了！

当夏征舒想做君主的消息传出去之后，逃到楚国的仪行父、孔宁害怕了，他们怂恿楚庄王以讨伐夏征舒为陈灵公报仇为由头，攻伐陈国，由于有这样两个了解陈国情况的内奸，所以楚军不费吹灰之力就灭了陈国。

灭了陈国之后，楚庄王忽然心血来潮，想要见见这位传说中"祸国殃民"的美女夏姬。其实，楚庄王最开始可能也没啥别的想法，纯粹就是好奇，想看看这究竟是个什么样的女人，竟然能让一个国家灭亡。没想到，不看还好，一看之下立马就被勾走了三魂七魄。什么君主的高傲自尊，什么贵族的矜持脸面，全都不在了。一时间，楚庄王就像触了电一样，从思维到身体全都麻了！等缓过神来，这楚庄王就在心里想：陈灵公死在这个女人身上，也挺值的！然后毅然决定：我要娶夏姬！堂堂春秋五霸之一，竟然要娶一个亡了陈国的妇人，这还得了！于是，在楚国大夫申公巫臣的引导下，大臣们纷纷跳出来反对这桩婚事。无奈之下，楚庄王只好放弃了这个想法。

也不知道是中了哪门子邪，楚庄王这儿刚消停，楚庄王的弟弟大司马子反又站出来了：大王不是不娶夏姬了吗？那就该轮到我了，我娶她！

这次，当时劝阻楚庄王的申公巫臣又站出来了，劝阻说：这个女人可不祥，你看她搞死多少人了，最早那个叫子蛮，然后是御叔，接着是陈灵公、孔宁、仪行父，哪个得了好了？子反一听这话，坚挺的欲望顿时就萎了。

后来，楚庄王把夏姬赏赐给一个叫连尹襄老的贵族。不过没多久，襄老就在一场战斗中被射死了。这个连尹襄老有个儿子叫黑腰，黑腰看着这个后妈，也控制不住自己。他们俩之间就又不清不白了。

这时又有一个人站出来要娶夏姬，搞笑的是，这个人不是别人，正是那个劝楚庄王和子反不要娶夏姬的申公巫臣本人！他说：夏姬这个女人不祥，谁娶她谁死，但“我不入地狱谁入地狱”，总要有人担当重任的，那就让我来吧！你看，说得多么大义凛然、冠冕堂皇。

然后，申公巫臣让夏姬借着给连尹襄老收尸的理由从楚国来到了郑国，申公巫臣则借出使齐国的机会，绕道郑国，在驿站馆舍中与夏姬幽会，并且给楚王写了一封“辞职信”，外交大臣的官也不干了，带着夏姬投奔晋国去了。

这个消息传到了楚国，可把楚庄王和子反气坏了。心说，好你个申公巫臣，你不让这个娶，不让那个娶，原来是给自己留着呢！

于是，子反就联合了自己的兄弟子重，一起灭了申公巫臣的家族，还私分了申公巫臣家族的财产。

申公巫臣心中愤恨不已，他写信给子反说："余必使尔罢（通'疲'）于奔命以死！"（我一定要让你在战场上到处奔走、精疲力竭而死）。成语"疲于奔命"就是从这儿来的。

申公巫臣非常有能力，他向晋国国君建议，联合正在崛起的吴国，以东西夹击之势共同讨伐楚国，并且主动出使吴国。当时的吴国水军强大，陆战较弱，巫臣就帮助吴国训练出了一支非常强大的陆军，然后把儿子留在吴国当人质，自己亲自指挥伐楚，还顺道把楚国周边的一些小城邦都收归到了吴国的版图。就这样，晋吴联军在楚国东西两线同时开战，让楚国领军的子反和子重疲于奔命，最后双双死于军中，而吴国也通过这一战逐渐崛起，成为可以与楚国抗衡的东南强国，楚国则从此开始走下坡路。

看，这就是一个女人对历史的影响。首先，她让楚国从此有了严重的后顾之忧，不得不向晋国提出"弥兵"（止息战事）的要求，春秋的历史也从此转入后期阶段。第二，从这以后春秋争霸的队伍中又多了两个厉害角色，就是吴国和越国，也为后来的吴楚争雄、吴越纷争埋下了伏笔。

俗话说"欲壑难填"，夏姬之乱看上去是一个女人和九个男人的八卦情史，其实更是一个关于如何管理好自己欲望的故事。试想，如果夏姬面对的是柳下惠那样"坐怀不乱"的正人君子，她还能兴风作浪吗？这些与夏姬有染的男人，无非是面对美色的诱惑，不懂得克制和收敛自己的欲望，最终自取灭亡。由此可见，欲望是个漩涡，人一旦落入漩涡之中就很危险。所以说，对于有一定社会成就的人来说，管理好自己的欲望是一堂深刻的人生必修课，我们先来看看外国人怎么应对和解决这个问题。

美国船王哈利的教育方法非同一般，他曾对儿子小哈利说："等你到了 23 岁，我就将公司的财政大权交给你。"谁想，儿子 23 岁生日这天，老哈利却将儿子带进了赌场。老哈利给了小哈利 2000 美元，并且告诉他无论如何不能把钱输光。

小哈利连连点头，老哈利还是不放心，反复叮嘱儿子，一定要剩下 500 美元，小哈利拍着胸脯答应下来。然而，年轻的小哈利很快就赌红了眼，把父亲的话忘了个一干二净，最终输得一分不剩。走出赌场小哈利十分沮丧，说他本以为最后那两把能赚回来，没想到却输得更惨。老哈利说，你还要再进赌场，不过本钱我不能再给你，需要你自己去挣。小哈利用了一个月时间去打工，挣到了 700 美元。当他再次走进赌场，他给自己定下了规矩：只能输掉一半的钱，到了只剩一半时，他一定离开牌桌。

然而，小哈利又一次失败了。走出赌场，小哈利对父亲说，他再也不想进赌场了，因为他的性格只会让他把最后一分钱都输光，他注定是个输家。谁知老哈利却不以为然，他坚持要小哈利再进赌场。老哈利说，赌场是世界上博弈最激烈、最无情、最残酷的地方，人生就像赌场，你怎么能不继续呢？

小哈利只好再去打短工。他第三次走进赌场，结果又是一场输局。但他吸取了以往的教训，冷静沉稳了许多。当钱输到一半时，他毅然决然地走出了赌场。虽然他还是输掉了一半，但在心里他却有了一种赢的感觉，因为这一次他战胜了自己。

老哈利看出了儿子的喜悦，就对儿子说："你以为你走进赌场，是为了赢谁？你是要先赢你自己！控制住你自己，你才能做真正的赢家。"从此以后，小哈利每次走进赌场都给自己制定一个底线，在输掉 10% 时他一定会退出牌桌。再往后，熟悉了赌场的小哈利竟然开始赢了，但这时站在一旁的父亲警告他，现在应该马上离开赌桌。可小哈利头一次这么顺风顺水，他哪舍得走！结果，得意忘形的小哈利又输个精光。从天堂瞬间跌落地狱的小哈利惊出了一身冷汗，他这才想起父亲的忠告。

一年以后，老哈利再去赌场时，小哈利俨然已经成了一个像模像样的老手，输赢都控制在 10% 以内。不管输到 10% 或者赢到 10%，他都会坚决离场，即使在最顺的时候他也不会纠缠。直到这时候，老哈利才算确认自己可以放心地交班了，因为他知道，能在赢时退场的人才是真正的赢家。老哈利毅然决定把上百亿的公司财政大权交给小哈利。老哈利说："能够控制好情绪和欲望，就意味着掌握了成功的主动权！"

华为董事长任正非也说："管理，就是管欲望。"欲望是一把双刃剑，一家企业管理的好坏，背后所展示的逻辑都是人性的逻辑、欲望的逻辑。在现实生活中，很多曾经风光无限的老板最后被清算，其实本质上是在欲望与能力之间、目标与资源之间、进攻和防守之间没有找到最佳的平衡点。一个人从零起家，脱颖而出，需要一个"敢"字，必须有胆量、有魄力。但是，在他已经有了一定成就、有了一定财富后，还应该有一个“怕”字。

乐视全生态垂直整合就是风险控制的反面教材，贾跃亭最大的问题就是控制不了自己浮躁的欲望，才造成了今天的困境。所以每个创业者心中都要有个警醒自己的贾跃亭。

演员黄渤在获得“50亿影帝”称号时，毅然选择了“退下来休息”。他说：人在半山腰的时候，才是最开心的。因为既有往下俯视的快感，距离山顶也还有一定距离，还有继续攀登的目标。世界上的任何事情都切忌过度，所谓“物极必反，月盈则亏”，就是这个道理。

结语

当下这个世界充满了各种各样的诱惑：金钱、权力、美色、美食……意志不够坚定的人很容易沉沦。因此，对于每个人来说，学会“欲望管理”是非常重要的。在坏事面前，我们要“及时止损”；在好事面前，也要懂得控制。

其实，真正的自由，不是你拥有了多少，而是你敢于拒绝多少。要学会控制自己的欲望，无论你是处于低谷还是站在高峰，都不要做欲望的奴隶，过度损耗自身的精气神。人生需要留白，凡事不能操之过急，“节制”才能让人生持续饱满。要知道，人生好在适度，误在失度，坏在过度。

卫康叔世家

《卫康叔世家》主要讲述了卫国祖先康叔建立卫国后，利用周公的“康、酒之诰”（即《康诰》和《酒诰》。《康诰》是治理殷商旧地民众的命令，《酒诰》是禁酒令）、“梓材之术”（人才治理的方法）兴国运838年，传君35位，最终以卫君角被秦二世废为庶人，断绝宗庙祭祀，卫国宣告灭亡而告终。

我们回头来看，卫国不论是在春秋时期，还是在战国时期都是排不上号的小国，但是能享国运八百多年，其中必有可圈可点之处。但是我们的太史公在这篇世家中对这方面着墨不多，却在卫国几个不肖子孙身上“浓墨重彩”。这些不肖子孙都是谁呢？

故事要从卫国的第12代国君卫庄公说起。卫庄公，姬姓，名扬，老爸是卫武公。卫武公可是卫国国君中一位重量级人物，《史记》中评价道：“武公即位，修康叔之政，百姓和集。”意思是说：“武公即位后，重新执行康叔的政策，使卫国的百姓变得和乐而安定。”在《吴太伯世家》中大贤之人延陵季子去鲁国听乐的时候，听到《卫风》之美不由赞叹道:“美哉，渊乎！忧而不困者也。吾闻卫康叔、武公之德如是。”翻译成白话就是:“《卫风》真美呀，深沉呀，虽遭遇坎坷但却不会陷入困顿颓唐，我听说卫康叔和卫武公的圣德就是这样啊。”

要说老爸这么厉害，儿子应该也不会差太多吧，再一听“姬扬”（谐音激扬）这个名字，充满着一股热血、昂扬之气，也寄托着父亲对儿子的期望，希望卫庄公能行君王之道，扬卫国之威。但是卫庄公后来的行为如果被卫武公知道了估计得气活过来。卫庄公到底做了什么混账的事呢?

话说，咱们卫庄公资质平平，顺位继承了父亲的王位之后娶齐国的女子为夫人，齐国女子虽然漂亮，但是没能给卫庄公生个一儿半女。后来庄公又娶陈国女子为夫人，生了个儿子，却不幸夭折了。这时候卫庄公的心里也有些着急了，毕竟“不孝有三，无后为大”，更何况这关系到卫国接班人的问题。恰巧的是，那陈国女子的妹妹也被庄公看上了，更巧的是这第三位夫人一下子就给卫庄公生了个宝贝儿子，取名为姬完，后来被立为太子。就这样，这太子算是立了，卫庄公也可以松口气了。

不过，没过多久庄公的另一个宠妾——这里注意啊，不是夫人——也给卫庄公生了个宝贝儿子，取名为姬州吁。老来得子的卫庄公特别溺爱这个小儿子。不过这样导致这个孩子从小缺少管教，长大后性格蛮横，骄奢淫逸，目无尊长，甚至去挑战太子的权威，但是卫庄公也没说什么。除此之外，州吁还特别喜欢带兵打仗。在卫庄公眼里只看到了，我这小儿子真棒，长得结实，又能带兵打仗，最后还封州吁做了卫国的将军。

这个时候卫国的上卿石碏看出了问题的端倪，私下去找卫庄公说："大王啊，老臣想跟您说几句掏心窝子的话，公子州吁确实不错，但是自小备受大王宠爱，性子难免有些骄躁，行为也有些不规矩，经常会做一些出格的事，但是这些您都没有追究、批评过，关键他不是您的正夫人所生，现在他这么喜欢带兵打仗，您又封他做将军，这以后怕是要闹乱子的。"

卫庄公一听这话，脸立刻沉了下来，骂了一句："混账！这是我儿子，我想封就封，用得着你在这指手画脚的。"

石碏一看好言相劝不成却碰了一鼻子灰，就灰溜溜地走了。

但是，祸患还真就从这里开始了。卫庄公死后，太子完即位，就是卫桓公，但是没过多久，州吁就发兵占领了卫国都城，杀死了卫桓公，自立为君，成为春秋时期第一个弑君篡位的人。

为什么卫庄公这么喜欢和看重的儿子，最后却成了弑兄篡位的人了呢？其实，问题就出在了卫国的"人才培养"方面。如果我们把卫国看成是一个企业，州吁是卫庄公的儿子，不出意外的话，将来一定是卫国的高层管理者，但是我们的卫庄公在培养这位高管的时候毫无方法，基本上采取了让其野蛮生长的方式，在予以任命的时候更是任性，用一句"我喜欢，我乐意"就把州吁封了将军。说白了，卫庄公根本就不知道如何定义一位高管，完全凭着自己的喜好和感觉走。这对一个企业来讲是一件极其危险的事。

既然人才培养这么重要，那么有没有什么好的人才培养机制供我们学习参考呢？下面我们来看看宝洁公司关于人才培养的企业模式。

宝洁公司大家都很熟悉，我们平时用的舒肤佳香皂、海飞丝洗发水、佳洁士牙膏、汰渍洗衣液等都是宝洁公司的产品，可以说，有人的地方就有宝洁产品。不仅如此，目前宝洁公司全球员工已经超过了10万。这么庞大的一家企业帝国，没有优质的人才培养机制肯定是不行的，对此宝洁公司采取一种独特且具有针对性的企业内部人才培训和提升机制。

据宝洁公司官方资料显示，内部在职培训是宝洁公司人才培养体系中最核心的部分，也是宝洁公司在人才培养方面效果最为明显的制度之一。其中包括直接经理制、导师制以及其他丰富多彩的培训方式。

直接经理制就是明确指定的直接经理对下属一对一的培养与帮助。每一位员工从刚进公司开始就会有一位直接经理对其工作进行指导，这是一对一的真正的商业培训，培训的内容甚至会包括拜访客户的语气、每一件小事的处理。

导师制是类似师徒制的运作方式。经历双向选择的过程之后，“导师”会将自己的实际经验传授给“学员”，倾听他生活的困惑与苦恼以及遇到的困难，同时以自身的经验告诉他在公司里的注意事项、公司文化的细节以及如何去开展工作，等等，并不断地从旁指点与扶持。

除了上面两种内部培训方式，宝洁公司的不同部门会建立不一样的培训内容和体系。这些培训包括对于新员工工作技能培训、员工职位升迁或者变更后的相应培训。宝洁公司建立了各级“宝洁学校”，针对不同阶段的需求为员工提供各种精心设置的课程。

另外，宝洁公司还是当今为数不多的采用内部提升制的企业之一。这是宝洁公司用人制度的核心，也是宝洁公司取得竞争优势的一个重要源泉。宝洁公司不会从外部招聘公司的管理人员，所有的管理人员都是根据员工的工作表现和对公司的贡献进行选拔和提升。因为宝洁公司知道只有公司内部的员工才是最了解公司的人，也是最了解公司产品的人。

与内部提升制密切相关的另一项制度是宝洁公司的轮岗制度，就是在足够的工作年限之后员工可以改变工作岗位，到不同的部门或者不同的区域继续工作。在轮岗问题上公司会尊重员工的想法，并努力提供更多的机会来实现其个人选择。

利用这些切实可行并且实际有效的人才培养和人才提升制度，整个宝洁公司变成了一个巨型的人才储备库，源源不断地为公司"孵化"出各种各样的优秀人才，也正是因为宝洁公司极为重视企业的人才培养，才使得宝洁公司能够在生活、日用化工等领域一直处于世界领先地位，更被人们称赞为世界500强中最受赞誉的十大公司之一。

关于企业如何进行人才培养的问题，在我们之前讲过的一本《培养接班人》的书中给出了一种叫作"人才加速储备库"的方式对企业进行人才培养。全书从以下五个维度对人才进行培养，分别是：

1. 提名、确认高潜质的候选人。

2. 诊断发展机会。

3. 制定培养计划。

4. 确保发展计划的执行、记录成长进度。

5. 评估进展，设立新任务。

有兴趣的朋友可以去听一听。其实，不论是培养企业接班人、企业高管或者是企业职工，都是企业对人才进行定向培养、为企业储备人才的一种手段。卫庄公当时如果知道这些方法，那么就可能把州吁培养成一位保家卫国的将军，而不是一个篡位的乱臣。

接下来要讲的这位卫国的国君，可是一位败家的好手。他是卫国的第 15 位国君、卫庄公的另一个儿子姬晋。上面说到州吁杀了卫桓公自立为君，但是这事到底是名不正言不顺，说直白点这就是谋逆。州吁的王位还没坐多长时间就被卫国的大臣们给推翻了，但是国不可一日无主啊，大臣们就拥立姬晋做了卫国的君主，史称卫宣公。

就这样，卫宣公就在都城里安安稳稳地做起了他的卫王。平时看看奏折文件，上个朝开个早会，没事锻炼锻炼身体，日子过得很清闲。有一天，卫宣公正在和夫人聊着天，忽然一拍大腿对夫人说道："咱们家太子伋是不是该娶媳妇了？"夫人一听要给儿子娶媳妇那心里自然是高兴，就连连点头回应着卫宣公。

说办就办，卫宣公就命右公子（太子伋的老师）去齐国给太子伋说亲。还真别说，这人办事还挺麻利，没过多久就回来和卫宣公说，为太子寻得一位大美女。卫宣公作为公公，就想去看上一眼给儿子把把关。不过，不看不知道，这一看可把卫宣公惊呆了。只见这位女子"腰若流纨素，耳著明月珰。指如削葱根，口如含朱丹。纤纤作细步，精妙世无双"。当即就拍板说道："好，这位女子我要了，你再给太子伋找一个。”这位右公子当时就蒙了。历史总是惊人的相似，我们在讲《伍子胥列传》的时候楚平王也干了一件抢儿媳妇的事。

你说这叫什么事啊！太子伋还没反应过来，媳妇就变娘亲了。后来，这位女子还给卫宣公生了两个儿子，大的叫子寿，小的叫子朔。这个子朔可不是个善茬，一心想着当卫国太子，就想办法去卫宣公那里给太子伋穿小鞋，说：“父王，我听说我大哥太子伋，因为当年的事一直对您心怀怨恨，背地里和别人说您的私德有问题，我实在听不下去了，就来禀告您，您说他身为臣子，竟然公开诋毁父王，简直太不像话了……”

本来卫宣公就对娶了儿媳妇这事讳莫如深，一听现在太子伋又到处和别人胡说八道，气得破口大骂，直接下令废了太子伋，并让他去出使齐国，临走时给了他一支白旄使节（使者的身份凭证）。可别小看这支白旄使节，这就是亡命文书。卫宣公下令，在卫齐边境见此使节杀无赦。这明显是想要了太子伋的命。

子寿自幼和太子伋交好，兄弟二人血浓于水，听到了这个消息赶紧跑去找太子伋，对太子伋说：“大哥，你快逃吧，父王已经下令要在卫齐边境杀你了，他给你的白旄使节就是行动的信号，杀手看到它就会动手。”

太子伋听子寿这么一说，先是一愣，之后脸上表现出一种从未有过的落寞与惆怅，他静静地看着子寿，说：“弟弟，自古君臣父子，臣子就应该遵从君主的命令，父亲的话我是不能违背的，逆父命而求生，这样不行啊。”

看着眼含泪花一脸决绝的哥哥，子寿知道无论如何也无法劝他逃走了。就在晚上设宴为太子伋送行，灯火之下兄弟二人推杯而泣，诉说真情。在吃饭的过程中子寿故意把太子伋灌醉，想救哥哥一命。随后，便自己拿起白旄使节，驾车就来到了卫齐边境。杀手们打眼看见白旄使节一拥而上，乱剑将子寿砍死。杀手们正准备收拾收拾回去复命的时候，太子伋酒醒后不见白旄使节和弟弟，就知道坏事了，一路策马狂奔追了上来，见到弟弟已经倒在了血泊中失声痛哭，大声冲着杀手们喊道："你们应该杀的人是我啊，我才是太子伋。"话音刚落，一名杀手一个箭步上来，手起刀落，把太子伋也给杀了。

这就是我们熟悉的历史典故"二子乘舟"。故事讲到这我们不免为这哥俩的命运抱有一些伤感，多好的兄弟俩就这么一前一后被杀了。之后呢，卫庄公就立子朔为太子，就是后来的卫惠公。要说卫惠公的王位来的也是名不正言不顺，况且我们从上文可以看出，太子伋是一个很贤德的储君，在卫国很受爱戴。但是卫庄公先是抢了他的媳妇，后来又找人杀了他，之后又来了一个废长立幼。这么一波不分轻重地操作下来，卫国的那些王公贵族、平民百姓可就看不下去了，以至于卫国爆发了著名的"诸子之乱"事件，一时间卫国闹成了一锅粥。

最后太史公都忍不住感慨道："余读世家言，至于宣公之太子以妇见诛，弟寿争死以相让……然卒死亡，何其悲也！或父子相杀，兄弟相灭，亦独何哉？"（译文：我阅读世家时，读到卫太子因女人而被杀，弟弟子寿与太子争相赴死……这是多么悲哀呀！父子互相残杀，兄弟互相毁灭，这究竟是为什么呢？）

结语

其实不论是卫庄公还是卫宣公，除了他们自身的任意妄为和品质缺陷之外，他们并没有站在一个更高的角度去思考一下卫国的将来应该何去何从。同样，企业的将来掌握在企业未来的高层管理者手中，这就要求现任的领导者要对未来的领导者进行全面系统的培训和选用，把他们培养成适应岗位需求的管理者和接班人。

古有“世人皆欲杀，吾意独怜才”“千金何足惜，一士固难求”，这些都在突出人才的重要性，而人才的养成离不开我们企业自身的努力。春秋时期的政治家管仲曾经说：“一年之计，莫如树谷；十年之计，莫如树木；终身之计，莫如树人。”可见人才的培养对于我们企业来说是多么的重要。

宋微子世家

了解历史的朋友一定都听说过“春秋五霸”，在春秋那个时期，霸主的名头可要比周天子的名头响亮多了，说他们是周王室的实际掌权者都不为过。作为霸主，不仅要有雄厚的实力，还要有较高的个人素质。没有实力，别人不怕你；没有素质，别人不服你。所以像齐桓公、晋文公这样的霸主，都是实力与素质兼备的选手。但是，在这些霸主中还真就存在一个另类，那就是宋襄公。

说起宋襄公，就不得不提一下他的家族背景。宋国，是殷商王族的后代，当年纣王的哥哥微子启就是这个国家的第一任国君。众所周知，周王室统治下的诸侯一共分为“公、侯、伯、子、男”五个爵位等级，即使享有天子祭祀之礼的鲁国与拥有征伐大权的齐国，爵位也不过是“侯爵”。论起爵位之高，恐怕除了周天子就当属宋国国君了，人家可是公爵啊。

爵位高，自然心气也高。所以到了宋襄公这一代，宋国决心要崛起了。但可惜的是，宋襄公是个仁义君子，却不是个好领导，所以经过一番折腾过后，宋国不仅没有崛起反而更加衰弱了。今天，我们就来了解一下宋襄公的故事。

宋襄公，名兹甫，是宋桓公的嫡长子。按照当时的规矩，嫡长子就是合法的爵位继承人。所以早在他爹在世时，宋襄公就被立为太子了。按说，一国之君的诱惑是非常大的，当时有很多国家的公子们都为了这个位子大打出手，有的是兄弟互殴，有的是拉帮结派，还有的干脆把自己的老爹拉下台。

但是，对于这个别人梦寐以求的位置，宋襄公却表现得十分淡然，在他眼里，也许这个国君之位和市场上的大白菜也没有什么区别，所以当老爹要把位置传给他的时候，他选择了推辞、谦让。

宋襄公有个庶兄叫公子目夷，为人也十分贤能。宋襄公平日里很钦佩这位庶出的大哥，所以当老爹传位的时候，他心里第一个想到的不是自己而是大哥目夷。当时，宋襄公是这么对他老爹说的："大哥目夷比我年长，还比我有才，是个君子，他应当继承君位啊。"

老爹一听顿时人就精神了许多，他对自己的儿子很满意，看看别的国家为了太子之位大打出手，再看看自己的儿子简直自豪得不得了。不过，目夷也是个遵守原则的人，他也推辞了，对他老爹说："能以国君之位相让的人，是这个世间最仁义的人了，单从这一点来说，我就比不上弟弟，何况嫡长子继承制那是老祖宗留下的规矩，千万不能违背，爹，您就放心吧，让弟弟继位，我会拼尽全力辅佐他的。"老爹一听，差点感动得哭出来，他没想到自己的儿子们都如此仁义，看来宋国真的是要崛起了。

就这样，宋襄公继位了，并任命大哥目夷担任国相。起初，兄弟俩团结一心，还真就把宋国治理得井井有条。

宋襄公一向提倡仁义，不仅对自己的兄弟仁义，他对别人也很仁义。在一次盟会上，齐桓公单独会见了宋襄公。此时的齐桓公已经是垂垂老矣，但他的儿子众多，而且个个对太子之位虎视眈眈。为了防止内乱，齐桓公决定给太子昭找一个信得过的外援。可是找谁呢？在那个乱世，大家都在尔虞我诈，谁又是信得过的人呢？恰巧在此时，齐桓公听人说起了宋襄公让位的事迹，齐桓公听后一拍大腿，说道："就是他了，这哥们最仁义守信了。"

当宋襄公来到盟会之时，只见齐桓公老泪纵横地握着他的手说："兹甫啊，寡人纵横天下多年，阅人无数，也就只有你是一个仁义君子，所以，所以我想……唉。"齐桓公的先送高帽、欲言又止使宋襄公十分感动，拍着胸脯道："承蒙盟主如此看重，有什么事您就说吧，就算是死我也为您做到。"豪气、义气、霸气，这些气概已经很久没有出现在宋国人的身上了。

齐桓公见宋襄公如此爽快，就紧紧握着宋襄公的手，激动地说道："以后我的儿子昭就托付给你了。"

宋襄公立即保证："您放心吧，以后谁敢和他为难，就是和我宋国为难。"就这样，齐桓公成功地把公子昭托付给了宋襄公这个春秋以来最讲仁义的君主。

后来，齐国发生了内乱，公子昭也被人赶了出来，于是他逃到了宋国投奔宋襄公。在当时，宋国并非强国，没有在国际上乱掺和事儿的能力。因此，对于公子昭的求助，宋国的大臣多主张置之不理，此时宋襄公说话了："做人不可不讲究诚信，别说我当年答应了齐桓公要帮助公子昭了，就算我没有答应，出于人道主义，我也得帮助他平定叛乱。”于是，宋襄公不但收留了公子昭，还出兵讨伐齐国，成功平定齐国内乱，帮助公子昭继承了君位。

就从以上这两件事来说我们不得不承认：宋襄公确实是一个道德高尚的仁义君子。他懂得谦让，也不贪图权力，所以他能够将君位让出去。他还讲诚信，答应了别人的事就一定要做到。为了履行对齐桓公的承诺，宋襄公不顾大臣反对也要帮助公子昭平定内乱。坦白地说，从做人的角度来看宋襄公对得起任何人，他绝对是一个大好人。但毛主席却说这样恪守仁义道德的宋襄公是一只“蠢猪”，这是怎么回事呢？

咱们刚刚说到，宋襄公帮助公子昭平定了内乱。他把内乱的齐国看作是一个强大的存在，而他战胜了这个强大的存在，这不就说明他和他的宋国已经有了足够强大的力量了吗？完全可以和大国一争高下啊。于是宋襄公有了自己所追求的事业了——当霸主！

在当时，晋国还没有崛起呢，天下的大国也就齐、楚两个国家。如今齐国相当于是自己再造的，那么竞争对手就只有楚国了。自从齐桓公死后，楚国开始肆无忌惮地染指中原，一些诸侯国纷纷归附，连一些大国都不得不与它结盟。但在宋襄公的认知里，霸主就是齐桓公那样的，既要出身名门，还要名声在外。楚国就是个南蛮子，匹夫之勇，能有什么作为？再看看我宋国，商汤后裔，讲仁讲义，要知道“仁者无敌”，我们才是最强大的存在啊。

于是，宋襄公决定召开盟会，而邀请的嘉宾就是楚国和齐国这两个大国。这时，公子目夷劝他说："楚国是夷国，虽然强大，但是不讲信义，请大王带上兵马战车去参会，这样以防万一啊。"宋襄公一口回绝说："不可以这样做，我跟楚王约好的是和平聚会，这是我自己提议的，我不能自己违约。"

到了会盟之期，楚成王果然提前埋伏了大量兵马，而齐国压根就没来。宋襄公到了之后，发现楚国居然还带了这么多兵马，再转头看看自己这边，根本就没带多少人。不用想，结局一定很悲催，宋襄公正想用大义责骂楚王呢，只见楚人纷纷亮出兵刃，二话没说就把宋襄公绑起来了。本来是要当盟主的没想到却成了阶下囚，这落差也太大了。而造成这一落差的原因，就是宋襄公死守仁义的条条框框，明知楚国"不讲信义"，还不做半点儿提防准备。

幸亏宋国国内早有防备，民心团结，坚守城池，使楚成王灭宋的阴谋未能得逞。楚成王把宋襄公拖到楚国的车上，带他回楚国去了。过了几个月，在齐国和鲁国的求情调解下，楚成王觉得只抓了宋襄公也没什么用，就把宋襄公放回宋国。可是遭遇了失败的宋襄公并没有及时复盘。他认为上一次的失败，是因为自己没带兵马，所以宋襄公决定和楚国动真格的——正面对垒。

目夷又劝他说："咱们兵力弱小，不能硬拼，不如与楚国讲和算了。"

宋襄公却说："楚国虽然人强马壮，可缺乏仁义。我们虽然兵力单薄，却是仁义之师。不义之兵怎能胜过仁义之师呢？"宋襄公还特意做了一面大旗，上绣"仁义"二字，想用"仁义"来战胜楚国的刀枪。

于是，双方就在泓水（今河南柘城县北）拉开了阵势，准备堂堂正正打一架。宋军早早地就列阵于泓水之滨，而此时楚军还未渡河。目夷一看，好机会啊，就对宋襄公说："趁着楚军半渡的时候，我们突然出击，一定打他们个措手不及。"

只见宋襄公翻了个白眼，淡淡说道："既然约定堂堂正正打一架，那么就不能使用偷袭这种卑鄙的手法，我要等他们列好阵形，再来一决雌雄！"

楚军本来就兵强马壮，列完阵后很快就将宋军打得溃不成军。宋军大败，宋襄公的大腿上也中了敌人一箭，险些丧命。第二年，宋襄公就因这一箭走到了生命的尽头，去世前还说："我虽然惨败，但没有攻击过没做好战斗准备的敌军，这不正说明了我仁义的君子风度嘛。"

宋襄公一生恪守仁义道德，从做人来讲是毫无疑问的君子，但是对于一国之君来说，却不是个好领导，就是因为他迂腐教条。这个故事我们曾经在当今商界战略管理的领路人加里·哈默的那本《管理大未来》中讲过。这本书目的是鼓励创业者和企业领导人积极开拓思维，创造新的规则、事业及产业，从而引导企业的未来进程。

身为创业者和企业家就应该打破陈规，积极创新，不走寻常路。美国得克萨斯州的达拉斯就有这样一个不走寻常路的牛排店。这家牛排店的名字叫作"肮脏"——按理来说，光是这个名字就足以令所有的顾客反胃。然而事实上，这家牛排店不仅没有倒闭反而生意极为火爆。当地人都非常喜欢光顾这家牛排店，店老板也因此发了大财。

单从外观上看，肮脏牛排店确实称得上“肮脏”。整个店里没有一台电灯，而是采用煤油灯照明，室内光线一片昏暗。如果抬头看天花板就会发现，上面堆满了厚厚的灰尘——当然，这些都是人造的，绝不会掉落下来。店内四周的墙壁上也都贴满了形形色色的纸条和布片，还挂着一些破旧的装饰品。全体厨师和服务员的制服也都像是许久不曾洗过一样。

不仅如此，这家店还特意立下了一些别出心裁的规定：所有上门的顾客一律不准佩戴领带。有一些顾客出于好奇，偏要佩戴着领带上门，结果都无一例外遭遇了“特别对待”。这些顾客一走进店门，就会看见两位年轻漂亮、满脸笑容的迎宾女服务员走上前来，一位手持剪刀，一位手拿铜锣，只要锣声一响，顾客的领带就会被当场剪下一大截。此时，在一旁当值的经理也会立马行动，为被剪了领带的顾客端出一杯价钱足以赔偿的美酒——当然，这杯酒是免费的。而那一截被剪下来的领带则会连同顾客的名片一起被服务员贴到墙上——这就是墙上那些纸条和布片的由来。

作为顾客，对此不仅不会觉得受到冒犯，反而会觉得十分有趣。尽管店内的装修看起来十分肮脏，但它供应的食品，味道却十分鲜美可口，顾客每次到来都能大快朵颐，百吃不厌。也正因此，这家店终年都门庭若市，生意十分火爆。

其实，这家店的营销策略运用的是著名的管理创新理论——波特法则。它说的是：既然对手老是想着模仿，那就让他们没得模仿。这就告诉创业者和企业家们，只有独特的市场定位才能给自己带来独特的利益，收获独特的成功。

结语

司马迁向来是“不以成败论英雄”的，所以他在本纪中曾高度评价过项羽，同样，司马迁对于宋襄公的为人，也给予了正面评价，他认为宋襄公是仁义君子，值得表彰。

不过，宋襄公在春秋时期与对手讲仁义，现在看起来很愚蠢。对于创业者和企业家来说，宋襄公就是一个反例。为了企业的未来发展，不能死守规则和经验，应该像战略管理大师加里·哈默在《管理大未来》中讲的：忘掉过去，开拓思维，创造新的规则、事业及产业，从而引导企业的未来进程。

晋世家

晋国的始祖叫叔虞，他是周武王姬发的儿子，周成王的弟弟。武王去世后，周成王继位。

有一天，成王和叔虞做游戏，成王把一片桐树叶削成珪状（长条形，上端三角形，下端正方形），送给叔虞说："贤弟，这个将来分封给你。"

旁边的史官一听，马上请求选择良辰吉日封叔虞为诸侯。周成王有点不乐意了，说："我跟他开玩笑呢！"史官说："天子无戏言呐，您只要说了，史官记录下来，就得完成它，还要奏乐歌咏一番。"

成王后悔莫及，只好把唐地分封给叔虞。

《晋世家》中这段描写，给晋国的建立增添了一份喜剧色彩。其实，当时周成王年幼，辅政的是鼎鼎大名的周公旦，他正是叔虞的叔父。适逢唐国叛乱，周公灭唐之后就把唐地分封给叔虞，所以叔虞又称唐叔虞。唐叔虞去世后，他的儿子燮继位，改国号"唐"为"晋"。

晋国有近 700 年的历史，在鼎盛时期先后曾出现了四位霸主，分别是晋文公、晋襄公、晋景公、晋悼公。今天我们给大家主要介绍的是晋文公。晋文公自公元前636年即位为君，到公元前628年去世，仅仅执政了八年。然而，晋文公这八年的业绩却远胜同时期其他许多诸侯国国君。秦穆公在位38年，楚成王在位45年，但他们奋斗了一生都只能是争霸，却没能称霸。可是，晋文公仅通过八年奋斗就实现了称霸梦想，这是为什么呢？

晋文公，姬姓，名重耳，是晋献公的儿子。他从小就喜欢结交各类贤能志士，17岁时就有五个品德高尚、才能出众的朋友追随他，他们是赵衰、狐偃、贾佗、先轸和魏犨。后来，由于晋献公的宠姬骊姬向晋献公进谗言，说重耳想要谋害晋献公，晋献公怒不可遏，命宦官履鞮杀死重耳。重耳得到消息后就逃跑了。他的五位朋友，还有不知名的几十位朋友，跟着他一起逃到了狄国。当时重耳已经43岁了。

之后，重耳开始了流亡生活，他在狄国待了12年。有一天，他对赵衰等人说："我当初逃到狄国，不是因为它能给我帮助，而是因为路途近容易到达，所以狄国只能作为暂时歇脚之地，歇脚久了，我就想迁到大国去。齐公乐善好施，有志称霸，体恤诸侯，现在我听说管仲去世了，齐公正想寻找贤能的人辅佐，我们要不去齐国吧？"

赵衰等人也觉得此举甚好，于是重耳带着他的朋友们一起去了齐国。在去齐国的路途中经过卫国，卫文公对待重耳很不礼貌，重耳也就没在卫国多待，很快就告辞走了。走到半路，重耳他们饿了，就向附近的村民讨点吃的。谁知道，村民把土放在容器里给他，重耳觉得这些人不尊重他，非常不高兴，赵衰就劝说：“土，象征着拥有土地，你应该行礼接受它。”重耳这才接过容器。

重耳到了齐国，齐桓公厚礼招待他，还把自己家族里的一个少女齐姜嫁给重耳，并且陪赠了二十辆驷马车（四匹马拉的车）。重耳非常喜欢妻子齐姜，在齐国待得也非常满足，开始逐渐贪图安乐，不思进取，慢慢忘记了重回晋国的大志，在齐国一待就是五年。直到齐国发生内乱，重耳还没有要走的意思，但是跟随他的贤能志士觉得不能让重耳再继续这样下去了。

有一天，赵衰、狐偃就在一棵桑树下商量离开齐国的事。齐姜的侍女正巧在桑树上采桑叶，听到了他们的密谈，回屋后偷偷告诉了齐姜。为了防止泄密齐姜杀死了侍女，然后劝告重耳赶快走。重耳却说：“人生就是为了寻求安逸享乐，管其他的事干吗，我不走，死也要死在齐国。”

听了这话齐姜很失望，说：“您是一国的公子，走投无路才来到这里，您的随从们把您当作他们的生命。您不赶快回国报答劳苦的臣子，却贪恋女色，我都替您感到羞耻。您若再不奋发，何时才能成功呢？”重耳不以为然，丝毫没有把齐姜的话放在心上。

晚上，齐姜就和赵衰等人用计灌醉了重耳，用车载着他离开了齐国。走了一段很长的路重耳才醒来，当他弄清事情的真相后不由得勃然大怒，拿起宝剑就要杀狐偃，他认为是狐偃怂恿齐姜灌醉了他。

狐偃毫不畏惧地说：“如果杀了我能成就你，我情愿去死。”

重耳恶狠狠地说：“事情要是不成功，我就吃舅父的肉。”

狐偃梗着脖子也恶狠狠地说："即使事情不成功，我的肉又腥又臊也不值得你吃！"说完两人都笑了。重耳这才平息了怒气，继续前行。

重耳一行先后经过了曹国、宋国、郑国、楚国，最后在秦国的帮助下回到了晋国。重耳一共在外逃亡19年，返回晋国时已62岁了。虽然重耳的年纪已经老了，但是他踌躇满志，一心想要干一番事业，那就是称霸诸侯。

重耳即位后，修明政务，对百姓布施恩惠，赏赐随从逃亡的人员和各位有功之臣，功大的封给城邑，功小的授予爵位。跟随重耳逃亡的壶叔说："您三次赏赐功臣都没有轮到我，这是为什么呢？"

重耳看了一眼壶叔，想到他几乎没有做过什么有用的事，就说："用仁义教导我的，用道德、恩惠规劝我的，这应受到一等赏赐。用行动辅佐我、终于使我获得成功的，这应受到二等赏赐。打仗能给我立下汗马功劳的，这应受到三等赏赐。如果只是辛苦侍奉我，而没有弥补我的错误的，这应受到三等赏赐。前三次赏赐完了，就会轮到你。"重耳的这个奖赏制度被晋国百姓知道后，百姓更加拥戴重耳了。

在重耳的治理下，晋国势力不断增强，重耳称霸的想法更迫切了。但在通向称霸的道路上还需要跨过一个国家，那就是楚国，只有打败楚国重耳才能成为霸主。

历史给了重耳一个机会，重耳也抓住了这个机会。这就是有名的城濮（山东鄄城西南）之战。

公元前632年，楚军出兵包围宋国，宋国派出使者向晋国求救。

重耳想要营救宋国攻打楚国，可是又考虑到楚成王当年对他有恩，所以他不想讨伐楚国；打算对宋国的请求置之不理，可是宋襄公当年也对自己有恩，不去救好像也说不过去，重耳陷入进退两难的境地。

先轸出主意说："我们先抓住曹国和卫国的国君，再将这两国的土地分给宋国，以报答当年的恩情。而楚国与曹国和卫国交好，肯定为此着急，这样的话，楚国就会放弃攻打宋国了。"

重耳采取了先轸的建议，楚成王果然解除了对宋国的包围，撤军回国了。

楚国将领子玉对于如此轻易地撤军，非常不服气，就对楚成王说："国君您对待重耳仁义至厚，如今他明知道楚国与曹、卫两国关系好，却故意讨伐他们，这是轻视您啊。"

听了这话，楚成王却说："重耳在外流亡了十九年，忍受了很长时间窘困的生活，才得以返回了晋国做了国君，他对人世间的艰苦十分了解，因此能够善待他的子民，如今上天都在保佑着他，他的势头我们不可阻挡。"

子玉却不以为然，坚持请战说："我不敢说这次一定能取得胜利，只希望能够封住那些进谗言之人的口。"见子玉执意要打，楚成王非常生气，只给了他很少的军队，让他留在宋国，而自己率领大部分楚军撤回国了。

子玉于是派宛春（楚国大夫）告诉重耳说："请您恢复卫侯的君位，并归还曹国的土地，我们也解除对宋国的包围。"听了宛春的话狐偃气愤地说："子玉真是无礼啊！给咱们君主的，只是解除对宋国的包围一项，而要求君王给出的，却是恢复卫、曹两项。我们不能答应这个条件。”

与狐偃的急躁相反的是先轸的冷静，他不慌不忙地说：“狐偃大人，少安毋躁。能使人心安定，这称为有礼。楚国的提议能够使三个国家安定，可是依您的意思却会使这三个国家灭亡，那么就是我们无礼了。”

先轸向重耳建议说：“如果我们不答应楚国，就是放弃了宋国。不如暗中答应楚国恢复曹侯、卫侯的君位，以此来引诱楚国，并扣留宛春以激怒子玉，等战事发生之后再想其他的计谋。”

重耳思虑再三，决定还是采纳先轸的计谋，将宛春扣留在卫国，并且私下答应恢复曹侯、卫侯的君位。因此，曹国、卫国便与楚国绝交了。子玉非常生气，心想这重耳太阴险了，就立即率军攻打晋军。

但是奇怪的是，楚军一发起冲击，重耳就要求晋军后退。晋军军官都疑惑不解：“我们为什么要撤退，这太耻辱了，况且楚军已经衰疲，我们为什么要逃走？”

重耳答道：“从前我逃难到楚国时，曾与楚成王约定，如若晋楚交战，晋军会向后撤退三舍（九十里）之地，我怎么能背弃自己的承诺呢？”

楚军向前追击，晋军向后撤退，足足退了九十里。直到退到城濮城下。追在晋军后面的楚军也在城濮停下，与晋军列阵以待。

这年四月，晋楚两军开始交战。在交战之前，子玉疯狂叫嚣：“今天以后就没有晋国了。”晋军副帅胥臣率先攻打楚国右路兵马。他将马蒙上老虎皮，率先冲进楚国右军的阵中。楚国右军惊骇逃散，最后溃败。子玉气急败坏，加强了对晋军的进攻。

为了引诱楚军，晋军将领栾枝以车辆拖拽树枝飞驰，激起尘土，让楚军以为自己败退逃亡。这一招果然奏效，子玉以为晋军败退，便令楚军左军追击。当左军追击时，楚军左侧出现了空虚，晋军就派两路兵马联合夹击楚国左军。楚国左军也大败。子玉只得带着残兵败将逃走了。这次晋军的胜利直接开启了重耳的称霸之路。

从上面这个故事我们可以看出，重耳身边聚拢了非常多的贤能之士，狐偃、赵衰、先轸、胥臣、狐毛、栾枝，等等。单从智谋上讲，重耳不如狐偃、赵衰、先轸；从作战能力上讲，重耳不如胥臣、栾枝。正是这些人才的倾力奉献，辅佐重耳在城濮一战成名，大败了楚国而最终称霸。可见重耳能够称霸非常重要的一点就是：善于用人，敢于用人。

一个企业最重要的资源是什么？毫无疑问是人才。事实上，尽管这是每个人都明白的道理，但现实中许多管理者对于麾下的人才，都有着十分微妙的心理。一方面，他们需要人才来为自己、为公司做事；另一方面，他们又担心太过优秀的下属会对自己造成威胁，对他们处处加以提防。坦白说，这种心理倒也十分正常，但对任何一个企业来说，正常都不等于正确，管理者对于自己的这种心态，还需要勇敢地正视。管理学中有一条著名的奥格威定理，是破除管理者这一心理障碍的良药。

奥格威定理的核心内容是：不要排斥那些比自己更优秀的人，而应该把他们牢牢地抓住。

它的提出者是20世纪最杰出的广告大师、奥美集团创始人大卫·奥格威。有一天，奥格威召开了一次董事会议。当董事们走进办公室入座以后，发现他们每个人的桌前都摆放了一个相同的玩具娃娃。董事们一个个面面相觑，不知奥格威的用意何在。此时，奥格威对他们说："大家都打开看看吧，那就是你们自己。"

于是所有的董事都把娃娃打开，发现里边是一个更小的娃娃。就这样，每一个娃娃里都套着一个更小的娃娃，直到打开最后一个娃娃，董事们发现里边是一张写有文字的小纸条。他们打开纸条，只见上面只有一句话："如果你所雇用的都是能力不如你的人，将来我们就会变成矮人国，变成一家侏儒公司；相反地，如果你每次都雇用比你优秀的人，日后我们必定成为一家巨人公司。"

这次看似简单的会议，令所有的董事都深受启发。在此后的工作岁月里，他们都尽全力去发掘那些比自己更加优异的人才。

结语

晋文公是继齐桓公之后春秋五霸中的第二位霸主，开创了晋国长达百年的霸业。他的成功秘籍之一就是任用一批贤能志士。其实，一个企业要想做大做强，同样需要汇集人才。而高端、优秀的人才，是企业管理者无论如何也不能错失的。敢于任用比自己更加优秀的人才，也是管理者气度与魄力的体现。

楚世家

《楚世家》是《史记》的第四十卷，主要记述了从西周楚国开国君主熊绎受封立国，到秦国大将王翦、蒙武攻占楚都，俘虏楚王负刍，楚国被灭，近千年的跌宕历史。据《楚世家》中记载，楚国的祖先可以追溯到五帝之一的颛顼帝高阳，可见楚国是一个很有故事的国家。

接下来，我们来重点讲一下楚国历史上“楚武王伐随”的故事。

楚国地处中国东南，最早受周成王分封于丹淅之地，曾经可是国势强盛，风光一时的主。历史上楚国有名的国君不少，包括春秋五霸之一、“一鸣惊人”的楚庄王；任用吴起变法图强的楚悼王；前期励精图治大败魏国，后期客死他乡，将楚国带入极盛又推向深渊的楚怀王，……而今天我们要讲的是相对冷门的，但在楚国历史上相当重要的一任楚国国君：楚武王熊通。

熊通生活于春秋早期，是楚国历史上第二十任国君。这个人可不简单，他这个国君的位子本身就来路不正，是靠着杀死自己的哥哥熊眴得来的，作为一个铁腕国君，熊通上台没几年又灭掉了临近的权国，并在历史上第一次把“县”作为一级地方行政区域确立起来，其后，熊通为了继续扩大楚国的领土就打起了随国的主意。

随国是周王朝分封的一个姬姓诸侯国，历任国君都秉持“修政而亲兄弟之国”的政治方针，随国实力一度也很强大，而且在周边小国中也很有威望，是楚国向中原扩张的主要障碍之一，熊通一直以来都想将它除之而后快。但在西周以及东周前期，一个诸侯国想灭掉另一个诸侯国可不容易。因为当时的环境是不主张国家之间相互攻伐的，国与国之间如果有矛盾解决不了要打仗怎么办？那时有一套固定的流程可供参考：

首先甲、乙两方当面先行排兵布阵一番，然后双方的最高将领（一般是诸侯国的君主）出列进行问答，通常是进攻的一方（比如是甲方）先说话，内容大概就是告诉对方：“你犯了什么什么样的错，我为什么要过来打你”之类的话。然后问对方：“你服不服？”接下来另一方（乙方）的将领再根据对方的提问进行回答或解释。如果乙方的将领表示同意或认错，那就相当于双方谈拢了，那两方部队就地解散，乙方将领回去自动改正错误；如果乙方表示不同意，就相当于谈不拢，那好吧，我们准备开打，这样双方才能开打。

但是，即便是开打了，那时候也是很有讲究的。开打之后不管你是将军还是士兵，如果觉得和你对砍的是个高手而自己不是对手，那你随时可以掉头就跑，而且只要你能够跑出五十步（中途不被砍死），接下来你就不用跑了，可以回头在外围观战。因为按当时的道义来讲，战斗的时候你逃跑就算认输，只要能跑出超过五十步对方就不能再追杀你。这时候如果你看见旁边一个人很紧张，跑出了一百步才停下来，你就可以嘲笑他了。因为他后来那五十步相当于白跑了，这就是成语“五十步笑百步”的由来。

当年，孔子的学生子路据说是个高手，在一次作战的时候被对方的武器将头上所戴帽子的丝缨击断了，这在战斗中是很常见的了，谁能一场仗打下来身上还是干净整洁的？顶多暂时后退也就罢了。可子路毕竟是孔子的高徒，非同常人，他既耻于后退，更不愿丢弃所谓的君子礼仪，于是放下武器立正，双手开始从容地绑丝缨又把头上的冠扶正。敌人哪里会放过这种机会？眼还没来得及眨一下，数把武器就同时向子路的身上招呼来了，而子路则在“君子死而冠不免”的高声疾呼中被杀死了。

这样的战争就是所谓的“义战”，“义战”不讲究埋伏，不能搞突袭，不能放冷箭，也谈不上什么阵法战术，简单地说就是单纯比拼武力，毫无技术性可言。而“义战”的目的主要是为了解决当时诸侯国之间是非对错的问题，并不是为了消灭某个国家或某些人。

但是，在公元前770年之后，历史进入了春秋时期，这样的“义战”发生的越来越少。战争的目的逐渐变成了单纯的杀戮和扩张，所谓“争地以战，杀人盈野；争城以战，杀人盈城”。所以孟子才会说：“春秋无义战。”

公元前706年，熊通率楚国三军伐随。在两军阵前随国国君还想走程序，于是上前高呼：“我无罪！”

按照以往惯例，既然被讨伐一方并无过错，那就是师出无名，讨伐一方应当立即退兵，碰到个懂礼仪的可能随后还要派人送个礼道个歉啥的，随人显然也是这么想的。

可能通却不理会随国到底有错没错，他的目的很明确，就是要消灭随国，打通楚国逐鹿中原的道路。从这个意义上来讲，随国存在本身就是它的原罪。

于是，熊通来了一句神回复："我蛮夷也。"我是野蛮人，你有罪无罪关我什么事，根本不接茬。

当然，随国当时还是有点实力的，楚国硬要打也不是不可以，但损失可能就有点大。因此，熊通告诉随人说，这次想不打可以，但你看看现在中原都成什么样了，诸侯为叛，相侵相杀，我楚国也有些"不成器"的军队，所以也想到中原去参与一下政治，看看能不能封个王啥的。随人没有办法，楚国毕竟势力大，惹不起，只好答应依着熊通的意思，帮楚国去周王室那里问一下，能不能让熊通也称个王。

当时的天下，周王室是天下之主，周王是天子，其他诸侯的爵位只能为公、侯、伯、子、男。当年周成王分封的时候，楚君的爵位原本仅是个"子爵"，现在你熊通说想称伯、称侯，哪怕想称公，周天子都可以理解，你怎么能和天子一样称王呢？周天子想也不想便严词拒绝了。

这下熊通可不干了，两年之后，他自己给自己封了个王爵，叫什么好呢？熊通一想：既然我打仗这么牛，那就号称武王好了。就这样，天下便有了楚武王熊通。因此，楚国变成了东周史上第一个自立为王的诸侯国，开诸侯僭越（超越本分，古代指地位在下的冒用在上的名义、礼仪和器物等）称王之先河，当时周王室衰微，对熊通无可奈何，只好听之任之。又过了十三年，迫于楚国强大的军事压力，随国最终成为楚国的一个附庸，直至后来灭亡——尽管它在政治外交上一直都是“无罪”，但时代变了，无罪亦不能免罪。

以古观今，不适应时代变化的例子也比比皆是。2017年末，阿里巴巴斥资224亿港币收购了大润发母公司高鑫零售。2018年初，高鑫零售董事、大润发创始人黄明端辞职，由阿里巴巴CEO张勇接任。短短数月，大润发6名高层先后离职，高层大换血。黄明端辛辛苦苦创业20年，建立了一个号称从不关闭任何一家店，年营业额超过1000亿的传奇商场，却没有逃脱被收购的命运。

是黄明端，是大润发做错了什么吗？没有，他几乎战胜了同行业里包括沃尔玛、家乐福在内的所有对手，但是却输给了这个时代。因为时代变了，以电子商务为代表的新零售业的兴起对传统的零售业产生了巨大的冲击，而这种冲击从目前来看，是传统零售业无法应对的。

时代在变化，而且越变越快，这种改变同样让其他行业中那些原本高枕无忧甚至一家独大的企业陷入窘境。20世纪90年代兴起的VCD、DVD可谓是红遍大江南北，走进千家万户。但随着后期个人电脑、智能手机、网络电视、iPad等电子产品的兴起与普及，VCD、DVD行业在市场中被打击得几乎毫无还手之力。与VCD、DVD同期的一款产品，80后的朋友们都很熟悉，就是由成龙大哥代言的小霸王电子游戏机，当时更可谓是风靡中国广大学生群体，但如今也已经在市场上销声匿迹了。2019年5月10日，由于资金紧张，小霸王游戏机项目团队已解散，留下的更多的是一段充满青葱与热血的回忆。哪怕那个曾经陪伴我们熬夜通宵，填饱无数饥肠辘辘的加班者肚皮的方便面，也因为外卖这个看起来毫无关联的行业的兴起，而在以每年数十亿包的销量锐减。甚至于那些曾经横行于公交车、菜市场的小偷、扒手，也在这个全民网络支付的时代面临“失业”的困境。

虽然，他们在自己的行业里，同样不仅“无罪”，甚至做得还挺好。但是，这个时代是个日新月异的时代，时代变化之快，是前所未有的，因此每个行业都必须把眼光放大，主动地做出与时代变化相符的改变，顺势而为，这样才能在时代变化的浪潮中生存、胜出。如若不然，仅把视线集中在行业里，脱离了时代的视野，则可能随同整个行业一起被时代淘汰掉，临末了还会像当初的随人一般高呼：“我无罪！”

你也许“无罪”，但仅限于上一个时代。

结语

古人云：“时势造英雄。”任何一个人的成功，一个行业的兴盛，都是和当时所处的时代背景息息相关的，成功的人和行业都不可能脱离时代而独立存在。因此，紧扣时代的脉搏，是每个成功者共通的秘诀。就好比以前所有的乌鸦都是从远处叼石子来喝水，如果现在的乌鸦改换成带吸管了，那依然叼石子的你，则不可避免地被渴死——尽管你看起来比其他的乌鸦更勤快，也没做错什么。

越王勾践世家

《越王勾践世家》是《史记》里非常独特的一篇，全文四千六百多字，有一半以上都和勾践的谋臣范蠡有关，可见范蠡对越国历史的影响之大，也体现出司马迁个人对范蠡的喜爱。所以这次我们主要来讲范蠡的故事。

范蠡是一个神人，他能帮助主公勾践称霸列国，还能在功成名就之后保全自己，就算是退休后去经商，他依然能成为一方富豪，是真正的人生赢家。范蠡的一生为什么会如此成功呢？这主要取决于范蠡身上的两个特质：一是识形势，二是懂人性。

我们先来说说范蠡的识形势。越王勾践刚登上王位那年，曾成功粉碎过吴国的“围剿”，吴王阖闾也在战斗中受伤而死。新上位的吴王夫差，自然是咽不下这口恶气，便日夜操练军队，希望有朝一日能报杀父之仇。越王勾践听说了这个消息，想先发制人，攻打吴国。范蠡知道后就赶紧去找勾践。他对勾践说：“大王您千万别激动，打仗本来就不是啥好事，咱们要是抢先动手，这不够厚道，老天也不会帮助咱们。”勾践却答道：“我意已决！”根本不听范蠡的劝告强行攻打吴国，结果被吴军杀得大败，被围困在会稽（今浙江绍兴）。

这时，勾践才意识到自己有多愚蠢。他找到范蠡恭恭敬敬地认错，说：“当时我没听您的话，现在十分后悔。您看看咱现在该怎么办啊？”

范蠡说：“大王你现在都这样了，就赶紧‘装孙子’吧，哪怕给吴王当牛做马你也得忍着。”

勾践心想，留得青山在不怕没柴烧，便听从了范蠡的建议，乖乖地向吴王夫差俯首称臣，这才有了后来的卧薪尝胆。

在卧薪尝胆的十几年里，勾践苦心经营，一心要报会稽之耻。而范蠡也没闲着，除了帮勾践出谋划策之外，范蠡还在观察吴国，等待一个可以战胜吴国的机会。几年后，吴王听信谗言杀死了名将伍子胥。听到这个消息后勾践找到范蠡，对他说：“伍子胥已经被夫差杀了，这下夫差身边只剩下一些奸佞小人了，咱可以动手了吧？”范蠡知道，伍子胥虽然死了但吴国依然兵强马壮，现在动手时机还不成熟，所以他告诉勾践说：“不急，再等等。”

转过年来，吴王夫差为了会盟诸侯，便带了吴国所有的精兵随他北上，在国内只留下了一些老弱病残。勾践再次找到范蠡，问他：“现在吴国国内空虚，咱们可以动手了吧？”范蠡略一思索说：“应该能行。”勾践听后立马发兵把吴国守军打了个落花流水。远在北方的夫差得到消息时已经来不及回国救援，又怕坏了自己辛苦在其他诸侯面前建立的形象，只好派使者向越国求和，勾践也觉得灭亡吴国的时机还不成熟，就接受了吴国的求和。

九年后，越军齐点全国精锐卷土重来，而吴国则因常年征战早已成了“绣花枕头”。越军势如破竹，轻轻松松就打到了吴国的都城，吴王夫差也被围困在了姑苏山（今苏州西南郊，吴中木渎境内）上。二十二年前的局面再次上演，但双方的角色却发生了互换。

面对这样的局面，夫差做出了和勾践当年一样的选择，也想用“装孙子”这招来逃过一劫，于是他派了大臣公孙雄去向越王勾践求和。公孙雄这个人是个好演员，刚一见到勾践就号啕大哭，抱着勾践大腿求他放过吴国。给勾践都哭心软了，勾践心想：做人留一线日后好相见，自己也没必要做那么绝，就想答应吴国的和谈请求，放吴王夫差一马。

关键时刻范蠡却站了出来，亲手掐灭了吴国仅存的希望之火。

他对勾践说：“曾经上天把越国放到吴国面前，吴国没有珍惜，等到今日失败才后悔莫及；现在上天也把吴国放到了越国面前，你也想以后失败了再后悔吗？你这二十二年来，干得比牛累，吃得比猪差，低眉顺眼忍气吞声，处心积虑地谋划，等的不就是这一天吗？怎么能说不干就不干了呢？你难道忘记当年的耻辱了吗？”

勾践听完范蠡这番话，回答说：“我也想听你的话，但公孙雄他哭得实在是太惨了，我真是舍不得下手。”

勾践话音未落，范蠡却已下令击鼓进军。越国军队如猛虎下山一般很快就攻破了吴国的都城，吴王夫差眼看大势已去，只好自刎而死。自此，吴国被越国纳入了版图当中，彻底亡国了。之后，越国北上中原会盟各路诸侯，越王勾践也得到了周天子的封赏，成为诸侯中的霸主。

在越国最风光的时刻，居功至伟的范蠡却打起了归隐的主意。他觉得自己的使命已经完成，待在越国虽然位极人臣，却不是自己想要的生活。所以不论勾践如何挽留，范蠡都拒不接受，悄悄地带上家当坐船从海上走了。

他离开越国后的故事，简单来说就是走南闯北、转行经商，多次散尽家财，但每次都能很快把钱又给赚回来。最后一次范蠡搬到了“陶”（今山东定陶西北，也有说是安徽涡阳）这个地方。为什么要搬到“陶”呢，因为范蠡觉得这里是“天下之中，利通有无”，于是他自称为“陶朱公”，带着儿子开始做生意，很快就成了一个名震天下的大富商。

不得不说，范蠡对形势的判断实在是太准了，能有如此毒辣的眼光，怎么可能不成功？

香港著名商人李嘉诚先生也是这样一个识形势的人。

20 世纪 50 年代末，已成为香港“塑料花大王”的李嘉诚清醒地意识到了塑料业出现的衰败苗头，于是开始涉足潜力巨大的地产业。但和其他地产商大量向银行贷款、快速买卖楼花的做法不同，李嘉诚选择的是一种极为“保守”的策略：持有物业，只租不售。在他看来，地产商和银行是有着千丝万缕的联系的，如果太过依赖银行，一旦银行出现问题，地产商自然也是在劫难逃，所以他宁可少建甚至不建楼盘，也尽量不向银行贷款。由于其保守的作风，李嘉诚在地产业一直都没有得到太多的关注。直到 1965 年，香港的房地产泡沫破裂，原本炽热的地产业一片萧条，无数地产商在一夜之间倾家荡产，而李嘉诚却因为自己的“保守”保全了自己的产业，丝毫没有受到冲击。

到了第二年，香港的房地产市场开始逐渐回暖，就当大家都以为地产业将再现曙光的时候，又一场“海啸”开始波及香港。1967年，受大陆政治环境的影响，香港左派也纷纷行动起来，还传出了“中国政府将会武力收复香港”的传闻。一时之间香港局势动荡，人心惶惶，很多富人纷纷低价抛售房产，逃往国外，所有人都觉得香港这次可能“要完了”。而李嘉诚却一反自己的“保守”作风，卖掉了自己还在大把赚钱的塑料厂，把全部身家都投向了房地产市场，大量购置别人放弃的房屋和地皮。因为他坚信，香港的动乱不可能长久，风波一旦过去房价一定会强势反弹。结果也正如他所料，到了20世纪70年代，香港房地产价格开始起飞，李嘉诚从中获得了数十倍的高额利润，成了香港“地产灾难”中的最大赢家。正是这次对形势的正确判断，才有了后来赫赫有名的长江实业集团。

人世间的一切活动都离不开“人”的作用，如果只是明确了正确方向，却不能对“人”加以把控，是很难获得最终胜利的。范蠡之所以能不断取得成功、避免灾祸，除了识形势外，也是因为他懂人性。

范蠡当年从越国离职出走，除了觉得自己已经完成了使命外，还因为对越王勾践心怀恐惧、想保全自己的身家性命。常言说：“伴君如伴虎”，范蠡和勾践相伴几十年，早就看透了勾践这个人。他离开越国前，曾写信给自己的好友越国丞相文种说：“飞鸟尽，良弓藏，狡兔死，走狗烹。咱哥俩跟了越王那么久，最熟悉他的脾气了，越王这个人，可以共患难，但不能同富贵，我劝你还是赶紧走吧。”结果文种听不进范蠡的意见，认为勾践不可能那么绝情，最终冤死了。而范蠡因早早地离开，成功避开了这场灾难。

《越王勾践世家》里另一个小故事，就更能体现范蠡深谙人性的特点。

传说范蠡在陶地成为富商之后的某一年，他的二儿子在楚国杀了人被判了死刑。范蠡听说后说：“杀人偿命，天经地义。但我现在好歹也是个有头有脸的人，儿子惨死闹市不太合适。”就打算让小儿子带上巨款去楚国解救二儿子。可范蠡的大儿子知道后却不干了，非得要求自己去办。范蠡不同意，于是范老大便耍起了“无赖”，他对范蠡说：“我是家里老大，按道理这事就应该我去，但您非让老三去，老三他还是个孩子啊。看来是您嫌我太没用了，那我还不如死了算了。”范蠡一看，不能还没救出二儿子就死了大儿子啊，于是只好答应了老大的要求。他写了一封信让范老大带给他在楚国的朋友庄生，并嘱咐说：“你到了楚国，把钱都给庄生，让他去办这件事。他让你干啥你就干啥，千万不要自做主张。”范老大答应得很好，带着巨款去了楚国。

范老大到楚国找到庄生之后，就按着父亲所说把钱款交给了庄生，让他去操办。庄生对他说：“好了，这事儿交给我，你现在赶紧回家，到时候你的弟弟自会回去，等他回家后你也什么都别问，这是秘密。”范老大满口答应，随后就离开了庄生的家。

庄生在楚国很有名望，楚王也很尊敬他。

有一天，庄生去拜见楚王，说：“大王啊，我夜观天象，发现楚国要有灾祸发生啊。”

楚王一听大惊失色，连忙问：“先生有没有什么好办法，教我消灾解祸呢？”

庄生说：“只要大王多做些善事，自然就能消灾解祸。”

楚王立刻说：“好，我这就宣布大赦天下。”

到这里，庄生的任务基本就算是完成了。没想到，等庄生办完事回到家水还没来得及喝上一口，外面就响起了敲门声，开门一看本应该离开楚国的范老大又回来了。

原来，这小子根本没听庄生的话，他一直待在楚国打听消息，一听说楚王即将大赦天下，觉得给庄生的钱白给了，就决定回来找庄生要钱。庄生一听就明白了，二话不说把钱袋子一丢：“给，拿去，分文不少。”

钱是还给了范老大，庄生却不高兴了。其实这些钱财他本打算在事成之后再退还给好友范蠡，但如今却被人直接上门讨要，这让他感觉受到了侮辱。

于是庄生再次去见楚王，说：“上次我和您说的灾祸，您想用大赦来消解，这很好。可我现在听街上的百姓都在传说，说是范蠡的儿子杀人被抓了，是他的家人花钱买通了您身边的人才让您进行大赦的，这要是传出去了对大王的名声影响可是很不好啊。”

楚王一听顿时大怒，说：“我虽然不算英明，但也不会因为这种事就赦免一个杀人犯啊。”于是下令先杀掉范老二再宣布大赦。结果范老大只能带着弟弟的尸首回了家。

面对这个结果家人们都十分悲痛。范蠡叹了口气说：“我就知道你救不了老二，因为你舍不得的东西太多了。你从小跟着我一起创业，知道挣钱有多不容易，所以就很珍惜钱财。你三弟生来家庭条件就很好，不懂赚钱的辛苦，自然不在乎钱。我一开始让他去，就是想让他去花钱的，但你非要去，又舍不得花钱，只能害死了你弟弟。”

这个故事虽然没有一个好的结局，却突显了范蠡对人性的了解。范蠡不仅了解自己的儿子，还揣测到了庄生的心理。他知道大儿子舍不得钱才不想让他去，又知道庄生自尊心强，所以还特意叮嘱大儿子要听从庄生的话。能如此深谙人性，从政也好，经商也好，自然是无往而不利。

结语

以上就是范蠡的故事。从范蠡的故事中我们可以获得这样两个启示：

1. 要想成功，一定要识形势。知道什么时候该做什么、什么时候不该做什么，这就是识形势的表现。如果一个人能做到识形势，这就为成功确立了一个正确的方向。

2. “人”是一切人类活动的主体。只有通晓人性，并善于利用它，才能更好地获得成功，避免灾祸发生。

郑世家

东周初始是以郑国为主的时代，这段时间可算作春秋的第一阶段。郑国的初始国君是周厉王的少子，周宣王的弟弟，周幽王的叔叔，郑国是当时与周王室最亲的诸侯国。郑国在平息幽王之乱、平王东迁中都有大功劳，郑桓公、武公、庄公三代君主又很能干，特别是郑庄公，他在位期间郑国一度空前强大，被称为“春秋小霸主”，俨然有领导诸侯国的架势。

遗憾的是，郑国后来因为内乱不断，加之大多数国君缺乏政治谋略，日渐衰微，最终被韩国灭亡了。今天我们就来为大家回顾一下这段历史。

说起赤膊上阵，很多人会想起《三国演义》里的许褚光着膀子大战马超的桥段。今天我们要说的这位赤膊上阵之人，生在比三国更为久远的春秋，他就是郑国的国君郑襄公。

郑襄公在位期间正赶上晋楚争霸，夹在两个大国之间，腹背受气，正反吃耳光，日子非常难过。

郑襄公继位的第七年，郑国迫于压力，同晋国在鄢陵（今河南鄢陵）结盟。第二年，楚国以此为由，楚庄王亲自率领大军攻打郑国。看到楚军来势汹汹，郑襄公很明白，郑国是绝对熬不过去的，这顿拳头肯定是要收下了，就一面派人去向晋国求救，一面调集人手固守城池。

时间就这样一天天过去，晋国的援军迟迟不来，在死守了三个月之后郑国人守不住了。为了避免楚军强行破城之后郑国人受到更大的伤害，郑襄公决定出城投降。

那一日，郑国城门大开，楚庄王带军从皇门进入。没想到这时的郑襄公已经脱去了上衣，两只雪白肥硕的手臂裸露着，手里还牵着一只温顺的山羊，前来迎接楚庄王。赤裸上身表示对楚庄王的尊重，手里牵着一只羊表示自己像绵羊一样恭顺。

体型和态度并不能完全表达自己的诚意，郑襄公还对楚庄王做了这样一番陈述。他满脸堆笑对楚庄王说："我错了，我真的错了。我没有侍奉好楚国，让您生气了，您这才满怀怒火地来攻打郑国，这都是我的错。您想怎么样都行，我都接受，您可以把我流放到江南，也可以把郑国的土地分给其他诸侯国，都随您，我没有半点意见。如果您大发仁慈之心，看在郑国的先祖是周厉王儿子的分上，不想让郑国的列祖列宗续不上香火，我希望能得到一个机会，让我好好地侍奉楚国，这只是我的心愿，心里想想而已，一切都听从您的吩咐。"

不知道春秋时有没有写稿子的秘书，郑襄公这通发言，真是既卑微又顺从，让人不由得升起一股怜悯之意。楚庄王大为感动，他下令楚军后撤三十里驻扎，而后准备撤军回国。

大臣们不理解，纷纷向楚庄王进谏："楚军从郢都（今湖北江陵东北）远道而来，大家都吃了不少的苦头，现在郑国唾手可得，干吗到嘴的肥肉不吃呢？"

楚庄王就安抚群臣："我这次出兵攻郑，是因为它不归顺楚国，现在郑国已经被打服了，就没必要再进一步了。"

楚国大军这头刚撤退，晋国的援兵来了。原来啊，关于是否救援郑国，晋国内部发生了争执，好不容易确定了出兵，郑国已经向楚国臣服了。等晋军来到黄河岸边，楚国大军已经撤军渡过黄河了。

晋军这就尴尬了，他们来得太迟了，因为楚军已经达到目的回去了。晋军主帅不肯空手而回，决定追击楚军。结果楚军果断回头迎击。晋军的实力本来就比楚军稍弱，打得很吃力。最可气的是，郑国为了向楚国表忠心，也发兵来夹击晋军。在楚郑两军的夹击之下晋军损失惨重，大败而逃。

郑国毕竟是个小国，楚国不把他放在眼里，晋国也是如此。两年之后，晋国发兵攻打郑国，理由是现成的，因为郑国过于亲近楚国了。

作为夹在两大强国中间的郑国，作为郑国的国君郑襄公，这种赤膊上阵，实在是没办法中的办法。相对于可能的灭国之灾也只能如此了。

其实，郑国在齐桓公称霸之前那是相当牛的，可以说郑国应该是最早敢向周天子叫板的。曾经不可一世的郑庄公自从跟周天子叫板之后越来越强，俨然在当时扮演着除周天子之外的“小霸王”角色，也为后来春秋五霸逐鹿中原树立了榜样。

然而郑庄公之后，围绕着权力争夺，郑国野心勃勃的王室成员们展开了你死我活的斗争。在郑庄公去世后的29年间，郑国居然换了六任国君，严重的内耗，加之后来的国君大多缺乏长远的眼光与谋略，郑国在春秋的政治舞台上政治地位越来越边缘化了。

公元前706年，郑国就错失了一次绝佳的联合强国复兴的机会。当时北戎讨伐齐国，齐国派使者向郑国求援，郑国派太子忽领军救援齐国。帮助齐国后，齐釐公为了表达感谢，就想把女儿嫁给太子忽。不过，也可能齐国的女儿不漂亮，太子忽竟然没有丝毫犹豫，潇洒地推辞了，他说：“我郑国是个小国，配不上你们齐国这样的大国。”此时，距齐桓公开始称霸（公元前679年）仅仅27年。如果当时郑国国君能有政治远见实现齐郑联姻，结局或许是另一番情景。

后来，晋楚争霸，郑国的噩梦真正开始了。郑国夹在晋国和楚国中间受尽窝囊气。在这过程中，郑国一会儿依靠晋国，一会儿依靠楚国，数次反复。然而颓势难改，直至三家分晋后，郑国终于在公元前375年被韩国灭亡了。

韩国后来在秦赵之战、秦魏之战和秦楚之战中也遭遇到了与郑国同样的尴尬。这就有了一个历史命题，小国如何才能自保于大国之间？

老子在《道德经》中提道：大国如果谦卑处下，慈柔如母，就能成为天下汇归之处。母性常常胜于雄性，就在于她能安安静静，处身卑下。所以大国若对小国谦卑处下，便能得到诸小国的信赖。

小国若对大国谦卑处下，便能得到大国的包容，两者通过谦下都能各得其所。

老子可谓道出了大国小国的相处之道。反观郑国，郑国违反了哪些小国自保之道呢？郑国侍奉大国不可谓不谦卑，也没有违反老子所谓大国小国相处之道，然而，为什么最后还是遭到灭国的下场呢？我们分析有两点：

第一，郑国没有继续图强，郑国一开始就自认为自己是小国，有依附心理。要知道，在那个弱肉强食的大争时代，只有自强才是最好的自我保护，任何依赖心理，都会导致自己灭亡。

第二，郑国不忠于伙伴，郑国在晋楚争霸的历史中走的是投机路线，基本上是谁强就依靠谁，所以郑国在晋国和楚国之间数次变换，结果搞得晋国和楚国都不能完全信任这个伙伴。

纵观当今商业，对小企业而言这一教训也可借鉴。

曾经有段时间流行的说法是，行业老大与老二 PK，受伤的却是老三。例如苹果 PK 三星，出局的是诺基亚；王老吉 PK 加多宝，淡出的是和其正；京东苏宁大战伤了国美；金山激战 360，卡巴斯基出局；百事逆袭可口可乐，非常可乐不可乐。那么作为弱者，究竟该如何破局自保呢？

我们都知道，耐克和阿迪达斯基本上完全控制了美国的运动服装市场。但现在有一家名不见经传的小运动品牌公司已经开始打破两分天下的“和谐”局面，在激烈的市场竞争中找到了自己的生存空间。

它就是我们目前还不太熟悉的但是已经在美国运动服装市场做得风生水起的安德玛。安德玛的创始人是凯文·普兰克。虽然美国的运动服装市场发展很成熟，但是有一个空白市场还没有人进入，那就是高性能的紧身运动服市场。运动员出身的凯文·普兰克敏锐地发现了这个市场机会。

很多运动员不喜欢在训练和玩游戏时穿被汗水浸湿的全棉运动衫。凯文·普兰克发现，如果全棉与聚酯混合可以大量吸汗，湿气可以更快地挥发掉。运动员如果穿上这样的运动衫感觉会更清新，在心理作用下运动效果可能会更好。

为了试验这种运动衫的效果，凯文·普兰克就在一家面料店买了这种质地的布料，在纽约服装区找到一个生产商制作成紧身化纤的运动服样品送给他的队友，结果大受欢迎。

之后，安德玛顺理成章地开创了高性能紧身运动服这个全新的品类。这就是所谓的品类制胜。我们知道，最先打进市场的品牌，往往给予消费者最深刻的印象，最有可能占领市场。安德玛的产品一经推出，就吸引了一批愿意尝新的消费者，同时避免了和大品牌竞争，还可以比别人先走一步，赚取利润。

渐渐地，紧身运动服这个细分市场已经被安德玛所统治。安德玛已经成为这个产品品类的代言人。安德玛在全球最大运动服装市场中快速崛起的经验告诉我们：在商业竞争中，无论对手多么强大，企业要做的始终是把握主动权，只要准确洞察目标消费人群的深层次需求，找到市场的空白点抓住机会，提升产品竞争力，就能最终在市场中站稳脚跟。

归结到一点那就是：靠谁都不如靠自己，这才是商业竞争生存制胜的法宝。

结语

“夫唯不争，故天下莫能与之争”，郑世家的故事告诉我们，强者之路，必是一条自强之路。历经千万年的雨露风淘，自强已然成为每个人、每个企业、每个国家的宝贵精神财富。“狭路相逢勇者胜”，唯有自强才能自立，才能摆脱寄人篱下、任人摆布的尴尬局面。

赵世家

复仇是一种非常古老的观念，“复”就是报复的意思；而“仇”就有更深刻的含义了，它始于血亲之仇，后来又逐渐扩大到朋友之仇，国家之仇。在中国文化中，“复仇”又被赋予了伦理含义，其内涵逐渐由孝悌推及到忠义。我们今天给大家讲的就是一个“复仇”的故事。

说到这里，很多人可能都有所察觉了，莫不是要讲“赵氏孤儿”？没错，我们今天就给大家讲一讲“赵氏孤儿”最正宗的版本，带大家看看《史记》里是如何写的。我们之前看的很多影视作品都对这个故事大加演绎，甚至篡改了里面的很多人物形象，让人分不清真假。

我们讲“赵氏孤儿”不是单纯地就讲一个人或一个事儿，而是要把他放在当时的历史背景中去看。

“赵氏孤儿”这件事儿发生在晋景公时期，但是导致赵氏灭门的“因”却是在数十年前就埋下了。我们先大致了解一下数十年前发生的事情。

当年，晋灵公执掌晋国，赵家的赵盾是当时的朝廷重臣。这个晋灵公是春秋时期有名的昏君，《左传》中说，晋灵公昏庸无道，不但加重赋税用来装饰自己的宫殿，还经常站在高台上用弹弓射人，看下面的人躲避弹丸，以此来取乐。更过分的是，有一次，一个厨子给他炖熊掌没有炖烂，灵公就因为这么个小事将这个厨子杀死了，还把尸体装在草筐里，命人抬着从朝堂旁边经过。

除了这些，晋灵公还宠信一个叫屠岸贾的奸臣。晋灵公好美色，屠岸贾就帮着晋灵公在全国搜罗美女；晋灵公好排场，他就帮着晋灵公建造华美的宫殿。这个屠岸贾可以说是一个标准的“狗腿子”。

当时身为朝廷柱石的赵盾当然不能眼看着自己的国君堕落下去，于是反复向晋灵公谏言。但是因为屠岸贾的挑拨、诬蔑，晋灵公不但不听赵盾的谏言，反而变本加厉地骄奢淫逸，甚至对赵盾起了杀心。

看出形势不妙的赵盾准备逃亡到其他国家避难，但是还没逃多远，京城就传来消息：晋灵公被赵盾的堂弟赵穿给杀了。于是赵盾再次返回晋国主政，立晋灵公的叔叔为王，也就是晋成公。

俗话说：“斩草不除根，春风吹又生。”晋灵公虽然死了，但是他宠幸的屠岸贾却幸存了下来，这也为之后赵氏的灭门埋下了伏笔。

晋成公死后，晋景公继位，屠岸贾又一次发迹，晋景公重用屠岸贾为司寇，掌管司法。作为当年晋灵公的宠臣，晋灵公的死让屠岸贾的政治生涯备受打击，他再也不想尝试那种整天担惊受怕的日子了。这时，赵盾已死，于是他决定灭掉赵氏。

晋景公三年，屠岸贾认为时机已到，就召集诸将重提旧案，他说：“赵盾是杀死灵公凶手的后台，是贼首。臣子弑君，子孙在朝，这就是放纵罪人。为了严肃法纪，希望诸将与我一同诛灭赵氏。”

将军韩厥因为与赵盾的儿子赵朔关系要好，马上就站出来反对，他说：“这件事都已经过去多年，先君都没有惩治赵盾，现在反而要追究他的后代，这就是不尊重先君意志；而且这件事未请示当朝国君就私自处置，就是看不起当朝国君。我认为不可这样！”

屠岸贾谋划了这么久的事哪能因为韩厥的两句话就放弃。韩厥一看事态已经不可控制了，就赶忙派人通知赵朔逃走。赵朔得知消息后却不肯出逃，只是告诉韩厥派来的使者，说：“请告诉韩将军，只要他能保我赵氏族人一丝血脉，那我死而无憾。父债子偿，就让我为过去的错误偿了这条命吧！”

侍者回去将原话转告给了韩厥，韩厥答应了，从此就低调处事，借口有病不再出门了。

屠岸贾很快发难，在没有向晋景公请示的情况下就擅自带兵围攻赵府，一举杀掉了赵朔以及赵氏宗室满门。只有赵朔的妻子因为是公室成员，而且肚子里怀着孩子，这才提前逃了出来，跑去晋景公的宫中藏了起来。

赵氏虽被灭族，但是赵家有血脉的消息却传了出来。赵朔以前的门客公孙杵臼找到了赵朔的好友程婴商量对策。他们商定，如果赵朔的妻子生下的是男孩，他们拼死也要保住这个孩子，如果生下的是女孩，两人就一起自杀，以报答赵朔过去对他们的恩情。

没过多久，赵朔的妻子生下一个男孩儿，这个男孩儿就是我们说的赵氏孤儿——赵武。屠岸贾得到了消息后就专门去宫里搜查，匆忙之下赵朔的妻子不知道该把孩子藏在哪里，于是对着这个孩子边流泪边说："我的儿啊，如果赵家注定绝种，你就哭吧；如果上天怜惜我赵家，你就一定不要出声！"说着就把婴儿塞到了自己裙子下面。等屠岸贾来搜查时，婴儿竟然真的一声不响。屠岸贾搜索了一圈，一无所获，以为孩子已经被送出宫了就没有再逗留，直接离开了。

脱险后，赵朔的妻子这才偷偷将婴儿送出宫，交给了程婴。程婴又找到公孙杵臼说："屠岸贾这次没有找到这个孩子，以后必定会一而再再而三地搜索，我们如果不能想一个万全之策，恐怕这个孩子熬不到成年啊！"

公孙杵臼想了想，问程婴："您觉得抚养这个孩子和死，哪一个更难呢？"

程婴毫不犹豫地说道："死是最容易的，抚养遗孤才是最难做的事情。"

公孙杵臼听完这句话笑了笑，起身对程婴深深一拜，道："赵氏先君一直对您不错，这个难做的事情就交给您了。我就偷个懒，把简单的事情做了吧！"

于是，公孙杵臼找了一个跟赵氏孤儿差不多大小的孩子（民间传说，这个孩子就是程婴自己的儿子），给这个孩子裹上了漂亮的襁褓逃进了深山之中。程婴随后出门告诉搜捕赵氏孤儿的军士："我程婴无能，没本事把赵氏孤儿养大。如果你们能给我千金，我就告诉你们赵氏孤儿藏在哪里。”

这些军士听了十分兴奋，就答应了程婴的要求。于是，程婴带着这些军士去山里捉拿公孙杵臼。

当程婴带着军士们找到公孙杵臼时，公孙杵臼故意大骂程婴：“你这个无耻小人！当初赵公待你不薄，之前亏我还相信你，与你商讨如何保护赵氏遗孤的事情，现在你却为了那点儿金子就出卖我们。你等着，哪怕我做鬼也不会放过你的！”

接着公孙杵臼又抱着怀里的婴儿号啕大哭起来，边哭边给程婴带来的军士磕头，然后说道：“各位军爷，你们看这个孩子，他还那么小，又有什么罪过呢？你们都已经灭掉了赵氏满门，求你们放这个孩子一条生路吧！就用我这条命换这个孩子的命吧！”

这些军士不肯，将公孙杵臼和他手里的孩子一起乱刀砍死。随后，他们拎着公孙杵臼和婴儿的头去向屠岸贾汇报领赏去了。所有人都以为赵氏已经彻底死绝了。

只有程婴和韩厥知道，赵氏还有血脉。随后，程婴带着真正的赵氏孤儿隐居到深山之中去了。

又过了十五年，晋景公病了，叫人为自己占卜吉凶。这时，韩厥现身了，他趁机制造舆论，说晋景公的病是由于赵氏的冤魂在作怪，请求晋景公为赵氏平反。晋景公就找来韩厥问话：“赵氏现在还有后代吗？不是都死绝了吗？”韩厥就顺势将实情告诉了晋景公。晋景公于是下令韩厥与诸将支持赵氏孤儿——赵武向屠岸贾复仇，最终族灭了屠岸贾，恢复了赵氏的爵位和封邑。

又过了几年，赵武过了二十岁生日，行了加冠礼（在我国古代，不论男女都要蓄留长发，年至二十便要到宗庙中行加冠的礼数。男行加冠礼就是把头发盘成发髻谓之“结发”，然后再戴上帽子），开始独掌门户。

这时，程婴将赵武叫到身边向他告辞道：“公子，当年赵氏之难，大家都殉难而死。只有我苟活至今，并非我惜命，而是要留着自己的残命抚养你长大。如今我的目的已经达到了，该去黄泉向赵公和公孙杵臼报到了。”

赵武听到一半就哭了出来，他跪倒在程婴面前，边哭边叩头，他哽咽着说：“叔叔不要再说了，您这些年做的这些事情我怎么会看不到呢？现在我赵家重新崛起，我愿意用下半辈子的时间报答您对我的恩情，而您怎么能忍心就这样舍我而去呢？”

程婴这时也流下了眼泪，但是依然坚决地说道：“当年我和公孙杵臼商量救你的对策，他相信我是个能办大事的人，所以放心地先我而死。如今，我如果不去告诉他现在的情况，他或许还以为我没把事儿办成呢。”

说完这些，程婴就拔剑自杀了。赵武痛哭流涕却也无可奈何，只有像对待自己父母一样为程婴服丧三年，并且为程婴建了专门祠堂，年年祭祀，如同生父。

后来，人们把程婴、公孙杵臼和那个替死的孩子三个人安葬在了一起，称之为“三义冢”。

其实，我们从“赵氏孤儿”这个故事中除了看到忠义和复仇外，还有一个重要的点就是“信”。不论是韩厥还是程婴，甚至是公孙杵臼，他们都是言而有信之人。我们总说历史照进现实，接下来我们就看看现在发生的相似的事情。

蒙牛的老总牛根生，最开始是在伊利工作，后来因为跟伊利领导意见不合就离开了伊利。离开伊利后他才发现自己好像没干过别的，一辈子只养过牛和做过牛奶，其他行业都没接触过。于是他就想，还是干脆继续做牛奶吧！

可那时候牛根生手里一没工厂，二没奶源，三没渠道，四没品牌，最重要的是手上还没有钱。

于是，牛根生把以前认识的经销商都叫了过来，坐在一起开个会。他说：我现在从伊利出来了，打算做一个新的牛奶品牌——蒙牛。如果你们信得过我，就先把钱打给我，我把牛奶生产出来以后会在规定时间发货给你们。你们先打钱有两个好处：一是以后我可以按非常优惠的价格给你们供货；二是对于蒙牛这家公司，我有一个规划，未来是准备要上市的。现在打钱的人我会按打钱的金额给他一定比例的蒙牛股权，未来蒙牛上市以后股票市值会涨 20 倍、30 倍。你们现在给我打几百万未来就会变成几千万！如果有愿意的现在就可以把钱打进来！

来开会的这些经销商都是跟牛根生有多年交情的人，他们都知道牛根生这个人——人品好，言而有信！很多人直接就把钱打了进来。有了第一桶金，牛根生很快就将蒙牛做了起来，短短 8 年时间，蒙牛就成了全球液态奶冠军、中国乳业总冠军。

待蒙牛上市以后，人们发现牛根生自己在蒙牛公司占的股份比例非常少，就是因为他最开始的时候答应将股份分给经销商和代理商。

牛根生本人就曾说过：“小胜靠智，大胜靠德。”而这种“言而有信”就是最大的“德”。

结语

“赵氏孤儿”的故事从春秋到现代，它一直在史书、文人笔记、杂剧、传奇等作品中广为流传，故事的人物、情节、环境也都各有变化。但是唯一不变的就是其中所体现的“信”之理念。

《春秋穀梁传》中曾提到这样一个观点：“人之所以为人者，言也，人而不能言，何以为人？言之所以为言者，信也。言而不信，何以为言？”强调的是人只有做到言行一致，表里如一，言而有信才可以称之为“人”。

对现代的企业来说，“信”更是企业发展的无形资产。西方有一句谚语就很好地阐释了这个道理：“诚信是最好的竞争手段。”

魏世家

魏国作为战国七雄之一，名气挺大，故事也挺多。战国初期的时候，魏国一路领先，做了一段时间大哥，不过很快就从神坛上跌落下来，成为一个没有竞争力的小弟。这其中的起起落落我们可以从今天要讲的魏文侯和魏惠王身上了解一二。

在赵、魏、韩三家分晋后，魏国的都城在安邑（今山西夏县北），后来迁都大梁（今河南开封西北），所以魏国也可称为梁国。它的领土大约包括现在的山西南部、河南北部和陕西、河北的部分地区。东邻齐国、宋国，西接陇秦，南有强楚，北靠燕、赵，西南还有一个韩国。不难看出，魏国的位置处于各国的合围之中，有八面受敌的危险。但是，魏文侯根本没把这个当回事。

魏文侯是魏桓子（春秋末期晋国六卿之一）的孙子，与秦灵公、韩武子、赵桓子以及周威烈王生活在同一时代，能从这群人中脱颖而出，可见他确实很能干。

魏文侯作为魏国的国君少不了要攻城略地，开疆拓土。打赢了，就在此地筑城，筑城就相当于做了个记号，说明这地有主了，你们别来抢了。

公元前418年，魏军在少梁（今陕西韩城南）筑城。公元前411年，魏军攻占繁地和庞地。公元前408年，魏军进攻秦国，在临晋（今山西运城境内）、元里（今陕西澄城南）筑城。公元前407年，魏军直接把中山国（今河北中部太行山东麓一带）给灭了。

这份履历足以显示出魏文侯的实力，打仗几乎就没败过。这架势快赶得上秦始皇了。不过魏文侯与秦始皇不同，他以礼贤下士的贤君姿态出现在国际舞台上。子夏、田子方和段干木都是儒家代表人物，他们先后都成了魏文侯的老师。子夏是孔子的关门弟子，田子方和段干木则是子夏的学生。

段干木这人挺有意思，魏文侯来找他的时候，他却东躲西藏，最后纵身翻过一堵小矮墙，溜了。这让魏文侯扑了一个空，但是魏文侯不死心，每次路过段干木家的时候就扶着车子，对他家房子行注目礼。天长日久，段干木终于被感动了，成了魏文侯的老师。

魏文侯为表尊敬，在向段干木问国事时从来不坐着，而是站着，态度别说多恭敬了。段干木也承这份情，讲起治国理政，那是滔滔不绝，一口气能说上几个时辰。魏文侯的腿站麻了，但是强忍着，不敢说话。魏文侯在段干木的辅佐下，在战国七雄中首霸中原，开创了魏国最辉煌的时代。

这样的魏文侯在当时君主中自然算是翘楚。后来，秦王想攻打魏国，就有人劝道："魏君贤人是礼，国人称仁，上下和合，未可图也。"秦王心里一掂量，这事也就不了了之了。

魏文侯除了礼贤下士，还有识人之明。在考虑宰相人选的时候，“魏文侯问相李克”，这可以说是一段史学佳话，对现在企业如何选用人才有很大的参考价值。

魏文侯对李克说：“先生尝教寡人曰‘家贫则思良妻，国乱则思良相’。今所置非成则璜，二子何如？”意思就是说：“贤臣良相对于国家来说，就像贤惠的妻子对于一个家庭来说一样重要，您觉得魏成子和翟璜，这两个人怎么样呢？”

李克的回答堪称选人用人的经典，他说：“君不察故也。居视其所亲，富视其所与，达视其所举，穷视其所不为，贫视其所不取，五者足以定之矣，何待克哉！”就是说：“该用什么人您得去亲自考察考察，看看平日里他亲近哪些人，富有时他结交哪些人，显贵时他推举哪些人，不得志时他不做哪些事，贫苦时他不要哪些东西，有这五条就能够决定谁当宰相了。”

魏文侯一听这话满意地点了点头，心里就有了人选。

李克与翟璜是朋友，完事后去翟璜家喝茶。

翟璜就问他说：“老李，听说大王召见你去推选宰相了，有结果了吗？”

李克喝了一口茶后缓缓地说：“是魏成子。”

翟璜一听当时就急了，他脸色铁青，叫道：“老李，做人可要厚道啊。咱们哥俩这么多年的交情了，你为什么不推荐我！你说说，我到底哪点比魏成子差了？想当年，大王担心邺郡的治理工作，我推荐了西门豹；大王的儿子找不到合适的老师，我推荐了屈侯鲋。大王要攻打中山国时，我推荐了乐羊；中山攻灭以后，大王派不出合适的人去镇守，我还推荐了你。你能有今天，老哥我够意思吧。你说你办的这叫什么事！”

李克听到这话当即就反问道：“你向大王推荐我，难道是为了结党营私做宰相？魏成子虽是大王的弟弟，有千钟俸禄，但大部分用来招揽能人，家用能减则减，他从东方聘请了子夏、田子方、段干木，大王把他们都奉为老师。你所推荐的人呢，君主都任他们为大臣。你说，你怎么跟魏成子比？！”

翟璜听完之后直接愣了，一下就意识到自己与魏成子的差别，完全不在一个层次上，最终不由得心服口服。

说完了魏文侯，再来说说咱们要重点介绍的二号人物魏文侯的孙子魏惠王。魏惠王跟他爷爷一比完全换了个人，怎么说呢，作为君王一心追求着那些虚无的名利。孟子曾经评价他：“为人君，仁义而已矣，何以利为。”还别说，魏惠王不但没法跟爷爷比，即便与同时代的齐威王相比也是差很远。

公元前 355 年，齐威王和魏惠王说好了一起打猎，两家国君出门排场自然大，但魏惠王似乎更胜一筹，他有些得意扬扬，忍不住问齐威王：“齐国也有宝贝吗？”魏惠王话里有话，只想寒碜一下齐威王，自己心里好找点优越感。

齐威王并不在乎，只说没有。

魏惠王就开始吹嘘起来，说：“我的国家虽然小，但是尚有十枚直径一寸左右，能照亮十二辆车子的珠子，像齐国这样大的国家怎么会没有宝贝呢？”

齐威王嘿嘿一笑，说：“我认为的宝贝和你的不同。我的臣子有个叫檀子的，让他守南城（今山东平邑境内），楚人就不敢为寇作乱，泗河（山东中部较大河流）畔的十二个诸侯国都来朝见；我的臣子有个叫昐子的，派他守高唐（今山东聊城境内），赵国人就不敢到东边黄河打鱼了；我的官吏中有个叫黔夫的，派他守徐州，燕国人就会面对徐州的北门祭祀求福，赵国人就会面对徐州的西门祭祀求福，纷纷要求移民，搬家过来的就有七千多户；我的臣子有位叫钟首的，派他开展防盗工作，结果路上没有人把别人丢失的东西拾走。这四个臣子的光芒能照耀千里，岂止十二辆马车呢。”

魏惠王听了羞愧得无地自容，瞧人家什么觉悟，自己什么觉悟，真是差太多了。可惜的是魏惠王到了年老的时候才醒悟过来，应该放弃虚名，知人善用，向爷爷学习努力招纳贤人。但是，他还来不及让魏国重回旧日的好时光，没几年就死了。

《魏世家》讲到这里，大家也大致明白了，领导者追求的方向，就是最终问题结果的导向，对一家公司而言，领导者具有前瞻性，公司才能长足发展。

福耀玻璃总裁曹德旺因为一部纪录片《美国工厂》而走到风口浪尖之上。这部历时四年多的时间拍摄的纪录片记录了曹德旺在美国俄亥俄州代顿市开办工厂过程中，因中美企业在文化与制度上的差异遭遇的一系列冲突。片中引发思想碰撞最强烈的内容是劳资双方在工会设立中的较量。

美国工会一直是全球经济一体化的反对者，曾对中国投资多次加以阻挠。到了 20 世纪 50 年代，由于背后强大的政治力量，美国工会在调解劳资纠纷、解决车间冲突时的出发点和方式也变得不再单纯。

对此，曹德旺发表了立场鲜明的观点：“美国工会的作用是变相保护了那些工作不努力的人，形成了‘大锅饭’，导致生产效率严重下降。它已经不适合制造业发展了，可以说，美国制造业的衰败就是这样引起的。奥巴马为什么要买这个片子？我认为他就是发现了这个问题。我建议，中国企业走出去遇到工会，就赶快跑掉，扭头就走，碰都不要碰。要有（工会）的话，我们马上就关掉，不要了，我们一次性损失或者少赚十亿百亿，也没有关系。如果像通用那样被工会折腾到每年亏损，那是很痛苦的事情，精神损失比金钱损失更厉害，我不会接受的。”

曹德旺话音刚落，通用汽车就再次面临来自工会的巨大压力。这也从侧面印证了一个领导者的前瞻性。

据美联社报道，当地时间 2019 年 9 月 16 日零点刚过，美国最大汽车制造商——通用汽车公司超过 4.9 万名工人举行全国性大罢工。

报道称，代表着通用汽车、福特汽车和菲亚特 - 克莱斯勒三家美国汽车制造商在美国近 15 万名工人的美国汽车工人联合会，与通用汽车进行新一轮劳工合作的谈判，但经过数月的谈判，双方在工作岗位、薪酬和福利等多个问题上产生很大分歧。

罢工导致美国 9 个州的 33 个制造厂以及 22 个零件配送仓库关闭。至于罢工将会进行到何时还是个未知数。回头看曹德旺的打拼过程不难发现，他的目光深远，看待问题极具前瞻性。

曹德旺在 1987 年创建了福耀玻璃，就以“为中国人做一片属于自己的汽车玻璃”作为发展目标，成为第一个进入汽车玻璃行业的中国企业，并彻底改变了中国汽车玻璃市场由国外品牌垄断的历史。如今，福耀玻璃生产的汽车玻璃占中国汽车玻璃市场 70% 的市场份额，同时挺进了竞争激烈的海外市场，成为世界第二大汽车玻璃制造商。曹德旺说："在我的企业家生涯中，最大的成就就是和我的员工们一起实现了'为中国人做一片属于自己的汽车玻璃'，为汽车玻璃供应商树立了专业的典范。"

曹德旺还说："方向决定结果。追求的目标端正了，就决定了你的进步。"

同时他也明白，作为企业家在准备创业时一定要记住，做小事情靠技巧，大事靠眼光和人格魅力。企业家的事业是风险事业，是非常麻烦的一个事业，但冒险精神是企业家的天性。"挑战自我，挑战极限；谋求发展，兼善天下"，这四句话伴随着他走过了二十多年。

结语

好了，故事讲完了，通过魏文侯、魏惠王以及曹德旺的故事，我们来总结一下今天的收获：

1. 奥迪曾经有一句广告词："未来决定世界的方向，而前瞻者决定未来。"作为企业家，自身一定要有足够的前瞻性，才能引导企业的未来。

2. 作为企业的领导人，我们争的不是虚无缥缈的个人名利，我们是要为企业争盈利，为员工争红利，为客户争便利，为社会争福利。

韩世家

大家都知道，春秋时期还没有韩国这一说。韩国的出现是因为韩、赵、魏三家分晋。所谓战国七雄，就是齐、楚、燕、韩、赵、魏、秦七国。战国后期，韩国最弱，也最早被秦国所灭。别的国家都有可圈可点的故事，但韩国没有，韩王平庸，时不时被人忽悠。战国时代，韩国经常跟在其他国家后面做小弟，基本没机会做主角，这样一个国家只存在了两百多年。

如果将战国七雄看作互相竞争的七家公司，那么韩国就是从一开始的“还不错”慢慢落到“真不行”的那种公司，到了食物链底端也就没有定价权了，只能由别人说了算。

接下来我们就来讲讲韩国那点事儿。

韩国的祖先与周王室同姓，姓姬。后代臣服晋国，封在韩原（今陕西韩城境内），领导是韩武子。那时用封地当作姓的人很普遍，姓氏一报出去别人就知道你老家在哪了。韩武子以后三代传至韩厥，韩厥这人挺有意思，《韩世家》里详细地记载了他的故事，接下来我们要讲的“赵氏孤儿”的故事就跟他有关。

公元前599年，晋景公即位，权臣屠岸贾旧事重提，在晋景公面前吵着要为晋灵公报仇。当初晋灵公是被赵盾的表弟赵穿刺死的，赵盾相当于是赵家的族长，所以如果追究责任就应该找他，但是当时赵盾已经死了，他的儿子赵朔接了班，那时候讲究“兄终弟及，父债子偿”，所以屠岸贾的目光就瞄向了赵朔。

其实，这事也不能赖人家赵盾，是晋灵公先要的流氓。赵盾作为晋国老臣，为人中正严肃，在晋灵公还是孩子的时候，先王晋襄公就把他托付给了赵盾。但是，晋灵公这孩子真是不争气，整天花天酒地，不务朝政。有一次，因为厨师没有把熊掌做好，晋灵公就大发雷霆，直接把厨师给杀了，然后命人把厨师尸体放在筐里，让人抬着丢到外边去。经过朝堂的时候，恰好让赵盾给看见了。赵盾了解情况之后，心想这还得了，这是拿人命当草啊，一国之君这样下去，这个国家还能长久吗？

赵盾就把晋灵公拉到身旁说道：“主公，您刚才是不是因为熊掌没做好，把厨子给杀了？”

可能赵盾看到一条人命因为这么点小事就没了，情绪没有控制好，话问得有点冲。

晋灵公斜了赵盾一眼，心想：“我现在是晋国的国君，我愿意做什么就做什么，轮得到你赵盾在这儿吆五喝六的？”随口说了一句：“没有！”

赵盾没想到这一国之君居然还撒起谎来了，觉得辜负了先王的嘱托，没能教育好晋灵公，直接顶上了一句：“先王当初把您托付给我，就是盼望着您能够虚心上进，做一位贤德的君主，把晋国做大做强。您现在无故杀人不说，还撒起谎来了，这让我怎么对得起先王啊。”

晋灵公知道自己理亏，赵盾又把先王拿出来说事，只能低头认错道：“先生，我知道错了，这事是我一时冲动，以后我再也不会这么做了。”

晋灵公话虽这么说，但是心里很不服气，屠岸贾这时说了几句赵盾的坏话，晋灵公就找了个杀手，准备刺杀赵盾。但杀手进到赵府，一看府内整洁朴素，赵盾也不像坏蛋，就放弃杀人计划了。后来的事我们都知道了，赵盾没死，晋灵公被赵盾的表弟赵穿给杀了。

话说这屠岸贾，当时可是晋灵公的宠臣，他为凸显自己对先王的忠心，给晋景公留下好印象，就跳出来翻老账，要杀赵朔。

不过，也不是人人都赞同屠岸贾的提议，因为晋灵公昏庸无道，他的死还事出有因，怎么着赵家也算是正当防卫吧，而且赵家在晋国还是有些影响力的。这不，韩厥站出来说这事不妥啊。但是屠岸贾根本不理他那一套。

韩厥一看不对，赶紧去给赵朔通风报信，可这个时候走已经来不及了。赵朔情急之下对韩厥说：“事已至此，我已经走不了了，请您给我赵家留条后吧。”

韩厥看着赵家即将被灭门，心里不忍就答应了，让程婴和公孙杵臼把赵朔的儿子赵武藏了起来，才保住了赵氏唯一的血脉，这个赵武就是我们熟知的那位“赵氏孤儿”。

十四年后，晋景公突然大病，怎么也不见好。那时候遇到一些疑难杂症就请大师占卜，这不卜不知道，一卜可吓一跳，卜出的结果居然是晋国违逆天时，错杀忠良，导致绝后的厉鬼在作祟。

这时，韩厥终于找到机会为赵氏说话了。韩厥高度赞扬赵家祖先赵成季的功绩，但是他的后代没人祭祀，这不符合天道。要知道，这位赵成季可是辅助晋文公走上春秋五霸道路的第一功臣。后来晋文公还把自己的女儿嫁给了他。

晋景公终于认识到了自己的错误，说道："你说得有道理，可惜赵氏一族已经绝了后。"

韩厥一看事情有转机，立马说道："主公有所不知，臣知道赵家还有一人，此人正是赵朔的遗孤赵武。"

于是，晋景公便下令召见赵武，让赵武承续赵家的祭祀。就这样，赵武重新找回了祖先的荣光。韩厥答应赵朔的事，也算做到了。晋景公的病也好了，一切看起来都很好，事情也就告一段落了。

咱们说完了关于韩国老祖宗的事，再来看看其他关于韩国的事。

有一年，秦国打到了韩国宜阳（今河南洛阳境内），宜阳的处境可以说是水深火热，不光如此，天公也不作美，天下大旱，地里长不出粮食，连草都干枯了。在这种情况下，君王最应该做的是安抚百姓，与百姓共渡难关。但韩昭侯居然下令要在王宫外面新修一座城门。要知道，古代修城门可不是简单的事，那是要大兴土木的。

楚国的大臣屈宜臼路过韩国的时候，就直接和随从的人说："韩昭侯不会走出这座城门的。"

随从不解地问道："大人何出此言呢？"

屈宜臼解释道："因为这不合时宜啊。光景好的时候不修城门，现在是什么时候，韩国大旱，庄稼歉收，老百姓过得灰头土脸的，这个时候却在大兴土木，这不是乱搞吗？"

果然，第二年高大的城门刚一落成，韩昭侯就死了，没能走出这座城门。

时局一直在变，国家之间的竞争也更加激烈，等韩宣惠王继位的时候，秦国越发强大，铁榔头到处敲，把韩国敲得也是眼冒金星、鼻青脸肿。

这个时候韩国相国公仲侈想了个办法。他认为，秦国这把铁榔头其实更想敲楚国，不如手捧城池去求和，做秦国的小弟，跟秦国去打楚国。

韩宣惠王连连点头，说就这么办。谁知楚王很快得到消息，找来谋臣陈轸商量对策。

陈轸可是鬼灵精，建议楚王说："秦国要是有韩国做小弟，肯定来打咱们。咱们不如放烟雾弹，忽悠韩王，说正准备派兵去救他，这样一来，他对秦国就不会死心塌地，即便秦韩联军，大王也不用怕，因为心不齐，所以没啥战斗力。要是韩王真信了咱们跟秦国分手，依秦王那个暴脾气不抽死韩国才怪。总之，只要秦、韩有矛盾，咱们就高枕无忧了。"

楚王一听觉得陈轸这个计策太妙，就依计行事。一时间，"锣鼓喧天，鞭炮齐鸣，红旗招展，人山人海"。在通往韩国的路上，楚国大量满载钱币的车辆叽叽嘎嘎地往韩国进发。而且，还有一座城池被标在地图上准备划给韩国。韩王一看这阵势，心里乐开了花，相信了楚国的忽悠，就不想让公仲侈去秦国了。

公仲侈连忙劝韩王说："大王您咋就看不明白呢，秦国举着的那可是铁榔头，楚国给咱们的是朵塑料花，甭理他们。再说咱们和楚国的关系一般，也没怎么合作过，不用说，这肯定是他们的计谋。现在秦国这么强，咱们要因势利导，紧紧抱住秦国这条大腿才对呀。大王要是信了他们，对秦国出尔反尔的话，就真得罪了秦国了。"

但是，公仲侈好说歹劝韩宣惠王就是不听，非要与秦国断绝关系。秦王一看大为恼火，命令全力攻击韩国。

两军大战，韩军哪里是虎狼秦军的对手啊，可这时候楚国的援军迟迟不来。结果秦军在岸门（今河南许昌附近）大败韩军，坑杀士兵数万，最后韩国被迫把太子仓都送到秦国作为人质，向秦国苟全求和。此后，韩国的国际地位越来越低，始终没法翻身，一直处于苦苦挣扎的地位，秦国灭六国的时候第一个就把它灭了。

其实，一开始韩国抽到一副还不算差的牌，但从头到尾都是陪着玩，竟然没有抓住机会拼搏一下，着实有些可惜。

读了《韩世家》，相信大家会有诸多感慨。商场如战场，有牌在手上的时候不珍惜，不顺势而为，也是没用。

所谓成功的公司都是相似的，失败的公司各有各的失败。

一个公司成功，无非做到了在合适的时机做正确的事，也就是顺势而为。这句话看起来简单，但要知行合一，真正做到并不容易。对小米的创始人雷军来说，真正对这句话有所感悟并付诸行动，花了 16 年时间。

雷军1987年考入武汉大学计算机系，仅用两年时间便修完所有学分，完成了大学的毕业设计。大四的时候，雷军和同学创办三色公司，产品是一种仿制金山汉卡，但没打开市场，反倒被别家公司盗版了。半年后，公司经营实在困难只得解散。

大学毕业后雷军去了金山公司，在那里事业顺遂，1998年，他已经担任了金山公司总经理。到了2000年，金山公司实行股份制改革，他又担任北京金山软件股份有限公司总裁。2007年10月，雷军带领金山在香港完成IPO，此时他才38岁。

不管从哪方面来看，雷军已属于成功人士，但在众人欢呼雀跃之际他却黯然神伤。

为什么呢？金山创建于1988年，比百度、阿里巴巴、腾讯都早，已经算得上是一家非常成熟的公司，而且拥有中国最优秀的一批IT工程师，大家团结拼搏，做事雷厉风行。雷军本人更是IT界的劳模，但是，金山经过将近20年的发展只有40多亿港币的市值。

别的不说，且看同年上市的阿里巴巴，上市首日市值超过了2000亿港币。两年前，百度上市市值达到了310亿港币，到2007年，市值更是上涨了3倍。

没有对比就没有伤害。雷军开始反思："为什么有人付出100%的努力只能换回20%的增长？反之，有人付出20%的努力，却能获得100%的回报？"

金山一直很努力，但是在软件行业整体下行的时候，却在全力研发软件，由此错过了互联网发展的黄金时期，这让雷军痛心疾首。

雷军坦言："这些年就像是在盐碱地里种草。金山在20世纪90

年代还很火，1999 年互联网大潮起来的时候，我们却忙着做 WPS，忙着对抗微软，无暇顾及。到 2003 年时，我们再环顾四周发现我们远远落后了。”

雷军意识到：“要顺势而为，不要逆势而动。”

“站在风口猪都会飞。”当雷军说出这句话的时候，有多少人为之心动。确实，创业首先要做最肥的市场，选择自己能做的最大的市场，大市场能造就大企业，小池子养不了大鱼，方向如有偏差，便会浪费宝贵的创业资源。

2010 年 4 月，雷军与原 Google 中国工程研究院副院长林斌、原摩托罗拉北京研发中心高级总监周光平等六人联合创办小米科技，并于 2011 年 8 月发布了自有品牌手机——小米手机。

这个超强阵营的出现，是因为看到了移动互联网的巨大风口，年届不惑的雷军从 0 到 1，创造了小米发展的神话。

2018 年 7 月，小米在香港联交所挂牌上市，市值超过 500 亿美元。这一天距离小米创立仅 8 年多。顺势而为所取得的成果实在让人惊叹。

结语

顺势、顺时而为不论对于国家、企业和个人来说都是大趋势。习近平主席强调说：“潮流来了，跟不上就会落后，就会被淘汰。”雷军在一次接受采访时也谈到了类似的话，他说：“这十几年走来，我只明白了一个道理，那就是顺势而为。”

在21世纪的今天，中国正在朝着构架人类命运共同体的方向大步迈进，世界也在朝着全球化、网络化、数字化、科技化的方向快速发展。对于我们个人和企业来说，如果不能顺应时代的趋势，恐怕就只能随着时代的浪潮随波逐流或在浪潮中溺水身亡。

田敬仲完世家

今天讲的这篇名字叫《田敬仲完世家》，其实简化来说就是“田完世家”，田完本名叫陈完，因陈国内乱而逃亡齐国改名田完，敬仲是田完的谥号，也有的书说是他的字。

我们读历史都知道，到了春秋时期诸侯争霸，周天子几乎已经没有了实权，春秋前期大家还遵循着“周礼”，表面上和和气气，可到了后期大家却都撕破了脸，开始兵戎相见。而从春秋进入战国，有两个标志性事件就是“田氏代齐”和“三家分晋”，今天我们就重点讲讲“田氏代齐”。

历史上的朝代更替往往都会伴随着血雨腥风，但是“田氏代齐”就显得温和得多，田氏取代姜姓统治齐国时，一切都显得那么顺理成章，不仅齐国的百姓生活没受啥大影响，就连当时处于权贵阶层的姜姓公族也没有过激的反应，几乎是拱手就把齐国送给了田氏。

那么，田氏究竟是如何反客为主的呢？这对于今天的商业管理又有哪些借鉴意义呢？咱们不妨从故事切入，然后慢慢剖析。

春秋时期有许多诸侯国，大一点的有齐、晋、楚等，小一点的则有卫、鲁、陈等，而田氏的祖先，就是小诸侯国陈国国君的儿子，陈完。

传说陈完出生的时候，恰好周太史（也叫太史儋，战国初期人，道家学派的代表。司马迁怀疑太史儋就是老子）路过陈国，陈完的父亲陈厉公就请他给儿子算一卦。周太史掐指一算，顿时惊呼，“这可不是个一般的孩子！”周太史之后又把陈完后世的人生轨迹都预测了一遍，越发肯定了自己的推算。

话说陈国虽然地方不大，但事情还真不少。公元前672年，陈国发生内乱，陈完的父亲陈厉公被谋杀，陈完虽然命大逃过一劫，却被贬为了大夫。没过多久，陈国的太子御寇也被杀害了。陈完和太子的关系非常密切，他担心自己也会受到牵连，于是连夜离开陈国，逃到齐国寻求庇护。

当时的齐国，国力强盛，国君正是春秋五霸之首齐桓公。齐桓公很喜欢陈完，就想留他做齐国的卿大夫。这好事要是放别人头上，可能当场就感激涕零、谢主隆恩了，但陈完却谢绝了齐桓公的好意，他认为陈国本是小国，现在还处在内乱之中，齐桓公这样的霸主愿意收留自己，就已经是很大的恩惠了，怎么还能接受这么高的官职呢？所以坚决推辞。

人吧，就是特别奇怪，陈完越是谦虚，齐桓公反而越是想让他留下来，卿大夫的官职有点高，那就当个工正吧，当时的工正官职不大，主要负责管理各行业中的工匠。为了感谢齐桓公的恩德，陈完决定在齐国扎根，开启新的生活，并改姓为“田”，这里要说明一下的是，在古代，陈和田是互通的，因为在象形字里它们都是方形土块的意思，发音也很相近，跟“殿”这个音类似。陈完也从此成为田氏的初祖。

初来乍到的田氏，因为是外姓贵族，难免会受到不少齐国本地势力的排挤和打压。说到这，就不得不感慨田完的高瞻远瞩了。还好当时他接受的官职是工正，这要是头脑一热做了齐国的卿大夫，还不知道要成为多少人的眼中钉肉中刺呢。

总之，在田完之后的几代里，田氏一门始终奉行低调发展策略。也正是这样的处事方式，让田氏韬光养晦，底蕴渐深，从而为今后的“田氏代齐”奠定了坚实的基础。

人们常说“富不过三代”，但这句话在田氏家族身上却不管用了。

富有商业头脑的田氏，经过了六代的韬光养晦积累了相当多的财富，田氏的机遇也就此来了。

当时齐国的统治者齐景公，用现在的话来说那就是个妥妥的败家子，年轻的时候还好点，到了晚年他就开始贪图享乐，不仅生活奢侈、贪杯好色，甚至还将百姓收入的三分之二供自己享用，致使民不聊生、怨声载道。《论语·季氏篇》更是给了齐景公这样的评价：“齐景公有马千驷，死之日，民无德而称焉！”（齐景公虽然有一千辆四匹马拉的车，但他死的时候，百姓们没有一个称颂他的德行）。

就在这时，田氏家族第二阶段的代表人物田乞登场了。

齐景公在位的时候，田乞开始进入官场，担任大夫之职。他任职的时候，见到齐景公的宝库里各种宝贝多得都放烂了，人民却生活无着，饿殍（饿死的人）遍野，正应了杜甫诗中的那句“朱门酒肉臭，路有冻死骨”。抗争的百姓遭到了镇压，不知道有多少人被砍了脚，一时间甚至出现了“屦贱踊贵”的现象（屦就是鞋；踊是指受过“刖刑”也就是砍脚的刑罚的人穿的鞋，也有的书说踊是假脚。踊比一般的鞋贵，形容受过刖刑的人很多，买鞋的人少，买踊的人多，故而踊比鞋贵。形容刑罚重而滥）。

田乞一想，这是收买民心的好机会呀！于是，他制作了一个大斗和一个小斗，在收取百姓赋税的时候用小斗；而给百姓借贷粮食的时候则用大斗。百姓们一看，其他王公贵族都是想着怎么剥削自己，田氏却对他们施以恩惠，啥也别说了，今后就跟着田家混了！

由此，田氏开始逐渐得到了齐国百姓的拥护和爱戴，百姓心向田氏，田氏家族也因此日渐强大。

当然，这个时候也不是没有明白人，当时齐国的丞相晏子就发现了这个不好的苗头。

有一天，晏子陪着齐景公遛弯，齐景公看着自己的宫殿感叹说：“这么漂亮的房子，我要是走了，不知道得便宜哪个小子。”

晏子一听，劝诫的机会来了，于是他回应说：“我估计得落入田氏的手中喽，现在百姓都心向着他们，您现在还算好点，但是如果您的后代再不争气，估计齐国就要成人家的了。”

但当时齐景公太信任田氏了，根本听不进去晏子的劝谏，就这样，田氏在齐国的影响力逐渐从民生扩大到了朝堂，整个齐国已经基本上形成了田氏一家独大的局面。但田氏并没有急于上位。

俗话说“得民心者得天下”，就田氏的情况而言，光得人心还是不够的。三国时期曹操“挟天子以令诸侯”为的就是师出有名，而当时的田氏名不正言不顺，只能继续等机会。

没想到机会很快就来了。

周朝的王位继承实行的是嫡长子继承制，也就是正妻所生的长子是第一顺位继承人。巧的是，齐景公五十八年齐国的太子去世，也就是齐国的第一顺位继承人没了。

没了也就没了吧，偏偏齐景公要立宠妾芮姬的儿子公子荼为太子。公子荼年纪太小了，他的母亲也出身卑微，很多大臣反对这个决定。奈何齐景公独断专行，直接命令丞相国惠子和高昭子立公子荼为太子。同年，齐景公去世，高昭子和国惠子就拥立太子荼继位。

而田乞呢，明面上假装拥护高昭子和国惠子，暗地里却挑拨朝中大臣与高、国二人的关系，他的主要目的就是立齐景公的另一个儿子与自己关系亲密的阳生为国君。

话说田乞挑拨离间的能力还真不是吹的，他一边跟高、国二相说：“一开始大臣们都不想立公子荼为太子，现在太子已经即位，您二人为辅政大臣，群臣可是人人自危，我怕他们有图谋作乱之心啊。”一边又跟各位大臣们说：“高昭子和国惠子这两人是死活看咱们不顺眼，要想不被他们打击报复，咱得先下手为强啊！”

就这样，田乞说服了以鲍牧为首的一班大臣，起兵勤王，先杀了高昭子，又驱逐了国惠子，然后扶持阳生当上了齐国国君，这就是齐悼公。齐悼公投桃报李，任命田乞为丞相，从此，齐国政权牢牢地抓在了田氏手中，拉开了“田氏代齐”的大幕。

田乞之后，田氏手握相权，“田氏代齐”可以说只是时间的问题了。

到了田乞的玄孙田和的时候，齐国可以说就已经姓田了，差的就只是一个名分。当时的齐国国君齐康公沉湎于酒色，不理朝政，其实想想也能理解，自己的宝座都被别人架空了，也只能借酒消愁了。

田和呢，干脆就把齐康公打发到了海边，给了他一座小城供他吃喝，然后给周王室打了个报告，说：“从此齐国就姓田了哈。”

就这样，齐康公十九年（公元前386年），田和正式成为齐侯，列名于周朝王室。到此，齐国政权终于由田氏所取代。

田氏家族原本只是齐国的客人，但经过几代人的默默耕耘，渐渐积累起了自己的力量，最后抓住时机取代姜氏家族，成为齐国君主。实际上，田氏喧宾夺主的很多做法都对现代商业营销有着非常重要的借鉴意义。比如，魅族手机在2015年的NBA“圣诞大战”中发起“进三分球送手机”的抽奖活动，就颇有田乞当年“大斗出，小斗入”的风范。最后，魅族不仅借了NBA的风头狠狠地刷了一番存在感，还顺势发挥，把品牌推到国产手机的第一阵营。

NBA，即便不喜欢篮球的人也至少听说过。虽然NBA是美国的篮球联赛，但整体水平甚至比奥运会还要高，所以，NBA在全世界都有广泛而深厚的球迷基础。NBA不仅赛事水平高，而且商业运作堪称典范。每年的圣诞节，为了吸引眼球NBA都会安排几场重量级的比赛，让一些有“世仇”的球队在这一天相遇。所以，这一天的对决也被称为“圣诞大战”。

“圣诞大战”自然也就成了各大品牌挖空心思开展营销的绝佳窗

口。2015 年，当 NBA 的圣诞大战在大洋彼岸开打时，魅族也在中国区域与腾讯体育合作，当起了“圣诞老人”。它的礼物也很特别：腾讯 NBA 赛事直播期间，任意一方只要投进一记三分球，魅族就送出一部 MX5 手机。

魅族的这种营销策略相当高明，因为场上的每一次三分球远投都会前所未有地撩动观众的心弦，而且人们会自然地把它和魅族的手机联想在一起。结果，观众的激情很快便被调动起来，观赛弹幕几乎被“多进三分，我要手机”等内容占满了。

最后，当天三场圣诞大赛直播一共命中 39 个三分球，腾讯体育社区中“魅族三分时刻”活动帖获得了超过 87 万条留言回复，占了当日论坛总回复的一半以上，再搭配腾讯体育 APP、腾讯新闻客户端以及腾讯网迷你页的品牌露出，魅族这一波 39 部手机的投入，简直赚翻了天。在中国赛事直播史上，这也是第一次以全新的形式引发了全民狂欢的热潮，87 万条的留言回复也创造了中国互联网直播互动史上的新纪录。

若干年后当观众们在回忆当天的赛事时，球队的比分、球星的表现似乎都已经恍惚，但对魅族刷屏的印象一定还十分深刻。如果我们把魅族借助“圣诞大战”的营销和“田氏代齐”的过程做一番对比，便会发现它们有很多相似之处。

首先，魅族之所以能够登上腾讯体育的平台少不了它前期的积淀。一个默默无闻的新品牌很难有实力去做这样的营销，即便它有这个经济实力，腾讯也不会冒险让它在热门赛事中亮相，因为万一“玩砸了”，腾讯有可能会自毁形象。同理，田氏家族之所以能够走入齐国的权力中心也少不了前期的积淀。

其次，魅族和田氏家族都是技巧性俘获人心的高手。手机看似很贵，三分球看似很容易，但是一旦把两者相连就可以知道，真正能送出去的手机量还是很有限的，也就是说成本是“虚高”的。同样，田乞虽然用“小斗入，大斗出”，但是他付出的成本其实也是有限的。不过，魅族和田乞所采用的方式都很鼓舞人心。

最后，魅族之所以营销成功，田氏家族之所以代齐成功，还源于它们都对时机的把握非常精准。魅族抓住了圣诞大战的时机，而田和则抓住了齐康公沉迷酒色、不理朝政的时机。

结语

北宋文学家苏轼曾经在《东坡志林》中说过这样一句话：“江山风月，本无常主，闲者便是主人。”苏轼此言，虽然说的是风花雪月，但对于政治、商业而言，不无借鉴之处。不管是政治上的君王，还是市场上的翘楚，从来就没有“常主”，每个人都有可能坐庄。江山风月，“闲”是王道；政治生涯，“谋”是本事；市场翘楚，“变”才能赢。闲，是为了自己的心，但谋和变则都是为了大众的心。如果我们想再细分的话，政治家需要人民的心，而企业家则需要消费者的心。

孔子世家

今天我们要讲的是《史记》中的《孔子世家》。如果说中国影响世界的第一人一定非孔子莫属。近到我们从小学习的语文课本，远到开遍世界的孔子学院，可以说在世界的每一个角落里都能看到他的身影。像“学而时习之，不亦说乎。有朋自远方来，不亦乐乎”“学而不思则罔，思而不学则殆”“三人行，必有我师焉”这些警世名言，我们更是张口就来。

孔子是我国著名的思想家、教育家、儒家学派的创始人，更被后世誉为“天纵之圣”“万世师表”。相传，孔子门徒多达三千人，其中还有“孔门十哲”“七十二圣贤”等优秀弟子。虽然孔子的学说和影响极其深远，但实际上我们对孔子其他方面的了解并不是太多。所以，今天我们就通过《孔子世家》来全面了解一下孔子。

孔子，名丘，字仲尼，孔子是尊称。他生于公元前 551 年，卒于公元前 479 年，活了 73 岁，按当时那个时代来说算是高寿了。孔子的祖上是宋国的贵族，后来家道中落便迁到了鲁国。所以，可以说他的祖籍是宋，国籍是鲁。

关于孔子的父母《史记》中没有过多的记载，只说孔子的父亲叫叔梁纥，母亲姓颜。母亲生孔子的时候，孔子的父亲年龄已经很大了。孔子出生时脑袋上有个凹陷的地方，形状有点像尼丘山，所以取名叫“丘”（关于孔子名字的由来，在《孔子家语》中还有另一种说法，即孔子是母亲在尼丘山上祈祷神灵而生的儿子，所以就以“尼丘”为名字；又因为孔子在兄弟中排行第二，所以在“尼”前加一“仲”字，史学家普遍认为，这个说法更符合逻辑也更加可信）。

说到孔子，我们的第一印象就是“圣人”，而且在中国“圣人”也成了孔子的专有名词。那么，什么样的人才可被称为“圣人”？《资治通鉴》里是这样说的：“才德全尽谓之圣人。”所以在我们的心里，孔子是一个光辉伟岸的完人，但实际上，现实中的孔子和我们想象中的孔子却有着很大的区别。

鲁迅先生所著的《在现代中国的孔夫子》里说孔子是一位“摩登圣人”；易中天老师在《先秦诸子》一书中说孔子是一位“文化超男”，但我觉得孔子是一位“可爱的老头”。那么，他有多可爱呢？

有一天，孔子来到了郑国，在郑国的大街上东瞧瞧西看看，感觉郑国当地文化还挺有意思。可是走着走着，总感觉哪里不对劲，回头一看身后乌泱泱的一群弟子不见了，敢情是自己对当地的风俗文化思考得太过投入和弟子们走散了。

怎么办呢？现在我们去车站接人如果找不着了，就会打电话对他说：“你站在某个出站口别动啊，我过去找你。”孔子他老人家也知道这个道理。于是，“孔子独立郭东门”，就是说，孔子往东门一站，一动不动地等着他的弟子来找他。

第一个发现孔子丢了的人是他的宝贝徒弟子贡。然后，他赶紧招呼其他弟子一起满大街找孔子。一个郑国人听说子贡他们在找人，就对他们说："东门有人，其颡（脑门儿）似尧，其项类皋陶，其肩类子产，然自要（通'腰'）以下不及禹三寸。累累若丧家之狗。"意思是说，我在东门那看到一个大脑门儿、短脖子、窄肩膀，个不高的老头，在风中哆哆嗦嗦得像一条丧家之犬，估计就是你们要找的人吧。

子贡一听抿嘴一笑，觉得这人说的和自己的老师似乎有几分神似，就带着众人匆匆来到了东门，一看孔子果然在这。子贡依照"敬事而信"的原则，把当时那个郑国人的话原原本本地告诉了孔子。孔子一听仰头大笑，一边笑还一边说："形状，末也。而谓似丧家之犬，然哉！然哉！"孔子的意思就是说，外表的模样都是细枝末节，无所谓，但是说我像条丧家之犬还真是说对了。

看看孔老夫子的自嘲能力，可爱吧。除了自嘲之外，孔子还是一个出了名的"淡定哥"。

孔子周游列国的时候想去陈国，但是前往陈国需要经过匡地（春秋卫国封地）。弟子颜刻曾经去过陈国，知道从匡地什么地方过去。他就跟孔子说："老师，我知道匡地的城门旁边有一个豁口，咱们从那过去就行，方便。走正门的话，车上这些大包小包还得搬上搬下地过安检，很麻烦。"

孔子本想图个方便，谁知刚走到城门边的豁口，呼啦啦就来了一帮匡地的人，把他们围了起来。幸好孔子周游列国的时候带的徒弟多，要不还真招架不住。但是让孔子纳闷的是，匡人为什么要围攻他们？一打听才知道，原来孔子长得很像阳虎（春秋时期鲁国的权臣），这个阳虎因为欺负过匡地的老百姓很遭人痛恨，所以不论孔子掏什么证件、讲什么道理，匡人就是不信；而且人越来越多，攻势越来越猛，足足把孔子师徒困在匡地五天。弟子们都害怕了，心想好不容易有机会和导师出国游学，没想到遇到了这种事情，知识没学到，小命说不定还得丢在这儿。

看到弟子们这个状态，孔子不禁气上心头，骂道："文王既没（通'殁'，死亡的意思），文不在兹乎？天之将丧斯文也，后死者不得与于斯文也。天之未丧斯文也，匡人其如予何！"就是说，周文王已经死了，咱们都是要传承周朝的文化和礼乐制度的人，上天如果要毁灭这些文化和礼乐制度，就不会让我们这些人来承担维护它的责任；既然上天并没有要消灭周代的这些文化和礼乐，匡地的人又能把我们怎么样呢？

说完之后，孔子就派了一个弟子趁着混乱溜了出去，找到了卫国大夫宁武子帮忙，孔子师徒一行这才得以脱身。

还有一次，孔子去宋国游学。走累了，在一棵大树下停住了脚步，大家喝喝水，吃点干粮，纳凉休息。休息了一段时间后孔子说："来来来，同学们，趁着树下凉快，我来教大家一段周礼。"同学们一听老师要教新知识纷纷围坐了过来。然后，我们就看到了这样一幅场景：一棵大槐树下，孔门弟子有认真记笔记的，有实际演示的（周礼不仅有理论，还有具体行为指南），孔子站在前面，摸着胡子，看着弟子们孜孜以求欣慰地频频点头 。

这是多么祥和的画面啊，但是，在宋国司马桓魋的眼中就变成了另外一番景象。我们知道“司马”在古代是个军职。古往今来，有道是秀才遇着兵，有理说不清。一个军事长官听说一群外来儒生在自己的国家里明目张胆地宣传“之乎者也”“仁义道德”，心想：这是什么“歪门邪道”的团体组织。当即下令：“孔子一行人属非法集会，去把那棵树砍了，把他们驱逐出境，不离开就直接杀了。”于是，一群身着铠甲、手握利刃的士兵就把孔子他们包围了，上去二话不说就把那棵大树给砍了，并且勒令他们立即离开宋国，否则杀无赦。

一看这架势，弟子们就纷纷劝孔子说：“老师，咱们快走吧，这桓魋现在是驱逐咱们，要是咱们不快点走，一会他改变主意，没准就直接把咱们杀了。”

孔子本想上去和桓魋讲讲道理，但被弟子们拥着就离开了宋国。孔子一边走一边还冲弟子们念叨着：“天生德于予，桓魋其如予何！”意思就是说，上天把德赋予了我，桓魋能把我怎么样呢？要不是你们拦着，我非得找他，给他讲讲什么是“道（通‘导’）之以政，齐之以刑，民免而无耻；道之以德，齐之以礼，有耻且格”（用政令、刑法来管理百姓，百姓只求免于犯罪，而不会有廉耻之心；而用道德和礼制去同化他们，百姓不但会有廉耻之心，而且人心归服）。

通过这几则小故事不难看出，“圣人”孔子也是一个极为真实和可爱的老头。其实，在这些真实和可爱的背后，我们不难看出孔子有着一颗强大的内心。不论是被别人说成是“丧家之犬”，还是因为误会和偏见遭人围堵、驱逐，他都能够保持一种平稳的心态。这正是我们企业家所需要的。

我曾经看过这样一则小故事。在一家公司里，一位新来的员工小白经常会因为一些小事把自己弄得紧张兮兮的，他听说公司有一位“心大”的乐天派就前去拜访。

小白问那个乐天派：“假如你一个朋友也没有，你会生气吗？会怨恨周围的人吗？”

乐天派笑笑说：“当然不会生气，我会高兴地想，幸亏我没有的是朋友，而不是我自己。”

小白又问：“假如你走路的时候突然掉进一个泥坑，出来后成了一个脏兮兮的泥人，你还会快乐吗？”

乐天派回答：“当然，我会高兴地想，幸亏掉进的是一个泥坑，而不是粪坑。”

小白继续问：“假如你被人莫名其妙地打了一顿，你还会高兴吗？”

乐天派又回答：“当然，我会高兴地想，幸亏我只是被打了一顿，而没有被他们杀害。”

小白有些不甘心，继续发问：“假如你马上就要失去生命，你还会高兴吗？”

乐天派依旧从容地回答道：“当然，我会高兴地想，我终于高高兴兴地走完了人生之路，让我随着死神高高兴兴地去参加另一个宴会吧。”

小白十分不解，他不明白为什么这些在自己看来已经非常糟糕的事到了乐天派这里都能变成美好的事，他疑惑地问：“这么说，生活中没有什么是可以让你痛苦的，生活永远是由快乐组成的了？”

乐天派听到这个问题突然笑了，回答说：“是的，只要你保持一个好心态，你就会在生活中发现和找到快乐，痛苦往往是不请自来的，而快乐和幸福却需要我们去发现，去寻找。”

说到这儿，小白终于明白了乐天派所有幸福和快乐的源泉所在。

结语

对于企业家而言，我们每天要面对各种各样的人，处理各种各样的事务。在这个过程中，我们的心态难免会受到影响。这就要求我们要始终保持平稳的心态。稻盛和夫曾经说过：“用平静的心态对待事物，才能够看清事物，做出正确的判断。”当大家都为企业取得的成绩欢呼的时候，我们要保持冷静，考虑隐藏在未来的危机；当企业遇到困境，大家士气低落的时候，我们要能拨开迷雾，看到优势和希望，为团队鼓舞士气，这才是合格的企业家该有的能力。

陈涉世家

今天我们讲的是《史记》里的一个重量级人物——陈胜。

陈胜，字涉，所以也叫陈涉。说到陈胜，大家一定会想到他和吴广领导的秦末农民起义。而且，他们哥俩领导的还是中国历史上第一次大规模的农民起义，史称“大泽乡起义”。虽然这场起义最后没能取得理想的结果，但是陈胜、吴广的举动却深深激励了后世很多人。

在我们读书的时候，老师们常常会说他们的失败是因为“农民阶级的局限性”。没错，陈胜虽然不是那种“高大全”的完美领袖，但是后世的史学家大都给了他很高的评价。在咱们解读的《史记》系列里，太史公司马迁更是将陈胜列入“世家”的行列，完全就把他和荆轲等人划分开来。到了班固的《汉书》里，甚至直接把陈胜和项羽的传记并列，统称《陈胜项籍传》。那么，陈胜这个人物究竟有着什么样的突出特点呢？

陈胜是阳城人，按今天算是河南登封人士，由于他的出身实在是太低了，我们现在很难找到他出生的年月。他的故事，主要是从他年轻时候给地主种地开始。

有一天大家在地里干完了活，坐在田埂上聊着东家长西家短。这时候，唯独陈胜站在田埂上，双眼凝望远方，静静地思索着。突然间，他长叹一口气，然后对一起干活的工友们说："以后我们当中有谁发达了，可别忘了咱们这帮穷兄弟啊！"听完这话，周围的工友们都笑了，其中一个人说道："我说老陈啊，咱们就是一个土里刨食的小老百姓，能有份工作养活自己就不错了，就别去想什么一夜暴富，飞黄腾达的事了，有这功夫还不如多躺会呢。"可是陈胜听了却苦笑着摇摇头，然后说出了那句流传千古的名言："嗟乎，燕雀安知鸿鹄之志哉！"

现在听着，觉得这句话真是如雷贯耳，连《三国演义》中的诸葛亮都在舌战群儒中引用了这句名言。但在当时，这句话没引起周围人的赞同，他们只当陈胜说大话。

的确，无论古代人还是我们现代人，总会有说狠话甚至发毒誓的时候，但这些大多是一时情绪的产物，不是理性思考的结果，更没有配套的行动计划去匹配它。但是陈胜不一样，他不仅敢说而且真敢做，还做得一鸣惊人。

公元前 209 年，也就是秦二世胡亥即位的第一年，朝廷征调九百人去防守渔阳（今北京密云西南）。陈胜、吴广就在其中，他俩还被封为屯长，差不多是连排级的干部。结果行进到大泽乡时遇到了大暴雨，道路完全被堵死，导致大部队无法准时到达目的地。大家可不要以为这仅仅是一次迟到的事，按照当时的大秦律法"失期，法皆斩”，也就是说这次迟到意味着这九百个人一个也活不了。

陈胜、吴广这哥几个一看这情况急得像热锅上的蚂蚁，七嘴八舌商量着对策，但是商量了半天也商量不出个所以然来。暴雨丝毫没有停下来的意思，大家也陷入了沉默。然而，历史往往就是在一瞬间产生扭转的。

一个声音打破沉默的气氛，大家一看这人便是屯长陈胜。陈胜低沉地说道：“兄弟们，咱们今天肯定是按时到不了渔阳了，逾期的后果大家心里也都清楚，现在咱们去是个死，不去也是个死，不如直接就反了他。这个秦二世本来就是弑兄篡位，暴虐无道，朝廷中那些达官显贵也是每天作威作福，遭苦受难永远都是咱们这些普通老百姓，咱们这些热血男儿，为什么不能为自己的梦想去干一番事业呢？‘王侯将相宁有种乎’？！”这一番慷慨激昂的话确实令在场的九百人陷入了深思，但陈胜不只是有勇气和煽动力，还有谋略和判断力。

紧接着，陈胜又分析道：“想当年，太子扶苏仁德，我们都很喜欢他，现在扶苏被秦二世和赵高联手害死了，我们肯定是过不上好日子了，想想家里病重却没钱看病的父母，想想自己辛苦一生的妻子，再想想因为贫穷而无法接受教育的孩子。我相信，大家也早已经受够了秦国的暴政，如果大家担心我们师出无名的话，咱们就可以借公子扶苏的旗号来起事，这样我们就是一支正义之师，天下人也会支持我们的。”

可见，陈胜并不是一个头脑发热的愣头青，他很懂得分析局势。扶苏是秦始皇长子，一直以仁德贤明著称，但因为其行事和秦始皇严酷的统治策略相抵触，就被贬去和蒙恬一起镇守边关。后来，秦始皇已经开始反思自己的执政风格，心仪的接班人也是扶苏。但赵高、李斯一合谋就把诏书改了，并且假传圣旨赐死扶苏。这个举动无论于情于理都站不住脚，所以打着公子扶苏的名号绝对是一呼百应。

最后陈胜、吴广等人在大泽乡揭竿而起，一路势如破竹，最后反秦的队伍发展到几十万人。从一个躬耕田地的农夫到中国历史上第一个农民起义军领袖，陈胜没有食言，他真正对得起自己年轻时的那份凌霄之志。

陈胜的经历，很容易让我们想到热门电影《哪吒》里那句激动人心的台词："我命由我不由天。"假如陈胜内心不够坚定，因为工友们的犹豫就动摇了信念，那么我们也就没法在《史记》里读到陈胜的故事了。

亚布力中国企业家论坛网上曾经有过这样一篇文章，指出从改革开放 40 年以来，中国催生了一代又一代印着不同时代标签的企业家，他们身上拥有共同的符号——坚韧、突破、不认命。这些企业家们带着这些精神和品质，不仅改变了自己的命运，也成为中国经济实现转型的关键角色。从这个角度看，"我命由我不由天"也正是中国企业家精神内涵之一。

2018 年 2 月，柳传志在亚布力年会上从自己和联想的经历出发诠释中国企业家精神。在此，我们重温柳老的讲话，或许能对企业家"我命由我不由天"的精神内涵有更直观的认识。

柳老说道：1984 年，他是中国科学院计算技术研究所的研究人员，他们所里做的机器当时得到了"国家科技进步一等奖"，那个机器大概得有300多平方米的房子才装得下，但性能实际上比不上当时的PC——个人计算机。他在资料上看到PC是一回事，但真的亲眼看到一台那么小的PC顶他们这么大的机器的时候真是目瞪口呆。最后他们克服千难万险，终于做出了联想这样的自主品牌。

1992—1993年，国家为了让各行各业能够信息化，能够赶上时代的步伐，电脑领域取消了批文，降低关税，以前电脑的关税是200%，后来降到26%。这样一来，很多大的电脑品牌，比如IBM、康柏一下子就进入了中国，中国的电脑行业特别是国家全力支持的国有企业——长城电脑，只支撑了一年就打不过人家了，长城从此就烟消云散，变成了人家的一个工厂。

当时，联想与IBM相比，真的是一个小舢板和航空母舰之比，这不是文学的比喻，而是真正的物理量级就是这样。后来，他们研究了自己到底哪里不行，怎么去改进。当时29岁的杨元庆是事业部的总经理，他们一起到了电子部向部长表示要和外国企业决一高低。

在那之后真的发生了变化，联想电脑在中国的市场份额一年高于一年，2000年的时候，联想占中国电脑市场的27%，比第二、第三、第四名那些外国品牌加起来还要多。

但是，到了2001年就开始下降，从27%降到26%，到2002年降到25%。其中一个重要的原因是，戴尔开始没把中国市场太当盘菜，后来看到中国市场这么大，戴尔将全部兵马出动上来了。戴尔公司由于业务模式的创新，从美国打到欧洲，所向披靡，没人能打过它。柳老他们2002年、2003年曾经阻击过戴尔，柳老还在联想内部的会上放出豪言说，要让戴尔知道谁是联想……结果打到2002年底，柳老他们被打得头破血流，终于知道了谁叫戴尔。

可是就在2003年那一年，他们又认真地反复研究了戴尔的模式，进行了各种各样的比对，他们又创造出一条更新的模式。就在2003年那一年年底，他们彻底打了翻身仗。从此之后，戴尔在中国再也没有翻过身来。那一年对联想特别重要，因为关系到他们能不能并购IBM的PC业务。经此一战后，联想以蛇吞象的方式并购了IBM的PC业务，再后来克服重重困难，最后登上世界PC冠军的宝座……

综观柳老的讲话，我们不仅看到了联想集团在PC市场的跌宕起伏，在这个过程中也透露着老一辈企业家敢打敢拼、不服输、不认命的企业家精神。像柳老这样的企业家们，谁没有在生死边缘走过，但是他们始终保持坚定，不信“天命”，最终在激烈的市场竞争中杀出重围。

上面我们谈到，在陈胜还是一个普普通通的老百姓时，曾在田间地头和一起种地的朋友说过：“以后我们当中有谁发达了，可别忘了咱们这帮穷兄弟啊！”《史记》中的原话是：“陈涉少时，尝与人佣耕，辍耕之垄上，怅恨久之，曰：‘苟富贵，无相忘。’”这句话听起来的确不由得让人产生一种江湖之情怀，朋友之义气。即使现在朋友即将远行的时候，我们也经常会说这句话。可是，后来我们才知道这句充满着情义的话在陈胜那里竟然变成了一句笑话。

陈胜称王不久后，把陈县（今河南淮阳）定为了国都。一天早晨，一位扛着锄头、满头大汗的农民兄弟来到了宫门口，对门口守卫说：“这位军爷，我和陈王是同乡老友，现在听说他做了大王，想来看看他，顺便向他问声好。”

门口守卫噌的一声拔剑出鞘，呵斥道：“去、去、去，哪来的要饭花子，国都重地，怎能容你这等宵小之辈来此胡闹，大王是你想见就能见的吗？也不撒泡尿照照自己的样子，还敢妄称是大王的朋友。”

谁知这人不依不饶，在宫门口是又喊又闹，非要吵着见陈胜，说什么“陈胜你忘了咱们曾经一起给地主家种过地了吗，你忘了你说过的‘苟富贵，无相忘’了吗，现在你发达了就翻脸不认人了，连见你一面都不成吗？”最后连陈胜的小名都喊了出来。

此时，陈胜正在大殿上办公，听到宫门口有喧闹之声就出来看看到底发生了什么事，听到有人叫自己的小名心里突然一怔，对门口的侍卫说道：“让他进来。”

两人见面之后，可以说是老乡见老乡两眼泪汪汪。陈胜的这位农民兄弟走在国都的大殿之内东摸摸西看看，觉得哪里都新奇，充满羡慕地对陈胜说：“兄弟啊！哦，不！大王，您这宫殿可真气派啊，真是跟在一起种地的时候没法比啊……”

陈胜心中略有不快，心想：“这不是废话么，我现在可是陈王，还跟我说那些种地的事，这不是故意消遣我么。”摆了摆手客气道：“哪里哪里，让兄弟你见笑了，如果家中不忙的话可以在都城多住几天。”陈胜本想客气一下，谁知这位农民兄弟当即满口答应了下来，弄得陈胜一脸的尴尬。

后来这位朋友就在宫中进进出出，这瞅瞅那瞧瞧，遇到投缘的人就上去聊两句，在聊天的时候经常说起自己跟陈胜一起做农民的日子如何如何。本是一些陈芝麻烂谷子的小事，但是遇到好事之人就去到陈胜那里说："大王，您的那位朋友成天和宫里那些人胡说八道。您是奉天受命，立为陈王，那家伙却说您是穷小子出身，之前就是一个给地主种地的小工，这有损您的天威，论罪当斩啊。"

陈胜本来就不待见这个人，现在正好有理由了，在自尊心和虚荣心的驱使之下，问也不问就下令："斩！"手起刀落之间"苟富贵，无相忘"也就成了一句笑话，也就是因为这件事陈胜的许多老朋友和亲信都纷纷离开了他。

太史公叹曰："此其所以败也。"

结语

近代政治思想的奠基之作《君主论》的作者尼可罗·马基亚维利曾经提出过一个观点："没有准备向命运抗争，命运便会显示其威力。"陈胜在大泽乡喊出了一句"王侯将相宁有种乎"，不知激励了多少人开始刻苦努力，为改变自己的命运而奋斗。世界上没有绝对意义上的公平，但上帝赋予了我们头脑和双手，从而就蕴含着无限的可能。

不过，陈胜的起义最终以失败而告终，并不能完全归结于"农民阶级的局限性"，更多的恐怕是陈胜称王之后背离了当时的初心，最终导致队伍离心离德，一溃千里。

外戚世家

男生爱武侠，女生爱“宫斗”。大部分女生都爱读《史记》里那篇著名的《外戚世家》，可以说，《外戚世家》才是中国宫斗史的鼻祖。司马迁用一篇短文养活了无数的编剧、导演、小说家。这才有了后来荧屏上的《大汉天子》《美人心计》等精彩的影视剧。

《外戚世家》里主要有五位大女主：吕雉、薄太后、窦漪房、王太后、卫子夫。作为女人，她们登上了古代女性权力的最高峰。

她们都不是什么高门大户的金枝玉叶，甚至是从最底层挣扎求生，一步一步由命运推着走上了历史的那个位置。如薄太后连庶出都不算，是个私生女；窦太后是个宫女；王太后是个“二婚”，而且按今天的法律来看，犯的还是重婚罪；卫子夫是个歌姬；等等。

今天我们主要讲的是，汉文帝的母亲薄太后的故事。

在《外戚世家》中，关于薄姬记载看似篇幅最短，实际上她的逆袭之路拍成电影，绝不亚于美国励志大片《肖申克的救赎》。

薄姬这个人，查看她的身世，我们会发现这个在高祖、吕后时期没什么存在感的女人来历并不简单。历史记载薄姬的父亲是吴地（今江苏苏州一带）人，他与魏国宗室女通奸生下了薄姬。在薄姬刚刚成年（按照当时的标准）也就是十四五岁的时候，她母亲把她献给了魏王豹。进入魏王豹的王宫是薄姬命运的第一次转变，因为她遇见了一个叫许负的女相士。

据传许负相面准确率极高，她给薄姬看相的结果是“当生天子”。我们不难想象，在当时那个科技并不发达普遍崇拜神秘力量的年代，许负的这一预言无疑是给薄姬打了一剂强心针：眼前的魏王宫似乎变小了，也许母仪天下才是我的目标……

不管许负说的是真是假，但是有一个人很开心，那就是魏王豹，这个战国七雄之一魏国的宗室遗子，他也想在群雄逐鹿之际分得一杯羹。本来他已经归顺刘邦了，现在有了许负的预言做加持，他觉得说不定自己能当上皇帝。

就在刘邦与项羽在荥阳开战之际，魏王豹果断叛汉倒戈，与项羽联合。但是命运之神这次又和他开了一个天大的玩笑，因为不久之后，汉将曹参就攻灭了魏国，魏王豹被俘，魏宫里的薄姬也被作为俘虏送到了汉王的织造府里，成为一名织女。

命运如此弄人，许负的预言、魏王的宠爱，都在汉军的进攻下灰飞烟灭，薄姬现在成了一个织女。“也许与眼前的织机、彩线为伴才是我真正的宿命吧！”薄姬接受了命运的安排。

但是命运这种事情真的说不清道不明。有一天，刘邦鬼使神差地走进了织造府，他的出现再一次给薄姬的命运带去了一丝光亮。刘邦看见眼前的这个织女颇有些姿色，便下诏把她纳入自己的后宫。

之所以说是“一丝光亮”，是因为虽然薄姬摆脱了织女的劳作进入了刘邦的后宫，但结果却是“岁余不得幸”：汉宫的女人太多了，刘邦太忙了，薄姬竟然被遗忘了。

我们用代入法来看，假如你是薄姬，作为魏王豹后宫的一个妃子，魏王豹反叛失败后，你作为叛军家属被打入织造府，你会怎么办？能翻身么？怎么翻身？我想那时候只要有口饱饭吃，不被织造府的官员打骂，能安稳地活着就已经万幸了吧。但薄姬硬生生地在没有任何背景、没有任何资源，还是奴仆身份的情况下，经过二十多年的隐忍和等待取得了最后的胜利。这也不得不让人对薄姬的隐忍和坚韧刮目相看！薄姬入宫一年多，也没有得到汉高祖的宠幸。有一天，汉高祖坐在河南宫内成皋台上，由管夫人和赵子儿两位美人相伴。当初薄姬年少时与管夫人和赵子儿交好，她们约定说：“先显贵的人不要忘记同伴好友。”

要说这管夫人和赵子儿还真是挺够义气的，她们觉得今天高祖的心情不错，就一起说笑话似的把当年与薄姬的约定告诉了汉高祖。汉高祖听后也起了恻隐之心，当天就把薄姬召来了。

对于薄姬来说，这绝对是一个非常难得甚至可以说是唯一的一次翻盘机会，聪明的薄姬也没有辜负两个姐妹为她创造的这次机会，她对汉高祖说：“皇上，臣妾昨夜梦见有苍龙盘踞在肚子上，今天就见到了皇上，这莫非是上天的有意安排么？”

高祖一听哈哈大笑，连说：“这寓意好啊，这是显贵的吉兆，就让朕来为你促成吧。”就是这一次同房薄姬就有了身孕，并生下了儿子刘恒，后来在刘恒八岁那年被立为代王。而薄姬从生下儿子刘恒以后就很少有机会再见到汉高祖了。

从《史记》中讲的这个小故事，我们可以看到偶然中的必然，以及把握机会的重要性。如果薄姬真的天生丽质，倾国倾城，那么刘邦宠幸薄姬倒也无可厚非。但从书中我们知道，薄姬入宫一年，刘邦都没有搭理过她；而且在儿子出生之后薄姬也没有“母以子贵”，刘邦仍然很少见她，这说明薄姬的姿色绝对没有达到倾国倾城让刘邦把持不住的地步。当然，她能当上魏王的妃子，并且在织造府中能被刘邦偶然相中，说明薄姬应该是中人之姿，在织造府里还能排得上号，而且她有所准备，所以很顺利地进入刘邦的视线范围内。但到了后宫薄姬也容易泯然于众人中。

薄姬没有在织造府中坐以待毙，而是充分利用好刘邦眼前的红人管夫人和赵子儿为自己创造的机会，可以想象，如果不是精心准备和策划，薄姬哪里会有再见刘邦的机会？而见了刘邦，她又能在极短的时间里用一句话打动刘邦，抓住这唯一一次机会，充分说明薄姬是个极有谋略，并且内心强大拥有大毅力的女人。她能一下从罪臣的女人走入汉高祖的后宫，并顺利生下儿子，绝不是靠灵机一动的临场发挥，所有的偶然都有背后精心准备和策划的必然，机会从来只青睐有准备的头脑。

在《外戚世家》的记载中，薄姬和刘邦发生交集只有两次，薄姬生下文帝之后，就基本没再见过刘邦了。如果按照“宫斗剧本”来演，薄姬应该马上“母以子贵”，然后就可以争宠了，可以夺嫡了，但薄姬母子的剧情却是出奇的平静。

细细品味，可见薄姬具有大智慧。她深知宫廷斗争的残酷性，于是读《道德经》，奉行清静无为。在母亲清心寡欲思想的影响下，年幼的刘恒无意与其他皇子争夺继承权，甘愿到其他皇子都不愿去的偏僻地方为王，几乎被朝野遗忘，正因如此才躲过了吕后的迫害。

从此薄姬归于宁静，安心抚育刘恒成长，静待刘邦百年之后。后来吕后当政，所有曾经在后宫争宠的人都难逃吕后的毒手。曾经风光无限的戚夫人就是典型，最后落得个母子双亡的下场。

很多人的失败，都是在发迹后不能清晰地认识自己，分不清哪是运气哪是能力，对自我的定位出了问题。薄姬胜在能够对自己清晰定位，让自己在正确的时候做正确的事。薄姬母子去了北方贫瘠之地代国（今山西大同一带），当时的代国是汉帝国最北边的诸侯国，与匈奴非常接近，被称为“天下用武之地”，也就是经常打仗的地方，而且自然环境极其恶劣，所以没有一个皇子愿意去，但薄姬就带着年幼的刘恒去了。无论这个封地是自己选的还是吕后安排的，薄姬都深知自己是去活命的，而不是去享福的。从中我们可以看出来，薄姬虽然身处弱势，但能够安心发展以待时机，她的每一步都有极强的目的性。

薄姬的逆袭之路充满了传奇，值得我们反思和玩味。无论你现在身处何方，是什么境遇，你能差过薄姬么？一个女人，结过婚，老公造反失败，自己被关在织造府为奴役，这辈子是不是就该完了呢？

巴顿将军说：衡量一个人的成功标志，不是看他登到顶峰的高度，而是看他跌到低谷的反弹力。这说的其实就是逆商，通俗点说，逆商就是明白“活着就有希望”这件事儿。如果说智商和情商是与他人打交道的能力，那么逆商就是与自己打交道的能力。

茅侃侃曾是许多人的创业偶像，他 14 岁就开始在《大众软件》上发表文章。他只有初中文凭，自学软件设计，考取计算机资格认证，成为当时亚洲为数不多的通过微软三项认证的人。21 岁创业，担任 MaJoy（时代美兆公司）总裁，整个项目投资近 3 亿。

没人能想到，这样优秀的茅侃侃会在 35 岁的时候选择自杀。茅侃侃在遗书中记录了自己创业的艰难历程，以及创业热情不被理解的苦闷。他的一位多年好友猜测：茅侃侃去世的真正原因应该是抑郁症，事业受挫破产可能是压垮他的最后一根稻草。

很多人为茅侃侃惋惜，因为他情商、智商都很高，就是因为抗挫折能力欠缺，面临逆境时无法承受压力，无法更好地去调整和摆脱才最终选择了自杀。

其实，面对挫折习惯性逃避的问题在茅侃侃身上早有体现。

MaJoy 公司的股权结构是这样的，23 岁的茅侃侃持有 30% 的股份，另外 70% 的股份由一家国有企业持有。后来，原来的国企掌门人退休了，新任掌门人上任后准备对 MaJoy 的管理层进行大换血，所谓“一朝天子一朝臣”，这在大型企业中本是常有的事，但茅侃侃对这件事有些过度解读了。茅侃侃自己说：“各种审计，各种找茬儿，我当时那个脾气，那个德性，简直是忍无可忍。”于是，在 2009 年的一次董事会上，茅侃侃直接摔了手机，面对所有与会高管和投资人吼道：“老子不干了！你们自己玩去吧！你们有能耐你们自己搞！”

发泄完了之后他摔门扬长而去，之后无论谁给他打电话他都不接，用这样一种看似“个性”的行为，掩盖自己逃避矛盾的本质。

对于一个创业公司来说，大股东要求对公司进行人事调整和资产审计，应该说是再正常不过，这其实甚至算不上是挫折，但茅侃侃就直接“撂挑子”了。所以，后来公司资金链断裂这种真正意义上的大挫折最终压垮了他，也算事出有因吧。

我们“今今乐道”曾经讲过许多名人传记，丘吉尔、富兰克林、褚时健、杜拉斯等，他们每个人的成长都不是一帆风顺的，他们的成功都得益于超高的逆商，他们都有一种承受打击并且迅速自我修复的自愈能力。

结语

我们曾经读过美国作家麦克·辛格的书《臣服实验》，书中说：“真正的臣服是勇敢地放开自我，全然拥抱当下的变化，然后，我们会看见生命所安排好的、种种超乎意料的惊喜。”薄姬在每个命运十字路口做出的选择和判断都值得我们反思和学习。

薄姬的人生告诉我们，人不能坐以待毙，要永远保持一颗积极向上的进取心，同时也要耐得住寂寞。哪怕希望再渺茫，也要耐心等待，精心准备。因为，你今天所有的寂寞都是在为一个不期而遇的机会做着准备。欣然接受命运的挑战，一切都是最好的安排，总有一天，你会逆袭成功！

楚元王世家

《楚元王世家》主要收录了刘邦的弟弟刘交和他的子孙的事。他们相继被封王，又都被废除国号收回封地。司马迁是这样评价他们的："国之将兴，必有祯祥，君子用而小人退。国之将亡，贤人隐，乱臣贵。"意思是说，国家将要兴起的时候一定有吉祥的预兆，君子被重用，小人被斥退；国家将要灭亡的时候，贤德的人隐退，乱世之臣就显贵。

这话用来说楚元王刘交和他的孙子刘戊非常贴切。刘交目光如炬，善于举贤任能，使楚国成为当时最有文化氛围的封国；刘戊鼠目寸光，刚愎自用，轻慢人才，最后因叛乱自杀。下面就来讲讲他们的故事。

其实，刘邦封的第一任楚王是韩信，韩信以谋反罪被杀后，刘邦就封了他的弟弟刘交为楚王。刘交与刘邦的血缘关系接近，一直深受刘邦信任，这是他的优势之一。不过，刘交的优势绝不只是这一点。

刘交年少时曾在名士浮丘伯那里学习《诗经》。浮丘伯是战国大儒荀况的弟子，可以说刘交就是荀况的再传弟子。不过，遗憾的是，学业尚未结束就发生了著名的秦始皇焚书坑儒事件，刘交只能回到家乡，之后跟随刘邦起义，直到被封为楚王。然而，就在当初不长的求学时光中，刘交就独具慧眼地发现了当时同学中的穆生、白生和申公都是贤才。

刘交受封楚王后息武兴文，就把这几个同学都请到楚国当官，他们也都成了独当一面的能臣。治国理政之余，刘交还和这几位同学一起研究《诗经》和先秦典籍。

就这样，在刘交的倡导下楚国学术氛围空前，国民素质也水涨船高，这种情况无疑也是朝廷乐意看到的。汉文帝听说申公精通《诗经》，还封他为博士（掌管图书，学识渊博，常做顾问）。在刘交任楚王期间，朝廷对楚国最放心，给予的扶持最多，对他这一支子孙的照顾也最多。

刘交死后，他的儿子郢客继承了楚王王位，也就是后来史称的楚夷王。楚夷王在位虽然只有短短的 4 年，但他延续刘交的政策，聘请天下名师、杰出人才到楚国交流学问，继续为楚国营造独特的书香氛围。

楚夷王病逝后，他的儿子刘戊继位，故事从刘戊这里开始变得奇葩起来。

奇葩的故事从一杯酒开始。刘交在位时，穆生、白生、申公等都备受尊崇。据说，因为穆生不喜欢喝酒，刘交每次摆酒宴客的时候，就会单独为穆生准备甜酒。这虽然只是个小细节，却足以看出刘交对人才贤士的推崇，可到了刘戊即位情况就发生了变化。

有一次，刘戊大摆筵席，忘了摆放甜酒。宴会后，穆生就对申公、白生说："看来是我离开楚国的时候了！不摆甜酒，说明楚王已有怠慢之意，再不走的话很可能我就要被捆绑着押走了。"对此，申公和白生并不认同，他们劝说道："这点小事不要太计较。难道你就不想想先前楚王的恩德吗？现在的楚王不过是一时略微失了礼数，你何必如此介意呢？"

这时，穆生的回答非常具有哲学色彩："所谓征兆，就是吉凶祸福的预先表现。君子见到征兆就要有所行动，不要等到最后时刻，要不然后悔也迟了。刘交之所以礼遇我们三人，是因为他贤明；而现在的楚王可一点儿也不贤。咱们怎么能与不贤的人长久相处呢！一杯甜酒的事绝不是区区不值一提的小事。"之后，穆生很快就称病离开了。申公和白生却留了下来。

历史证明，穆生说的征兆非常有道理。申公和白生很快就发现刘戊确实不是贤君。在为薄太皇太后（即薄姬，汉文帝之母）服丧期间，刘戊与宫女私通。按说这是一个很大的罪名，只不过当时的皇帝汉景帝很尊崇刘交，只是从轻发落，削减了楚国的东海郡而已。不过，刘戊却心生怨怼，开始与吴王刘濞暗通消息，意图谋反。这时，申公和白生劝谏，结果真的像之前穆生说的那样，刘戊不但不听反而还让他们受到了胥靡（古代服劳役的奴隶或刑徒）之刑，也就是让他们穿着破衣，拿着杵在集市上捣米，像奴隶那样做苦力。这样羞辱性的刑罚申公和白生无法接受，就一起离开了。

劝谏刘戊的还有他的叔叔——刘交的小儿子休侯刘富。刘戊当然不能罚他的叔叔当奴隶了，不过私下里对身边的人说："我这个叔叔太不识时务，等我起事之后一定先把他抓住。"这话很快被刘富知道了，惊惧之下仓皇逃到了长安。

汉景帝三年（公元前 154 年），削减封地的文书一到刘戊立刻响应了吴王刘濞的谋反，参与了"七国之乱"。在这场战争中，七国叛军相继归降，刘戊最后自杀了。

这就是刘戊的故事，其中充斥着劝谏不听的桥段。跟他的祖父比起来，他不仅用不好祖父留下的政治"财产"——申公、穆生、白生，还用不好亲族中的能人。他只记恨着自己被汉景帝收走的那块封地，盲目跟着吴王造反，最后死于非命，说到底还是自己刚愎自用不会用人造成的。

我们读《史记》，跨越时空与古人对话，从刘戊的故事中就学到，如果一位领导人不能聚拢人才，不会用人，企业也不能长久。甚至可以说，人才的选用能够影响一个品牌的兴衰。我们从古驰（Gucci）最近几年由衰变强就可窥一斑。

古驰是意大利时装品牌，2019 年第二季度位居全球 20 大时尚品牌排行榜第一名，这是古驰转型后第五季的冠军。现在古驰已经成为行业内最受千禧一代追捧的品牌。一句话，不仅现在势头正盛，未来也值得期待。

不过，我们不妨回忆一下，短短四五年前古驰还是年轻人心中"妈妈的时尚"，而对于真正妈妈级的消费者而言，古驰也不是首选，往往被套上了"过时的时尚"这一标签。几年来，古驰是怎么重新复兴的呢？这恐怕还要从现任创意总监亚历桑德罗·米歇尔（Alessandro Michele）上任说起吧。

2014年，古驰已经连年亏损，在时尚界号召力日减，以至于当时的创意总监都未能完成合同就提前一个月下课了。风雨飘摇间，总裁马可·比萨里（Marco Bizzarri）毅然选定了新任创意总监——之前只是古驰配饰设计师的亚历桑德罗·米歇尔。要知道，在选定米歇尔之前，当时许多时尚大咖纷纷出现在候选名单中，甚至包括如日中天的古驰前前任创意总监汤姆·福特（Tom Ford）。米歇尔是最后出现在名单中，也是当时名气最小的。为什么总裁比萨里最终选定了米歇尔呢？

据总裁比萨里所说，对于创意总监，他当时的考虑是没名气不重要，古驰本身就够知名了；古驰需要的是活力，前任创意总监擅长的就是打安全牌，实践证明失败了，而米歇尔恰恰相反，他的设计天马行空。他相信，在米歇尔的设计下古驰一定会焕发出新的活力。

他的自信源于第一次与米歇尔的见面。那天，米歇尔正在他位于罗马的家里，他穿着自己设计的一双皮草乐福鞋。当时米歇尔说："这样的乐福鞋将成为全球热销的爆款。"也许正是这一双乐福鞋促使总裁做出了任命的决定。从这个任命开始，不只是乐福鞋火遍全球，更是让古驰这一起起伏伏的时尚品牌获得了重生。

如今，在米歇尔的带领下，出挑的用色，华丽到飞起的刺绣，丝绸质地的选材，古驰的全新美学体系牢牢抓住了大批年轻人。不过，更让我们敬重的是总裁马可·比萨里，正是他大胆启用米歇尔才让老牌时尚重新焕发了光彩。

结语

我们在读《销售铁军》时曾提过，企业如果想发展，找到合适的人才是关键。那什么才是合适的人才呢？那就是“找对的人做对的事”，也就是要找那些和企业价值观吻合的人。

在这个问题上，春秋时期的儒家代表人物之一曾参有句名言：“用师者王，用友者霸，用徒者亡。”用师者王，意思是说领导者要虚怀若谷，提拔重用才能比自己突出的人，就可以成就事业。用友者霸，意思是说领导者即使不能任用比自己优秀的人才，但能得到一批与自己志同道合、亲密无间的朋友协助，也可以取得不错的业绩。用徒者亡，意思是说领导者如果只重用不学无术、唯唯诺诺之辈，事业就会岌岌可危，自己就可能走向败亡。刘交和刘戊的选人用人刚好暗合了这样的道理，对于我们今天的创业者和管理人也具有启示和借鉴意义。

荆燕世家

一提到“琅琊”两个字，很多人瞬间就可以脑补出一座山、一个地名、一张江湖排行榜，但最终可能还是会落到《琅琊榜》里胡歌饰演的江左盟宗主梅长苏那张帅气的脸上。的确，这部制作精良的电视剧在国内掀起了古装剧的热潮。

殊不知，早在《琅琊榜》火之前，“琅琊王”其实早已“红”了上千年，比如光武帝刘秀的儿子刘京，“八王之乱”之一的赵王司马伦，晋元帝司马睿……这些人之前都做过琅琊王。今天我们讲的《荆燕世家》里的主角之一就是历史上第一代琅琊王——刘泽。

那么，这位第一代琅琊王身上都发生了什么样的故事呢？

西汉与刘泽同时代的人祝午曾经这样称赞过他：“大王自高帝将也，习战事。”就是说，跟随高祖刘邦征战多年，是个有作战本领的大王。不过，他打仗的本领到底有多大咱们不好说，因为在刘邦大封同姓王的时候，他才做了个郎中（皇帝的近侍）。不过机会还是有的，刘邦当上皇帝不久陈豨造反了，刘泽作为将军跟着刘邦一起去平叛。在这次战斗中，刘泽表现得非常出色，也因此被封为营陵侯。但是，此后过了很多年刘泽一直没有被提拔。

刘泽当营陵侯的时候，一个叫田生（西汉初年的游士）的齐国人来找刘泽，声称自己是个有本事的人，现在流落到京城缺少路费。田生承诺，刘泽若肯资助他将来定会重重报答他。刘泽心想，做了这么多年营陵侯，这个家伙说要报答我，且看他到底怎么报答我，反正自己也不差钱，当即就给了田生二百斤黄金，田生拿了黄金后就回家了。

转眼间一年过去了，刘泽还没等到田生的报答，他以为自己遇到了一个骗子，想自认倒霉又心有不甘，就派人去齐国警告田生说“弗与矣”，意思说：“以后不要再来找我了。”田生听出刘泽的话外之音，就带着儿子再次赶往京城，他先是租了一个大宅院住了下来，而后让儿子去吕后最宠幸的宦官张卿手下做事。几个月之后，田生的儿子邀请张卿到家里做客，说自己的父亲要好好招待一下张卿。张卿一到田生的家里就惊呆了，原来自己手下的家里这么阔气，这屋里的摆设、用具都十分精美，简直和诸侯王差不多，他就对田生产生了兴趣。

酒过三巡，菜过五味，田生让手下人退下，然后小声对张卿说道：“张大人，我这些年去过上百个诸侯王的家，发现了一个规律，原来他们都是高祖时候的功臣！现在太后执政，可吕家的势力还没培养起来，其实太后是很想封吕家人为王的，但是就怕大臣们不同意。您既然深受太后宠信，大家也都敬畏您，为何不建议大家请太后封吕家人为王。只要吕家人当了王，太后一高兴您肯定有好处，再者来说，作为太后最亲近的人要是她的心思您都看不透，估计您以后也不好混啊。”

张卿一琢磨确实是这么个理啊，就按照田生的说法去做了，结果正中吕后下怀，吕后非常高兴就赏赐张卿一千斤黄金。张卿很感激田生，就要拿一半分给他，田生摇了摇头说，钱我不要，我还要再送你一个建议。现在吕产（吕后的侄子）虽然当上王了，可很多大臣们心里并不服气，特别是营陵侯刘泽，他本身是刘家人，又是将军，您应该劝太后从齐国划出几个县来封他为王，堵住他的嘴，等他去了自己的封地，朝廷就没有人反对吕氏为王了。

张卿很快就把田生的意见转达给吕后，吕后也觉得是这么个理儿。于是，就从齐国划出一部分土地给了刘泽并封他为琅琊王，接到封赏以后刘泽又欢喜又纳闷。这时候田生出现了，他给刘泽解完惑之后又告诉他，赶紧去上任吧，免得夜长梦多。还真让田生给算到了，等刘泽、田生带人出了函谷关以后，吕后才回过神儿来，就派人去追回任命书，结果人家早已出关，只好放弃了。

没过几年，侥幸获得封王的刘泽在得知吕太后驾崩后，凭借着自己敏锐的政治嗅觉立刻表明姿态，说道：“现在，皇上年少，吕家掌权，刘氏势单力薄，我愿联合齐王刘襄去匡扶汉室。”摆出一副效忠汉室舍我其谁的架势。可是，当朝廷派兵迎击的时候，刘泽就立刻偃旗息鼓，退守到自己的西部边界。自己则飞奔到长安，与各路诸侯将相共立代王为天子。靠逢迎吕后封了王的刘泽，凭借着见风使舵的看家本领就这样幸运地成了有“拥立大功”的元老。“天子乃徙泽为燕王”，琅琊王改头换面成了“燕王”。

说完了琅琊王刘泽，我们再来说说占据本传不大篇幅的荆王刘贾。《荆燕世家》其实说的就是荆王与燕王两人的合传，特别是刘贾，虽为刘邦的远房宗亲，关系却远到“不知其何属初起时”。不过和见风使舵的刘泽相比，刘贾可是战功卓著，是个有真本事的人。

高祖六年，刘邦借机把韩信的楚王给废了，楚国被一分为二，“立刘贾为荆王，王淮东五十二城；高祖弟交为楚王，王淮西三十六城”。刘邦为什么不分封自己的子嗣为荆王，而偏偏相中刘贾呢？太史公给出的答案是“高祖子幼，昆弟少，又不贤”，刘邦的儿子们还小，只能从自家宗族中选人，而宗族之中的其他子弟大多数都不怎么着，所以战功赫赫、忠贞不贰的刘贾就脱颖而出了。

那么这位刘贾同志是如何在刘邦建汉的过程中起到推波助澜作用的呢？我们继续在《荆燕世家》中一探究竟。汉四年，刘邦与贴身侍卫夏侯婴从成皋城中突围而出，猛然发现自己已经荣升成“光杆司令”了。后来获得了张耳、韩信的大军支援后，刘邦又有了和项羽对峙的资本，为稳中求胜，大臣建议深沟高垒、坚守勿战，与项羽打消耗战。于是，刘邦大军坚守不出，派出刘贾、卢绾率领步兵两万、骑兵数百来到项羽楚地的后方大开“骚扰模式”，搞得项羽疲惫不堪，首尾难顾。

高祖五年，在追击项羽的战斗中，刘贾又成功策反了楚军大司马周殷，并迎回原九江王黥布来镇守时局。最后，十面埋伏、四面楚歌，刘邦下了一盘大棋逼得项羽无路可退，最终刘邦、韩信、彭越、黥布四大军团联合刘贾、灌婴“皆会垓下，共击项羽”，西楚霸王项羽就这样被一举歼灭了。项羽乌江自刎之后，刘贾又率九江之兵灭了拒不投降的顽固分子临江王共尉，后来临江的土地成了汉帝国的南郡。

机会总是留给有准备的人，不努力永远白搭，因此，刘邦想封刘氏为王时自然一眼瞄上了军功赫赫的刘贾。最后再交代一下刘贾的结局，当黥布叛军的火苗引燃淮东之地的时候，刘贾毫不退缩地迎头而上，终因实力悬殊，壮烈殉国，而后荆国被灭。

《荆燕世家》中的两个诸侯王，有很多相似之处，又有很多不同之处，他们都是皇上的远亲，都被封为诸侯王，但是燕王靠的是投机取巧、见风使舵，他信奉的是“钻营”的价值观，走的是歪门邪道；而荆王靠的是自身的踏实本分，忠贞不贰，他信奉的是“本分”的价值观，坚持走正途。这就像两家不同价值观的企业，价值观不一样，发展前景自然也不一样。

历史上有这样一种说法：一个王朝兴于什么就会终于什么，比如汉朝，刘邦从秦朝的子婴处夺得了江山，王莽亦从西汉的孺子婴处夺得了江山，且两位子婴都得到了宽宥，可见冥冥中自有天意。而燕王刘泽成于钻营投机、唯利是图，最终刘泽的孙子刘定国因为作奸犯科、败坏人伦、违背天理，终究落得个自杀和封国被废的悲惨下场。而据《汉书》记载，荆王刘贾因为死得太早，连后裔都没有，即便如此，“生的不伟大，死的却光荣”的荆王刘贾，终究还是在浩如烟海的史海中留下了一个刚烈忠勇的正面形象。由此我们可以看出价值观对个人成长和发展的重要性。

和个人发展一样，企业拥有一个正确的价值观至关重要，那么，有人要问企业的价值观与经营成败之间有必然的联系吗？直观来看，似乎两者并没有必然的联系。但这并不是商业的真相，企业的价值观往往决定了企业发展的上限，而几乎所有能经得住时间考验、历久弥新的企业，都秉持着向善、向上的价值观念。

被称为日本四大经营之神之一的稻盛和夫，一生连续创办了京瓷和 KDI 两家世界 500 强企业。近 80 岁高龄时，又受日本首相之邀出任已经破产的日本航空公司董事长；一年之后，他就让日航这家巨无霸企业扭亏为盈，迅速复活。

稻盛和夫被看作是经营企业"神"一般的人，而他之所以能创造出经营企业的奇迹，很大程度取决于他经营企业的价值观。管理企业时，经常有员工、部门之间为了工作的事情产生分歧，争执不休，最后推到社长稻盛和夫这里。而他也能用很短的时间给出大家心服口服的答案。稻盛和夫有什么特殊的本领？他说方法很简单，就是："作为人，何谓正确？"稻盛和夫认为，在经营企业时，什么事情该做，什么事情不该做，评判的标准不能脱离最基本的道德规范。

在日本房地产泡沫期间，很多企业争先恐后参与投资不动产。当时稻盛和夫的企业京瓷通过多年辛苦奋斗积累了巨额现金存款。许多人都劝他投资地产，连银行的人看他"不开窍"都恳切地教他如何赚钱。但稻盛和夫认为，通过囤积土地就能赚钱的方式，即使能赚钱也是不义之财，这不是正确的事情。在巨额暴利面前他告诫自己"不起贪念"。结果，日本地产泡沫破灭之后很多企业陷入破产境地，但京瓷却从一家小作坊企业，成长为世界500强，并发展至今。

稻盛和夫说，要做出公正的、准确的判断，关键是有一双纯净的不带偏见的眼睛，不被细枝末节所蒙蔽，直奔问题的根源。根源就是这件事怎么做才符合社会的道德规范，符合人类的良知。稻盛和夫正是遵循这一价值观的规范去经营企业，选择正确的事情并以正确的方式贯彻始终，终成为日本一代经营之神。

除了上述企业，其实在阿里、华为、万科、顺丰、京东等一大批优秀企业的发展过程中，我们都能看到这些企业一直在强调向上、向善的企业价值观文化。这些价值观文化，很多时候容易被人看成是唱高调的空话，但其实却是这些企业一直发展壮大的“定海神针”。

总之，价值观创造价值，也决定企业的发展方向。那些始终秉持向善、向上价值观的企业，因为有了正确的价值观做标准，总能在关键时刻选择做正确的事情，并在企业经营的过程中照顾到企业的方方面面，把事情做正确，最终实现正道成功。

结语

“事发相重，岂不为伟乎！”太史公在《荆燕世家》结尾的评价用字很到位。他说刘贾：“荆王王也，由汉初定，天下未集，故刘贾虽属疏，然以策为王，填江淮之间。”意思是：荆王能被封王，是由于汉朝刚建立，天下尚未完全统一，所以刘贾虽是刘氏的远房亲族，但因为战功被封为王，威镇江淮之间。其中太史公用了一个“策”（古代帝王因功勋对臣下进行封地、授爵或免官）字，表达了他对刘贾自身硬实力的肯定和赞扬。写刘泽：“刘泽之王，权激吕氏，然刘泽卒南面称孤者三世。”说的是：刘泽被封王，是用权谋激起了吕氏的结果，刘泽也有三代子孙称王。刘泽的王是靠“权激吕氏”而得。这一“策”、一“权”两种价值，两种走向，意味深长，着实值得我们反思。

齐悼惠王世家

2019 年 5 月 23 日，一条爆炸性新闻出现在河南当地媒体《南阳日报》上，声称水氢发动机在南阳下线，意味着“车载水”可以实时制取氢气，车辆只需加水即可行驶。这一消息引发舆论围观，多数网民认为是此前“水变油”“巴铁（立体快巴）”等骗局的重演，还有不少人调侃“这么多年化学白学了”。有专家接受媒体采访时指出，“加水即可行驶”的说法有违能量守恒定律，是噱头，实际为氢能源电池提供动力，但技术尚未成熟。

5 月 24 日，舆情全面发酵。有新闻报道称，南阳市政府 2018 年与涉事企业青年汽车签订合作协议，青年汽车的南阳项目总投资 83.16 亿元，其中南阳市政府平台出资 40 亿元。网民纷纷指责政府“愚蠢”，被山寨公司收了“智商税”。部分媒体挖出劣迹斑斑的青年汽车，曾涉及多起债务纠纷、曾因骗补被工信部处罚，以及董事长庞青年被列为“老赖”等“黑历史”。据媒体不完全统计，自 2005 年起，庞青年 13 年间 8 次与政府合作均以失败告终，他为这些地方政府画出的投资大饼高达 300 多亿元，但这些项目几乎全部烂尾，与之相伴而生的是诈骗、停产、破产清算。一时间涉事企业及南阳市政府被推向舆论的风口浪尖。结局可想而知，庞青年穷途末路，深陷泥潭，南阳市政府则沦为网络笑柄。

无独有偶，2000多年前的西汉也曾经发生过一个类似事件，原本最有希望在铲除诸吕集团之后成为大汉天子的不二人选——齐王刘襄，因为一场自作聪明的骗局最终搬起石头砸了自己的脚，与皇位失之交臂。按说齐王刘襄第一个带头起兵反抗诸吕，本该居功至伟，为何却没能登上皇位呢？

公元前180年的一天晚上，吕后去世不久，朱虚侯刘章从吕氏家族出身的老婆那得知吕家人要反叛朝廷的消息，第一时间将消息传达到了中央，与太尉周勃、右丞相陈平暗中联系。他抢先联合哥哥齐王刘襄，在地方上举起了反抗诸吕的旗帜。不久之后，中央政权也在周勃、陈平等功勋老臣的带领下铲除了诸吕及其残党余孽。那么，如何处理吕后操控下的少帝刘弘呢？

群臣经过秘密商议一致认为：少帝刘弘不是孝惠帝的儿子，而是吕后设计抢夺别人的孩子，还杀死了孩子的生母，诈称是惠帝的儿子，然后养在后宫。吕后让他继承皇位，是为了加强吕氏势力。如今已经灭了吕氏，如果还留着吕后立的少帝，那么等少帝长大亲政后，这些参与过灭吕行动的人都会被灭族。群臣一致决定先废黜少帝，然后再从刘氏诸侯王中挑一个贤明的人立为皇帝。那么，在权力真空时期究竟该选谁来当这个皇帝呢？

这时，勇猛无比且志在必得的齐王刘襄正在匆忙赶往京城的路上，他迫切希望自己有朝一日能成为大汉帝国的掌舵人。其实，大家最初的一致意见原本也是想让齐王刘襄来当这个皇帝，因为他本身就很有核心竞争力。一来，刘襄是汉高祖刘邦的长房长孙，虽说刘襄的爸爸刘肥不是吕雉生的嫡子，但吕家都这样了，嫡不嫡的也无关紧要了。二来，吕氏家族阴谋夺取刘姓江山的时候，正是因为刘襄的弟弟朱虚侯刘章通风报信，而刘襄在山东也首举灭吕大旗，可以说他在这场战役中居功至伟。

看起来，刘襄这个皇帝位似乎是十拿九稳了，但这时从山东来了一个人，戳破了“刘皇孙”这个触手可及的梦想。这个人名叫刘泽，也就是我们在《荆燕世家》里讲过的擅长见风使舵的琅琊王。

他是刘氏家族的远亲，原本是作为齐王的代表到长安给准皇帝拉选票的，结果他非但没有帮着刘襄说话，还直接把刘襄给“卖”了，他对诸位大臣们说：“齐王母家驷钧，恶戾，虎而冠者也。方以吕氏故几乱天下，今又立齐王，是欲复为吕氏也。”什么意思呢？刘襄有个舅舅名叫驷钧，是个很凶残的恶棍，是戴着官帽的老虎，大汉朝刚刚因为吕氏家族的缘故弄得一团糟，现在如果让齐王刘襄当皇帝等于又扶持了一个新吕氏家族。

紧接着，刘泽不紧不慢地说出了自己心目中的皇帝人选，“代王母家薄氏，君子长者；且代王又亲高帝子，于今见在，且最为长。以子则顺，以善人则大臣安”。意思是说，代王刘恒的妈妈薄姬，是个老实女人，家族也没啥势力，不会爬到刘家的头上。刘恒又是刘邦目前幸存的最大的儿子，由他来当皇帝比刘襄更有说服力。

那么，大家肯定会说这刘泽也太不像话了吧，枉费刘襄这么信任他。刘泽为什么不帮刘襄说话呢？那是因为他上过刘襄的当，吃过刘襄的亏，这是顺便公报私仇呢！

当时，齐王刘襄得知吕氏家族反叛的阴谋之后，干掉了朝廷派来监视他的官员齐相召平，然后任命自己的舅舅驷钧为宰相，又让自己的亲信分别担任将军、内史，打出诛杀吕氏的大旗。但是，刘襄的军队数量捉襟见肘，于是他打起了邻国的琅琊王刘泽的主意，但又怕刘泽不答应，就耍了一个小诡计。

刘襄派出亲信给刘泽送信，假装很谦虚地说自己是晚辈，希望把带头大哥的位子让给刘泽，由刘泽统一率领两国军队来收拾诸吕，将来头功归他等，说的是天花乱坠。刘襄还说，自己现在已经扯旗起义，不方便离开齐国，希望刘泽到齐国都城临淄一起共商大事。

最善于见风使舵、靠吕氏上位的刘泽正急于和吕氏撇清关系，洗白自己，一听说杀诸吕可以建功立业，就信以为真跑到临淄，没想到立马被刘襄扣留，琅琊国的全部军队也被刘襄顺势收编了。刘泽恨得牙根直痒痒。到了胜利的时刻，心中仍有怨气的刘泽假惺惺地对刘襄说：“你当皇帝是众望所归，好歹我是刘家的长辈，让我替你去京城再添把火、使把劲，助助威吧！”刘襄听了又信以为真，频频点头。

就这样，刘襄与皇位绝缘了。远在山西的刘恒得到了让他继承皇位的消息，他根本不敢相信这样的好事，还以为是什么阴谋。刘恒派出自己的舅舅薄昭前往长安，打探确切消息。经过三催四请，舅舅也传来消息说：“没问题，别怀疑了。”刘恒这才明白：自己中了大奖。于是，刘恒春风得意地来到长安，美滋滋地坐上了原本不属于他的皇帝宝座。

苦恨年年压金线，为他人作嫁衣裳。黄粱梦醒的齐王刘襄只得罢兵归国，估计因为气大伤身次年就病死了，谥号哀王。

除了“机关算尽太聪明，反误了卿卿性命”的齐哀王刘襄，《齐悼惠王世家》还讲述了西汉时期齐悼惠王刘肥和他的子孙所封各诸侯国的历史。刘肥，原是汉高祖刘邦的庶长子，他的母亲是刘邦从前的情妇曹氏。高祖六年，立刘肥为齐王，封地七十三座城，百姓凡是说齐语的都归属齐王。刘邦分封的同姓诸侯国中，齐国是封地最大的一个。吕后专权时把它分割为四国。汉文帝即位后又把被吕后分割的土地复归于齐。齐文王（齐哀王之子，刘则）当政时齐国再被分割。齐文王死后无子，文帝就把齐国分成了七个诸侯国分封给了齐悼惠王的儿子。后来，由于这几个诸侯国先后反叛，最后当政封地全部归入汉朝廷。

港片《无间道》中有这样一句经典台词：“出来混，迟早要还的。”事实上这句话最早并非出自《无间道》，而是中国三百年帮会第一人、上海滩“三大亨”（黄金荣、张啸林、杜月笙）之一的青帮老大杜月笙的一句名言。

《老子》有云，“天网恢恢，疏而不失”，意思是天道公平，作恶就要受到惩罚，它看起来似乎很不周密，但最终不会放过一个坏人。任何坑害朋友对身边人做了亏心事的人，总有一天会得到上天的惩罚，齐哀王刘襄错就错在不该欺骗、愚弄他人，他的德行配不上他的福报，最终被人“以其人之道，还治其人之身”，成了别人砧板上的鱼肉。

总之，靠欺骗起家的人往往最终以悲惨收场，庞氏骗局就是最经典的商业案例。

从最早老庞开始设下迷局，到诈骗近900亿元的金朝阳，庞氏骗局宛如《聊斋》中的画皮，内里丑陋不堪，外表却光鲜迷人。庞氏骗局始作俑者查尔斯·庞兹在1919年开始策划一个阴谋，他宣称，购买欧洲的某种邮政票据再卖给美国便可以赚钱。一方面在金融方面故弄玄虚，另一方面他用90天之内40%的回报来诱惑投资人。最初的一批“投资者”的确在规定时间内拿到了老庞所承诺的回报，于是后面的“投资者”大量跟进。

当某金融专家揭露老庞的投资骗术时，他还在报纸上发表文章反驳金融专家，说金融专家什么都不懂。在一年左右的时间里差不多有4万市民变成庞兹赚钱计划的投资者，庞兹共收到约1500万美元的投资，相当于今天的1.5亿美元。事实上，骗来的钱基本都被他挥霍了，最后庞兹锒铛入狱。

看看这古老的故事，再看看近年来的各种金融诈骗案，你会发现即使跨越百年，庞氏骗局依然还是换汤不换药。金朝阳财富教育（简称“金朝阳”）的造富神话就是建立在一套看似完整系统的商业模式之上的“庞氏骗局”。

一方面，金朝阳开设巨额学费的财富讲堂，不断灌输“提高财商之道”；另一方面，鼓励投资人通过信用卡套现，从亲戚手中借款等方式负债投资旗下产品和企业短债，其中这个产品最高收益可达到100%，最低收益也能有40%。

几番投资均有回报，不少投资人的亲戚朋友也都眼红了，纷纷抱团加入。在金朝阳这个大家庭有一个明确规定：投资人之间可以相互借钱，同时必须连本带息按时归还，美其名曰：诚信。不过金朝阳很快打了自己的脸，2014 年，金朝阳便全面降息，2015 年底，金朝阳资金链断裂，一场骗局就此揭开。深陷其中的投资人恍然大悟，金朝阳所谓的财富秘籍其实就是借高利贷买房而已。这种手段在房价上涨的时候蒙骗了很多人，然而房价一旦停滞，大厦即刻倾覆。之后，金朝阳便干脆开始了庞氏骗局，可怕的是，这种建立在危楼之上的骗局，在大厦轰然倒下的时候竟整整骗走了 900 亿元，全国有超过 5 万家庭卷入其中。骗局之下，还有多起命案，跳楼、自杀的大有人在。

林肯说："你可以一时欺骗所有的人，你也可以永久欺骗一部分人，可你却不能永久欺骗所有的人。"财富，勾起很多妄图一夜暴富之人的欲望，让人痴迷疯狂。纸上画的饼终归不抵饿，再精明的局终有被拆穿的一天，这样的企业也终将走向万劫不复的毁灭。所以也请时刻保持清醒，远离这样的非法高利诱惑。

结语

杰出的奥地利作家茨威格曾经用这样一句话来评述被送上断头台的法国王后玛丽·安托瓦内特的一生："她那时候还太年轻，不知道所有命运的馈赠，早已暗中标好了价码。"齐哀王刘襄的结局也恰恰印证了这句话。

他之所以与皇位失之交臂，归根结底还是不懂孝悌忠信、礼义廉耻、仁爱和平，他的德行配不上应得的福报，也就是我们常说的“德不配位，必有灾殃”，《周易》中有云“积善之家，必有余庆；积恶之家，必有余殃”，一个人在智力、体力、美貌、禀赋、财富、精神等方面的所得，一定会有相应的责任和担当来与之匹配，唯有厚德才能承载万物。毕竟“出来混，迟早要还的”。

萧相国世家

想必大家都听说过一个成语，叫“成也萧何，败也萧何”，比喻的是不论是成功还是败亡都是因为同一个人。这个成语出自《史记·淮阴侯列传》。“成也萧何”是说韩信成为大将军是萧何推荐的，萧何对韩信有知遇之恩；“败也萧何”是说韩信被吕后所杀也是萧何出的计谋。我相信，萧何在计杀韩信的时候心情一定是复杂的，不然，韩信死后萧何不会说：“我萧何计杀韩信，终不负天下苍生！”为什么萧何会说出这样的话？今天，我就讲讲你不知道的萧何的另一面。

萧何原来是秦朝沛县（今江苏沛县一带）的一个小官吏，主管人事、总务，是县令的左右手。而当时刘邦只是沛县的一个泗水亭长，主要职责是追捕盗贼、维护辖区内的治安和接待来往的官差。萧何的官职比刘邦高，但是萧何为什么就辅助刘邦上位了呢？

其实，那时萧何早就觉得刘邦这人不一般。我们多次讲过，刘邦年轻时游手好闲，好酒贪色，他的老爹刘太公当时也看不上他。

但是刘邦为人豁达大度，乐善好施，喜好交友，能和地方上的基层官吏打成一片，比如后来跟随他一起反秦的典狱掾（监狱的狱长）曹参、狱吏（看牢门的小吏）任敖、车夫夏侯婴等，都和刘邦关系非常好。而且刘邦也利用职务的便利庇护、结交了一些地方上的豪侠之士，如樊哙、周勃等。如果说刘邦是“黑白两道通吃”一点儿也不夸张。

萧何以敏锐的眼光看出了刘邦的不凡，就有意和他结交。有一次，刘邦要到咸阳服徭役。按照秦汉的习惯，朋友出行都应该给点钱行费意思一下。其他的朋友们都送三百钱，唯独萧何送五百钱。而这多出的两百钱让刘邦深深记住了萧何，也为萧何之后的世代富贵奠定了基础。

秦二世元年（公元前 209 年）秋，陈胜起义，天下有志之士一呼百应。许多郡县的百姓杀了当地的秦朝官吏来响应起义。沛县县令为了保住性命，想要跟随百姓一起反秦，但是萧何、曹参就劝说他：“您作为秦朝的官吏，想要背叛秦朝，百姓是不会相信的。只有把流亡在外的人召回来，这样就能召集几百人，凭此威势，大家就都听您的了。”

萧何提的这个“流亡在外的人”指的就是刘邦。当时，刘邦负责押送一帮徒役（服劳役的人）到骊山，结果有两个徒役在半路上逃走了。按照秦朝的法律，徒役逃亡押送的人会受到严重处罚。刘邦一看自己是免不了受罚了，于是一不做二不休，索性就把所有的徒役都放跑了，自己也逃亡了，而且还召集了一帮“狐朋狗友”和他一起反秦。

沛县县令一听萧何这么说，赶紧派了樊哙将逃亡的刘邦找回来。

在刘邦回沛县的路上沛县县令就后悔了，生怕刘邦做出什么出格的事。要是不听自己的和百姓一起杀了自己怎么办？于是沛县县令命人把城门关上，守住城池不让刘邦进来，考虑到萧何、曹参和刘邦关系好，沛县县令甚至想把萧何和曹参也杀了。萧何和曹参得到消息后赶紧偷偷跑出城投奔了刘邦。

刘邦回到沛县看到城门紧锁，就用帛（白色丝织布条）写了一封信，并把这封信绑在弓箭上射到了沛县城中，向百姓宣告："天下的百姓被秦朝暴政害了很久，现在各地纷纷反秦，很快就逼近沛县了，如果现在把县令杀掉选一个新的首领还来得及。"沛县的百姓见到这封信后积极响应了刘邦的号召，一起将县令杀掉，打开城门迎接刘邦，还想要拥立刘邦为新的县令。

刘邦开始是百般推辞，说："如今天下纷扰，诸侯并起，沛令一席自应选择全县最有声望之人。我并非自爱，实因德薄能鲜，误己事小，倘若误了全城父老，那就百死莫赎，还是快快另选贤能，以图大事吧。"但是萧何、曹参极力推荐刘邦做老大。当时的情况是，县令已经死了，萧何的官最大，但是他力劝刘邦做老大，而且一位长者通过卜卦后也说刘邦最合适。所以，刘邦就这样半推半就地做了沛县反秦的老大，被称为沛公。从此，刘邦就正式开始了他的霸业之路。

公元前202年，刘邦平定了天下。论功行赏时刘邦认为，萧何的功劳最大，封他为酂侯，给予的食邑最多。武将有人不服，就向刘邦争辩说："我们身经百战，攻城略地，死里逃生，而萧何并无野战之功，只是舞文弄墨，发发议论，封赏反倒在我们之上，哪有这种道理？"

刘邦环顾一周，看到几乎所有武将都露出不赞同的神色，轻叹了一口气说："诸位都打过猎吧？打猎的时候，追咬野兽的是猎狗，但发现野兽踪迹，指出野兽所在地方的是猎人。你们不过是'功狗'而已，而萧何才是'功人'啊。"大家听完这话也都不作声了。

封赏完毕又该评定位次了。不少人认为，平阳侯曹参身受七十多处创伤，功劳最多，应该排在第一位。但是，刘邦依然想把萧何排在第一位，这一决定再次遭到了其他武将们的反对。

这时，关内侯鄂千秋进言："各位的主张是不对的。曹参虽然有转战夺地之功，但不过是一时的事情。陛下与楚军相持五年，多次失掉军队只身逃走，每当这个最危急的时刻都是萧何从关中派遣军队补充前线。汉军与楚军在荥阳对垒数年，军中没有粮食，萧何又从关中用车船运来，确保供应从未匮乏。陛下虽然多次失掉崤山以东地区，但萧何一直保全关中等待着陛下，这是万世不朽的功勋啊！怎么能把一时的功劳凌驾于万世功勋之上呢？应该把萧何排在第一位，曹参排在第二位。"

这话都说进刘邦的心坎里了，当即确定萧何为第一位功臣，并恩许他剑履上殿（可以配剑穿鞋上朝堂），而且可以不按小步快走的礼仪上朝。其实总体说来，萧何的功绩可归结为三。

第一，收秦典籍。

汉元年（公元前206年）十月，刘邦率先领兵破秦入关。众位将领纷纷争抢财物，而“何独先入收秦丞相御史律令图书藏之”。这是说，萧何趁乱悄悄地将秦朝丞相府、御史府、太史署等部门的图书律令等资料搜集保存。通过了解秦朝的这些典章制度、法令以及天下关隘地形图、全国各地户口档案等资料，萧何对天下大势、地形险要、人口分布、税收多寡了然于胸，不仅在楚汉战争中为刘邦集团提供了重要的信息，在之后的西汉建国和国家治理过程中也起到了重要的作用。这足以可见萧何的深谋远虑。

第二，镇守关中。

刘邦自沛县起兵之日起，就一直将后方交给萧何管理，任命萧何为“丞督事”（丞，即县丞，是县令的副手；督事，即总理众事）。《管子》说：“地之守在城，城之守在兵，兵之守在人，人之守在粟。”可见，粮食充足对于政权稳定非常重要。在战争中，要求兵马未动粮草先行，正是萧何坐镇后方，镇抚百姓，足兵足食，才解除了战场上将士们的后顾之忧，为刘邦取得楚汉战争的胜利提供了重要保障。刘邦曾由衷地说道：“镇国家，抚百姓，给馈饷，不绝粮道，吾不如萧何。”

第三，制定法令。

萧何在担任丞相镇抚关中之时，就已经开始着手制定法令了。当时汉初的现实情况是，关中地区是秦王朝的核心统治区，长久的统治让这一地区的百姓已经熟悉了秦朝法律，为了保证后方稳定有力的统治秩序，也为了高效率、大规模地征发大量的人力物力来支持楚汉战争，就必须继续沿用秦法。而萧何对于秦朝的法令制度、机构运转烂熟于心。他在秦朝制度和法令的基本框架下制定汉律，留用秦法、秦吏，不改变既有的社会秩序，很好地减轻了人民的恐慌情绪，维持了关中地区的稳定，赢得了民心，竟使“秦人唯恐沛公不为秦王”。

这三件事对于刘邦这个“创业集团”来说非常重要。当初楚汉争霸，项羽不太重视后勤问题，没有“成熟的根据地”，导致粮草殆尽，越打后劲越不足。而刘邦正是有萧何在后方办了这三件事，稳定了“根据地”的局势，保障了后勤，才能使前方冲锋陷阵的将士安心杀敌，刘邦的“创业集团”才能最终战胜项羽。所以，说萧何位居首功，实至名归。

今天我们跨时空对话，也来说说企业的后勤保障。可以说，产品的后勤服务做得好，也会成为市场的制胜法宝。戴尔公司就是这样的优秀案例。

戴尔公司成立于1984年，目前已经是全球领先的计算机系统直销商。戴尔公司以“定制服务”发家，用户可以按照自己的爱好配置个人计算机和服务器，还可以从戴尔公司的网址上选定他们所需要的声卡、显像卡、显示器、喇叭以及内存容量。以戴尔为它的大客户福特汽车公司提供的服务为例，戴尔公司为福特不同部门的员工设计了各种不同的配置，当通过福特公司内联网接到订货时，戴尔公司马上就知道订货的是哪个部门的员工，他需要哪种计算机，戴尔公司就会迅速组装好合适的硬件，甚至安装好适当的软件。这些优质服务都是建立在戴尔公司强大的产品后勤服务能力上：

一是，戴尔公司在内部建立起了处理客户订单的专门机构，负责及时快速地处理收集到的用户信息，并做出迅速反应，满足用户的一切要求；

二是，戴尔公司拥有一整套进行大规模定制生产的技术装备，能使整个工厂、所有的生产线都像一个人在信手操作一样；

三是，戴尔公司还采用了先进的后勤管理软件，把从成千上万的用户那里接收到的信息传递给公司内部需要信息的每个部门。这个后勤管理软件的最大好处在于确切及时地知道用户需要什么？什么时候需要？需要多少？从而实现零库存生产和供货。产品一旦下了装配线，就直接送到用户手里去了。甚至，戴尔也不必储备成吨的零部件。这些都使得戴尔公司的生产成本大大下降，从而使效益大幅度提高。

由此可见，优秀的产品同时需要优质的后勤服务保障，二者缺一不可。优秀的产品去打江山，优秀的后勤服务保障为前方提供各个方面的支持。这也是刘邦和萧何之间的关系。

结语

周恩来总理曾这么评价萧何：“刘邦百战百败，却屡败屡起，靠的就是萧何为他当宰相，经营关中做他的根据地，要人有人，要钱有钱，要粮有粮。项羽百战百胜，却经不起一败；一败涂地，一败就亡，原因之一是没有萧何这样的宰相。”事实上也确实如此，如果没有萧何的后勤保障，就没有后来登上皇位的刘邦。刘邦深知这一点，才在评定功劳时首推萧何。可以说，萧何是刘邦创业集团的核心竞争力。对于企业来说同样如此，当市场上的产品质量几乎等同时，企业的后勤保障也可以成为核心竞争力，尤其是在目前激烈的市场竞争环境中，只有强有力的后勤保障，才能战胜竞争对手，占领市场。

曹相国世家

我们都学过一个成语叫作“萧规曹随”，意思就是前面的丞相萧何定下的规矩，后面的继任者曹参完全遵守，一点也不改变。

听到这，大家肯定都觉得曹参就是一个老实巴交、宅心仁厚的和事佬，谁也不得罪，和谁都能打成一片。可实际情况却不是这样，虽然曹参表面看是一个“老好人”，但内心里却住着一个机灵的“老滑头”。这个“老滑头”早年就跟随刘邦一起创业，见证过刘邦称帝和吕后专权。很多战友都因卷入政治漩涡而身首异处，可他却一直相安无事，还能出将入相，得到历任领导的重用，从这就能看出他高超的政治智慧。

看到这里，可能很多人会觉得曹参这个人有点“表里不一”，但是一个人聪明机灵，并不代表他就阴险狡诈。曹参作为一个聪明人，始终有自己的行为准则和道德底线。今天，我们就从职场策略和做事风格两方面来为你解读这个既“忠厚”又“滑头”的曹丞相。

刘邦称帝后，曾经着重表扬了三个人，他们分别是萧何、张良和韩信。这三个人，分别代表了刘邦阵营内政、智谋和军事的最高水平。单论个人的能力，曹参和这三位“大神”还是存在一定差距的，他的名气甚至比陈平、樊哙、英布等人还要低一些。但是，在汉初评定功勋的时候，曹参却是位列第二，仅次于萧何。这样的评定可不是靠关系得来的，如果翻开他的履历表，你就会发现他的战绩那可真叫一个漂亮。

曹参本是沛县监狱的一个公务员，在刘邦刚起兵时曹参就抛家舍业地跟着刘邦一起“闹革命”。曹参的处子秀，就是率军攻打胡陵（今江苏沛县龙固）。这一打仗，大家才发现曹参原来是个军事天才，他不但把秦军打得大败，还顺势向东拿下了薛县（今山东滕州南）。

等到攻打爰戚（今山东嘉祥西南）和亢父（今山东济宁南）时，曹参的表现就更出色了，他身先士卒、奋勇冲杀，第一个登上城楼，杀得敌军胆寒。后来，他又率军南下救援雍丘（今河南杞县），途中与秦将李由的部队遭遇。本以为这会是一场恶战，结果曹参果断亮剑，在阵前把李由直接斩落马下，大破秦军。

从那以后，曹参就开始了自己开挂的人生，战功战绩噌噌往上涨，官职地位也是步步高升。公元前 205 年，曹参被任命为代理左丞相，领兵进驻关中。过了一个多月，魏王豹造反，曹参跟韩信联合夹击叛军，最后顺利平定魏国全境，共得五十二座城邑。这一战让曹参尝到了和韩信联手的甜头，也见识了韩信天才的军事指挥才能。

如果换作项羽那种性格，肯定要跟韩信比个高低，因为一山不容二虎，统帅只能有一个。但曹参不这么想，当他和韩信合作之后，他发现自己和韩信在军事指挥才能上的差距太大了，既然有更加优秀的人带队，自己为什么不做一个保驾护航的“二把手”呢，军功不会少了自己的，还可以学习到更高明的军事智慧，何乐而不为呢？想明白这件事后，曹参就开始“甘当绿叶”，默默付出，尽心尽力衬托韩信这朵“红花”。

就这样，曹参开始以韩信左膀右臂的身份参战。一路上，他们高歌猛进，连连获胜，成了刘邦部队的绝对主力。到后来，被封为齐王的韩信领兵与刘邦会合，在垓下彻底击败项羽，给楚汉争霸的故事画上了一个圆满的句号。

太史公为曹参的战绩做了汇总：在他参与的战斗里，总共打下了 2 个诸侯国，122 个县；俘获诸侯王 2 人，诸侯国丞相 3 人，阵前斩杀的敌将更是不计其数。这份简历如果换到当今职场，那简直是无可挑剔的完美。

也许有人会说，曹参完全就是沾了韩信的光，自己根本没出什么力。话虽如此，但打仗毕竟是个团队活动，一场战争的胜利，既离不开优秀的指挥官，也离不开英勇的战士，需要各个部分的人员各司其职、协同作战。曹参作为韩信军中的“二把手”，所发挥的作用虽然赶不上韩信，但也是至关重要，所以这些功劳都是他应得的。

公元前 206 年，刘邦封曹参为平阳侯，把平阳（今山西临汾）的一万零六百三十户封给他作为食邑，以表彰他多年来的杰出贡献。

韩信是那个时代最杰出的军事家，曹参紧紧跟随他的脚步，获得了很多军功和荣耀，军事水平也提高了不少。这不禁让我联想到前美国 NBA 篮球巨星斯科蒂·皮蓬，他的整个职业运动生涯就像曹参一样，兢兢业业做好“二当家”。

1987 年，作为新秀的皮蓬来到了芝加哥公牛队。那时候，球队里的老大正是如日中天的迈克尔·乔丹，但皮蓬也是个初生牛犊不怕虎的主，偏偏爱和这个老大哥较劲。

很快，乔丹注意到了这个新人，在训练中也有意识跟他单独对抗。很快，皮蓬就发现自己和乔丹的差距太大了，乔丹是天生的篮球王者，自己顶多能在他身边当个陪衬。开始皮蓬还有点不甘心，但随着时间的推移，皮蓬从乔丹那里学到了很多技巧，也见识了乔丹在赛场上的统治力，对乔丹也慢慢从竞争改为敬佩。

后来，皮蓬开始接受自己球队二当家的角色。他不去和乔丹争夺投篮的出手权，默默做好自己的防守和组织工作，以自己的方式帮助球队取得胜利。从 1991 年到 1998 年，芝加哥公牛队总共拿下了六个总冠军，其中包括两个“三连冠”。在这六个总冠军里面，每次的总决赛最有价值球员都是乔丹，皮蓬一次都没有得到过这个荣誉。

对此，皮蓬也看得很开，他知道乔丹是那个最耀眼的明星，自己确实不如他。但既然是一个团队，就需要各种各样的球员，能够成为乔丹之外最重要的那个人，也让皮蓬心满意足了。况且，跟随一个最强球员拿六枚总冠军戒指，这本身就是一种至高的荣誉，要知道，很多 NBA 球员一辈子也拿不了一次冠军。

曹参与萧何在跟随刘邦起兵之前就是朋友，后来曹参作为韩信的得力助手去了齐国，而萧何则继续留在刘邦身边。再好的朋友长时间不联系也会疏远，因为二人相隔太远，古代又没有电话、网络这样的现代通信手段，这一来二去的两人的感情就淡了。

忽然有一天，朝中传来萧何去世的消息。曹参一听立马让下属收拾行李，准备进京。家人看了很不解，问："萧丞相走了和你有啥关系呢？你俩都多少年没联系了，难不成你是要去参加萧丞相的葬礼，送他最后一程？"

曹参回答说："我不是要去送他，虽然我和他已经很多年不联系了，但他这个人我还是很了解的。现在他走了，肯定会向皇上推荐我当丞相，那我还等什么呢？直接去接他的班啊。"

果不其然，萧何病危期间第一时间就向汉惠帝推荐了曹参。尽管两人的感情已经不像早期那么亲密，但在国家大事面前，个人之间的关系如何，萧何是完全不放在心上的。更何况，丞相这种重要职务必须托付给真正有用的人，而曹参就是萧何心中"真正有用的人"。

曹参接替萧何之后，汉惠帝本以为他会有大动作，结果他却每天在丞相府饮酒作乐。自己喝还嫌不痛快，索性鼓动周围下属一起喝。渐渐地，曹参的丞相府已经发展成为长安城中达官显贵经常光顾的"高级会所"了。

很多官员来求他办事，他也不接茬，只是拉着那人喝酒；不少邻居都来吐槽他们太吵了，也被曹参拉进去喝酒。丞相府内的主人宾客，都没有一点国家公务人员的样子。这些景象，汉惠帝看在眼里烦在心上，觉得曹参这也太不正经了，萧何把这么重要的位置托付给他，是认为他有本事有作为，结果他就这么报答萧何的信任，简直不成体统。

有一天，汉惠帝终于忍不下去了，就专门召见了曹参的儿子曹窋，让曹窋回去劝劝自己的老爹。结果曹窋劝说的话刚说了一半，就被曹参按在地上打板子，边打还边说："你臭小子不去宫中侍奉皇上，跑到你爹这里来说三道四、指手画脚，国家大事是你这种小毛孩子能随便议论的吗？"

曹窋那叫一个委屈啊，自己按皇上的授意来劝说自己的老爹，结果事儿没办成，还挨了一顿打，这怎么向皇上交差呢？

曹窋回到宫中把情况向汉惠帝一说，汉惠帝当场勃然大怒，亲自下诏让曹参进宫，然后怒不可遏地批评曹参说："平阳侯你好大的威风啊，曹窋是我派去规劝你的，你还敢打他？你看看你自己，都那么大年纪了还整日花天酒地、醉生梦死的，你哪有点长者、丞相的样子？"

汉惠帝一通脾气发完后，曹参才非常淡定地摘下帽子，跪在地上向汉惠帝"咣咣咣"的磕头认错。

之后，曹参对汉惠帝说道："皇上，您觉得您和高祖陛下相比，谁本事比较大？"

汉惠帝一听，直接说："你说的这是什么话，你跟着我父皇这么多年，难道不知道他的本事吗？我这点微末道行怎么能和父皇相提并论呢？"

曹参继续问："那您觉得我和老丞相萧何相比，又怎样？"

汉惠帝挠头想了想说："就算抛开花天酒地不谈，你和萧丞相相比，能力上还是有点差距。"

曹参连连点头，对汉惠帝说：“这就对了，高祖和萧何他们定下的政策和规矩那么好，让百姓安居乐业，国家歌舞升平。作为后继者的我们，既然能力上不如他们，为啥还要故意折腾呢？好好继续执行他们的惠民政策，让国家继续休养生息，这才是正确的选择。百姓被秦朝的暴政折腾了那么久，早就想过安稳日子了。您现在要是非得搞‘创新’，这不是和高祖、萧何他们的政策背道而驰嘛。只要百姓能过上安稳的好日子，我们的目的不就达到了吗？”

听完曹参的讲述，汉惠帝才发现自己错怪了曹参。曹参在丞相府饮酒作乐只是一个表象，与其刻意忙碌来折腾百姓，倒不如让之前的好政策继续惠及百姓。在曹参心里，他不需要刻意显得自己很忙碌，因为他只关心百姓的福祉，花里胡哨的形式主义提不起他的兴趣。

即便是饮酒享乐，他也是有智慧的。很多明显是来阿谀奉承的人，他就用杯中酒堵上别人的嘴，不让对方说事情。但对待踏实温厚的人，曹参都记在心中，并尽可能地提拔他们，因为他知道国家需要这些做实事的人。

表面上的漫不经心，内心其实非常清醒理智。曹参当丞相期间，百姓继续过着幸福安定的日子，他的无为，恰恰是最高境界的智慧，不声不响地履行着自己的职责。

结语

曹参的一生，既有轰轰烈烈，也有平淡如水。早年奋斗的时候，他很有自知之明，能清楚地找准自己的定位，干好自己的分内事。晚年时期，他又领悟了高级的人生智慧，“无为而无不为”，表面上啥也没做，实际早已经过理性的思考，采取了最合适的策略。

作为后来者的我们，从曹参身上最应该学习的就是这种认知自我的能力，不要好高骛远。同时也要学会结合实际情况理性思考，不要刻意地表演忙碌和变革，只有这样才能脚踏实地，取得成功。

留侯世家

在公元731年，也就是唐朝开元十九年的时候，唐玄宗设置了专门的武庙，来表彰和祭祀历朝历代的名将。这个武庙以姜子牙为主神，并以历代名将十人侧立两旁，跟随享受香火，人称“武庙十哲”。

之所以把姜子牙作为武庙的主祭，祭典礼仪与孔子相同，是因为姜子牙是周朝的开国功臣，同时也是中国第一本兵法《六韬》的作者，是兵家鼻祖，中华“武圣”，这样的功绩自然是可以被作为主神来祭祀。而立在姜子牙主神像旁边，享受副神位祭祀的则是“汉初三杰”中的留侯张良，也就是说张良的地位在武庙中仅次于姜子牙。

说起留侯张良，这绝对是中国历史上的一个传奇人物。他为汉高祖刘邦平定天下出谋划策，立下了汗马功劳，后来还能功成身退，得以善终，所以才能成为后世文臣武将的“偶像”。三国时期的蜀汉名臣诸葛亮就是张良的“粉丝”。他曾评价张良说：“拜留侯，仰其像不威，然运筹帷幄，决胜千里，成帝王之师。吾辈叹之、敬之、效之。”可见诸葛亮对张良有多么佩服。

今天我们就来讲一讲这个被诸葛亮都奉为“偶像”的留侯张良

究竟是怎么样的一个人。

张良，字子房，他的先祖是韩国（战国时期的那个韩国）人，他的爷爷和爸爸都曾经当过韩国的丞相。这么来看，张良是一个标准的官二代。而且张良长得还特好看，根据司马迁的说法是“状貌如妇人好女”，意思是说张良长得和好看的大姑娘一样，男生女相肯定是帅极了。家里有权有钱，自己长得又好看，这是标准的高富帅啊。但张良却没有就此凭借祖上蒙荫在韩国做官，而是在家刻苦读书，努力学习，希望等到自己学业精进后再为国家效力。

按道理来说，这张良算是一开始就达到了人生巅峰啊，可是命运总是喜欢和人开玩笑。在张良还在家中读书的时候，韩国就被秦国给灭了，而且还是战国七雄中第一个被灭的国家。您别看张良长得秀气，又是个文人，但心中还是很有血性的，家中世代在韩国为官的张良当然忍受不了“国破家亡”的滋味。于是年纪轻轻的张良一怒之下散尽家中所有的财产，想尽一切办法来暗杀秦始皇，这就有了历史上著名的“博浪沙锤击秦始皇车驾事件”。

后来的故事我们都知道了，博浪沙的大锤子误中副车，张良刺杀失败，被迫四处流亡。也正是在这个过程中才出现了人们耳熟能详的“张良偶遇黄石公”的故事。

流亡了十年之后，上天终于给了张良一个可以“报仇雪恨”的机会。公元前 209 年，陈胜、吴广在大泽乡起义，点燃了天下反抗暴秦的第一把火。自此之后，全国各地纷纷响应，张良也聚集了百十来号人开始加入轰轰烈烈的反秦浪潮之中。张良自己虽然是韩国贵族，但毕竟不是韩王的直系后代，所以在最开始的时候，张良就打算投奔更有号召力的人，以更好地完成自己的反秦大业。也正是在去投靠别人的路途之中，张良遇到了自己的“真命天子”——刘邦。

当时的刘邦也是刚刚起兵，带着几千人就开始“闹革命”。在半路碰到张良的小团体之后，因为大家都是反秦的义军，所以刘邦就对张良说：“跟着谁干不是干啊，要不你就先跟着我吧。”张良本来不想同意，毕竟刘邦是个小流氓出身，而且对读书人也不尊重，张良自己也不会相面，看不出刘邦的帝王气象，所以就准备找个机会拒绝刘邦。

但是在与刘邦几次有限的接触中，张良发现刘邦这个人非常聪明，而且特别能听取他人的意见。以往，张良要是和别人说点什么精妙的计谋，别人老是听不懂。可刘邦却不一样，张良只用说个开头，刘邦立马就能领会张良的意思，而且还经常夸赞张良说：“这个好，这个好。就按你说的办！”聪明人总是喜欢聪明人的，作为一个聪明人的张良，碰上了另一个聪明人刘邦，这让张良一下就找到了人生的知己。所以有一次和刘邦谈完事之后，走出刘邦营帐的张良对着天空深深地叹了一口气，说道：“哎，沛公殆天授。”意思就是说：刘邦这个人啊，大概就是天选之子吧。所以再也不想着去投靠别人了，直接死心塌地给刘邦卖命了。虽然张良体弱多病，不能独自领军，但他还是时时刻刻跟着刘邦南征北战，在帷帐之内为刘邦出谋划策，成为刘邦手下的第一智囊，所以在刘邦建立汉朝之后，一开始本打算封张良三万户作为食邑的，但由于张良强烈要求只要有一个留县作为食邑就行，刘邦拗不过他，无奈之下才封张良为留侯，这可以看出刘邦对于张良是多么重视。

在刘邦建立汉朝的过程中，每到关键时刻都是张良站出来帮刘邦谋划全局，制定战略，拯救刘邦于危难之中。不过，由于张良为刘邦所出的计策实在是太多了，我们在《史记》其他的篇章中也讲过不少与张良有关的故事，所以在今天这有限的篇幅当中，我们就重点挑两个具有代表性的例子，来看一看张良高超的战略智慧。

第一件事，发生在公元前205年，也就是刘邦称汉王的第二年。刘邦趁项羽讨伐齐国之际，率领五路诸侯，偷袭项羽的老窝彭城（今江苏徐州一带）。虽然在刚开始的时候刘邦取得了阶段性的胜利，但是由于项羽的及时回防，打了刘邦一个措手不及，使刘邦遭遇了起兵以来最大的一次失败。失败了的刘邦只能带队跑路，跑到下邑（今安徽砀山一带）的时候，实在是跑不动了，只能停下来休息。在休息的时候，刘邦躺在地上，头枕着解下来的马鞍，一边用剑敲着地，一边跟旁边的张良说："子房啊子房，你说我想打败项羽那个小毛孩子，是不是得下点本啊？我可以把函谷关以东的一些土地分给别人，但是该封给谁呢，谁能和我一起打败项羽呢？"

张良本来还在一旁看书，听完刘邦这番话立马把书收起来，快步走到刘邦跟前给刘邦行了个礼，然后说道："主公，您能想明白这个道理，咱们这大业可成了，其实我早就替您物色好了人选了。"

刘邦一听这话立马来了精神，就地一个"鹞子翻身"，"腾"地一下就坐起来了，双手向前紧紧地握住张良的手，说："是谁啊？快说说看。"

张良这才不慌不忙地告诉刘邦："这第一个人，是九江王黥布，您别看他是项羽手下的猛将，但他和项羽关系特别差，这个人咱们可以用。第二个人，是田荣的手下大将彭越，据我所知这个人在和项羽的作战中表现得非常好，应该是个可以托付的人。至于这第三个嘛，就是主公手下的一员大将了。”

刘邦赶忙问：“我手下的？是谁啊？”

张良回答说：“当然是韩信啊。臣以为，在主公手下这些将领中真正能独当一面的唯有韩信。所以，如果您能善待这三个人，给他们三人封地，那咱们打败项羽就是手到擒来，易如反掌啊。”

听完这话，刘邦赶紧叫人传信给这三人，告诉他们：如果你们跟着我刘邦一起对抗项羽，让我能一统天下，事成之后我刘邦保你们封王拜相，永世富贵。后来的事实证明，张良的眼光真的是太准了，刘邦能在战场上击败项羽，韩信、黥布和彭越这三人的功劳是最大的。

我们再说第二件事，这件事儿发生在一年之后，也就是公元前204年。当时项羽率领大军将刘邦围困在了荥阳。就在刘邦急得抓耳挠腮、六神无主的时候，谋士郦食其（我们在《郦生陆贾列传》中讲过这个人）给刘邦献上了一个计策，对刘邦说：“您看商汤灭夏，周武灭商之后，都是搞的分封制。主公您不如也搞个分封制，给六国的后裔每人都发一个印信，拥立他们继续当王。这样他们一定会感激您的恩德，心甘情愿为您效命了，这样一来项羽的势力不就被削弱了吗？”刘邦一听觉得这是个好主意啊，于是马上命人去雕刻印信，准备分发给各国贵族的后裔。

这时候正巧张良从外面办事回来向刘邦汇报情况。当张良走进刘邦大帐的时候，刘邦正在吃饭。刘邦一看张良来了立马举起筷子对张良说：“子房啊，你回来得刚刚好，来来，一起吃点。刚才有人向我献了一个削弱项羽实力的妙计，你坐下吃饭，听我慢慢说与你听。”

等张良落座之后，刘邦就一边吃饭一边给张良讲了郦食其的建议。

结果刘邦话还没说完就见张良把筷子往地上一丢，健步上前，一把就抓住了刘邦的袖子，焦急地问刘邦：“主公，这是谁替您出的馊主意？！您要是真的这么做，您的大事可就要完蛋了呀！”

刘邦一看张良这么激动，诧异地问道：“怎么就完蛋了呢，这不是挺好的一个主意么？”

张良这才意识到自己的失礼，松开刘邦的袖子，然后跪拜行礼，并随手抓起一把筷子对刘邦说：“我现在就用这把筷子来为您解说一下，为什么不能这么干。”

刘邦忙说：“先生快快道来。”

张良说：“简单来说就是几个问题。第一个问题，商汤敢分封是因为他能置夏桀于死地。您现在能置项羽于死地么？”

刘邦摇摇头，回答说：“当然不能了！我要能，现在也不至于被困在这儿了。”

张良放下一根筷子，说：“好，这是第一个不能。第二个问题，周武王之所以敢分封，是因为他得到了商纣王的脑袋。陛下您现在有项羽的脑袋么？”

刘邦一皱眉头，说：“你这不是废话么，肯定没有啊。”

张良又放下一根筷子，说："好，这是第二个不能。第三个问题，周武王在灭掉商朝之后，能奖励箕子这样的读书人，重修比干的墓，陛下您能做得到么？"

刘邦冷哼一声，说："这帮读书人就知道瞎说，我最看不惯他们，怎么可能褒奖他们？"

张良再次放下一根筷子，说："这是第三个不能。第四，周武王能把商纣王所有的财富都散发给百姓，陛下您现在可以把仓库的财富都分发给百姓吗？"

刘邦撇了撇嘴，说："这个么……也不能。"

张良放下了第四根筷子，说："这是第四个不能。第五，周武王能在灭亡商朝之后，把所有的武器装备都封存起来，表示自己不再打仗了，您现在能不再打仗吗？"

刘邦苦笑了一下，说："就算我同意，他项羽也不同意啊。"

张良又放下一根筷子，说："这是第五个不能。第六个问题，周武王能把军队的马匹都放归到南山，以表示自己不再用这些战马了，您现在行吗？"

刘邦扶着额头，低声说："不能。"

张良放下了第六根筷子："这是第六个不能。第七个问题，周武王能把牛都放归北山，以此来告诉百姓自己不会再运输粮草了，陛下您现在行吗？"

刘邦摆了摆手，说："不能，不能。"

这时，张良手里拿着最后一根筷子，边敲桌子边对刘邦说："这七个条件您都做不了，还分封什么呀？再说了，现在您手下的不少谋臣，都是为了那一小块封地才为您死命干活的。您要是现在给六国后裔颁发了印信，让他们称王，这帮人肯定就各回各家，侍奉各自的老大去了，谁还跟着您干啊。万一分封了他们以后，他们不听您的，听项羽的，那您就真完蛋了！”张良说完这番话，把最后一根筷子重重地拍在了桌子上。

刘邦这时才如梦初醒，他一抬手就把面前的桌子给掀到了一边，然后高声怒骂：“郦食其这个蠢货书呆子，差点把老子害死啊！”（《史记》原文是：“竖儒，几败而公事！”这个“公”就是老子的意思。）赶忙派人阻止了郦食其，并销毁了印信，这才避免了这件事情所带来的后果。

咱们老说要跨时空对话，讲完张良这两个充满智慧的故事后，我突然想到了一个人，这个人就是巴菲特背后的男人——查理·芒格。

关于查理·芒格这个人，在我们“今今乐道”读书会之前推荐的书中也讲过不少关于他的书，比如《穷查理宝典》《查理·芒格传》等。但为什么我会觉得查理·芒格像张良呢，因为他们都是各自“公司”老大的幕后智囊，也都是靠着自己超人的智慧才取得成功的。

股神巴菲特曾这样评价过查理·芒格，说：“查理把我推向了另一个方向，这是他思想的力量，他拓展了我的视野，让我以非同寻常的速度从猩猩进化到人类，否则我会比现在穷困得多。”那咱们接下来就来看看，“美国投资界的张良”查理·芒格是怎么靠自己的智慧取得成功的吧。

查理·芒格与巴菲特的第一次合作是收购美国蓝筹印花公司，

这次合作在查理 · 芒格的建议下取得了巨大成功。

蓝筹印花公司在 20 世纪六七十年代是加利福尼亚州最大的礼品证券公司。1970 年，加州的几十家小零售商开始联合状告蓝筹印花公司垄断市场。经过一番调查之后，美国司法部决定让蓝筹印花公司“在公开市场出售非股东零售商未认购股份”，要出售的这部分股份达到了蓝筹印花公司总股份的 55%。

正在外地办事的查理 · 芒格听到消息后，立即放下手上的事连夜赶回了巴菲特的伯克希尔公司总部。他告诉巴菲特，这是个千载难逢的机会，必须赶紧下手大量买进。于是，在查理 · 芒格的力主之下，巴菲特一共收购了蓝筹印花公司 45% 的股份，查理 · 芒格个人收购了 8% 的股份，他们二人为这次大收购一共投入了 4000 万美元，这在当时绝对是个天文数字，很多人都不能理解，觉得这 4000 万是打水漂了。结果在三年之后，他们当初用 4000 万美元所购买的股票已经价值 10 亿美金，芒格和巴菲特的第一次合作就打了一个大大的胜仗。

在此之后，他们又用这些钱投资了喜诗糖果、可口可乐、苹果等一系列公司，也是赚得盆满钵满。在二人将近 50 年的合作中，查理 · 芒格总能凭借自己的智慧，敏锐地在别人忽视的业务当中找到投资的价值，所以巴菲特感慨地说：“芒格能够比任何人更快速、更精确地分析与评估各种形态的交易，他在 60 秒内即可洞悉确实的弱点，是位完美的合作伙伴。”

结语

从今天咱们讲的这两个故事中，我们可以看出，张良这个人，之所以能受到刘邦的重用就在于他过人的智慧。在彭城之战失败后，他根据自己对其他人的了解，为刘邦举荐了“反楚三杰”，为刘邦最后战胜项羽提供了助力。在刘邦被项羽围困在荥阳，即将亲手断送掉自己的事业时，又是张良站出来，为刘邦分析利弊，使刘邦悬崖勒马，没有铸成大错。

所以司马迁才会在《史记·留侯世家》的结尾评价张良说：“高祖离困者数矣，而留侯常有功力焉，岂可谓非天乎？”（高祖多次遭遇困厄，而留侯常在这种危急时刻建功效力，难道这不是天意吗？）

汉高祖刘邦在得到天下后也说：“运筹帷幄之中，决胜千里之外，吾不如子房。”（在营帐之中出谋划策，决定千里之外战场的胜负，我比不上张良。）以此来评价一代“谋圣”张良，真是再合适不过了。

陈丞相世家

两千多年前，西汉王朝的某一天，天刚蒙蒙亮，五天一次的早朝开始了。文武百官们一个个井然有序、恭恭敬敬地走入朝堂，不多会儿，所有人都安静地跪坐在大殿之上，各自盘算着怎么陈述自己的奏章。刚登基皇位不久的孝文帝刘恒正襟危坐在宝座上，年富力强的他想的是如何超过自己的父亲刘邦，成就千古一帝。

于是，他把目光移向了百官之首的右丞相（右丞相就是在皇帝右手站立的丞相，也称主相）绛侯周勃，开口问道："天下一岁决狱几何？"意思是说，右丞相，咱们国家一年大概处理多少起案件呐？

武官出身，本就"厚重少文"（稳重而不善言辞）的周勃一愣，皇帝今天怎么不按常理出牌，问自己这等鸡毛蒜皮的小事情？可就是这等小事自己还真是不知道。他憋得满脸通红，半天才惭愧地回复说："微臣不知。"

文帝有点不高兴了，心想你堂堂大汉右丞相居然连如此简单的问题都不知道，于是继续问道："天下一岁钱谷出入几何？"这意思就是朝廷一年的收入支出大概是多少呀？

周勃全身发汗，豆大的汗珠从额头上冒了出来。他惭愧地一句话也说不出来，只能用沉默来作答。

汉文帝眉毛愈发蹙紧，神情显得愈加难看。这不是让周勃出丑的问题，而是感觉在啪啪打自己的脸：我堂堂大汉帝国的右丞相怎么能是这种水平呢？难道这周勃一天天都是吃闲饭呢？

汉文帝不甘心，转向左丞相陈平，开口问道：“陈平，你来说说。”

让汉文帝万万没想到的是，这陈平居然脸不红心不跳，从容自若地大声回答：“启奏陛下，微臣也不知道。”

这可是一石激起了千层浪，只见朝堂上一阵骚动，群臣面面相觑，开始叽叽喳喳互相耳语。还没等汉文帝明白陈平究竟唱的是哪出戏，陈平就紧接着又说道：“有主者。”什么意思呢？就是说这事我虽然不知道，但有人知道。

朝堂之上立即安静了下来。

汉文帝撇着嘴，语气中略带一丝怒气地质问：“主者谓谁？”

陈平镇静自若、不卑不亢地回答：“陛下您要问国家一年处理多少起案件，应该问主管司法的廷尉（九卿之一，掌刑狱，秦汉时期主管司法的最高官员），您要问一年的收入支出，应该问主管财务的治粟内史（也是九卿之一，秦汉时期掌管谷物钱货的官员）啊！”

听完陈平的回答汉文帝简直气炸了，他脸色铁青，强压怒气，厉声呵斥道：“好一个‘有主者’，如果这些事情都有别人管的话，朕还要你这个丞相有什么用？”

跟着高祖刘邦打天下，见惯了腥风血雨的陈平任何时候都显得从容淡定，面对怒不可遏的汉文帝，他不慌不忙地抛出了一段治国妙论，说："陛下，承蒙您看得起我，让臣担任丞相。丞相者，上佐天子理阴阳，顺四时，下育万物之宜；外镇抚四夷诸侯，内亲附百姓，使卿大夫各得任其职焉。"意思就是说，丞相的职责，对上是辅佐天子调理阴阳，顺应四时，对下要抚育万物，使各得其宜；对外镇抚四方各族和诸侯，对内要使百姓亲附，使各级官员都能胜任其职啊。

其实，总结这段话的精髓，放在当下社会中，就是身为董事长下面的最高级职业经理人，我的职责就要抓大放小，把各级中层领导放到合适的位置上，让他们各司其职，而不是越俎代庖去做那些具体琐碎的工作。

刚才还在吹胡子瞪眼的汉文帝，听了陈平这番治国妙论，犹如醍醐灌顶，脸色立即多云转晴，心想："姜还是老的辣，这陈平还真是有两把刷子啊。"

眼看着汉文帝的脸色变好了，朝堂之上紧张的气氛也立刻缓和了下来，只有周勃还木讷地站在原地，脸色煞白，冷汗直流。

好不容易挨到了下朝，在回府的路上周勃还在想着自己出丑的事情，他拉着陈平埋怨说："我说老陈啊，你可太不够意思了，这些官场诀窍你怎么从来不告诉我呢？"

陈平一听，禁不住哈哈大笑，他打趣周勃说："老周啊，这你可怨不着我呀，连丞相该干些啥都不知道，你怎么能干好工作呢？陛下要是问你，咱这长安城中有多少小偷，难道你还真一个一个去数吗？"

周勃听完不由羞愧得无地自容，他这才知道，自己和陈平在治国理政方面的差距实在是太大了。过了一段时间，周勃就托病请求辞职，汉文帝也顺水推舟批准了，从此足智多谋的陈平就一个人总揽了丞相大权。

说起陈平这个人，后人给他贴了很多标签，比如“美男子”“盗嫂受金”“臧否不一”（也就是褒贬不一的意思），等等。其实陈平是西汉初期的开国功臣，刘邦的重要谋士，虽然没有“汉初三杰”那么出名，但也是西汉历史上响当当的人物。他除了多次拯救过刘邦的性命之外，更重要的是在刘邦死后从诸吕的手中夺回了政权，并且将它重新交还到了刘氏后人的手中。

在西汉的开国功臣里面，陈平是一个比较另类的人，与韩信、张良等人喜欢堂堂正正的“阳谋”不同，陈平更擅长玩“阴谋”，他曾经非常客观地评价自己说：“我多阴谋，是道家之所禁。吾世即废，亦已矣，终不能复起，以吾多阴祸也。”（意思是：我经常使用诡秘的计谋，这是道家所禁忌的。我的后代如果被废了，那也就止住了，是很难再兴起的，因为我暗中积下了很多祸因了。）

陈平一生六出奇计，对西汉的建立做出了重大贡献。但是，陈平早年间的名声却不太好，周勃、灌婴都曾说他盗嫂受金，品德恶劣，甚至连老婆都是他靠阴谋得来的。当初他看上的准老婆是个死了五个丈夫的有钱寡妇，陈平家穷没钱娶她，就制造“世外高人”的假象让这个寡妇的奶奶先看上自己，结果连聘礼都是女方家出的，最后陈平入赘到有钱的老婆家后开始平步青云。不过，陈平用的大多数手段都非常恶劣，不是贿赂就是离间，要不就是欺骗，有那么一股子“为成事不择手段”的意思。由此可见，陈平可算是个洞悉人性弱点的“厚黑学”大师。

虽然陈平因为擅长阴谋诡计经常为人所不齿，但他一生几乎算无遗策，在政治漩涡中几度沉浮，却一直掌握实权。从前面他和汉文帝的故事我们可以看出，陈平的确深谙为官之道，所以后世史学家评价陈平是“官场不倒翁”，是中国的“官圣”，而陈平为官的秘诀就在于懂得放权，只干自己该干的事。

其实工作中，我们时常发现一些领导什么事情都亲力亲为，搞得属下各部门不知所措。最后，把自己累得要死不说，整个团队也没有多大的进步。

这就引出了一个问题，作为一个公司领导，你该不该什么事情都亲力亲为？答案当然是不！因为那样只会显得手底下都是一帮窝囊废，而结果也往往适得其反。原因很简单，总经理把保安的活都给干了，唐僧把孙悟空降妖除魔的活儿给干了，你让这些干活儿的人干什么去？作为领导者，你就要大处着手，做好自己分内的事情，然后管控好手下，让他们各司其职，这样你不仅自己轻松，团队的结果往往也会更好。

2004 年，法国的皮诺家族以 80 亿美元的价格收购了著名奢侈品公司古驰集团。皮诺家族收购古驰之后的第一个举动就是让古驰之前的设计总监汤姆·福特和 CEO 多米尼科·迪索走人，并任命联合利华冷冻业务部的前总裁罗伯特·波雷特来领导古驰。

这一举措引发了整个时尚业的轩然大波。因为时尚业一直都是最集权的行业之一，著名设计师拥有绝对权力被认为是行业的成功之道。而且当时古驰旗下各品牌的所有工作，几乎都是由汤姆·福特和多米尼科·迪索二人来决定。这二人也确实是能力出众，古驰在1990年面临破产危机的时候，正是这二人用自己的神奇表现，才让古驰转危为安的。现在突然让这两位立有汗马功劳的老臣走人，整个时尚界都不能理解。

著名的杂志《纽约客》还曾经画漫画来讥讽波雷特的空降。这体现了人们当时对波雷特最大的一个质疑：一个卖冰淇淋出身的人，怎么能搞得懂时尚呢？

对此，皮诺家族表示，他们完全信任波雷特。汤姆·福特和多米尼科·迪索虽然是时尚界的领军人物，也让古驰集团获利不少，但这二人却缺少品牌管理的经验。在他们管理古驰的时候，古驰旗下的10个品牌有9个在亏损。而波雷特却具有丰富的多品牌管理经验，是古驰集团真正需要的能让品牌挣钱的人。但当时所有人都对皮诺家族的解释不以为然，各路专家也都断言，失去时尚先锋领导的古驰一定会失败。

不过后来的结果却证明了皮诺家族眼光的独到之处。在波雷特担任古驰总裁的3年中，古驰集团的销售额增加了1/3，运营利润整整翻了一番。古驰旗下原来一直亏损的9个品牌里，有8个扭亏为盈，唯一亏损的圣罗兰，其亏损额也减少了2/3。

那么波雷特这个卖冰淇淋出身的管理者是如何成功运营古驰这个时尚帝国的呢？他的秘诀和咱们前面提到的陈平一样，就在于“放权”二字，他最常对员工说的一句话就是：“你们要学会自己搞定一切。”关于这一点，波雷特也是以前在联合利华任职时的一次危机中发现的。

在波雷特35岁的时候，他被联合利华任命为马来西亚区域总裁。这是一个非常艰难的工作，因为马来西亚区域多年来的营收一直都特别少。而且和波雷特搭伙的管理团队都来自不同的国家，彼此之间很难顺畅沟通。

有一天，波雷特有一个非常紧急的问题需要处理，他觉得自己实在是解决不了，就向总部打电话求助。可总部的领导一句话就把他打发了，那个领导对他说：“波雷特，这种事情你就不要来找总部了。你自己拿张纸，把所有的解决办法写下来，然后选择你认为最好的那个就行。”波雷特听完这句话后非常惊讶，他没想到总部的回答居然如此草率。无奈之下，只好自己硬着头皮苦想了一夜，最终想出了解决方案，解决了那一次的紧急问题。这件事情让波雷特意识到，有时候依靠自己比向上寻求帮助更能有效解决问题。

从此之后，“自己解决问题”就成了波雷特自己工作的核心原则，也成为他管理理念中的核心思想。在他领导古驰之后，除了IT、全球传播和人力资源部门都放在总部，其他所有职能都被打散并下放到了各个下属品牌当中，并给予每个品牌总监充分的自主权。只要每个品牌总监能支持集团总部的工作，完成规定的业绩目标，那么他们想怎么做都可以。这和以前有很大的不同，在福特、迪索当权的时代，品牌总监们都会带着一堆问题来到二人的办公室，由他二人亲自帮助品牌总监们解决问题。而现在，品牌总监们只能坐在自己的办公室里，自己解决问题。

对此，波雷特自己是这样说的："我一直坚信一个观点，不把所有困难的决定都留给自己做，充满创造力的人最不喜欢的就是别人告诉他们该怎么做，因为这些人往往非常清晰地知道自己要做什么，并主动去做，意识到这点很重要。"

看，这就是管理的艺术。其实，对于一个企业来说，不懂放权的老板是很危险的。老板自己累，员工也不开心。2014年，花旗集团和领英联合进行的一项调查发现，近一半的员工宁愿放弃加薪20%，也要获得更大的工作自主权。这充分说明了赋能授权和自主权的重要性。

结语

放权，其实是领导者自信的表现，敢于将权力下放给他人，就证明了你对他人的信任，这同时也就证明了你的自信。所以，一个好的管理者要懂得放权，也要敢于放权，合理的放权不仅不会削弱你的影响力，相反，有感于你的栽培，你的影响力只会更加深入人心。

绛侯周勃世家

今天我们要讲的是一对西汉初年的将门父子：绛侯周勃和他的儿子周亚夫。这对父子有平定戡乱的大功，是“挽狂澜于既倒，扶大厦之将倾”的人物，可是他们俩的结局却都比较凄惨。那么我们从他们身上又能得到怎样的启示呢？

绛侯周勃是沛县人。早年家里很穷，只能靠编织蚕箔来贴补家用，为了混口饭吃还在葬礼上给人吹过哀乐、当过士兵等，三百六十行，做了一小半。

后来刘邦在沛县起兵反秦，周勃就加入了刘邦的队伍，成了一个侍从官，从此便开始跟随刘邦南征北战，灭秦平楚，为汉朝的建立立下了汗马功劳，可以说大汉王朝的每一寸江山都有周勃征战过的痕迹。周勃打仗的时候十分勇敢，经常冲锋在前，冒死先登，多次荣获一等功，所以升官极快。在汉高祖刘邦登基之后，周勃被封为绛侯，功列“汉初十八侯”中的第四位。西汉初年，虽然天下已定但却并不太平。各个异姓诸侯王纷纷反叛，其中韩王信、赵相陈豨、燕王卢绾的叛乱都是由周勃帮刘邦平定的，不论从功绩还是年龄来说，周勃绝对是汉军之中的元老级人物，备受大家尊敬。

周勃这个人没读过什么书，是个彻头彻尾的大老粗，所以他很不喜欢和文绉绉的书生们打交道。做了大官之后免不了会召见读书人，每次他都直挠头，对书生们说："有事儿就直说，说简单点，别给我整那些弯弯绕，我听不懂。"经常搞得书生们不知所措。

周勃虽然不通文墨可为人却老实忠厚，而且能立这么多战功，心中自是有一股刚猛劲儿的。刘邦因此非常赏识这个和自己一起打天下的小兄弟，认为他是一个可以托付大事的人，刘邦曾断言道："周勃厚重少文，然安刘氏者必勃也。"

刘邦作为草根出身的成功"创业者"，看人的眼光精准，思考也全面，把自己的身后事都算到了，把自己子孙可以依仗的人也挑好了。在刘邦死后，吕后与其宗族作乱，想要推翻刘氏取而代之，正是周勃联合陈平站出来平定吕氏之乱，辅佐汉文帝上位，保全了汉朝的江山。

汉文帝继位之后，周勃因为功劳大被升任为右丞相，虽然他曾告老辞官，但因为陈平的去世只得再次回到朝堂担任丞相。后来汉文帝嫌他不听号令，不能给百官做表率，就免除了他的职务让他回家了。之后周勃的人生陷入了低谷之中。在周勃回家之后，有不少人都上书告发周勃谋反，文帝让廷尉督办此事，廷尉不愿直接面对周勃，便将这个"烫手"的差事甩给了长安的刑狱官负责。刑狱官们都是一些刁钻的小人，欺负周勃木讷少言，经常羞辱他。后来还是薄太后和公主给周勃说情，汉文帝才赦免了周勃，将他放了出来。

周勃出狱之后，仰天长叹了一口气，说道："我曾统帅百万大军，横行天下，怎么能知道狱吏的尊贵啊！"一句话道尽了自己的心酸与委屈。没过多久，周勃这位大汉的开国元勋就在抑郁苦闷中去世了。

在绛侯周勃死后，他的爵位由他的长子周胜之继承，可没过几年周胜之就因为犯法被革去了职位，封地也被废除了。但作为大汉的开国元勋，如果就此剥夺周勃后人的爵位，难免会让功臣子孙们人心惶惶，于是汉文帝在一番考察之后，在周勃其他的儿子中选择了河内郡守周亚夫来接替爵位，封为条侯。

周亚夫还在做河内郡守的时候，有一位叫许负的相士曾给他看过面相，他告诉周亚夫："您这个面相，三年之内必能封侯，封侯后十年之内就能出任将军和丞相，将位极人臣，无人可比。"

周亚夫听到这里哈哈大笑："你可别蒙我了，我大哥已经继承了我父亲的爵位，如果我大哥死了也该是他的儿子来继承，怎么会轮到我呢？"

许负说："世事难料，你别不信啊，你这就是大富大贵的面相，不过……"

"不过什么？"许负这么一停顿，反而激起了周亚夫的兴趣。

"不过，你最后会被饿死。"许负一脸正经地对周亚夫说。

周亚夫听到这里笑得更大声了："如果你说的都是真的，那我到时候都显贵至极了，又怎会被饿死？"

周亚夫对此不以为然，没想到过了三年周亚夫真的被封侯了，可他还是没想起许负说的话。

公元前158年，匈奴大举犯边，汉文帝为了抵御匈奴预备了三支军队，其中周亚夫领兵驻扎在细柳（今咸阳西南）。

这一天，汉文帝心血来潮亲自去军营慰劳军队。汉文帝是个好皇帝，但他有个特殊爱好就是驰马。这次到了军营终于有机会了，就在军营中肆意驰骋，没一个人敢阻拦，而且将军士兵们还得恭恭敬敬地给文帝送出军营，但到了细柳营之后，汉文帝就跑不动了，不仅跑不动甚至连大门都没进去，直接被军门都尉堵在了营门外，都尉就一句话："我们将军说了，军中只能听他的。没有他的命令，谁也不许进。"文帝没办法，只好派人通知周亚夫才得以进入军营。等到了军营当中，文帝看见细柳营中的每个兵士都身着铠甲，手持利刃，一切都非常规整有序。接驾的周亚夫也是全副武装，见到文帝行的是标准的军礼，说："在军中身穿甲胄的将士不能跪拜，我只能向皇上行军礼，还请皇上原谅。"文帝当时就被感动了，等劳军结束出了军门之后，文帝就对左右的大臣说："周亚夫这样治军严明的人，才是真正的将军啊！你们看看其他的军营，那军队训练的就和闹着玩一样，再看看周亚夫。这样的部队谁敢去攻打他呢？"正是因为治军有方，所以文帝去世的时候才对太子（后来的景帝）说："如果发生了紧急情况需要打仗，你就用周亚夫。"

在景帝登基之后，以吴、楚为首的七国发生了叛乱，声势闹得很大。景帝一下就想起了自己老爹生前的叮嘱，便任用周亚夫为太尉，全权负责平叛工作。

周亚夫认为吴、楚军队来势汹汹，如果贸然进攻很难取胜，决定先放弃对梁国的救援，暂避叛军风头再做打算。梁王刘武是景帝的弟弟，是窦太后最宠爱的儿子，他一看周亚夫不肯解救自己，便给景帝和太后写信，要求他们让周亚夫速速带兵救援。当景帝派使者去问周亚夫怎么回事儿的时候，周亚夫回答说："梁王都城的城墙是诸侯国里修得最高大、最坚固的，粮食和武器装备也是最多的，多撑一阵儿没问题。"当景帝再次催促他救援梁王时，周亚夫一句话就把景帝噎得说不出话来了："将在外君命有所不受，您既然让我全权处理平叛事宜，那就该按我说的来。"景帝只好作罢。没过多久，周亚夫就大败叛军平定了这场叛乱。

在平定叛乱之后周亚夫升任丞相。但朝堂之上的事，可比军营里的事复杂多了，不是只靠正直就能解决的。因为他太过刚正，一点都不懂得变通，也不能正确地领会领导的意图，景帝就渐渐地疏远了他。

一次，皇帝在宫中设宴招待周亚夫，席间宫人给周亚夫上了一大块没有切碎的肉，也没给餐具。周亚夫一看，这咋吃啊，转头就让人给自己拿双筷子来。这时候，景帝一边笑一边看周亚夫，说："这么大块的肉，你还不满足啊？"

周亚夫一下没听懂，寻思：皇帝这是夸我呢？还是骂我呢？反正不管咋样，认错准没错。于是赶紧叩首道歉，待景帝起身离席后就赶紧走了。

景帝看着周亚夫离开的背影，喃喃自语道："遇事就轻易表露不满的人，是当不了少主的辅佐大臣的啊，可惜了。"

没过多久，周亚夫的儿子因为买了五百副殡葬用的铠甲而被人诬告谋反，事情自然就牵连到了周亚夫。当景帝派遣官吏去找周亚夫了解情况的时候，周亚夫却保持沉默，闭口不答。景帝一气之下直接把周亚夫下狱，交给廷尉处理。

廷尉责问周亚夫说："您这样的忠臣，居然也要谋反？"

周亚夫头都不抬地回答道："我买铠甲只为殡葬，不是为了造反。"

廷尉冷笑着说："您就算不在地上谋反，也得去地底下谋反吧。"

周亚夫这么刚烈的人，一听此话便气不打一处来，可是却无可奈何，只能在监狱里绝食明志，没过多久就饿死在了监狱里。不知道他临死之前有没有想起当年许负的预言。

周亚夫虽然以一场悲剧结束了自己的一生，但他身上还是有不少值得我们学习的地方。

"周亚夫军细柳"是其一生中最具代表性的事件之一。第一次读这个故事的时候，大家可能都会觉得周亚夫所带出来的兵有点呆头呆脑的。你不让皇帝在军营内驰马也就算了，居然连门也不让进，这是不是有点太过分了？毕竟皇帝是来劳军的，早晚都会进军营，为什么守门的士兵要这么死板呢？

这其实就是周亚夫在管理上最高明的地方，他的部队之所以能打胜仗，就在于士兵们能死守内部规则，遵守标准化的流程，不惜做到"呆板"的程度。只有这样才能确保军队守纪律、听指挥，打起仗来才会无往不利，古之名将无不如此。

在企业管理中，让员工们守纪律、听指挥也是非常重要的一点。华为就是一个管理十分严格的公司。华为的管理之严苛，在业界那是“有口皆碑”，令人“闻风丧胆”。

华为在进行流程建设的过程中有个三化原则：“先僵化、后优化、再固化”，其中的基础就是“先僵化”。在1998年华为刚刚进行企业改革、引进西方大公司优秀管理理念的时候，任正非曾强调：华为现阶段的核心是“教条、机械”地学习西方优秀公司的管理理念。别问原因，执行就好，哪怕“削足适履”也在所不惜，只有这样才能学习到人家成功的经验。正是凭借着如此严格的管理方法，华为成功地完成了转型，打造出了一支能打胜仗的“铁军”，并取得了今天的巨大成就。

结语

当然，华为也不是一直都这么“死板”，就像周亚夫一样，虽然治军严格，但在制定具体战略战术的时候还是灵活多变的。不管是周亚夫还是华为，他们强调的是要在组织内部建立起严格的制度、标准化的流程，要保证将士们的纪律性和执行力，这样打起仗来可以如臂使指，随心所欲，不会出现不听号令的情况。而当真正面临业务问题、需要制定策略的时候，则要因地制宜地提出解决方法，只有死板和灵活相结合，才能无往不利，走向成功。这就是《绛侯周勃世家》所带给我们的启示。

要说这个梁孝王，我们就得先说说他的母亲——窦太后。窦太后真正的名字叫窦漪房，平民出身，年轻时候曾以家人子（汉代对无官职名号宫人的称呼）的身份入宫伺候吕后，后来被吕后赐给代王刘恒（也就是后来的汉文帝）为妻。刘恒即位后，窦漪房被立为皇后，并与汉文帝育有一女二男：长女馆陶长公主刘嫖、长子汉景帝刘启、少子也就是咱们今天的主人公——梁孝王刘武。这样，我们就清楚了，汉景帝刘启与梁孝王刘武可是一母同胞的兄弟。

俗话说“庄稼佬，偏向小”，这在皇家也不例外。梁孝王是窦太后的小儿子，窦太后对他非常宠爱。梁孝王也是一个大孝子，史载：“孝王慈孝，每闻太后病，口不能食，常欲留长安侍太后。太后亦爱之。”也就是说梁孝王非常孝顺，每每听说老妈生病，都是夜不能寐，食不下咽，总想一直留在长安伺候自己的母亲。太后因此更加疼爱自己这个小儿子了，除了赏赐财物珍宝外，总想再为他做些事儿。

有一次，全家人开开心心地坐在一起吃饭，酒过三巡，菜过五味，欢声笑语间汉景帝看到母亲对自己的弟弟特别喜爱，为了讨母亲开心，就随口说了一句：“千秋万岁后传于王。”就是说：等我死后皇帝的位子就要传给你啊。这话可不一般，在过去能继承皇位的一般都是嫡长子。兄终弟及不是没有，却少之又少。

由此可想见梁孝王听了哥哥的话有多高兴，史书上记载：“王辞谢。虽知非至言，然心内喜。太后亦然。”原本皇位是跟梁孝王没什么关系的，但哥哥既然能这么说，那肯定多多少少有点儿这个意思，而且那时候汉景帝刚好还没有定太子的人选，这让梁孝王看到了希望。遗憾的是，当时汉景帝没有给他留个字据，仅仅停留在口头协议上，不过这也让梁孝王对皇位产生了期待。

那年春天，刚好发生了“七国之乱”，正是因为景帝的这个承诺，梁孝王坚定地站在了自己哥哥这边，在平定叛乱这件事儿上格外卖力。当时，梁孝王据守睢阳，死死地抵挡住了吴楚联军的进攻，让吴楚主力军队不敢贸然越过梁国向西进兵。也正是因为梁孝王不遗余力地抵抗，才让中央政府有了足够的时间去调配兵力和粮草，然后从容地去实现所制定的战略意图和目标。后来，叛乱被平定，计算功劳时发现，梁孝王的军队所斩杀、俘虏的叛军居然和朝廷军队的斩获不相上下。这可是大功一件啊，加之梁孝王又是皇帝的亲弟弟，赏赐当然更是丰厚。当时梁孝王的封地足足有四十多座城邑，而且都是大县。

梁孝王因为受到汉景帝和窦太后的宠爱，常常被赐予大量的金银珠宝，史书上这么说道：“府库金钱且百巨万，珠宝玉器多于京师。”就是说梁孝王富可敌国，府库的金银珠宝竟然比京师还要多。那时应该说是梁孝王最意气风发的时候了，出行的时候仪仗扈从前拥后簇，车乘相衔，旌旗招展，排场甚至快要赶上皇帝了。梁王府里也是没日没夜地鼓瑟吹笙、烛影摇红地宴饮。那些进进出出的皆是一时名流，其中就有司马相如、公孙诡、羊胜、邹阳等声名显赫的大人物。

那时，他连年入朝觐见，景帝甚至会派使者驾着皇帝所乘的驷马之车去迎接他。可不要小看“连年入朝觐见”，因为汉制有规定，诸侯王朝见天子，一生中只能见四次，居留长安的时间一辈子加起来应该不超过二十天，平均下来十多年才能见一次，绝对没有梁孝王这样的频率和待遇。梁孝王当时入宫就去陪侍景帝，同乘步辇，出宫就同车游猎，一起到上林苑去射鸟兽。与自己皇帝哥哥平起平坐时间长了，梁孝王开始有点儿飘飘然了，对皇位更加想入非非了。

汉景帝当政第六年，太子之位虚悬，窦太后便向汉景帝建议让梁孝王来做继承人，景帝似乎也有些意动，还好大臣袁盎等人劝阻，此事才算作罢，后来便立了胶东王刘彻为太子，这才有了大名鼎鼎的汉武帝。

得知袁盎等人坏了自己的好事，气得梁孝王咬牙切齿。冲动之下做了一个很荒唐的决定，和羊胜、公孙诡等人谋划，暗中派人刺杀袁盎和其他参与议嗣的十多位大臣。

要想人不知除非己莫为。梁孝王很快被景帝怀疑。同样，很快便被确认是凶手。最终，在景帝的压力下，梁孝王不再庇护羊胜和公孙诡，这二人就自杀了。但是此事也点燃了景帝的怒火。虽然梁孝王有窦太后袒护，但这事儿也不是这么容易就能过去的。于是，梁孝王就在景帝怒气稍微消减一些的时候申请入京觐见。到了京城，他亲自背着刑具跪在宫廷门口，向景帝负荆请罪。景帝一看，这个弟弟还算识时务，认罪态度不错，看在母亲窦太后的面子上就原谅了他。兄弟间似乎重归于好了，简直和影视剧大团圆结局一样感人肺腑。

然而，影视剧毕竟不是生活，在权力场上一旦产生信任的裂痕就很难再修复了。梁孝王既然已经显露出了自己的虎狼之心，明显是个祸患，那便是万万不可再亲近了！景帝虽然与他表面上和好，但却不像以前那样对待他，曾经情同手足的兄弟俩渐行渐远。

后来，梁孝王彻底沉溺于声色犬马，没几年就在郁郁寡欢中撒手人寰了。

古人曾经说过："天欲其亡，必令其狂。"梁孝王究竟有没有谋朝篡位的心这真不好说，但是他在政治上表现出来的幼稚、不成熟，还是值得我们深思和警醒的。我们再回头看那个把梁孝王撩拨得蠢蠢欲动的口头约定——"千秋万岁后传于王"，是不是很像一个华丽的陷阱？如果当时汉景帝很有诚意，真想把王位传给弟弟，是不是应该在明确的口头承诺后，再在继承制度上进一步推进和完善？显然，后面一系列事实和操作都证明，景帝似乎并不想传位于他，所谓的承诺大概是哄老母亲开心的伎俩罢了。

由此看来，制度化的东西非常重要，落在纸上的才是板上钉钉，才能让人心服口服。就像清朝的秘密立储制度一样，当朝皇帝将选定的储君的名字写好，装在匣里，放在乾清宫"正大光明"匾额的后面。当朝皇帝驾崩后，朝廷众臣在乾清宫取下秘密立储匣，当众开启，公示于众。

总之，千万不要轻信他人的口头承诺，因为这里蕴含着太多不确定因素，只有落在纸面上的才有分量。在一个组织机构里制度化管理更加重要，有些企业管理不善甚至出现人治大于法治的漏洞，根本原因就是在于企业缺乏完善的规章制度。

19世纪，英国将澳大利亚变成殖民地之后，因为那儿地广人稀，尚未开发，英国政府就鼓励国民移民到澳洲，可是当时澳洲非常落后，没有人愿意去。英国政府就想出一个办法，把罪犯送到澳大利亚去。这样一方面解决了英国本土监狱人满为患的问题；另一方面也解决了澳大利亚的劳动力问题，他们以为把坏家伙们都送走了，英国就会变得更美好了。

英国政府雇佣私人船只运送犯人，按照装船的人数付费，多运多赚钱，至于其他规则可以说根本没有。这么几趟下来，政府很快发现这样毫无约束的运输实际上是有很大弊端的，那就是罪犯的死亡率非常高，平均超过了10%，最严重的一艘船死亡率达到了惊人的37%。政府官员绞尽脑汁想降低罪犯运输过程中的死亡率，包括派官员上船监督、限制装船数量等，却都收效甚微。

后来，英国政府更改了一下这个规则，他们将付款方式由“根据上船的人数付费”改为“根据下船的人数付费”。船东只有将人活着送达澳洲才能赚到运送费用。新政一出炉，罪犯死亡率立竿见影地降到了1%左右，甚至到了后来，船东为了提高这些罪犯的生存率还在船上配备了医生。

正所谓“无规矩不成方圆”，这就是制度的作用。所谓制度，就是约束人们行为的各种规矩。一个好的制度一方面可以避免人们在经济生活中的盲目性，形成统一的管理和流程；另一方面，还能规避机会主义的行为。

虽然“犯人船理论”最初源自对犯人的约束，但最终每一个守规矩的人，都是制度最大的受益者！

结语

我们现在总说“契约精神”，其实对规则的尊重就是“契约精神”的一个重要体现。当我们在说一个人“靠谱”“守信”，就是在说这个人有“契约精神”。“契约精神”本质上就是一种诚信精神，经过口头的或书面的合同约定的事项，只要是符合当时法律的，缔约双方就必须履行义务。

可惜梁孝王时期的中国是一个权力社会，社会利益模式是利用与被利用、统治与被统治的关系。人与人之间是一种“零和博弈”的关系，一方收益必然意味着另一方的损失。因此，为了拿到自己的那份收益，受损方便只能进行恶性竞争了，背叛也就并不稀奇了。由此可见，遵守规则是多么重要，只有在尊重“契约精神”的前提下才能真正实现双赢。

五宗世家

2009年1月初，在江苏盱眙县马坝镇云山村附近，警察发现了四具尸体，经过调查分析，确定他们是一群盗墓贼。据警察分析，这群盗墓贼为了赶工就使用了炸药，刚炸完他们就迫不及待地直接下墓了。炸药在墓底爆炸时耗光了所有的氧气，这时候下去可不就是找死吗?

顺着这群盗墓贼的线索，考古学家们发现了一座大墓，进而展开了“抢救性挖掘”，而这座大云山汉墓的主人就是我们今天《五宗世家》里的主要人物之一——江都易王刘非。这个墓被发掘以后，专家发现这个墓不是第一次被盗，据推测，当年曹操应该也派“摸金校尉”盗过这座墓，因为墓中遗落了一把尺子，这把尺子刚好符合三国魏晋时期的度量衡规制，而且墓中巨大的盗洞绝不是普通人能挖出来的。

艺术源自生活，这个考古学界的传奇故事听起来简直比南派三叔的《盗墓笔记》还刺激!

江都易王刘非是汉景帝的儿子，是汉武帝的五哥（景帝有14个儿子，汉武帝排行老十）。和刘非一样，同时期被分封的还有12个王，他们都被收录在《史记》的《五宗世家》里。五宗是说这13个儿子分别由五位妃子所生。栗姬生了刘荣、刘德、刘阏于，程姬生了刘馀、刘非、刘端，贾夫人生了刘彭祖、刘胜，唐姬生了刘发，王夫人（汉武帝的亲姨母）生了刘越、刘寄、刘乘、刘舜。

了解了五宗的总体情况，咱们接着说江都易王刘非。刘非为人有勇有谋，14岁被封为汝南王，吴楚七国叛乱时，刘非只有15岁，他主动上书天子请缨出征。汉景帝赐他将军印，让他带兵攻打吴国。刘非打败了吴国，为平定叛乱立下了汗马功劳。第二年，刘非被改封为江都王，治理吴国原来的领地（现在的扬州，也曾被称为广陵）。由于军功显赫，他还受赐天子旌旗。后来汉武帝时期，匈奴侵犯边境，他又主动要求去攻打匈奴，遗憾的是汉武帝没同意。

《史记》里说刘非"好气力，治宫观，招四方豪桀，骄奢甚"，意思说刘非骁勇善战，爱建造道观，喜欢招揽英雄豪杰，性格十分傲慢，而且生活奢侈。后来他的墓葬里出土了大量造型独特精美的兵器，也说明他确实十分尚武，可惜的是英雄无用武之地。他在位27年，后来他的儿子刘建继承了王位。这个刘建有点丧心病狂，而且变态到极致。书中说，"易王死未葬，建有所说（通'悦'）易王宠美人淖姬，夜使人迎与奸服舍中"。他老爸刚死还没下葬，他就惦记上了老爸的宠妃淖姬，夜晚派人把淖姬接来，跟她在守丧的房舍中发生奸情。后来他还卷入淮南王的谋反案中，最后畏罪自杀。

说完了刘非父子，再来说说中山靖王刘胜。

说起中国历史上生儿子最多的人，恐怕很多人以为是周文王。

传说周文王生有99个儿子，最后还收了雷震子做义子，算是凑齐了100个。即使传说是真的，他也排不到第一，至少中山靖王刘胜的儿子要比他更多。

如果你对他没有印象，请回忆一下《三国演义》里刘备最喜欢说的那句话："在下刘备，中山靖王刘胜之后，孝景帝玄孙。"刘胜在外就藩，每日纵情于歌舞之中，醉倒在温柔乡间。"胜为人乐酒好内，有子枝属百二十馀人"，由于太过沉溺于此事，他竟然一口气让自己的妻妾们生了120多个儿子，还不包括女儿。为此，同母哥哥赵王刘彭祖曾经指责他只知道奢侈淫乐，不去辅佐天子，不安抚百姓，是个不称职的藩王。

刘胜却满不在乎地说"兄为王，专代吏治事。王者当日听音乐声色"，意思是作为藩王，就是应该听听音乐，赏玩美女，至于治理天下，那是官吏们的事情。刘胜享尽齐人之福，为刘氏子弟的繁衍立下了"汗马功劳"。但连尊他为祖先的客家人，在《客家刘氏族谱》中也毫不忌讳地说："靖祖好色，望出彭城。"刘胜的后人还真出了不少名人。十三世孙刘备，刚起事时就常常打着刘胜的旗号吓唬人，说自己是中山靖王刘胜之后。有人统计，整部《三国演义》，刘备打着老祖宗旗号，说我是"中山靖王刘胜之后"的就多达13处，可见这张招牌的杀伤力。刘胜的后代在西晋末年还出了一个大将军刘琨，就是和祖逖一起"闻鸡起舞"的那个人，是当时著名军事家、政治家、文学家；唐朝时还出了一个"诗豪"刘禹锡，他是文学家、哲学家，《陋室铭》就是他的代表作。

最后，再来说说荒淫无度却在位时间最长的胶西王刘端。"端为人贼戾，又阴痿，一近妇人，病之数月”，刘端为人残忍暴虐，因为有天生的生理缺陷，所以性格有点变态，喜欢少年郎，还经常折磨女人。刘端荒淫残暴，杀死的高官很多，但却神奇地一直没被汉武帝杀掉。《五宗世家》中说刘端“数犯上法，汉公卿数请诛端，天子为兄弟之故不忍”（刘端多次犯法，大臣们也多次上书要求诛杀他，但汉武帝因为是兄弟而不忍心杀他）。刘端在位 47 年后去世，因无后，封地被废，收归朝廷。

除了这些王，还有擅长花言巧语、表面恭敬内心险恶的赵王刘彭祖，骄奢懒惰的常山宪王刘舜，坟上长草以致燕子在上面做窝的废太子刘荣，等等。我们可以发现，在景帝的十几个儿子当中，除了登基的汉武帝刘彻具有雄才大略外，其余这些儿子大多骄奢淫逸、作恶多端、暴虐成性。唯一好点的是“好儒学”的河间献王刘德，但遗憾的是，司马迁也仅用 30 多个字就打发了。为什么除了雄才大略的皇帝，宗室子弟都这么不争气呢？这是个值得我们反思的历史问题。

其实，汉武帝掌管的大汉王朝就像一个大型的家族企业，每一个王的存在都可能对他一手建立起来的中央集权制度造成威胁。分封制是把双刃剑，如果用好了，可以锦上添花，辅助皇上成就一番安邦治国的大业，让家族子孙繁茂，事业昌盛，用不好就会分崩离析，内乱频出，比如汉景帝时期的“七国之乱”。那么对于掌舵人来说，这个权力的制衡该如何把握尺度呢？百年老字号的家族企业李锦记的做法值得我们借鉴。

中国有句老话叫“富不过三代”，全球范围内家族企业的平均寿命只有24年，其中30%能传承到第二代，10%能传承到第三代，只有3%的家族企业在第四代及以后还在经营，而李锦记就是这3%中的一个。李锦记家族创建了一个闻名海内外的酱料王国，它更是全球中式调味品的领导品牌。2018年，李锦记凭借在酱料行业的影响力荣获“全明星品牌”的称号，更被福布斯杂志评为亚洲最成功的30家家族企业之一。作为中国最成功的家族企业，李锦记在130年间历经四代掌门人，如今家族财富超过百亿元，那么它是如何一步步发展壮大的呢？

李锦记的创始人是李锦裳，1888年，他在广东珠海创立了“李锦记”蚝油庄，然而在1902年的一场火灾中李锦记蚝油庄不幸化为灰烬。无奈之下，李锦裳只能携带妻子前往澳门再次创业，继续经营蚝油生意。企业发展壮大后，李锦记的产品也由单一的蚝油发展成为各类调味品，成为最受香港人喜爱的食品之一。1999年，“李锦记”被推选为亚洲十大品牌之一。如今在第四代掌门人李惠中先生的领导下，李锦记已经发展成为一家跨国企业。

为了保证家族企业稳步发展，团结家族所有人一致向前，李锦记四代掌门人都付出了巨大努力，特别是经历过两次骨肉相残的第三代传人李文达感触最深。

李文达1972年开始接手李锦记，当时家族留给他的是一个即将分崩离析的企业，两位亲伯父要放弃生意，李文达为保住李锦记，花光所有积蓄购得股份，为此背上了巨额银行债务。这样的剧情1986年再次上演，李文达与弟弟李文乐因为对企业看法不同而起了冲突，甚至诉诸法律。李锦记被法院责令停业半年，李文达再次斥巨资从弟弟手中全额回购股权，个人资产再次为负。

李文达担心将来几个子女也会为了各自利益分道扬镳，甚至闹得反目成仇。他深刻体会到：家庭和睦比金钱更重要。“家庭不和睦，有再多钱也没有用。”那么，如何避免“内乱”，打造家族基业永续呢？为了找到出路，李文达要求自己的几个孩子到全球各地去考察家族企业的延续方法，并终于探索出了一个全新的“家族模式”。他们认为：“公司只是家族的一部分，没有家族的和谐永续发展，家族企业的长久发展就无从谈起。”

2003年，李锦记成立了一个家庭内部的沟通平台：家族学习与发展委员会，这是整个家族的最高权力机构。委员会下设有家族办公室、家族投资公司、家族基金、家族培训中心等。

为了保证这个庞大的家族企业发展得更好，在李文达的推动下，李锦记还制定了相关的“家族宪法”。上至股权分配、下至儿女教育，“家族宪法”都有非常详细的说明和规定，目的就是要保障家族的长久和睦和永续发展。“家族宪法”充分保障了家族的纯洁性和整体利益，最大限度地杜绝了将来内斗的可能性。

通常，国内家族企业一心追求的都是“企业永续”，而李锦记追求的却是“家族永续”。他们认为，追求企业永续往往将个人和企业利益置于家族利益之上，导致家族四分五裂，企业必不能永续；而追求家族永续，家族的我们大于个人的小我，家族成员团结和睦，企业也必然得到永续发展。

作为一个富四代家族，李锦记不但没有因为固守传统文化和家族纷争而裹足不前，反而将现代管理技术和家族管理结合起来，使自身发展得更加强大，因此，家族企业的弊端也并非无解，李锦记的家族传承做法就值得许多家族企业反思和学习。

结语

胡适曾经说过："历史是个小姑娘，可以任人打扮"，再回到之前提到的问题，汉武帝为什么有那么多败家兄弟？史上有贤君和明君，也会有暴君、昏君，只有宗氏的昏庸无能，才能进一步衬托出汉武帝的伟大，这中间或许夹杂着汉武帝的很多私心吧？

因为担心其他兄弟文才武略超过自己，威胁到自己的皇位，所以对于宗室有能力的要打压，比如江都王刘非想建功立业，却不给他机会；没能力的就纵容，比如刘胜爱生孩子，刘端宠幸少年郎，只要不威胁到中央政权和国策就好了，其他的又有什么重要的呢？因此，这些宗室子弟各有各的生存法则，没有谁会真心为了国家的长治久安着想。在这样一种心理支配下，汉家王朝的永续就只能是个美好的愿望罢了！只要汉武帝追求的是他的"汉朝"这个企业的长久发展，就必然会引发为了他的"汉朝"利益，而损害家族其他兄弟姐妹的利益，进而导致家族四分五裂。

而李锦记不一样，他们追求的是家族永续，信奉的是只要家族成员团结和睦，企业也必然得到永续发展，事实证明也确实如此。

三王世家

我们常说，一个团队或者集体要有凝聚力，一旦失去了凝聚力，那么团队的整体目标就会变得散乱不堪，而凝聚力强不强取决于领导是否能“服众”。反过来，一个高管即便能力再强，不服众也会寸步难行。

其实，这个道理古人早已通晓，在《三王世家》中汉武帝就把“服众”这个道理演绎得淋漓尽致。

我们知道，汉武帝的三个儿子刘闳、刘旦和刘胥分别被封为齐王、燕王和广陵王，史称“三王”。但是封王的过程可谓用心良苦，几经波折。

汉武帝为了能使三位皇子顺利封王，前后多次拒绝大臣的建议，每次拒绝都精心计划，巧妙安排，最后达到了朝中群臣力挺三位皇子，进而把刘氏的权力紧紧地握在了家族血脉当中。

公元前 117 年，西汉朝中显得异常热闹，大臣们私下就三位皇子封王的事交头接耳、议论纷纷，基本上大家都有个共同的疑问：为什么皇上迟迟不给三位皇子封号？要知道，历朝历代皇子们到了年纪皇帝都会给皇子们封号。但是，此时的汉武帝看上去却不怎么把这件事放在心上，这到底是唱的哪一出？

后来，大司马霍去病做了这个事，他决定冒死写奏章请求汉武帝尽快给三位皇子封王。霍去病的奏章被上报到了未央宫，转交给了汉武帝，汉武帝一看想都没想直接说："下交御史办理。"

汉武帝之所以直接下交御史办理，不是不想让三位皇子当王，是因为他觉得三位皇子可能还没有当王的本事。汉武帝这样做是想看看朝中群臣对这件事的态度，看看皇子们能不能"服众"。当天，皇帝的批文就送到了御史府，时任御史大夫张汤丝毫不敢怠慢，立即找来丞相庄青翟、太常赵充、太行令李息等人展开了慎重的讨论。

三人经过反复揣摩大致得出了结果，决定上奏先转述霍去病的建议并表示同意，再自我批评一番，然后摆出给三位皇子封王的理由。

当然，给皇子封王的理由也很充分，奏章的大致意思是这样的：皇上您看，大司马霍去病冒死建议给皇子们封王了，这些事本来是我们这些人该做的，结果还没有大司马明白事理，我们实在是愚昧。我们非常同意大司马的建议。现在皇子们都长大了，而且自古以来都是这个传统，国家封地、立国都是要优先考虑皇子们的，这也是重视社稷的一种表现，所以我们请求陛下封刘闳、刘旦、刘胥为诸侯王。

后来丞相庄青翟把奏章送到武帝手上，武帝看了看心里就乐了，心想："这些人还行，他们能支持霍去病，证明这几位皇子在他们心中还有点地位。不过，现在还不能着急答应，还得继续验证。"于是，汉武帝写了个回复直接拒绝了他们的建议，理由有两个：一个是皇子们还没能力统治大片土地；二是"给皇子们封王是为了国家社稷”这个说法他没听说过。建议他们重新讨论，最多封皇子们一个列侯就可以了，就别封王了。

对于这次拒绝，这三人心里直犯嘀咕，要封只能封列侯，但是列侯地位低于王，而且从古至今还没有皇帝的儿子封列侯的先例，这样做不是打汉武帝的脸吗？不过，这奏章继续写的话，人家皇帝都说了不能封王，这不是明摆着跟皇上对着干吗？

这回丞相庄青翟先说话了，问道：“你们说说奏章咱们怎么写啊？”张汤反应最快，说道：“皇上拒绝我们的建议，表面上是不想让皇子们封王，但背后有其他用意。”

庄青翟一听这叫什么话，就直截了当地问道：“老张，说话别拐弯抹角的，你觉得皇帝是什么意思？”张汤就解释道：“我猜想，皇上是想通过一而再再而三的拒绝，表明给皇子封王不是他自己的本意，而是大家极力推荐的结果，这样做的目的也是为了让皇子们得到大臣们的认可，日后处理政务更加顺畅。”

张汤这么一说大家也就开窍了，纷纷点头表示这个猜测中肯，一致同意按照张汤的说法继续上奏，但是奏章的内容要更有说服力，所以就搬出了周朝的例子说明给皇子们封王的必要性。

有了这次上奏汉武帝心里的石头也算落了地。因为他之前还担心这帮人因为自己的拒绝不再继续上奏了，但是当他看到再次递上来的奏章后就彻底放心了，觉得儿子封王的事可行，并且可以放心地拒绝大臣的上奏，从而为儿子们造势。拒绝的理由是用贤者和不肖者的区别来说事，说人家周朝天子是德行高尚的人，但他不是，所以没办法管理还没成熟的儿子，还是给皇子们封个列侯算了。

大臣们收到武帝的回复，一看还是拒绝，但奏章里也没有怪罪下来的意思，只是就事论事，他们也就更加确定皇上的用意了，就开始继续上奏，反驳皇上的理由也更多了，除了说周朝的例子还说了汉高祖刘邦封王的例子。并且说明，给皇子封王是祖宗定下的规则，不能轻易改掉。现在诸侯的庶子都受封到了诸侯王，而陛下却把皇子封为列侯，这有失尊卑顺序。

这一次，武帝一看实在是不好反驳了，理由这么充分，又这么多人建议，怎么办？干脆装聋作哑，没有回复，直接把大臣们的奏章留在宫里，不管了。

大臣们一看武帝没有回复，但是通过前几次的奏章，他们已经知道皇上不会因为这个奏章怪罪他们，变得更有勇气了。但想要继续上奏，就得增加"封王的理由"，当然，上奏人数方面也要有所增加。最后，御史府一共召集了二十七人联名上奏。奏章的内容拿历代先帝来说事，说历代先帝就是这么做的，他们这样做扩大了皇族的实力，您现在真的不能轻易改变先帝们立下的规则。

话都说到这个分上了，连列祖列宗都搬出来了，再不同意就有点过了。就这样，在大臣们前前后后坚持不懈的上奏后，武帝终于同意了奏章的建议，直接回复了一个字："可。"

到了这里，三位皇子终于被封了王。不过这封王的过程里却有很多门道值得我们学习。治理一个国家和管理一个公司的原理几乎是一样的。汉武帝在下放权力的做法上很值得我们深思，关于这一点，最引人注目的恐怕就是马云退休的事了。

2019 年 9 月 10 日，这一天刚好是教师节，马云将不再担任阿里集团董事局主席，由现任集团 CEO 张勇接任，马云宣告正式退休。阿里巴巴最高权力终于尘埃落定。

现在，我们大致来回顾一下这个过程。

其实，关于马云的退休我们可以从 2013 年的时候初见端倪。2013 年 5 月 10 日，马云正式卸任阿里巴巴集团 CEO，由首席数据官陆兆禧接替马云出任阿里巴巴 CEO。这就意味着马云已经开始将阿里的行政大权下放，此时的张勇担任阿里巴巴集团首席运营官，与阿里的 CEO 相比，张勇那时还是阿里巴巴的二把手。

但是，后来因为陆兆禧与马云的经营理念不同，以及与微信在社交领域的交锋失败等原因，2015 年，马云不得不收回成命，继续物色新的接班人。这时候，马云发现了一直沉默低调的张勇。不过马云没有急于放权，而是先考察了一番张勇在阿里巴巴的影响力，也就是我们上面谈到的服众能力。

关于张勇的早期经历大家可能不太熟悉。2002 年之前，张勇曾就职于安达信会计师事务所，是一位名不见经传的财务会计。在 2002 年后，他开始担任普华永道会计师事务所的高级经理。2005 年加盟盛大，历任财务总监、副总裁兼 CFO。2007 年 8 月辞去盛大 CFO 一职，同年加入淘宝网，随后历经淘宝商城和天猫总裁，直至集团 COO，分管包括淘宝、天猫、阿里巴巴、菜鸟等核心业务。

张勇用短短几年的时间，从一名籍籍无名的小会计做到了让广大消费者疯狂“剁手”的淘宝商城 CEO，其能力可见一斑。在阿里内部，张勇还有一个花名叫作“逍遥子”。看过《天龙八部》的朋友都知道，《天龙八部》有两位极为神秘的人物，一是少林寺藏经阁的扫地僧，另一个就是逍遥派的创始人逍遥子。这位逍遥子，武功极高，像北冥神功、凌波微步、不老长春功、天山折梅手……这些绝世武功都是出自逍遥子之手，逍遥子在江湖上更是赫赫有名，各路江湖豪杰一听某人出自逍遥派，多少都有些忌惮。

通过上面的介绍，我们可以看出，当时张勇在阿里巴巴已经具有了很高的影响力，大家都很服他。所以马云在 2015 年 5 月，将阿里巴巴 CEO 一职交到了张勇的手上。

接棒 CEO 之后的张勇表现得异常出色。他在半年的时间里密集会见了 30 多位全球实体经济企业 CEO，与这些巨头结成联盟，为阿里巴巴的线下服务奠定了坚实的基础。

2016 年，阿里巴巴在张勇的带领下，打响了阿里电商的三大战役——全球化、农村和一线城市。

2017 年，张勇率领天猫和淘宝迎战“双十一”，最终成交总额突破 1600 亿元，再次刷新“双十一”纪录。

在张勇一项项成绩的背后，其实我们忽视了一件事，就是阿里巴巴的实际“军政大权”还在董事局主席马云的手中。直到 2019 年马云才正式将阿里巴巴的所有“军政大权”交到张勇的手中。

张勇这四年的 CEO 生涯，可谓是马云对张勇的一次放权考验，看看他能不能扛好、扛稳阿里巴巴这面大旗，看看他是否会重蹈陆兆禧的覆辙。结果，张勇没有让马云失望，他带领阿里巴巴登上一座又一座的新高峰，刷新一项又一项的新纪录，还得到了阿里人的充分认可。曾经有人私下采访过阿里巴巴的员工，问道：“你怎么看待现在的 CEO 张勇？”阿里的这位员工回答得很简单，一句话：

“我相信他。”短短四个字就足以看出张勇在阿里人心中的地位。

从 2013 年的 CEO 交班，到 2015 年的 CEO 换帅，再到如今的阿里集团董事局主席的让位，可以看出马云在权力交接过程中的良苦用心。马云曾经这样说过，如何看一个人能不能成为领导，就看公司的其他人对他的态度，如果大家需要解决什么问题或做出什么决策时，都会去问问他的意见，那他就可以做领导了，因为大家在无形之中已经把他当成了领导。其实说白了，就是这个人已经得到了大家的信服。

结语

通过汉武帝给三位皇子封王的故事，我们可以看出，汉武帝对“服众”问题的重视。同时，马云让位张勇也是如此，马云一直在寻找那个理想的接班人，虽然张勇已经取得了不小的成绩，但是马云还是没有一次性将所有权力都放出去，直到马云觉得张勇几乎已经得到阿里巴巴全体支持之后，才彻底将阿里巴巴交到张勇手中。因为马云深知“服众”是一个领导必备的能力，如果这个能力失去了，就很难领导众人。而“服众”本身具备了强大的团队凝聚力，它能悄无声息地让一个团队拧成一股绳，把力量用到一处。因此，现代管理人才的考核，不要仅以业绩来考核，更重要的是，要看到他是否具备了“可以让团队凝聚力上升”的能力。

383 列传

385 伯夷列传
393 管晏列传
400 老子韩非列传
409 司马穰苴列传
417 孙子吴起列传
424 伍子胥列传
432 仲尼弟子列传
439 商君列传
446 苏秦列传
452 张仪列传
459 樗里子甘茂列传
466 穰侯列传
474 白起王翦列传
481 孟子荀卿列传
487 孟尝君列传
495 平原君虞卿列传
503 魏公子列传
511 春申君列传
519 范雎蔡泽列传
528 乐毅列传
535 廉颇蔺相如列传
542 田单列传
549 鲁仲连邹阳列传

557 屈原贾生列传
567 吕不韦列传
575 刺客列传
583 李斯列传
593 蒙恬列传
600 张耳陈馀列传
608 魏豹彭越列传
616 黥布列传
623 淮阴侯列传
634 韩信卢绾列传
641 田儋列传
651 樊郦滕灌列传
658 张丞相列传
665 郦生陆贾列传
672 傅靳蒯成列传
679 季布栾布列传
687 袁盎晁错列传
694 张释之冯唐列传
704 万石张叔列传
712 田叔列传
719 扁鹊仓公列传
727 吴王濞列传
734 魏其武安侯列传
741 韩长孺列传
748 李将军列传
755 匈奴列传
763 卫将军骠骑列传
771 平津侯主父列传

779　南越列传
787　东越列传
795　朝鲜列传
803　西南夷列传
811　司马相如列传
822　淮南衡山列传
831　循吏列传
839　汲郑列传
848　酷吏列传
858　大宛列传
865　游侠列传
873　佞幸列传
882　滑稽列传
891　日者列传
899　龟策列传
907　货殖列传
914　太史公自序

肆

列传

伯夷列传

国学大师南怀瑾先生曾经写过一本书叫《论语别裁》，书中讲到一个有趣的小故事：南怀瑾年轻时拜袁焕仙先生为师。（袁焕仙居士是民国时代四川的宗门大德，他在成都设立“维摩精舍”，聚众讲学修禅，度化一方，很受敬仰。）

有一天，袁先生问南怀瑾：“我问你，《伯夷列传》你读过没有？”

南怀瑾得意地回答：“读过好多次，我还会背呢！”

袁先生说：“你以为能背就真正懂了吗？”

南怀瑾俯首说：“不敢，还请老师指点。”

袁先生再次发话：“回去再读一百遍，读完了再来见我。”

南怀瑾听了袁先生的话，回去果真又认认真真地读了一百遍，感觉理解得差不多了，就高高兴兴地去见老师，说：“老师！我看出道理来了，我讲给您听。”

袁焕仙笑着说：“不需要再讲了，我相信你懂了。只有像这样读书，你才能掌握历史文化的精髓，写出的文章才会独具只眼（形容眼光敏锐，能看到别人不易发现的事物，见解高超）。”

那么,《伯夷列传》究竟有什么精妙之处，竟然值得南怀瑾先生这样的国学大师反复读上一百多遍呢？今天我们就来共同学习一下。

《伯夷列传》是《史记》七十列传里的第一篇，全文七百多字，除了有二百多字简要叙述伯夷、叔齐的身世经历外，剩余五百多字引用了十多处前人的评论，并发出了九次提问，使得文章显得异常曲折、隐晦。和其他列传中“传主记叙 + 最后一段评论”的写法不同,《伯夷列传》是夹叙夹议的文体，更像是一篇议论文。所以严格来说,《伯夷列传》不算真正意义上的“列传”，而是一种变体，它行文高深莫测，寓意深远，非常值得我们静下心来反复品读。

既然是《伯夷列传》，那么伯夷是个什么样的人，值得司马迁把他放在列传第一呢？

据《史记》记载：伯夷是孤竹君的大儿子。在夏商周时期，是非常讲究长幼有序的，通常选定的继承人都是嫡长子。但孤竹君非常喜欢他的三儿子叔齐，在位的时候就想要立叔齐为下一任国君。不久，孤竹君死了，国君之位就传给了叔齐，但叔齐不愿意，他认为国君之位本应由大哥伯夷继任，自己继任名不正言不顺，违背礼法，于是就想要把王位还给伯夷。可伯夷是个十分孝顺的人，他说父命不可违，于是就逃跑了。没想到叔齐也是个尊礼谦让的人，他坚持不肯当这个国君，就追着伯夷也跑了。哥儿俩都跑掉了，可是国不可一日无君啊，于是朝中大臣只能立孤竹君的二儿子为王。从这段记载中，我们可以看出来，在财富、权势、地位面前，伯夷、叔齐两兄弟没有争来抢去，而是互相谦让，表现出了高洁的品行。

伯夷和叔齐两人离开孤竹国后，听说周文王非常仁爱，乐于赡养老人。于是哥儿俩一商量，干脆一起去投奔周文王吧。可是到达周地后，他们却得到了周文王已经去世的噩耗，两人怅然若失，悲恸不已。

凑巧的是，失望的兄弟俩刚好碰上周武王用车载着父亲的灵牌，正准备去讨伐商纣王。他们立即从道边冲出来，拦住了周武王的车队，并且质问武王："父死不葬，爰及干戈，可谓孝乎？以臣弑君，可谓仁乎？"意思是说，你父亲刚刚过世，你不好好安葬，却忙着发动战争，这是不孝。你以臣子的身份去弑杀君主，这又是不仁。

武王身边的将军心想，这是从哪里跑出来的两个老家伙，在这儿胡说八道，拔出宝剑就准备要杀了伯夷和叔齐，幸好姜太公从中阻拦，并称赞他们是"义士"，这两位才逃过了一劫。

商纣王昏庸暴虐，周武王起兵讨伐是正义之举，更有利于天下。然而，伯夷、叔齐却不赞同武王以暴易暴的行为，他们的政治主张是"求仁""有道"，也就是注重用仁义和道德来感化人，让天下归心，在《太公六韬》中记载，伯夷、叔齐曾说："杀一人而有天下，圣人不为。"即便只杀一个人就可以拥有天下，这样的事圣人也是不会做的，所以虽然他们也反对商纣王的暴政，但仍然不赞成周武王用武力夺取天下。

不久之后，武王伐纣成功，天下都归顺了周朝，但是伯夷和叔齐却认为这是可耻的。他们"义不食周粟，隐于首阳山，采薇而食之"，坚持仁义，不吃周朝的粮食，在首阳山（今甘肃渭源）上隐居，以采食野菜为生，最后二人竟然饿死在了首阳山上。这种坚持原则、不惧死亡的气节正是他们所坚持的“义”。

兄弟俩在快饿死的时候作了一首《采薇歌》，以表明自己的信念：“登彼西山兮，采其薇矣。以暴易暴兮，不知其非矣。神农、虞、夏忽焉没兮，我安适归矣？于嗟徂兮，命之衰矣！”

诗的大意是，我们哥儿俩每天在西山上靠挖野菜为生，我俩今天这样还不是统治者以暴易暴造成的吗？然而他们却没认识到自己的错误。可惜神农、虞舜和夏禹这些圣明的君主死得太早了，像我们这样爱好和平、主张仁道的人该归向何方呢？唉，世道如此败坏，我们也将不久于人世啊！

司马迁发出“由此观之，怨邪非邪？”的疑问，伯夷和叔齐是怨恨还是不怨恨呢？显然，司马迁从两位前辈的临死遗言中听出了点怨气。对于这个问题，孔子早已给出了答案，他说：“求仁得仁，又何怨乎？”孔子认为，伯夷、叔齐坚持道义是值得称颂的，你追求什么，就会得到什么，没什么可后悔的，人无论做什么，怎么做，无非求一个“心安”而已。

没有对比就没有伤害，历史上有太多的人为了夺取皇位而处心积虑，杀得血雨腥风、父子成仇、兄弟反目，如西汉的“诸吕之乱”、唐朝的“玄武门之变”、宋朝的“斧声烛影”、明朝的“靖难之役”、清朝的“九子夺嫡”等，儒家倡导的孝悌、忠信、礼义、廉耻在权力面前都变得一文不值，全都被唯利是图者抛到了九霄云外。相比之下，商周时期这两位老哥却能“让国隐居”，坚守道德底线和政治原则，这种精神和信仰实在是难能可贵。

“天道无亲，常与善人。”说的是上天是公平的，好人一定会得到好报。然而，现实却往往很残酷，在经历了大是大非、大起大落，特别是受李陵事件牵连而蒙冤遭受宫刑后，深刻感受到世态炎凉的司马迁针对现实又提出了更加犀利的问题。

他问："若伯夷、叔齐，可谓善人者非邪？"伯夷和叔齐洁身自好，堪称道德楷模，当然算是善人，可结局却是被活活饿死。孔门"七十二贤"弟子中，孔子最喜欢勤奋好学的颜回，可是颜回却因为穷困潦倒，营养不良而早早死去，所以司马迁发出灵魂拷问：为什么好人没有好报呢？

司马迁看到，盗贼滥杀无辜，暴虐伤人，横行霸道，却可以寿终；有些人不守规矩，违法犯罪，却终身享受安逸和快乐；而有些人规规矩矩，谨守礼法，从不走歪门邪道，却反而遭受祸殃，这样的人和事数不胜数。面对这样的社会现实，司马迁再次质问："余甚惑焉，傥（通'倘'）所谓天道，是邪非邪？"我就不明白了，难道"好人不长命，祸害遗千年"，这就是天道吗？一声声激愤的质问句句直抵人心。太史公在写这段话的时候，想必是触景生情，也在感怀自己悲惨的人生境遇吧！

但是司马迁不愧是伟大的文学家，在一番引经据典，慨叹不公之后，他没有沉湎于怨天尤人，而是表露心迹，他说"举世混浊，清士乃见"，"岁寒，然后知松柏之后凋也"。整个世道混乱污浊的时候，品行高洁的人才会显露出来；天寒地冻的时候，才会显出松柏的不凡品质。尽管我受到各种不公正的待遇，但我依然不后悔自己的选择，因为这样做才能对得起自己的良心。司马迁借他人之口向世人表明自己坚定的信仰，认为"道不同，不相为谋"，"富贵如可求，虽执鞭之士，吾亦为之；如不可求，从吾所好”（与价值观不一致的人，无法共事。如果富贵是可以求取的，即使做个卑贱的马夫，我也愿意去干；但如果寻求不到，那还是遵从自己的本心去做事吧）。

在文章的最后一段，司马迁说：“品性高洁的人常有，但要留名青史却不容易，还需要一些机缘”。孔子说：“君子疾没世而名不称焉。”即有道德的人最怕的是默默无闻地死去。伯夷、叔齐虽是贤才，但如果没有孔子的传扬，也不会名动天下；颜渊勤奋好学，也因为是孔子的弟子才扬名于世。所以，普通人想要扬名后世，如果没有贵人搭桥，也是难上加难啊。

然而我们知道，千秋之后，太史公终于造就了这座伟大的“桥”。有许多籍籍无名的小人物因为《史记》而名垂青史，太史公不光为王侯将相作传，也为奇人异士正名，而“列传”也成为史记中最精彩的篇章。从这一点上来说，太史公的确是功在千秋。

《伯夷列传》这篇奇文的高明之处在一次次直抵人心的思索和拷问中达到高潮，“拨乱世反之正”（扭转乱世，使社会回归于正道），并做出自己严肃的选择：点燃信念的星星之火，在举世混浊的世界里坚持信仰并传播价值！

《圣经》里说“富人进天堂，比骆驼穿过针眼还要难”。灵魂需要安顿之所，生命需要精神家园，这就是信仰的价值。

然而，现在很多企业忙着挣钱，却忘了自己的信仰。原本应该救死扶伤、造福百姓的医疗企业却成了祸国殃民、利欲熏心的黑心企业。最典型的莫过于在2018年被曝光的长春长生生物科技公司，他们不仅疫苗生产记录造假，还把25万支基本无效的疫苗销到山东，把65万支问题疫苗，销往山东、重庆、河北等地，最终事件败露，不但企业破产，主要负责人也锒铛入狱。

长生疫苗的案例告诉我们，如果一个企业或企业家丧失了信仰，被金钱蒙住了双眼，被利欲熏黑了心肠，那么即使他做得再大，也终有毁灭的一天。

企业家坚持信仰不容易，而能够把信仰、爱好和利他精神融合在一起，发展成自己的毕生事业，向公众传递价值就更不容易。众所周知，2019年的教师节，马云正式卸任阿里巴巴董事局主席，变身为"乡村教师代言人"。当老师一直是马云的梦想，他在打造阿里商业帝国的同时，还和柳传志、冯仑、郭广昌、史玉柱等著名企业家和学者共同发起创办了湖畔大学。在谈到为什么要办这样一所大学时，马云说了两点：

第一，马云希望自己能活100岁：前五十年是完成自己的积累，后五十年是把这些思想遗产传递下去，而不是把这些经验和积累带到坟墓中去。

第二，创办湖畔大学也是一种做公益的方式，湖畔大学要做的就是培养企业家精神，马云认为，企业家的情怀决定了未来中国经济的走向和底蕴。

说到这里，我也说说我们"今今乐道"读书会成立的初衷，"今今乐道"作为联想控股核心资产的战略投资企业，一直坚持"约会世界上最好的思想，影响有影响力的人，为一亿进取者赋能"的企业文化，向创业者、企业家和所有奔日子的进取者们传递正知正念，我们希望，终有一天全民阅读的星星之火可以发展成燎原之势，强大我们的国家，滋养和延续我们的民族，而这种价值观和使命感就是我们“今今乐道”始终不变的坚持和信仰。

结语

作为七十列传中的第一篇，《伯夷列传》的重要性不言而喻，太史公自序中说：“末世争利，维彼奔义；让国饿死，天下称之。”（身处乱世，人们都在争权夺利，而唯有伯夷、叔齐却向往仁义，相互推让国君之位，为坚持原则双双饿死，被天下人所称颂。）

司马迁没有把发展经济、富国强兵放在列传开篇，而是把颂扬“让德”的《伯夷列传》放在《史记》的显著位置，它表明了司马迁选取传主、判断是非的标准和原则，这是别有深意的。

总之，《伯夷列传》是一篇行文高妙、思想深邃而又感慨深沉的奇文。无怪乎南怀瑾先生认为，读懂了这篇文章，对于中国的历史哲学大概也就懂了。当然，最重要的是太史公给予我们后人的精神激励，太史公在认清一切现实后，依然执拗地效仿伯夷和叔齐，愿意为理想和信仰奉献终身。司马迁不惜以身作桥，化身为烛，为后世点一盏温暖的明灯，这种精神永远值得我们学习！

管晏列传

2019年8月1日，美国总统特朗普宣布，美国从2019年9月1日起，对从中国进口的3000亿美元商品加征10%的关税。美国这么明显的挑衅，中国果断做出应对：中方对8月3日后新成交的美国农产品采购暂不排除进口加征关税，中国相关企业已暂停采购美国农产品。8月24日，美国宣布将提高对约5500亿美元中国输美商品加征关税的税率。中美贸易战愈演愈烈……

历史具有惊人的相似性，2600多年前的春秋时期也发生过贸易战。发动这场贸易战的主角就是今天我们给大家讲的管仲。

春秋五霸之一齐桓公有一次这样问宰相管仲："丞相啊，鲁国、梁国像黄蜂的刺一样，我想拿下鲁国、梁国，你可有什么办法啊？"

管仲微微一笑，胸有成竹地对齐桓公耳语一番。齐桓公听得眼前一亮，随之心花怒放，连连点头称赞。

不久之后，齐桓公听从了管仲的建议，脱下国产的衣服，穿上一种原产于鲁国，叫作绨（一种厚实而光滑的丝织品）的服装，开启了第一场“元首服装大秀”，他从鲁国家门口的泰山南面经过，顺便登了泰山，并且逗留了十天。他每天穿着各种款式的绨服出入各种公众场所，言谈举止间不时表现出对绨服的狂热喜爱。

鲁国、梁国就在泰山以南，齐桓公穿绨服登泰山的“明星效应”，一下子就传遍了鲁国、梁国。与此同时，齐桓公不仅自己穿，还命令朝臣们也得穿绨服。“上行下效”，齐国的百姓见国君和大臣都穿上了绨服，纷纷效仿。穿绨服俨然已经成了最炫齐国风。

鲁国、梁国的商人闻风而动，找到管仲，来谈绨布的生意。管仲说：“齐国对绨布的需求很大，鲁国、梁国的绨布质量好，有比较优势，你们送来一千匹绨布，就给黄金三百斤，送上十次就给黄金三千斤。”

鲁国、梁国的君主，听说织绨布能发展经济挣大钱，财政收入就不用愁了，就鼓励他们的国民去织绨布。十三个月下来，鲁国、梁国一片繁忙，车水马龙，道路扬尘，十步不相见。

这个时候，管仲就对齐桓公说：“鲁国、梁国可以拿下了。请您改穿齐国的帛服，带领群臣百姓都不再穿鲁、梁的绨服，同时开打贸易战，闭关不与鲁、梁通商。”当时鲁、梁全民织绨布挣大钱，耕田荒废不种粮食，粮食依靠从齐国低价进口。齐国一闭关，鲁国和梁国的绨布就卖不出去了，也断绝了对鲁、梁两国的粮食出口。鲁、梁的国君一看情况不妙，赶紧下令停止织绨布，恢复农耕。但是为时已晚，农时已经耽误了，鲁国、梁国不仅出现了饥荒，国家税收也征不上来，粮食价格十倍、百倍地暴涨，一斗谷在齐国只要十钱，在鲁、梁两国却要千钱。贸易战开打一年，鲁、梁两国的老百姓，有 60% 跑到了齐国。鲁国、梁国元气大损，齐国不战而胜。

要知道，在此之前，齐桓公用军事力量去征伐鲁国，三鼓而败于曹刿，感到十分棘手。然而，没想到，改用管仲的经济战，不费一兵一卒就战胜了鲁国。

经济战、贸易战、粮食战不是新鲜事物，古已有之，作为一个杰出的经济学家，管仲堪称中国古代的“凯恩斯”，美国现在玩的就是咱们老祖宗两千多年前玩剩下的。

吴晓波老师在《历代经济变革得失》一书中，关于管仲变法强齐的描述让人拍案叫绝。原来，管仲在经济方面是“硬核”玩家。为什么这么说呢？

首先，他是位“国企缔造者”，提出了“寓税于价”的方法——把税收隐藏在商品的价格里，令纳税者看不见、摸不着，不知不觉中“快乐”地纳了税。

其次，他是位“经济大师”，在齐国展开了一整套包括产业、税收、价格等多领域的改革试验。用现在的话说就是“放活微观、管制宏观、鼓励投资和消费”。

微观方面：管仲首开妓院，以此吸引外来商旅，大收其税，这也是管仲被拜为娼妓业“祖师爷”的原因。这种自由的贸易政策，使齐国商业一片繁荣。首都临淄（今山东淄博）居民达 30 万之多，是当时世界上规模最大、最繁华的城市之一，与它同时期的雅典城邦人口不足 5 万。

宏观方面：开创了盐铁专营，就是对盐业、矿山等国家资源进行“资产国有，民间经营”，然后从中提取利润。盐铁专营政策对后世的影响绵延两千余年，现在仍然是中央集权制度的经济保障。

鼓励投资和消费：管仲是鼓励消费的，他认为“俭则伤事”，甚至鼓励奢侈消费。他认为只有不断消费，才能促进生产和商品流通，贫穷的人才有工可做。同时还主张每到不好的年份，国家应该建造宫殿楼台，促进人民就业。这种通过政府固定资产投资来刺激经济复苏、促进就业的做法，直到两千年后西方人才学到手。

另外，管仲擅长“国际贸易”。在他的精心辅佐下，齐桓公成为春秋时期第一位中原霸主，然后开始召集诸侯会盟，《史记》说齐桓公“九合诸侯，一匡天下”，就是说，齐国多次召集诸侯国开会，除了炫耀一下强悍的国力外，还以霸主身份统一各国关税。管仲的此种做法，就是在创建一个区域经济的关税同盟体，到今天，这仍然是国际贸易的游戏惯例。

今天我们除了给大家讲述管仲杰出的经济才能外，还有他和鲍叔牙令人羡慕的友情。管仲贫困时，鲍叔牙不嫌其贫，与之结交；管仲办事不利力，鲍叔牙能看到主客观原因，并坚信管仲之才；管仲身陷囹圄时，鲍叔牙不仅力挽狂澜，救他出狱，还向桓公推荐管仲，自己甘居其下。

可以说，没有鲍叔牙，就没有管仲的伟大功业，太史公说“天下不多管仲之贤而多鲍叔能知人也”，真是恰如其分。这句话不仅道出了鲍叔牙对管仲的知遇之恩，也切实表达出司马迁对管鲍之交的羡慕与向往，含蓄地抒发了自己知音难觅的切肤之痛。

如果说，鲍叔牙与管仲是知音，那么，齐桓公和管仲则是知遇之恩，字里行间，都透露出君臣之间的信任与相互扶持。齐桓公不计一箭之仇，重用管仲，而且对他无比信任。管仲为了治国，向桓公要求华丽的住宅和国君的宴饮设备，桓公都一一满足，并无任何怀疑；而管仲则报以无比的忠心，不仅能抓住时机，转危为安，还能从国家利益出发，不计个人得失。齐国有了管仲，称霸诸侯；管仲也是因为齐桓公，才成为万世敬仰的能臣。

《管晏列传》中，我们要讲的另一对知己是晏婴和越石父。晏婴这个人，很多人都是从“晏子使楚”的典故知道的。下面我们要说的这个小故事不仅把晏婴的聪颖机智、能言善辩表现得淋漓尽致，而且说明了晏婴交友不分贫贱，贵在相知。故事是这样的：有一天，晏婴外出，在路上遇见了越石父。当时越石父是戴罪之身，身上还绑着绳子。晏婴知道越石父是一名十分贤能的人，于是他立即下马，把他赎了出来。当时晏婴求贤若渴的心情溢于言表。

到家后，晏婴一时疏忽，没有邀请越石父进门，自己就先进去了。当时越石父十分生气，他说：“我听说君子只在不了解自己的人那里受委屈，而在知己面前都是随意的。当我被囚禁在牢中的时候，那些人是不了解我的。既然你已经知道我的为人，还把我赎了出来，这就是了解我；既然你了解我，却不按礼节待我，那还不如让我继续囚禁在监牢之中。”说完，越石父甚至要和他绝交。晏婴赶紧向越石父道歉，深刻地检讨了自己，之后，他待越石父更加尊敬。

在《管晏列传》中，司马迁以“相知”为灵魂贯串全文，突出表现朋友之间、君臣之间、主仆之间的知遇之情。我们体会到的这种感情表达得越浓郁，司马迁那种生不逢时、知音难觅的孤独与寂寞就越明显。其实，这篇《管晏列传》还含蓄地表达了司马迁对汉王朝最高统治者的不满与怨恨，这才是将管、晏合写在一起的深层原因。

中国历史上出现了不少关于友谊的佳话，比如俞伯牙和钟子期的知音之交、管仲和鲍叔牙的管鲍之交、陈重和雷义的胶漆之交、孔融和祢衡的忘年之交等，他们彼此都是情深义重，让人感动。但不管什么样的友谊，要想上升到最高层次，都离不开两个字，那就是“懂得”。

“懂得”不是简单的相互理解、相互欣赏，只有达到精神世界的高度契合，“无言也默契，无语也知心”，才算是进了一步，进而能够无条件相互信任、相互珍重，乃至相互成全，这才算是领悟“懂得”的真义。

结语

有人说，当你毫无保留地信任一个人，最终只有两个结果：不是生命中的那个人，就是生命中的一堂课。

真正的朋友就像管仲和鲍叔牙一样坦诚相待，一个过得称心，另一个必定安心，相互帮助，互相劝勉，最终相互成就，名满天下，成为彼此的风景。人的一生中会遇到不同的人并与其成为朋友，但真正的知心朋友却可遇不可求。若你遇到在困难时不离不弃，在过失时指出改正，在遇到好事时为你开心欢喜的朋友，那么你就获得了像管仲与鲍叔牙一样的友情，请你一定要好好珍惜啊！

老子韩非列传

我们都知道，性格是每个人身上一经形成就比较稳定的人格特征，它也是我们每个人区别于他人的非常重要的因素。那么，如果把所有中国人合在一起，它是否也有属于自己的而且能够与其他国家区分开来的性格呢？说实话，这个问题很难回答。但这并不是说它就没有答案。比如，美籍哲学家陈荣捷先生就曾经这样说过："假如没有《老子》这本书的话，中国文化与中国人的性格将会截然不同。"

虽然陈荣捷先生的话没有正面回应什么是中国人的性格，但把《老子》作为滤镜，透视出来的国人特征应该是合乎情理的。实际上，老子影响的远不只国人的性格，他对中国的文学、宗教、政治、美学等一系列文化或者知识体系都产生过深远的影响。以政治为例，早在战国末期，韩非子便已经开始从老子的思想中吸取精华。如太史公所言：韩子言"法"治，是在老子思想的基础上，融合了申子的"术"治、商鞅的"法"治、慎到的"势"治，从而提出以"法"为中心的"法、术、势"三合一的统治之术。最后虽然韩非子惨遭陷害，死于狱中，但他的法家思想却成为秦朝制度的精髓，为后世历朝历代所效仿。后世有学者将韩非子称为历代专制政治的总设计师。

今天，我们就一起透过司马迁的《史记》来看看这两个打造国人“性格”和“政治”的设计师，他们身上有什么样的亮点，以及他们的思想会对今天的我们有什么样的启示。

对于老子这个人，因为其出生的年代比较久远，加上他本人又非常低调，所以史书上有关他的生平事迹并不多。司马迁在《老子韩非列传》中对老子的介绍也非常简单：老子者，楚苦县厉乡（今河南鹿邑）曲仁里人也，姓李氏，名耳，字聃，周守藏室之史也。

从中我们可以知道，老子姓李，名耳，字聃，楚国人。另外，老子当时的工作是“守藏室之史”。说白了，就相当于今天的国家图书馆馆长。

老子应该比孔子大 20 岁左右，两人属于同时代的人。据说，当老子在东周国都洛阳当“国家图书馆馆长”的时候，就因为学识渊博而名声远扬。作为一个求知欲旺盛的人，孔子知道了老子的博学之名，在公元前 523 年的一天，带了一个弟子，两个随从，驱车前往洛阳。

老子人虽然低调，但为人处世一点也不古板。听说孔子一行从鲁国远道而来，他非常高兴，不仅热情地接待了他们，还把孔子引荐给大夫苌弘，带他去观祭神之典。苌弘善乐，孔子就跟着他学了不少有关音乐的理论；通过观看祭神之典，孔子又学了不少关于礼的知识。有一天，老子携孔子来到黄河岸边，见河水滔滔，浊浪翻滚，其势如万马奔腾，其声如虎吼雷鸣。孔子就开始感慨了："逝者如斯夫，不舍昼夜！黄河之水奔腾不息，人之年华流逝不止，河水不知何处去，人生不知何处归？"

听闻孔子的感慨，老子似乎有些不解，毕竟孔子也是有大智慧、大学问的人，怎么会有这样的困惑呢？老子觉得不应该，就反问孔子："人生天地之间，乃与天地一体也。天地，自然之物也；人生，亦自然之物；人有幼、少、壮、老之变化，犹如天地有春、夏、秋、冬之交替，有何悲乎？"

见老子如此反问，孔子似乎也有些尴尬，但依然感觉老子可能有些误解他了，便赶紧解释说："吾乃忧大道不行，仁义不施，战乱不止，国乱不治也，故有人生短暂，不能有功于世、不能有为于民之感叹矣。"

听完孔子的解释，老子莞尔一笑，反问道："天地无人推而自行，日月无人燃而自明，星辰无人列而自序，禽兽无人造而自生，此乃自然为之也，何劳人为乎？"

后人经常把老子的道家风度与孔子的儒家气质比喻为两种人生观，其实上面老子与孔子的对话已经将这两种风格凸显了出来。正如国学大师南怀瑾把道家比喻为药店，无病可以不去，生病必去不可，把儒家比喻为粮食店，每日必去，我们无法判断老子与孔子谁的观点更高一筹，只是在不同的时间、地点，它们的功用各异罢了。

在洛阳逗留数日之后，孔子就回鲁国去了。见老师回来了，众弟子赶紧上前询问是否见到了老子。孔子点头说见到了，但表情并没有多少喜悦，但也绝不是遗憾、失落。弟子们又问孔子："这老子到底长什么样了啊？"

孔子稍微整理了一下思绪，一边望向远方，一边说道："鸟，吾知其能飞；鱼，吾知其能游；兽，吾知其能走。走者可以为罔（捕具，同'网'），游者可以为纶（钓鱼的丝线），飞者可以为矰（系有丝绳，用以射鸟的短箭）。至于龙吾不能知，其乘风云而上天。吾今日见老子，其犹龙邪！"

什么意思呢？就是说这鸟、鱼、兽固然能飞、能游、能跑，但我了解它们，而且知道如何捉住它们。至于龙，我就不知道该怎么办了，它是驾着风而飞腾升天的。我见到的老子大概就是龙这个样子吧。

我们先不管孔子对老子的这番评价是否有夸大之嫌，总之，后来老子离开洛阳之后，真的就像龙一般，不知归向何方。不过，当他西行到函谷关（中国古代关卡，位于河南三门峡）的时候，碰到了一个他的超级粉丝：函谷关关令尹喜。尹喜这个人不仅崇拜老子，而且脸皮很厚，缠着老子说："既然您要隐居了，那就为我们写一本书吧！"写书可不比如今的明星在过道上给粉丝签名，不过老子也是好脾气，竟然答应了。于是，一本分上下两篇、共计 81 章 5162 字的《道德经》就这样诞生了。

今天，评价一个学者的学问水平，他的论文数量以及论文被引证的次数是一个重要指标，但古人不写论文，该如何评价呢？这个时候，看后世被他影响的人就可以了。那么，被老子影响的人有哪些呢？唐玄宗用《道德经》修身、治国，魏源用老子之书明道，鲁迅用老子之书学中国文化，毛泽东用《道德经》学习兵法。这就完了吗？别忘了，还有外国人：荷兰哲学家斯宾诺莎的“泛神论”和亲近自然的思想与老子思想有关；德国前总理施罗德建议每个德国家庭买一本中国的《道德经》，以帮助解决人们思想上的困惑；就连丹麦物理学家玻尔也认为自己不是理论的创立者，只是个（道家的）得道者。不过，今天，既然是在讲《史记》，那么我们就从他的另一个学生韩非入手。

战国时代，群雄纷争，谋士盛行，很多人仅凭三寸不烂之舌就能赢得君王的青睐。然而，因为有口吃的毛病，韩非口才天生不占优势，纵然有韩国贵族的身份，也得不到韩王的任用。那么，韩非后来从灿若星河的学者中脱颖而出，靠的是什么呢？是他对事物、对人性的深度思考。

韩非子也自知长处不在口舌表达，故发奋著书。韩非子的文章说理精密，文锋犀利，议论透辟，推证事理，切中要害。比如《亡征》一篇，分析国家灭亡的征兆达47条之多，可见其思维之缜密。《难言》《说难》两篇无微不至地揣摩所说者的心理，对于如何趋避投合，以及听者心理的分析之周密，让人对游说之事怎样才能成功豁然开朗。深度思维让韩非子看事析理之透彻，天下其他文人没一个能与之相比。

在《老子韩非列传》中，司马迁在论及韩非的思想和观点时，用了二分之一还多的篇幅来详细阐述，由此可见，韩非的思想十分高深莫测。韩非思想中有两点非常关键：一个是对法的重视，另一个则是提倡授权。实际上，这两点都可以在老子的思想中找到根据。就法而言，老子主张“人法地，地法天，天法道，道法自然”；就授权而言，其实它和老子的“自知者明”等观点一脉相承。为什么这样讲呢？我们可以引用世界著名管理学大师彼得·德鲁克的话：“授权绝不是简单地把工作和责任交给下属，而是必须要经过事先周密的考虑和准备。”刘邦为什么敢把几十万大军的军权交给韩信，这里面有两个前提：一是刘邦信任韩信，而且这种信任不是一天两天建立起来的；二是刘邦有自知之明，他知道在带兵打仗方面，自己不如韩信。

韩非子在《韩非子·八经》里讲道：“下君尽己之能，中君尽人之力，上君尽人之智”，意思是最差的统治者只懂得一个人独自治国，普通统治者用众人的力量治国，而贤明的统治者则用众人的智力治国。从这个角度来看，把韩非视为授权管理学的鼻祖也不为过。

授权说起来容易，但具体如何做呢？我们不妨从广州恒大女子排球队那里取点经。

在说恒大之前，咱们先插点题外话。2016 年 8 月 21 日，里约奥运会女排决赛，对阵的双方是中国队与塞尔维亚队。开局后，中国队打得并不顺畅，结果第一局输了。不过，在接下来的三局中，中国女排有如神助，连下三盘，逆转塞尔维亚，夺得冠军。当天晚上，最耀眼的明星除了加冕里约奥运会女排 MVP 与最佳主攻的朱婷外，恐怕就是女排的主教练郎平了。但是，这些和广州恒大有什么关系呢？

实际上，郎平之所以能够回国，并成为女排国家队的主教练，都离不开恒大集团主席许家印的扶持与牵线。

对于郎平，相信不管是今天的青少年，还是上了年纪的中老年人，应该都不会陌生。早在1981年，郎平就随中国女排夺得第3届世界杯冠军，并在1984年随中国女排获得洛杉矶奥运会女排比赛金牌，协助中国女排实现三冠王。不过，郎平这个人很有个性。1986年她退役后，按照惯例，有关部门给这位功臣安排了北京体委副主任的职位，没想到郎平对此毫无兴趣。1987年，郁郁不得志的郎平出走了。后来她拿到了美国绿卡，先后成为意大利、美国国家队主教练，并在北京奥运会上打败中国女排，成为国际知名顶级教练。

2009年，郎平离开美国女排主教练的岗位，宣布准备退休。此时，一向善于寻觅商机和挖掘人才的恒大集团主席许家印登场了。

从一开始，许家印就知道郎平这个人不好请。不过，他也是有备而来。为了表示自己的诚意，许家印除了给郎平开出500万元的年薪外，还给予她完全的授权，力邀郎平回国组建恒大女排。

对郎平来说，吸引她回国的除了许家印的诚意外，还有恒大的文化、恒大女排的发展模式。虽然恒大女排处于全国女排联赛B组，但是当时国内第一个真正职业化的女排俱乐部，运作模式完全是靠企业独立经营。这无疑会让郎平有更大的自主权和发挥空间。

其实，许家印邀请郎平回国执教恒大女排还有更大的计划，那就是希望有朝一日她能够为国家队效力。许家印为打消郎平的后顾之忧，亲自承诺郎平回归国家队后，恒大仍给她发两年的工资。

后来的事实证明了许家印的远见以及郎平的能力：短短两年多时间，郎平就把中国女排从亚锦赛第四名带到了2014年世锦赛亚军、2015年世界杯冠军、2016年奥运会冠军的巅峰。

作为企业家，许家印身上有许多值得称道的地方，而敢于、善于授权绝对是他身上最为耀眼的标签之一。如果没有许家印完全的授权，或许郎平的人生轨迹将会大有不同，实际上，郎平并非许家印“高薪+授权”模式的唯一受益者。2013年，广州恒大足球队成为中国联赛职业化后第一支夺得亚冠冠军的中国俱乐部。若论首席功臣，非时任主教练里皮莫属。而里皮之所以愿意加入恒大队，除了高薪之外，还有一个核心要素就是许家印的绝对授权。

结语

1973年，毛泽东在写给郭沫若的一首题为《读〈封建论〉》的诗里有这样两句：“祖龙魂死业犹在”“百代都行秦政法”。虽然祖龙说的是始皇，但后面的“业”和“秦政法”，则无处不彰显着韩非的影子。当然，鉴于韩非子从老子那里获得的启迪，我们似乎又能把秦国和老子联想在一起，尽管它们看起来是如此的不同。

老子一生低调，信奉无为，但他的思想就像是蒲公英的种子，既无处不在，又历久弥新。不清楚后人是把老子的思想反向应用了呢，还是说这正好印证了无为的威力。韩非子作为历代专制政治的辩护士和总设计师，他在主张集权的同时，不忘强调授权的价值，表面矛盾，但凸显的是更深层次的智慧。今天市面上有关“老子智慧”“读老子学管理”的书籍看似琳琅满目，实则良莠不齐，但越是如此，管理者越应该警示自己：学老子，敬韩非，不能仅凭一腔热情，也不能就靠聪明，必须有格局。正如王国维在《人间词话》中以境界论“词”一样：有境界，则自成高格，自有名句。同样，企业家从老子、韩非等人那里汲取营养，也必须有境界，有格局。有格局，则自成体系，自有智慧，否则，古人的思想就只是冷冰冰的知识。

司马穰苴列传

今天咱们讲的这个人叫司马穰苴，大家可能不了解他，会正确读他名字的人应该也不多。但这个人在中国的军事史上却享有很高的地位，是“武庙十哲”之一，与孙武、吴起等一干名将齐名。那么这个司马穰苴到底是什么来头？又为什么会如此受到后人推崇呢？今天咱们就来讲讲。

春秋末期的某一天，风和日丽，万里无云。在齐国的都城临淄，街道上熙熙攘攘，百姓们都在为自己的生活而奔波操劳，为了几文钱的价格斤斤计较，这样忙碌而祥和的场景与平日并没有什么不同。但此时的齐王宫中，气氛却十分紧张。

齐国的当政者齐景公正指着群臣破口大骂。前两天，他接到前线战报，“死对头”晋国已经攻克了阿（今山东聊城阿城镇）、甄（今山东菏泽鄄城）两城，而一向老实的燕国也在此时落井下石，攻取了齐国黄河附近的不少土地。齐景公一直以来引以为傲的军队，在强敌面前简直不堪一击，毫无招架之力。

面对这种严峻局面，齐景公马上召开紧急会议，希望群臣当中可以站出一位英雄，能带领齐军扭转局面反败为胜。结果这些平日里“文韬武略”的大臣，此时都如霜打的茄子一样，不约而同地垂下了头，就连一向贤能的相国晏子，也保持着沉默。齐景公气得直跺脚，一怒之下解散了会议。

齐景公前脚刚回到后殿，后脚宫人就来报：相国晏婴求见。

晏子刚进门，齐景王立马冲了上去，握住晏子的手，向他求救：“相国啊，现在的形势都已经火烧眉毛了，这可怎么办啊？要不，您带兵去试试吧？”

晏子赶紧推脱说：“我知道自己不是这块料，所以才在朝上不说话。您让我去带兵，那和让我去送死也没啥区别啊。”

“那该如何是好啊？”齐景公继续追问道。

晏子回答说：“我虽然带不了兵，但是我知道有一个人可以。”

“谁啊？”

“田穰苴。”

“田穰苴？”齐景公此时心中生出了一个大大的疑问，“他是谁啊？”

这个田穰苴，就是我们今天故事的主角——司马穰苴。他真正的名字叫田穰苴，司马是他以后的官职名称，后来人们叫顺了口，就称他为司马穰苴了。他是田完的后人（田完的事迹可参见之前的《田敬仲完世家》），也算是名门望族之后了。但因为田穰苴是父亲小妾生的孩子，从小就不怎么受人待见，只有晏子了解他的才能，所以此时正好将他推荐给齐景公。

晏子接着对齐景公说道："田穰苴是田氏的一个庶子，主公您可别嫌弃他。这个人确实是个智勇双全的人才，您可以把他召进宫聊聊看，用他试一试。"

齐景公就抱着死马当作活马医的心态，把田穰苴召进宫来和他商讨军国大事。结果是不聊不知道，一聊吓一跳，田穰苴这个人确实是身负大才。他提出的战略方针，让齐景公看到了希望，便当即任用田穰苴为将军，统帅军队抗击晋、燕的进攻。

此时田穰苴却说："我这个人，地位一直都比较低下，主公您突然把我从平民提拔成将军，让我的地位比大夫们还高，士兵们必定不会服从，百姓也不会信任。如果我的权威树立不起来，那队伍就带不了，希望主公可以派一位有威望的、您信任的人来给我当监军。"齐景公一听，嗯，说的有道理，就派了自己的心腹大臣庄贾，给田穰苴当监军。

田穰苴在领受齐景公的命令后，便找到庄贾，对他说："明天正午在军营门前集合，不许迟到，否则军法处置。"庄贾非常敷衍地回答说："知道了。"根本没把田穰苴的话当回事儿。田穰苴一看庄贾是这种态度，也没说什么，转身就走了。

等到了第二天，田穰苴早早地到达了军营，在营门口竖起计时的木表漏壶，等待庄贾的到来。时间一分一秒地从漏壶中流逝。约定的时间已经到了，可从营门口望去，依然看不到庄贾的身影。田穰苴二话不说，一脚就把漏壶踹翻在地，随后转身进入了军营，开始检阅军队，宣布纪律，其间他并没有流露出任何多余的表情。等田穰苴把这一切都忙完，已经到了日暮时分，这时有军士向他报告，庄贾来了。

当田穰苴见到庄贾的时候，庄贾正晃晃悠悠地踞坐在军帐当中，身上还飘散着浓烈的酒气。

田穰苴面无表情地问："说好了正午集合，为什么你现在才到？"

庄贾醉醺醺地说道："对不起啊，亲戚朋友们听说咱们要出征，为了预祝咱们成功，就拉着我多喝了两杯。"

田穰苴一拍桌子，指着庄贾的鼻子大声呵斥："大敌当前，你还有工夫去喝酒？"

庄贾不屑地反问道："你很着急吗？"

田穰苴回答道："着急！你身为将领，受命之日应忘其家，临军约束应忘其亲，冲锋陷阵应忘其身。如今晋、燕的军队都快打到临淄了，将士们都在战场之上，国君自己寝不安席，食不甘味，全国百姓的身家性命都系于你的身上，你还有工夫喝酒送行？"说罢，扭头叫道："军法官！"

"在！"

"军法对失期迟到的惩罚是什么？"

"失期，当斩。"

田穰苴此时呼唤左右兵士："来人，把庄贾拖出去斩了。"

庄贾大喊："我身为监军，又是国君亲信，谁敢动我？"

田穰苴则说："身为监军，知法犯法，斩。"

当绳索套在脖子上的时候，庄贾才意识到田穰苴是真的，酒一下就醒了，他赶紧对身边的随从喊道："快，快找国君救我！"

送信的人刚跑出营门没多久，田穰苴便在全军面前砍下了庄贾的头，并下令示众，传巡三军。

当齐景公派的使者拿着符节来赦免庄贾的时候，并不知道庄贾的脑袋已经在军中传巡一圈了，所以使者的马车直接飞奔入军营。田穰苴立刻命令士兵拦住了马车，他对使者说："将在外，君令有所不受。你驾车在军中飞驰，按军法当斩，念你是国君的使者，这次便放你一马，但死罪可免，活罪难逃，处罚还是要有的。"

于是下令斩杀了使者的仆从，毁掉了车具，让使者回去向齐景公复命。将士们一看，这个新来的长官是个狠角色啊，不仅敢杀监军，还敢杀国君的使者，于是对军中的规矩都认真了起来。

田穰苴虽然治军严格，但却对士兵非常爱护。士兵们在军中生活起居的每一个环节，田穰苴都亲自把关，还把将军的专用物资拿出来分给将士，自己和士兵同甘共苦，让士兵们大为感动，都争先恐后地为他卖命。

晋国一听说齐军竟然找了这么一个将军，非常识相地主动撤军了。而燕国军队就不信邪，非要和田穰苴的部队比一比，结果被打得落花流水，田穰苴趁机收复了所有沦陷的土地，凯旋而归。

在此之后，田穰苴的地位就一天天地显赫起来，官至大司马，成为齐王的左膀右臂。可是后来，田穰苴也没能避免名将"功高震主"的悲惨命运，受到奸佞的诬陷而被齐景王免职，不久就因抑郁而生病去世了。

虽然田穰苴最后因免职而病死，但他的治军之道和战略战术，却得到了后世推崇，根据他的经验总结而撰成的《司马法》，成为上承《六韬》，下启《孙子》的军事名著。

田穰苴因不畏权贵、治军严明而成为后世名将的典范。他斩杀监军庄贾、惩罚君王使者的严厉做法在西方管理学中被称为热炉法则。热炉法则是指当组织中的任何人触犯规章制度时，其受到的处罚要像触摸到热炉一样，不论他的身份是什么，权力有多大，只要违背了组织的规定，都必须受到处罚，而惩罚过程中的警告性、一致性、即时性和公平性是管理者一定要遵守的铁律。

关于热炉法则，在《影响世界的100个经典管理定律》中有一个案例：美国新泽西州的一家汽车代理公司中，有一位叫查尔斯·派克的销售经理。派克在平时是一个风度翩翩、通情达理的人，但当员工违反公司的规章制度时，就会变得严厉无比，让人心有戚戚。

有一次，因为一名销售人员的业绩实在太差，没有完成公司所规定的KPI，查尔斯便把那位销售员叫到办公室内，对他进行训话。在谈话中，查尔斯把销售员在销售过程中所出现的问题进行了详细的分析，并主动告诉那位员工，自己可以帮助他。经过了这一次谈话，那名销售员表示，自己一定会按照公司制度，在下周卖出去一辆车。可等到一周之后，这个销售员的业绩却依然惨不忍睹，而且在面对查尔斯时表现得毫不在乎，一点愧疚感都没有，好像上周做保证的并不是他一样。

面对这种情况，查尔斯大发雷霆，他决不能接受自己的员工有这样的工作成绩和态度，而且该销售员的成绩已经严重违反了公司的绩效规定，他会依照公司的制度对该销售员进行严厉处罚。不仅如此，在整个批评过程中，查尔斯表现得像一只暴躁的熊，不仅对销售员破口大骂，还把笔记本砸向了他。结果这位受到惩处的销售员，在被处罚的当天就卖出了两辆车。事后，查尔斯说："之前我找他谈过话，给了他警告，也说过自己会帮助他，但我必须要切实做点什么，我不会向他道歉的，因为公司的规定是不容违反的。我对我的员工总是很严格，但他们都会知道我是为了他们好，如果能善用惩罚，就真的能够奏效。"

联想也是一个遵守热炉法则的公司，柳传志先生曾说："企业做什么事，就怕含含糊糊，制度定了却不严格执行，最害人。"所以在联想，不管你是普通员工还是公司高管，都必须严格遵守公司的规章制度，没有例外。据传言说，联想公司规定不请假而开会迟到的人一定要被罚站，就连柳传志先生自己都曾被罚过三次。这种严明的纪律性，就是联想走向成功的重要法宝之一。

结语

俗话说："没有规矩不成方圆"，对规章制度严格遵守，遵守热炉法则的公司确实更容易在商业上获得成功，因为严格执行的制度是一个公司纪律性和执行力的最基本保证，古今中外莫不如是。

但管理者在用热炉法则管理公司，实行惩罚的时候，一定要遵守热炉法则里的"四条铁律"：

警告性原则：管理者必须在事前对员工应该遵守的条例进行详

细的说明。正所谓“不教而杀谓之虐”，如果在不让员工明晰规则的情况下就随意处罚员工，这样的规则是不会被员工遵守的。

一致性原则：对犯错的员工必须要进行严厉处罚，绝不姑息，只有每次都拿出最严肃的态度，才能避免有些员工“知法犯法”“屡教不改”。

即时性原则：一旦员工犯错必须立马惩处，如果太过拖延就会让员工看轻制度，也就无法再继续约束员工。

公平性原则：在公司制度面前必须做到人人平等，只有领导们以身作则，员工们才会认识到制度的重要性和严肃性。

孙子吴起列传

《孙子吴起列传》是我国古代三位著名军事家孙武、孙膑和吴起的合传。司马迁着重写了孙武“吴宫教战”、孙膑“围魏救赵”，以及吴起在魏、楚一展军事才能，使两国富国强兵的事迹。全篇以兵法起，以兵法结，中间以兵法贯穿始末。其中，“战神”吴起的事迹，太史公着墨最为丰富。

吴起是战国初期卫国人，著名的军事家；作为兵家代表人物，与孙武并称孙、吴。他创立武卒制，攻无不克、战无不胜，史载“与诸侯大战七十六，全胜六十四，余则钧解。辟土四面，拓地千里，皆起之功也”，可以说，吴起是中国历史上没有败绩的战神，为战国初期魏国奠定霸主地位做出了突出贡献。吴起后来在楚国主持变法，与变法名臣商鞅、申不害等齐名，使楚国迅速强盛起来，史称“吴起变法”。同时，吴起又被视为法家的代表人物。但是就是这样一个了不起的人物，在历史上的名声却是毁誉参半，喜欢他的人对他推崇备至，不喜欢他的人对他鄙夷不屑。为什么会出现这种情况呢？今天我们就来讲讲吴起的故事。

吴起的名声之所以不好，主要因为吴起做事极端。吴起早年为了求取功名，花光了家财，被乡人取笑，吴起气愤不过，“杀其谤己者三十余人”，把辱骂自己的30多人全杀了。吴起杀了人以后逃跑，走之前发誓说“起不为卿相，不复入卫”，意思是，不做到卿相，我绝不再回来。之后便开始跟着曾参（孔门弟子曾子）的儿子曾由学习，哪怕自己母亲死了也没有回去。曾由觉得吴起为人太薄情，对母亲尚且如此，对他人又能有什么感情呢。所以曾由打心里看不起吴起的为人，就和吴起断绝了师徒关系。于是吴起又跑到鲁国学习兵法。

另一件事，更让人对吴起的为人感到不齿，这就是吴起“杀妻求将”的故事。当时齐国攻打鲁国，吴起觉得机会来了就去争取带兵出战，建功立业，可是有人说吴起的老婆就是齐国人，不能放心任用他。吴起回家就把老婆杀了，也因此得以率兵出征，最终大败齐国。从这里也能看出吴起的不择手段，对家人也是毫不留情。

到这里，大家是不是觉得吴起就是个十恶不赦之人？但就是这样一个人却是一个爱兵如子的好将军。

吴起在魏国当西河守的时候，与士卒同甘共苦，睡觉不铺席子，行军不骑马，亲自带粮食。当时有一个小兵腿上长了疽，用现在的话说，就是化脓的疮，这种疮一定要及时排脓，当时医疗条件不好，于是吴起亲自给他用嘴吸脓。这个士兵的母亲听了这件事以后不仅没有高兴，反而哭得很伤心。有人问她：“您儿子不过是个最下级的小兵，现在将军亲自给他吸脓，您还有什么不开心的？”

士兵的母亲说："当年我老公就是将军给吸的脓，后来打仗的时候奋不顾身，最终战死。今天又发生这样的事，我只是太担心我儿子了！"可见，当时的士兵对吴起的拥戴。

吴起不仅是个爱兵如子的好将军，还是一个修德之人。可能有人会奇怪：一个对家人寡情之人怎么能是一个修德之人呢？可如此寡情之人却留下"在德不在险"的至理名言。

有一次，魏武侯泛舟黄河，看到魏国的山川之险，不禁感叹："美哉乎山河之固，此魏国之宝也！"吴起却说："在德不在险……若君不修德，舟中之人尽为敌国也。"吴起指出，当年的三苗氏、夏桀和殷纣的立国之地都是山河险要，看似固若金汤，但是这些君主因为德义不修、修政不仁、修政不德，最终都落得了亡国的下场，所以国家的稳固在于君主的德政而不在于地理位置的险要。

这种德是"君王之德"，是指政治军事上的积极进取，与天下万民责任共担、利益共享。万民把天下交给你执掌，你要对得起百姓的信任，照顾好他们的利益，做好君王应该做的功课。如果君王不修德，他们就是你的敌人，到时候再坚固的天险城防都救不了君王。当吴起说出这句话时，很难把他与之前那个心狠手辣的人联系在一起。

为什么吴起前后反差这么大？难道吴起不是那个"母死不归""杀妻求将"的吴起吗？其实，吴起的改变只是因环境不同。

吴起的一生可以用四个字来形容：实现自我。吴起的理智，让他所做的一切都是为了这四个字服务的，他所有的行为也都可以用这四个字去推敲。

为了实现自我，吴起可以"母死不归"，可以"杀妻求将"，同样为了实现自我，吴起说出“在德不在险”的真言，做出了为士兵吸脓的举动，看似矛盾，其实这才是完整的吴起。

“母死不归”是为了表示决心，人要做一件事，就必须给自己立一个目标，如果自己总是推翻自己，那该做的事是不是也可以不做？“杀妻求将”是为了抓机会，默默无闻的吴起苦等机会到来，为此他不惜杀了自己的妻子去争取；为士兵吸脓是因为作为西河守的他想要建功立业，打败来犯之敌，开疆扩土需要依靠这些士兵去冲锋陷阵；劝魏武侯修德是因为那时候的吴起已经是魏国大将，他想要再进一步，就必须从君主入手，通过指正君主的过失，成为一代名臣。所有这一切，都为了一个目标：实现自我。

吴起并不因狠毒而可怕，而是了解自己的最大渴求。他“母死不归”不是不爱自己的母亲，可是为达目的，他可以舍弃母子之情；他“杀妻求将”不是因为不爱自己的妻子，可是为达目的，他宁肯亲手杀掉陪伴自己多年的妻子；同样，吴起也不是因为喜欢士兵而为他吸脓，但是为达目的，他这样做了。

通过损害他人来提升自己，又通过帮助他人来提升自己，最终的目的是实现自己的价值。所以，归根结底，吴起可以算是一个“精致的利己主义者”，而这也注定了他最终的命运结局。

吴起因为与魏武侯出现了不可调和的矛盾，被迫出走楚国。楚国的国君楚悼王早听闻吴起的名望。吴起到楚国，楚悼王便立刻启用吴起为令尹（楚国在春秋战国时的最高官衔，掌握政治事务，发号施令的最高官），展开了轰轰烈烈的变法运动。

吴起变法初见成效之时，楚悼王不幸病逝，吴起失去了变法的最大支持者，立刻陷入孤立无援的境地。虽然明知利益严重受损的楚国旧贵族定会在楚悼王葬礼之际谋害他，他却抱着必死的决心，依然选择前往楚宫参加葬礼。

葬礼上，蓄谋已久的贵族们开始动手，他们用箭射伤了吴起。吴起拔出身上的箭，飞奔到楚悼王停尸的地方，将箭插在楚悼王的尸体上，大喊："群臣叛乱，谋害我王。"可贵族们已下定决心要杀死吴起，所以仍然下令放箭，最终把吴起射死，当然在射杀吴起的同时也射中了楚悼王的尸体。楚肃王继位之后，他按照楚国的法律把射杀吴起和射中楚悼王尸体的人统统处死，因为楚国的法律规定，伤害国王的尸体属于重罪，将被诛灭三族，所以因此被灭族的有七十多家。吴起的尸身也被处以车裂肢解之刑。吴起死后，他在楚国的变法宣告失败。

吴起死的方式依然遵循他一贯的作风，令人惊讶又透出权谋，以及他的极端。

那么，面对精致的利己主义者，我们应该怎么办呢？

精致的利己主义者，短期春风得意，长期墙倒众人推。曹雪芹先生笔下春风得意的王熙凤，就是个精致的利己主义者，而她的结果就是："机关算尽太聪明，反误了卿卿性命。"

王熙凤是复杂的，既有把老太太哄欢喜的本事，有管家的能力，还有管理下人们的泼辣手段。同时为了达到自己的目的，心狠手辣。或许在她的心里，权势、地位、金钱才是一切。像她这种自身利益至上的人，最后失势时，必会落得一个墙倒众人推的下场。

精致的利己主义者，虽然有着高情商，懂得配合，但他们往往没有道德底线，多行不义必自毙，最终只能自食其果。

精致的利己主义者通常过于重视个人利益，却不知这会使他们失去更多的东西。人类毕竟是社会性动物，我们都生活在一个关系网里，在这种环境里，替他人考虑是非常重要的。能设身处地为他人着想，了解别人心里所思、所想，才是做事的长久之计。

这样的人，往往格局很大。当你做一件事情的时候，不要先想着自己能得到什么，要考虑能为他人创造怎样的价值。先学会成全别人，你才能得到更高价值的回报。

在商业中也是如此。马云说："未来阿里将赋能制造业，帮助千千万万的制造业企业应对未来的挑战。"并许下宏愿说："我觉得阿里巴巴正走在一条前所未有的发展道路上，我们需要的是更加坚定地相信未来，相信自己。"实际上，正是千千万万的中小卖家成就了阿里今天的辉煌，也正是因为获得了众多商家的支持，马云才会成功。而这一切，都是因为利他的初心：让天下没有难做的生意。

腾讯也是如此，早期的腾讯一直以抄袭受到诟病，并且还引发了和周鸿祎的"3Q 大战"。可此次事件后，腾讯逐渐放开自己的生态，不再选择去垄断，反而用资本和流量扶持其他的创业者，打造了今天这样一个超级平台，拥有众多的合作伙伴，市值也一度超越 5000 亿美元。

这两个成功案例都说明，成功的人或是企业都懂得尊重他人的利益。相信互惠的力量，只看眼前的精致的利己主义者，往往才是人生最大的输家。

结语

俞敏洪说："人总是希望自己在某些方面变得更好，更有知识，更有野心，更有事业心，但这要有个度，人生不能纯粹以钱和名为中心。一个人总想着利己的话，是不会有利的，你不顾及别人的利益，你自己的世界会越来越小，一个可以为自己的周围带来更多快乐，更多帮助的人，你的世界会越来越广阔。"

所以，要学会分辨身边的精致的利己者，人生是一场马拉松，长久的成功才更重要。学会自利利他，成为一个"得道多助"的人才是我们更应该做的事。

伍子胥列传

今天，我们要讲的是《史记》中的《伍子胥列传》。

伍子胥在中国历史上是一位家喻户晓的人物。以其突出的人物个性和传奇的人生经历，在我们日常的故事、小说、戏曲、影视剧中都有传神的刻画。

如果你想要了解春秋中后期的历史，伍子胥绝对是一个绕不开的人物。那么伍子胥到底是一个什么样的人呢？又为什么说他的一生充满着传奇色彩呢？下面我们就来说说伍子胥的事。

伍子胥，楚国人，又叫伍员（用于人名时读 yún，作姓氏时读 yùn，现代通行读法为 yuán）。伍子胥家世显赫、出身高贵。伍子胥的曾祖父伍参是春秋五霸之一楚庄王的重要谋臣，是辅助楚庄王奠定春秋霸主地位的奠基人。伍子胥的祖父伍举也是辅佐楚庄王的重臣之一，官至右司马。伍子胥的父亲伍奢，是楚平王的太子芈建（又称太子建）的老师，为一品大员。

通过对他的介绍，我们了解，伍子胥绝对是一位“官四代”。

而在伍子胥身上，我们看到两大重要特质：一是能屈能伸，懂得隐忍，耐得住寂寞；二是目标感极强，说到做到。

人们常说上帝为你关上了一扇门，但是还会为你打开一扇窗。对于伍子胥来说，门确确实实关上了，但是这窗子只能算留了一道缝儿。这要从伍子胥年轻的时候说起。

伍子胥一家在楚国位高权重，权势极盛。但是，极盛并不是好事。伴君如伴虎啊，稍有不慎，就会惹来杀身之祸。伍氏一族应验了这句话。上面提到的伍子胥的父亲伍奢，当时是楚国太子建的老师，当时，太子建还有一位老师叫费无忌，是一个真正的小人。楚平王派费无忌去秦国给太子建娶亲，结果费无忌回来对楚平王说："那秦国女子'沉鱼落雁，闭月羞花'，不如您自己娶了，给太子再找一位女子。"楚平王昏庸地就这么做了。

太子建因此忌恨费无忌。费无忌怕太子建报复，就在楚平王面前一直说太子的坏话，说太子建因为秦国女子之事对楚平王心怀怨恨，在驻守边防的时候，手握重兵，经常与其他诸侯来往，这是想要造反啊。

有道是"自古帝王无亲情"啊。作为太子的老师，伍奢是第一个被问责的人。楚平王抓了伍奢，又派人去追杀太子建。就这样，伍子胥一家受太子建牵连，基本上家破人亡。

在太子建事件中，伍子胥表现得能屈能伸，懂得隐忍，耐得住寂寞。

当初，楚平王准备只杀伍奢，但是，费无忌对楚平王说："大王，伍奢有两个儿子，都特别有才能，若不一并除去，斩草除根，将来必定是我们楚国的祸患。”

楚平王就派人去召伍奢的两个儿子，说：“你们来，我可以让你们的父亲活命，如果不来，我现在就杀了他。”

一听这话，伍子胥的哥哥很是着急，慌忙就要出门去救父亲。但是，伍子胥拦住哥哥说道：“你不能去！这是楚王的圈套。他让我们去，根本不是想保全父亲的命。只要我们一到就会和父亲一起被杀。这样不但救不了父亲，以后想报仇都报不了，这样做没有意义，先逃到别的国家去，假以时日，再来报仇吧！”

哥哥连连摇头说：“不行，父亲召我们去救他可能是最后的机会，我不去会被天下人耻笑的。”

最后，哥哥毅然赴死，伍子胥则逃到了吴国。当时，伍子胥这样做极有可能被批判为不忠不孝，被天下人耻笑，因为自古以来“忠孝”就是中国的传统美德。

不过，在这种情况下，伍子胥还是选择了两个字——逃走。大丈夫能屈能伸，看看这般隐忍的性子，就知道将来必能成事儿。

除了这个小插曲之外，伍子胥在逃亡时，更是一路艰辛，惨象环生。想象一下，一位富家子弟，从小锦衣玉食，衣来伸手饭来张口，突然间变成了一个乞丐，要乞讨求生。巨大的落差，而伍子胥却忍受了这常人无法接受的落差。

后来，几经辗转，伍子胥逃到了吴国，成了吴国的大夫。伍子胥就开始着手进行复仇计划。伍子胥到了吴国之后，吴楚边境的女子因为采集桑叶打了起来，两国因为此事大动干戈。吴国的强势让它占领了楚地钟离（今安徽凤阳临淮关）。这时候伍子胥向吴王僚进言说："楚国表面看似强盛，其实内耗严重，国力早就大不如以前了，现在正是打败楚国的好时机。"但是公子光私下却跟吴王僚说："伍子胥的父亲和哥哥被楚王杀了，他这样说只不过是一心想报仇罢了。"结果攻打楚国之事未成。

平心而论，伍子胥确有报家仇的私心。但是，他为吴王僚提的建议也确有道理。楚国是春秋时期的强国霸主，但是，到楚平王的时候，楚国国力早已不复当年。伍子胥是楚国人，又出身于官宦世家，对楚国的政治、经济、民生可谓清楚了解。现在的楚国经过与陈国、蔡国的多年争战，再加上楚平王荒淫奢靡、宠信奸佞小人，国内早已是风雨飘摇。太史公司马迁评论楚平王为"弃疾以乱立，嬖淫秦女，几再亡国"。所以说，伍子胥的意见是极为中肯的。

虽然伍子胥的建议没有得到认可，但是伍子胥并没有生气，看不清时局，听不进意见。因为他知道缘由在公子光的身上。公子光野心勃勃一直想做吴王。公子光又是什么人呢？就是后来我们熟知的春秋五霸之一的吴王阖闾。伍子胥并不着急，投其所好，介绍了刺客专诸给他，自己回到乡下种田去了。难道伍子胥宽心到父兄大仇未报，回乡种田了？其实不然，这就是伍子胥忍耐的能力。他知道现在一时半刻是报不了仇的，不如先退居二线，等待时机。

这与我们创业办公司相同。马云之前说："今天很残酷，明天更残酷，后天很美好，但是大多数人死在明天晚上，看不到后天的太阳！"这句话说得多么美妙和残酷！

阿里巴巴首席架构师王坚大家可能并不陌生。王坚后来被称为

“阿里云之父”，阿里巴巴“第十九罗汉”。但这荣耀的称号背后是王坚蛰伏多年、默默付出的结果。

2009 年，阿里巴巴正式启动阿里云项目，那时互联网行业已弥漫了一股大数据的潜势。王坚空降到阿里，成为阿里云的首席架构师。

初来乍到的高管，难免让一些人心生不平，但是王坚的履历让他并未服输。王坚是 1990 年杭州大学的心理系博士毕业，两年后晋升为教授。1998 年王坚出任杭州大学心理系系主任，第二年就成了微软亚洲研究院的副院长。

但是，阿里云是马云斥 10 亿巨资组建的项目，王坚却迟迟做不出来成绩。随着时间的推移，经费开销越来越大，质疑的声音也越来越大。在一次总裁会议上，一位高管公开向马云提出对王坚能力的质疑，内部员工甚至在阿里的内网里直接攻击阿里云，“云手机事业做得一败涂地，浪费了多少资源。王博士还是 CTO？费解！”还有人质疑王坚是否会写代码。

面对铺天盖地的质疑，王坚无力反驳，只能埋头苦干。然而，王坚要做的事实在是太难了，曾经有人说过，做云计算是需要真正用梦想去完成的事。最艰难的时候阿里云有大批技术骨干离职，称自己再干下去也看不到希望。

种种压力汇聚到王坚一个人身上，他却依然不为所动，顶住压力，按照自己的方向继续前进。

2013 年，一直毫无起色的阿里云终于做出了成绩。这一年，阿里云收购了万网，为用户们提供了完整的云服务。直到这时，大家才逐渐明白云计算到底能做些什么。之后，阿里云开始向各种企业出售自己的云服务，因为产品优秀的质量，阿里云的口碑开始发生逆转。

2014 年 5 月，阿里云开始在香港提供服务。

2015 年 1 月，阿里云为 12306 提供票务查询功能。

2016 年 10 月，阿里云与杭州政府合作，利用人工智能指挥交通。

这一个个骄人的成绩终于为阿里云挽回了名声，而王坚的隐忍也得到了回报。

在电影《一代宗师》里，北方八卦掌宗师宫羽田在隐退大会上对叶问说："要知道念念不忘，必有回响。"告诫叶问要专注于自己的目标，坚持就会有收获。伍子胥的第二个性格特质非常符合宫羽田的告诫，那就是，目标感极强，说到做到。

仇恨是一颗带有杀气的种子，司马迁称之为"怨毒"。一旦有了适合的生长条件，它就会迅速生根发芽，抽枝展叶。逃离楚国的伍子胥一天也没有忘记为父亲和哥哥报仇这个目标。并且，在逃亡的时候就曾发誓："我必覆楚！"这么多年来他也一直朝着这个方向努力着。那他是怎么做的呢？

上面我们讲到，伍子胥为公子光推荐了一个人——专诸。专诸是中国四大刺客之一，历史上著名的"专诸刺王僚"说的就是他。因为此事，公子光成了吴王，即吴王阖闾。当初伍子胥就是看出阖闾这番野心，宁可回乡种田，也要帮助阖闾上位，因为他知道，阖闾能帮助他复仇。

果不其然，阖闾上位之后，立刻召回伍子胥，委以重任，让他参与策划国家大事。

在阖闾九年的时候，伍子胥觉得复仇的时机终于来了，此时阖闾已准备对楚国大举进攻。他向吴王阖闾建议说：“楚国的将军囊瓦是一个特别能打仗的人，唐国和蔡国经常受他的攻打，他还是一个十分贪财的人，在占领的唐地、蔡地，抢掠钱财，搜刮民脂民膏，搞得唐、蔡两国民不聊生，所以两国百姓都很怨恨他，我们要想彻底打败楚国，必须要联合唐国和蔡国。”

阖闾听从了伍子胥的建议，举兵攻楚。先是在汉水附近，跟楚军打了一仗，之后又经过五次重大战役一举破楚，攻破郢都（楚国国都，今湖北江陵）。

攻入郢都的伍子胥心情十分激动，甚至可以说是亢奋。但是，当时楚平王已经死了，伍子胥又找不到楚昭王。眼看大仇得报，却不能手刃仇人，于是怒上加怒，命人挖出楚平王的尸首，用鞭子怒抽三百下。这就是震惊古今的“掘墓鞭尸”。父兄大仇终于得报，伍子胥也完成了自己人生的终极目标。

从这件事中我们可看出伍子胥的目标感与执行力。伍子胥在复仇的过程中，还成就了两位春秋霸主，一位是吴王阖闾，另一位是吴王夫差。

伍子胥帮助吴王夫差打败越国，生擒越王勾践，为阖闾报了仇。但最终因为夫差自我膨胀，听信谗言，年过古稀的伍子胥被赐剑自刎。

伍子胥的晚年结局可以说是相当凄惨，但是，他当年为父亲、哥哥报仇的执行力和目标感还是值得我们创业者和职场人学习的。当然，伍子胥掘坟鞭尸的行为是不能学的。

结语

以上是伍子胥的故事，从伍子胥的故事中我们可以获得这样两点启示。

1. 当我们在面对困境的时候，要懂得隐忍，能屈能伸，做事要耐得住寂寞，这样离成功才会更近一些。

2. 切记不要“晚上千条路，白天走原路”。做一件事情，一定要明确目标，坚决彻底地执行下去。

仲尼弟子列传

孔子是我国古代伟大的思想家、教育家，他总结了前人的智慧并教给他的学生，打破了贵族垄断教育的局面，首创私人讲学的风气，弟子多达三千多人，其中育有大贤七十二人。比如，我们比较熟悉的曾子、子贡、子路、颜渊、冉有等。

孔子最爱的弟子，是学习刻苦，却早早去世的颜回，他是一位特别朴实率直、性情真挚的人，也有其他弟子都没有的特质。

下面，咱们就来仔细谈一谈孔子三千弟子中的佼佼者：子路。

子路，名仲由，字子路，又字季路，春秋末期鲁国人。司马迁在《史记·仲尼弟子列传》中说："子路性鄙，好勇力，志伉直，冠雄鸡，佩豭豚。"意思是说子路生性粗朴，喜欢逞勇斗强，性格刚强直爽，喜欢在头上戴个像鸡冠一样的帽子，随身佩戴一把用小公猪皮装饰的宝剑。后来，孔子用礼乐之仪慢慢地诱导他，并最终让子路心悦诚服地拜自己为师。不过，子路虽然成了孔子的弟子，却依旧没有改变他好武的习惯和刚直的个性。孔子曾评价子路的学问说："由也升堂矣，未入于室也。"子路已经走进大门，可以登上厅堂，但还没达到进入内室的地步，意思是说子路的学问，还没有达到精通的地步。

子路出身不高，家里没什么地位。按照记载，子路是"野人"。什么是野人？简单来说就是一个国家，它的外面有城墙，城墙内的人，叫国人，城墙外的人是野人。

子路是孔子早期的弟子，在跟孔子学习之前，打扮得也颇有戏剧色彩。

有一天，孔子正在上课，在讲怎么办婚丧嫁娶的礼仪，子路来了，他拿把宝剑，站在学堂门前，"闪展腾挪，蹿蹦跳跃"地舞了一套剑法。一趟剑舞下来之后，他对门卫说："进去告诉孔子，让他赶紧出来，我要跟他切磋切磋。"后来孔子出来见他，书上没写孔子对他说了什么，总之是深深打动了质朴的子路，子路心悦诚服之下，立马拜孔子为师。

子路性格耿直。上课也很专注，并且总是在心里衡量，老师讲的东西他能不能落实，有实际用处且能落实的，他就愿意听；如果他感觉用处不大，就不喜欢听了。孔子问他为什么不听，他说听多了，自己又落实不了，太痛苦了。可见子路是一个对自己非常认真、非常忠于内心的人，活得不纠结，很实在。

有一次，子路问孔子，怎么才能算是一个完美的人？孔夫子滔滔不绝地说：得有哪方面的学识，有哪方面的修养……然后，借机教育子路说："你的学识不太够，书读得少；修养也不足，有时太直接，不会礼貌地表达想法。”

子路一听，反驳说：“现在这个时代礼崩乐坏，上哪找像老师说得这么完美的人呢？”

孔子反问他：“那你说现在的人怎么做就算可以了？”

子路振振有词地说：“见危授命，见利思义，久要不忘平生之言。”意思是，看到危险了，可以把命豁出去，这叫见危授命，敢于牺牲；见利思义，见了利益不能忘了仁义；无论何时何地，不要忘记曾经对别人的承诺。做到这三句话，这就算一个完美的人。其实这三句话，大概说的是他自己能做到的三点。

子路的直爽，有时候让孔子都难以应付。

孔子去见南子，南子是卫灵公的夫人。南子很漂亮，但是生活作风不怎么好，导致风评很差。子路就怀疑老师和南子有不正当关系，心里很不爽，就冒冒失失地质问孔子：“老师，您怎么能做这种事呢？”

听到这话，孔子很生气，最后逼得孔子直接发了毒誓，说道：“予所否者，天厌之！天厌之！”意思是假如我做了对不起人的事，就让上天厌弃我吧！（这句话现在又有不同的解释，南怀瑾先生认为，孔子说的这句话不是向学生赌咒发誓，而是说，“如果真有罪大恶极的人，天意都会厌弃他，你们对于南子，用不着这样不高兴”此处用了传统的解释）。子路爽直的性格，我们已有了了解。这样正面质问自己老师的事情，子路做了不止一次。

晋国大夫赵鞅的家臣佛肸，占据了中牟（今河南郑州境内），反叛了赵鞅。佛肸派人去请孔子来辅佐自己，孔子有些心动。子路知道后，连忙阻止说："老师，我听您说过'亲于其身为不善者，君子不入也（做坏事的人那里，君子是不会去的）。'佛肸占据了中牟，背叛了赵鞅，您却想去辅佐他，这是为什么呢？"

孔子听后，讪讪地说："然，有是言也。"（是的，我是说过这样的话。）

子路认为佛肸以下犯上，不是君子所为，所以坚决反对孔子去辅佐他。因为子路的反对，孔子最终放弃了去中牟的念头。

子路如此可爱，他的结局如何呢？

当年卫国发生内乱，他为了保卫卫国的国君，就去了卫国。正在向城里跑的子路看见慌慌张张往外跑的那些人都是卫国的臣子，就把他们一顿痛骂，"你们这些人，太没有操守了。"骂完，子路自己冲了进去，跟那些谋反的人打了起来。

最终，子路寡不敌众。在打斗中，子路身上已经受了多处刀伤，浑身是血。这时，他发现自己的帽子绳儿在搏斗的时候被挑断了，帽子歪了。子路因战斗激烈，伤势严重，已经快支撑不住了，但是，他还想着老师当年在课堂上的谆谆教诲，即使快死了，还对对手说："君子死而冠不免（人即便是死，帽子也不能掉下来）。"于是他拼尽最后一口气，艰难地把断了的帽子绳儿接上，然后把帽子扶正，坦然地死去。

从子路"君子死而冠不免"的故事中我们知道了什么呢？是一种对儒家精神的传承，对于高贵品性的"心向往之"。古往今来，像子路这样的贤哲不在少数，中国当代著名作家、画家木心老师也可以算是其中的典范。

1927 年，木心生于乌镇一孙姓大户人家，祖父给他取名孙璞，字仰中，号牧心，笔名木心。他毕业于上海美术专科学校，是画家陈丹青的导师，在海外华人中被看作是中国传统文化的传承者。

1971 年，木心在“文革”期间被捕入狱，所有作品都被烧毁，三根手指惨遭折断。狱中，木心用写“坦白书”的纸笔写出了 65 万字的《狱中笔记》，并手绘钢琴的黑白琴键无声地“弹奏”莫扎特与巴赫的作品。他说：“白天我是一个奴隶，晚上我是一个王子。”18 个月后，木心小心翼翼地把手稿叠得整整齐齐，缝在厚厚的棉袄里，走出了监狱。

后来，木心再一次入狱。这一次木心已经 50 岁了，在狱中又是两年，所有人都以为，这一次木心出狱一定是衣衫褴褛、邋遢不堪。还有人说：“木心老了，一定受不了牢狱之苦，等出来时，肯定是驼背、沮丧、失落、老态龙钟了。”可出狱那天，木心无比坚挺，裤子还有笔直的裤线，他面带微笑，干净、优雅。木心说：“一个人不能变成一个鬼，不能说鬼话说谎言，不能在醒来时看见自己觉得不堪入目，不管什么时候，一个人都应该活得是自己，并且干净。”

多年后，梁文道看到木心出狱不久的照片，也惊叹说：“这哪里像是一个坐过牢的人，好奇怪，好奇怪的一个人。”

陈丹青说：“你不遇到木心，就会对这个时代的问题习以为常。可等到这么一个人出现，你跟他对照，就会发现我们身上的问题太多了。我们没有自尊，我们没有洁癖，我们不懂得美，我们不懂得尊敬。”

《论语 · 尧曰》里说：“君子正其衣冠，尊其瞻视，俨然人望而畏之。”意思是君子衣冠整齐，目不斜视，使人见了就生敬畏之心。《荀子·劝学》里说：“君子之学也，入乎耳，箸（通‘着’，牢记）乎心，布乎四体，形乎动静。”意思是君子在求学时，听在耳里，记在心中，流露在身体仪态上，表现在行为举止中。《长物志》里说：“君子如珩，羽衣昱耀。”意思是君子好比是美玉，披上羽衣则会更加明亮耀眼。作为君子，应有不俗的审美品位，志趣高雅，在任何条件下不失言行仪态的高贵优雅，这才是真正意义上的精神贵族。

中国不缺君子典范，缺的只是有志做君子之人。木心、梁思成、鲁迅、钱锺书离今天这个时代不远，说明君子风范并非遥不可及，他们就活跃在我们身边。为什么我们不把注意力投向这些真正的高洁雅士呢？

很多人感叹，当下中国人的道德水准倒退了五十年，甚至呼吁要避免出现人性的危机。根本的原因就是太多人忽视了对美德的追求，而执着于肤浅的物欲追求，以致人格力量越来越弱，甚至有些人基本的人性良知也已丢失。对于这种道德危机，我们不能仅仅停留在指责和抱怨上，那不能解决根本问题。多读一点古圣先贤的作品，多了解一点“修身、齐家、治国、平天下”的道理，以“君子”的标准要求自己，并影响和带动身边的人，这才是从根本上解决问题的办法。

结语

孔子曾说：“志士仁人，无求生以害仁，有杀身以成仁。”意思就是说："志士仁人，没有贪生怕死而损害仁义的，只有牺牲自己的性命来成全仁义。"这段话非常适合子路。子路一生追随孔子，积极捍卫并努力实践孔子的思想和学说，其为子至孝、为政爱民、为人忠义的品质，亦为后人所景仰。

"见危授命，见利思义，久要不忘平生之言"，借用子路的这句话，结束我们今天的话题，说到就要做到，身为儒家文化的传承人，有志于做君子的人永远不要忘了自己的使命和担当！

商君列传

看秦史，永远绕不开一个人——商鞅。商鞅的名字如雷贯耳，在历史教科书中，商鞅是著名的改革家、思想家、政治家。可大多数史书却将其归为“酷吏”一类，司马迁也认为“商君，其天资刻薄人也”。因此商鞅在很长时间里都是声名狼藉，很多后世士人以谈论他为耻。

但王安石对他推崇备至，他说：“今人未可非商鞅，商鞅能令政必行。”主张向他学习变法。毛泽东主席总结，“百代都行秦政法”。秦政法实质上，就是商鞅之法。

商鞅在不同人的眼中是不一样的，为什么？立场、观点、心态不同。如果能把商鞅看清楚，就可以把秦法看清楚，中国两千多年的政治也就看清楚了。然而，因为篇幅的原因，我们只能试着管中窥豹。

今天我们就来讲讲商鞅去秦国“面试”的故事。商鞅这样强硬刻薄的人，他是怎么通过秦孝公这个大老板的“面试”的呢？

此事说来话长。商鞅原本是卫国国君姬妾生的公子，姓公孙，名鞅，故又称公孙鞅、卫鞅。但因在本国不受待见，就跑到魏国，做了魏国相国公叔痤的侍从。

公叔痤非常欣赏商鞅的才能，临终前向魏惠王推荐商鞅，但魏惠王居然认为公叔痤胡言乱语，病得严重，就没有理会。随后公叔痤对商鞅说："我已经给大王说过了，不用你就得杀掉你，你赶紧跑吧。"商鞅说："我不跑，既然大王不任用我，就是认为我根本不是人才，当然也不会杀我，我为什么还跑呢？"

其实商鞅不是不想跑，他只是在等待一个可以展示自己的机会。

不久，他的机会来了。秦孝公在登基后开始征求"有能出奇计强秦者"，广发《求贤令》。大意是：先祖穆公为后人打下了基础，大业有望。但后面的君王无所作为，诸侯各国都看不起我们秦国，我感到非常屈辱。现在我继位了，如果有人能献出长策奇计让秦国强大，我就封他做官，与他分享秦国的土地。

那时候的人出国比现在方便多了，招贤令一出，商鞅立马就前往了秦国。当时要来找秦孝公封官、要和秦孝公分土地的人突然多了很多，商鞅只是一个默默无闻的小人物，要获得秦孝公的面试机会比登天还难。不过，商鞅还是通过自己在秦国的熟人、秦孝公的宠臣景监得到了面试机会，之后拿着一本《法经》就来了。

第一次见面，商鞅自信满满地甩出了一项"秦国百年发展大计"的宏伟蓝图，试探性地从三皇五帝讲起，大谈帝道。遗憾的是，还没说完，秦孝公已经昏昏欲睡。事后，秦孝公怒斥景监："这些人就知道夸夸其谈，并没有真的本事！"受到秦孝公的批评，景监自然也得批评商鞅。他对商鞅说："你能不能说一些让大王高兴的事情？可以实际作为的呢？”虽受到了批评，但商鞅心中却暗自窃喜，他至少清楚了秦孝公不喜欢什么了。

第二次见面，商鞅一想，大王既然对帝道不感兴趣，那就说一点王道仁义。这次，商鞅又写出了一本“秦国崛起十年纲要”，他从王道仁义讲起，秦孝公的兴致比前一次好多了，他听得频频点头。可是秦孝公认为，儒家所倡导的复井田、去赋税在战国的大争之世显然不能实行。王道仁义不是不行，可是效果又不明显，几十年后如果有效果，他已经不在其位了。秦孝公其实需要一个快速强国的指导思想，不管什么思想，只要能快速打败周边列强，把土地夺回来，把面子找回来就行!

很明显，秦孝公志不在王道。

商鞅第二次复试又失败了。很奇怪的是，商鞅居然还有第三次终试的机会。

第三次见面，商鞅用出“杀手锏”。这次，他坦然讲：“当今天下四分五裂，大王难道不想开疆拓土，成就霸业吗？”秦孝公立刻兴奋地说，他要的就是“霸道”！听着听着，秦孝公就不由自主地离开了座席，跪坐在商鞅旁边。秦孝公双手紧握着商鞅的右手。

商鞅分析当时战国三大强国魏国、齐国、楚国变法的成功与弊端，从而抛出自己早就准备好的《治秦九论》，要把眼前称霸一方的问题解决掉，以后的事再说，这回总算是说到秦孝公心坎上了。两人一拍即合，说了几天几夜都没说完。

其实，商鞅三次求见秦孝公，初始陈说“帝道”，继之以“王道”，都未搔到秦孝公的关切之处，最后却用“霸道”打动孝公。

可见，商鞅的初心并不坏。孝公的心思是“贤君者，各及其身显名天下，安能邑邑待数十百年以成帝王乎”，意思是，贤君都是在他们在世时就已经扬名天下了，我怎么能闷闷不乐地等待数十年甚至上百年才成就帝王的基业呢？所以，秦孝公用商鞅变法成就了秦国后来的大业。

商鞅面试的结果是什么？是春秋战国历史上规模最庞大也是最彻底的一次变法运动，是商鞅变法拉开的序幕。

商鞅变法的学说在秦孝公时期得到强力推进，让秦国彻底改头换面，成为一部残酷无情的“战争机器”。但是，变法中有一项是废除西周以来世袭的五等爵制，建立新的二十等爵制，以杀敌首级多少作为军功爵制的依据，这让商鞅得罪了权贵阶层。另一方面，其变法的措施不容许他人异议，以铁血手腕压平一切阻碍。史书曾记述这样一个例子，变法初民众因于渭水边论法，被商鞅杀死有七百余人，“渭水尽赤，号哭声动于天地”。同样又使百姓嫉恨他了。

商鞅变法就是一场从政治到经济、从文化到民风的激进改革，一切以军事力量先行。国家迅速强大，但商鞅把国内的公卿贵族与百姓都得罪了，其下场可想而知！

后来，秦孝公死后，儿子秦惠王上位，商鞅很快就因激进的改革受到了惩罚。因为，商鞅当年以“太子犯法，他的师傅应当替他受罚”为由，将当时还是太子的秦惠王的两个师傅处以割鼻、刺字之刑。这对太子来说，就是奇耻大辱！秦惠王要杀商鞅，商鞅要逃走，可惜没有任何国家敢收留他，最后被擒获，车裂而死。

秦惠王杀了商鞅之后，实行的国家法规制度还是商鞅的办法，最终促成了秦始皇统一中国。但是，秦朝也仅仅只是到了二世即土崩瓦解，灰飞烟灭。

这说明什么？说明法家的治国方法在定战略方针的时候，由于决策者短视注定会走进改革的瓶颈。因为自以为是的决策者本身只想追求一时的霸业，他看到的仅仅是眼前几十年的发展和短期目标，完全不在乎老百姓的感受。短期内高压的法治可能会像强心剂一样十分有效，但是长此以往，如果不及时调整策略，稳定民心，缓和社会矛盾的话，当诸多问题累积到一定程度而不去解决的话，“苦秦久矣”的民众迟早要反抗。

事实胜于雄辩，一个王朝的发展就像一个企业的发展。要打造一个基业长青的百年老店，想成为一个拥有轰轰烈烈大事业的杰出企业家，一定要具有不同于常人的长远战略眼光和宽广的胸怀，切忌急功近利。这对于我们今天企业战略管理和市场竞争都具有很好的借鉴作用。

2019 年 5 月 15 日，美国商务部在其官网上突然发布了一则新闻，将华为公司列入其实体清单（Entity List），这意味着将美国技术出售或转让给华为需要 BIS（美国商务部的工业和安全局）颁发的许可证，如果 BIS 认为出售或转让有可能损害美国国家安全或外交利益，这个交易则可能会被禁止。这一举措震惊国人，被视为美国封锁中国科技企业的手段之一。

但就华为公司透露的各类消息来看，这一次是华为公司的极限生存挑战，也是华为的重大机遇。因为华为公司在十年前就已经着手核心元器件的研发工作，通过十年的不懈奋战，华为已经拥有数千项专利技术。同时华为在中兴公司事件后已经着手布局核心元器件的储备工作，足以应对美国对华为6—12个月的封锁状况。

我们从中可以更深刻地体会到，如今的时代，企业战略布局的着眼点已经不仅仅局限在企业自身的经营发展之上，而是扩展到市场乃至世界政治格局层面。

手机产品的发布往往会把苹果和三星作为主要的对比对手，在各个技术层面进行对比分析，在推广营销上也是针锋相对。但是，十年前华为就已经意识到，华为真正的竞争对手不在于一个企业或者一个产品，而是核心技术及元器件的对外依赖，所以华为即使砸锅卖铁，即使连续亏损也没有放弃自主研发。也许以前很多人不理解任正非，可是今天所有国人都在庆幸，正是华为十年如一日的坚持，才让国人看到了在高科技领域阻击美国霸权主义的希望！

商场如战场，在市场环境越来越复杂，不确定因素越来越多的情况下，企业管理如同军事管理一样，同样需要战略规划，这对现代企业未来的可持续发展具有现实的借鉴意义。企业想要跑得远、跑得稳，就必须要修炼内功，厚积薄发，而不能一切为了短期效果，只做表面功夫，这样的企业是不值得长久投资和追随的。

结语

冯仑曾经说，心离钱越远，钱离口袋越近，急功近利注定走不远。任何事，都有一个过程。创业，其实就是一场马拉松，是一次长跑，需要的是耐心，还有对目标的正确定位。所以，当你遇到一件需要长期努力的事情时，“一定要有一个正确的目标，还要有一个好的规划，身边有一群有智慧的人，更需要一份耐心，在这个经济的寒冬，才不会失败得太快”，不要投机，要抱着做一份事业的敬畏心去做好这件事。

“这个世界的成功，不是你想象就可以的。时间，才是你最好的见证者。”万丈高楼，基础重于一切。提升自己，才是解决一切问题的根本答案！

苏秦列传

两千多年前的一个深夜，整个洛阳城都已沉沉睡去了，唯有一间小屋子里依稀有光亮闪现。房间里一个二十多岁的年轻男子正跪坐在桌子前捧着一卷竹简诵读着，开始声音还算正常，慢慢地，他的声音越来越小，眼睛也渐渐失去了光彩，头开始一点一点地朝桌面靠近。看来他确实是困了，但是他也并不想趴在桌子上睡去。只见他从桌子底下迷迷糊糊摸出一个尖尖的锥子，然后狠狠地扎在自己的大腿上，鲜血顿时流了下来（《战国策》记载：“引锥自刺其股，血流至足。”），这瞬间的疼痛也让这个男子一下子惊醒过来。于是，他晃晃脑袋继续读书。

这是大家都已经熟悉的“锥刺股”的故事，我们很小的时候就听过了。故事的主角就是我们今天要讲的苏秦。

苏秦，字季子，洛阳人，曾到齐国拜在鬼谷子门下学习纵横之术。他在鬼谷子处学了几年后，觉得自己已经学有所成了，就辞别自己的老师，开始游说列国。苏秦起初认为秦国强大，有一统天下的实力，就先去了秦国，用连横之术游说秦惠王。秦惠王嗤之以鼻，苏秦只好离开。

说到“纵横之术”，就是“合纵之术”和“连横之术”的集合。战国七雄并立，秦国在商鞅变法后成了最强大的国家，于是战国形势改变，西面是秦国，东面是其他六个诸侯国。东方六国（齐、楚、燕、赵、魏、韩）联合抗击秦国，南北连成一线，为合纵；秦国拉拢分化六国，迫使六国跟秦国订立双边合约，东西连成一线，为连横。这两种外交联合策略，被称为“纵横”，由此衍生出的学派叫“纵横家”。苏秦和张仪就是当时纵横家的代表。

苏秦在秦国碰壁后又去东方各国游说，结果没有一个国家的君主欢迎他。官职没求到，反而变得穷困潦倒，只能灰头土脸地回到洛阳老家，司马迁说苏秦当时是“大困而归”（非常不得志）。他的兄弟、嫂妹、妻子看到这样的苏秦，都很瞧不起他。在《战国策》中这样形容：“苏秦归至家，妻不下纴，嫂不为炊，父母不与言。”也就是说，苏秦面如枯槁，形容憔悴地回到家，结果迎接他的不是家人的安慰与鼓励，反而是漠视和冷嘲热讽。妻子不下织机，嫂子不去做饭，父母不与他说话。就连苏秦自己都感慨：“妻子不把我当丈夫，嫂子不把我当小叔，父母不把我当儿子啊！”

主要是当时的人们更注重产业，精明的人外出经商，本分的人在家种地，这都可以得到其他人的尊重，但是游手好闲的人却会受到所有人的鄙视。所以，苏秦的嫂子对他说：“你空有一副好身躯，既不动手又不动腿，光动你自己的嘴皮子，怎么可能成功呢？”

苏秦因此非常惭愧，于是闭门不出，继续发奋读书，他不相信这片广阔的天地会没有自己的一席之地。这就有了我们开篇所讲的“刺股读书”的故事了。就这样苦读一年后，苏秦再次出去游说。

这次，苏秦总结了先前游说失败的教训，改用“合纵之术”游说东方六国。他先北上燕国游说燕文侯。因为当时燕国最弱，南边又与赵国和齐国接壤，燕国需要随时防备这两个国家。出于自卫，不得不与秦国结交。而秦、燕结盟就把赵国夹在了中间，赵国当然也害怕腹背受敌。苏秦就利用这一形势首先游说燕国断绝与秦国的交往。

他对燕文侯说：“燕国之所以现在没有战事，百姓能安居乐业，就是因为赵国在燕国的南边作为屏障，阻挡了秦国的推进。秦、赵两国打了五次大仗，秦国胜了两次，赵国胜了三次，这两国都因此被削弱了。而且秦国如果攻打燕国，需要穿行千里之路，哪怕打下燕国的土地也不一定能守得住。赵国则不然，赵国如果攻打燕国要不了四五天就能到达燕国的都城。而主公您现在不去担忧百里内的祸患，反而重视千里外的敌人，这可是大错特错啊！希望主公能与赵国合纵相亲，这样两国相连，既能共同抵御强秦，同时也不用再担心身边的祸患了。”

燕文侯听了苏秦的分析，皱着眉头想了一会儿，立刻对苏秦说：“苏卿，你说的这些话很有道理，我燕国虽是个弱国，但如果你能够用合纵之法让燕国安全，我愿举国相从！”

说完拜苏秦为燕国丞相，赠苏秦车马、金帛，让他代表燕文侯出使赵国。苏秦凭借燕国相国这一政治资本，身价暴涨百倍。随后依次说服了赵、韩、魏、齐、楚，完成了合纵的使命。到了公元前

334年，苏秦已经开始挂六国相印奔走于六国之间协调关系了。

有一次，苏秦要去游说楚王，途经洛阳。他的父母兄嫂听到消息后，赶忙出城，跑到城外三十里的郊野去迎接他，甚至将周围的路面都打扫得干干净净。等接到苏秦后，家里人待他的态度同过去天差地别。他的妻子不敢正面看他。苏秦的嫂子这时最为恭顺，像蛇一样在地上匍匐，还不停地磕头。苏秦扶起自己的嫂子，问道："嫂嫂为何过去那么趾高气扬，而现在又如此卑躬屈膝呢？"

他的嫂子毫不掩饰地回答说："因为你地位尊贵而有钱啊！"

苏秦听到后深深地叹口气，说道："唉！贫穷的时候父母不把我当儿子，富贵的时候连亲戚也畏惧，人活在世上，权势地位和荣华富贵，难道是可以漠视的吗？"于是，将手头的财物拿出来赏赐给了自己的亲朋好友，劝他们的子弟努力读书。

"莫欺少年穷，终须有日龙穿凤。"苏秦的事情或许会让很多人感慨万千，谁都会遇到穷困潦倒之时。但是只要"身在黑暗，心向光明"，不断向上，一定能实现理想。

著名喜剧演员周星驰，他的演艺之路也不是一帆风顺的。他自己曾谈到一件事情，当年他刚刚开始做演员的时候，有一家媒体专门写了一篇专栏来羞辱他，将他贬低得一文不值。他看到了这篇文章后，默默地把这篇报道从报纸上剪了下来，随后贴在了自己的房间里。这样他每天起来就能看到别人对自己的批评，提醒自己要更加努力。很多年后，当他笑谈往事时，有多少人能明白他当年的感受。电影《大话西游》在片尾有一个片段：至尊宝和紫霞在城墙上相拥，紫霞看着远去的孙悟空说："你看那个人好怪啊。"至尊宝点了点头，说了一句让观众不知所云的台词："是啊，那个人好像一条狗耶！"很多人不知道这句台词的意思。其实，这也与当年周星驰被羞辱的经历有关。周星驰年轻时为了接戏，曾托熟人去结识一名导演，见面的时候周星驰对导演说自己看过很多他的戏。导演貌似很开心，一直说有机会下次一定合作。会面结束后，周星驰并没有马上走掉，而是在门外抽了一支烟。但却无意中让他听到导演对那个熟人说："他怎么长得像条狗似的。"若干年后将这句话在电影中讲了出来，正是因为曾被贬低到了尘埃里，正是因为面对了残酷的成年人的现实，才更有必须要出人头地的决心。

周星驰用了六年的时间去做龙套演员，在这六年里，他忍受了无数的屈辱，却硬是靠着自己对演艺的热爱和那颗不甘平庸的心，坚持了下来。1988 年，周星驰终于等到了机会，他在黄柏文导演的《霹雳先锋》里扮演的偷车贼角色，一鸣惊人，一举拿下金马奖的最佳男配角奖。1992 年，周星驰的演艺事业走上了快车道。这一年，他主演了七部影片，这七部电影全部进入香港票房前十名，而且前五名的电影都是由他主演。当年的那条"狗"，终于成了现在为人熟知的"星爷"了。

结语

"你能经受得住多大的诋毁，就能承受多大的赞美。"或许，如果没有那一道道刻入灵魂的耻辱，周星驰也未必会是现在的"星爷”，苏秦也未必能怀揣六国相印衣锦还乡。其实别人对你的侮辱并不可怕，尽管在当时会让你抬不起头，但是自己丢掉的尊严却一定要自己找回来，因为只有这样，才不会把这个世界送给那些自己厌恶的人。正如孟子所说：“知不足而后勇，忍人所不能忍，为人所不能为。可成大勇矣！”

张仪列传

“纵横捭阖”对我们并不陌生，它是指错综复杂的国际政治外交斗争。而其中的“纵横”指的是战国时期“合纵”与“连横”的两个外交策略，“捭阖”指战国时期策士（谋略家）游说各国的一种谈判手段。

战国时期，“商鞅变法”使秦国一跃成为当时最强大的诸侯国。秦国国力强盛，关东（函谷关以东的地区）的其余六国自然不会坐以待毙，当务之急是先遏制住秦国的崛起。纵横家苏秦成功抓住了六国想要联合抗秦的心理，通过游说的方法把关东各国联合了起来，一起攻打秦国，史称“合纵抗秦”。

面对来势汹汹的六国大军，秦国一时束手无策，不得不退守到函谷关以西，六国军队一日日地消耗着秦国的国力。然而，秦国该如何摆脱困境呢？在此，不得不提到一个改写秦国历史的关键人物，他就是以连横之术破合纵之策的纵横家，与苏秦师出同门的张仪。

那么，接下来，我们就来讲讲张仪的故事。

张仪，姬姓，魏国贵族后裔，魏国安邑（今山西万荣）人。战国时期著名的纵横家、外交家和谋略家。他和苏秦同为鬼谷子的学生，在苏秦已经身挂六国相印之时，张仪还在偏远的楚国。

有一次，他去楚国丞相家里赴宴。宴席散后，楚国丞相发现自己的玉璧不见了。大家都认为是穿着寒酸的张仪偷的。原因很简单，有些势利小人认为张仪家里贫穷，人品不好，一定是他偷的。于是楚国丞相就命人把张仪抓了起来，痛打了几十棍。张仪没有承认，楚国丞相只好把他给放了。回家后，妻子望着被打得半死的张仪，既心痛又难过，她含着眼泪，叹了口气说："你要是不读游说之学，哪来这样的耻辱啊？"结果张仪却张着嘴，装出一副紧张的样子说："快看看我的舌头还在吗？"妻子看到张仪的反应忍不住被逗笑了，看到妻子笑了，张仪也笑了，说："舌头还在就好。"后来张仪投奔了在赵国风光无限的同学苏秦，苏秦想要张仪到秦国当卧底，但是张仪不愿意，苏秦就使用激将法让张仪在赵国备受冷遇。

苏秦故意冷遇激起了不甘人下的张仪的斗志，他发誓将来一定要出人头地。后来，张仪来到秦国，开始了他的游说。

张仪凭借自己的游说，让秦惠王心悦诚服，自己担任了秦国的客卿。不久之后，又被任命为秦国的丞相，位居百官之首。但是早年间被楚国丞相冤枉一事，张仪一直记在心里。张仪上任不久就发文警告楚国丞相："当初我陪着你喝酒，我并没偷你的玉璧，你却打我。希望你好好地守护住你的国家，我准备来'偷'你的城池了！"最后别说楚国丞相，整个楚国都被吓得战战兢兢，生怕张仪让秦国派兵来攻打楚国。

不仅如此，此后他的游说才能更是在与楚国的斡旋中得到了淋漓尽致的体现。他利诱楚怀王，瓦解了楚国与齐国的统一战线。于是便有了著名的“张仪诈楚六百里”。

故事的背景，要从商鞅变法讲起。商鞅变法后，一个强大的秦国出现了，强秦出现是另两个强国——齐国和楚国所不愿意看到的，于是齐、楚两国决定联合攻秦。他们先攻取秦的曲沃（今山西临汾曲沃），斩断了秦国东面的“触角”。秦惠王领教了齐楚联军的厉害之后，想把这两个国家联盟拆散。那么，该从哪个国家下手呢？随后，秦惠王决心先从楚国下手，首先楚怀王时期的楚国，国势已经达到顶峰，与先后崛起的齐国和秦国，并列为三大强国，楚国成了当时天下最大的国家，也是当时物产最为丰富，人口最多，军队最强的国家。其次，楚国与秦国直接接壤，秦国要想雄霸天下，当务之急就必须削弱楚国的实力。于是，为了瓦解齐楚联盟，秦惠王就派张仪出使楚国进行游说。

毫无思想准备的楚怀王因为不知其真正的意图，对于张仪的突然造访非常重视。楚怀王亲自接待了张仪，他礼节性地对张仪说：“我们楚国是一个偏僻落后的地方，您有什么指教吗？”

张仪故作神秘地对楚怀王大声说：“我奉秦国之命出使贵国，商谈两国联盟之事。您看秦国在商鞅变法后国力强盛，军事、经济发展迅猛。如果楚国愿与秦国合作，秦国会赠以优厚的礼物！”

楚怀王很高兴询问道：“是什么优厚的条件？”

张仪对楚怀王说：“大王您如果能采纳我的建议，您就能得到秦国六百里最肥沃的土地。”

楚怀王一听立刻心花怒放，就赶紧追问：“需要什么条件呢？”

张仪慢条斯理地回答说：“您只需要关闭边关（城市的关卡），与齐国断绝盟约，那么我就请我们的秦王献上商於（古代秦楚边境的地名）六百里的土地，并让秦王的女儿做您的侍妾。秦、楚之间也可以相互通婚，永远做兄弟之国。”

不用打仗就能获得六百里土地，还能与秦国结成亲家，楚怀王一思量满心欢喜，立刻答应了张仪。在楚怀王答应了张仪之后，楚国朝中喜欢阿谀奉承的大臣都纷纷祝贺楚怀王，只有谋士陈轸表示不妥。楚怀王看到陈轸有不同意见，心里虽然不痛快，但是为了显示自己大度，就假惺惺地问陈轸：“你觉得哪里不妥？”

陈轸冷静地分析道：“大王，依我的判断，商於这六百里的土地我们不但得不到，秦国和齐国还有可能联手对付楚国。他们一旦联合起来，我们楚国可就遭殃了。”

楚怀王生气地问：“为什么这样讲呢？”

陈轸继续说：“秦国之所以看重楚国，是因为齐、楚强大的军事联盟。楚国如果跟齐国断绝关系，就陷入了孤立的境地。秦国怎么会在乎一个孤立的国家，而给他六百里土地呢？张仪这次回秦国，必定会辜负大王。这样一来，楚国既背弃了与齐国的盟约，又惹上西边的秦国，齐、秦两国必将夹击楚国。”

看到楚怀王一副若有所思的样子，心思缜密的陈轸继续说道：“我觉得您可以表面上与齐国断交，但是私底下仍维持盟约，再派人跟张仪前往秦国。倘若秦国真的给了我们土地，到时候再与齐国断交也不迟。假设秦国不给我们土地，我们也没有什么损失，秦国还背上了背信弃义的名声。”

一想到即将煮熟的鸭子就要飞了，楚怀王心疼不已，于是他不耐烦地冲陈轸摆了摆手，说：“你不要再说了，你等着看寡人拿到土地吧！”

为了得到秦国的土地，楚怀王非常讨好张仪，不仅授予他楚国的相印，还赠送他大量的金银珠宝。不久，楚国关闭了边关，与齐国断了交。楚怀王紧接着派出一位将军，跟随张仪去秦国收地。可是，待张仪回到秦国，假装从车上摔下受伤，连续三个月都不上朝。

楚怀王听到消息，心生疑惑：“莫非秦国担心我与齐国断交得不够彻底？”于是，为了表示与齐国恩断义绝，楚怀王特派一名勇士前往齐国辱骂齐王。

结果可想而知，齐、楚两国彻底断交。而秦国则偷偷与齐国结盟，秦、齐两国结盟大功告成后，久未露面的张仪才恢复上朝，告诉前来要地的楚国使者，说：“我封邑内有六里的土地，想献给楚王。”

楚国使者一听，简直不敢相信自己的耳朵，说：“我从国君那里得到的命令是要接收商於的六百里土地，不是六里地！”

张仪一本正经地说：“没错，就是六里地。”

大脑一片空白的使者急急忙忙将这些话报给楚怀王，楚怀王勃然大怒，准备派兵攻打秦国。这时忠心耿耿的陈轸再次向楚王建言，与其攻打秦国，不如割地给秦国，并与秦国一起发兵攻打齐国。如此一来，楚国割让给秦国的土地，可以从齐国那里得到补偿，这样的话，楚国还能继续生存下去。

可惜，被冲动和愤怒冲昏头脑的楚怀王依旧听不进陈轸的建议，最后还是出兵攻打了秦国，被秦国大将魏章打败。杀红眼的楚怀王再次召集全国的军队向秦国发动进攻，结果再次惨败，最后不得不割让两座城池跟秦国求和。

没过多久，秦国开始进攻楚国，楚国又以失败而告终。三战皆败后，韩、魏两国也趁火打劫，侵占了楚国在中原的领土。从此之后，楚国一蹶不振，迅速走向了没落，合纵联盟也开始走向土崩瓦解，秦国顺利地解围，一国独强，统一六国的曙光初现。

天下没有免费的午餐，楚怀王之所以会被张仪戏弄，就败在了一个“贪”字上。现在我们说到“贪”，首先会想到那些贪污腐败，蛀蚀国家的败类官员。所以从古至今，国家都在大力反腐、反贪。其实，在现代企业管理中，对于企业内部的贪腐现象，各大企业都是重拳出击，对有“贪腐”问题的员工采取“零容忍”的态度。

京东集团董事局主席兼首席执行官刘强东曾在采访中表示：“如果公司怀疑某个员工贪污了 10 万块钱，那么就算是花 1000 万调查取证，也要把他给查出来。虽然贪污腐败的员工是极其少数，但这也是绝对不能容忍的事情。别说几万块钱，几千块钱，就是谁敢多拿一分钱我也一定把他开掉，我不会跟他讲任何感情，不会有一丝一毫的犹豫。”

2016 年“双十一”的前几周，京东集团打出了反腐重拳。京东集团通过内部网站和“廉洁京东”微信公众号发布了一则《反腐内部公告》，将过去一段时间内处理的十几起集团内部贪腐案件进行了实名公布，这是京东集团首次实名对外公开集团内部的贪腐事件。

2016 年 12 月，京东集团宣布升级“诚信体系”建设。从 2017 年开始，集团每年将设立 1000 万元反腐奖励专项基金，用于对举报违规行为并查实的举报个人或举报单位进行奖励。

与此同时，京东集团还开设了多种举报渠道，如“廉洁京东”微信公众号、反腐举报专线电话，以及“廉洁京东”的网站。另外，据了解，京东集团反腐部门的每一名员工都经过了严格的背景审查，并且不少员工之前都是从事过反贪、公安以及其他经过专业训练的专职调查人员，由此可见京东集团对贪腐问题的重视程度。

结语

“人心难测，欲壑难填。”强烈的愿望、坚定的信念，会激励我们不懈奋斗。但是，如果这个愿望和信念变成了对金钱、权力的贪欲，就会让人脱离现实，铤而走险，甚至让自己一生的努力毁于一旦。

奥地利作家茨威格曾经在《断头王后》中写道：“所有命运馈赠的礼物，早已在暗中标好了价格。”利欲熏心的楚怀王，在面对着秦国巨大的诱惑时，他想不劳而获，用投机取巧获得不义之利，最后不但没能获利，还落得了悲惨的结局。所以，当我们面对诱惑时，要保持清醒，不怦然心动，不为其所惑。

樗里子甘茂列传

大家还记得电视剧《芈月传》里嬴荡的死吗？举鼎，力竭而死。有人嘲笑他的痴傻，其实这是对嬴荡的误解。嬴荡也就是秦武王，从小力大无穷，崇尚武力，好战。他曾说：“寡人欲容车通三川，以窥周室，而寡人死不朽矣。”意思是说：“本人有个心愿，想乘着垂帷挂幔的车子，通过三川之地，去看一看周朝都城，即使死了也算心满意足了。”能说出这种话的人怎么可能是痴傻之辈。他其实是一个有着雄才大略和想法的君主。当时各国文官之首是“相国”或“国相”，秦武王偏偏不想和其他国家一样，于是另辟蹊径，创立了“丞相”的官职名称。他任命甘茂为左丞相，樗里子为右丞相。今天主要讲的就是秦武王的两位重要的谋臣樗里子和甘茂列传。

说起来，樗里子无论从智谋还是功绩都不能与甘茂相提并论，但是却放在一起成为《史记》中的一卷。司马迁解释说，樗里子是秦惠王的弟弟，秦武王的叔叔，在秦国很受人尊重，所以才摘取了他的事迹。在《樗里子甘茂列传》中，司马迁对甘茂的事迹做了浓墨重彩的描写，下面我们就来具体讲讲秦武王和甘茂君臣之间的故事。

秦武王三年（公元前 308 年），秦武王向甘茂说了自己的志向，“通三川之地，到周朝都城”。言下之意，秦武王要的是问鼎中原。

要想达成这个目标，秦国必先攻占韩国军事重镇宜阳（今河南宜阳）。当时，宜阳是周朝与韩国阻挡秦国东进最为重要的屏障。秦国只有掌控宜阳，才可以保证物资与兵员的运输通畅。伐韩一事，樗里子表示反对，他认为秦国到韩国的路途遥远，劳师伤财，还不一定能有收获，万一赵、魏二国再从背后偷袭，后果不堪设想。而甘茂则认为："伐宜阳，定三川”是秦国挺进中原、成就帝业的关键所在。既然攻占宜阳是实现战略目标必走之路，甘茂就想出了一条计策，先解决赵、魏背后偷袭的后顾之忧。他认为，讨伐韩国宜阳，就必先破除韩魏联盟，只要魏国助秦，赵国也不会越过魏国而援助韩国，韩国一旦被孤立，宜阳即使城池坚固，兵精粮足，也有可能被秦军攻破。

甘茂接下了攻打韩国的任务。他先自请出使魏国，承诺将使魏王不但不偷袭秦军，而且还会出兵助秦。甘茂到达魏国以后，以“共享伐韩之利”为诱饵，游说魏王，并施以政治军事压力，成功建立了秦魏联盟，魏国答应出兵助秦，共伐韩国。

我们知道，领兵打仗的将军最怕的有两件事：一是后顾之忧，二是君王不信任。甘茂解决了伐韩的后顾之忧后，开始着手解决秦武王的信任问题。为了取得秦武王的信任，甘茂可以说步步为营，十分谨慎。

甘茂出使魏国时，还带着一个人，叫向寿，甘茂对向寿说：

“您回国，把出使的情况报告给武王，就说‘魏国已听从甘茂的建议了，但甘茂希望大王先不要攻打韩国’。事情成功了，全算作您的功劳。”

向寿回国后，按甘茂说的进行了汇报。秦武王奇怪甘茂为什么要停止行动，但向寿又说不出更详细的原因。秦武王就下令把甘茂召回，想当面问他。可是秦王等不及甘茂回到咸阳，就自己沿甘茂进兵方向前行，在一个叫息壤（古地名）的地方停下来等候。

甘茂到达息壤后，秦武王问他：“为什么现在不能进兵？”

甘茂说：“韩国的宜阳，虽然名为县城，实际规模却有一个郡那么大，而且城墙很坚固，防守很严密。秦军本来兵力就不够，经过长途行军，已是疲惫之师，而韩国以逸待劳，贸然攻城，只怕不会很顺利。到那时就会有人借机诽谤我，大王可能就会相信了。”

秦武王说：“你就放心进攻吧！要是有人说你的谗言，我是不会相信的。”

但是甘茂还是不放心，他举例说：“鲁国有个很贤能又有学问的人叫曾参（孔子的学生曾子）。一个与曾参同名同姓的人杀了人，有人跑到曾子家里，告诉他的母亲说，你儿子杀人了。他母亲不相信，只管自己织布。过了一会儿，又来一个人对他母亲说，你儿子杀人了，他母亲还是不相信。可是，当第三个人告诉他的母亲时，他母亲就信了，扔掉梭子，翻墙逃走了。”

甘茂解释说：“我的贤能，比不上曾参；大王对我的信任，比不上曾参母亲对儿子的信任。而到您这里进谗言的人，又不止三个人。所以我担心大王到最后还是会怀疑我。”

接着甘茂又为秦武王讲了张仪和乐羊的故事，谈到战争中君主对主将信任的重要性。他总结说：“我一个楚国人，因为大王的信任有幸为秦国做事，但是也得罪了一些人。如果这次我作战不顺利，那些反对攻打韩国的人一定会乘机到您这里诬陷我。我知道大王信任我，才让我担当重任。可是他们说得多了，到后来大王一定会听信他们，命令我停止进攻。这样，我们不仅违背了对魏国的承诺，我也会背上通敌的罪名。”

秦武王明白了甘茂的意思，就对他说：“我向你发誓，不听任何人的话，不管出现什么情况，我都支持你。向天立誓，你放心了吧？”然后，秦武王就在息壤向天地立了誓言。

得到了秦武王的承诺，甘茂立即率大军包围了宜阳，开始猛攻。可是因为兵力不足，宜阳守军又十分顽强，甘茂攻了五个月，也未能攻下来。这时，樗里子果然就到秦武王那里说，“秦军强大，一个小小的宜阳怎么会攻不下来，是不是甘茂在捣鬼？”另外一位与甘茂不和的大臣公孙奭也到秦武王面前说：“您太相信甘茂了。一个楚国人，怎么会替秦国拼命呢？”

这样的话听得多了，秦武王的决心就开始动摇了，而且开始怀疑起甘茂的忠心。他实在不放心，就下令召回甘茂，要他停止进攻，立即撤军。

甘茂回到国都后问秦武王：“大王，您还记得息壤吗？”他的意思是说，您忘了您在息壤发的誓言吗？

秦武王猛然醒悟，说：“我当然记得。”

甘茂说：“大王记得就好。如果现在撤军，不但前功尽弃，而且会打击我军士气，助长敌军的威风。那些在背后说我坏话的人，才不管大王会留下食言的坏名声。”

秦武王听后觉得甘茂说得对，随即给甘茂增派援军，部队士气大振。甘茂重新部署兵力，再次发动猛攻，宜阳守军崩溃，最终秦军歼敌六万人，打下了宜阳城。

宜阳被攻占后，秦武王终于实现了他的战略目标。秦武王临死之前，数次高呼：“我已死而无憾！”

甘茂与秦武王的君臣互动，是一个经典的君臣上下一心达成目标的故事。而这个故事成功的关键是，甘茂巧妙地打消了秦武王的顾虑，取得了秦武王的信任和全力支持。在现代企业中，员工与企业领导人之间的信任问题，虽然不会涉及生死，但对经营目标的达成同样至关重要。

“松下电器”的创始人松下幸之助被誉为“经营之神”，他最常说的一句话是：“我对这件事情没有自信，但我相信你一定能够做得到。”

1926年，松下电器要在金泽市设立营业所，需要一名负责人。胜任这个职位的高级领导很多，但是，那些有资历的管理人必须留在总公司，否则会对总公司的业务造成不利的影响。这时，松下就想让一位年轻的业务员去负责此事，对他说：“现在你就立刻去金泽，找个适当的地方，租下房子，设立一个营业所。我已经准备好了一笔资金，由你去负责这项工作。”

听了这番话，年轻的营业员大吃一惊，他不解地问：“这么重要的职务，让我去做，是不合适的吧？重要的是，我也没有多少经验……”

但是，松下坚信自己的选择，他几乎用命令的口吻说：“只要努力，没有做不到的事情，放心吧，我相信，你一定能够做得到的。”

年轻的营业员下定决心说：“我明白了，我一定会好好干。”

年轻的营业员一到金泽就立即展开准备工作。他几乎每天都会给松下写一封信，将工作的进展一一向松下汇报。找到房子了，装修好了，业务已开展了。之后，松下又给他派了三名员工。金泽的营业所就这样红红火火地开办起来了。

无独有偶，乔布斯对员工的信任甚至超过了员工自己，常常使被信任者做出了很多自己想都不曾想过的事。苹果有一位工程师比尔，一次，比尔在会上做产品演示，乔布斯看到屏幕上大大小小的椭圆形图标摇头说：“圆形和椭圆形很好，但是带圆角的长方形你觉得怎么样？我们是不是也做得出来？”

比尔立即反对说：“不行，根本不可能。这很难实现，而且我们根本不需要那个玩意儿。”

乔布斯听后很激动：“带圆角的长方形哪儿都有！你看看这个屋子里面，像白板、桌子和椅子，外面也是！相信我，比尔，我完全认为你可以做得到，尽管去试。”

无奈的比尔只好继续研究。第二天下午，比尔重返办公室时，研究出了画带漂亮圆角的长方形的方法，而且跟绘制椭圆或普通长方形一样快。后来他们将之命名为“圆角矩形”，也就是我们今天所使用的智能手机、平板电脑上图标的来历。

甘茂取得秦武王的信任，困难重重，是由于他一再向秦武王重申信任的重要性，甚至让秦武王立下了誓言，才让秦武王全力支持他。企业领导人只要愿意付出相应的信任，员工也同样会给予企业足够的回报。

结语

对任何一个管理人员来说，要做到充分信任下属是很难的。这种“难”就在管理者的思想一定要转变，不仅要牢记“用人不疑，疑人不用”这一准则，同时也要将权力放开。

信任是一切管理的基础，只要存在合作，就离不开信任。员工与企业之间的契约，是一种心灵的契约，信任才是“长相厮守”的基石。

穰侯列传

正午时分，一列车队正在空无一人的大路上缓慢地向东前行，从地平线的一头一直延伸到另一头。为首的那一辆车的车夫正驾驭着四匹毫无杂色的白马，安稳地继续向前。在他身后雕花镶金的车厢里，一位身着绸缎的仆从正举着食案跪在一位布衣老人的面前说：“大人，该吃饭了。”

老人摆了摆手，示意仆从把食案放下，随后问道：“还有多久到陶邑（今山东菏泽定陶）啊？”

仆人回答说：“大概还有两天的路程。”

听完这话，老人从食案上拿起一粒豆子，一边盯着看一边叹气，说：“我这次离开秦国，看来是再也回不去了。”

仆人立马安慰道：“大人您退下来安享晚年也是好的。况且您现在拥有万贯家财，公子们也都是富有学识的君子，如此显赫富贵又有什么好忧虑的呢？”

老人抬头看了一眼仆从，苦笑着说：“君子之泽，五世而斩，虽然我的金银财富堆积如山，可终究是不能长久的。如今大王亲政，太后失权，我哪还有复起的机会呢？现在这些财富，在我看来已经和粪土没什么区别了。”说罢，仰天长叹，两行浊泪已从老人皱缩的脸上流了下来。

这个叹息哭泣的老人，就是我们今天的主角穰侯魏冉。拥有万千财富的他为什么会如此忧伤？他自己曾有过什么样的经历呢？这就是咱们今天要讲的故事。

一、芈月胞弟，权倾朝野

说起魏冉，大家可能不太了解，可要是说起他的姐姐宣太后芈月，现在可是无人不知无人不晓。电视剧《芈月传》所讲述的就是宣太后一生的故事，而在今天的故事里，魏冉才是主角。

因为姐姐的关系，魏冉在秦惠文王、秦武王时期就已经开始在秦国的朝廷里做官了。当时的魏冉年纪尚轻，却办事老练，只要交付给他的差事，他都能又好又快地完成，因此深得国君的信任。

后来秦武王举鼎一不小心把自己给砸死了。由于秦武王没有儿子，秦国一下子陷入了君位空悬的局面当中，武王的诸位兄弟争抢大统，一片混乱。利用这次机会，魏冉在朝堂上“合纵连横”，力推在燕国当人质的亲外甥公子稷登上了秦王之位，也就是秦昭襄王。

在昭襄王继位后，有拥立之功的魏冉，被任命为将军，负责国都咸阳的安保工作。魏冉此时将昭襄王那些企图谋权的兄弟全部诛灭，确保了昭襄王王位的稳固。

魏冉尽心尽力地要保住昭襄王的王位，并不是因为他对秦国有多么的忠心，更多的原因还是出于他自己的私利。他深知，昭襄王兄弟们企图谋权的主要原因在于昭襄王登基时年纪尚轻、不能服众，所以要想保证秦国国家机器的正常运转，就必须有人能站出来帮助昭襄王，而魏冉和他的姐姐宣太后自然是不二的选择。只要他拥立昭襄王，就可以拥有无穷无尽的权力。所以在昭襄王王位稳固之后，宣太后便从后宫走到了朝堂之上，以辅政的名义掌握着秦国的最高权力，作为宣太后和昭襄王直系亲属的魏冉，则成为秦国朝堂之上最具有发言权的人。

魏冉虽然成为秦国最有权势的人之一，但他名义上的头衔却已不能匹配他的身份，所以如何当上秦国国相，就是他下一步要考虑的事情。他也确实让国相这个位置落到了自己身上。

公元前 300 年，秦昭襄王任用赵国人楼缓为相，赵国的王公大臣听说这件事后非常的忧虑。因为楼缓虽然是个赵国人，也效力过赵国国君，但他却并不是一个厚道的君子，入秦七年曾出过不少损害赵国利益的主意。如果秦王要任用楼缓为相，赵国的利益可能会进一步受到损害。于是赵国便派出仇液去游说秦王，希望秦王不要任用楼缓。

仇液果然不辱使命，凭借着自己的三寸不烂之舌，便让秦昭襄王放弃了任用楼缓为相的打算。既然外人不能任用，那就只能让亲人去做，于是相国的差事就落到了魏冉头上。赵国人可能万万也想不到，魏冉当国相这件事，将会在四十年后为赵国带来一场血海之灾。

魏冉成为相国七年之后，把一个默默无闻的将军推荐给了秦昭襄王，这个将军就是白起。魏冉非常欣赏白起的军事才能，就任用白起为主将，派他进攻韩、魏两国。结果白起在伊阙（今河南洛阳境内）大获全胜，斩首敌军24万，彻底扫平了秦国东进的障碍。魏冉也因此被封为穰侯，拥有穰邑（今河南邓州）、陶邑两块封地。

在之后的日子里，魏冉帮秦国疯狂地开疆拓土，整个秦国已经找不出比魏冉功劳再大的人了，军政都被魏冉和他的家族所把控着。魏冉府上日夜车水马龙，人流络绎不绝。各国的使者来到秦国必须要先拜见魏冉，然后再去见秦王，因为使者们知道秦国的任何事情，只要没有魏冉的同意，是办不成的。传言说当时穰侯府中的财宝，比秦王宫里的还多，那都是各国使者送来的。这时的魏冉真正是“一人之下，万人之上”，权势达到了顶峰。

二、贪图自利，终遭罢黜

公元前275年，魏冉再次领兵进攻魏国。秦军一路长驱直入，很快就打到了魏国都城大梁城下，把魏国国君急得团团转。就在这生死存亡的时刻，大夫须贾自告奋勇，愿意去说服穰侯魏冉撤兵。

须贾以使者的名义来到秦军军营之中，求见魏冉。见到魏冉后，须贾对魏冉说道：“穰侯您现在领兵围困大梁，这看起来是可喜可贺的事，但实际上对您自己并没有利啊。”

魏冉感到很奇怪：“此战我稳操胜券，将会获得无数的封赏，怎么就是无利之举呢？”

须贾回答道：“您攻打魏国的目的，不过是为了让秦国获利，这样您才能受到秦王的表彰和封赏。可我在魏国国内听说，魏王已经听取了他人的建议，不打算割让一寸土地给秦国。在魏王看来，秦国是贪得无厌、不讲信誉的国家，如果因为都城被围困，就割让大量土地，轻而易举地达成秦国的目的，秦国日后肯定会不断地侵犯魏国，这样魏国哪还有安宁可言呢，因此魏王已经下定决心，要死战到底了。”

魏冉笑着说：“我现在率领大军已兵临大梁城下，士气正是高昂的时候，攻破大梁消灭魏国就可以。”

须贾反驳道：“大梁的城墙有七丈高，魏国还有大军三十万正在救援的路上，就算是商汤复生、周武再世也未必能攻打下来，您真的有信心在短时间内攻下大梁吗？”

魏冉听完只是沉思，并没有答话。

须贾见此情景接着说：“除去魏国自己的三十万军队不说，楚、赵两国的援军也即将到来。秦军如果不能攻克大梁，必然会导致将士陷入疲惫之中，以这种状态迎击楚、赵、魏三国的联军，怎么可能获胜呢？到时候不仅秦军会溃败，您在魏国附近的封地陶邑也可能保不住了啊。”

魏冉这时才问道：“那我该怎么办呢？”

须贾回答说：“您应该在楚、赵的援军到来之前就和魏国讲和，魏国本来就焦急，只要条件可行，他们一定会同意您的要求的。这样，秦国不仅能拿到土地，您的封地也不会陷入危险之中，也一定会被秦王表彰，肯定会再次给您增加封地的呀。”

魏冉觉得是个好主意，于是便和魏国签定了和约后，撤军回国了。

公元前 271 年，魏冉觉得自己在陶邑的封地还是太小，就准备率领秦军攻打齐国。这件事被一个叫张禄（范雎在当时的化名）的客卿听说了，张禄以进谏的名义找到秦昭襄王，进言第一句便是："大王您登基三十六年了，还不准备亲政吗？"此话一出，秦昭襄王哑口无言。张禄接着说："穰侯这次要领兵攻齐，不是出于对秦国利益的考量，而是要扩大自己的封地。把秦国的军队当作自己的私人武装，您竟然甘心做太后和穰侯的木偶吗？"秦昭襄王马上说道："你说的对！"于是立刻下令：太后不得再上朝堂，穰侯魏冉革职遣返封地。穰侯一门的繁荣富贵，顷刻之间灰飞烟灭。

三、危机意识，必不可少

魏冉虽然贪图自利，但也是为秦国立有赫赫功勋的，在秦国朝堂上也是权势滔天，却只因为几句话就遭到罢免，而自己连做出反应的机会都没有。这都是因为他在权力的顶峰上时间太久了，丝毫没有意识到危机随时可能来临，用商业上的话说就是：缺乏危机管理意识。

比尔·盖茨曾说："微软距离倒闭只有 18 个月"，就是在提醒企业的管理者们一定要培养危机意识。无论你的企业有多么大、经营状况有多么好，都可能因为一个细节上的不留神而导致企业的"突然死亡"，这样的例子在现在的商场上屡见不鲜。

苏泊尔公司是中国国内最大的炊具生产商，又是全世界第二大炊具研发商，就是这样一家实力雄厚的企业，也曾在破产的边缘痛苦挣扎。

2004 年 7 月初，美国环保署对美国杜邦公司提出行政指控，怀疑杜邦公司生产的特氟龙涂料可能含有对人体有害的成分，而特氟龙涂料正是不粘锅所使用的主要涂料。

2004 年 7 月 11 日，中央电视台的《新闻三十分》节目报道了特氟龙可能对人体健康带来危害的消息，从此事情开始快速发酵，造成了全国性的恐慌。作为国内炊具市场龙头老大的苏泊尔公司受到重创，短短四天的时间内，不粘锅销量急剧下降，还遭遇到了撤柜、退货的危机，苏泊尔全国不粘锅产品的销售量与之前同期相比下滑了 77.33%，直接造成的损失超过 1000 万人民币，刚刚上市的股票直接跌破了发行价，苏泊尔整个品牌的价值大打折扣，随时都有倒闭的风险。幸好杜邦公司及时发表声明，证明特氟龙并不含有美国环保署所指控的有害物质，再加上国家质检总局和行业协会的解释，才逐渐安稳了消费者的情绪，半年之后整个事件才慢慢淡化。

苏泊尔在“特氟龙危机”中虽然涉险过关，但却元气大伤，其受到的损失难以估量，相当长时间才恢复过来。不过此事也让苏泊尔公司意识到，在瞬息万变的世界里，没有人知道危机什么时候会来，只有提高危机管理意识，做好危机管理工作，防微杜渐，才能在面对困境时拿出有效的解决办法渡过难关。

结语

任正非曾说：“十多年来，我天天思考的都是失败，对成功视而不见，也没有什么荣誉感、自豪感，只有危机感。”这句话说明企业的管理者不能只因一时的表面风光而得意忘形，只有充满危机感，小心谨慎的经营，仔细认真地把控每一个细节，才能让企业走得更长远。如果被空虚的兴盛蒙蔽了双眼，丝毫不能意识到危机的临近，那到头来一切功业都会是一场空。

白起王翦列传

战国时期有四大名将，分别是白起、王翦、李牧、廉颇。这种说法最早是来源于《千字文》的一句话："起翦颇牧，用军最精。宣威沙漠，驰誉丹青。"虽然没有什么官方资料来证明这种说法的真实性，但这四位将军确实是战国时期名将中最具威名、战绩最辉煌的。今天我们就来讲战国四大名将中秦国的两位：白起与王翦。

一、白起：将军不死于战场而死于朝堂

秦国的武安君白起，可能是中国历史上最负盛名的军事将领，毛主席曾评价白起说："论打歼灭战，千载之下，无人出其右。"可见白起战术水平之高，称为"军神"也毫不为过。白起是从秦国军功爵制度中所涌现出来的优秀人才，但他第一次正式出现在历史舞台上，依靠的是穰侯魏冉的帮忙。

公元前 293 年，当时的秦国丞相魏冉推荐白起为主将，领兵攻打韩、魏二国。白起在伊阙大破韩魏联军，斩首二十万，从此一战成名。

但这次成绩对于白起辉煌的军事生涯而言，只是一次起步，随后的三十年里白起南征北战，所向披靡，帮秦国攻占城池 70 余座，被秦昭襄王封为武安君。白起的名声让六国诸侯闻风丧胆。

公元前 263 年，韩国的上党郡守冯亭因不愿意降秦而投靠赵国，以此为导火索，引发了后来著名的长平之战。关于长平之战的故事，因为大家都比较熟悉，就不再多加赘述了。简单说，就是白起大获全胜，击杀赵军主将赵括，坑杀赵军 45 万，将赵国打入了“谷底”，使关东诸侯一片震惊。

此战过后，秦军乘胜追击，直指邯郸。已经危在旦夕的赵国只得派出纵横家苏代携带重金去游说秦国丞相范雎，希望能获得一次喘息的机会。苏代很明白，劝人以义不如劝人以利，所以他在范雎面前把攻破赵国之后对范雎的利与弊清楚地陈述出来。最重要的是，让范雎意识到了如果白起成功灭赵，那白起的功绩将会彻底超过范雎，他的丞相之位可能就保不住了。一辈子以出人头地为目标的范雎当然不肯居于白起之下，因此赶紧向秦王进言，让秦王同意了赵国割地议和的请求。

白起知道此事后，大为恼火，因为他知道错过这次机会以后就再难攻破赵国了，从此便对秦王和范雎有了意见。

后来，秦王派大将王陵领兵攻打赵国邯郸，结果却不尽如人意，不仅毫无斩获，还赔掉了五个营的兵力。秦王此时便想让白起带病上阵，接替王陵。白起推辞说：“已经错过了攻克邯郸的最好机会，现在每天有其他诸侯的援军到达赵国，我们自己的将士也因为这几年的连年征战死伤惨重，再长途跋涉去攻打邯郸，实在是太困难了。

此战我军必败，咱们还是别打了。”秦王最后仍亲自下令让白起出征，结果白起却说自己病得起不来床了，坚决不去。

秦王没办法，只好改用王龁去执行这项任务，结果在邯郸城外被信陵君所带领的援军打败，死伤无数，这一失败使秦国严重受挫，秦王暴跳如雷。

而白起却突然变得活跃了起来，到处和别人说：“当初大王不听我的建议，结果导致了惨败。”于是秦王更加恼火，命令白起：就算是病死，也得病死在军队里。而白起公然反抗：我是不会参战的。秦王立刻将白起免职。

随后的三个月里，秦军失利的情报不断地传递到秦王的面前。听着这些失败的消息，秦王心急如焚，更加怨恨白起，便下令把白起赶出咸阳。之后，又想起白起嘲笑自己的失败，秦王更加怒不可遏，便将失败都归在了白起身上，派人赐剑，逼他自杀。

白起收到剑的时候，已经走到了杜邮（古地名。战国属秦，又名杜邮亭，今陕西咸阳东）。白起拿着剑仰天长叹道：“我到底有什么罪过？”沉吟良久，又缓缓说：“我确实该死。长平之战，我坑杀赵国降卒几十万，这就是我的罪过。”随即自刎而死。一代名将，就此陨落。

二、王翦：老成持重的功勋宿将

秦国另一位名将王翦。王翦是秦国频阳（今陕西富平美原）人，年少时就喜好军事，很早就进入了秦国的军队为将，后一直侍奉秦始皇。秦国平定天下，王翦的功劳至少要占一半。从公元前

229年之后的四年里，王翦带兵连灭赵、魏、韩三国，这样的功勋在秦国历史上也只有白起能够媲美。

连灭赵、魏、韩三国之后，楚国就成了秦国一统天下的最大障碍，所以如何攻打楚国，就成了秦始皇的下一个目标。为此，秦始皇专门召开了一个“对楚作战会议”。

在会议上，秦始皇说：“你们有谁愿意带兵去攻打楚国吗？”

一个青年将军就从群臣中迈步而出，高声喊道：“我愿领兵前去。”

秦始皇定睛一看，原来是将军李信。李信是秦国一位年轻的将军，曾在王翦麾下效力，参加过对燕作战，只带了几千士兵就活捉了燕国的太子丹。

秦始皇被李信的勇气所感染，便让他带兵。

李信回答说：“我年纪小，经验还不足，攻取楚国得需要20万人。”

秦始皇满意地点了点头，又将目光放在了王翦身上，问：“王将军，如果要你攻楚，需要多少人马？”

王翦回答说：“楚国实力强劲，不是其他诸侯能比的。要攻取楚国，非60万人不可。”

秦始皇听闻说道：“王将军已老，过于小心谨慎。还是李信够勇敢。”

随即任命李信为主将，率领20万兵马讨伐楚国。王翦随后便称病，要求告老还乡，秦始皇也就答应了王翦的要求。

但不曾料到，楚国派大将项燕带兵迎击，大败秦军，并斩杀了秦国7个高级军官。秦始皇大为震怒，转而想起了已告老回家的王翦。自己正是因为不听王翦的劝告才落得如此结果，于是便亲自乘车去王翦府上道歉。

秦始皇见到王翦后说："我没有听从王将军劝告才落得如此下场。现在楚军势大，反扑凶猛，还请王将军继续领兵。"

王翦推辞说："我已经老了，又身体多病，还请大王再寻他人。"

秦始皇再次鞠躬认错："王将军，我知错了，请你不要抛弃我。"

王翦不好再推辞了，只好说："我可以领兵攻楚，但是一定要60万人才行，否则不能胜利。"

秦始皇满口答应："可以听您的安排。"

于是王翦再次披挂上阵，领兵伐楚。秦始皇亲自送大军出征，就在要出发的时候，王翦提出条件，他不要一兵一卒，反而提出秦王给他赏赐大量的财宝、良田。秦始皇欣然应允。

王翦却回答说："攻楚之事，胜负难料。我得趁大王还需要我的时候，多请求些赏赐，为后人留下财富。"秦王听闻哈哈大笑，满足了王翦的要求。

在后来出征的路上，有人问王翦："您此时要封赏，这并不像您一贯的作风啊。"王翦回答说："大王本性多疑，现在我把秦国所有的精锐都带走了，他不能放心，我只有向大王多要求封赏，他才会认为我胸无大志，这样就不会怀疑我。"

之后，王翦果然一战功成，灭亡了楚国，自此秦国一统天下的脚步已经无人可以阻挡了。

公元前221年，秦国终于实现了统一六国，王翦也因帮助秦国成就大业名留后世。

三、想要成功，必须避免“踢猫效应”

白起与王翦的命运之所以会有如此大的差别，除了性格与情商有不小差距外，还因为他们的领导在面对挫折时的态度不同。秦昭襄王在攻赵失利后，暴跳如雷，他首先怨恨白起不作为，所以杀掉了白起，自己却陷入了无将可用的局面。而攻楚失败的秦始皇，虽然也很愤怒，但他意识到，此事的错在于自己不听王翦劝告，知道自己应该向王翦认错，继续任用他，因此才能统一天下。说明一个团队中，管理者的情绪会给团队整体带来很大的影响，直接影响团队最后的结果。

心理学上把这个现象称为“踢猫效应”。举个例子，“一父亲在公司受到了老板的批评，回到家就把沙发上跳来跳去的孩子臭骂了一顿。孩子心里窝火，狠狠去踹身边打滚的猫。猫逃到街上，正好一辆卡车开过来，司机赶紧避让，却把路边的孩子撞伤了”。它所讲述的是一个坏情绪的传染过程，人的负面情绪通常会随着社会关系的链条依次传递，由地位高的传向地位低的，由强者传向弱者，最后的弱者就成了替罪羊。在白起的故事里我们可以看到，秦昭襄王因为攻打赵国的失利而心情不爽，因此才把坏情绪发泄到了白起的身上，导致了白起的死亡，让自己白白损失了一员干将，这样的情况我们在团队的日常管理中是一定要避免的。

当然，对于一个管理者来说，由于要负责企业或团队的日常运转，他们所遭受的压力一定会比普通的员工大很多，可如果因此就对下属乱发脾气，只能越搞越糟，让整个团队都陷入一种恐怖的负能量当中。所以大家在日常的团队管理中一定要小心，不要让“踢猫效应”成为企业管理中的“定时炸弹”。

结语

对于一个优秀的管理者来说，在遭遇到坏情绪时，如何与下属们进行有效沟通，解决问题就成了关键。那么到底该如何避免“踢猫效应”的出现呢？

以下有两点建议，大家可以参考一下：

1. 克制负面情绪，保持自己的领导者风度。“海纳百川，有容乃大”，作为一个团队的领导者一定要有容人之量。当下属对自己做的事提出批评的时候，无论对错，先不要着急反驳。要先好好地反思一下，看看他说的有没有道理，有则改之无则加勉，不要因为他是下属，对你提出了批评与建议就指责他，这样不仅会传染坏情绪，也会让有能力的人对你敬而远之。

2. 要善于鼓励下属。好的管理者，除了不会把坏脾气传染给下属之外，还应该懂得调动下属们的工作积极性。要知道好情绪其实也是会传染的，如果你能调动起整个团队的积极性，让他们每天都以最开心的心情去工作，坏情绪自然不会到来。

孟子荀卿列传

在《孟子荀卿列传》的开篇，司马迁就发了这样一通感叹：“功利是祸乱的根源啊！但是从天子到平民百姓，没有不喜好名利的。”实际上，即便是很多学士名家，也对名利有一种天然的喜好。比如在这篇列传里，以孟子、荀子为代表的学者，就著书立说，甚至公开授徒，传播自己的政治主张。只是，他们没有得到当世国君的重视罢了。

为什么他们没有受到君王的重用，是他们的才能不够吗？孟子，两千多年来备受中华民族推崇，显然不是能力的问题。今天我们就来探究一下孟子和邹衍这两大才子分别受到君王不同对待的原因。

孟子，我们熟知的是“孟母三迁”的故事，知道他是一代“亚圣”，主张国家推行仁政。他曾经游历过邹、齐、鲁、宋、滕、梁等国，由于他声名显赫，游历每一个国家时，随从的车驾都有数十辆、仆人数百，每到一国他都会得到相当高的礼遇，不愁吃和穿，国君有时还赠送黄金给他。但各国的国君都没有采纳他的政治主张，甚至对他的主张不屑一顾。

魏惠王不但不采纳他的主张，还批评他的话空洞不切实际。当时天下纷争，各国都在积极变革：秦国正任用商鞅，使国家富足，兵力强大；魏国、楚国也都任用过吴起，打胜仗削弱敌人；齐国任用孙膑和田忌等人，国力日渐强盛。魏国当然也希望有一个类似的人物来帮助自己强大起来，但是，当魏惠王满怀希望地问孟子："您不远千里而来，能给我的国家带来什么利益呢？"

孟子却对魏惠王说："大王为什么一定要讲利益呢？我只是带来了仁义而已。大王问：'如何给我的国家带来利益？'大夫问：'如何给我的封邑带来利益？'老百姓问：'如何给我自身带来利益？'结果上下所有人相互争夺利益，国家就危险了啊！在万乘之国杀害国君的人，一定是千乘之家；在千乘之国杀害国君的人，一定是百乘之家。千乘之家、百乘之家，他们拥有的不可谓不多，但仍贪心不足。如果以利益为先而仁义为后，不夺得国君地位他们是不会满足的。从来没有讲仁的人抛弃亲人，从来没有讲义的人不顾君王。所以大王只讲仁义就行了，为什么一定要讲利益呢？"

满怀希望想要听到强兵富国政策的魏惠王，突然被孟子这么一大碗鸡汤灌下去，虽然那些话不能说不对，但魏惠王能对孟子有什么好脸色呢？

孟子受到魏惠王的冷脸，归结到四个字就是：不合时宜。如果你的政治主张不符合当世国家的要求，那就注定白费心机。孟子在战国时期推行"仁义"就是不合时宜。

在充满权谋谲诈的战国时期，谁的权谋深、拳头硬才是最根本的道理，用“仁义”二字，除了拥有道德制高点之外，实际用处微乎其微。如果仁义必胜，那么泓水之战（宋襄公迂腐的恪守礼义思想，不接受大臣的建议，使得楚军全部顺利渡过泓水，布列好阵势，致使延误战机，宋国大败）中，失败的就应该是楚国，而胜利者应为宋国。但真实的结果却是宋国大败，宋襄公受了重伤，第二年就死了。如果仁义无敌，那么将国君之位拱手相让的燕王哙应该成为后世楷模，燕国必蒸蒸日上。但真实的结果却是燕国大乱，燕王哙也被乱军所杀。

身处战国之世，生存和图强才是根本。魏惠王肯定是想解决好这两个问题，仁义并不具有优先地位。显然，孟子颠倒了这两者关系，他的政治主张才被弃之不用。最后，孟子只好回到家乡，教书育人，著书立说了。

同样是提倡仁义，邹衍却获得了君王的礼遇。这是为什么呢？我们先看邹衍是什么人。作为战国时期的人物，邹衍不仅是道家的代表，也是阴阳家的代表，而且创建了“五德始终说”（“五德”是指五行，木、火、土、金、水所代表的五种德行）。邹衍常常以这个学说来为历史变迁、王朝兴衰做解释。

虽然司马迁在这篇列传中指出，邹衍的文章空泛不实，总是先从细小的事物开始验证，然后推广到大的事物，直到无边无际，深远奥妙无法考究溯源，最后一定都归结到仁义节俭上，强行在君臣上下和六亲之间施行。王公贵族初见这样的学说，往往会受到触动并引起思考，但最后发现根本没有什么用。

但是，邹衍在各国非常受尊重。他到魏国，魏惠王亲自出城迎接他，将他当作最尊贵的客人。他到赵国，赵国平原君陪在他身侧，亲自用衣袖为他擦拭座位。他到燕国，燕昭王亲自拿着扫帚为他清扫道路，以弟子之礼向他学习，还为他修建别墅。

邹衍的文章虽然空泛，没有什么实用意义，但是他倡导的“五德始终说”却能为战国时期各国朝代更替给出理由和解释。其实，从某种程度上讲，邹衍受到重用的原因很像伊尹受到商汤重用、百里奚受到秦穆公重用，他们正好赶上了国君求贤若渴的时机。在《燕召公世家》中，我们就提到过，燕昭王为了吸引更多的人才，礼贤下士。邹衍当时是非常有名望的贤士，燕昭王对他的礼遇，起到了榜样的作用，确实为燕国招揽了非常多贤能的人才。

我们再看看武王伐纣，他打的旗号就是“仁义之师”，这个口号是他获得最终胜利的关键。当时周武王面对的情况是，商纣王昏庸暴戾，百姓都恨之入骨，周武王起兵讨伐赢得了百姓的支持。著名的牧野之战，商朝兵士大量倒戈，就是很好的例证。

但即使在这样的“仁义之战”中，同样出现了不“和谐”的声音。叔齐和伯夷看到了正要出发的军队，就向前抓住了武王的马缰绳，对武王说：“你的父亲西伯侯才刚刚去世，你不好好安葬父亲，反而去发动战争。作为儿子，你这是大不孝；商纣王是商朝的王，尽管他暴戾，但作为臣子的，去讨伐自己的国君，这就是最大的不忠，你赶快撤军吧。”

武王听到这番话并没有为难他们，但是武王手下的那些将军们，听到他们两个说这样扰乱军心的话，就准备杀了他们，好在姜子牙在关键时刻为他们说好话，才保住了他们的性命。

战国时的贤士要想获得国君的重用，就要做到合时宜、顺形势。现代企业要想快速发展，也同样要顺势而为。

中国的改革开放为民营企业的发展提供了广阔的空间，可以说，没有改革开放，就没有民营企业的今天。苏宁控股集团董事长张近东说："改革开放为一代青年提供了广阔的舞台和无限的机遇。小平同志的南方视察讲话点燃了一批有志青年的热情，创业的浪潮在当时风起云涌，正是在 1990 年，我拿着 10 万元正式'下海'，苏宁由此成立并逐步发展壮大。"

张近东还认为，"趋势取代优势是任何一个企业都逃脱不了的宿命"，因此苏宁的每一次转型都是"顺势而为"，是由"追随者"转变为"引领者"的必走之路。

苏宁的第一个十年，是从 1990 年到 1999 年。1990 年底，张近东乘着改革开放的东风，拿着 10 万元自有资金，在南京宁海路租下一个 200 平方米的门面房，取名为苏宁家电，专营空调。这是一个向专业零售转变的时代，苏宁在这个时代竞争中不断创新规则、超越对手，以"小舢板"打败"联合舰队"，成为市场上新的翘楚。

苏宁的第二个十年，是从 2000 年到 2009 年。2000 年秋，那时候空调大战刚结束，张近东组织了近百名公司骨干，进行了为期 10 天的封闭会议。会后，苏宁宣布要在全国开办 1500 家家电连锁店。这次会议准确把握住了时代的脉搏，苏宁连锁模式一炮打响。在这个阶段，苏宁凭借标准化复制的优势，在保证扩张速度的同时，兼顾单店效益的基础。在这个阶段，苏宁的营收全面赶超对手，成为当时中国最大的连锁家电企业。

苏宁的第三个十年，是从2010年至今，这是智慧零售时代。2009年，苏宁就开始启动新一轮的互联网转型，通过“+互联网”和“互联网+”，大力发展智慧零售模式。2010年苏宁易购正式上线，2011年苏宁发布新十年规划，明确“科技苏宁、智慧服务”的战略目标。2013年，全面转型云商新模式，成立“一体两翼”三大总部。这一切顺势而为的战略决策，引导苏宁持续稳定发展，始终站在中国连锁家电业前列。

不管是个人才能的施展，还是企业的发展，顺应形势都是极其重要的因素。

结语

雷军有一句经典名言：“站在风口上，猪都可以飞起来。”意思是说，创业就是在合适的时间做合适的事，创业者需要花大量的时间去思考，如何找到那个能够让猪飞起来的风口，只要在风口，长一双小小的翅膀，就能飞得更高。

孟尝君列传

孟尝君的本名叫田文，是“战国四公子”之一。他出身齐国贵族，是齐威王的孙子，齐国宰相田婴的儿子，他曾率三国联军大败秦军，攻破函谷关，在齐国、魏国、秦国都担任过宰相一级的高官。

孟尝君在战国时期非常有名，他出名到什么程度呢？在他担任齐国宰相时，达到了“天下知有孟尝君而不知齐王”的程度。

可能有人会认为这么一个出身贵族，继承了父亲名爵和资产的人，取得一点成绩不是挺正常的吗?

其实还真不是，在孟尝君生活的时代可没有计划生育，而且等级制度森严，继承的事情可是容不得半点马虎。孟尝君兄弟姐妹众多，他不过是父亲四十多个孩子中的一个，而且还是由妾所生。他能够脱颖而出，那真是靠自己拼出来的。

今天，我们就来聊一聊孟尝君是如何在竞争中胜出的。

刚刚说了，孟尝君的老爸是齐国的宰相田婴，但是因为孟尝君是五月初五出生的，这在当时的说法，是个不祥的日子，所以，他父亲在他出生时就告诉他母亲，这孩子不能养，可是善良的母亲还是偷偷把他养活了。等他长大后，他的母亲找机会让他见到了父亲田婴。可想而知，一个不被父亲喜欢，而且是母亲背着父亲悄悄养大的孩子，第一次见父亲，一定不会有什么好结果。

果不其然，田婴见了孟尝君，不仅没有爱意，反而很愤怒地对他母亲说："我当初让你把这个孩子扔了，你竟敢把他养活了，这是为什么？"

还没等母亲回答，孟尝君自己就立即叩头大拜，接着反问田婴说："父亲，您先别生气，儿子有一件事一直想不明白，您为什么不让养育五月初五出生的孩子呢？"

田婴冷哼了一声说："这一天出生的孩子，长大了身长跟门户一样高，会害死父母的。"

听了父亲的话，田文皱着眉头继续问："父亲，您说人的命运是由上天决定的呢？还是由门户决定的呢？"田婴被这个问题难住了，回答是门户决定的吧，但是周朝的历任国君都说自己是上天的儿子，是受天命来治理万民的；说是上天决定的吧，之前自己因为"门户论"要丢了他，这不是打自己的脸吗。所以就没有回话。

田文一看父亲没有回答，就接着说道："如果是由上天决定的，您何必担忧呢？如果是由门户决定的，那么只要加高门户就可以了，谁还能长到那么高呢？"

田婴听完这话，心里一阵打鼓，心想："这小子虽然年纪不大，思想倒很成熟，竟然处处戳到我的命门上。"但是田婴为了保持自身权威，开口呵斥道："行了，别说了，先下去吧。"

我们从孟尝君问父亲的几个问题就能看出，他有着高度成熟的心智，能够站在一种高度理性的层面，把父亲的话加以分析，得出结论，并能针对结论，提出解决方案。

当然了，现在孟尝君都长大了，父亲田婴也不能说再把他给掐死了，毕竟是自己的儿子，打断骨头还连着筋呢。就这样孟尝君就在田府住下了，都在一个院子里住着，低头不见抬头见的，话说有这么一天，孟尝君再次见到了父亲。

孟尝君先向父亲问了声好，然后对父亲又提了一个问题。

他问父亲："儿子的儿子叫什么？"

父亲心里想，这还用问吗？随口说道："叫孙子。"

孟尝君接着问道："孙子的孙子叫什么？"

父亲心里想，这小子今天拿我消遣呢吧，净问这些无聊的问题，又随口说道："叫玄孙。"

孟尝君不紧不慢地问了第三个问题："玄孙的玄孙叫什么？"

这时候只见父亲田婴的手已经扬了起来，孟尝君赶紧跪在父亲的面前，说道："父亲大人您先别急着打，我听说，您担任齐国宰相到现在已经历经三代君王了，您绝对是最尽职尽责的人了。但是我还听说，这些年齐国的领土没有增加，您自己却积累了千万财富，而且您的门下也没有一位有贤能的人。"

"之前我还听说，将军的门庭必出将军，宰相的门庭必有宰相。现在您的姬妾每一位都衣着光鲜，但是齐国的读书人穿的却是粗布短衣；您的男仆女奴每顿饭都有荤有素，而齐国的读书人却连肚子还填不饱。您一个劲地积累着财富，把它们留给将来还不知道是谁的人，却忘记国家的事业正在一天天的削弱。我作为您的儿子，私下真的感到很奇怪呢。”

田婴听完这话，心里突然一颤，因为一个做宰相的人，国家的命运就是他的命运。孟尝君用几句看似简单的话，一下子点醒他的这位宰相父亲。田婴这一巴掌不但没有打下去，还改变了对孟尝君的态度，开始器重他，让他主持家政，接待宾客。田文主持家政后，宾客来往不断，孟尝君的名声也随之传播到各诸侯国。各诸侯国都派人来，请求田婴立孟尝君为世子，田婴答应下来。田婴去世后，孟尝君顺势继承了田婴的爵位。

我们可以看到，孟尝君从一个非常不被待见的角色，却凭借着自己的智慧，能够清楚地发现问题的本质，警醒父亲，最终赢得了父亲的重视和信任，也赢得了他人的尊重。

在电影《天下无贼》中，葛优那句“21世纪什么最贵？人才！”似乎被视为一句真理，一直被我们喜闻乐道。孟尝君也深知人才的重要性，在薛邑（田氏的封地，在今山东滕州），他广招各诸侯国的贤能，甚至那些犯罪逃亡的人，只要有才，他都照收不误，还给他们丰厚的待遇。巅峰时期，他的食客多达几千人。

齐湣王二十五年的时候，秦昭襄王高薪请孟尝君去秦国做宰相。可是刚干没多久就有人对秦昭襄王说：“大王，这孟尝君能力确实很强，但是这家伙可是齐国的王族出身啊，现在在咱们秦国做宰相，谋划什么事都会先为齐国着想，咱们秦国的大小机密，哪还瞒得了齐国，这样的话咱们秦国可就危险了。”

秦昭襄王听完之后，觉得有理，就赶紧下令将孟尝君撤职查办，并且准备找个理由要了他的小命。

好在孟尝君人脉广，提前知道了消息，他赶紧去找秦昭襄王的宠妃帮忙，但是这位宠妃开出了一个让孟尝君头疼的条件：想要孟尝君的那件白色狐皮裘。

要说这件狐皮裘对孟尝君来说并不是什么大事，但问题是这件狐皮裘在他来到秦国后，已经送给了秦昭襄王，手头上一时半会儿找不出同样一件东西来。孟尝君就问自己的宾客们，到底该如何是好。就在大家抓耳挠腮没个主意的时候，一名宾客突然上前一步说：“我有办法。”

果然，没过多久，这位宾客就拿着一件白色狐皮裘回来了，孟尝君一看，正是自己送给秦昭襄王的那件，于是赶紧命人把这件狐皮裘送给了秦昭襄王的爱妃，这位爱妃也果真求得秦昭襄王同意，放了孟尝君。

要说这位宾客是什么人呢？原来他是一位“神偷”。他施展空空妙手，进入秦国宝库，把狐皮裘偷了出来，救了孟尝君一命。果然是三百六十行，行行出状元啊。

获释后的孟尝君觉得秦国已不宜久留，就连夜动身返回齐国。果然，没过多久秦昭襄王就后悔放了孟尝君，派人驾车去追拿他。此时，孟尝君一行已经来到了函谷关。按照秦国的法律，只有鸡叫之后，才能开放城门。孟尝君焦急万分，生怕追兵追上来，这时候门客中有一个会学鸡叫的人，学了一声鸡叫，附近的鸡神奇般地跟着叫了起来。孟尝君等人赶紧出示了证件，逃出了函谷关。还没一顿饭的工夫，秦国的追兵就来到了函谷关，但知道孟尝君早已经逃出了秦国，就只好无奈地回去向秦昭襄王复命了。

惊险之余，孟尝君和一众随从这才长舒了一口气。但是大家有所不知，在孟尝君当初收留这两位宾客的时候，其他宾客都非常反对孟尝君的做法，他们觉得和这两个“鸡鸣狗盗”之徒在一起很羞耻。但是经过这件事之后，大家对孟尝君广招宾客的做法越发钦佩。

除了这两位宾客的事，孟尝君每当与其他宾客谈话时，总是在屏风后安排一名文员，让其记录自己与宾客的谈话内容，当得知宾客的住处后，宾客刚刚离开，他就已派使者到宾客的家里抚慰问候，献上礼物了。

有一次，孟尝君招待宾客吃晚饭，有个人无意中挡住了灯光，那个宾客很恼火，他怀疑孟尝君偏心，准备的饭食的质量有差异，放下碗筷就要离开。孟尝君马上站起来，端着自己的饭食过去让他看，见到孟尝君果然是一视同仁，那个宾客惭愧得无地自容，当场向孟尝君认错。

在善待员工的问题上，格力电器掌门人董明珠也颇有自己的心得。

仅以给职工加薪为例，2016 年，格力电器即对入职满三个月的全体员工，每人每月加薪 1000 元；2018 年，格力员工又收到了“全员每月再加薪 1000 元”的好消息；2019 年初，格力电器再次拿出 10 亿元为员工涨薪。这对于格力这种劳动密集型大企业而言，的确是一个大手笔。

在高房价广为社会诟病的今天，董明珠向职工送房子，更是职工最大的福利。

2017 年，在董明珠做客人民网直播间之前，网友们已经开始议论纷纷：

“这一次，董大姐会给大家带来什么承诺呢？”

“不知道，没准是房子问题？”

“房子？别想多了，现在房子这么紧缺，房价还这么贵，哪家企业会给员工解决房子问题？你当他们是慈善机构吗？”

在一片质疑和讨论中，董明珠现身人民网直播间，然后直接发表声明：

“格力每位员工，都有一间 20 平方米的宿舍。如果结婚了，则有一套 50 平方米的两居室。只要员工在格力，房子永不收回，退休也不回收……”

今天，跳槽已经变成了年轻人的习惯性选择。人员流失率大，企业的人才成本和经济损失也会跟着增加。如果企业为员工提供了良好的生活保障，人才留住了，企业在商业竞争中的优势才会更加凸显，毕竟企业的运转离不开人，人才才是真正的核心竞争力。

结语

孟尝君的故事，告诉我们，即便生活不曾给你一个容易的开端，你依然可以变得越来越好。

孟尝君在身处逆境的时候，并没有选择放逐自己，而是凭借着自身的智慧，一步一步逆袭而上。除此之外，孟尝君还知道，要想成事，仅凭一己之力是无法做到的。俗话说：“一个好汉三个帮。”在这个专业细分的时代，不再有所谓全知全能的通才。所以，我们企业应该做的事是：发掘人才，留住人才，铺好团队的每一块砖。

平原君虞卿列传

大家一定听说过“毛遂自荐”这个成语，意思就是别人不知道我的才能，那我干脆自己推荐自己，自己当自己的伯乐。因为不是每匹千里马都会遇到自己的伯乐。

不过既然是毛遂自荐，那就得有推荐的对象，那么这个毛遂是向谁推荐的自己呢？答案就是战国四公子之一的平原君赵胜。

说到战国四公子，大家脑海里或许有“陌上人如玉，公子世无双”那幅画面，觉得他们都是玉树临风、人气爆棚、魅力满点的高富帅。实际上，战国四公子各有特点，完全不是一个模板。而且如果说到人气指数，平原君还真不如另外三位。比如魏国公子信陵君，他的门下食客基本都保持在三千人以上的水平，可谓是宾客盈门。而平原君的门客，多的时候上千，少的时候就几百人，相比之下少多了。

但是，平原君有另外三位不具备的特点，这些特点让他成了影响赵国历史的重要人物。今天，我们就从自我认知与危机处理两方面，来为你解读这篇《平原君虞卿列传》。

平原君名叫赵胜，是赵国的一位公子，担任过赵惠文王和孝成王的宰相。在这过程中，他曾经三次离开宰相职位，接着又三次官复原职，整个仕途可以说是三起三落。

作为一直身处赵国上流社会的人，赵胜家里不仅有门客，还有漂亮的妻妾。有一天，他的一位爱妾在楼上看风景，突然对着楼下哈哈大笑。周围的人看这个爱妾笑得那么开心，就顺着爱妾的目光往下一看，原来是楼下有个腿脚不方便的男子在打水，那副迟钝吃力的样子把平原君的爱妾给逗笑了。

俗话说："打人不打脸，骂人不揭短。"这个嘲笑别人的行为太不厚道了，作为当事人的那个瘸子就更生气了。第二天，瘸子直接跑到赵胜家门口，愤愤不平地对他说："我听说公子礼贤下士，所以很多士人不远千里赶来，就是为了归附到您的门下。谁知道，我一来就受到了屈辱，还没见着您，就被您的爱妾一顿嘲笑。大丈夫平生最恨的就是受到别人的耻笑，我想要那个耻笑我的人的脑袋。"

赵胜心想：这哥们有毛病吧？我的爱妾不过就是笑了你一下，你就要她的人头，未免也太过分了，打狗还得看主人呢，何况你这是要杀人啊。所以他根本没把这件事放在心上，只是当成了瘸子说的胡话，糊弄糊弄就把这个瘸子打发走了。

但让赵胜没想到的是，在随后的一年多的时间里，赵胜门下的宾客都陆陆续续地离开了。对于这种情况，他本人感到很诧异，就问一个留下的门客说："我赵胜平时对待各位不敢有丝毫怠慢，怎么现在都纷纷弃我而去呢？"

这个门客回答说："公子，就是因为您没杀那个耻笑瘸子的爱妾，让大家都觉得您是个喜好美色而轻视士人的人，大家觉得跟着您也没啥前途，所以就都离开了。”听了这话，平原君恍然大悟，马上回家砍了那个爱妾的头，亲自登门献给那个瘸子，并向他道歉。从此以后，之前他门下走的宾客就又陆陆续续回来了，家里慢慢又恢复了往日的热闹景象。

咱们这里先不探讨古代女性的地位，以及这种做法道德不道德，毕竟战国时期和我们现在的法治社会还是很不一样的。单从赵胜的前后变化来看，他远远不是一个完人，尽管身居高位，但也有很多缺点。可他听了建议之后能够立即调整策略，弥补损失，这个特质对我们很多创业者就很有启发性。毕竟，很多人遇到自己犯错误，第一时间想的是如何掩盖，甚至如何推卸责任。但平原君没有，意识到错了，就马上听取意见，及时改正。即便已经造成了损失，那么也可以及时止损。

还有个事情，也很能说明赵胜知错能改的特点。

有一天，一个税务官到赵胜家征收租税，谁知赵胜家的家仆却一分钱也不肯出。税务官见状，便按照国法，处死了赵家九个家仆。这一来，可把赵胜惹火了，直接扬言要杀掉税务官。税务官看着他满脸怒火的样子，却一点不害怕，只是淡定地说：“您在赵国是贵族公子，现在却纵容您的家仆为所欲为。如果这样，那么国法的权威肯定就会被削弱。国法弱，则国家弱，别国肯定会乘虚而入。到时候要是连赵国都没有了，您又怎么享受荣华富贵呢？”

税务官这番话，有理有据，义正词严，让赵胜一时间无言以对。紧接着，税务官继续说：“凭您的名望，只要奉公守法，那么赵国上下就可以安定。上下安定，国家跟着富强，赵国王室才能稳固。而您身为王公贵族，难道还会被世人看轻吗？”

赵胜一听，觉得这个人说话逻辑清晰，不卑不亢，是个栋梁之材，于是就把他推荐给了赵王。这个税务官，就是后来的赵国名将、马服君赵奢，也就是“纸上谈兵”的主角赵括的父亲。

古人说：“知错能改，善莫大焉。”由于出身豪门，生活优越，赵胜这个人确实养成了一身毛病。但是，他总能在第一时间意识到自己的错误，而且愿意马上采取行动来改正，要么听从良好建议，要么换一种思维解决问题。这是非常值得我们效仿的优点。

战国四公子虽然各有特色，但如果说家国情怀，大义担当，那么平原君赵胜无疑是表现最为突出的那一个。而且，他还能在关键时刻沉住气，在众人慌乱的时候找出对策。

在毛遂自荐后，赵胜便带着他一起出使楚国。当时赵国已经输掉了长平之战，都城邯郸面临被秦国包围的危险。这个时候，唯有和其他国家结盟，共同对抗秦国，才能挽救处于生死边缘的赵国。

由于毛遂出色的外交表现，楚国答应了赵国的请求。在平原君回到赵国后，楚国便派春申君带兵救援赵国。与此同时，魏国的信陵君也带领部队前来支援。战国四公子，一下子出动了三位，但不管大家如何积极，路途上都会消耗很多时间。秦军肯定是不可能给机会让援军集结的，得到两国援军将至的消息，便立即加强对了邯郸的攻势。

眼见城池不保，赵胜也非常焦虑，但一时又毫无办法。

有一天，邯郸一个小官的儿子李同问他："公子，您不担忧赵国灭亡吗？"

赵胜听了一愣，回复说："要是赵国灭亡了，我就要当俘虏，怎么可能不担忧呢？"

李同接着说："邯郸城里的老百姓，已经到了炊骨、易子而食（拿骨头生火做饭，交换孩子来吃）的地步了。可是您呢？宅中依然妻妾成群，连侍女都穿着华丽的衣裳，吃的也是上好的饭菜。百姓食不果腹，衣不蔽体，士兵连武器都凑不齐，您家中却堆砌着无数的金银财宝和物资。如果秦军真的攻破邯郸，您觉得现在的奢华生活还能够继续吗？"

李同的话点醒了赵胜，他立即恭敬地向李同请教应对的策略。

李同见赵胜真有诚意，便建议说："现在，您如果能让家中夫人以下的所有成员全部编入军队，一起承担守城的劳役，然后再把家里的物资钱财分发给士兵。那么战士们一定会感恩戴德，从而激发最大的斗志。"

赵胜一听，大呼高明，立即采纳了李同的意见，一时间士兵们欢欣鼓舞，敢于冒死奋战的人就达到三千之多。李同见此情此景，也毅然加入了三千人敢死队，奔赴战场和秦军决一死战。

有道是置之死地而后生，在这事关赵国命运的一战中，敢死队成员们个个如狼似虎，舍生忘死，居然硬生生地把天下无敌的秦军击退了三十里。说来也巧，这时候楚魏两国的救兵正好赶到，秦军干脆就撤退了，邯郸最终得以保存。而李同却在作战时英勇阵亡，赵孝成王便赐封他的父亲为李侯，以表彰他的功绩。

在国破家亡的危急时刻，赵胜担起了自己身为贵族的责任，主导并实现了战国后期一次完美的合纵联盟，将秦军的攻势及时瓦解。

很多时候，我们难免会遇到严峻的危机考验，当危机来临时，管理者应该用什么样的态度去面对危机，用什么样的方法去解决危机，就成为此时最关键的问题。赵胜的表现十分坦荡，他承认自己家在赵国危机时还很奢侈，并乐于接受李同的意见，能快速地改正自己的错误，而且丝毫没有做样子，而是真心实意拿出所有钱财物资来支援赵国。这样的做法在危机管理中叫做“3T 原则”，这个理论是由英国著名危机公关专家里杰斯特提出的。“3T 原则”的核心有三点：

第一，Tell You Own Tale，管理者要掌握信息发布的主动权；

第二，Tell It Fast，管理者们要不断为公众提供新的信息；

第三，Tell It All，管理者一定要心中坦荡，不能欺骗大众。

赵胜的做法和里杰斯特的理论是不谋而合。

苹果公司就非常善于用“3T 原则”化解危机。在苹果研发 iPhone4 的时候，工程师们发现 iPhone4 因为采用的是金属外壳，所以信号总是容易出问题，不管他们怎么努力都无法完全避免这个问题。

等到 iPhone4 正式发售的时候，因为信号的问题受到了大量消费者的吐槽，再经过媒体的炒作，整个事件很快就发酵了，骂声铺天盖地，给苹果公司造成了极大的压力。正在度假的乔布斯知道此事后，立马飞回了苹果总部召开紧急会议，来解决这个问题。

会议一开始，乔布斯就开门见山地问所有在座的高管：“现在我们该怎么办？”

很多高管都建议乔布斯召开新闻发布会，在会上表现得一定要谦卑，一定要认错。但这一建议遭到了苹果公关顾问麦肯纳的强烈反对，麦肯纳说：“我们没必要表现得如此卑微，只要不表现得傲慢和狂妄就可以了，用事实和数据就足以说服人们了。”

乔布斯反问说：“你的意思是叫我不要认错了？”

麦肯纳解释说：“错肯定是要认的，但是如果夹着尾巴灰头土脸地召开发布会，只会让我们更没底气。你可以坦诚一点，毕竟手机不完美，我们也不完美。我们是凡人，只能尽最大的努力做事，而数据就在这里。”

乔布斯听完麦肯纳的一番话，立刻采纳了他的意见，并以最快的速度召开了新闻发布会。在会上，乔布斯向所有消费者承认了iPhone4 确实存在不足之处，并承诺一定会解决这件事。同时他还宣布，如果有消费者对 iPhone4 不满意，可以免费退货或者可以凭手机领取一个苹果手机壳。

后来的数据显示，iPhone4 的退货率仅仅只有 1.7%，远低于其他品牌的手机。当记者再次采访乔布斯的时候，乔布斯也承认，信号问题是目前智能手机的通病。乔布斯的话，得到了大多数消费者的认可。乔布斯坦诚的态度，让苹果公司成功渡过了这次危机。

结语

赵胜去世之后，赵国依然不可避免地走向灭亡，但平原君的美名却一直流传了下来。作为衣食无忧的贵族人物，赵胜知错能改，知错必改，对好的意见极度包容，在关键时刻也能冷静破局，无愧于战国四公子之名。从他身上，广大创业者至少可以学到两点：

第一，知错就改，及时止损。很多时候，我们在错误面前都有情绪，但如果想在商场、职场成就一番事业，那就得克制这种情绪，正视自己，不要逃避。

第二，遇到危机的时候要坦然承认错误，并立即改正。人性都是有弱点的，遇见危急情况，本能反应就是去躲避。但是，我们要想更进一步，就必须敢于正视错误，努力改正错误。很多时候只要你坦诚一点点，就可能给自己带来新的机会。

魏公子列传

说起大名鼎鼎的战国四公子，相信大家都不陌生。汉初著名的政治家、文学家贾谊说过这么一句话：“当此之时，齐有孟尝，赵有平原，楚有春申，魏有信陵。此四君者，皆明智而忠信，宽厚而爱人，尊贤而重士。”说得挺直白的，我就不解释了。贾谊算是极尽赞美之词了。

这四个人既然如此贤能，太史公当然要为他们作传了。我们可以先看看这四人的传名：《魏公子列传》《孟尝君列传》《春申君列传》《平原君虞卿列传》。这里的“魏公子”说的就是信陵君。为什么就信陵君如此特殊，被称为魏公子呢？其实，这个“公子”是尊称，有点儿类似于我们现在尊称有才学的人为“先生”，这是一种约定俗成的习惯，代表着认可，更是一种荣誉。魏国的公子何其多，凭什么信陵君独享公子之名？而且，《魏公子列传》全篇 2500 多字，光“公子”二字就出现了 140 多处，可见司马迁是仰慕信陵君的。明朝人茅坤甚至直截了当地称：“信陵君乃是太史公胸中得意人。”

信陵君去世后还出现了一个疯狂小迷弟，那就是汉高祖刘邦。

刘邦称帝后，每次经过大梁都要来到魏公子陵前隆重祭拜。在刘邦祭拜过的圣贤里，除了孔子就是信陵君，可见信陵君在他心中的地位。那么，信陵君究竟有什么本事，能让司马迁和刘邦这两个不同领域的“大咖”都顶礼膜拜呢？我们一起来领略一下魏公子的风采。

魏公子叫无忌，是魏昭王的小儿子、魏安釐王的异母弟弟。魏昭王去世后，魏安釐王即位，封无忌为信陵君。魏公子为人仁爱宽厚，礼贤下士，士人无论才能大小，他都谦恭有礼地同他们交往，从来不会因为自己出身高贵而轻慢士人，因此方圆几千里的士人都争相归附于他，据说他有三千食客。当时，诸侯各国忌惮魏公子的贤德，连续十几年都不敢侵犯魏国。

说起魏公子的贤明，不得不提到成就他美名的隐士侯嬴。据说侯嬴是个隐藏在民间的高人，是个七十岁看守城门的老大爷。魏公子听说侯嬴很有能力，就派人去拜见，并想送给他一份厚礼，以便之后结交。

但是侯嬴哪能是区区财物就能收买的？他看都没看使者带来的礼物，直接对他们说：“请转告你们的主子，我几十年来修身养性，是在乎钱的人吗？请你们不要因为我是个看门人就如此侮辱我，这些财礼你们还是收回去吧！”

使者回去跟魏公子一汇报，魏公子立马脸上一红，尴尬不已，他明白，自己的做法确实不妥，但也因此更想结识侯嬴了，于是他在府中大摆酒席，宴饮宾客。当大家来齐坐定之后，魏公子就带着浩浩荡荡的车马以及随从人员，亲自驾车到东城门去迎接侯嬴。

这次侯嬴没有推辞，他整理了一下破旧的衣帽，径直上了车子，一屁股坐在了魏公子旁边，丝毫没有谦让的意思。侯嬴看着身边衣着华贵的公子，大大咧咧地说道：“我有个朋友在街市的屠宰场杀猪，我们好久不见了，委屈你带我去拜访一下我的老朋友吧！”魏公子立即驾车带着浩浩荡荡的队伍前往街市。等到了街市，侯嬴下车见到了老朋友朱亥，就开始唾沫横飞地高谈阔论起来，两人足足侃了几个时辰。魏公子带着一大帮人就在侯嬴旁边站着，丝毫没有不耐烦。这么一个小小的街市，今天突然来了这么多衣着华贵的上流士族，当然是个新鲜事儿了。没多久就引来很多百姓驻足围观，这些百姓最先看到的当然是站在侯嬴和朱亥旁边那个毕恭毕敬、气质儒雅的“翩翩佳公子”了。他们看那公子神情安详宁静，一直在认真倾听两个大老粗谈话，都纷纷称赞这位公子礼贤下士。

而与此同时，魏国的将军、相国、宗室大臣以及高朋贵宾早已在魏公子的大堂中落座，只等着魏公子举杯开宴呢。魏公子的随从人员都在暗自责骂侯嬴，唯有公子面色始终不变，侯嬴看到公子的态度后，这才心满意足地告别老朋友，上了车。到了魏公子府上，魏公子领着侯嬴坐到上位，先向全体宾客热情介绍了侯嬴，满堂宾客都惊讶无比，他们万万没有想到，让他们等了大半天的居然是一个看门的糟老头子。

酒宴开始，大家觥筹交错，酒兴正浓之时，魏公子站起来，走到侯嬴面前举杯敬酒。这时，侯嬴才趁机拉着魏公子的手，满怀真诚地对他说：“公子啊，今天我侯嬴让您为难了，但是我这么做也是有原因的。我啊，只是个看大门的糟老头子，可是公子您亲自驾着车马，在大庭广众之下来迎接我，我本不该再去拜访朋友，您竟屈尊陪我拜访他。公子的大恩大德我无以回报。所以，我就想成全公子的名声，故意让公子的车马久久地停在街市中，借拜访朋友来观察公子，没想到公子更加谦恭，街市上的人都以为我是小人，而认为公子是个高尚的人，能礼贤下士啊！”魏公子这才对侯嬴今天怪异的举动恍然大悟，赶忙对侯嬴深行一礼，诚恳说道：“谢先生成全！”

至此之后，魏公子“仁而下士”的美名就被传开了。

没过多久，魏安釐王二十年（公元前257年），秦军在长平大败赵国军队，接着进兵围攻邯郸。魏公子的姐姐是赵国平原君的夫人，平原君多次给魏安釐王和公子送信，向魏国请求救兵。魏安釐王派将军晋鄙带领十万军队去救赵国。秦昭襄王得知这个消息后就派使臣警告魏安釐王说：“诸侯中谁敢去救赵国，等拿下赵国后，我大秦一定最先调兵攻打谁。”魏安釐王很害怕，就派人阻止晋鄙不要再进军了，晋鄙驻军邺城，名义上是救援赵国，实际上却在观望形势。

平原君不断派人到魏国求救，但魏安釐王却打定主意按兵不动。但是，身为政治家的魏公子却是一个深谋远虑之人，他深知唇亡齿寒的道理，赵国一旦灭亡，下一个遭殃的肯定是魏国。因此，他为这件事忧虑万分，屡次请求魏安釐王赶快出兵，可是魏安釐王始终不肯听从魏公子的意见。魏公子估计魏安釐王不会出兵了，就整顿自己的门客、侍卫，成立了一个敢死队，准备亲自赶赴赵国救援，誓与赵国共存亡。

当他带着这支敢死队出城，路过侯嬴看守的大门时，还专门下车与侯嬴辞别。谁知侯嬴很冷淡，只说了一句“公子努力吧！我老了，不能一块儿去了”。魏公子很失望，但也只好带人出发了。

魏公子走了一段路，心里越琢磨越不是味，寻思着侯嬴对自己如此冷淡，这与平时的交情不符啊，难道是自己平日里做了什么亏待他的事情吗？心有不甘的魏公子立即掉转车头，准备回去找侯嬴讨个说法。没想到，侯嬴一见去而复返的魏公子，就笑着说：“我就知道你准得回来。”

魏公子大吃一惊，疑惑地问道：“这你也能猜出来？为何你认为我一定会回来呢？”

侯嬴捋着胡须说道：“公子您现在去救赵国，犹如羊入虎口，白白送命。您平日待我不薄，此刻我却没有任何表示，这于情理不合，所以我相信公子一定会回来责问我的。”

魏公子听罢赶紧下车，向侯嬴请教救赵国的方法。侯嬴让周围人退下，悄悄地对魏公子说：“我听说晋鄙的另一半兵符在大王卧室里，而如姬最受大王宠幸，可以随意出入大王的卧室。我还听说，当年如姬的父亲被人谋杀，是公子帮她报的仇。所以，只要公子请她帮忙盗取兵符，她一定不会拒绝。只要公子可以拿到兵符，就可以夺得晋鄙的军权，到那时，大事可成！”

魏公子恍然大悟，赶忙去找如姬帮忙，如姬果然成功盗出了兵符。

魏公子拿到兵符准备上路，侯嬴来送行，对他说：“将在外，君命有所不受。公子就算把兵符拿给晋鄙看，他也有可能不把军队指挥权交给您，而是向大王请示，这样事情就危险了。我的朋友朱亥可以跟您一起去，他是个大力士。到时候，如果晋鄙不听话，就让朱亥将他杀掉。”

于是魏公子请朱亥随行。一行人来到了邺城魏军军营中，拿出兵符让晋鄙交权。晋鄙虽然合上了兵符，但依然对魏公子产生了怀疑。魏公子见晋鄙不听，就让朱亥用重达四十斤的铁锤将晋鄙击杀。随即接管了晋鄙的军队，重新整编后得精兵八万。魏公子带领魏军，连夜向邯郸进发，最终救下了赵国。因为窃符救赵，违背了魏安釐王的旨意，魏公子有国不能回，只得寄居于赵国十多年，而为魏公子出谋划策的侯嬴，就在公子到达邺城的那一天，面向邺城所在的北方自刎而死。

尊重人才，也就得到了人心，而得到了人心，聚拢了大批优秀人才，企业想不做大都难。说到这里，我们来看看马云背后的“隐形英雄”——蔡崇信。

蔡崇信出身台湾法律世家。他的父亲蔡中曾、祖父蔡六乘，是以国际法律事务见长的“常在法律事务所”创办人。蔡崇信从小就跟在父亲身边，耳濡目染下，他对法律、财务等事务有了很强的处理能力。在耶鲁大学取得法学博士学位后，蔡崇信进入瑞典投资公司银瑞达（Investor AB）工作，负责亚洲私募基金投资业务。1999 年，他升任银瑞达投资主管，年薪 70 万美元。

而当时的阿里巴巴还只是一个为海外进口商和中国出口商牵线搭桥的小公司。

1999 年 5 月，蔡崇信从香港飞到杭州，代表公司到中国内地寻找投资项目。在一个偶然的机会下，他见到了马云。那次会面，给蔡崇信留下了深刻印象。蔡崇信回忆说，马云这个人令他很着迷。尤其当他感受到马云对员工的尊重与信任，员工对公司的忠诚与热爱时，他被彻底征服了。他感叹马云是个能把所有人拧成一股绳的了不起的领袖。

几次接触下来，35 岁的蔡崇信决定从银瑞达辞职，他毅然决然地放弃了 70 万美元的年薪，甘愿每月只拿 500 元人民币跟着马云一起干。他脱下名牌西服，卷起袖子成为阿里巴巴“十八罗汉”之一。而在马云看来，蔡崇信通晓财务，还当过律师，能帮助成立公司及筹集资金，这正是阿里巴巴迫切需要的人才。马云善于构想，蔡崇信擅长落地。从此，两人一动一静，一外一内，成了构建阿里巴巴这个庞大商业帝国的最佳拍档。

来到阿里后，蔡崇信担任 CFO，公司里的每一轮融资、法务、财务的事情都由他来做。这些年，蔡崇信和马云一直是分开办公，他在香港，马云在杭州，每天通过电话沟通工作，但自始至终马云都非常尊重和信任蔡崇信处理问题的专业能力。

也正是这种尊重和信任，让蔡崇信可以尽情施展拳脚。阿里巴巴一路走来，几度面临风雨飘摇，岌岌可危的局面，都是靠蔡崇信高超的筹资能力，运筹帷幄，这才转危为安。

归根结底，致天下之治者在人才，国与国之间的竞争，企业与企业之间的竞争，说到底还是人才的竞争。随着科技的不断进步，人才已经成了企业发展的第一资源，要想在竞争越发激烈的环境下占得先机，就必须坚持引进人才的发展战略。而要想引天下英才而用之，首先就要尊重人才，爱惜人才。企业在招揽人才的时候，除了要提供良好的待遇，同时要为人才构建能够发挥其特长的平台，特别是要给予充分的尊重。

结语

古语云："尚贤者，政之本也。"无论古今，人才的作用都不可忽视。而在战国四公子中，魏公子信陵君是礼贤下士的典范。所以司马迁说信陵君："天下诸公子亦有喜士者矣，然信陵君之接岩穴隐者，不耻下交，有以也。名冠诸侯，不虚耳。"

尊重人才，是时代的价值取向；拥抱人才，是发展的内在要求；善用人才，更是社会的进步之基。

春申君列传

我们都知道，战国时期有四位名声赫赫的公子，他们分别是：齐威王的孙子孟尝君田文，魏昭王的儿子信陵君魏无忌，赵武灵王的儿子平原君赵胜，还有一个楚国的春申君黄歇。

这四公子之中，以孟尝君田文的声望最高，大家都说孟尝君礼贤下士，门客三千，但事实上，楚国春申君的门客人数才是四大公子中最多的。而且春申君与其他三大公子还有一个最大的区别就是，他并非宗室成员，但是他却能在楚考烈王时期为相，辅国持政二十五年，这可是一个相当了不起的成就。

但就是这个白手起家，两次挽救楚国，立下不世之功的春申君，却在自己身居高位后，不懂得修身自砺，修养德性，反而擅权逾越，骄奢淫逸，图谋窃国，最终落得命丧棘门、身首异处的下场，让人唏嘘不已。今天，我们就从圈层突破和克制私欲两方面，来解读这篇《春申君列传》。

春申君是楚国人，姓黄，名歇。他少年时曾游历各地，一边游学，一边观察分析当时各国的形势。在这个过程中，黄歇积累了大量学识和人脉。等到他学有所成，觉得求取功名的时机成熟了，便回到楚国求见楚顷襄王，以自己出众的口才得到了赏识。

相比其他三位公子，黄歇的出身不太高，他只能算是没落贵族的后代，他最后能成为楚国国相，得益于他敢冒风险。

其中的第一件就是说服秦国放弃伐楚。

黄歇刚投奔楚顷襄王的时候，正值秦国出兵攻打楚国之际，当时的秦军由武安君白起挂帅，所向无敌，一路从巫郡（今重庆巫山）打到了竟陵（今湖北天门），逼得楚顷襄王只能向北迁都到陈县（今河南淮阳）。可以说此时的楚国已经到了生死存亡之际，走投无路的楚顷襄王只能想办法找人去向秦国求和。可到底派谁去呢？楚顷襄王思来想去，就把眼光放在黄歇身上。他觉得黄歇这个年轻人有口才也有学识，应该能办成这个事。于是就召见黄歇，对他说："我现在有一个艰巨的任务要交给你：去秦国议和。这个任务你能不能干？"

黄歇一听，觉着机会来了，就算有风险，也应该搏一搏。况且这事关乎楚国的兴亡，自己作为一个楚国人是责无旁贷。于是他高声回答："我黄歇愿领大王旨意，赴汤蹈火，在所不辞。"

楚顷襄王一看，好小伙子啊，真有胆量，于是命黄歇为使者出使秦国。

黄歇以使者的身份到达秦国后，并没有着急去觐见秦昭襄王，而是选择去结交秦国上流社会的权贵，获取他们对自己的信任以及对楚国的同情，同时也搜集到不少关于秦国的情报。等把这些都准备妥当后，黄歇决定向秦昭襄王上书，向他说明秦国“善楚”的好处。

在书信中，他向秦昭襄王比喻道：“如果两只猛虎互相搏斗，最后一定会两败俱伤，旁边的癞皮狗到最后就会乘虚而入，饱食虎肉。秦、楚目前是各国中最具实力的国家，互相攻战只会导致双方实力受损，而让韩、魏那样的小国坐收渔翁之利。因此我劝大王还是放弃对楚国用兵，以秦楚亲善为好。”

他还用物极必反的道理，替秦昭襄王分析秦国周边的形势，并借用吴王夫差的例子告诫秦昭襄王，秦国只靠武力让天下诸侯屈服的时机还未成熟，千万不要急功近利，要懂得见好就收，伐楚的事情得先缓一缓。

秦昭襄王读了黄歇的信，大加赞赏，深以为然，于是，下令停止进攻楚国，并与楚国结为盟友。

黄歇这次对秦国的成功出访，使楚国得到喘息的机会，避免了一场灭顶之灾，也初次显露了黄歇卓越的外交能力和高超的政治手腕。

回到楚国之后的黄歇，又做了一件更加冒险的事，那就是陪太子熊完到秦国做人质。在那种战乱年代，人质的生命是毫无保障的，特别是秦国这种虎狼之国，更是没有人愿意去，所以当时的楚国除了黄歇，没有一个人愿意陪太子熊完去秦国。黄歇之所以愿意陪太子入秦，是因为他清楚地意识到，追随太子无疑是“奇货可居”，为了功名，值得一试，而且陪伴储君本就是为人臣的本分，这个时候退缩，无论是从“利”还是“义”上都说不过去。于是他不顾个人安危，毅然决然地答应陪楚国太子熊完前往秦国。

随太子入秦后，黄歇故技重演，经常安排太子熊完出入豪华的社交宴会，结交秦国精英权贵。这一方面减轻了秦昭襄王的戒心，另一方面又博取了太子熊完的欢心，此举可以说是一箭双雕，用心良苦。

黄歇和太子熊完在秦国待了整整九年。公元前263年，楚顷襄王病重，而太子熊完却被秦国扣押，不让回去。太子熊完心急如焚，和他父亲一样，也把希望寄托在了黄歇的身上。黄歇见此情景，不由得眉头一皱，计上心来。他先通过秦国应侯范雎的关系，说服秦昭襄王派人去楚国打探情况，随后他安排太子扮成车夫跟随使者出城，凭借这一手“车夫换太子”，熊完成功逃出秦国。

等到太子走远，没人追得上了，黄歇这才主动求见秦昭襄王。黄歇对秦昭襄王说：“楚国太子熊完已经回到楚国了，您现在就算派人去追，也追不上了。您要是真的很生气，我愿以死谢罪。”

秦昭襄王登时大为恼火，非要黄歇当场自杀不可。这时，黄歇以前打点好的关系救了他一命。应侯范雎对秦昭襄王进言说：“黄歇作为臣子，能为了他的主人献出生命，这样的忠心实在是太难得了。现在楚国太子熊完已经回到楚国了，成为楚王那是板上钉钉的事。如果熊完成功登上王位，必定会重用黄歇，所以您不如免黄歇的死罪让他回国，以表示对楚国的亲善。这样万一日后有什么事，楚国朝廷里也有咱们的熟人啊。”

秦昭襄王听了范雎的话，也觉得事已至此，杀了黄歇也没有什么意义，还不如留他一命，于是就把黄歇放了。

黄歇回国三个月后，楚顷襄王驾崩，太子熊完即位，就是楚考烈王。立下大功的黄歇受到重用，担任令尹（春秋战国时代楚国是掌握政治事务，发号施令的最高官职，相当于丞相）要职，还被封为春申君，受赐淮北地十二县，掌握军政大权。

黄歇两次入秦，凭着过人的胆识、智谋和忠义，甘冒风险，终于苦尽甘来，得到了优厚的回报，正可谓“一往无前虎山行，拨开云雾见光明”，黄歇总算是熬出头了。

不得不说，权力果然是世间最恐怖的毒药，它可以让聪明人变成傻子，也可以让君子变成小人。在位居高位、大权在握后，黄歇慢慢开始膨胀，这也是他一生上、下场的分界线。

黄歇当令尹的第二十二年，六国诸侯为了遏制秦国的征伐，组成了合纵联盟，向西进攻秦国，六国中实力最强的楚国被奉为盟主，而黄歇就成了合纵联盟的“理事长”。结果六国联军刚走到函谷关，就被冲出关的秦军所击溃，而黄歇这个“理事长”的表现也不是很好，楚考烈王认为黄歇要对这次行动的失败负主要责任，但黄歇对此却丝毫没有表示。这惹得楚考烈王很不高兴，就逐渐疏远了黄歇。

此处，黄歇犯了职场大忌，没有主动承担失败的责任。他这种不知过错的表现，是很容易被自己的老板厌恶的。可黄歇自己根本没意识到这个问题有多严重，反而进言楚考烈王迁都寿春（今安徽寿县），以避开秦国的锋芒，他自己也因此而改封江东。

在江东，黄歇并没有好好反省自己，也没有想着如何使楚国再次强大，反而大兴土木，营造宅室，极尽奢华。这时的黄歇已经不是当年那个有胆有谋、舍生忘死的黄歇了。他为了维护自己的利益，不停地向楚考烈王献媚。

楚考烈王一直没有儿子，黄歇便到处寻找会生儿子的女人送进宫去，但都没结果。他有个小妾刚刚怀孕，这小妾的哥哥是一个居住在楚国的赵人，叫李园。李园想出一个移花接木的办法，怂恿黄歇把妹妹献给考烈王。对权力越来越贪婪的黄歇居然认为这个馊主意好，随即将小妾献于楚考烈王。

不久，李园的妹子生下一个儿子，楚考烈王大喜，当即封为太子，母以子贵，李园的妹妹也成了王后。李园凭借楚考烈王对自己妹妹的宠爱，得到了楚考烈王的信任，开始参与政事。李园阴谋得逞后，既害怕黄歇泄露机密，又想取代黄歇的地位，于是就暗中豢养刺客，准备谋杀黄歇。

等到后来楚考烈王去世，李园抢先入宫，并在棘门（宫门）埋伏下刺客。当黄歇带着几个随从匆匆进入宫门，准备给楚考烈王奔丧时，埋伏的刺客突然冲了出来，刺客手起刀落，黄歇人头应声落地。刺客捡起黄歇的头颅，扔到棘门之外，然后扬长而去。

春申君黄歇白手起家，曾两次挽救楚国，一生聪明睿智，大勇大义，却利令智昏，被小人利用，最后落得命丧棘门、身首异处的下场，实在令人哀叹。

古往今来，很多聪明人最后都因为一己私利走上了歪路。

2001 年，广州一家高级酒店内，一位中年人毫不留情地拒绝了服务生端上桌的两瓶人头马。不管东道主怎样说明那酒的珍贵，就是要求换茅台，而且非茅台不喝。

酒店老总没办法，只好竭尽所能弄来几瓶茅台酒，并声明不知真伪，只是为了满足这位中年客人的需求而已。那位中年人一眼就认出这酒是冒牌货，他把酒拿在手上，作为教具，从包装到内容、启封、开瓶，一条条、一项项地教大家识别茅台酒的真伪，说得是头头是道，简直就像是一场针对茅台酒的专项知识讲座。

讲解完茅台酒的知识后，那位中年人把手中的假茅台，狠狠地摔到了地上。然后他情真意切地对在座的人说："我之所以要求必须喝茅台，就是想看看现在市面上的茅台是真是假。作为茅台的负责人之一，在这种高级酒店里看到各位只能喝到假茅台酒，我心里流血啊！我发誓，要不惜一切代价，聚众之力打假酒，还茅台酒一个真善美！"

这位中年人，就是贵州茅台集团的董事长袁仁国。这位带有诗人气质的贵州茅台集团董事长对茅台的文化与知识，那是如数家珍，他声称："茅台酒对我来说，意味着事业和生命，我把我的生命和血液融入茅台之中。"他先后干过供销、宣传，当过厂办主任、车间主任兼党支部书记、厂长助理、副总经理、总经理，一步一个脚印走到董事长的位置，还被选为第十届贵州省人大代表。

但就是这样一个视茅台酒为生命的人，在爬上茅台王国最高的宝座后，却成了一个利欲熏心的"黑心"商人。2019 年 5 月 22 日，根据贵州省纪监委的通报，原茅台集团董事长袁仁国被"双开"。通报显示，袁仁国在任职茅台集团董事长期间，严重违反政治纪律和政治规矩，将茅台酒的经营权作为拉拢关系、利益交换的工具，为他人谋取利益，非法收受他人财物，数额特别巨大，依法应当以受贿罪追究其刑事责任，曾经的茅台英雄，沦为了阶下囚。

天下熙熙皆为利来，天下攘攘皆为利往。一个“利”字，就此断送了这个曾经对茅台怀有无限热情的人。

结语

英国政治家狄斯累利曾说：“生活中最重要的事情是懂得何时抓住机会，其次便是懂得何时放弃利益。”尽管春申君抓住了机会，却不懂放弃，为利所诱，才中了李园兄妹的圈套，最后晚节不保，身败名裂。

我们要知道的是，人一旦为利所诱，利令智昏，就容易忘记对错，更谈不上做出正确的判断。功成名就之后，身居高位的人更应该知进退，明取舍，毕竟站得太高，一步踏错就容易跌入深渊，万劫不复。

范雎蔡泽列传

“今今乐道”读书会曾给大家介绍一本书，名字叫《绝非偶然》，它的作者埃利奥特·阿伦森是20世纪杰出的心理学家。这本书其实就是阿伦森的自传，记述了阿伦森如何一步步从别人眼中的“笨小子”，成长为鼎鼎大名的心理学家的。如果说一个人成功都有自己独有的秘诀的话，阿伦森的秘诀是他发现了自己具有一种天赋，能打造研究方法的钥匙，开启人类行为的大门。而这由此奠定了他坚定地走心理学研究之路。

今天我们为大家介绍的主角范雎，也拥有类似秘诀。虽然他一度穷困潦倒，却拥有无与伦比的辩才。正是这种天赋，让他即使面临窘迫困境，依然相信自己能够做出一番功业。他也确实做到了，不但成功做上了秦国的丞相，还在这个位置上搅动了战国的风云。接下来我们就来了解一下范雎的故事。

范雎是魏国人，从小就聪明伶俐，才智过人，成年后觉得可以大展拳脚了，就走出国门，周游列国，推行自己的政治主张。可惜，在各诸侯国里转了一个遍，没有一个人看好他。最后，他只能灰溜溜地回到魏国，打算在魏王那儿谋个一官半职。

不过，像他这样的小人物想要见魏王并不容易，至少需要权贵的引见。可是，他家里太穷了，拿不出活动经费，因而没人愿意帮他。最后范雎退而求其次，去了中大夫须贾门下混口饭吃。

开始，范雎在须贾门下过得还算滋润，不过，很快因为齐王给范雎“送礼”一事，范雎的命运发生了天翻地覆的变化。

一国之君怎么会给范雎“送礼”呢？原来，范雎跟随须贾出使齐国时，齐王不知道从哪儿听说范雎很有辩才，就派专人给范雎送去了黄金、美酒，以示拉拢。此时范雎没打算换工作，所以齐王的礼他没敢收，推辞了。

须贾听说了这件事，像所有小心眼的领导一样，表面上没说什么，心里却犯起了嘀咕：“齐王为啥给范雎送礼呢？”他琢磨来琢磨去，觉得一定是范雎出卖了魏国的秘密才换来的。所以，回国后须贾就把这件事，连同他自己的猜测，一起报告给了当时的宰相魏齐。

魏齐一听大为生气，通敌卖国，这还了得！不由分说，叫人把范雎抓起来一通毒打。

可怜范雎被打得鲜血淋漓，肋骨也折了，牙齿也掉了，眼看就要一命呜呼。怎么办呢？他想到了装死。

可是，“死”了的范雎也没躲过被侮辱的命运，魏齐命人把范雎的“尸体”用席子卷起来，扔进厕所里，再让喝醉了的宾客，轮番往他身上撒尿。

一般人遇到这种事，即使疼不死也要羞愤死了。可是，范雎却沉得住气，等众人都离开了，就对看守说：“您如果放走我，我日后必定会重重地感谢您。”看守非常同情范雎，就答应了。魏齐此时刚好喝醉了，看守趁机请示魏齐：“魏大人，茅房的死人扔掉算了，放在厕所摆着，这算什么事啊。”

魏齐喝得酩酊大醉，就顺口答应说：“可以。”范雎就这样狼狈地逃走了。在他的朋友郑安平的帮助下，范雎隐藏了起来，化名张禄，隐姓埋名，继续等待机会。

不久，他终于等到机会。这一年，秦昭襄王派使者王稽出使魏国。范雎设法与王稽暗中见面，两人一番密谈之后，王稽认定范雎是个贤才，就决定将范雎推荐给秦昭襄王。

王稽完成出使任务之后，就带着范雎离开了魏国，进入了秦国国都咸阳。王稽向秦昭襄王报告了出使情况后，趁机进言说：“魏国有个张禄先生，此人是天下难得的能言善辩之士。他说，秦国的处境已经极度危险了，只有采用他的策略方可平安度过，但是这需要面谈，不能用书信，所以我把他带回来了，不知大王是否愿意见他啊？”

秦昭襄王觉得这人有点危言耸听，根本不相信这套话，就说：“寡人现在没空见他，让他先等着吧。”就这样，范雎被送到了一家客店里，粗茶淡饭地晾起来了。

晾了一年多，赶上穰侯魏冉为了扩大自己的封地，想越过韩、魏两国去攻打齐国。范雎借着这个机会，赶紧给秦昭襄王写了一封自荐信，信中说道：“我听说圣明的君主推行政事，有功劳的赏，有才能的授予官职。所以，没有才能的不敢当官，有才能的也不会被埋没。如果您认为我说的话可信，希望您能让我见一见您；如果您认为我的话不可信，那么长久留我在这里也没有意义。我一个文弱书生，怎么敢用毫无根据、疑惑不定的主张来试探大王呢？”

范雎在信中接着说道：“我虽然被魏国抛弃了，但是并不代表我没有才能，不能使国家强大。要知道，宝玉产于土中，著名的工匠还会误以为是石头，圣明君主也会抛弃有才能的人。”

信中还说：“我听说善于中饱私囊的大夫，是从诸侯国中取利；善于使一国富足的诸侯，是从其他诸侯国中取利。而天下有了圣明的君主，那么诸侯就不得独自富贵，这是为什么？是因为他们会削割国家而使自我显贵。高明的医生能知道病人的生死，圣明的君主能洞察国事的成败，认为对国家有利的就施行，有害的就舍弃，有疑惑的就稍加试验，即使舜和禹死而复生，也不能改变这种方略。”

范雎在信的最后说：“要说的至深话语，我不敢写在书信上，一些浅陋的话又不值得您一听。想必是我愚笨不符合大王您的心意吧？还是推荐我的人人贱言微不值得您听信呢？如果不是这样，我希望您能给我一次机会，让我拜见您一次。如果一次谈话没有效果，我请求伏罪受死。”

读了这封书信，秦昭襄王心中大喜，赶紧召见王稽，向他表示了歉意，并派他用专车去接范雎。

对于这个来之不易的机会，范雎是如何给秦昭襄王留下深刻印象的呢？

范雎到了宫门口，假装不知道那是内宫通道，不顾侍卫的阻拦，就硬着头皮往里闯。恰巧秦昭襄王刚出来，侍奉秦昭襄王的宦官见到王驾之前居然有人闹事，当时就怒了，赶紧驱赶范雎，大声呵斥：“大王来了！”

范雎此时却故意大嚷：“秦国哪里有大王？秦国只有太后和穰侯罢了。”

范雎这话可是一点都没说错，当时的秦国虽然国力强盛，可秦昭襄王的王位的确坐得有些窝囊，上有老妈宣太后把持朝政，下有穰侯专权用事，他五十多岁了，还不能自主决策，每天向母亲请示，活得像个傀儡。这种处境下，秦昭襄王显然不会太舒服。

走过来的昭襄王，听到范雎和宦官争吵，当时就想到了自身的处境，感觉扎心了，又想到了范雎信中的话，心想范雎一定有妙招，就赶紧上前去迎接范雎。秦昭襄王拱手向范雎诚恳地道歉，说：“我本来早就该向您请教了，不巧的是，这一阵子义渠事件很紧迫，我早晚都要向太后请示，所以没有抽出时间。现在义渠事件已经处理完毕，我才有机会向您请教。我这人不聪明，偶尔还犯糊涂，所以，先生请先受我一礼，这是要表达我的歉意。”说完，秦昭襄王牵着范雎的手，亲自将范雎领入自己的宫殿之中。

进入宫殿后，秦昭襄王屏退左右，等宫中没有别的人了，于是向范雎长跪（古时坐姿，以示尊敬）请教说：“先生能教我什么？”

范雎面露难色，只说：“嗯、嗯……”

停了一会儿，秦昭襄王见范雎没有开口的意思，跪着向前挪了两步，继续请教说：“先生能教我什么？”

范雎还是不肯开口，有些敷衍地说：“嗯、嗯……”

像这样连续询问三次，范雎始终不愿畅谈。秦昭襄王一直保持着长跪的姿势说："先生难道不愿教我吗？"

范雎大惊说："臣不敢这样啊。我如今只是个客居异国他乡的臣子，与大王交情生疏，而我所希望陈述的都是匡扶国君的大事，我处在大王与亲人的骨肉关系之间来谈这些大事，我本想进献我的一片愚诚的忠心，可不知大王心里是怎么想的。这就是大王连续三次询问我而我不敢回答的原因。"

范雎说到这里，停了一下，看了看秦昭襄王殷切的脸，继续说："我也不是因为害怕才不敢说出来。我知道我今天讲的话，明天就可能为我带来死罪，但我仍愿意向大王进言。"

范雎继续分析说："现在，您对上害怕太后的威严，对下被奸佞臣子的惺惺作态所迷惑，自己身居深宫，离不开左右近臣的把持，终身迷惑不清，也没人能够帮助您辨识邪恶。长此下去，从大处说国家会覆亡，从小处说您孤立无援，岌岌可危，这是我所担忧的。如果我死了而秦国得以大治，那么我死了比活着更有意义。"

秦昭襄王听完很感动，仍然保持着长跪的姿势，说："先生怎么说这样的话呢！您能来秦国助我，是我的福气，我有幸能受到先生的教诲，这正是上天的恩赐。从今以后，事情无论大小，都希望先生能毫无保留地教我，不要再怀疑我的诚意了。"

范雎听完这番话，知道秦昭襄王已经完全信任自己了，他终于放下了所有顾虑，推心置腹地为秦昭襄王分析目前秦国面临的形势。他建议秦昭襄王采取"远交近攻"的策略，把地理位置较近的韩国、魏国作为秦国兼并的主要目标，同时与地理位置较远的齐国等国保持良好关系。这样分而攻之，逐步扩大秦国的领土，壮大秦国的力量。秦昭襄王听得连连点头，大有相见恨晚之感。之后，秦昭襄王就授予范雎客卿的职位，同他一起谋划军国大事。

秦昭襄王对范雎可谓言听计从。几年之后，范雎对秦昭襄王说："太后、穰侯、华阳君等人，专权摄政，使秦国百姓只知有太后、穰侯，不知秦王。长此下去，国家必将大乱！望大王早做绝断。"秦昭襄王听了这番话如梦初醒，惊恐万分。于是秦昭襄王暗中部署，以雷霆之势突然发动袭击，废黜了太后，收回了穰侯的相印，把他和华阳君、高陵君等外戚贵族驱逐出国都。之后，秦昭襄王就任命范雎为国相，并把应城封给范雎，封号为应侯。

范雎之所以能缔造这个"职场神话"，得益于他出众的辩才。范雎在求职时，闭口不谈自己的得失，而是站在秦昭襄王的角度大谈秦国和秦昭襄王自身的利益，正是如此，才使秦昭襄王顺利接纳了自己的建议，自己也一跃成为大秦国的国相。这就是范雎成功的秘诀：掌握了谈话的策略，就是找到谈话的突破口，化被动为主动。

谈话的策略在商业沟通中同样非常重要。美国一家贸易公司的经理设计出了一个商标，并开会征求各部门的建议。经理说："这个商标的主题是旭日，象征着希望和光明。而且，这个旭日很像日本的国旗，假如日本人看到就一定会来购买我们的产品。"

后来，他又向其他部门主任征求意见。经营主任和广告主任对这位经理的构思极为满意。最后轮到出口部主任发表意见，他说："我不同意这个商标。"整个办公室的人都十分不解。

经理也非常吃惊，就问他："怎么？你不喜欢这个设计？"

其实，从艺术的观点来说，这位年轻人确实对这个商标很不满意，但他明白，和经理辩论审美观是没什么效果的，因此，他说：“这个商标我倒是很喜欢，我只是恐怕它太好了。”

经理听了他的话，愣住了，好半天才说：“你说的这句话我很不明白，希望你能解释给大家听听。”

出口部主任解释说：“这个设计鲜明而生动，自然是很好的，而且因为与日本的国旗相似，不管哪个日本人都会很喜欢，这也毋庸置疑。可是，我们在远东还有一个非常重要的市场，大家忘记了吗？”

年轻人的解释吸引了大家，大家开始考虑小伙子的话。经理也示意他继续说下去。

“对，华人社会，包括中国以及东南亚国家。这是我们一个重要的市场。假如这几个国家的人看到了这个商标，也会不由自主地想起日本人的国旗。尽管日本人很喜欢这个商标，但是由于历史的原因，这些国家和地区的人们就不一定会喜欢这个商标了，甚至有的人会产生反感。这就是说，他们会因此不愿意买我们的产品，这样一来不是因小失大了吗？照本公司的营业计划，是要扩大对中国和东南亚国家及地区贸易的，可是用这样一个商标，结果已经可想而知了。”

“天哪！这一点我怎么没有想到呢？你的建议非常及时！”经理高兴得几乎叫了起来。

在这个例子中，那位出口部主任的谈话就非常讲究策略，他先说了一句“我恐怕它太好了”，满足了经理的自尊心，同时又勾起了他的好奇心。接着，他再讲出自己的理由。这样一来，经理不会觉得难堪，年轻人也达到了他的目的。

所以，无论你是初涉职场，还是在职场上打拼多年，谈话都要讲究策略，才能达到自己的目的。

结语

在《范雎蔡泽列传》中，司马迁重点记述了范雎的事迹，也对蔡泽如何说服范雎离开相位，做了精彩的描述，由于篇幅原因，今天我们没有多讲。对于这部分有兴趣的书友，可以看看《史记》的这篇列传。司马迁为他们立传的主旨在于颂扬他们不因遭受困辱而沮丧，反而激起奋发的精神。在他们身上，我们能看到杰出的辩才，学习到谈话的策略。很多时候，要想达到目的，并不能一味地实话实说，运用好策略，找好突破口，对症下药，才能达到自己的目的。

乐毅列传

人们都说，虎毒不食子。但在我们的成语当中，却还有另外一个与之相对应的，就是“乐羊食子”。乐羊是战国时魏国名将，魏文侯派他攻打中山国。面对乐羊的进攻，中山国节节败退，眼看就抵挡不住了，就抓了他的儿子剁成肉泥，煮了一锅肉羹，派人给乐羊送去，想借此来击垮他。哪知道乐羊不但不伤心，反而神色淡然地喝了一杯肉羹。中山国不但没能达到目的，反而被乐羊恨之入骨，最终城破国灭。

后世认为乐羊虽然有功但却不仁，这样的人不值得被称赞。所以在历史中对乐羊的记述并不多。不过乐羊有位后人，几乎可以称得上是一位完人，他不仅战功卓著，还能在危机中全身而退，连太史公司马迁都在《史记》中为他单独立传，其影响力可见一斑，这个人便是战国赫赫有名的大将乐毅。

乐毅一生的经历，对于职场中人，特别是中层领导来说，非常具有指导意义。接下来，我们就来听听乐毅的故事。

乐毅生性聪明，熟读兵法，拥有非常好的名声，曾经在赵国任职。赵武灵王死后，赵国发生内乱，乐毅就来到魏国。有一次，魏昭王派他出使燕国，被燕昭王看中。经过燕昭王多次诚意邀请，乐毅就再次跳槽到了燕国担任亚卿（又称中卿，一种高级官员）这个重要职务。

在历史上，燕国曾经因为内乱，被邻国齐国落井下石，我们曾在《燕召公世家》中讲过。燕昭王因此非常恨齐国，一直想要找齐国报这一箭之仇。但是燕国是个小国，从综合国力来讲，和齐国根本不在一个档次上。

对此，燕昭王也是一筹莫展。但是仇要是不报，燕昭王觉得就是死了也不会瞑目。有一天，燕昭王召见乐毅，问道："乐卿，齐国当年不仗义，趁咱们燕国内乱，过来偷袭咱们，占领了咱们很多土地，劫掠了很多妇孺钱粮。我这个做国君的每每想起，都恨得牙根疼。虽然咱们燕国国弱势微，这我知道，但是这仇我是一定要报，您有没有什么好办法啊？"

乐毅沉吟了片刻，说道："大王，这事确实不好办，但是，也不是没有办法。"

燕昭王一听有办法，眼前顿时一亮，赶紧上前挪了挪身子，说道："快说来听听。"

乐毅便分析道："齐国，有着霸主的底子，国力雄厚。咱们想凭一己之力打败它，无疑是在拿鸡蛋碰石头。如果我们能与天下各路诸侯合作，还有一丝胜利的希望。而且现在的齐王（即齐湣王）骄横暴虐，恃强凌弱，各路诸侯早已有不满之意，现在咱们首举义旗，他们肯定会积极响应。如果大王信得过我，我愿意去为大王联络他们。”

听了这话，燕昭王自然兴奋不已，拍手说道：“好好好，这个办法好，就按乐卿的想法办！”

随后，燕昭王便赐乐毅出使符节，让他代表燕国出使各国。乐毅出使各国的时候，动之以情，晓之以利害，把各个诸侯国说得服服帖帖，都愿意和燕国合作，共同讨伐齐国。

这次出使，乐毅联合了秦、韩、赵、魏四国，再加上燕国，一共五路大军，由乐毅率领，浩浩荡荡向齐国开进。

齐湣王一看，呵，这小小燕国，自己不知道自己几斤几两吗？还搞了这么大的阵仗。不过，他也没放在心上，对出征的将军说道：“给他们点教训就行，要不他们总说咱们以大欺小，恃强凌弱。”

这位将军心想，以齐国的兵力，取胜不在话下，就率领大军去和五国联军一决高下。

在济水（古水名，发源于今河南，流经山东入渤海）岸边，五国联军和齐军展开了大战，轻敌的齐军被杀得溃不成军，丢盔弃甲，落荒而逃。

燕昭王听到前线获胜的消息，在大殿上击掌称快，亲自到济水劳军。按说到了这一步，燕国可以说是大仇得报，各路诸侯的军队也停止了攻击，撤回本国，大家都各回各家不就行了吗。

乐毅却对燕昭王说：“大王，现在齐国军心大乱，国内毫无防备，正是破齐的大好时机，咱们现在不能退啊。”

燕昭王本来就对齐国恨之入骨，赶上如此好的机会，当然不能放过，当即放话：“乐卿，继续打，最好能把齐国给我灭了。”

乐毅乘胜追击，一路攻城略地，所向披靡，最终打到齐国的都城临淄。乐毅集重兵攻击临淄，围困临淄数日。齐滑王见乐毅来势汹汹，深感力不能敌，便弃城而逃。不久，乐毅就拿下了临淄，把齐国的珍宝财物以及宗庙祭祀的器物全部夺取过来并把它们运到燕国去。

对齐国的战争，历时五年，乐毅攻下齐国城邑七十多座，都划为郡县归属燕国，而齐国仅剩下莒（今山东日照莒县）和即墨（今山东青岛即墨区）两座城邑没有收服，如果这两个城被拿下，齐国就灭亡了。一时间，乐毅名噪天下，被燕昭王封为昌国君，整个燕国也为之一振。

就在乐毅准备一举拿下齐国仅剩下的两座城池的时候，燕昭王不幸去世了。新即位的燕惠王对乐毅没有好印象，当初做太子的时候就对乐毅不满。齐国大将田单了解到这个情况之后，立即实施了反间计，他派人到燕国大肆造谣说："为什么齐国就剩两座城池，却一直久攻不下？那是因为乐毅与燕王不和，故意拖延时间，准备在齐国称王啊。现在，齐国并不担心乐毅，而是怕燕国派别的将领来攻打齐国。"

燕惠王本来就看乐毅不爽，又受到齐国反间计的挑拨，怕乐毅真的临阵倒戈，就赶紧派大将骑劫去代替乐毅，并命乐毅立即回国。乐毅心里明白，燕惠王派人代替自己是不怀好意的，害怕回国后被害，就投奔了赵国。赵王知道乐毅是个人才，对他十分敬重，还把观津（今河北武邑东部）封给乐毅，封为望诸君，借此来威慑燕国和齐国。

没有了乐毅指挥的燕国军队，在骑劫的带领下，在即墨城下大败，之后节节败退到黄河边上。原本占领的齐国土地，也全部丢失了。这时候，燕惠王才知道自己中计了，于是，他就写了一封声泪俱下的道歉信派人送去给乐毅，信中说道："乐将军啊，您曾经为燕国打败齐国，替先王报了深仇大恨，天下人都在称赞您，我哪有一天敢忘记您的功劳呢！如今，正好赶上先王辞世，我本人初即位，我派骑劫代替将军，是因为您长年在外，风餐露宿，因此召回您暂且休整一下，也好共商朝政大计。不想将军误听传言，认为跟我有不融洽的地方，就抛弃了燕国而归附赵国。将军为自己打算可以，可又怎么对得住先王待将军的一片深情厚谊呢？"

乐毅看完燕惠王的信，不免会心一笑，就给燕惠王回了一封情真意切的婉拒信。

信中说："大王，我听过这种说法，善于开创的不一定善于守成，开端好的不一定结局好。从前伍子胥的主张被吴王阖闾采纳，吴王带兵一直打到楚国郢都。后来吴王夫差不采纳伍子胥的正确建议，却逼他自杀，把他的尸骨装在袋子里扔到江里。"

信中继续说道："老臣听说古代的君子绝交时不会说别人的坏话；忠诚的臣子离开原来的国家，不会为自己的罪过和冤屈开脱。我虽然无能，但多次聆听了君子的教导。我担心您只听信左右近臣的话，不能理解被疏远人的行为。所以献上这封信把我的心意告诉您，希望君王您自己多多留意吧……"

燕惠王看到这里，手中的信，无声地滑落到了地上，他知道已经无法挽回乐毅的心了，两人只能好聚好散了。

在现代商业史上也有一位和乐毅经历很相似的风云人物，就是拥有“美国商业偶像第一人”之称的李·艾柯卡。

艾柯卡最初是福特公司一名推销员。由于艾柯卡虚心好学，业绩卓越，不久，他就被提拔为地区经理。之后，他又想出了“花 56 元钱买五六型福特车”的促销办法，客户只要先付 20% 的货款，其余部分每月付 56 美元，3 年付清，就能立刻购买一辆 1956 年型的福特汽车，结果，当年公司这款车的销量猛增了 7.5 万辆，艾柯卡也因此名声大振。随后，公司晋升他为华盛顿特区经理。在坚持不懈的努力下，36 岁时，艾柯卡就担任了副总裁和福特分部的总经理，晋升速度之快在业界实属罕见。

20 世纪 60 年代后，艾柯卡亲自出马，夜以继日地研制出一款专为年轻人设计的新车“野马”，这款车第一年销售量就高达 41.9 万辆，创下了全美汽车制造业的最高纪录。后来在艾柯卡的主持下，“侯爵”“美洲豹”和“马克 3 型”高级轿车型的推出，更是大获成功。

1970 年 12 月 10 日，艾柯卡登上福特汽车公司总裁的宝座，成了这家美国第二大汽车企业中地位仅次于老板亨利·福特的第二号人物。可是，这种荣誉并没有持续太久，1978 年 7 月 13 日，由于“功高盖主”，他被小心眼的老板亨利·福特辞退了。当了 8 年的总裁，在福特工作已 32 年，一帆风顺，从来没有在别的地方工作过，突然间失业了，这对普通人来说是无法接受也是无法容忍的，但是艾柯卡并没有因此与亨利·福特有过多的纠缠，而是去寻找属于自己的一片天地。经过短时间的调整，艾柯卡应聘到濒临破产的克莱斯勒汽车公司出任总经理。

在艾柯卡上任当天，克莱斯勒公司已经连续亏损达1.6亿美元。为了拯救克莱斯勒，艾柯卡对公司的营销、信贷、财务、计划和人事等部门进行了彻底整顿，他积极扶持新产品的开发，花大力气抓生产制造。到1982年，艾柯卡主持研制的"道奇400"新型敞篷车先声夺人，畅销市场，多年来第一次使克莱斯勒公司走在了其他公司的前面。后来，他又推出了新型K型车，迅速占领小型车市场份额的20%以上。之后的两年，克莱斯勒开始在汽车市场上高歌猛进，并在1984年创造了24亿美元的利润，这比克莱斯勒汽车公司60年利润的总和还要多。艾柯卡实现了人生的触底反弹。

结语

好了，故事讲完了。现在我们来总结一下，从乐毅身上学到的道理：

1. 成就别人就是成就自己。乐毅在成就了燕昭王的同时，自己也名噪一时，成为战国赫赫有名的大将，被封为昌国君，同时随着太史公的文字名垂千古。

2. 如果在某个工作岗位上无法发挥自身优势，甚至遭到上级的猜疑和嫉妒，不如好聚好散，另谋高就。如果现实中真的遇到了这种问题，及早离开，也不失为一种好的选择。

廉颇蔺相如列传

相信大家都听过“负荆请罪”这个成语。在战国时期，赵国的将军廉颇因为蔺相如被提拔到比自己还高一个级别而感到很不爽，便在心里嘀咕着，老子的地位是靠刀口上舔血、战场上真刀真枪拼出来的，而你蔺相如不就是嘴皮子厉害么，未必有真才实学。所以他总想找机会给蔺相如一点颜色看看。

这消息七传八传，就传到了蔺相如的耳朵里。这要是放在一般人那儿，听到别人这么说自己，早就跟他急了，但是蔺相如没这么做，而是尽量不和廉颇正面起摩擦，即便碰面了也是躲着走。

但是，蔺相如的属下可不乐意了，觉得蔺相如太屃了，自己都跟着抬不起头来。后来人们才知道，蔺相如是从国家大局出发，如果自己和廉颇正面冲突，赵国文臣和武将之间，就开始针锋相对了，这样朝廷内部就会产生内斗，就会给秦国制造机会，所以蔺相如才不去理会那些刺耳的言语。后来，就有了廉颇“负荆请罪”的故事，两人也因此结为生死之交。

关于廉颇和蔺相如，除了“负荆请罪”“完璧归赵”和“渑池会”也都是大家熟知的故事，咱们就不多讲了，今天我来讲一些发生在廉颇和蔺相如身上，大家不太熟的故事。

当年，赵惠文王得到了楚国的和氏璧后，消息不胫而走，被秦昭王知道后，就派人给赵王送了一封信，表示愿意用十五座城池交换这块宝玉。

赵惠文王收到信后，就找来大臣商议，看看这事到底能不能干。大臣们纷纷表示，不能与秦国做这笔交易，秦昭王明显是想空手套白狼，和氏璧只要到了秦国，必定是泥牛入海，一去不回。但是，当时秦强赵弱，不把和氏璧交给秦国，恐怕秦国会兴兵来犯，所以赵惠文王想找一位能顺利完成这笔交易的人去出使秦国，就问群臣有没有好的人选推荐。

这个时候，赵惠文王身边的近臣，宦者令（主管宦官内侍的头目）缪贤站了出来，说道：“臣有一人，可担此任。”缪贤推荐的这个人就是蔺相如。缪贤为什么会推荐蔺相如，大家可能不太清楚，但在《廉颇蔺相如列传》里有着精彩的记述。下面，我就来讲一讲为什么缪贤会推荐蔺相如。

话说有一年，燕王和赵惠文王约好在两国的边境上开展以“互邻友好、区域互联”为主题的两国友好协商会议。经过了双方历时多天的友好会谈，会议圆满结束，双方领导人对会议协商结果也都很满意。

在会后的庆功宴上，燕王便充分展示了自己的外交天赋。大家推杯换盏之间，他看到一旁静静等候赵惠文王的缪贤，便快步走上前去，握着缪贤的手说道："缪大人辛苦了，我听闻赵国国内人才济济，今日一见果然名不虚传，赵王能有您这样尽忠职守的臣子，真是羡慕死我了，如果大人不嫌弃的话，我愿意和您交个朋友。"说完用手轻轻拍了拍缪贤的手背。

缪贤一看燕王的此言此举，就连忙躬身道："燕王言重了，在下受宠若惊，实在不敢当、不敢当。"

燕王哈哈一笑，又寒暄了几句就去陪别的宾客了。缪贤怔怔待在原地，回想着燕王的话，他知道，这是燕王向自己抛出了"橄榄枝"。

因为客观来说，当时的赵国有廉颇、李牧等栋梁之材支撑着，缪贤这种官员确实没啥发挥的空间，继续待在赵王手下，即便最高领导很信任，他也难以达到自己的政治抱负。既然燕王都开了口，缪贤的心里就开始长草了，想着换份工作试试看。

恰巧，后来缪贤在赵国犯了点事，心想燕王之前拉拢过自己，与其在赵国受罚，不如一走了之，直接到燕国去谋个一官半职。之后缪贤就向门客们表达了这种想法，结果蔺相如第一个站出来，劝他打消这个念头。

缪贤反问蔺相如："先生有何高见呢？"

蔺相如回答说："燕王之所以和大人交朋友，不是真的想招揽您，而是因为赵国实力比燕国强，大人您一直以来都受到赵王的宠信，所以燕王才想和您套近乎，好与赵国巩固关系。但是现在您逃到燕国，燕国因为畏惧赵国，不仅不敢收留您，还会把您抓起来，送还给赵国。"

缪贤听完，心里一下子明白了，赶紧向蔺相如寻求解决的办法。

蔺相如建议说："如果您想得到赵王的原谅，逃跑肯定是不行的，不如您脱掉上衣，跪着向赵王请罪，兴许能够得到赵王的原谅。"

后来，缪贤按照蔺相如的说法，袒露上身，跪着向赵惠文王请罪，最终获得了赵惠文王的原谅。因为这件事，蔺相如给缪贤留下了深刻的印象，这才有了后来缪贤举荐蔺相如出使秦国的故事。

当今世界充满变数，充满机会，所以很多创业者总是急于寻找新的模式，新的方法，生怕计划赶不上变化，生怕慢一步就被别人抢了先机。

其实，很多时候并不需要那么多的变化，走得太急太快，往往得不偿失。看清问题本质，以不变应万变，往往能产生意想不到的奇特功效。

公元前262年，秦军和赵军在长平对峙。这时候，名将赵奢已经去世，蔺相如也身患重病，能够统帅大军的只有老将廉颇，赵王便派廉颇率兵上阵。到了前线后，秦、赵两军发生了几次遭遇战，秦军都获得了胜利。廉颇一看，秦军来势汹汹，最好的办法就是避其锋芒，消磨他们的锐气，便命令全军坚守不出。任凭秦军如何叫骂挑战，廉颇都置之不理。

这么一弄，秦军没辙了，因为他们知道廉颇深通兵法，故意和他们打消耗战，然后找机会反攻。但是，秦军也不能坐以待毙啊，他们派间谍潜入赵国，到处散布谣言说："廉颇只是个不敢应战的缩头乌龟，不足为惧，秦军最怕的其实是马服君赵奢的儿子赵括。"

赵孝成王听闻此言，又看到廉颇避战不出，当即任命赵括为将军去代替廉颇。

这时病重的蔺相如冒死向赵孝成王进谏道："大王不能只凭名声就任用赵括啊，赵括只读了一些他父亲留下来的兵书，并没有实际的作战经验，面对瞬息万变的战场，不如廉颇将军看得通透啊。"

赵孝成王一心求胜，又觉得蔺相如和廉颇私交好，现在的建议是在为廉颇的出师不利开脱，就没有采纳蔺相如的建议，而是让赵括取代了廉颇的主帅位置。结果就是赵括纸上谈兵，一败涂地，数十万赵军都被白起坑杀，最终赵国靠魏国和楚国的援助，才得以保全。

其实，通过廉颇避战不出的战略和秦军的反应来看，廉颇以静制动之策效果无疑是最好的，因为廉颇知道此时秦军势头正猛，赵军坚守不出，既消磨了秦军的锐气，又能稳住赵军的军心。相比于阵前刀光剑影的厮杀，这样的策略更加让对手绝望。廉颇的做法无疑是抓住了问题本质。

咱们以史为鉴，反观当下，很多年轻创业者，精力充沛，乐于尝试新项目，但他们哪怕连开十枪，也未必能击中一个目标；而对于老到的企业家而言，他不需要频繁出手，只需关键时刻打出一发子弹，就能完美命中目标。

在这方面，亚马逊就做得比较好。亚马逊公司的会议室有一个特点，二十多年都没改变，就是在会议室里永远留出一个空的位置，哪怕总裁贝索斯本人也不能坐。这个位置的名字，就叫客户。

对于这个传统，外界媒体都非常好奇。在某一次的新闻发布会上，一位女记者干脆就向贝索斯提问："贝索斯先生，为什么亚马逊总是要把客户放到至高无上的位置呢？"

听了这个问题，贝索斯哈哈大笑："因为客户是永远的强势群体，我们才是弱势群体。"

一句幽默的回答，让现场爆发出会心的笑声。紧接着，贝索斯收起笑容，认真地对大家说："商业的本质是服务大众，而不是自娱自乐。在我们这个时代，有太多的新产品、新创意、新思路，但在我看来，这些大多都是幻象。如果让我在幻象与真实之间做选择，我必然倾向于后者。"

这时候，另一个记者问他："那您为什么会觉得那些创意和想法是幻象呢？我们的社会不就是靠奇思妙想推动的吗？"

贝索斯沉默了半晌，然后用他独有的温和语气继续说："道理是没错，但世界上有不断变化的表象，必然也有相对稳固的规律。大家总是问我，接下来的十年里会有什么变化？但我更渴望听到，接下来的十年里有什么是不变的？"

紧接着，他便娓娓道来，向大家阐述了亚马逊二十年不变的战略：在不变的事物上，提供无限的选择、顶级的购物体验以及最低的价格。

二十年来，贝索斯和亚马逊始终抱元守一，以不变应万变。无论对手怎么变化，无论是零售行业还是云计算，他始终抱定这个"很傻""很笨"很朴素的战略，一路向前，毫不退步。他始终认为：最开始，企业就是以客户为出发点，现如今，也只是回到起点，返璞归真。一切技术和研发，都是以服务客户为终极目的。

把战略建立在持久不变的本质规律上，不被潮流影响，不去盲目跟风，这才成就了世界首富贝索斯，以及独一无二的亚马逊。

结语

蔺相如虽然出身门客，但是他以敏锐的眼光发现问题，能够在第一时间帮助领导解决问题，得到领导赏识，最后官拜上卿。廉颇能够在战争中看清问题的本质，保证赵军不败，而贝索斯能够在市场中抓住商业的本质，以不变应万变，造就了电商巨头——亚马逊。

我们的时代，有太多变化的元素，尤其是商业圈，充满了新思路和新模式。但是，我们在多变的世界中，需要保持清醒的头脑，善于发现问题，看清楚问题本质，不要被幻象所迷惑，然后找准那些不变的规律和原理，实现利润的可持续增长。

田单列传

我们今天要讲的是《史记》中一位“来无影，去无踪”的人物——田单。

为什么说他来无影，去无踪呢？因为《田单列传》一开头对他的身世只交代了一句：“田单者，齐诸田疏属也。”就是说田单是齐国王室的远亲。这个介绍也太简单了吧，还不如三国里说刘备的那句“中山靖王之后”详细。而结尾又是一句：“襄王封田单，号曰安平君。”封完就完了？后来呢？司马迁一笔都没写。或许在司马迁的眼中，这是不值得写的，必须要砍掉，留出空间来呈现主角最光辉精彩的故事。

《史记》中的《田单列传》主要讲述的，是战国时期齐国名将田单，带领即墨军民打败燕军，收复齐国的故事。在《田单列传》中，战国名将乐毅也有出场，却是给田单做配角。乐毅的任务只是负责把以燕国为首的大军引入齐国，迫使齐王从都城临淄逃跑，退守莒城，剩下的舞台交给田单进行发挥就可以了。

在《田单列传》的开篇，燕国军队在名将乐毅的率领下，大举入侵齐国，以破竹之势，将齐国打得只剩下莒城和即墨两座城池，而且即墨的守城大将也在战斗中被燕军所杀，此时的即墨城势如危卵，随时都有被攻破的危险。正所谓“沧海横流，方显出英雄本色”，就在这千钧一发之际，咱们本篇故事的男主角田单登场了，素有威名的他，被即墨军民推举为首领，扛起了“抗燕”重任。那时候，并没有人会想到田单能够反败为胜，可田单就用神一般的“操作”逆转了整个局面，他究竟是怎么做到的呢？下面我们就来看一看。

一向弱势的燕国之所以能将齐国打得只剩两城，全都要仰仗名将乐毅的高明指挥。面对这样的对手，即使是英雄田单也没有必胜的把握。如何除掉乐毅，就成为摆在田单面前的第一个难题。田单深知“堡垒往往最先从内部被攻破”的道理，既然自己不能在战场上击败乐毅，那不如换个思路，让燕国人自己亲手干掉乐毅。

因此田单使出了一手反间计，他趁信任乐毅的燕昭王去世，与其不和的燕惠王刚继位的机会，派间谍到燕国四处传谣：“齐国现在剩下的两城，其实早就可以攻克了。之所以久攻不下，是乐毅想在齐国称王，正借机收拢大军准备造反呢。”燕惠王听到风声后，火冒三丈，本就和乐毅不和的他，直接派大将骑劫去接管了乐毅的工作。

用兵如神的乐毅一走，田单的压力一下减轻了不少，但他并没有对此感到多么开心。因为从当时的情况来看，虽然乐毅已经被撤职了，可只剩两城的齐国还是很难和气势正盛的燕军抗衡。要想击败燕国，齐国军民必须拿出高昂的精气神才行，他们现在需要的是一针强心剂。

想明白这个事情后，田单就开始琢磨了：“怎样才能让即墨军民相信自己能打赢呢，哎？有了，可以请‘神’呀，只要‘神仙’能答应帮助我们，那我军必胜无疑啊。”

这个方法虽然现在看起来是封建迷信，不足为信，但在战国时期，人们还是非常敬畏鬼神的，只要“神”有了明确的旨意，人们大多都会相信。当然田单也知道自己根本请不到“神”，可只要让燕军相信齐军有神相助让即墨军民相信自己有神相助不就可以了嘛。没有“神”，咱可以自己“请”呀。

说干就干。于是田单先命令城中军民在吃饭之前必须在露天场地撒上粮食，祭祀祖先，这样一来，即墨城的上方就出现了很多寻找粮食的飞鸟，乌泱泱一大片，遮天蔽日的。城外的燕军看了这个场景，都吓坏了，心想这即墨城里是怎么了，那么多鸟在上面飞呀。这时田单趁机让人放出风声，说：“神仙要下界指导我们克敌制胜，所以天降异象。”燕军士兵听了这个信息，更加恐惧了，每次去攻城的时候，看着城上盘旋飞舞的鸟群，都会不由自主地想起这个事，心里头就犯怵。

接下来，田单又采取了一个更迷信的方法来鼓动即墨的军心。某一天，田单将城中所有的男女老幼都聚集在一起，煞有介事地对他们说：“我昨天晚上做了个梦，梦到了一位神仙，他说他会亲自下凡来当我的老师，指引我们打败燕军。”

这时突然冒出一个小兵大喊道：“没错，就是我！”说完撒腿就跑。田单一看这情况，心想：“我正愁没处找神师呢，没想到你竟然送上门来，真是天助我也。”他连忙起身，一个“燕子三抄水”，追上那个小兵，将他一把抓住，大喊说：“神师，您既然是来帮我的，跑什么呀。”说完连拉带拽地把他推到上座，用侍奉老师的礼节恭恭敬敬地侍奉他。那个士兵一看，原来是玩真的啊，一下慌了神，只好对田单坦白：“将军，我就是说着玩的，我上有八十岁的老母，下有刚会走的孩子，您这次就放了我吧。”

田单却义正词严地说：“神师莫要说笑，您今天下凡而来，助齐国一臂之力，这是我等的荣幸啊。”

那小兵苦苦哀求道：“哎哟，将军呀，我根本不是什么神人，也没什么本事，我就是闲得无聊才会这么说的，真的不是有意要欺瞒您呀。”

这时田单俯下身来，在那小兵耳边低声说道：“我知道你是说着玩的，但现在你可不能瞎说了。你现在就是神人，就是我老师，不是也得是。你要是不当，我就用扰乱军心的罪名砍了你。你自己选吧。”小兵一看没有办法，只好乖乖地坐上了主座。

田单继续奉他为神师，每次发号施令，一定要称是神师的主意。齐国军民一看：我们有神助战，必然能赢啊，于是就有了拼死抵抗的“底气”。

这些前期准备都做完了，可要想以一城之力对抗燕国的十几万大军，还是不太现实。想要获胜，必须以“奇招”制胜才行。于是田单开始将最重要的一出“戏”搬上了历史舞台，这就是赫赫有名的“火牛阵”。

“火牛阵”这故事要比田单本人有名得多。这当然离不开太史公的着力渲染，希望大家有机会读一下《史记》中的这段原文，两千多年之后的我们依然能感到无比震撼。

今天，我们先来用白话还原一下当时火牛阵的情景：田单为了实施火牛阵，他先从城里收集了一千多头牛，给它们披上大红绸制成的被服，还在上面画着五颜六色的蛟龙图案，并在它们的角上绑好锋利的刀子，把浸满油脂的芦苇绑在牛尾上，一切准备妥当之后，只欠当夜月黑风高。

那一夜，天完全黑透了，连颗星星都没有，更别说月亮了。离即墨城不远的燕军军营中是万籁俱寂，除了站岗巡逻的个别卫兵，所有的燕国士兵都在熟睡中，做着攻灭齐国、升官发财的美梦。突然之间，即墨城下是一片火光，同时还响起了一阵阵野兽的嘶吼，随后大地震动，如同敲鼓一般。这突然的变化把所有燕国士兵都惊醒了，很多人来不及穿好盔甲就跑出营帐。

只见营区里面无数浑身赤红、冒着烈火的怪物正冲着燕军大营狂奔过来。还没等燕军士兵们反应过来，这些烈火怪物就已如潮水般涌入了燕军营地，在营地里到处乱窜，触及的人马是非死即伤，燕军乱作一团。

直到这个时候，有些胆大的燕军士兵才发现，这哪是什么怪兽啊，分明就是一群牛嘛。就在燕军刚想重整军队的时候，只听即墨城中“咚咚咚”三通鼓响，齐国的五千精兵顺势杀来，一时间锣鼓齐鸣，喊杀声震天响，山呼海啸一般，吓得燕军是肝胆俱碎，根本没有招架之力，组织不起有效的阵型。士兵不是被杀死，就是被烧死和践踏而死，燕军瞬间死伤无数、尸横遍野，溃败而逃。田单借由此战的大胜，顺势乘胜追击，连续收复七十余城，把齐国从“死亡线”上硬生生地拉了回来。

虽然对于千年后的我们来说，被浓墨重彩渲染过的火牛阵肯定是最先记住的，但是从全局来看，如果没有田单前期的各种周密的准备，单靠火牛阵是很难打败燕军的。田单以离间计排除劲敌，利用当时人们迷信的心理树立威信、笼络人心，最后出奇制胜。这些环环相扣的“小心思”与“奇招”的相互配合才是田单反败为胜的秘诀。

常言道“商场如战场”，有时候在商场中，我们也需要一些别出心裁的“小心思”与“奇招”来让自己获取更大的利益。星巴克就是一家非常善于“出奇制胜”的企业。

如今我们在任意一条购物街，或任意一片写字楼，估计都不难发现星巴克的踪影，星巴克已经成为咖啡快消费的代表，在很多人心中，它甚至是咖啡的代名词。但在星巴克刚起步的时候，它的竞争力还远远比不过那些老牌的咖啡连锁店，即使口味不差、花大价钱营销，依然难以更进一步。老板舒尔茨苦思冥想，终于想出了一个奇招。他决定每月给在星巴克打工的大学生 10 张免费饮用券。可在星巴克打工的学生们，本来就是可以在店里享用免费咖啡的，给他们这些券有什么用呢？舒尔茨瞄准的不是这些兼职的学生，而是他们身边的亲朋好友。这些领到券的学生很有可能会将券送给自己身边的人，这并没有很高的成本，却在学生群体中宣传了自己的品牌，更重要的是培养了这些学生的消费习惯。若干年后，这些当年喝着免费咖啡的大学生很多会进入白领阶层，他们中的大多数都会成为咖啡的稳定消费者，而他们对咖啡的启蒙认识，很可能就是从星巴克开始的，这种向心力不可估量。星巴克的这一奇招，无形之中就扩大了自己在未来的消费者群体中的影响力，可以说是相当巧妙了。

在出奇制胜的同时，星巴克也没少在“小心思”上下功夫。星巴克在多年的经营过程中经常会遇到这样一种情况：有很多顾客可能只会买一杯咖啡，然后在店里一坐就是一下午，这种行为在有些时候非常影响店里的销售额。对此，星巴克的应对方法是：在桌椅上下功夫。大家可以回想一下，星巴克虽然有沙发也有桌子，刚坐上去也挺舒服的。但这些设施多少都让人感到有些别扭，不是座位之间距离很近，就是桌椅同高，或者座位紧邻过道，待的时间一长，人就会感到有些难受，只好离开。所以星巴克这么设计桌椅的目的就很明显了，只可让人用来歇脚，绝不能让你长时间久坐，只有这样，才能提高翻台率，促进店内的销售。这些“邪恶的小心思”确实让星巴克“受益无穷”。

结语

以上就是《史记·田单列传》的故事。从中我们可以获得这样的启示：当形势陷入僵局，难以打开局面的时候，不妨尝试一些“新奇”的方法，有时候这些奇招，将会成为你获胜的妙笔。同时要记得多花一点“小心思”，也许一些微小细节上的改变，都会给你带来意想不到的收获。

鲁仲连邹阳列传

今天我们讲的这篇《鲁仲连邹阳列传》可以说是司马迁《史记》中“最不严谨”的一篇。为什么这么说呢?鲁仲连是战国时期的一位奇人，司马迁为他立传可以理解，但是为邹阳立传时，司马迁任性地直接摘取了邹阳那篇《狱中上梁王书》的原文，对他本人的事迹描写不足百字。明代文学家茅坤就说:“邹阳本不足传，太史公特爱其书之文词颇足观览，故采入为传。”意思是说，邹阳本来不够立传的资格，是因为太史公喜欢他的文章才给他立的传。

有人说，司马迁将鲁仲连与邹阳合在一起成为一卷列传，一方面是因为他俩的性情相似，都是不屈不挠、特立独行的人;另一方面，司马迁本人的性情与鲁仲连类似，遭遇又与邹阳类似，这篇传记可以说是司马迁的自我写照。今天我们就来认识一下这两个人。

邹阳，西汉齐国人，在梁国时因为受人诬陷，被梁孝王刘武关进监牢，将要被处死。他就在狱中给梁孝王写了一封表忠心的信，这就是《狱中上梁王书》的由来。邹阳就是凭着这篇文章，打动了梁孝王，被释放出狱，还被奉为上宾。司马迁也曾含冤入狱，对他的遭遇感同身受，尤其欣赏他文章字里行间流露出的坦率耿直、不屈不挠的灵魂风骨。

鲁仲连，战国时期齐国人。他极富谋略，而且口才了得，一生纵横天下，周游列国，行侠仗义，劫富济贫。就连狂放不羁、笑傲王侯的诗仙李白，都把他视作千古知音，专门写诗赞叹："我以一箭书，能取聊城功。终然不受赏，羞与时人同。"这首诗中赞叹的就是发生在鲁仲连身上的两个著名典故："一箭飞书助聊城"和"侠肝义胆救赵国"，下面我们就分别讲讲这两个故事。

赵孝成王时期，秦昭襄王派大将白起在长平（今山西晋城高平西北）地区大败赵国，击溃赵国四十万军队。随后秦军围困了赵国都城邯郸。赵孝成王非常害怕，就向魏国求救。魏王虽然派出了军队，但是他也害怕秦军，不敢和秦军正面对抗，就指派新垣衍去说服赵孝成王，拥护秦王为帝。赵孝成王和平原君赵胜一时拿不定主意。

这个时候，鲁仲连正在赵国游历。他一向看不惯秦国，听说了这件事，就主动去见平原君，劈头就问："真有让秦王称帝一事吗？"

平原君连忙解释说："这是魏国使者新垣衍提出来的，事情还没定下来。"

鲁仲连毫不客气地批评平原君："以前我认为您是贤明的公子，今天我才知道我错了。魏国的使者新垣衍在哪儿？我来替您打发他回去。"

接着，鲁仲连就和新垣衍展开了关于"帝秦"（秦昭襄王称帝）问题的大辩论。

新垣衍首先发问："留在这座围城中的人，都对平原君有所求。您不像是有求于平原君的人，为什么还留在这儿不离开呢？"

鲁仲连拿鲍焦（周朝隐士，因不满时政，廉洁自守，遁入山林，抱树而死）举例，说："世人都说鲍焦是因为没有博大的胸怀才死的，其实错了，那是一般人不了解他不愿随波逐流的心。秦国是个不讲礼仪而只崇尚战功的国家，用权诈之术对待士卒，像对待奴隶一样役使百姓。如果让它无所忌惮地称帝，进而统治天下，那么，我宁愿跳进东海去死，也不想当它的顺民。我留在这里，就是打算帮助赵国的。"

新垣衍没想到他这么说，就问："你打算怎么帮助赵国呢？"

鲁仲连回答："我要说服魏国和燕国来帮助赵国，目前，齐、楚两国已经在帮助赵国了。"

新垣衍感到奇怪，就问他："燕国嘛，他们也许会听您的；至于魏国，我就是魏国人，你怎么能让魏国帮助赵国呢？"

鲁仲连回答："魏国是因为没看清秦国称帝的祸患，才没帮助赵国。让魏国看清秦国称帝的祸患后，就一定会帮助赵国。"

新垣衍继续问："秦王称帝后会有什么祸患呢？"

鲁仲连叹了一口气，说："你知道齐威王吧？他曾经奉行仁义，在周王室没人愿意朝拜时，齐威王却能前往朝见。周烈王死后，齐威王奔丧去迟了，新继位的周显王就想杀他。齐威王没想到周王竟然这么对待自己，就破口大骂。齐威王为什么前后做法不一致呢？就是已经忍受不了新天子的苛求啊！"

鲁仲连的言下之意是，秦国如此强大，一旦称帝，对天下的苛求将比周王室更厉害。新垣衍不服，就提出新的观点："魏国对秦国十分惧怕，魏王对于秦王而言就像他的仆人。"

鲁仲连见招拆招，就说："那这么说的话，我就让秦王把魏王剁成肉酱！"

新垣衍还是不服，气呼呼地问道："鲁仲连，你快别吹牛了啊。你怎么能让秦王把魏王剁成肉酱呢？"

这个问题不太好回答，但鲁仲连不慌不忙地展开了说服术，他举了商纣王身上发生的故事：商纣王觉得九侯献给自己的女子太不听话，就把九侯剁成了肉酱；鄂侯对此愤恨不已，和纣王争辩，也被纣王做成了肉干；周文王姬昌听说了两位老兄弟的悲惨下场，只是长声叹息，纣王就把他囚禁了。鲁仲连的意思很明白：只要双方的地位关系确立，君对臣，主对仆，就能任意处罚。魏王变成秦王的仆从，可不就得被秦王任意宰割吗？

接着，鲁仲连又从赵国和魏国的立场出发，向新垣衍说明：即使是弱小的国家，只要敢于抗争，大国也不敢轻视他们。他讲了齐湣王前往邹、鲁两个弱小国家的故事：齐国相对于邹、鲁两国来说，要强大得多。齐湣王想要摆出天子的派头，但是邹、鲁两国的臣子严词拒绝，还把他拒之门外，最后齐湣王只好灰溜溜地走了。

鲁仲连最后从新垣衍的个人利益出发，再下一剂猛药。他说："如果秦王真的称帝，就会更换诸侯的大臣。他会罢免他认为无能的，换上他认为贤能的人；罢免他憎恶的，换上他喜爱的人。还要安排一些女人做耳目，住在魏国的宫廷里，这样一来，魏王不能安稳地生活，将军您恐怕也要失去原先的宠信了吧？"

听到这里，新垣衍完全被说服了，他连连拜谢之后离开了赵国，再也不提秦王称帝的事了。秦军主将听到这个消息，立即把军队后撤了五十里。恰好魏公子无忌夺得了军权，率领军队援救赵国，秦军害怕两面受敌只好撤军。

邯郸之围解了，平原君要重赏鲁仲连，鲁仲连再三推辞，他笑着说："我是一名侠客。只愿替人排除祸患，消灾解难，不收取报酬。如果收取酬劳，那就成了生意人，我鲁仲连是不会那样做的。"然后飘然远遁。

二十年后，有位燕国将军攻占了聊城（原齐国属地）。有人在燕王面前说这位燕将的坏话，燕将害怕被诛杀，就守着聊城不敢回去。齐国田单攻打聊城一年多，士兵们死了很多，始终攻不下聊城。鲁仲连看到聊城战事持久，双方损兵折将，不想白白地让百姓遭殃，就写了一封信，系在箭上射进城去给燕将。

燕将看了鲁仲连的信后，哭了好几天，不久就自杀了。聊城大乱，田单轻易地攻占了聊城。这封信威力这么大，到底写了些什么呢？

在信中，鲁仲连对燕将说：你这样死守聊城，是不忠、不勇、不智的表现。为什么呢？首先你身为燕国人，因为一时想不开，不敢回燕国，就是不忠于国家，这是不忠；其次，以你现在的情况，结局只能是丢掉聊城，身死战场，成为失败者，这是不勇；最后，你不但没有建立功业，反而名声败坏，没有什么值得后世纪念的，这是不智。

讲了守将的不忠、不勇、不智，鲁仲连又在信中接着分析当时的形势，信中说：齐国是一定不会放弃聊城的，哪怕你是像墨翟、孙膑那样的名将，也守不了多久，所以你只有两条路可走——要么撤军回燕国，要么投降齐国。

然后他设身处地为守将分析说：如果你愿意保全军队回到燕国，燕王一定喜欢，老百姓也会高兴，功业还可以得到宣扬；如果你不想回燕国，可以学习管仲（当初管仲刺杀齐桓公失败，后来放下恩怨，辅助齐桓公成为一代霸主，贤名远扬），投降齐国，齐王会割地封官给他。

这两条建议，无论燕将选择哪一条，都是前途光明。但是燕将自己想不开，他觉得回燕国，燕王已经不信任他了；投降齐国的话，自己杀死和俘虏的齐国人太多了，害怕齐国人侮辱他，最后还是走向了死路。

再说鲁仲连，他为齐国立下了大功，齐王想要封他爵位，他又断然拒绝了。王侯将相，从来不是鲁仲连的志向，他只愿随心所欲地生活，最后干脆跑到东海隐居起来了。

以上，就是我们讲的鲁仲连“救赵国”和“助聊城”的故事。从中可以看出鲁仲连超强的说服能力。他的言辞总能直击人心，让人情不自禁地跟着他的思路走。表达能力或者说服力可以说是人的核心竞争力之一，它甚至可能影响人生和事业的成败，这绝不是危言耸听。

影印技术的发明人卡尔森在刚刚大学毕业时，连续找了 82 份工作，但都因为说服力太差，没有一家公司录用他。后来，实在找不到工作的卡尔森只好继续读书深造，天赋和努力让他在1937年发明了世界上第一项影印技术并获得了专利。但由于不善言辞，很多年过去了，他还是无法说服投资人把他这项技术付诸实践。一直到22年后的1959年，施乐公司才以他的技术为基础，发明了复印机。如果卡尔森能够拥有鲁仲连一样的说服力，可能根本不需要白白浪费宝贵的22年时间。

正面的典型是比尔·盖茨，他就是一个说服力极强的人。比尔·盖茨创业的第一桶金就得益于他的口才。他19岁那年，也就是进入哈佛大学的第二年，发现MITS公司（美国早期个人电脑公司）发明了第一台小型计算机。他一下子就看到了商机，想要和MITS的老板爱德华·罗伯茨合作。当时，比尔·盖茨什么也没有，他怎么说服罗伯茨的呢？

要和别人合作，你就得从人家的需求出发，让人知道你能给人什么。比尔·盖茨深谙这个道理，他告诉罗伯茨，自己开发了一个BASIC程序，能让计算机运行得更快。其实，他当时完全没有这个东西。但比尔·盖茨说的这个软件功能，一下子打动了罗伯茨。罗伯茨说："如果你将这个软件做出来，你就是我的合作伙伴了。"比尔·盖茨和他的朋友艾伦花了8个星期把这个程序编出来，卖给了对方，比尔·盖茨也从此走上了事业的快车道。

其实，具有说服力的人，不仅能清楚表达自己的意见与立场，还能化解与他人的分歧，凝聚彼此共识。在处理工作或日常事务时，更能够争取到他人的支持与认同，使自己的意愿减少阻力，增加助力。

结语

19世纪美国著名废奴运动领袖弗雷德里克·道格拉斯说："如果我能说服别人，我就能转动宇宙。"说服力是一个人影响力最核心的一项能力，没有说服力什么都不会发生，有了说服力可以改变世界。

说服力还是通往成功的快捷方式。为什么总有些人一开口就能赢得满堂喝彩，在朋友中受欢迎，在同事中受信赖？而有的人明明能力很强，可总觉得自己怀才不遇，得不到理解和认同，提出来的意见大家也总是爱搭不理？其实这都是因为他们缺少影响力中最核心的一环——说服力！

屈原贾生列传

端午节是中国的传统节日。每到这一天，各地都会赛龙舟，大家也都会送粽子，吃粽子。据说这些习俗都是为了纪念伟大诗人屈原。

屈原咱们都太熟悉了，他的《离骚》是文学史上的经典名篇，被誉为我国诗文的开山之作。然而，大家如果就此以为屈原是一个只会写文章发牢骚、沉浸在自己世界的酸腐文人，那就大错特错了。屈原不仅是杰出的文学家，还是充满远见的政治家、拥有雄心抱负的改革家，是真正在政坛上展现过能力的人，绝非纸上谈兵的书生。虽然屈原后来因为楚顷襄王听信谗言而被流放，却依然不改自己高洁的品性，最终自投汨罗江而死。

尽管屈原生前没有机会实现自己的政治抱负，但他优秀的作品和高尚的精神对后世影响非常深远。历朝历代的文人雅士都对屈原推崇备至。东汉文学家王逸就曾在《楚辞章句序》中评价屈原是“膺忠贞之质，体清洁之性，直如石砥，言如丹青，进不隐其谋，退不顾其命，此诚绝世之行，俊彦之英也”。意思就是说：屈原志向忠诚坚贞，性情清廉高洁，耿直像石头一样，言论富有才学，得势时不玩弄权谋，失势时不考虑自身得失，这真是世间少有的品行，是人中才俊。这样一个高洁忠贞的人，为什么最终会被谗言所害，落得一个自投汨罗江而死的结局呢？今天我们就通过这篇《屈原贾生列传》来看看屈原悲剧的一生。

屈原，本名屈平，是楚国的王室贵族。屈原从小就和其他的贵族子弟不一样。当别人都想着喝酒玩乐的时候，他却在博览群书，可见他从小就胸怀大志。长大后的屈原凭借着自己的优异表现，出任了楚国“左徒大夫”。这个职务是当时楚国特有的官职，负责国家的内政外交，司马迁说他：“入则与王图议国事，以出号令；出则接遇宾客，应对诸侯。”算得上是位高权重了。此时的屈原只有一个想法，那就是复兴楚国在楚庄王时的霸主地位，让楚国变得更加强大，而且他已经为楚国的未来发展规划好了蓝图。可就在屈原的改革刚刚开始有些起色的时候，却被自己的“猪队友”拖到了深渊里。这个猪队友正是屈原的“顶头上司”，楚国当时的君主——楚怀王。

楚怀王在早年的时候也是很有雄心、很有抱负的一位君主，对屈原进行的改革也很支持。但就在楚国的改革刚刚有了些成果时，楚怀王却渐渐地失去了进取心，开始沉迷酒色，变成了贪图安逸的昏君。屈原见此情景多次和楚怀王据理力争，希望楚怀王能够找回被酒色掩盖的壮志，却因此而得罪了楚怀王，被贬为管理王族事务的“三闾大夫”，改革大业就此半途而废。

楚怀王的昏聩与改革的失败，让屈原感到万分痛心。就在这忧愁苦闷当中，屈原才写出了名篇《离骚》。司马迁在《屈原贾生列传》中说："屈平正道直行，竭忠尽智以事其君，谗人间之，可谓穷矣。信而见疑，忠而被谤，能无怨乎？屈平之作《离骚》，盖自怨生也。"意思是："屈原行为正直，竭尽自己的忠诚和智慧来辅助君主，却有小人来离间他，可以说到了困境。诚信却被怀疑，忠实却被诽谤，他能不怨恨吗？屈原之所以写《离骚》，就是想表达自己的愤懑啊。"但这篇言辞恳切的诗文，并没有打动楚怀王的内心。而之后楚怀王所做的事，算是彻底把自己钉在了历史的耻辱柱上，也让屈原的人生陷入了无尽的黑暗之中。

公元前 312 年，秦国想发兵攻打齐国。由于当时齐国和楚国有合纵盟约，这让秦国国君秦惠王感到十分头疼。于是就派秦国国相、纵横家张仪，去楚国劝说楚怀王解除与齐国的盟约。

当张仪来到楚王宫，见到楚怀王之后，二话不说先给楚怀王磕了好几个响头，一下就给楚怀王整蒙了。楚怀王心想："你张仪好歹也是个秦国相国啊，怎么见面就磕头啊？"于是就问张仪："张相国为何行如此大礼啊？"

张仪伏在地上，头也不抬地答道："大王，我此次前来，是代表秦王来向楚王您表示臣服啊。"

楚怀王感到很诧异："你们秦国有百万虎狼之师，关东六国必须得联合起来才能和你们抗衡，怎么现在向我表示臣服呢？你不会是来骗我的吧？"

张仪听闻此话，刚要抬起的头又低下了，又磕了好几个头，说："大王，去年您刚刚攻取了我国的曲沃，让我国无法东进，我现在是万万不敢骗您啊，只是……”

楚怀王正得意呢，一听张仪说“只是”，就又起了好奇心，连忙问：“只是什么呀？”

张仪赶紧往前爬了两步，对楚怀王说道：“只是秦国和齐国有不能调解的深仇大恨，但现在楚国和齐国有盟约，我们不好动手啊。只要您愿意和齐国断交，秦国不仅愿意向您臣服，还愿意献出商於（今陕西丹凤至河南西峡一带）一带六百里的土地给您。”

楚怀王一想：六百里的土地，不要白不要啊，而且只要秦国臣服于我，那齐楚联合也没用了啊。想到这，楚怀王大手一挥：“好，没有问题，我现在就和齐国断交，你要是食言，我绝不会放过你！”

张仪俯首再拜，然后起身高声喊道：“大丈夫一言既出，决不食言！”

楚怀王一看张仪这么诚恳，立刻派人去与齐国断交，还把齐王大骂一顿，然后派使者去秦国找张仪，讨要商於的六百里土地。使者到秦国见到张仪之后，张仪却变卦了。张仪对使者说：“你们楚王是不是脑袋坏了啊？我明明和他说的是事成之后，交出自己六里的封地给楚国。怎么到楚王这里就变成六百里了呢，这不是讹人嘛。”

当使者回去把张仪的话告诉楚怀王之后，楚怀王非常气愤，发誓要杀了张仪，于是下令发动几十万大军攻打秦国。

对于秦国来说，六国诸侯联合起来才有威胁，现在单独出动的楚国，和冲向老虎的绵羊没有任何区别，于是秦王果断派兵迎击，一战就斩杀了楚军八万人，同时还攻取了楚国的汉中一带。更倒霉的事还在后面，魏国此时也趁楚国空虚的机会对它进行偷袭，而楚国的传统盟友齐国，因为怨恨楚国背弃盟约，根本不肯相救，楚国的处境一下变得万分艰难。楚怀王的短视让他为了一个虚无缥缈的六百里土地的承诺，轻易放弃了与齐国的联盟，从而使自己的国家陷入了孤立无援的境地，这种失误可以说是相当愚蠢。

到了第二年，秦国估计也打够了，于是主动向楚国递出了“橄榄枝”，决定归还汉中一带的土地来和楚国讲和。可楚怀王却还在怨恨张仪对自己的欺骗，就对秦国派来的使者厉声说道：“回去告诉你们秦王，汉中的土地我不要了，只要把张仪给我送过来，我立马同意讲和。”

估计楚怀王当时也就是随口说说而已，可没承想，张仪却真的只身来到了楚国。张仪之所以敢来到楚国，是因为他比楚怀王会“算账”。在张仪看来，用他一个人来换取汉中，简直就是再合算不过的买卖了。张仪也不是真的把自己的生死置之度外，而是早就准备好了“退路”。他到楚国之后，第一件事就是花重金贿赂了楚怀王的宠臣靳尚，并通过靳尚搭上了楚怀王的宠妃郑袖，让两人不断地给楚怀王吹耳边风，结果不知道这两人给楚怀王灌了什么“迷魂汤”，楚怀王还真就放张仪走了。

屈原被楚怀王派去了齐国，刚回到楚国就听说了楚怀王放走张仪的事。屈原当时一拍大腿，高喊：“坏了坏了！”然后连家都来不及回就直奔楚怀王宫中。

风尘仆仆的屈原见到楚怀王的第一句话就是：“大王，您难道忘记被张仪诓骗六百里土地的事了吗，这种屈辱您就甘愿忍受吗？”

楚怀王此时才如梦初醒，赶紧下令追击张仪，可张仪早就跑没影了。

不久，合纵联盟的其他诸侯联合起来，共同讨伐楚国这个背弃合纵的“叛徒”，楚国根本无力招架，楚国进一步衰落了下去。

两年之后，秦国又一次给楚国递出了“橄榄枝”，刚上位的秦昭王请求与楚国通婚，还热情地邀请楚怀王去秦国会面商量通婚的事。如果是一般人，在三番五次地被同一个人欺骗之后，肯定是不会再相信那个人了，可楚怀王却偏偏不是一般人。在接到秦国的邀请函后，楚怀王再次犯了糊涂，他居然想去秦国。

屈原得知此事，赶紧向楚怀王劝谏，他抱住楚怀王的大腿，边哭边说：“大王您可不能去啊，秦国是虎狼一样的国家，凶恶还不讲道义。他们都骗您两次了，您怎么还敢信任秦国？您可千万不能去啊。”

这时，楚怀王身边的小儿子子兰发话了：“父王，咱们楚国最近这两年，被人欺负得很厉害，现在秦国有意和咱们联合，咱们为什么要拒绝这件好事呢？况且像您这样的身份，秦国也不敢拿您怎么样。”

楚怀王一听，觉得子兰说得有道理，多个朋友多条路啊，自己当年不就是因为损失了齐国这个“朋友”，现在才被人欺负嘛，现在秦国主动要求与自己和好，那必须得接受，而且去秦国也不一定真有事。于是就一把推开屈原，决定前往秦国赴约。

没想到楚怀王刚一踏进秦国，就让秦国的伏兵给包围了，楚怀王就这样被秦国扣押了。秦国以自由为条件，让楚怀王割让土地给秦国。这时候的楚怀王终于清醒了一回，抵死不从，后来就真的死在了秦国。

从上述故事我们可以看出，屈原悲剧的根源在于有楚怀王这样一个昏庸短视的领导。像楚怀王这样的行为在管理学中叫作“隧道视野效应”。

所谓“隧道视野效应”，就是指管理者经常因为自己眼界不高，缺乏远见和洞察力，难以带领企业走向成功，就像隧道中的司机一样，只能看得见前后的狭小范围。

这个效应的出现通常意味着企业的管理者不称职，很容易让企业的发展陷入泥潭。我们要提醒各位创业者：虽然当下很重要，但企业发展的要义在于未来，有时候舍弃当下的“六百里地”，经营好“无意义”的“齐楚联盟”，可能更容易换来成功。福克斯电影公司拍摄的电影《泰坦尼克号》的例子是对此最好的说明。

在拍摄《泰坦尼克号》之前，詹姆斯·卡梅隆早已是享誉世界的大导演了，但他却认为自己该有更好的成绩和更大的突破。于是他找到福克斯公司，跟他们说自己准备拍摄一部在泰坦尼克号上的三小时的爱情故事电影。在此之前，卡梅隆所拍的电影最长也不过两个小时，还都是动作片，现在突然要拍一部超长的爱情片，这让电影公司的老板很是担心。可卡梅隆信心十足，他反问电影公司老板：“你说吧，我之前拍的哪部电影不挣钱，这次我一定可以创造奇迹。”

面对如此自信的卡梅隆，福克斯电影公司的老板决定相信他一次，但却给了卡梅隆严格的预算限制。可没承想，《泰坦尼克号》的拍摄成本居然远远超出了预算，开机不到一年就把公司所给的预算都花完了。

这时候，即使是家大业大的福克斯电影公司，也有些支撑不住了，甚至到了破产的边缘。于是福克斯电影公司命令卡梅隆，立即停止电影的拍摄。卡梅隆此时的态度却很坚决，他告诉电影公司，就算不要片酬，也必须把这部电影拍完，哪怕自己倒贴钱也没关系。

这时候，如果福克斯公司的老板是个“楚怀王”，那他肯定不会让卡梅隆继续拍摄下去了。好在福克斯的老板还是非常有眼光的，他看卡梅隆如此坚决，公司也已经投入了那么多，索性答应了卡梅隆的要求，并借来很多钱，决定放手一搏。

结果这次“逆境搏杀”还真就博取了一片天。上映之后的《泰坦尼克号》不仅在当年获得了 18 亿美元的票房，打破当时全球电影史最高票房纪录，还荣获了第 70 届奥斯卡包括最佳影片奖在内的 11 个奖项，可谓是大获全胜。

《泰坦尼克号》的成功除了有赖于卡梅隆的优秀领导外，还要感谢福克斯电影公司老板的长远眼光，如果不是他在艰难时刻全力支持卡梅隆，就不会有这部足以传世的经典影片了。

好了，说完了造成屈原悲剧的“罪魁祸首”，咱们下面接着来讲屈原的命运。

在楚怀王死后，楚顷襄王继位。当时的楚国上下都在称颂屈原的能力品行，上到老人下到孩童都会背诵屈原的诗文，而对劝楚怀王去秦国的子兰嗤之以鼻。大家都认为屈原应该能在新君登基后重回楚国权力中心，可是造化弄人，新君任命的令尹（相当于丞相）正是楚顷襄王的亲弟弟子兰，可见这个楚顷襄王也不比他爹高明到哪儿去。当上令尹的子兰把大家交口称赞的屈原当成了眼中钉肉中刺，一个劲地给楚顷襄王说屈原的坏话，楚顷襄王还真就听了子兰的话，把屈原给放逐了。从此之后，屈原就再也没能回到楚国的朝堂。

屈原被驱逐流放之后，就在楚国的各处游荡。有一天，他带着看守自己的差役来到汨罗江边，看着水中自己披头散发、憔悴消瘦的身影，屈原只能无奈地苦笑，然后一边高声吟诵着自己的诗句一边继续前行。

此时江边有个织网打鱼的渔父，他听见屈原吟诵的诗文后，抬头看到了带着官差，面如枯槁的屈原从身边走过。于是渔父停下手中的工作，小心翼翼地问："您就是三闾大夫屈原先生吧，怎么就到这种地方来了呢？"

屈原盯着江水，慢慢说道："举世混浊而我独清，众人皆醉而我独醒，是以见放。"意思就是说，整个世界都是混浊的，只有我一人清白；众人都沉醉，只有我一人清醒。因此被放逐。

可渔父听了却直摇头，他惋惜地说："我虽然没什么文化，但也听说，那些圣人都能不受外界事物的束缚，随着世俗的变化而变化。既然整个世界都混浊，你为什么不随大溜、推波助澜呢？既然众人都已经沉醉，为什么不吃点酒糟，喝点薄酒？为什么要保持着美玉一样的品质，却使自己被放逐呢？这样实在是太可惜了。"

屈原听完渔父的话，双眼中突然绽放出了光彩，他高声说道："我听说，人刚洗过头，戴帽子的时候一定要弹去帽上的灰尘；人刚洗完澡，穿衣服的时候一定要抖掉衣上的尘土。我怎么能让自己的清白蒙受脏东西的污染呢？我宁可投入江中，葬身鱼腹，也不愿意自己蒙受世俗的污垢！"

说完这番话，屈原一时灵感勃发，转身对差役说："快快拿笔绢来，我要写诗。”当差役递上绢帛之后，屈原大笔一挥，完成了《怀沙》赋。接着，屈原趁差役们不注意，抱起一块大石头，扑通一声就跳入了江中，实现了他“宁可投江也不改品行”的愿望。

结语

司马迁在《屈原贾生列传》的结尾是这样评价屈原的：“屈原以彼其材，游诸侯，何国不容，而自令若是。”意思就是说，如果屈原离开楚国，凭借自己的才华游说诸侯，不管哪个国家都肯定会容纳他，可他却自己选择了投江而死的结局，这正是因为屈原的品性高洁。

屈原一生悲剧的主要原因除了自己执拗地要保持高洁品质以外，更是因为楚怀王的昏庸无能。楚怀王只贪图眼前利益而不顾大局的傻瓜做法才是杀死屈原真正的“凶手”，这一点才是管理者们在这个故事中最应该注意到的地方。我们可千万不要让自己成为楚怀王，更不要让自己企业中的“屈原”抱憾离开。

吕不韦列传

相信大家都听过“奇货可居”这个成语，它就是用来称赞吕不韦独特眼光的。一般来说，商人都比较在乎眼前利益，在乎立即获得的快感。就算挖掘长远的利益，他们也会看这个对象是否有价值。吕不韦则不一样，他能够从看似毫无价值的人或事上，发觉其他人看不到的巨大价值。这种能力，让吕不韦能够在商界和政界之间轻松游走。但也正是这种能力，让他执着于富贵的表象，看不清一些内在的危机，从而无法及时抽身，最终导致无奈自杀。今天我们就来讲讲吕不韦不凡的投资眼光和他凄惨的下场。

吕不韦原本是阳翟（今河南禹州）的大商人。他常常在各地之间来往，靠着低价收购，高价卖出的策略，赚取中间的利润，慢慢积累了巨额财富。

有一天，正在赵国邯郸经商的吕不韦，遇到了在赵国做人质的异人。身为商人，吕不韦对政局一直很关心，见到异人之后，他就感到这人有不凡之处便回去打听了一下异人的情况。

异人是秦昭襄王众多孙子中的一个，也是秦太子安国君二十多个儿子中的一个。他的生母夏姬，因为不是太子的宠妃，所以继承君位的事怎么也轮不到他，倒是做人质这样危险的事有他的份儿，恐怕安国君自己都快忘记这个做人质的儿子了。赵国对身为人质的异人也没有什么礼遇，以致异人到了穷困潦倒的地步。

吕不韦觉得这是一个千载难逢的投资机会，就回家与父亲商量。

吕不韦问父亲："种田能获几倍的利？"

吕父听着这话，觉得有蹊跷，但还是答："十倍的利。"

吕不韦又问："经营珠玉能赢几倍的利？"

吕父忍着好奇的心，耐心地回答："百倍的利。"

吕不韦再问："帮助立一国之主，能赢几倍的利？"

吕父激动地说："无数的利。"

吕不韦说："如今即便努力耕作，仍不能衣食无忧，而拥君立国，却可以泽被后世，我决定去做这笔买卖了。"

吕父问："你打算怎么做？"

吕不韦自信地说："我认识一个秦国的公子名叫异人，就像一件奇货，可以囤积居奇。到了日后，再以高价售出，则大事可成。"

吕不韦为何如此有信心？那是因为在对各方面信息做了充分了解后，吕不韦觉得助异人称王这事可操作性极强。于是，他就义无反顾地去拜访异人。

一见面，吕不韦就自信满满地对异人说："我能光大你的门庭。"

异人一看，吕不韦不过是一个布衣商人，心想，我虽然落魄，但好歹也是个王室成员，你竟然一见面就说如此大话，真是可笑。

不过，异人并没有把自己的不悦表现得太过明显，依旧笑着对吕不韦说："您啊，先光大自己的门庭，然后再来光大我的门庭吧！"

这时候，吕不韦微微一笑，说出一句让对方动心的话："你不懂啊，我要想门庭光大，必须等你的门庭光大了之后才行啊。"

异人一听，明白吕不韦不是那种街头市井的普通商人，于是就拉他坐在一起促膝长谈。

吕不韦根据自己掌握的信息，逐条给异人分析局势。

首先，秦昭王已经老了，大儿子又突然去世，所以安国君被立为太子。安国君非常宠爱华阳夫人，所以，安国君想要立太子，华阳夫人拥有绝对的话语权，但遗憾的是她并没有后代。

其次，你有二十多个兄弟，排在中间不上不下的位置，母亲又不受安国君宠幸，所以就竞争太子而言，是没有什么优势的。

再者，你是客居赵国的人质，既没有足够的金钱，也没有实际的权力，距离父母又远，想要孝敬长辈，或者拉拢自己的门客，你都做不到。

异人一听，觉得吕不韦说得有道理，但自己也不能坐以待毙啊，于是急忙问吕不韦："先生可有对策？"

吕不韦说："我吕某人虽然不富有，但愿意拿出千金来为你游说造势，帮助你侍奉安国君和华阳夫人，让他们立你为嫡子。"

此话一出，异人顿时觉得拨开迷雾，见了青天，便给出了自己的承诺："如果先生的计划能够实现，我愿意和您共享秦国的江山。"

要想让计划顺利实施，找对中间的联系人也非常关键。毕竟异人的起点不高，吕不韦又只是一个布衣商人，要想和秦国王室建立联系，就必须找准切入点。

吕不韦选择的切入点，是华阳夫人的弟弟和姐姐。通过丰厚的礼品以及良好的口才，他赢得了华阳夫人姐弟的信任，顺利见到了华阳夫人。他对华阳夫人说："现在您年轻貌美，深得安国君宠幸，然而膝下无子，他日一旦年老色衰，必然失宠，那时您该依靠谁呢？"

这一番话深深地触动了华阳夫人，就问吕不韦有什么好办法，吕不韦说："公子异人聪慧仁德，但他的母亲一直被安国君冷落，他本人也在赵国当人质，处境凄凉，所以他非常希望能依附于您，如果您能够认他为儿子，把他立为嫡子，那么对您来说，这不就两全其美了吗？"

华阳夫人一听，句句说到自己心坎上了，于是决定认异人为儿子，因为华阳夫人原本是楚国人，所以给异人改名子楚。不久，异人便被立为嫡子，他的人生处境顿时发生了一百八十度大翻转。

按照当今风险投资的标准来看，吕不韦就是那种顶级的大玩家，在大家毫无兴趣的时候找准了最大的利益点，然后进行埋线布局，再一举将其释放。无论胆识还是执行力，吕不韦都是古代商人的楷模。

在其他商人拘泥于经济利益的时候，吕不韦眼疾手快，直接投资了一个潜力无限的政治项目。

人们普遍认为是吕不韦的眼光独到，但我认为，吕不韦发掘信息和捕捉机会的能力，比他的眼光更值得研究。我们以前读过万维钢老师的一本书，叫《高手：精英的见识和我们的时代》，书中讲道："高手的灵感来自积累，而不是等待。"吕不韦就是这样的"高手”，他一直关注时政，且留意各种信息，这让他碰到异人时，就能意识到这是个极好的机会，最难得的是他敢于果断投资，并以重注“All in”这个机会。

20 世纪 90 年代的时候，杭州有个小公司，办公场所跟黑网吧一样简陋。无论男女员工，经常都蓬头垢面，所以总是让送外卖的小哥误以为他们是搞传销的。

可谁能想到，就是这样一个公司，开启了中国互联网经济的新时代。它的名字，就叫阿里巴巴。

在阿里创业的早期，国内实体经济占据了绝对的优势，人们大都倾向于看得见、摸得着的商品交易。所谓的互联网，无非是西方那边的新玩意，国内连家用电脑都还没普及，谁会去关注那东西呢？

但是，马云是个不走寻常路的人。他英语出色，青少年时期就很关注美国的商业趋势，还在机缘巧合之下去了一趟美国，切身感受了电子商务的美妙。根据他的判断，互联网经济迟早会在中国兴起，如果因为迟疑延误了战机，被他人抢占了先手，那么肯定很难再追上去。

当时，马云向周围人推销和分享互联网的前景，但十次有九次碰一鼻子灰。换作一般的市场营销人员，估计早就放弃了。但马云不同，他坚信这个项目一定可以成功，而且他不需要很多人去赞同追随，只需要志同道合的人一起创业就对了。

2014 年，当阿里巴巴在纽约证券交易所上市敲钟的时候，马云正式成为中国首富。那一刻，阿里巴巴震惊了世界。但在这之前，马云以及同伴们的判断、坚持与投入，才是阿里与众不同的根本。

很多人后悔当初拒绝了马云，就像战国时期很多商人后悔没发现异人一样。吕不韦和马云一样，掌握了相对充分的信息，看到了机会，然后果断出手，全情投入，终有所得。

作家木心说过：智者，无非是善于找借口使自身平安消失的那个顽童。

这句话听起来轻描淡写，但要想在一个斗争激烈的领域平安消失，那就一定需要过人的智慧，以及知足常乐的心态。如果不知足，不识进退，那么再聪明的人也会被眼前的景象所蒙蔽，从而丧失正确判断的能力。

异人（子楚）即位，也就是秦庄襄王，他立即兑现了自己的承诺：封吕不韦为丞相、文信侯，并且把河南洛阳的十万户给他当食邑。这种待遇，可以说是一人之下、万人之上。当时整个秦国除了秦庄襄王，没有任何人能够挑战吕不韦的权威，甚至就连秦庄襄王都对他礼让三分。从一介布衣商人，一跃成为战国时期最强国家的丞相，吕不韦顺利走到了人生的巅峰。眼前的繁华富贵，也让他忘记了“盛极必衰”的古训。

秦庄襄王即位后没几年就去世了，他的儿子嬴政即位，更是尊称吕不韦为“仲父”。吕不韦的权威更上一层楼，他本人也有些飘飘然。之后发生了三件事，让他与嬴政一步步走向决裂。

第一件事，就是他广招门客。当时战国有“四公子”：魏国信陵君、楚国春申君、赵国平原君、齐国孟尝君。这四位公子都是礼贤下士，结交宾客的豪杰。作为秦国的代表人物，吕不韦有些不甘心。于是，吕不韦也豪掷千金，向天下招揽名人贤士。渐渐地，他的门客达到三千人之多。他家里倒是热闹了，可秦王嬴政心里却是一万个不乐意：你找这么多能人贤士想干什么呢？培养自己的亲信党羽吗？还是想要谋反啊？

第二件事，就是把嫪毐献给太后。嬴政的母亲赵姬，原本是吕不韦的一个侍妾，被子楚看上后，吕不韦便把她送给了子楚，之后便生下了嬴政。这个事情，本来就非常敏感，嬴政嘴上不说，心里一直是个疙瘩。结果吕不韦倒好，不仅没有想办法平息这件事的影响，还把一个叫嫪毐的人假扮成宦官混入宫中，让他去侍奉太后。据说，这个嫪毐取悦女人的能力超强，所以进宫后，甚得太后喜欢。嬴政知道后，更加怒火中烧，但又碍于亲生母亲的颜面，不好下手处理。

这第三件事，可以说是把吕不韦彻底推下了谷底。本来吕不韦只是想让嫪毐陪伴太后的日常生活，谁知这个家伙一点不安分，不仅培植自己的势力，还公然盗窃王室的符印造反。对秦王嬴政来说，你干啥都可以忍，造反这个事绝对不能忍，于是三下五除二，把嫪毐集团一网打尽。

嫪毐完蛋了，作为引荐人的吕不韦，必然逃脱不了干系。愤怒之下，嬴政本来想把吕不韦一块杀了，但碍于众人求情，便将他革职罢官，贬到巴蜀一带。

尽管暂时保住了性命，但吕不韦的政治生涯已经宣告结束。

一年之后，吕不韦和嬴政的矛盾激化，吕不韦自知未来恐怕不太平，于是便服毒自杀了。

从奇货可居的商人楷模，到晚景凄凉的老者，吕不韦因为自己的才能而走向巅峰，也因为迷恋权势，不知进退，导致悲剧收场。

结语

我们常说，科技是一把双刃剑，但人性才是那把更加锋利的双刃剑。

吕不韦成于自己的商业才能和政治眼光，最后也因为沉溺于这两者，导致被权势蒙住了双眼，从巅峰跌落谷底。他的一生，可以带给我们经验，也能够提供警醒：那就是既要合理利用自己的才华实现目标，也要跳出财富和权力的旋涡，理性认知当下的情况，从而进退自如。

刺客列传

刺客是人类历史上一种特殊的职业，其工作是出于政治、私怨等需要，对某个目标人物实施谋杀。美国历史上著名的黑人民权运动领袖马丁·路德·金死于暗杀，美国总统林肯死于暗杀，古罗马的恺撒大帝最后也是死于暗杀。因此，一说刺客，他们在人们的心中，总是藏在某个隐蔽的角落，像一条伺机而动的毒蛇，会在猎物毫无防备的情况下，瞬间夺取对方的性命，给大家留下的印象并不好。

不过，司马迁笔下的刺客却不是这样的。他在《刺客列传》中描写的刺客个个都是有情有义值得称颂的人。他们拥有坚定的意志，敢于以弱小的个体反抗强权，即使在临死之前，也都是大义凛然，充满着英雄豪气。

下面，我就来给大家具体讲一讲司马迁的这篇《刺客列传》。

《刺客列传》中主要记述了春秋战国时期的五大刺客，分别是曹沫、专诸、荆轲、聂政和豫让。曹沫刺桓公、专诸刺王僚，咱们之前分别在《齐太公世家》和《伍子胥列传》中都有提及，而荆轲刺秦王的故事，大家更是熟得不能再熟了，在这里我就不多讲了。关于聂政，太史公着墨不多，有兴趣的朋友可以去翻一翻《史记》。今天，我要讲的是五大刺客中大家不怎么熟的豫让。

豫让是晋国人。早年间曾在范氏和中行氏家族打过工。范氏和中行氏都是晋国的上卿，算得上是最早期的世家大族。豫让在他们两家干了一段时间后，觉得薪资待遇和福利都差点儿事，再想到这两家那么大的产业，却对员工这么抠门，一封离职信就炒了东家。

后来，豫让听说智伯（春秋时晋国的执政上卿，智氏家族的首领）那里不错，不仅工资高，其他方面的福利也特别好，就去投奔了智伯，到了智伯那儿以后，智伯对豫让也十分器重。

后来，智伯和赵襄子闹掰了。智伯在攻打赵襄子的时候，赵襄子和韩、魏两大家族联合起来玩套路，反手把智伯给灭了，顺便瓜分了智伯的土地，这就是历史上的“三家分晋”，这一段我们在《晋世家》中讲过，就不再细说了。要说胜败乃兵家常事，智伯失败了，人死如灯灭，再大的仇也可以化解了，偏偏这个赵襄子却对智伯的怨念极深，他竟然把智伯的头盖骨做成了酒具，平常喝酒的时候就用它，一边喝，一边嘴里还念叨着：“智伯啊智伯，你活着的时候欺负老子，现在老子天天拿你的脑壳喝酒，看你还怎么嚣张！”要说这做法也真够损的。

智伯失败之后，豫让侥幸逃到了山里。风波平息之后，豫让回到城里打探消息，当他听到赵襄子拿智伯的脑壳当酒杯的消息，回想起智伯曾经对自己的礼遇。豫让的心如刀割般难受，他来到智伯坟前，跪倒在地，泪如泉涌，他仰天悲呼：“嗟乎！士为知己者死，女为悦己者容。今智伯知我，我必为报仇而死，以报智伯，则吾魂魄不愧矣。”没错，这就是“士为知己者死”典故的由来。

可是，这赵家毕竟不是菜市场，想来就来，想去就去。豫让为了报仇，改名换姓，伪装成受过刑罚的人，卖身为奴，进了赵家去打扫和维修厕所，寻找机会刺杀赵襄子。

按说，豫让的想法是没错的，人有三急，厕所总是要去的，而且，人在上厕所的时候防范能力和警惕性都比较低，所以选择在厕所中暗杀赵襄子无疑是一种最好的选择，可惜这个赵襄子命不该绝。

话说这一天，赵襄子进了厕所，裤子刚解到一半，突然感觉到背后传来一股杀气，心里一阵惊悸，想也不想，提起裤子就冲出了茅厕，而此时豫让的匕首已经拔出了一半。

跑出来的赵襄子赶紧命令侍卫去厕所里搜查，豫让来不及逃脱，被抓了个正着，还在身上搜出了匕首。赵襄子厉声喝问：“你是何人？受何人指使？为何要谋害我？”

豫让虽然被擒，却面无惧色，大义凛然道：“大丈夫行不更名坐不改姓，我就是智伯的家臣豫让。没有任何人指使我，我来就是为智伯报仇的。要杀要剐，随你便！”

赵襄子的侍卫对赵襄子说：“大人，这种人没必要跟他废话，一刀杀了就得了。”

赵襄子制止了正要动手的侍卫，说：“彼义人也，吾谨避之耳。且智伯亡无后，而其臣欲为报仇，此天下之贤人也。”（不要杀他，这是个忠义之士，我以后小心防备一点就好了。智伯没有后人，他仅仅是个家臣却想要为智伯报仇，这是难得的义士）

然后命人把豫让放了。

此事过后，豫让并没有放弃行刺。他为了让自己的形体相貌不被人认出来，用有毒的漆涂遍全身，导致皮肤肿烂；吞下烧得通红的木炭，让自己的声音变得沙哑难辨；他装扮成乞丐沿街乞讨，最后连他的媳妇面对面都认不出来他了。

有一天，豫让的一位朋友在路上觉得这个人眼熟，就尝试着问道："你是豫让吗？"

豫让回答说："是。"

这朋友一听心里顿时一酸，关切地问道："你怎么弄成这样了呢？"

豫让便把自己这样做的原因，原原本本地告诉了这位朋友。朋友听完之后泪流满面，一边哭一边说："兄弟，你这是何苦啊，凭借着你的才能，如果委身侍奉赵襄子，他一定会亲近宠爱你的，那样的话，你刺杀他不是更容易吗？现在你把自己的身子弄残了，想刺杀他不是更难了吗？"

看着朋友哭，豫让也哭了，他对朋友说："如果我委身侍奉了赵襄子，后来又要杀掉他，这是不忠不义，心怀二意地侍奉君主啊，我知道我现在的做法很难，但是我就是想让天下后世那些不忠不义、心怀二心的人感到羞愧。"

说完，豫让转身离开，刚走出两步，又停了下来，他回身对朋友深鞠一躬，说道："兄弟，我这次离开，估计是不会回来了，劳烦兄弟去家中告诉我的母亲妻子，让她们忘了我吧。"说完之后，豫让就消失在来往的人群之中。

和朋友诀别后的豫让准备再次刺杀赵襄子，他藏身在赵襄子每天出行必经的一座桥下面。这一天，赵襄子和往常一样，骑马来到桥边，刚要上桥，自己的马突然惊了，死活不肯上桥。赵襄子心中一动，对手下说道："快去桥下看看，豫让肯定在桥下。"

几个侍卫纷纷拔刀出鞘，到桥下一看，只看到了一个要饭的，没有看到豫让。赵襄子却说道："快快快，快拿下他，此人就是豫让。"

豫让一脸惊奇，疑惑不解地问道："你是怎么知道是我的？"

赵襄子双眼一闭，一声长叹道："豫让先生，你先别管我是怎么认出你来的。我只想问你，你也曾经侍奉过范氏和中行氏，后来智伯把他们都灭了，你为什么不替他们报仇，现在却偏偏和我过不去呢？"

豫让听了赵襄子的问话，从容答道："臣事范、中行氏，范、中行氏皆众人遇我，我故众人报之。至于智伯，国士遇我，我故国士报之。"这句话的意思就是，我当初确实侍奉过范氏和中行氏，但是他们都把我当一般人来对待，所以我也只把他们当作一般人。但是智伯却以"国士"之礼待我，那我自然就要像国士那样报答他。

赵襄子听了豫让的话，长叹一声，说道："豫让先生，你对智伯的忠义，我很感动，之前我敬你是一位义士，宽恕了你，但是你一而再再而三想取我性命，这次我不能再放过你了！"于是，命令侍卫把豫让团团围住。

豫让看着包围自己的侍卫，哈哈大笑起来，随后，笑声变得扭曲且癫狂，狂笑中的豫让冲着赵襄子大声说道："臣闻明主不掩人之美，而忠臣有死名之义。前君已宽赦臣，天下莫不称君之贤。今日之事，臣固伏诛，然愿请君之衣而击之焉，以致报仇之意，则虽死不恨。”意思是说：“我知道您是明主，您之前宽恕了我，天下没有不称赞您的。今天的事，我本该受死，但是我希望能借您衣服刺上几下，也算达到了我报仇的愿望，这样的话，即使我死了，也没有什么遗憾了。”

赵襄子见此情此景，不禁泪流满面，高呼三声“真义士也！”

然后便命人把自己的衣服拿给豫让。豫让拔出宝剑跳起来刺穿了衣服，然后，冲着众人说道：“我豫让终于可以报答九泉之下的智伯了。”

随后，双眼一闭，面含微笑，横剑自刎。

豫让的故事动人心魄，他坚持为智伯报仇，根本的原因就在于智伯理解他、赏识他，所以才有了“士为知己者死”，也才有了“智伯以国士遇我，我故国士报之”的无声承诺。这种“尊重效应”在现代商业管理中，被总结成一条著名的管理法则——坎特法则。

坎特法则由哈佛商学院教授罗莎贝斯·莫斯·坎特建立。他认为，在现代商业管理中，能够尊重员工是对现代管理工作者的基本要求，是人性化管理的基础，也是回报率最高的情感投资。尊重员工，是领导者应该具备的职业素养，而且尊重员工本身也是获得员工尊重的重要途径。关于坎特法则，我们讲一个小故事来加深一下了解。

德国 MBB 公司是一家主要从事航空和宇航事业的公司。但是在这家公司里，我们会看到这样一种情景：在上下班的时候，所有的员工在进入或者离开公司之前都会拿出自己的工作证放在一个计时机器上，而在机器的屏幕上，马上会显示出这位员工在本周内已经工作的时长。

因为MBB公司采用了一种灵活的上下班机制，只考核当月的工作绩效，而不注重每天的具体上下班时间。只要每位员工能在规定的时间内完成工作的进度，就可以拿到全额薪资，根据工作质量的验收结果，还可以拿到不同的奖金。

这样一来，所有员工的工作时间就都有了一定的弹性，不仅不需要像别的公司职员那样，每天担心上下班堵车、迟到、忘记打卡的问题，甚至还可以在完成规定的绩效之后，去做自己个人的事情。

说句实话，任何公司的员工心理都渴望着有更多的时间去休息、去学习或者去陪家人。但是，在现今社会，个人的空间、时间显得越发稀缺。MBB公司的这一规定，充分考虑了员工的需求，让每一位员工感受到了公司的尊重。员工自身受到了尊重，反过来对公司、对工作本身也变得很尊重，因为尊重工作就是尊重自己。因此，在MBB公司，每一位员工都对工作充满着责任感，几乎没有上班“摸鱼”、混日子的情况。这也就是“坎特法则”中尊重效应起到的作用和发挥的力量。

结语

在企业管理中，自上而下的命令虽然权威，但是失去了平等的立场，员工们终究不会在内心里完全认同，也就很难谈到责任与责献。然而，作为企业的管理者，我们最想看到的是企业里的所有员工“上下同欲”，为自己负责，为工作负责。但是，这种现象的实现需要一个前提，就是在每一个岗位上的员工都要得到企业管理者们发自内心的尊重。

《孟子》中有一句话，叫“爱人者，人恒爱之；敬人者，人恒敬之”。作为管理者，我们需要重新定位自己的身份，以一个引导者、帮助者的身份，尊重员工的情感、倾听员工的诉求，最终达到不令而行的理想管理境界。

李斯列传

今天我们要讲的是秦朝丞相李斯的故事。关于李斯这个人，大家应该都比较熟悉，我们以前曾在《流血的仕途》这本书中详细讲过他的故事。

李斯跟随秦始皇一起，见证了秦国从西部霸主到问鼎天下的历程，为秦朝立下了汗马功劳，最后却落得惨死咸阳街头的下场，这样的结局确实令人唏嘘。

单从个人的方面来看，李斯是一个情商非常高的人，否则他不可能从一介布衣走到秦国丞相的位置。而且李斯和大家印象中老成稳重的丞相不同，他口才很好，很有魅力，能够用语言把你说得心花怒放，放在现在的社交圈，也会是很受欢迎的人物。可就是这样一个能讨人欢心，又很有魅力的人，晚年却不得善终，主要是因为他最后在立场选择上出了问题。

虽然在《流血的仕途》这本书中，我们已经把李斯的故事讲得很精彩了，但今天我们再通过《史记》这本正经的史书，从个人口才和立场选择两个维度，来和大家聊聊李斯的故事。

当今社会，有两种人很受欢迎，一种是能说的，把死的都能说活的那种；另一种是能写的。《李斯列传》里面，三分之一的篇幅都是书信，对话内容也非常之多，可见司马迁也觉得李斯是个语言能力极强的人。

李斯本身是楚国上蔡（今河南上蔡）人，年轻时曾经在荀子门下求学，学业完成后，他觉得楚国的环境并不适合自己的发展，而经历过“商鞅变法”的秦国无论是在发展理念还是大环境上都比较符合自己的职业规划，于是辞别老师，西去秦国。

李斯到达秦国后，正好赶上秦庄襄王去世，新王嬴政登基。李斯本想找机会直接觐见嬴政，但作为一个外乡人，他根本没有门路。恰巧当时的秦国丞相吕不韦正广纳天下贤士，聪明的李斯见此情况，便采取了“曲线救国”的策略，投入了吕不韦门下，给他充当郎官，在这个过程中，李斯凭借自己的才华，得到了吕不韦的青睐，并通过吕不韦的关系获得了面见的机会。

见到秦国最高统治者后，李斯有条不紊地讲出了自己的构想，他问嬴政：“大王，昔日秦穆公虽称霸天下，但最终没有东进吞并其他六国，您知道是为什么嘛？”

嬴政想了一想，回答说：“难道是因为实力还不够强大吗？”

听完嬴政的回答，李斯回答说：“不是的，主要还是因为时机未到，当时诸侯还多，周朝的德望也没有衰落，因此五霸交替兴起，都会相继推尊周朝。”

听到这里，嬴政皱起了眉头问李斯：“先生究竟想对我说什么？”

李斯这时对嬴政深鞠一躬，说道：“自孝公以来，周朝日渐衰微，秦国的威望也越来越高。放眼当下，诸侯服从秦国，就如同郡县服从朝廷一样。此时正是成就帝业，一统天下的最佳时机。若错过了现在的机会，等到诸侯反应过来了，联手抗秦，那么就算是黄帝再世，也无法一统天下了，这个机会您可一定要把握住啊。”

嬴政一听，觉得李斯有格局有想法，是个大才。于是任命李斯为长史，同时派人配合他实施离间削弱其余六国的计策。

正当李斯大展拳脚的时候，国内抓到了几个韩国派来伪装成客卿的奸细。这一下整个秦国的朝廷可炸了锅了，很多秦国本土大臣认为只要是外国来的人，都不可信。他们出于秦国的安全考虑，纷纷向秦王建议驱逐各国来的客卿，李斯也被列在了驱逐名单里。

这种情况，换作其他人，估计会当即造反或者一走了之。但李斯不同，即便面临困境，他也相信可以凭借自己的“三寸不烂之舌”，说服领导，化解危机。于是，李斯写了一封洋洋洒洒的信，呈给嬴政，这就是著名的《谏逐客书》。

信中主要说到了三点：

第一，古代的明君们都有一个共性，那就是不拘一格用人才。如果用人还讲究出身和地域，那么必然无法赢得天下贤才的信任。

第二，好东西应该是四处流通的，大王的随身物品没一个是秦国出产的，却对它们喜爱无比。而现在您用人却不是这样，难道人才不如珠宝重要吗？

第三，大王如果真的以一统天下为己任，那么就不能地分东西南北，民分这国那国。

嬴政看到这封信后，大呼精彩，当即下令废止“逐客令”。李斯不用走了，不仅官复原职，还因此升到了廷尉。二十多年后，秦国扫灭了六国，秦始皇也把立有赫赫之功的李斯封为了丞相。

从一介草民，到大秦王朝的丞相，李斯凭借高超的语言能力，让他每逢关键时刻，都能事半功倍，化险为夷。

因此，大家可不要小看语言能力所带来的巨大影响。在古希腊，曾专门开设了公共的辩论课程，用来培养出色的雄辩家。在我国历史上，苏秦、张仪纵横捭阖，诸葛亮舌战群儒，凭借的也正是出色的语言能力。套用现在的说法，那就是优秀的语言能力，能够让你拥有一个开挂般的人生。

虽然李斯的语言表达能力很强，但这不仅仅是说得好听就行的，最重要的是他每每说出那些话的时候，都能戳中嬴政的“痛点”。能说到点上，嬴政才会愿意听李斯讲话，这样李斯才能将自己的想法讲述给嬴政，在这其中是包含着很多沟通技巧的。

就拿“逐客事件”来说吧，李斯在这件事中所采用的方法叫作“反思性倾听”，关于这个方法，我们曾在《如何说，别人才会听》一书中讲过，今天就让我们再来“复习”一下。

在《如何说，别人才会听》这本书中，关于“反思性倾听”，书中是这样说的：“反思性倾听的目的就是理解对方正在讲的事情，这是一个积极的过程。你的作用就是让对方知道你在尽力理解他所说的。”你只有真正地理解了对方的想法，才能搞清楚他究竟想要表达什么？为什么会这么做？他的最终目的是什么？当把这三个问题想清楚之后，你才能明白对方的痛点在哪里，和对方的对话才可能更顺利地进行下去。

作者阿玛多在书中曾举了这样一个例子：双胞胎姐妹劳拉和卡罗尔，为了给父母举办聚会的事闹得不可开交，因为两人无法就聚会的举办日期达成一致。拥有家庭的姐姐劳拉认为，作为单身女性的妹妹应该服从于自己的安排，因为自己有丈夫和孩子，要统筹一家老小的时间是一个很麻烦的事。

而作为一个成功电视制作人的妹妹卡罗尔却认为，自己的工作本就已经非常忙了，总是要在规定的日期完成任务，这样的工作强度并不是工作清闲的姐姐可以理解的，所以姐姐的做法非常自私。两人对此不断争吵，一直都没法达成共识。

阿玛多是妹妹卡罗尔的好友，他听说此事后，给了妹妹一个建议：用反思性倾听的方法去和姐姐沟通。

卡罗尔认认真真地按着阿玛多的建议做了。她主动给姐姐劳拉打了一个电话，非常诚恳地承认了自己的错误，她说："对不起，姐姐，我之前忽略了你还有自己的小家，所以说话有些重了。"

劳拉对妹妹的这种转变感到非常惊讶，她回应说："没关系，但是你为什么会突然对我说这样的话，难道是遇到了什么事情吗？你最近过得怎么样啊？"

卡罗尔叹了口气说："我已经连续工作12天了，而且还有工作没完成，我不同意你定的时间，是因为那天我有一个工作必须要完成，实在是腾不出空来。如果时间能往后推一周，我肯定是没问题。"

听完妹妹的话，劳拉沉默了许久，才继续说道："你这个破工作还干他干吗，辞了算了。"之后姐妹二人又随意聊了几句就挂掉了电话，两人都没有提到关于聚会的事情。

到了当天晚些时候，卡罗尔接到了姐姐劳拉打来的电话。劳拉在电话里告诉卡罗尔："咱们还是把聚会时间往后推一周吧，我最近事儿也挺多的。"卡罗尔对此感到又惊又喜，因为劳拉说的这个时间，正是自己所提到的空闲时间，姐妹二人首次在聚会的时间问题上达成了共识。

最后这件事得以圆满解决，是因为两人在这次对话中并没有围绕"谁对谁错"的问题去展开争论，而是开始去尝试理解对方的难处，二人在之前闹得不可开交的原因更多的是在怄气，而不是真的反对这个意见。卡罗尔认识到了问题的关键后，有"针对性"地去理解姐姐，与姐姐好好沟通的时候，一切都变得水到渠成，这就是"反思性倾听"的力量。

回到李斯的故事，在"逐客事件"中，李斯首先明白了嬴政要驱逐客卿的原因是害怕有间谍威胁到秦国的安全，但他也明白嬴政更在意的是"一统天下"的终极目标。在《谏逐客书》中，李斯并没有就"逐客"这件事是对是错本身来和嬴政争论，而是把重点放到了嬴政如何才能"一统天下"上，并从正反两个角度，历史、现实等多个方面来为嬴政陈述利弊，最终使得嬴政撤回了"逐客令"。

李斯年轻的时候，曾在老家上蔡当过粮仓保管员。有一次，他去上茅房的时候，无意中看到茅房里的老鼠正在吃脏东西，而且每逢有人或狗走过时，老鼠就会惊慌逃窜，很是可怜。而当李斯走进粮仓，却看到粮仓中的老鼠在悠闲地吃着黍米，根本不担心被人或狗惊扰。见此情景，李斯十分感慨地说：“一个人有出息还是没出息，就如同这些老鼠一样，是由自己所处的环境决定的”，从此立誓一定要出人头地。

当上丞相之后，有一次李斯在家中设下酒宴，文武百官都来祝贺。看到家门口络绎不绝的人群，本该笑脸迎客的李斯，却默默叹了一口气，说：“这荣华富贵，我也算到极点了。然而物极必反，盛极必衰，我都不知道自己的归途究竟在哪里。”

从看粮小官到帝国丞相，李斯一直都明白很多人生道理。但为什么他懂这么多道理，却依然以悲剧收场呢？

归根结底，是因为李斯的立场选择问题。在他当丞相之后，更多想的是如何保住自己的位置，如何争权夺利，这就在歪路上越走越远。

在秦国统一天下的过程中，为了富国强兵，采取法家的严刑峻法，建立强大的军人阶层，这些都是没问题的。但是，当秦国升级一统六国后，之前那一套过于严格、不太符合人性的制度就不适合了，因为天下已经平定，百姓需要休养生息，过稳定舒适的生活。

然而，形势变了，秦朝的治国方略依然没有变，依然还是那么严苛和无情。长子扶苏因为不认同父皇的政策，曾经多次向秦始皇进言，结果干脆被秦始皇派遣到边疆，和蒙恬一起防备匈奴。

这个时候，李斯如果站出来替扶苏说话，可能秦朝的命运就会改写。但李斯却选择了沉默，这又是为什么呢？

从大的角度讲，李斯推崇的是法家之道，而宽仁贤德的公子扶苏倾向于儒家之道。在这种巨大的政治分歧面前，李斯本能地选择维护法家。

从小的角度讲，他好不容易混到丞相的位置，犯不着为了这种“无关紧要”的事去和皇上较劲。要是因此弄得晚节不保，岂不是一辈子的努力都付诸东流了吗？

后来，秦始皇在巡游途中，走到沙丘（今河北邢台广宗境内）的时候，突发疾病。因为觉得自己可能熬不过去了，秦始皇就让人发一道诏书给扶苏，让他即刻回来主持自己的葬礼，同时继承皇帝的宝座。可诏书还没等发出去，秦始皇就病故了。这封诏书发与不发，就由身边的胡亥、李斯、赵高等人决定。

命运的拐点再一次出现在了李斯的面前。

在秦始皇刚驾崩的时候，李斯其实很想遵照秦始皇的旨意行事，他觉得自己能从普通人做到丞相，离不开皇上的器重和照顾，所以无论如何也不能违背皇上的旨意。可这时候，赵高却突然前来拜访李斯，他见到李斯后，直接开门见山地说：“李丞相，现在谁能当皇帝，就看你怎么选了。你要想清楚，蒙恬各方面都比你厉害，又和扶苏关系密切，如果扶苏即位，那么丞相肯定是蒙恬的，你忙活半辈子的功劳就全没了。”

就在李斯犹豫不决的时候，“恶魔”赵高再一次在李斯的耳边开始了低语：“难道你忘记你曾经看到过的老鼠了吗？”听到这里李斯猛然一拍桌子，做出了自己的决定。

这一次，他选择跟赵高集团站在一起，篡改诏书，赐死公子扶苏和蒙恬，立胡亥为皇帝。

胡亥是个无能之辈，各方面都远不及哥哥扶苏。上台后，胡亥继续把秦始皇的暴政措施发扬光大，很快就让起义军遍布天下。与此同时，赵高的权力也越来越大，甚至到了可以代替胡亥发号施令的地步。

李斯以为跟赵高、胡亥秘密策划了“沙丘之谋”，自己应该不会再有危险。但像赵高这种心狠手辣的人，必然不会把李斯留下来。几年后，李斯的大儿子李由在和刘邦军队的战斗中兵败被杀，赵高马上以此为借口，诬陷李斯父子谋反，逼着李斯认罪画押。在狱中，李斯像年轻时一样，写了一封十分精彩的《狱中上书》，希望胡亥能够网开一面。但此时此刻，再也没有人愿意看他写了什么。

李斯想要坚守忠诚，但似乎更难抵御权力的诱惑。这种对权力的贪恋，最终让他落得个悲惨的下场。

公元前 208 年，李斯被判腰斩之刑，跟他的二儿子一同被押解到法场。临刑前，他回头对儿子叹息道：“吾欲与若复牵黄犬俱出上蔡东门逐狡兔，岂可得乎！”（我多么想和你再一起牵着咱们家的黄狗，从上蔡的东门出去打猎追兔子啊，现在是办不到了啊！）说罢父子二人抱头痛哭。

李斯一家死后不久，秦朝也灭亡了。如果李斯当初为扶苏据理力争，或者在赵高密谋时坚决反对，或许一切都会走向不同的结局，但历史是不容假设的。李斯明白那么多的道理，却抛弃了正确的立场，所以才落得如此悲惨的结局。

结语

李斯的一生，充满了步步高升的辉煌，也留下了惨淡收场的遗憾。他凭借三寸不烂之舌，妙笔生花之手走到了权力顶端，后面又因为贪恋功名而做出了错误的选择。通过他的故事，我们明白了语言能力的可贵，也知道了坚持立场的重要性。无论纵横职场，还是创业攻关，既要在术的层面锤炼自己的语言能力，更要在道的层面坚守正确立场。如果选择抛弃原则，最终也会被人抛弃。

蒙恬列传

在今天讲述开始之前，我有一个问题要先问问大家：你认为什么东西最能代表中国？大家的答案可能各有不同，但我敢肯定，你们的回答里一定少不了万里长城。自秦始皇统一六国之后，万里长城就成了中华民族的标志。我们今天要说的这个蒙恬，就是修建万里长城的那个人。

蒙恬的先祖是齐国人，他家从他爷爷蒙骜开始，便世代在秦国为将，而且战功显赫，个个都是一等一的英雄，据说项羽的爷爷项燕，就是死于蒙恬的父亲蒙武之手。可见蒙家为秦国的统一天下，那是立下了汗马功劳的。

常言道“虎父无犬子”，公元前221年，蒙恬开始接过祖上的“饭碗”，也成了秦国的将军，并参与了攻灭齐国的战斗，以一次辉煌的胜利开启了自己的军旅生涯。在秦国一统天下后，秦始皇下令由蒙恬率三十万大军北上，进攻匈奴。蒙恬当然不会让秦始皇失望，不仅大败匈奴，成功收复了河南地（今内蒙古鄂尔多斯一带），还依托地势，设置要塞，把原来的燕、赵、秦长城连为一起，修筑了东起辽东、西至临洮的万里长城。蒙恬据守上郡（今陕西绥德）十余年，多次打退匈奴的进攻，威震塞北，吓得匈奴小儿不敢夜啼。

除了蒙恬之外，蒙恬的弟弟蒙毅，也深得秦始皇的赏识，做官做到了上卿（相当于丞相）的高位，和秦始皇亲密到“出同车，食同案，朝夕不离左右”的地步。蒙恬、蒙毅两兄弟，一个在塞外掌管兵权，一个在朝内出谋划策，一时之间风头无两，朝内朝外没有任何人可以和他们相提并论。按说像秦始皇这样一个“不信功臣，不亲士民，刚愎自用，严而少恩”的统治者是不会对一家人有如此信任的，为什么他会给予蒙氏兄弟这么大的权力呢？那是因为秦始皇深知，蒙氏兄弟除了能力出众外，更对自己保持着绝对的忠诚，秦始皇虽然暴虐多疑，但作为一个优秀的领导，他非常清楚如何用人、该用什么人，所以才会给予蒙氏一门如此大的恩宠。

要是按照正常的剧情发展下去，蒙恬、蒙毅两兄弟可能会作为秦朝的国之柱石，辅佐君王及其后代，让这个王朝驶向正轨。但历史就是这么无常，就在一切都看起来很美好的时候，一场灾难正在悄悄地降临。

公元前210年，皇位的第一顺位继承人公子扶苏此时正跟随蒙恬在上郡“实习”，增加自己的工作经验。作为一个有抱负、讲仁德的年轻人，扶苏立下了很多计划，希望秦朝可以变得更好。在一个平常的夏日，始皇帝的使者来到上郡为扶苏送上了一封诏书，当他满心欢喜以为自己终于有机会回咸阳去实现自己的理想的时候，诏书的内容却让他失了魂："扶苏为人子不孝，其赐剑以自裁。"在公子扶苏含泪自刎之后，蒙恬也因"不匡正，宜知其谋，为人臣不忠"的罪名被革职下狱。这一切到底是怎么了？为什么公子扶苏会被突然赐死，备受恩宠的蒙恬会被牵连治罪？

原来，外出御驾巡游的秦始皇早已突发急症，病死在了沙丘。公子胡亥为了篡位，秘不发丧，并假传始皇帝诏令赐死公子扶苏，治罪蒙恬。从后来继位的表现我们可以知道，胡亥并不是一个很聪明的人，他能策划出如此缜密的篡位计划，背后一定有高人指点，而这个真正的幕后黑手就是赵高。

赵高本是赵国王族的远系旁支，因为他的母亲曾犯罪被处罚，所以赵高和他的兄弟生来地位就很卑贱。秦始皇因听说赵高办事能力强又精通刑法，便让他当了中车府令（古代执掌乘舆之官，也就是管车的）。有一次，赵高因为犯下重罪而被秦始皇惩处，审判赵高的正是蒙恬的弟弟蒙毅，蒙毅本就是一个很正直的人，加上又是秦始皇亲自交代的案子，便依照律法判处了赵高死刑。或许是因为赵高命不该绝，秦始皇突然惦念起赵高的办事能力，便下令刀下留人，饶了赵高一命。捡了一条命，赵高非但不感激，还从此记恨上了蒙氏一族。所以当有机会登上高位，对"仇人"进行复仇时，他一定不会错过这个机会的。

于是赵高在"篡位计划"开始实施后，就开始对胡亥编瞎话："我听说先帝在很久之前就很看重您的才能，想要册立您为太子了。只是蒙毅一直对先帝说您是个只知道吃喝玩乐的败家子，您看，他这不是胡说吗？像这种蛊惑君心的奸佞小人，就应该抓起来千刀万刚。而且蒙恬又是扶苏的支持者，手握三十万大军。咱们假传先帝诏令杀死了扶苏，今天又抓了蒙毅，蒙恬虽然已经下狱，但他一定不会善罢甘休，干脆把蒙恬、蒙毅一起杀了吧。”

胡亥一听，心想：“有道理。蒙毅我早看他不顺眼了，蒙恬手中的军队又是我的心腹大患，趁此机会一并除去，正合我意。”于是便下令将蒙毅囚禁了起来，自此蒙氏兄弟都深陷囹圄。

胡亥的侄子子婴听说此事后，不禁为秦朝的未来感到担忧，他找到胡亥进言说：“蒙氏兄弟是我朝最优秀的将军和谋士，对国家鞠躬尽瘁。今天您居然因为一些风言风语，就将国家栋梁下狱治罪，这实在是太过草率了。我听说诛杀忠臣、启用小人的统治者是治理不好国家的，这会使大臣们人人自危，将士们军心涣散的啊，请您三思。”

已经当上皇帝的胡亥根本听不进子婴的谏言，反而更加讨厌蒙氏兄弟了，自己只是要处死两个臣子而已，为何连皇室宗亲都要出来替他们说话？看来他们的势力真的是太大了。于是胡亥派出使者传口谕，勒令蒙氏兄弟即刻自杀。

首先收到胡亥诏令的是蒙毅。传达诏令的官员对蒙毅说：“你当年在先帝面前说当今圣上的坏话这件事，圣上已经知道了。丞相本要依律，诛你全族，好在圣上宽厚，念你劳苦功高，特赐你自杀，你可不要不领情啊。”

蒙毅大呼冤枉，他说：“册立扶苏，本就是先帝自己的意思，我从头至尾都没有参与过。这不是我为自己的罪责找借口，只是如果以这种荒谬的罪行来杀我，会折损先帝的名声啊。如果我真的有罪，那审判我是理所应当的，要杀要剐，悉听尊便。古语说‘用道治者不杀无罪，而罚不加于无辜’，请让我死于更合适的罪名吧！”

这官员完全不听蒙毅的辩解，挥了挥手，就让侍从当场杀死了蒙毅。一代名臣就这样被斩杀于囚室之中，真是令人唏嘘。

蒙毅已死，蒙恬自然也逃不过去。只是派去赐死蒙恬的官员说的理由就更敷衍了：“蒙恬你本就罪孽深重，如今你弟弟蒙毅犯法已被诛杀，你也赶紧自裁吧。”

蒙恬愤恨地说：“我蒙家一门三代为大秦尽忠，立下战功无数，这秦朝的江山有一半都有我蒙家的功劳。我今日虽然被囚禁于监狱之内，但你可别忘了，这驻守边疆的三十万大军却仍是听我号令的，我要是想叛乱谁又能拦得住我？然而我今天在狱中等死，就是因为不敢辱没祖宗的教诲，不敢忘掉先主的恩宠，所以才死守节义。我蒙家世代忠良却落得如此下场，一定是有奸臣叛逆作乱、欺君罔上。当年周成王能改过自新、迎回被赶走的周公，才能使周朝继续兴盛；夏桀杀死关龙逄，商纣杀死比干却不知悔改，只得身死国亡，被后世唾弃。我说这些话，不是为了逃避罪责，只是要忠心劝谏而已。知错能改，听人规劝才是一个明君应该做的啊，希望圣上可以为天下的黎民百姓多想想，走一条正确的路。”

派来杀蒙恬的官员听完这番话，满脸难色地对蒙恬说：“我只是奉命来赐死将军，真的不敢把您的话传递给陛下啊。”

蒙恬只好深深地叹口气：“我到底作了什么孽，竟会没有过错就被处死？”沉思良久后，蒙恬又慢慢说道：“我修建长城一万多里，东达辽东、西至临洮，这可能就是我的罪过吧。”说完之后便服毒自尽了。

蒙恬、蒙毅兄弟二人都为秦国做出过卓越的贡献，却因一场宫廷内斗，而枉送了性命，实在是可惜。蒙氏兄弟死后，秦国朝政开始被奸臣赵高一人独揽，秦国的统治开始变得更加的暴虐和严苛。一年后，陈胜、吴广便在大泽乡树立起了反秦的大旗，拉开了秦朝灭亡的序幕。

对一个内斗严重、不能运用人才的组织来说，失败将是它的最终归宿，这是从古至今从未改变的道理。“小马奔腾”就是一个典型的例子。这家公司曾是影视业界的明星企业，投拍了诸如《历史的天空》《我是特种兵》、新《三国》等一系列叫好又叫座的影视作品，却因创始人李明的意外去世而暴露出了严重的问题。不仅财务上开始出现债务纠纷，各方势力也因争夺股权使管理层陷入了无休止的内斗之中，这像极了始皇帝突然去世后的秦朝乱象。

这种内斗，让整个公司的经营管理出现了极大的混乱，各个方向的业务都无法正常开展。小马奔腾糟乱的局面迫使不少优秀的高管开始出走，比如号称小马奔腾“左脑”的钟丽芳。钟丽芳本是小马奔腾的副董事长，极为熟悉影视行业的资本运作，在她的操作之下，小马奔腾之前投资的影视作品无一亏损，工作能力之强可见一斑，钟丽芳也是当年小马奔腾收购好莱坞电影特效公司数字王国的最大功臣之一。就是这样一位精通业务的优秀人才，却因企业内乱而无用武之地，只好选择“单飞”，而之后的继任者们则都是一些“外行人”，根本主持不了具体工作，从此小马奔腾的没落已成定局。

钟丽芳自己是这样总结小马奔腾衰落的原因的，她说：“我们真的是自己错过了机会，至少有三次，那时上市也准备做得很大。当然最后跟我们自己还是有关系，要么是没想好，要么就是在犹豫，大家内部的意见不统一。”

一些原小马奔腾的高管也认为，小马奔腾的泡沫问题其实并不严重，毕竟在当年风头正劲时曾聚拢了大批的人才，只要能再产出一些优秀作品，本可以东山再起。但由于“掌门人”李明的去世，外部的问题开始暴露了出来，企业的内部斗争也无人能够调和，大量的外行“空降”，让优秀人才的能力得不到发挥，只能选择离开，这才导致了小马奔腾在生死存亡的当口自乱阵脚。可见内斗和不能任用合适的人才对一个企业的伤害有多么大。

结语

从以上的故事中，我们能获得这样一个启示：一个国家或企业想要兴盛，就必须要保持内部的稳定，要敢于运用有才华、贤能的人，而不应根据自己的喜好乱用奸佞。如果总是将精力放在内斗上，又不能任用合适的人才，走向衰落将是一种必然。

张耳陈馀列传

咱们今天要讲的是张耳、陈馀的故事。对于这两个人，大家可能不是很熟悉，我先给大家简单介绍一下：张耳、陈馀本来是好朋友，后来却因为利益纠纷而反目成仇，成为势不两立的仇人。为什么一对好朋友会变成这个样子呢？这就是咱们今天要讲的故事了。

张耳是魏国大梁（今河南开封西北）人，他年轻时是信陵君的门客。张耳曾因为犯了点事被取消了户籍，不得已只能离开大梁，出走他乡，逃亡到了魏国的外黄（今河南民权）。张耳在外黄开始结交宾客，积累了巨大的声望，也凭此当上了外黄县令。

陈馀是张耳的同乡。虽然陈馀要比张耳年轻很多，但两人却一见如故，他像侍奉自己老爹一样对待张耳，张耳也格外喜欢这个聪明的年轻人。二人便对天立誓："同富贵，共生死"，结成了刎颈之交。

在魏国灭亡几年后，官府听说张耳和陈馀是魏国名士，号召力很大，怕他们会做出对秦朝不利的事，所以发出通缉令，对二人进行悬赏。张耳、陈馀一看，只好跑路，他们改名换姓，一起逃到了陈地（今河南新郑），当了看守大门的小卒，勉强维持生活。

看门小卒的生活很辛苦，不仅挣不到钱，稍有不慎还会受到官吏的责罚。一个小官因为陈馀犯了小错而鞭打他，陈馀年轻气盛当场就想起来反抗。还是张耳老谋深算，赶紧踩了陈馀一脚，并一个劲儿地给他使眼色，让他别激动。陈馀虽然满肚子不服气，但是看到张耳的提示，觉得他必有深意，就乖乖地领受了这顿鞭子。在小官走后，张耳就把陈馀拉到了一棵树下，责备他说："我是怎么和你说的？小不忍则乱大谋。难道因为一点小小的屈辱，你就要把自己的命搭在一个小吏身上吗？"陈馀觉得张耳说得很有道理，就向他认了错。此事之后，一起逃过难，一起看过门的两人关系是愈发地好了。

过了不久，陈涉在大泽乡起义，聚集了几万大军攻打到了陈地。张耳、陈馀一看，建功立业的机会来了，便去军中求见陈涉。陈涉早就听说过二人的大名，于是高兴地把二人拉进了自己反秦的队伍，作为智囊。

这个时候，起义军中的很多人开始劝说陈涉称王，陈涉听了，也有点心动，于是去征求张耳、陈馀的意见，没想到，两人却劝阻说："将军，此事万万不可。"

陈涉感到奇怪，就问："这不挺好一建议吗，怎么就不可了？"

张耳、陈馀说："秦朝暴虐无道。破人国家，灭人社稷，绝人后世，罢百姓之力，尽百姓之财，这是很恶劣的做法。"

陈涉就困惑了："那我称王不正好名正言顺吗？"

张耳、陈馀急切地回话说："重点搞错了啊。将军您舍生忘死聚众反秦，是为了推翻它，让天下人过上好日子。如果您现在刚打到陈地就称王，天下百姓会怎么看？他们会觉得您是为了一己私心才反秦的，这对您是一点好处也没有。所以我俩劝您不要称王。”

陈涉又问：“那我该怎么做呢？”

两人回答说：“您应该挥师西进，并派人拥立六国后人，给秦朝树敌，分散秦的力量，这样才会让我们有机会壮大自己。到时候您作为首举义旗的反秦领袖，自然会受到各地诸侯的爱戴，那时再称王就顺理成章了。如果您非要现在就称王，天下的人就不会跟随您了，那可就得不偿失了。”

这本是一条好建议，可惜陈涉没有听，还是一意孤行地称了王。

陈馀一看事已至此，只好再次进谏：“大王您现在挥师西进，当务之急是攻破函谷关，应该来不及收复黄河以北的其他土地。我对赵国比较熟悉，您可以派我和张耳去收复赵地（今山西、河北）。”

于是，陈涉派自己的心腹大将武臣为将军，张耳、陈馀为校尉，率领三千人去攻取赵地。

武臣带兵渡过黄河到达赵地之后，便在张耳、陈馀的帮助下，开始了“政治宣传”。赵地的人们纷纷响应，主动加入武臣的队伍中，很快队伍从三千人扩张到了几万人。武臣自称武信君，攻克了不少城池。

在攻占邯郸之后，两人听说陈涉打进关中的先头部队已经被打败，还听说有不少将领因陈涉听信谗言而被杀。张耳、陈馀早就因陈涉不用他们的计谋，不任命他们为将军而心有不满了，听说这些事情之后，更觉得陈涉并非明主，难成大事。因此，他二人就建议武臣称王。武臣接受了他们的建议，自立为赵王，任命陈馀为大将军、张耳为丞相，二人终于实现了出将入相的梦想。

后来，自立为赵王的武臣因为一场内乱而被杀。张耳、陈馀平时的人缘比较好，得到了别人的通风报信才侥幸逃脱。他们重新聚拢武臣的残部，组织起五万人的军队，再次拥有了属于自己的资本。为了稳住赵国的局势，身为外乡人的张耳、陈馀便寻访赵国王族的后代赵歇，立他为赵王，想以赵国为依靠，在这乱世中，成就一番事业。

两人还没部署妥当，秦将章邯已率大军前来进攻赵国了。作为秦朝后期的优秀将领，章邯还是很能打的，他一路势如破竹，把张耳、陈馀的部队直接打散了。秦军很快就攻破了邯郸，出逃的张耳和赵王歇被秦军围困在钜鹿城中，而领兵在外的陈馀则收拢了几万人的部队，驻扎在钜鹿以北，不敢轻举妄动。

秦军兵多将广，来势汹汹，钜鹿城危在旦夕，随时都有被攻破的可能，可陈馀的援军却迟迟不到。这让张耳很是心急，心中便生出了一丝疑虑："陈馀现在手上有几万军队，他会不会想拥兵自立啊，他迟迟不发兵不会是想趁机坐山观虎斗，害死我和赵王吧？"

于是派使者张黡、陈泽去责问陈馀："当初我和你结为生死之交，曾一起立誓同生共死。如今我与赵王朝不保夕，随时都会被杀，而你拥兵数万却不肯救援，你安的是什么心？如果你真的是个遵守诺言的人，哪怕有十分之一的机会也应该来救我们啊！"

陈馀一听，生气地说："现在的局面，神仙难救。我就算现在进攻，也肯定打不赢。为啥要像个傻子一样去送死呢？而且如果我死了，谁来替张耳和赵王报仇呢？”

张黡、陈泽则说：“已经顾不上那么多了！”

陈馀答道：“白白送命的事儿不能干，这是张耳曾经教我的。反正我是救不了他们，要去，你俩去好了。”于是拨调五千兵马给张黡、陈泽，让他们去救援钜鹿。结果还没打到钜鹿城下，张黡、陈泽就全军覆没了。

就在这危急关头，项羽带领各路诸侯赶来，解了赵国之围。当张耳出城设宴，感谢前来救援的诸侯时，才终于见到了陈馀，可他们的友谊已经破裂了。

张耳见了陈馀，张嘴就骂：“你个见死不救，忘恩负义的混蛋！说，张黡、陈泽去哪了！”

陈馀也有些生气，他说：“他们二人已经兵败身死了啊，还搭上了我五千兵马呢。”

但张耳却说：“我太了解你了，肯定是你不肯出兵把他俩给杀了。”

陈馀一听就急了：“我在你眼里就是这样的人吗？没想到你会这么看我，你不就是想要兵权吗？给你就是了！”说完就把将军印信丢给了张耳，自己起身就去厕所了。

张耳于是顺水推舟，接收了陈馀的军队。

陈馀回来一看：“好你个张耳，还真收我的军队啊。”一生气转身就走，连官也不做了。至此二人算是彻底闹掰了。

到了公元前206年，项羽分封诸王，张耳因为名声好，又有随项羽入关的功劳被封为常山王，陈馀却只是被封为侯。听说了这个消息的陈馀大为不满："张耳的功劳和我一样大，张耳是王，我却是侯，这不公平。"所以等到齐王田荣背叛项羽时，陈馀就向齐王借了兵马攻打张耳，收复赵国。张耳不敌，只得逃跑，因为曾和刘邦有旧交，张耳就顺势投入了刘邦的阵营。

一年后，刘邦进攻项羽，想请赵国协助。但陈馀却开出了一个很苛刻的条件："只要杀了张耳，我就帮忙。"汉王只好找到一个和张耳长得像的人杀掉，派人把人头送给陈馀，陈馀才肯出兵。可不久陈馀就发现自己上了当，立马就背叛了刘邦。又过了一年，韩信攻伐赵国，背水一战，杀死了陈馀。而张耳则因为和刘邦关系好，被封为赵王，没过几年也去世了。

在列传的结尾，司马迁是这样点评的："张耳、陈馀都是很有能力的人，手下的宾客也都是英雄豪杰。他们曾在贫贱时互相信任，约定同生共死，等有了地盘后却自相残杀。为什么会这样呢？难道是因为利益吗？"这一段话非常清楚地点明了张耳、陈馀从好朋友变成死敌的根本原因：利益。张耳、陈馀就像是两个一起创业的人，刚开始兢兢业业，互相扶持，创业初有小成，就出现了矛盾，争权夺利，最后导致失败。这样的案例，古今中外都是很常见的。

前些年轰动一时的"泡面吧事件"就是一个因利益分配不均，最终"好友反目"的典型案例。

2012 年，年仅 20 岁的俞昊然在美国的大学宿舍中做出了"泡面吧"的程序。这个原本只是用于参加"百度之星"程序设计大赛的小项目，一推出就受到了业界的一致称赞。在如此巨大的鼓励下，俞昊然决定创业。于是他找到了好友王冲、严霁月，在2013年创建了公司，算是正式拉起队伍要打江山了。

由于俞昊然还没有完成学业，所以公司在国内的事务主要由王冲、严霁月负责。泡面吧的天使轮就得到了英诺天使基金的数百万元融资。在2014年网站正式上线后，业内十分看好这个项目，据说当时这家网站的估值接近一亿元人民币，可以说是前途一片光明。

一栋大厦的崩塌只是一瞬间的事。就在“泡面吧”准备签署A轮风险投资协议的前一天晚上，三个创始人因为股权的分配问题出现了巨大分歧，仅仅15分钟的时间，三人便彻底决裂。纷争的具体原因已经成了一出“罗生门”，除了当事人没人知晓真相。可“泡面吧”却彻底倒了下去，再也没有站起来。几年的心血，在15分钟之内被撕扯得支离破碎，一个曾被业界称为“未来之星”的企业就这样烟消云散了。

结语

电影《中国合伙人》中有一句非常经典的台词：“千万别跟最好的朋友合伙开公司。”这不是一个笑料，而是一句忠告。朋友相交，重要的是大家合不合拍，能不能“玩”到一起去。但开公司讲究的则是分工明确、责任明晰，这和交朋友是完全不一样的。

开公司的最本质目的，说白了就是为了赚钱。怎么赚钱、又该怎么分钱是创建公司的那一刻起就必须要确定好了的，因为没有人可以保证自己在巨大的利益面前不动心。如果只是凭借“兄弟感情”，相信“君子协议”，不能明确责任权利与股权比例的话，整个团队很容易出现信任危机，最终走向分崩离析，前功尽弃。这也是《张耳陈馀列传》带给我们的启示。

魏豹彭越列传

今天的故事咱们先从一种美食说起。在南方嘉兴一带，有一种螃蟹叫作蟛蚏，这种螃蟹个头只有一元硬币那么大，但却膏厚汁丰，用酱油或者白酒腌制几天就可以吃，味道十分鲜美，唐朝的大诗人白居易曾写诗称赞道："乡味珍蟛蚏，时鲜贵鹧鸪"，说的就是这种小螃蟹的独特风味。

但是，这种叫作蟛蚏的小螃蟹在唐朝之前可没什么人敢吃，因为传说这种小螃蟹是汉朝初年被刘邦冤杀的梁王彭越的怨气所化，是不太吉利的东西。那么这个梁王彭越到底是谁？又为什么会被刘邦冤杀呢？今天的《魏豹彭越列传》，我们就来讲一下彭越的故事。

彭越是昌邑（今山东巨野东南）人，外号叫彭老二，本来是巨野泽（今山东菏泽巨野北）中的一个渔夫，后来因为受不了秦朝暴政，只好落草为寇。伙同一帮兄弟在巨野泽中聚义，立起了"替天行道，劫富济贫"的大旗，成了一名绿林好汉并坐上了头把交椅，这经历简直就是水泊梁山的"祖师爷"啊。

彭越这山大王还没当多久，就传来了陈胜、吴广在大泽乡起兵反秦的消息，声势极为浩大。这时候有手下的兄弟向彭越建议说："大当家的，你看咱整日在这小河湾里也就是抢抢地主老财、坑坑泼皮无赖，如今陈胜、吴广'伐无道，诛暴秦'，这么光荣的事儿咱也得响应啊，否则不是愧对了咱'替天行道'的旗号了吗？"

彭越听完这话，抬手就是一嘴巴子："你懂个屁。秦朝有几十万大军，陈胜、吴广虽然兵马较少，但扩张极快，这就像是两条龙在搏斗，谁胜谁负还不知道呢。如果咱现在掺和进去，就咱这点实力，那不是白白给人当炮灰么，还是再等等看吧。"

时间又过了一年多，反秦这件事得到了越来越多人的响应。一天早上，彭越打开房门，发现自己门口居然堵了上百号人，吓了他一大跳，还以为自己被官府给围了。这帮人一见彭越，齐刷刷地给彭越鞠了一躬，为首的一个青年说："我们早就听说彭大当家的侠肝义胆，今天特来投奔山门，愿彭大当家的带我们起兵反秦。"

彭越一看，人家都上门来投奔了，也不好意思拒绝，就答应了下来，并和这些人说："想要投奔我可以，但你们得听我的。明天早上来我门口集合，咱们点兵祭旗，迟到的砍头。"所有人都答应得好好的。

结果到了第二天早上，人是稀稀拉拉来了没几个，好多人居然中午才到。彭越见此情景，重重地叹了口气，说："点兵祭旗这么大的事你们都敢迟到，按军法我应该砍了你们，但是法不责众，就砍来得最晚的那一个吧。"

彭越说完这番话，那些年轻人却很不以为然，对彭越说："大哥，我们知道了，下次不迟到就行了，这大喜的日子，张口砍头闭口杀人的多不吉利啊。”

彭越却二话不说，手按宝剑径直走到来得最晚的那个人面前，拔剑抬手，只见一道寒光闪过，那人的人头就已滚落在地。彭越一边弯腰从地上捡起人头，一边若无其事地对众人说：“今天咱们就先拿这小子祭旗吧，以后你们可不许再迟到了哦。”

这一下子可把众人都吓坏了，敢情彭越这是玩真的啊，从此对彭越的话是绝对的服从。

彭越虽然开始举兵反秦，但他部队的人数在诸侯中应该算是最少的，只能做一些清剿残兵败将的工作，顺便壮大一下自己的势力。等到了项羽入关分封诸侯的时候，彭越的军队已经有了一万多人，但彭越却并没有被封侯，也不隶属于任何一个诸侯，成了真正的“独立团”。

公元前206年的秋天，齐王田荣因为和项羽有了矛盾而率先反楚。但是由于田荣手下没有可靠的大将，而彭越又素有威名，所以田荣便让使者带着将军的印信去“收编”彭越，彭越的“独立团”这才算是有了正式的番号了。彭越表现得也很出色，多次正面击溃楚军的进攻，保卫了齐国，从此彭越名扬诸侯。

过了两年，刘邦开始联合其他诸侯反抗项羽，彭越觉得刘邦是个能成大事的人，就率领自己的军队三万余人在外黄投靠了刘邦。刘邦见彭越带兵归顺自己，喜不自胜，说：“你带兵在魏地攻陷了十几座城池，功劳很大啊，你就来辅佐魏王吧。”于是封彭越为魏国国相，统领魏军。

随后的几年里，彭越实行“敌进我退、敌驻我扰、敌疲我打、敌退我追”的游击战法，不断攻击楚军的补给线，搞得项羽不胜其烦，想要弄死彭越，却总是抓不到他，这就是著名的“彭越挠楚”。等到了公元前202年，项羽向南撤退到夏阳（今陕西韩城），彭越趁机攻克了昌邑在内的二十余城，缴获谷物十多万斛，充作部队的军粮。

当时的刘邦刚刚打了败仗，正急得抓耳挠腮呢，听说彭越打了大胜仗，就叫人捎话给彭越，让他赶紧带兵来支援。可彭越却以“魏地初定”为由给拒绝了，也许彭越说的是真话，但这话在刘邦听来完全就是借口啊，于是刘邦问张良，说：“现在诸侯，特别是彭越，不肯来帮我，这可咋整？”

张良进言说：“这事简单啊，人家彭越战功赫赫，整个魏地都是他打下来的，可你却只让人当个魏相，你现在要是给他封王，并把领地赐给他，他不来都不好意思。”刘邦一听，有道理。便让使者去给彭越下诏，封彭越为王。

彭越接到这一纸封赏令，心想：“拿人手短，吃人嘴软，刘邦这封赏都下来了，再不去可就不像话了。”于是，也不管魏地初定不初定了，带领军队星夜兼程赶到了刘邦身边。

彭越率军与刘邦会师后，一起在垓下之战中战胜项羽，彭越也正式被刘邦封为梁王，国都设在定陶（今山东菏泽定陶区）。自此彭越完成了从草莽英豪到一方诸侯的“跃迁”。

彭越在成为梁王后，对刘邦可以说是非常的恭敬，常常去长安觐见刘邦，但这种频繁的见面并没有拉进刘邦与彭越之间的感情。

公元前193年，陈豨在代地（今山西、河北北部）造反，刘邦御驾亲征前去讨伐，并要求彭越出兵相助。但彭越当时有病在身，所以就没有答应刘邦的请求。刘邦因此大为生气，派人责备彭越说："你当年故意不发兵，找我邀功要地的事，我还记着呢，这次你又来这一套！"

彭越一听，刘邦这是真生气了，就准备带病去给刘邦请罪。这时彭越的部下扈辄对他说："先前皇上叫您去，您说自己生病去不了，他就已经猜忌您了。如果您现在去了，皇上一定会以为您是装病，肯定会立马把您抓起来的。既然伸头是一刀，缩头也是一刀，不如咱们现在就反了吧！"

彭越听完这话，飞起一脚，就把扈辄踹出去了。他对扈辄说："我对皇上忠心耿耿，今天这话我就当你没说过，要是你以后再敢说这样的话，我就杀了你。"

彭越这话说得正气凛然，毫无问题，但怕的是有小人添油加醋打小报告啊，彭越的太仆（掌管车马的官）就是这样一个小人。因为他和彭越平日里有些矛盾，于是就趁机跑到刘邦那里，诬告彭越意图谋反。刘邦早就对彭越不满了，一听这话立马派出人赶往定陶，闯入梁王府，把彭越直接按在了床上。堂堂一个诸侯王，竟在自己的地盘上让人闯入家中给绑了，这防备得有多差呀，可见彭越是真的没有反心。

但刘邦可不管这些，他下令给彭越治罪。当刘邦拿到"彭越谋反，按律当斩"的奏章时，却又不自觉地想起了彭越的功劳，毕竟是一起打天下的老弟兄啊，算了，死刑改流放吧。于是刘邦大笔一挥，改判彭越流放蜀地。

彭越虽然接受了这个判罚，但心里不服啊，因为他觉得自己太冤了，所以在流放路上一直闷闷不乐。正好这个时候，吕后出游碰到了正在流放路上的彭越，彭越一见吕后的车辇，跪地恸哭，申辩自己是冤枉的，希望回老家养老。吕后听后，满口答应说："这事我替您去跟皇上说，您先上车，我带您回去。"之后便带着彭越去洛阳见刘邦。

可当吕后见到刘邦后，说的话可就完全变了。她对刘邦说："彭越这个人草莽出身，又能征善战，除了韩信没有人赶得上他。如果您把他流放到蜀地这种山高皇帝远的地方去，万一他在那里造反，您可就鞭长莫及了。这次我把他顺路带回来，您不如直接杀了他，灭他全族。"刘邦一听有道理啊，就下令诛杀彭越全家。一代英豪就这样含冤而死。

彭越可以算是汉初的异姓诸侯王中对刘邦最忠心、最恭敬的一个。可他之所以还会被冤杀，主要是和刘邦沟通不畅造成的。彭越在被封王后，虽然经常去觐见刘邦，可沟通了这么多次，他和刘邦之间却始终没有消除误会，最终还导致他和刘邦之间的猜忌与误会越来越大，自己也被冤杀，可见有效的沟通是多么重要。

在企业管理中，管理者和员工之间的沟通也是非常重要的一件事。对此，通用电气的前总裁杰克·韦尔奇曾这样说："管理就是沟通、沟通、再沟通。"这就是有名的管理沟通论。不管是一个国家的管理层，还是一个企业的管理层，都是由人构成的，"有人的地方就有江湖”，猜忌、矛盾自然也是常有的，如果这些问题不能通过有效的沟通去解决，长此以往一定会出问题，我们不妨看看沃尔玛在沟通这件事上是如何做的。

沃尔玛的创始人山姆·沃尔顿曾说过：“如果将沃尔玛的管理思想做出最精炼的总结，那就是沟通。”而这正是沃尔玛能取得成功最重要的原因。在沃尔玛公司总部内，你很难看到他们公司的行政人员，因为沃尔玛的行政人员通常是满世界到处飞，哪里有沃尔玛，他们就会出现在哪里。他们这样做是为了了解所有公司的业务情况，并及时进行通报，这些信息不仅会向管理层汇报，也会向沃尔玛所有的员工公开，这样可以激励所有的员工取得更好的成绩，这就是沃尔玛的信息共享政策。

沃尔玛也非常重视管理者在沟通中的作用，他们认为管理者应该主动去和员工交流，而不应该总是被动地等待员工来找自己。所以沃尔玛要求公司的管理者要主动教导员工如何开展工作，并引导他们向更大的目标努力。

除此之外，沃尔玛也非常重视利用沟通来减轻员工们的负面情绪。只要员工们心有不满，或有什么意见都可以通过热线等渠道向自己的上级领导进行汇报，对自己的需求畅所欲言，不管多么荒谬都可以，根本不用担心秋后算账的问题。

沃尔玛这样的策略可以把管理者和员工更好地连接在一起，实现有效的沟通，将一切不安定因素“扼杀在摇篮之中”。

结语

彭越虽然经常面见刘邦，但刘邦和他之间的沟通多流于表面，没有探讨到“核心”的问题。刘邦总觉得彭越会造反，彭越却觉得自己只要够恭顺，刘邦就不会怀疑自己，这一来二去的，就出了岔子。如果他们之间能敞开心扉地好好聊一聊，刘邦说出自己的忧虑，彭越直白地表示忠心，估计就不会出现这样的悲剧了。

对企业管理者来说，和员工进行有效的沟通也是一门必修课，这种沟通完全不必拘泥于形式，只要能达到真诚、有效的目的就可以，为的就是能了解员工的真实想法。只有这样才能打破上下级之间的隔阂，更好地交流信息，推动工作的进程。

黥布列传

秦末时期，天下群雄逐鹿。如果把刘邦、项羽、陈胜等人比作新兴创业的老板，那么张良、范增、吴广他们就是工作能力顶级的人才。在这些人里，有的人才不仅有着出众的能力，还有着足够高的职业道德，这样既让自己留下美名，也让老板心头踏实；还有一类呢，就是能力出众，很吸引人，但是在个人品性和处理事务的方式上，就实在不敢恭维了。很不巧，本文的主人公黥布就是后一类人。

黥布，六县人（今安徽六安），本姓英。在秦朝的时候，黥布只是一个平头百姓，开始的时候并没有显示出什么出众的才华。但是，命运就是这么奇妙。黥布小时候在家门口和伙伴们嬉闹，街上走过一个算命的，算命先生在这一群孩子中一眼就看中了黥布，便对他说："孩子，我看你有王侯之相，只不过在成为王侯之前你会受到严酷的刑罚。"

这要是放在别人那，先不管你什么王侯之相，你咒我会受牢狱之灾，就得跟算命的急了。不过，黥布一听能做王，立马笑呵呵地作揖叩首拜谢算命先生。

不过，你还别说，这算命先生说的还真准，等黥布长大后，因为触犯了秦国的法律，被处以黥刑。黥刑就是往人的脸上刺字，以昭示他的罪行。黥布的名字也是这么来的。按道理说，人的脸上被刺了字，就是破了相了，这应该是让人感到很屈辱的事。毕竟，树活一张皮，人活一张脸。可黥布却不以为耻反以为荣，还跟别人说："瞧瞧，我小的时候，算命的早就跟我说过，我受了刑之后，就能称王。看来，这算命先生说的果然不假。"结果换来了其他人的一阵讥笑，觉得这人可能是傻。

之后，黥布被发配到骊山。不久之后，陈胜、吴广就宣布起义了。这对黥布来说无疑是个好信号，也更使他坚信算命先生所说的话。在骊山刑徒之中，本身就有很多黑白通吃的罪犯，黥布便把他们纠结在一起组建了自己的反秦队伍。后来，随着项羽势力的不断发展，黥布也随大流投靠了项羽。刚到项羽手下时，黥布表现得非常出色，在多次反秦的战斗中，黥布勇冠三军，是当之无愧的军中第一猛将。

秦朝灭亡后，项羽拥立怀王为义帝，自称西楚霸王，黥布被封为九江王。别看表面上楚怀王挺风光的。实际上，项羽暗地里已经命令黥布等人准备行刺楚怀王，到了同年八月，楚怀王就死在了黥布等人的手上。

咱们常说在其位谋其政，要说黥布为项羽做了这么多事，应该是铁了心跟随项羽吧？其实并没有。楚汉战争开始后，项羽出兵不利，屡次督促黥布出兵支援，结果黥布要么托病不出，要么干脆派一小股部队敷衍了事。具体原因《史记》中没说，但是我们可以通过《史记》中的内容做适度的合理推测。《史记》记载了一段薛公（楚国官员）对黥布的评价："布故丽山之徒也，自致万乘之主，此皆为身，不顾后为百姓万世虑者也。"就是说，这个黥布是刑徒出身，只想着自己富贵，不会为别人着想的。当时黥布的心里可能是这样想的："现在，你项羽是个王，我黥布也封了王了，你打谁，那是你的事，我就好好做我的王，你爱干嘛干嘛去，我就不跟你蹚浑水了。"

到了公元前204年，刘邦被项羽打得节节败退，就派人拉拢黥布叛楚归汉，为自己增加军事力量。按道理说，你不愿意蹚项羽的浑水，老老实实做你的王不就行了，何必做起兵反叛这等不忠义的事呢，毕竟王还是人家项羽给封的。不过，凭借刘邦使者一番局势分析，利益刺激，黥布果断地放弃效忠项羽而投靠了刘邦。两年后，黥布还参与了对项羽的垓下围剿，昔日的旧主就在黥布等人的围攻之下拔剑自刎了。

由此可见，黥布此人虽然是一员悍将，但是放在现代企业来说，他的职业操守、职业精神实在是不敢恭维，而且他的价值观极不稳定，甚至可以说他并不是一名成熟的职场人。

《韩非子》中说道："千丈之堤，以蝼蚁之穴溃；百尺之室，以突隙之烟焚。"就是告诉我们要防微杜渐，注意细节小处，以免因小失大，得不偿失。

刘邦称帝后，接连诛杀了异姓王韩信和彭越。本来韩信、彭越、黥布并称汉初三大名将，这样一来，就只剩黥布老哥一人了。黥布就觉得下一个受害者必然是自己，于是就整兵备战，随时准备应对刘邦。按说黥布这样想也是人之常情，无可厚非。可真实情况是，刘邦这边完全没有要收拾黥布的意思。要不是后来黥布手下的贲赫前来告发他，刘邦都不知道还有这档子事儿。

说起这个贲赫，那就更有意思了。他原本是黥布手下的一位侍中。黥布的爱妾得了病，要去看医生。可巧的是，这位医生的家离贲赫家特别近，两家就住对门。贲赫一看，大王的爱妾生病了，而且看病的医生就在自家对门，自己表现的机会不就来了吗。于是，每逢黥布的爱妾来看病的时候，贲赫就带着酒肉、果篮去看望黥布的这位爱妾，顺便也给医生送一些礼物，让医生多用点心。本来，当臣子的要在主子面前表现一下，本无伤大雅。但就是这一表现，非但没给自己带来好处，还差点把小命搭进去。

一天，风和日丽，在黥布的后宫里，这位爱妾一边给黥布捏着肩膀，一边聊着天，两人非常惬意地享受着午后的阳光。谁知聊着聊着，聊到看病的事，爱妾说道："这位贲赫大人，可真是个好人，他……"

爱妾的话还没说完，黥布腾地站起身来，冲她吼道："你怎么知道他是个好人？你俩怎么回事？"

这可把他的爱妾吓坏了，赶紧跪在地上把贲赫在她生病期间，带礼物去看她的事原原本本告诉了黥布。要说这黥布也真是个醋坛子，死活也不信，就是觉得她俩有一腿，嚷嚷着要杀了贲赫。可见，这女人当着一个男人的面夸另一个男人的时候，还挺危险的。

黥布要杀贲赫的消息，不知道怎么就传到贲赫的耳朵里。贲赫听到消息，吓得够呛。最后，心一横，你不让我好活，我也不让你好过，他一路快马加鞭逃到了长安，连滚带爬地来到了刘邦的面前，一边磕头一边哭着说："陛下，您可得为老臣做主啊，黥布这家伙要造反了，他拉我入伙，我誓死不从，他就要杀我。"

看着贲赫一把鼻涕一把泪的，刘邦还有点纳闷，心说："黥布不应该干这事啊，我平日里对他可不薄啊。"转念又一想："这家伙不是和黥布有仇，来诬陷他的吧。"于是下令先把贲赫关起来，派使者去黥布那看看有没有这么回事。

没想到此时的黥布比贲赫得知自己要被杀的时候还慌，因为他不知道长安的朝堂上发生了什么事，只知道贲赫已经到了长安见了刘邦，所以认定自己为防备刘邦准备的那些事肯定被贲赫告了密，于是干脆杀了贲赫全家，直接宣布造反了。

后来的结果大家都知道了。刘邦御驾亲征，剿灭了黥布。你看，黥布造反的起因，其实就是因为一个醋坛子打翻了，或者说是因为一个毫无根据的怀疑，最后人没杀成，自己的老底还被掀了，这才真是因小失大，得不偿失。

咱们别光说黥布，我们现代企业管理中因小失大的例子也是屡见不鲜。

1993 年成立的三株公司曾经是国内医药保健领域的佼佼者。但是因为一起"常德事件"，让企业陷入了巨大的危机。

1996 年 6 月，湖南常德市民陈伯顺购买了几瓶三株口服液，服用后引起高蛋白过敏反应，两个月后死亡。第二年，陈伯顺的儿子陈然之将三株公司告上了法庭，要求三株公司赔偿经济损失和精神损失共300万元。三株公司的高层看到赔偿金数目的第一反应就是，这分明就是讹人，所以非常气愤，要与陈家对簿公堂。于同年12月向法院起诉。

后期，湖南省高级人民法院经过历时一年的取证调查，最终判定三株公司胜诉。大家可能会说，三株这官司不是打胜了吗？怎么还让企业陷入了巨大的危机之中。

殊不知，在这一年中，“三株口服液喝死一条人命”的新闻被数十家媒体争相报道，在社会上掀起了巨大的舆论漩涡。大众开始对三株集团口诛笔伐，像“黑心商人，只为牟利，不顾人命”“三株毒药”“几瓶三株口服液喝死一条老汉”的负面新闻铺天盖地。这些报道为三株公司带来了极大的负面影响，引发了公众对三株口服液的诸多怀疑，甚至是对它产生了排斥心理。

据说，在陈家没有把三株公司告上法庭之前，曾经找过三株公司进行私下协商，赔偿金额也并不是很多，但是三株公司的人义正词严地说：“我们的药一直在销售，没有任何问题，你们这分明只是在找茬，即使闹到法院我们也不怕……”正是因为这次协商未果，被激怒的陈家才将三株公司告上法庭，并要求赔偿巨额补偿金。

虽然，法院裁定了三株胜诉，但是，因为种种负面消息的影响，三株公司在老百姓的心中一落千丈，造成的恶劣影响已经无法避免。1997年，三株口服液的销售额接近2个亿，而在事件发生后，三株口服液的年销售额竟然不到一千万。一审判决后，三株正式员工从15万人缩减为2万人，直接损失40多亿元，最终悄悄淡出了人们的视线。

事实上，我们可以看出三株公司的这起事件完全可以“大事化小，小事化了”。因为之前原告是给过三株公司机会的，但是三株公司采取的却是“你找茬”“你讹人”“我的药没问题”“咱们法庭见”的一系列强硬态度。

咱们退一步讲，现在虽然不知道之前陈家私下找三株公司协商的赔偿具体金额是多少，但是即使陈家私下让赔 300 万元，相比于整个三株公司的利益来讲，这也是可以商量的事。

后来三株集团虽然赢得了法律的认可，站在了法律的高地上，但是失去了企业的声誉和广大消费者的信赖。这就是典型的因小失大，得不偿失。

结语

日本作家池田大作曾经说过：“性情的修养，不是为了别人，而是为自己增强生活能力。”我们反观黥布，平民出身，最后高居王位。一路荆棘，历经坎坷。但是，在这个过程中自身的性情并没有得到提升，依然保持着小民的习性。做人价值观随意，做事缺乏职业精神，只注重眼前的既得利益，丝毫不会觉得自己是企业密不可分的一员，要为企业发展负责。最终因小失大，功败垂成。

淮阴侯列传

今天，我们讲一讲《史记》当中最令人扼腕叹息的人物——韩信。

韩信，淮阴（今江苏淮安）人，被汉高祖刘邦免去楚王爵位后，降封为淮阴侯。《淮阴侯列传》就是用这个名号来称呼他的。

韩信作为“汉初三杰之一”，“胯下之辱”“十面埋伏”“萧何月下追韩信”，都是我们耳熟能详的故事。但是，对于韩信的结局，人们往往都不愿去谈。因为一生战功赫赫的韩大将军最终被吕后等人诱杀在长乐宫，诛灭了三族，实在是有些屈辱。

对于韩信的结局，男人们都觉得很丧，甚至觉得韩信最后死得有点窝囊。连太史公都在为韩信感到惋惜，所以即使在惜墨如金的《史记》中，也抑制不住为韩信多写了几笔，其中用很大篇幅记录了韩信与武涉、蒯通两人的对话。

作为西汉开国的股肱之臣，这几次对话，到底给韩信带来了什么影响呢？接下来，我们开启时空隧道，来到秦朝末年。

那是一个烽火连天的岁月，没网、没手机，也没有猎头公司，韩信想要找到一家好公司，遇到一位好老板，可不容易。换了项梁、项羽两任老板后，韩信才最终确定跟随刘邦。

面对当时的局面，韩信算是选对了老板，但结局可真不怎么美丽。其实，这和老板的出身有着很大的关系。在讲韩信之前，咱们先说说“草根”这个词。一说到“草根”大家听着可能不太舒服，其实在西方国家，草根早期是指：只要没有庞大的家族财富传承，自己白手起家，或者说如果你是“富一代”都可以称作草根。按这个逻辑，刘邦可以说是“草根老板”的代表。读《史记》时你就会发现，刘邦和韩信有着极为相似的经历。他们早年都很穷，而且还无所事事，经常到别人家蹭饭，最后被人家给撵走。他们的出身，恐怕只比做过乞丐的朱元璋好一点点。从这些早年的经历来说，我们真看不出来这两人以后会是大汉王朝的开国皇帝和开国元勋，这就是所谓的英雄不问出处吧。

在当今企业中，也有着无数草根出身的大老板，他们很多都已经成为现代商界的标杆。他们不拘小节，擅长笼络人才，这样的领导，能与你同甘共苦，但是当他将公司慢慢做大做强，小公司做成大集团，你在某些方面可能对他产生威胁的时候，你的处境就不好说了。

那么问题来了：如何给草根老板当好二把手呢？

我们可以从韩信身上找找答案。

“萧何月下追韩信”之后，刘邦发现韩信还真是一位百年难遇的军事奇才，就封韩信为大将军。那个时候，争夺天下的诸侯远不止刘、项两家。当时，项羽占东，刘邦在西，广阔的中原地带已被齐、燕、赵、魏等国的遗族们占据，各自重整着地盘。刘邦想一统天下，得先征服各路诸侯，才能碰上项羽呢。由于敌人众多，起兵不久，刘邦和韩信就开始各领人马，分头征讨。韩信得以长期独自带兵，可以说，历史给了他非常好的机会。

韩信带领众将士一路高歌猛进，先后攻克魏国，摧毁代国，平定赵国，又得李左车（赵国名将李牧之孙，秦汉之际谋士）相助，击败了燕国。正是“挥剑决浮云，诸侯尽西来，明断自天启，大略驾群才”。但是，咱们回头看看刘邦，他就倒霉多了，被项羽打得东躲西藏，抛妻弃子，那叫一个惨。

这期间发生了一件极其微妙的事，韩信要是稍微长点心的话就能看出刘邦开始防着自己了。刘邦从成皋（今河南荥阳）逃出了项羽的包围圈，不过整个队伍都被打散了，身边的心腹只剩下夏侯婴一个人，可以说非常狼狈。

脱险之后，刘邦来到了韩信的驻地，那时已经是半夜了。咱们来看看刘邦有多鸡贼。刘邦和夏侯婴到了韩信的营门口，刘邦低声在夏侯婴的耳边说道：“老弟，一会儿见到守门的卫兵，你可别说我是汉王啊，你就说咱们是汉王派来的使者，奉命来找韩信搬救兵的，千万别说漏了啊。”

夏侯婴虽有疑惑，但还是照办了，于是，两个人就以汉王使者的身份进了韩信的营地。

两人在接待处落脚休息，刘邦说要去上个厕所，让夏侯婴在帐内等着他。但是过好半天，也没见刘邦回来，夏侯婴不放心就出去找刘邦。

这时候天已经蒙蒙亮了，谁知刚一出门，就看见远处的中军大帐中灯火通明，外面围着很多士兵，隔着这么远都能听见刘邦的呵斥之声："你们睡得可真香啊，我被项羽围堵得险些丢了性命，你们在这呼噜打得震天响……"

后来夏侯婴才知道，刘邦说去上厕所这段时间，偷偷摸进了中军帐，趁韩信睡觉的时候，夺了他的兵符和印信，还做了一系列的人事任命，韩信被明升实降为相国，最后还把他的精锐部队全部调走了。夏侯婴回想起进来之前刘邦的那些话，背后不由得出了一层冷汗。

从这我们就可以看出，刘邦对权力的控制欲是多么的强，对韩信是多么的不放心。可惜啊，韩信没摸准老板的脉。那接下来他是怎么做的呢？

说实话，韩信也有自己的小算盘。他收服齐国后，就有点膨胀了。派人向刘邦上书道："大哥，齐国人狡诈多变，反复无常，又与楚国接壤，只有封一个王，才能稳定局势，希望允许我为'假'齐王吧。"

韩信想讨封"假齐王"，就清楚地表露了他的心思。这种称号历史上就从来没有过，韩信这是想在忠诚与背叛之间打擦边球。这么愚蠢的做法，怎么能瞒过精明的老板呢？

当时，项羽在荥阳附近又把刘邦给围了。韩信的使者一到，刘邦可高兴坏了，这信刚看到半截，内心的小火苗就上来了，开口骂道："韩信这个混账东西，现在我被项羽围了，这家伙不赶紧来救我，还想自立个'假王'！"

这时，张良赶紧给刘邦使了个眼色，刘邦才反应过来，又故意骂道："大丈夫定诸侯，即为真王耳，何以假为！"

刘邦便派张良前去册立韩信为齐王，顺便征调他的军队攻打楚军，刘邦很清楚，只要能把韩信的军队调动起来，封个齐王又算得了什么。

接下来，改变韩信命运的第一次对话来了。

韩信攻取了齐国之后，项羽也害怕了，就派武涉前往游说韩信。

武涉见到韩信一把握住他的手说道："韩将军，刘邦这家伙太不守信用了。他落到我们项王手里好几次了，项王看他那么大岁数怪可怜的，跟他说只要他老老实实地做他的汉王，别闹事，就放他一马。他当时都是答应得好好的，但是，只要他一脱身，就立马翻脸不认人，开始攻打项王。老话说'人而无信，不知其可也。大车无輗(古代马车车辕和横木衔接的活销)，小车无軏（古代车上置于辕前端与车横木衔接处的销钉)，其何以行之哉？'与刘邦这种毫无信用的人共事，是没有前途的。"

武涉见韩信没接话茬，又继续说道："今天将军你自认为和刘邦交情深厚，替他卖命作战，最终恐怕是要栽在他手里啊。刘邦之所以留你到现在，是因为项王的存在。当前，刘项争夺天下，举足轻重的就是你了。你向右边站，那刘邦胜，你向左边站，那项王胜。假若项王今天被灭了，下一个就该轮到你了。你和项王还有老交情，为什么不和项王联手呢？"

这段话说得是真实在，分析得也非常透彻，但是韩信还是没有搭茬。

武涉最后一看实在不行，就来了点更狠的话，说："如今，错过这个时机，一定要站到刘邦那边，这可不是兄弟你这么睿智的人会做出来的事啊。"

韩信愣了一会儿，若有所思地回答道："我跟项王是有些交情，但当时我在他手下干活的时候，职位不过是持戟的卫士，我说什么他都听不进去。我来到刘邦这，我说要当个将军，他立马就封了我一个上将军。而且，我说啥他基本上都听得进去，所以我才有今天。您还是赶紧回去吧，顺便替我谢谢项王的好意。"

韩信的回答看似有理，其实是在赌气。他没有真正站在自己的角度去思考问题，也可以说，韩信对刘邦这个草根老板的本质认识不清。还可能韩信觉得武涉是项羽的人，立场不够中立，所以听不进去。不过，历史很快又给了韩信第二次对话的机会。

武涉走后，谋士蒯通以其敏锐的政治嗅觉，发现天下胜负的关键在于韩信，就想出了一个奇招：用看相的名义来规劝韩信。

蒯通一身仙风道骨的模样来到韩信营中，一见到韩信立即恭敬地跪了下去，说道："韩将军，我看您天庭饱满、地阁方圆、鼻如悬胆、口大容拳、耳白于面、龙凤之眼、伏犀贯顶、骨有九起、头角峥嵘，此乃帝王之相啊。"

韩信把剑拔出了半截，心想哪来的江湖骗子。但是，接下来的话让韩信心里一怔。

蒯通一看韩信都拔剑了，心里着实一阵惊慌，顿时心生一计，说道："您先别着急，我知道您心里在担心些什么。您是在自己的前程和楚汉的命运之间拿不准主意。我有一计可使您和楚汉双方都不受损害，以您现在的实力完全可以和他们三分天下，这样的话，既能制止刘、项纷争，也没有谁敢对您轻举妄动了。然后，把那些有权有势的大国一拆，封给有功的人，天下就会对您感恩戴德而听命于您。老话说‘天与弗取，反受其咎’，时机到了不采取行动，反而要遭祸殃的。”

蒯通的分析可以说是入木三分，那韩信是怎么回答的呢？

韩信听完之后没有立即表态，而是沉吟片刻说道：“这不合适吧……”

蒯通一听，急了，立马举出常山王张耳、成安君陈馀两人的例子。他们的交情当时是相当的好，可到头来，都想弄死对方，为什么呢？因为权力让人心生贪婪，而贪婪的人心是最不可捉摸的东西。

话都说到这份儿上了，韩信还是没有给出一个明确的态度，蒯通也不想放弃，继续劝说道：“您想跟刘邦谈感情，但刘邦想的是天下谁说了算的问题。正所谓‘飞鸟尽，良弓藏，狡兔死，走狗烹’。刘邦要是真得了天下，他还会跟您谈感情吗？现如今，您重兵在握，功高盖主，归附楚国，楚国不信任；归附汉国，汉国怕得不行。这是两边都占不着好啊，我都替您感到危险了。”

韩信听完心里也是咯噔一下，想了想，说道：“先生，您暂且说到这儿吧，让我再考虑考虑。”

过了几天，蒯通又来找韩信说：“如果一个人甘愿做劈柴喂马的差事，就失去了出人头地的机会。一心求稳的人，恐怕也是一辈子平庸。办事果决是聪明人的表现，犹豫不决是祸害的根源。有判断是非的智慧，行动却永远停留在嘴上，这是所有事情的祸根啊。机会转瞬即逝，希望您尽快考虑决断。”

蒯通跟韩信可是非亲非故啊，这话说得已经相当够意思了。可是，韩信依然犹豫不决，一方面觉得背叛刘邦良心过不去，一方面又自认为功勋卓著，刘邦不至于太过绝情，最终还是谢绝了蒯通的好意。

此时，刘邦和韩信的实力几乎相差无几，两人虽然名为君臣，但是关系已经变得十分微妙。如果韩信内心依然忠诚于刘邦，那就要处处小心，不能做出“请封假齐王”的事来。如果韩信有不臣之心，趁天下未定，果断行动，说不定就真如蒯通所说，与刘邦、项羽三分天下，最后由韩信统一天下也不是不可能。然而，韩信既有忠心，又不甘心，来回摇摆，举棋不定，心机早就让刘邦看了个透。

草根老板的内心，天生就缺乏安全感。果然，项羽被打败后，刘邦用突然袭击的方式夺取了韩信的军权。接下来的事大家都知道了，韩信临死时说：“吾悔不用蒯通之计，乃为儿女子所诈，岂非天哉！”

很多历史爱好者认为，韩信后面其实还有机会。刘邦外出平定陈豨叛乱的时候，韩信如果不被骗进宫内，就有可能成功起事。咱们想想这可能吗？韩信军权都被收了，他想把监狱里的犯人放出来跟他发动政变，去硬抗汉朝的正规军，这就是拿鸡蛋去磕石头。再说，天下大乱的时候，你去造乱也有人追随你；现在天下已定，你再搞事情，那就是谋逆，谁会顶着反贼的罪名去跟你干呢？因此，韩信实际上只有那一次机会。韩信败就败在这种再三犹豫的性格和极大的侥幸心理上。

杨澜曾经说过：“有时命运的戏谑就在于你一直犹豫不决，等到终于下定决心，却已经到了谢幕的时间。”韩信算是在草根老板手下工作失败的一个典型例子。反观当下，类似刘邦和韩信这样的关系，在商界之中，仍有不少例证可寻。

蒂姆·库克和乔布斯，鲍尔默和比尔·盖茨，我们都熟吧。乔布斯和盖茨都是草根老板，盖茨家里还算有点商业背景，乔布斯底子更薄，关于他超强的控制欲和不安全感，就不用说了。面对这样的老板，库克是怎么做的？我们来看看他和乔布斯最后的那次决定命运的对话。

2011 年 8 月 11 日，库克接到了乔布斯的电话，要他到家里来一趟，库克问什么时候，乔布斯说：“现在！”

当时，乔布斯刚刚做完肝脏移植手术，在家休养。库克到了乔布斯家后，乔布斯向库克坦陈，希望他接任苹果公司 CEO，自己将卸任，出任苹果董事会主席。

这时，对库克是个考验，他的表现非常关键。两人随后讨论了 CEO 继任的问题，以及他们如何在新角色下共事。

乔布斯向库克保证道：“以后公司由你全权负责。”

真是这样吗？库克明白，这是老板在试探。乔布斯一直不愿放权，即使自己担任 CEO，乔布斯任董事会主席，他仍是大权在握。

因此，他也试探起了乔布斯。

库克尝试着问道：“你是说，如果我审核一条广告，非常喜欢就可以直接用了，不需要经过你的同意？”

乔布斯听完哈哈一笑，说道：“这个嘛，我希望你至少问我一下。”

库克一听就懂了，关于广告审核的回答，揭露了一个真相：乔布斯是出了名的控制狂，他内心根本就不打算放权。库克明白，即使自己接管了公司，乔布斯依旧会监管苹果，因此，库克在接管苹果后一直让乔布斯继续参与工作，他经常去乔布斯家里拜访，他的团队也不承认乔布斯的时间将尽。可以想象，如果那次试探，库克的应对不佳，乔布斯完全可以换人。然而，过了不到两个月，乔布斯就去世了。

库克对乔布斯的去世，处理得极为低调。而苹果公司内，有一位性格和乔布斯酷似，被外界视为乔布斯接班人的高管，在库克上任一年后，就被开了。

太阳底下并无新鲜事，鲍尔默和盖茨之间的经历也很类似。有谁没听说过盖茨？知道鲍尔默的有多少？微软中国区的高管们早就认识到，鲍尔默才是微软的灵魂人物。他善于演说，是推销产品的天才，但在盖茨面前却很低调，决不暴露自己的野心，盖茨可以痛骂他，但必须用他。正是鲍尔默时刻紧盯市场占有率，不顾一切抢占市场份额，把对手挤压得喘不过气来，微软才有今天的地位。但鲍尔默非常理智，他从不主动跑到台前炫耀自己的功劳，而是小心翼翼地把自己放在盖茨光环后的阴影里。

结语

乔布斯去世了，库克接管苹果；比尔·盖茨离开后，鲍尔默留了下来，带领微软渡过危机。今天的商业环境，比刘邦、韩信那时候要仁慈得多，败了也无须被剥夺生命，但游戏规则的本质没变。面对强势的草根老板，身为二把手，保持低调、稳健或许会更安全一些。如果机会来了，该出手时果断出手；时机未到时，请耐心等待。切记，雄心的一半是耐心。

韩信卢绾列传

今天我们讲的是《韩信卢绾列传》，这是韩信、卢绾和陈豨三个人的合传。这三个人原来都是刘邦的亲信部下，和刘邦的关系都非常好。雄壮勇武的韩信是刘邦亲自提拔的，卢绾更是和刘邦世代友好，而且能“出入卧内”，陈豨多次随刘邦平定叛乱有功，被封为列侯。

三人之中并没有任何一人来自世家豪门，之所以能够分封领土靠的是他们的机智和勇武。然而，他们受封之后，又因势力强大而被刘邦怀疑，逐渐被疏远。刘邦的猜忌使他们成为惊弓之鸟，走投无路之下，他们选择了勾结匈奴，举旗反叛，和汉朝对抗。到底是什么使他们与刘邦由亲密的朋友变成仇敌的呢？究其原因，就是统治集团的内部权力、利益斗争。

提到韩信，大多数人的第一反应是那个曾受胯下之辱的淮阴侯韩信，但事实上，秦末汉初同时存在两个韩信——除了淮阴侯韩信以外，还有一个韩王信。韩王信本名也叫韩信，之所以叫韩王信，是为了和淮阴侯韩信做出区别。

秦朝末年，天下大乱，破落贵族韩王信利用自己的旧贵族身份参与反秦活动，很快捞到了一官半职。在楚汉战争初期，韩王信镇守韩国旧地十几座城池，后来打败了项羽分封的韩王昌，不仅迫使他投降于汉，还取而代之成为韩王。

汉高祖六年（公元前201年）春天，刘邦认为韩王信骁勇无比，而且他的封地在颍川（以颍水得名，今河南禹州附近），北边靠近巩县、洛阳，南边靠近宛县（今河南南阳宛城区）、叶县（今河南中部偏西南），东边则是重镇淮阳（今河南周口），“皆天下劲兵处也”，这些都是天下的战略要地，所以下诏让韩王信管理太原以北，以抵挡匈奴，治所在晋阳。韩王信上书刘邦说，晋阳离边境远，请求把治所迁到马邑，刘邦同意了。

这年秋天，匈奴首领冒顿单于重重包围了韩王信。韩王信多次派使者到匈奴求和。刘邦就怀疑韩王信图谋不轨，给他发了一封信，责备他守城不力，还说“专死不勇，专生不任”，意思是说，总是想着死战的人不能算作勇敢，总是想着谨慎求生的人不能承担责任。收到刘邦的信后，韩王信害怕被杀，于是就起兵造反，把治下都城马邑献出来投降匈奴，还和匈奴约好共同攻打汉朝。不过，韩王信还是在两军对抗中兵败被杀了。

再来说说陈豨。陈豨在韩王信背叛汉朝以后，就以赵国国相身份监管赵、代两国的边境军队，对抗匈奴和叛逃的韩王信集团。他手握重兵，责任重大，可以说陈豨是刘邦极为倚重的人，那他为什么会被刘邦怀疑呢?

陈豨很羡慕当年魏国信陵君养士的行为，也豢养了大批宾客。有一次陈豨路经赵国，他门下宾客乘坐的车就有一千多辆，把邯郸城的官舍都住满了。赵相周昌见此情况，便向刘邦打小报告，说陈豨在外专擅兵权数年，恐怕会有变故。

刘邦就开始怀疑陈豨了，命人审查陈豨豢养的宾客在代国的种种不法行为，很多事情都牵连到了陈豨，陈豨听说后十分恐慌。这时，投降匈奴的韩王信趁机派人劝诱陈豨造反，共同对抗汉朝。陈豨考虑再三，觉得刘邦应该不会放过他，就造反了。得知陈豨造反后，刘邦立刻亲自领兵平叛。整个平叛过程持续一年。陈豨的军队最后全线溃败，陈豨带着残兵败将，逃往匈奴地区，后来在灵丘（今山西东北部）被斩杀。

其实，秦末起义、楚汉相争时期，发生过无数次以下犯上、背叛反水的事，所以，臣属对上级并没有多少效忠的概念。在汉帝国建立过程中，韩王信、陈豨与刘邦的利益是一致的，他们也愿意接受刘邦的领导。

然而当汉帝国取得成功以后，异姓诸侯王的存在，对刘氏王朝已经是非常严重的威胁了，对于刘邦来说，必须要尽早解决。这些异姓诸侯王是站在各自的角度去考虑问题，对利益划分的标准自然也有所不同，这必然会导致日后的分歧与决裂。

其实“功臣”安置问题，不只存在于历史改朝换代之际，它也是每一个创业团队发展到一定阶段，都难以绕开的坎儿。无论是披荆斩棘的企业创始人，还是开疆拓土的君王，在对待功臣的问题上，很多人都处理得不太成功。

在企业开创之初，这些人为企业冲锋陷阵，立下汗马功劳。但当企业发展到一定阶段，有些人的能力水平已经与企业发展不再匹配，后劲儿不足；有些人开始居功自傲，散漫消极对待工作……此时，如果让这些人占据高位，企业不但不会继续向前发展，甚至还会受到阻碍。如果抛弃“创业元老”，一是老板自己从情面上过不去，二是会影响队伍的团结，容易被员工理解为卸磨杀驴、兔死狗烹，员工队伍的忠诚度也会随之下降，后来的新人也会失去安全感和归属感，凝聚力更无从谈起。

联想创始人柳传志说过：“大家当年一起种一棵树，辛辛苦苦挑水施肥捉虫子，眼看要结果子了，怎么能让人拍拍身上的土，空着手离去？”所以，柳传志早年为了能让公司的新老人员实现顺利更替，可是费了相当大的工夫。他的主张是，要根据每个“老人”的能力、风格、需求等进行妥善的安排。

当年柳传志手下有两员大将，杨元庆和郭为，这两个人在柳传志的眼里都是非常难得的千里马。刚开始柳传志想在两人中选一个接班人，也尝试着让两人好好地去磨合，但发现不行，两人就是合作不到一起去，不仅起不到“$1+1>2$”的效果，反而是“$1+1<1$”。

后来经过反复思考，柳传志认为两人之间的摩擦，不是因为他们的品格低，而是各自有着完全不同的目标路径，所以只能将他们分开。于是才有了对联想的分拆，柳传志硬是将联想分拆为联想电脑和神州数码，让他们各自负责一块。这种举动当时不被外界看好，尤其是在外人眼里，这是典型的“因人设事”。但柳传志这种做法恰恰体现了中国传统的用人智慧，事后也证明了这种做法是成功的。

联想认可早期员工的价值，毕竟他们在最初不计回报的投入才有了企业后来的好光景。联想为了让新老更替顺利，进行了多年的准备。柳传志通过制度设计保证元老们能够拿到最早期的股票期权，条件还是最优惠的；后面进来的新人，公司也给他们分享股票期权，他们的努力工作一样能获得相应的回报。

再来说说卢绾。卢绾与刘邦是一个村的，在村里，卢绾的父亲与刘邦的父亲刘太公关系非常好，两家人常来常往，情如一家。最神奇的是，卢绾与刘邦竟是同年同月同日降生。所以，这哥俩打小就志趣相投，交情深厚。

刘邦还是平民百姓时，曾被官吏追拿需要躲避，卢绾总是陪在他身边，为他东奔西走。后来刘邦在沛县起兵，势力逐步强大起来，卢绾也以宾客的身份跟随在刘邦身边。

刘邦一入汉中，就封卢绾为将军。跟随刘邦攻击项羽时，卢绾甚至可以自由出入刘邦的卧室，就是萧何、曹参等人，只不过是因为有功才受到礼遇，说到信任宠信，没人能比得上卢绾。

刘邦平定天下之后，力排众议，封异姓的卢绾为燕王，所辖领地包括今天北京及其周遭的一大片土地。司马迁曾在《史记》中评价："诸侯王得幸，莫如燕王。"然而这两人可以同患难，却无法共富贵。在皇权政治面前，两人之间的友谊开始出现裂痕。

汉高祖十二年（公元前 195 年），陈豨因叛乱被杀。陈豨的一位副将投降，供出卢绾派人勾结陈豨共同对付朝廷的事。刘邦知道后，派出使者急召卢绾进京。卢绾心里有鬼，不敢前往，只好称病拒不进京。他对自己信赖的臣子说："不是刘姓而被封王的，就只有我卢绾和长沙王吴芮了。去年春天，皇上把淮阴侯韩信满门抄斩，夏天，又杀掉了彭越，现在皇上身患重病，把国家大事全部交给了吕后。而吕后是个女人，总是想找个借口杀掉异姓诸侯王和功绩高的大臣。我恐怕也不能幸免啊。"

这话被卢绾的部下泄露了，刘邦知道后更加气愤。正在这个当口，又发生了一件火上浇油的事：几个匈奴将领来降，报告了有人隐藏在匈奴充当卢绾线人。此时，刘邦痛心地说："卢绾真的造反了！"于是就派樊哙进攻燕国。

卢绾自知不是对手，想起儿时两小无猜的美好时光，他心存一丝侥幸，就带着他的家属、宫人和几千名骑兵，在长城下等候，希望刘邦病愈之后，亲自到长安谢罪。他焦急地等待着长安城里卧榻上的刘邦能病愈起身。不承想天不遂人愿，刘邦病重驾崩。卢绾只好带领众人逃亡到匈奴，过了一年多，死在了匈奴。

说到这里，就不得不提到战国时期的社会风气：士无常君，国无定臣。比如某人刚开始为赵国效力，可转一天却成了魏国大夫，隔一阵你再看他，有可能又成了韩国的大夫。士人并不需要对君主从一而终，谁赏识他，他就为谁效命，人才在各诸侯国间流动频繁，有些人甚至做出对"老东家"不利的行为，这在当时都无可厚非。

而这种风气在刘邦刚刚建立的西汉初年仍然风行。在这种疑虑之下和权力争斗之中，再加上刘邦对这些人的猜忌，必然使他们成为惊弓之鸟，疑窦丛生。卢绾做了王之后，地位高了，拥有的多了，考虑的也就多了。他想让自己的王位坐得稳，而且想要后代一直稳稳当当地坐下去，所以当刘邦开始铲除异姓诸侯王时，他认为这是“狡兔死，走狗烹；飞鸟尽，良弓藏”。所以，他想谋求自保，就擅自与匈奴暗中勾结，期望从战乱中实现既得利益的最大化。

从刘邦和卢绾的故事中，我们可以看到，朋友之间在没有利害冲突时，可以称兄道弟；一旦有了利益冲突，亲兄弟也会变成仇人。一对好兄弟，穷困时携手打拼，富贵到手后却有了隔阂，为守护各自的利益不得不践踏友谊、分道扬镳，这就是残酷的现实。

结语

刘邦刚起义时，面对大敌当前，他网罗人才，打下江山。但等到天下已定，刘邦对异姓“功臣”有了猜忌，就开始大肆诛杀功臣。且不说韩王信、卢绾、陈豨等人，就连淮阴侯韩信、黥布、彭越等劳苦功高的人，也未能幸免。

从经济学的角度讲，人是自私的，企业是求利的，“兔死狗烹”符合经济规律。你没有了利用的价值，留你不符合企业的生存之道。一个公司盈利下降，同时还要优化人员结构，破格提拔干部，薪酬高而性价比低的老人自然会成为调整的对象。对于职场人士来说，只有通过不断的学习，重塑自我，才能持续长久地为企业做贡献。

田儋列传

我们都知道，中国象棋模拟的是楚汉两军对峙的局面，好像不管在史书还是影视里，这时期的主角都是项羽和刘邦，可实际上，在那个群雄争霸的乱世，能成为一方诸侯名留史册的，都不是一般人，都有属于自己的经历和故事。

就在楚汉争霸这段时期，北方齐国有兄弟三人，抓住机会，趁势而起，实实在在搅动了一番风云。得到天下的刘邦曾发出这样的感叹："嗟乎！起自布衣，兄弟三人更王，岂不贤哉（从平民百姓起家，兄弟三个人接连为王，难道不是贤能的人吗）！"这兄弟三人为什么会让刘邦如此感叹呢？今天，我们就来讲讲齐王田儋三兄弟的故事。这个田儋可不是战国时期以火牛阵大破燕军的齐国大将田单，两人名字同音不同字。今天讲的是田儋在秦末乱世自立为齐王，逐鹿天下的故事。

公元前 210 年，秦始皇驾崩，秦二世胡亥即位。陈胜、吴广因为不堪忍受秦二世暴政，在大泽乡揭竿起义。起义军声势浩大，四面出击，很快就占领了数十座城池。义军的东路大将叫周市，他一路推进到了狄县，这是原属齐国的地盘。在这里，他遭到了顽强的抵抗。田儋三兄弟也是从这里开始崭露头角的。

话说周市率领的起义大军攻到狄县城下，把个县城围得是铁桶一般，但狄县县令硬是不投降，还亲自上到城墙上骂阵："你们这些鼠辈叛徒，等我秦朝援兵到来，一定杀得你们片甲不留！"

周市一听大怒，马上命令军队攻城，秦军和义军就在狄县城下展开了一场惨烈的攻防战，狄县县令正焦急等待援兵，就在这时，门下衙役来报，田儋求见。这田儋是个什么人呢？司马迁在《史记》中对田儋的介绍是："田儋者，狄人也，故齐王田氏族也。儋从弟田荣，荣弟田横，皆豪，宗彊（同'强'），能得人。"意思是说，田儋是狄县人，是以前齐国王室田氏的后裔，他有两个兄弟，一个叫田荣，一个叫田横，重要的是后面的七字评语，"皆豪，宗彊，能得人"，什么意思呢？说他们哥仨都为人豪爽，宗族强盛，很得人心。

县令知道田氏是当地大族，就问衙役："他有何要事啊？"

衙役回道："他的家奴犯了罪，想拜见大人之后处死这个家奴。"

听到所求之事也不是什么大事，县令就让他进来。田儋来到门口，看见县令正焦急地来回走动，还吩咐旁边的一个兵士马上去城门前探听消息。田儋慢慢走向县令，县令也看见有人走过来了，就上前一步，开口问道："你就是田儋？"

田儋抬起手臂拱手行礼，县令毫无防备，也拱手还礼。田儋借机又往前上了两步，突然抽出藏在袖中的匕首，狠狠地插进了县令的胸口。县令旁边的人都吓得呆住了，还没等反应过来，田儋就又轻松解决了几个县令的护卫。这时，跟随田儋而来的勇士一拥而上，因为士兵都被派到城上打仗去了，所以田儋几乎没遭到什么像样的抵抗，很快就占领了县衙。

原来，假装绑人来见县令是田儋的计策，目的就是要杀了县令夺取县城的控制权。之后，田氏兄弟号召田氏族人四处奔走，很快就把城里有名望的士人和官员召集在一起。正当大家议论纷纷的时候，田儋走上了高台。

田儋挥着手臂，对台下的人大声说道："秦国无道，现在各地都已经反秦自立。齐国自古以来就是诸侯国，而我田儋，是齐王的后裔，应当为王。我定会带领齐国百姓，反抗秦国的暴政，推翻它的统治！"

早就不堪忍受秦朝暴政的城中百姓纷纷响应，都愿意拥护田儋为齐王。就这样，田儋自立为齐王，整合了城中的武装力量，很快打退了来犯的周市。周市的军队撤走以后，田儋乘机带兵东进，夺取并平定了齐国故地。

这时候，秦朝派出大将章邯进攻魏国，魏王向齐国求救。齐王田儋亲自带领军队前去救援。章邯在夜间让兵马口中衔枚摘铃，趁夜幕的掩护进行偷袭，把齐魏联军打得大败，在临济（今河南封丘东）城下杀死了田儋。

就在这兵荒马乱之中，田儋的弟弟田荣接管了军队，他没有自立为王，而是把他哥哥田儋的儿子立为齐王，自己做了丞相，但实际的权力都掌握在他的手里。

田荣一路收集散兵，一路逃跑，章邯的军队继续追赶，很快就把田荣包围了。项羽的叔父项梁听说田荣被秦军围困，就带着军队前来救援，终于打退了章邯。万分庆幸的田荣还没来得及高兴，很快就收到一个让他无比愤怒的消息。

就在他们带兵救援魏国的时候，齐国的另一股田氏宗亲自立为齐王，从名义上剥夺了他哥哥田儋的地位。

田荣二话不说，带着军队就杀回了齐国，很快就打回了国都，把新任的齐王田假一伙人吓得掉头就跑，田假跑到了楚国，相国和将军跑到了赵国避难。

就在这时，项梁派人前来告诉田荣，章邯虽然被打跑了，可他还在继续收拢军队，项梁希望集合楚、赵、齐等国的力量，组成联军，一举歼灭章邯，扫清秦国最后的抵抗力量。

且不说项梁有救助自己的恩情，单从利益上来看，这也是一个联合做大的机会，但是短视的田荣拒绝了，他对使者说："想要我出兵，可以，楚国必须杀死田假，赵国必须杀死避难的相国和将军，把他们的人头送过来，我立刻出兵。"

楚国、赵国都不肯依从田荣，田荣也非常生气，最终也不肯派兵。在这个紧要关头，秦国的章邯，赵、魏、楚的反秦联军，在前线对峙，不管齐国选择加入哪一方，都有可能改变当时的局势，可是田荣却选择了孤立自己，任凭项梁和章邯打得你死我活，也不派出一兵一卒。

结果项梁的联军被章邯打败了，连项梁本人也被杀了，可想而知这时候项羽有多么愤怒，从此怨恨上了田荣。

后来，项羽接管了军队以后，打败并收降了章邯，紧接着进军函谷关，入驻咸阳，成功推翻了秦朝的统治。项羽大肆分封诸侯，为了报复和防备田荣，把齐国一分为三，分封给不同的诸侯，而田荣本人，却没有被封王，只给他在齐国的最东边留了地盘，让他在那自生自灭。

田荣因为不能放下仇恨，被情绪主导，以至于丢了本该属于自己的诸侯王之位，只能说是他自己应得的下场。可田荣的故事还没完，紧接着他又因为愤怒，做了更错误的事。

田荣不满项羽的分封，带兵击杀了齐国其他两个封王，重新统一了齐国，自封为齐王，公开与项羽叫板。

项羽气得咬牙切齿，亲自率领军队攻打田荣。两军相遇在阵前，田荣还没说话，项羽就带兵冲了过来，只用了一个来回，田荣的军队就被打得落花流水，田荣本人狼狈逃跑，很快就死在了乱军之中。

项羽杀了田荣，还是没能平息愤怒，他带着军队四处攻打齐国城池，攻下城池以后下令屠杀，烧毁荡平所有房屋。齐国百姓被项羽祸害得妻离子散，家破人亡，齐国不仅没有屈服，反而被激起了斗志，自动聚集起来反抗项羽。

这时，田荣的弟弟田横，把田荣的儿子田广立为齐王，自己继任相国并掌管大权。

田横刚一出场，就击退了项羽的入侵，是他有出奇的军事才能吗？不是的，项羽在齐国打着打着，回过头才发现，刘邦已经带着几十万大军，浩浩荡荡去攻打他的老家了，项羽吓得连夜带着两万骑兵回援楚国。

田横平定齐国三年之后，汉王刘邦派郦食其到齐国，向齐王田广和丞相田横游说，要他们归顺汉朝。这件事我们在《郦生陆贾列传》中讲过，本来田横已经答应了，但淮阴侯韩信突然出兵攻打齐国。田横见汉军突然攻打齐国，非常生气，认为自己被郦食其出卖了，立刻烹杀了郦食其。

汉军与齐国军队经过一场大战，齐王田广被杀。田横听说齐王田广已经死了，于是就自立为齐王，逃到梁地，投奔了彭越。彭越曾经在田荣的手下当将军，为了报恩，就收留了田横。当时，彭越拥兵梁地，在楚汉之间保持中立。

过了一年多，汉王刘邦消灭了项羽，建立汉朝，自立为皇帝，封彭越为梁王。田横害怕刘邦杀害自己，就带领他的部下五百多人逃入海中，居住在一个小岛之上。刘邦听到这个消息之后，认为田横兄弟本来就平定了齐国，齐国的贤士大都依附于他，如今要让他流落在海中而不加以收揽的话，以后恐怕难免有祸患。因此就派使者赦免田横之罪并且召他入朝，田横却推辞说："我曾经烹杀了陛下的使者郦生，现在我又听说郦生的弟弟郦商是一个很有才能的将领，所以我非常害怕，不敢奉诏进京，请求您允许我做一个平民百姓，待在这海岛上。"使者回来报告，刘邦立刻下诏给卫尉（九卿之一，掌管京城和皇宫安全）郦商说："齐王田横将要到京，谁要敢动一下他的随从人员，立刻满门抄斩！"接着又派使者拿着符节把皇帝下诏指示郦商的情况原原本本地告知田横，并且说："田横若是来京，最大可以封为王，最小也可以封为侯；若是不来的话，将派军队加以诛灭。”田横于是和他的两个门客一块乘坐驿站的马车前往洛阳。

在离洛阳三十里远，有一个叫尸乡的地方，这一天田横等人来到此地驿站。田横对使者说：“作为人臣拜见天子应该沐浴一新，请让我先整理一番。”于是他们就先住了下来。回到房间内，田横对他的门客说：“知道我为什么要停下来吗？”

两个门客看了看彼此，然后对着田横摇了摇头。

田横抽出身上的宝剑，挥舞了几下，说：“我田横起初和汉王都是南面称孤的王，而现在汉王做了天子，而我田横却成了亡国奴，还要北面称臣侍奉他，这已经是莫大的耻辱了。更何况我烹杀了人家的兄长，再与他的弟弟并肩侍奉同一个主子，纵然他害怕皇帝的诏命，不敢动我，难道我就毫不羞愧吗？”

田横此时叹了口气，盯着宝剑说：“皇帝陛下召我来京的原因，不过是想见一下我的面貌罢了。如今皇帝就在洛阳，现在我割下我的头颅，你们快马飞奔三十里的工夫，我的容貌还不会改变，还是能够让皇帝陛下看一下我究竟是什么样子的。”

两个门客着急地说：“主君，三思而行啊！现在还不到最后一步的时候。”

田横将宝剑放到自己的脖颈上，说：“无须多言，我意已决！”田横说完，就自刎了。两个门客扑到他身上大哭。哭过之后，他们手捧着田横的头，跟随使者飞驰入朝，奏知刘邦。

刘邦没有想到田横会如此决绝，说道：“唉！能有此言此行，真是了不起呀！从平民百姓起家，兄弟三个人接连为王，难道不是贤能的人吗！”刘邦忍不住为他流下了眼泪。然后刘邦拜田横的两个门客为都尉，并且派两千名士卒，以诸侯王的丧礼安葬了田横。

安葬完田横之后，两个门客跪在田横的墓前，久久不愿离去。这时，其中一个门客突然开始徒手在田横的墓旁挖土，另一个门客毫不犹豫地也开始徒手挖土。他们最后挖了个洞，两人对看一眼，然后一起抽出身上的宝剑自刎，倒在洞里，追随田横死去。刘邦听说此事之后，大为吃惊，认为田横的门客都是贤才。刘邦听说田横手下还有五百人在海岛上，又派使者召他们进京。进京之后，这五百门客听到田横已死的消息，也都自杀了。这就是非常有名的“田横五百士”。

“田横五百士”虽然是历史上忠义的典范，但说到田横，恐怕他还不能算是一个好领导。诚然，田横在当时是一个贤人，却绝不是一个好的创业者。当自身力量比较弱时，田横就完全丧失了继续发展事业的信心，也根本不想借助更加强大的力量，比如刘邦，借此再图后续发展。田横就是“我执”太重，丝毫没有考虑到自己身后还有一大票誓死追随的人，创业者就应该是一个船长，要时刻为全船人的身家性命考虑，而不能只是在自己“小我”的圈子里打转。他最大的失败，其实是丧失了信心，轻而易举地放弃了自己，也放弃了事业。现在的企业家和创业者，在自身力量还不强大的时候，或者遇到较大的发展难题时，千万不要轻易丧失信心，而是要想尽办法，甚至不惜借助强者以期未来发展。

微软公司最初成立的时候，由于规模太小，业内几乎无人知晓。后来，在盖茨的领导下，微软陆陆续续地研发了一些办公软件，并将其投入市场，才使得微软开始为一些人所知，其中就包括 IBM 公司。但要论规模，当时就是一百个微软加起来，也抵不过一个 IBM。但是，盖茨却立志要将微软发展成为同 IBM 一样的巨无霸企业，为此，他积极地寻求发展机会。

当时人们普遍认为发展电脑硬件才是正确的，但盖茨却坚信电脑软件业务才是市场的主流。当他听说有一家公司研发出了一款名为 QDOS 的操作系统时，他马上决定买下这一操作系统的使用权和所有权。此后，盖茨又组织自己的研发团队，在旧有的 QDOS 基础上进行改良，最终研制出了一款属于微软的全新操作系统——DOS 系统。

不过，尽管系统研发工作已经完成，可微软公司的实力还很弱小，没有能力向全社会推出这款产品。就在微软束手无策的时候，比尔·盖茨想道：为什么不能借助 IBM 的力量呢?

于是，盖茨当即联系 IBM 公司，向对方表明了合作的意图。没想到的是，当时实力雄厚的 IBM 也在朝个人计算机方向发展，在软件开发方面，IBM 公司心有余而力不足，迫切需要一个合作的伙伴，而微软公司在软件开发方面，已经具备了一定的实力，他们一拍即合。

合作协议很快签订，盖茨带领团队立即投入到了 IBM 个人计算机的研发当中，没过多久，这一工作就圆满完成。随着 IBM 个人计算机在市场上的份额越来越大，微软的 DOS 系统也成了行业的标杆。搭乘着 IBM 这艘巨舰，微软公司的发展也越来越快，直至成为世界上最强的企业之一。

结语

今天我们讲了田儋三兄弟的故事，虽然他们都当了王，但总体来说，他们的事业是失败的。田儋是因为能力不足被杀，田荣是孤立自己被杀，田横则是丧失信心自杀。

很多优秀的商界精英在最初创业的时候，落魄得甚至比不上大多数普通人。他们有的连温饱都不能保证，更别说拥有先进的技术和大量的资金了。但他们最后之所以成功，就是因为他们有强大的自信和对梦想的渴望，梦想不断激励着他们超越对手，甚至是超越自己。意志，似乎是一个老掉牙的词汇，但今天我们仍要说，别忘记了这么一句经典的古训：有志者，事竟成。

樊郦滕灌列传

今天我们讲《樊郦滕灌列传》，这是樊哙、郦商、夏侯婴、灌婴四人的合传。这四人出身卑微，都是来自底层的平民百姓。樊哙曾在街上摆小摊卖狗肉，夏侯婴曾是沛县官府中的马车夫，灌婴曾是一个贩卖布匹的小贩，郦商稍好一点，在陈胜起兵反秦的时候，他自己召集了好几千人的兵马参与反秦，他们四人都早早地投奔了刘邦，为刘邦攻城拔寨，在刘邦夺得天下的过程中立下了汗马功劳。

司马迁在《樊郦滕灌列传》中用了较长的篇幅讲述樊哙，我们今天也以他为主角。樊哙人生最高光的时刻就是在鸿门宴上与项羽的言语交锋，从这里我们知道，樊哙可不是一个莽夫，而是粗中有细，情商非常高的人。今天，我们给大家再现一个更加有血有肉的樊哙。

樊哙，是沛县人，和刘邦是同乡。以前刘邦经常去他小摊上吃狗肉，但不付钱，两人经常掐架，一来二去就熟了。刘邦起兵反秦后，樊哙觉得这辈子都卖狗肉没什么出息，决定放手一搏，也加入到刘邦的军队中，跟随刘邦起兵反秦。

樊哙是一个勇士，每次进攻城池，他都身先士卒，总是第一个登上城墙的人。司马迁在《史记》中对于樊哙的战功，有非常清晰的说明：共斩敌人首级一百七十六个，抓获敌兵二百八十八人；他自己独自带兵打仗，击败过七支敌军，攻占过五座城池，平定了六个郡，五十二个县，还抓获过敌人丞相一人，将军十二人，三百石到二千石的官员十一人。

这些记录应该完全是真实的，不然不可能有如此精确的记载。司马迁还专门解释过，他说他曾和樊哙的孙子樊他广有交情，就《史记》里面的事迹都和樊他广谈论过，樊他广非常认可。樊哙正是凭借这些战功，被刘邦封为舞阳侯。

樊哙不仅战功卓著，情商也非常高，很会说话，很善于见机行事。话说当年刘邦先进咸阳，进入秦朝皇宫，看着富丽堂皇的宫殿，不计其数的财宝和美女，连连赞叹一副眼下就想留下来的样子。

樊哙看着刘邦有点飘了，心想这可不是什么好兆头啊，就对刘邦说："沛公，城外大军还期盼着您回去主持政务，不宜耽搁啊。"

刘邦这时怎么能听进去，仍到处看这看那，随口对樊哙说："你先回去吧。我明天再回军中不迟。"

樊哙见刘邦丝毫听不进自己的意见，正着急呢，看见张良正好过来，心头一动。樊哙深知张良对刘邦的影响力，他赶紧给张良使了个眼色，然后对刘邦说："沛公，我们刚进咸阳城，诸多事宜还未准备好，现在急需定个章程，正好张良过来了，可以请他拿个主意。"

张良一看刘邦的样子，对樊哙的暗示一下子就明白了，对刘邦施了一礼，说："沛公，正是因为秦朝暴虐无道，所以沛公才能够来到这里。您要替天下铲除凶残的暴政，应该以清廉朴素为本，现在刚刚攻入秦都，您如果贪图享乐，这就是人们说的'助纣为虐'。况且'忠言逆耳利于行，良药苦口利于病'，希望沛公听取樊哙的意见。"

刘邦本来就很敬重张良，看到两人如此坚决，只好说："罢了，我这就跟你们回去。"于是，刘邦率军退到了灞上（今西安东南）。

说起樊哙，有一点大家可能不知道。那就是樊哙的妻子叫吕媭，她的姐姐便是大名鼎鼎的吕后——吕雉，樊哙其实是吕后的妹夫，和刘邦属于连襟关系。所以，和其他将领比起来，刘邦对樊哙更加亲近。

在刘邦生命的最后阶段，由于连年征战，身体已经大不如从前。在养病期间，他不仅不配合治疗、不处理朝政，还不允许任何人到他的寝宫探望，只和自己的一个贴身宦官在一起。

周勃、灌婴等人非常着急，他们担心万一刘邦在没有外人的情况下突然去世，那位宦官再私自炮制出所谓的遗诏，那麻烦可就大了，但是他们谁也不敢进宫。

就这样过了十几天，大臣们都觉得一直这样下去不是办法。这时，樊哙站了出来，他冒着杀头的危险直接闯进了刘邦的寝宫，后面的臣子们紧紧跟随。樊哙等人一见刘邦，就开始鼻涕一把眼泪一把地哭诉："想当初陛下和我们一道从丰沛起兵，平定天下，那是怎样的壮举啊！而现在天下已经安定，您又是何等的疲惫不堪啊！况且您病得不轻，大臣们都惊慌失措，您又不愿意接见我们这些人来商议国家大事，难道您只想和一个宦官诀别吗？再说您难道忘了以前赵高作乱的事吗？”

听了这话，刘邦非但没被这些刺耳的话激怒，反而笑着从床上坐起来，开始接见大臣，处理朝政。如果不是樊哙，大臣们都不敢进刘邦的寝宫，后果很难预知，樊哙的行为激发了刘邦的信心，这才恢复理政。

后来，燕王卢绾密谋造反，刘邦命令樊哙以相国的身份去进攻燕国，这件事我们在《韩信卢绾列传》中讲过。刘邦这时已经病得非常严重，现在最记挂的是戚夫人和赵王刘如意。这时，有人看不惯樊哙，就在宫中传言：樊哙已经和吕后商量好了，皇帝如果有一天去世的话，那么樊哙就要带兵把戚夫人和赵王如意这些人全部杀死。

刘邦听说之后，大怒："樊哙见我病了，便盼望我死！"连让人查明真伪都没有，也完全忘记了樊哙之前的功劳。当时陈平在旁，刘邦先让人召绛侯周勃在病榻前受命。周勃来了之后，刘邦直接下命令："陈平速驾车马载着周勃代替樊哙领兵，陈平到了军中立即斩下樊哙的头！"

我们在《陈丞相世家》中讲过，陈平擅长使用计谋。陈平和周勃接受了诏命，立即乘坐着驿站的车马去樊哙的军营，在路上，两人商议说："樊哙是皇上的老朋友了，功劳很大而且又是吕后的妹夫，和皇上有亲戚关系，身份尊贵。皇上因为一时气愤想杀他，只怕将来要后悔。我们最好把他囚禁起来交给皇上，由皇上自己处决他。"

于是，他们没有进军营，只是在营外堆土筑坛，用符节召来樊哙。樊哙接受诏令到来后，立即让人把樊哙绑了，直接押解到囚车上返回长安见刘邦。没承想回到长安的时候，刘邦已经驾崩了，朝廷大权到了吕后手上，吕后就赦免了樊哙，也恢复了他原有的爵位和封邑。

在古代，伴君如伴虎，大臣们说话办事必须时刻揣摩圣意，否则就可能脑袋搬家。

现代社会，商场竞争的激烈程度不亚于古时候的战场，经营者们需要时刻揣摩生意经，讲究沟通说话的技巧，否则公司就要“搬家”。

电影《快乐飞行》中有这样一个场景，在飞机供餐的时候，由于乘客大多优先选择牛肉，导致鱼大量剩余。任凭空姐怎样劝说也无济于事。

就在新人空姐无计可施的关头，经验丰富的前辈空姐说道：“像平时一样分配！看好了。”

只听前辈空姐说：“机内供应以优质香草、富含矿物质的天然岩盐和粗制黑胡椒嫩煎而成的鱼肉，以及普通牛肉。”

前辈空姐这样一说，很多乘客就主动选择了鱼肉，而且觉得鱼更好吃。

如果空姐说：“对不起，我们只剩鱼了。”乘客就会觉得自己简直成了废品回收站，哪里还有心情吃东西。而像那位前辈空姐那样说，乘客就会心甘情愿地选择鱼。

如果说这是电影，存在表演的成分，我们来看看真实的商场。

某小公司做的是向汽车厂商提供导航系统的生意，也就是所谓的外包公司，但厂商的条件非常苛刻，去年把价格压低了 3%，今年更要求降价 5%。尽管降价会导致这家小公司的纯利润减少，但小公司老总不得不接受。

这样经营了一段时间，小公司老总觉得还是必须提高价格，公司收益才能上去。想来想去，他想出了一个主意，那就是做高价产品，于是向厂商提出了一个关于高价商品的方案：

“让我们制作高价的高规格型号吧。”

厂商拒绝了小公司老总的提议，小公司老总大伤脑筋。等到来年，当他再次提出方案时，没有直接说出自己的请求，而是在仔细研究了厂商的经营状况后，发现这家厂商缺少代表性的旗舰型号，他知道自己该怎么说了，他对正头疼的厂商主管领导说：

“让我们制作贵公司的旗舰型号吧。”

说出口的一瞬间，小公司老总感到无比紧张。好在结果正如预料的那样，厂商的领导一拍大腿说：“好，早就在等你提出这个方案呢！”

于是双方很快签署了合同。至于产品本身，其实与之前的提案一样，就是高价的高规格型号。

结语

在秦末汉初的战乱时期，樊哙虽生于市井，却有着过人的胆识和魄力。他敢于闯进“鸿门宴”，直面项羽，甚至斥责项羽，把刘邦从鬼门关里拉了出来；他敢于第一个闯进刘邦的寝宫，将刘邦拉回到群臣的中间。做企业的人也同样，该出手时就出手，果断出击，不要等到机会过去了，才后悔莫及。

樊哙还拥有超高的情商，会艺术地沟通，深谙说话的艺术。其实，学会说话，是一项最基本的，也最容易从中获得好处的技能，它能帮助你用最小的成本、更快地获得成功。

张丞相列传

刘邦的出身大家都清楚，他曾经是一个混混，即使当上皇帝了，还是有一些不着调。有一天，刘邦正搂着戚夫人卿卿我我，一位大臣恰好过来上奏事情。见到这种情形，这位大臣老脸一红，心想“非礼勿视”呀，转身就跑。可刘邦很兴奋，嘻嘻哈哈地追了上去，不仅扑倒了这位大臣，还骑在这位大臣的身上，大笑着问：“你看，我是什么样的皇帝啊？”

这位大臣，不卑不亢，伸直了脖子，正气凛然地说：“皇上啊，你就是像夏桀、商纣一样的暴君！”

旁边的人都傻了，这人怎么敢和皇帝这么说话，这是不要命了啊！幸亏这位大臣遇到的是刘邦，这要是其他的皇帝，脑袋早就搬家了。刘邦听到这话，不但没生气，反而还哈哈大笑。从此以后，刘邦愈发敬畏这位耿直的大臣。

这件事就记载在《史记·张丞相列传》中，这位耿直的大臣，就是周昌。其实，不仅刘邦对周昌打心眼里信任，就连吕后，都跪谢过周昌。

周昌和同时期的大臣张苍、任敖、申屠嘉的故事都收录在《张丞相列传》里。周昌和申屠嘉的故事，司马迁描述得最多，也最精彩。今天我们就讲讲这两人的故事。

下面，我们继续讲周昌的故事，他为什么竟能让吕后向他跪谢。

话说刘邦想要废黜太子刘盈，立戚夫人的儿子如意为太子。许多大臣都坚决反对，但是都没有效果。后来，幸好张良为吕后定下计策，使刘邦暂且把此事放下。一天，刘邦又重提废黜太子的事，周昌就在朝堂上和刘邦据理力争，刘邦问他："周大人为何觉得不能废掉太子啊？"

周昌有口吃的毛病，再加上非常生气的时候，口吃就更加严重了，他磕磕巴巴地说："我的口才虽然不好，但是我知道这样做是不对的。陛下您想废掉太子，但是恕我不能从命！"

周昌终于结结巴巴地说完，刘邦大笑不止。改立太子一事就这么过去了。

吕后在东厢偷听到了他们的对话，就特意等周昌下朝。她一见到周昌，立马跪下来，对周昌说："如果不是您据理力争的话，太子就要被废黜了。万分感谢您啊！"周昌见此吓得也赶紧跪下来，连说："使不得，使不得。"之后，吕后也对周昌愈发敬重。

周昌为人还很倔强，听不进去别人的意见。周昌担任御史大夫的时候，有人提醒他，他手下有一个叫赵尧的小官，有野心，让他要提防。周昌哈哈一笑，完全不放在心上。

谁知有一天，刘邦一个人郁郁寡欢，闷闷不乐。恰逢赵尧当值，赵尧见此上前问道：“皇上，您是不是担心您的小儿子赵王刘如意在您百年之后，无法保全自己啊？”

刘邦见这人一下子就说到了自己的心坎里，顿时像找到了知音，对赵尧说：“对，我确实十分担心赵王，但是却想不出什么办法啊。赵大人有何建议吗？”

赵尧赶紧说：“您最好为赵王派一个地位尊贵而又坚强有力的相国，这个人还必须是吕后、太子和群臣平素都尊敬的人才可以。”

刘邦低头想了一会儿，说：“你说得对，但是满朝官员谁能当此重任呢？”

赵尧早就想好了人选，趁机说：“御史大夫周昌，这个人耿直倔强。从吕后、太子到满朝百官，人人对他都一直尊敬，所以，只有他才能担此重任。”

刘邦也觉得周昌确实适合辅佐赵王，就同意了。于是刘邦召见了周昌，言辞恳切地对周昌说：“周大人，我有一件事一定得麻烦你啊。你无论如何也要为我去辅助赵王，去担任他的相国！”

周昌猛一听到这消息，先吃了一惊，接着哭着回答：“我很早就跟随陛下了，期望一直为您效劳，您为什么单单此时把我扔给诸侯王呢？”刘邦很感动，但还是说：“我知道这对于你来说有点不公平，但是我确实为赵王担忧啊。我考虑了很久，除了你之外，其他谁都不合适，周大人一定要答应啊！”周昌也只能听命了。

就这样，周昌离开了长安。周昌一走，赵尧就上位了，变成了新一任的御史大夫。

刘邦去世之后，周昌也确实按照刘邦的吩咐极力保护赵王。但是，吕后还是设法将赵王召进长安，毒杀了他，周昌因此称病隐退，郁郁而死。

周昌一生对刘邦忠心耿耿，几次对刘邦犯颜直谏，刘邦都没有怪罪他。他最后因为没有完成刘邦的嘱托，愧疚而死。这种君臣之情，实在令人感动。刘邦和周昌之间的关系已经超出了君臣关系，刘邦将自己最担忧之事托付给周昌，可见对周昌有多信任，周昌也尽力对得起刘邦的这份信任，真正做到了士为知己者死。

申屠嘉是一个靠自身实力、不断升官加爵的能人。申屠嘉从当小兵开始，一刀一枪地跟着刘邦打了半辈子的仗，一直做到了将军。由于申屠嘉清正廉洁，汉文帝时他被封为丞相。

司马迁评价申屠嘉说，他没有当丞相的学识和权术，但有当丞相的品行。的确，申屠嘉是一个特别耿直坚毅、赤胆忠心的大臣，在丞相的位置上，申屠嘉是德大于才。

申屠嘉担任丞相期间，汉文帝特别宠信一个叫邓通的人。邓通这个人，我们在《佞幸列传》里详细地讲过，这里就不赘述了。汉文帝到底有多宠信邓通呢？汉文帝直接赐给了邓通一座铜山，给了他可以铸币的权利，这就等于给了邓通一家印钞厂啊，想要多少钱，就印多少钞票。

邓通得此恩宠，就有些膨胀了，一膨胀就不守礼仪了。一次，申屠嘉入朝拜见汉文帝，而邓通站在汉文帝的身边，礼数上有些怠慢，没有对申屠嘉行礼。申屠嘉奏事结束后，直接对汉文帝说："皇上您喜欢臣子，可以让他显贵，但是朝廷上的礼节，不能不认真对待啊。”

汉文帝有点生气，说：“你不要再说了，我就是偏爱邓通。”

申屠嘉下朝回来坐在相府中，越想越觉得必须给邓通一个教训。于是申屠嘉下了一道手令，让邓通到相府来，假如不来，就要把邓通斩首，邓通接到手令十分害怕，赶紧进宫告知了汉文帝。

汉文帝安慰他说：“你尽管前去，没事，我马上就派人召你进宫。”

邓通来到了丞相府，见到申屠嘉，立马摘下帽子，脱下鞋子，给申屠嘉磕头请罪。

申屠嘉很随意地坐在那里，故意不以相应的礼数对待他，同时还斥责他说：“朝廷嘛，是高祖皇帝的朝廷。你邓通只不过是一个小小的臣子，却敢在大殿之上随随便便，犯有大不敬之罪，应该砍头。来人哪，现在就执行，把他斩了！”

邓通吓得要命，一个劲地磕头，把额头磕得鲜血直流，但申屠嘉看都不看一眼，丝毫没有放过他的意思。汉文帝估计丞相已经让邓通吃尽了苦头，就派使者拿着自己的令牌召邓通入宫，并且向丞相表示歉意说：“邓通是我亲近的臣子，你就放过他吧！”申屠嘉也没有真要斩邓通的意思，就是对他惩戒一番。既然皇帝命令都下来了，就放过了邓通。

邓通来到宫中之后，哭着对汉文帝说：“丞相差点把我杀了！”

汉文帝知道申屠嘉的处罚没错，看着痛哭流涕的邓通，只得说：“那你以后言行多加注意吧，不要让申丞相抓到错处。”

在这件事情上，我们可以看出，申屠嘉为了国家大计，不惜得罪皇帝；汉文帝虽然宠信邓通，但也不会胡乱怪罪大臣，反而还会维护申屠嘉丞相的权威。这也反映了在面对分歧时，汉文帝选择判断的依据始终是汉朝的核心利益为上，即使这会牺牲自己的喜好。现代企业管理中也常常会面临这种因为分歧达不成统一意见的情况，甚至企业会因为选择判断的标准出现问题而解体。中国第一个互联网打车平台“易到用车”就栽倒在这方面。

2012 年，周航创立了“易到用车”，比美国的优步打车、现在的滴滴打车都要早。而且，周航在创业初期，各种资源都非常雄厚，市场前景也特别好。可为什么“易到用车”最后惨遭失败呢？

一个很大的原因在于周航和“易到用车”两位合伙人杨芸、汤鹏没有形成共同的价值观，三个人在战略决策中总是出现分歧。这样的分歧，大大削弱了“易到用车”的管理水准，失去了企业管理的凝聚力，严重影响了战略决策的准确性。周航曾经在“今今乐道大咖读书会”上分享过失败的原因，他说：“我们三个人在文化内核上，并没有磨合得很好，才导致后来的决策失败。”

比如说，周航一直不喜欢大规模融资。在 2014 年，网约车平台已经很多了，已经开始打价格战了。可周航却采取了保守策略，不愿意接受 3 亿美元投资，而只是选择了 1 亿美元的投资。

杨芸、汤鹏这两位合伙人无法说服周航接受更多的融资。结果呢，几个月后，滴滴打车拿到了 7 亿美元的投资开始以高额补贴，大力抢夺易到的市场，在那一刻，“易到用车”已经输了。

“易到用车”的失败归根结底，是企业管理的失败，也是缺乏像申屠嘉这样的管理人才，敢为了公司的利益，和顶头上司对着干。

反看杨芸、汤鹏这两位合伙人，在决定“易到用车”的生死时刻，并没有极力劝说周航去接受更多的融资。这说明，“易到用车”没有一个合理的决策机制，确保企业能够做出正确的决定。

结语

美国管理学家赫伯特·西蒙在他的著作《管理决策新科学》中提道：管理的关键在于决策。汉朝的决策机制是，皇帝是最高决策者，丞相、御史大夫、太尉分别掌握行政、监察、军事权。丞相的权力极大，类似于现在的政府总理。汉文帝是一个管理的高手，汉帝国聚拢了一批人才，如何才能“人尽其才”，汉文帝的方法就是放权，让臣子各负其责。申屠嘉作为高层管理人员，在自身的责任范围内对邓通的教训，从根本上说是维护了汉文帝的权威，而汉文帝对这样的处置不加以干涉，也维护了申屠嘉丞相的权威。这种管理方式，能够使臣子为汉朝廷的利益“自由”地决策，保障了汉文帝时期统治的稳定。

郦生陆贾列传

今天，我们讲《郦生陆贾列传》，这是郦食其和陆贾的合传。陆贾和郦食其都是刘邦的参谋，口才一流，非常善于说服人。如今的商业社会，非常强调创意，但是有了创意，有了好点子，能顺利实施吗？要是被有决定权的人否定了怎么办？怎么确保自己的话能被别人听进去呢？我们就跟郦食其和陆贾学学，看他们是怎么说服刘邦的吧。

众所周知，刘邦不爱读书，也不喜欢儒生，甚至还扯下儒生的帽子，往里面撒尿。但刘邦其实是有儒家底子的，比如论仁义，他就比项羽强多了。不过毕竟是武力把他推上了九五之尊，所以他觉得儒学没那么重要。有一天，陆贾又在刘邦面前谈论起《诗经》《尚书》，刘邦很不高兴，就对着陆贾破口大骂："老子的天下是骑着马南征北战打出来的，什么时候用得着《诗经》《尚书》！"他的潜台词是，我已经验证过了，儒学没什么用，武力才管用。

显然，陆贾提出建议的时候遇到了一个难题——对方不愿意接受变革。

其实，不愿意接受变化，是一种很常见的抨击策略。所谓抨击策略，就是否定别人提议或计划的方法。事实上，刘邦的这句话高居抨击策略的榜首，只不过现代人做得比刘邦隐晦，就算心里再怎么反对，也不会像刘邦这样张嘴就骂，而是相当有礼貌地说："主意不错，但是目前一切良好，业绩不错，还不需要做出什么大改变。"另一种更隐晦的说法是一边鼓励我们大胆创新，一边对我们说："嗯，有想法是好的，但是你看之前我是怎么怎么做的，结果取得了多么多么好的效果。"这些话的背后，都揭示了这样的一个事实：不愿意改变。

那应该怎么说服别人接受你的想法呢？

从陆贾被骂就知道，一味描述我们的新点子有多好、会有多大的好处，是没用的。刘邦这类人喜欢被验证过了的、被证明有效的方法。武力被验证有效，就采用武力；儒学被验证无效，就被拒绝。

陆贾是这么回答刘邦的，他说："您在马上可以夺得天下，难道您也可以在马上治理天下吗？周武王是凭借武力征服天下的，然后顺应形势以文治守成，文治武功并用，这才是使天下太平的最好的办法啊。"

刘邦听到这里，觉得有道理，也不那么生气了，点头示意陆贾继续说。陆贾胆子也更大了，气势更壮了，大声地说："从前吴王夫差就是因为极力炫耀武力而导致国家灭亡的。秦王朝也是一再使用严峻刑法并且不知道变更，最后导致了自己的灭亡。如果秦朝统一天下之后，效仿周武王，实行仁义之道，那么，陛下您又怎么能够取得天下呢？”

刘邦听完陆贾的话，虽然还是不太高兴，但脸上已经出现惭愧的表情，就对陆贾说：“那就请您总结一下秦朝失去天下和我取得天下的原因到底在哪里，还有古代各王朝成功和失败的原因吧。”接着陆贾就大略地论述了国家兴盛、衰落和存亡的征兆和原因，总共写了 12 篇。每写完一篇就马上上奏给刘邦看，刘邦每一次都很满意，后世把陆贾的这部书称作《新语》。

我们总结一下陆贾说服刘邦的策略，其实就是：亮明观点（不实行仁义之道，就会导致灭亡）+ 例子（吴王夫差和秦王朝的例子）。在现代社会，面对拒绝，我们可以说：“没错，现在是很好，但是就算你战胜了所有对手，如果不接受变化，那么也会输给时代。”然后再举个能让对方心惊的例子。亮明的观点往往能让对方警醒，能听我们多说几句。

如果想让我们的好点子真正被接受，能执行下去，我们还需要做什么？

从陆贾和刘邦的对话，我们可以看出，刘邦需要的是经过验证的案例，而不是一个描绘和计划未来的策划书。在现代社会我们当然不能等着对方让我们写，而是要提前准备好。

2001 年，美国的米勒-威廉斯公司就遇到了类似情况。这是一家调研咨询公司，当时他们接待了一家软件和咨询服务公司的市场营销经理和副总裁。

那两位先生一上来就非常热情地说：“听说贵公司曾经采用一种

调研方法服务过和我们公司类似的客户，有位熟人对贵公司的这种调研方法评价很高。我们特别希望能使用这种方法，改进我们公司的软件。”米勒-威廉斯公司一听对方这么有诚意，兴奋得不行，连忙说：“那种调研方法当然是不错的，不过呢，我们现在有了一个更新、更好的方法，这种新的调研方法更先进、更全面。”然后信心满满地介绍了新方法的各种高超之处。

那两位先生笑容满面地说：“之前的调研方法您的客户应该也是很满意的，我们的情况和那位客户类似，应该效果也不错。贵公司这么快就能运用新的调研方法，可见贵公司创新能力很强。”

米勒-威廉斯公司一听这话更加得意，紧接着向对方描述了一下运用新的调研方法之后的美好蓝图。谈话就这么愉快地结束了，米勒-威廉斯公司本以为这桩买卖十拿九稳，就差大笔一挥直接签字了。没想到两个月过去了，对方一点动静也没有，这时米勒-威廉斯公司通过仔细回想两位先生开场说过的话，才猛然悔悟：原来这二位对新方法的热情是表面的，毕竟谁也不想让别人以为自己因循守旧，但他们一直强调“类似客户、类似项目、类似方法”，其实就是想要米勒-威廉斯公司把原来为其他客户服务过的案例拿过来，以此为参考略微修改一下就好了。

找到了原因，就好办了。米勒-威廉斯公司做了一份极简报告，主要讲了公司之前为类似客户做过的调研，并且非常详细地指出哪些地方只需要稍微修改，就能适应那两位的要求。如此一来，合同立马签了，对方还送来 3 万美元的支票作为启动资金。

说完了陆贾，我们来说一下郦食其。比起陆贾来，郦食其更了解刘邦。

有人跟他说刘邦厌恶儒生，他偏让人转告刘邦："这里有一个儒生。别人都叫他狂生，但他自己说一点儿也不狂。"刘邦听说有个儒生想见他，当即就甩出一句话："我这正忙着安邦定国的大事，没那闲工夫见什么书呆子！"通报的人把话这么和郦食其一说，郦食其火了，瞪圆了眼睛，手持宝剑，责骂通报的人："快点！再去告诉沛公一声，我是高阳酒徒，不是一个儒生。"通报的人见此，惊慌失措，竟吓得把名帖掉在了地上，然后又跪下拣起，迅速地转身跑了进去，将郦食其的原话告诉刘邦。刘邦一听，忙说："快请客人进来。"

这就能看出郦食其看人的本事了，为什么明明知道刘邦讨厌儒生，还要让人说自己是个儒生，这是因为郦食其早就从刘邦的所作所为看出来了——此人是个干大事的人。干大事的，就算有点小情绪，也终究能听取不同的意见。但刘邦拒不见他，他又摸出刘邦的小情绪来了，于是投其所好——你刘邦自称莽汉，那我就称酒徒，这下我们就是一条道上的了吧？

果然刘邦接见了他，但是刘邦之前说他忙，没空听郦食其叨叨。这该怎么办呢？郦食其转念一想，说道："我希望见了您说说国家大事，您却说忙定国安邦的事，没工夫见我，您这样可能会错失人才的。而且我有智慧有勇气，如果不听我的计策，我看您是没有机会得天下的。"言外之意：您别瞎忙，把不重要的事放一放，减一减，我提出的定国安邦的计策才是目前最重要的事。刘邦听完，赶紧把他奉为上宾，还向他表达歉意。

其实刘邦说他忙，也是很常见的一种抨击否定策略。对方不说你的主意不好，就是强调自己太忙没有时间。这时你可以向对方提出，你的建议能加速他手头所做的事，就像郦食其说他的计策可以加速刘邦打天下。面对决策人的拖延，郦食其的谈判技巧，就是给对方一个难以拒绝的“加速器”。

郦食其不仅谈判技巧一流，战略眼光也很高，他建议刘邦驻守陈留（今河南开封陈留）。因为陈留这个地方是交通要道，又储存了很多粮食。郦食其还说自己和陈留县令有交情，可以劝他投降，要是他不投降，郦食其就做内应。于是刘邦同意了郦食其的计策，让他去陈留。郦食其到了陈留之后，天天和陈留县令吃喝玩乐，其实是在通过县令刺探陈留的情况。当他了解到陈留县令害怕秦朝的严酷法律不敢投降，郦食其就在半夜斩了县令的头。县令一死，陈留兵士纷纷投降。刘邦就在陈留招兵买马，队伍也迅速壮大。

郦食其很善于劝人投降，比如刘邦想攻打齐国，郦食其就以刘邦的实力吓住了齐王，再用三寸不烂之舌说服了齐王同意投降。齐国有七十多座城池，远非陈留一个县可比。这业绩太牛了，有的人心里就不平衡了。韩信的谋士蒯通说：“将军，您带几万兵士，才攻下赵国五十多座城池，郦食其这糟老头子一张破嘴就收了七十多座城。您出生入死这么多年，到头来功劳还比不上一个卑贱书生。”蒯通的这一番话，可谓说到韩信心里去了。韩信为人向来清高，不甘人后，怎能被人侵吞自己到手的战功呢！何况韩信本来是受刘邦的命令攻打齐国的，反正也没有诏书要班师回朝，于是趁齐国防备松懈，连夜进兵，偷袭齐国。此时齐王正大摆宴席，与郦食其对酒畅饮，两人聊得正酣，突然听说韩信大举攻齐。齐王就以为郦食其骗他，就逼郦食其劝韩信退兵，否则就烹杀了他。郦食其口才再好，也无法替自己辩解洗脱了。郦食其只说："我是干大事、有大德的人，不拘小节，也不怕责备。你说我骗你，随你怎么说，老子反正不会去劝说韩信退兵的。"说完跳进热锅，真的被烹死了。

郦食其和陆贾推行自己建议的方法值得我们学习，但郦食其的狂傲并不值得效仿。狂，就容易被暗伤，就算是赢了时代，也会输给对手。

结语

对于职场人士来说，与想出创意相比，如何让别人接受并执行你的创意更加重要。面对决策人的保守，你可以用"扎心金句＋经典案例"警醒和打动他们。面对决策人的拖延，你可以给他们一个难以拒绝的"加速器"。不过，不论你有多么牛气的创意和多么高超的谈判技能，都不能狂傲，而是应该知分寸、懂进退。总而言之，方法和情商联手才是万全之策。

傅靳蒯成列传

唐太宗李世民曾经问手下一个问题："是创业难还是守业难？"

房玄龄和太宗一起打天下，他认为是创业难，而魏徵更多的是和太宗一起安定天下，他认为守业难。其实创业有创业的艰难，守业有守业的不易，这个话题司马迁在《史记》中已经给后人敲起了警钟。

《史记》里有一篇是《傅靳蒯成列传》，篇幅极小，是跟随汉高祖刘邦起事的三位近卫侍从官员傅宽、靳歙和周緤（周緤被赐封为蒯成侯）的合传，这三人的共同点是，都深得刘邦信任，在汉朝夺得天下后，都被封高爵、享厚禄，但他们的后人却都不得善终。文章记述了傅宽、靳歙和周緤三人跟从刘邦征战升迁的过程和他们后人落魄的结局，揭示了"创业难，守业更难"这个普遍规律。下面，我们就从创业和守业两个维度来解读这篇《傅靳蒯成列传》。

文章先讲了阳陵侯傅宽，他跟随沛公刘邦进攻安阳、杠里（今河南濮阳东北），在开封攻打秦将赵贲的军队，在曲遇（今河南中牟东）、阳武（今河南新乡原阳一带）击败秦将杨熊的军队，因为傅宽接连立下赫赫战功，所以，刘邦赐封他卿的爵位。

在汉初，军功爵位分为四个等级，由高到低分别是侯级爵、卿级爵、大夫级爵、小爵，拥有爵位的人除了有朝廷发放的工资之外，还有土地也就是封邑，土地上生活的人都是他的封户，这些人交的税也归他所有，这些税通常都要高出工资很多倍。而且爵位是可以世袭的，一般只要不犯什么大错，王朝又没有灭亡，这个爵位就能传给后人。

除此之外，爵位越高，可以拥有的佣仆奴婢也越多，还可以娶更多的妻妾，这样后人就越多，家族就越大。正是因为有这么多的好处，所以才会有当年“万里觅封侯”“悔教夫婿觅封侯”的诗句。现代人给后人留家产，包括房子、车子、票子，那古代人给后代留的最好的家产，就是爵位了。

咱们接着说傅宽，傅宽后来跟随刘邦进军霸上，平定三秦，楚汉相争时，他又随着汉王进击西楚霸王项羽。刘邦赐封他通德侯的爵位，也就是侯爵，是除皇室成员外最高的爵位了。

这还没完，傅宽后来又参与平定齐国之战，立下大功，于是刘邦对他说：“兄弟啊，爵位你已经是到顶了，该得的封地和百姓也都给你了，我现在也没什么可以再奖你的了，就奖给你一块符吧。”

说着，刘邦拿出一块符，双手用力把符掰成两半，交给傅宽一半，说：“以此符为证，从今以后，你的爵位可以世世代代传给你的后人。”

再说靳歙，他是傅宽的伙伴，一路追随刘邦，战功显赫，被封为信武侯。他的升迁过程和傅宽差不多，最后没什么可赏的了，刘邦也是把表示凭证的符分成两半，交给靳歙一半，保证他的爵位可以世代相传。

最后说一下蒯成侯周緤。周緤和傅宽、靳歙的出身不同，他曾是刘邦的警卫，是以家臣的身份跟随刘邦起事的，他没有显赫的战功，但他一直追随着刘邦，即使是在情势最严峻的时候，他也寸步不离地保护刘邦。这份忠诚难能可贵，所以高祖刘邦封他为蒯成侯。

这个周緤是个性情中人，有一次刘邦要亲自攻打发动叛乱的陈豨，周緤流着泪劝阻说："始秦攻破天下，未尝自行。今上常自行，是为无人可使者乎？"意思是说，当年秦始皇嬴政攻取天下的时候，从来不亲自领兵出征，可是现在您却经常要亲自出征，难道是没有可以派遣的人了吗？

刘邦听了特别感动，认为周緤是真心地敬爱自己，所以破例"赐入殿门不趋，杀人不死"，入宫朝见不必碎步快走，还给他免死令，即使杀了人也可以不定死罪。

司马迁说：傅宽和靳歙跟随高祖起兵，"攻项籍，诛杀名将，破军降城以十数，未尝困辱，此亦天授也"。意思是他们与项羽对战，在战场上斩杀敌将，获得了几十次胜利，攻下了数十座城池，从来没有遭受过挫折和困厄，这是拜上天所赐啊！而蒯成侯周緤虽然不像傅宽和靳歙一样立下赫赫战功，但他坚定忠诚，深得高祖信任，高祖每次出征，他都会担心流泪，这是因为心疼高祖，心里十分痛苦所致，这才是忠诚厚道的君子。

为什么说是上天所赐呢？《易经》里说："天行健，君子以自强不息"，意思是君子效法天，要像天那样不断运行、不断努力。我们看傅宽和靳歙，他们追随刘邦南征北战，从来不曾停歇，像天一样行事，自然得到天的帮助，所以说是天赐。

而周緤虽没有显赫战功，但他有不离不弃的陪伴，忠心可鉴，古人以忠诚为美德，所以周緤对汉王的忠诚也可以算是德行深厚。这也应了《易经》里的另一句，“地势坤，君子以厚德载物”，意思是土地的地势厚广，可以承载万物，要积累道德，方能承担事业。

故事到这里我们可以看出，傅宽、靳歙和周緤三人已经完成了创业的工作，为子孙后代打下了一大份家业，可是他们的子孙是如何守业的呢?

《傅靳蒯成列传》里三位功臣的后代都承袭了先辈的爵位，继续享受着爵位带给他们的地位和封赏，相当于不用做任何努力就能得到别人努力一生都可能得不到的待遇，用现代的一个词来形容就是“富二代”。

“富二代”这个词原是中性词，是指继承巨额财产的富家子女。可是因为某些富二代的负面影响过大，导致现今社会“富二代”这个词几乎就是飙车、炫富，乃至更深层罪恶的代名词，而傅、靳、周三位功臣的后代就是这样的富二代，他们不但坑爹还坑子孙，糟蹋了父辈留下的基业，也断了后代子孙的生路。

靳歙的儿子叫靳亭，他本人碌碌无为，德行也很差，承袭了父亲的爵位后，贪图享受，不知节制，养了很多私奴为自己服务，结果触犯了国法，被剥夺了爵位，收回了封地。周緤的两个儿子也都因为犯罪，被免除了封地。

最败家的是傅宽的后代傅偃，傅偃继承爵位后，居然联合淮南王刘安谋反，没那个实力也没那份智慧，却要参与谋逆的大事，自然没什么好结果，最后不但被砍了头，还被“国除”，就是封地和爵位被废除。

正如孔子所说：“德不配位，必有灾殃。”古往今来，“坑爹”的富二代可谓层出不穷，有巴西“最后一名花花公子”之称的若热·贵诺就是典型代表。

若热的父亲爱德华多·贵诺曾经一贫如洗，靠着勤劳奋斗，白手起家成为巴西最富裕的家族之一。他去世时给若热留下的家产有20多亿美元，要知道，那可是在20世纪30年代，这绝对算得上是一笔天文数字了。

若热从小就生活在富贵的环境之中，根本不知道父辈创业的艰辛。到他家拜访的商贾巨富、政界要人和名媛淑女络绎不绝，这些人也投其所好，对他格外关照。耳濡目染之下，若热认为那就是生活该有的样子，他为人热情豪爽好交际，最大的追求就是追遍世界上所有的美女。

据他在回忆录中说，与他有染的好莱坞明星数不清，其中最有名的有玛丽莲·梦露、丽塔·海华斯和赫迪·拉尔马等好莱坞红极一时的影星。

一次，拉尔马说她喜爱一幅毕加索的画作，若热立马打开支票夹，连价格都不问就签了一张空白支票，送给拉尔马。事后，有人告诉他，那张画花了他数十万美元，他一笑置之，湛蓝的眼睛里只有美人的笑脸。

还有一次，若热特意从巴黎买了价值上百万美元的珠宝赶到美国，想送给玛丽莲·梦露，当他下飞机时听说梦露自杀了，遗憾之余，他随手把珠宝送给另外一个女明星，可见他挥霍起来是多么随意。

纵有家财万贯，难挡坐吃山空。若热因不喜经营又挥霍无度，致使父亲留下的公司破产，也使他的晚年在穷困潦倒中度过，大部分时间都依赖政府津贴和朋友资助生活。尽管如此，他并没有悔悟，他说："幸福人生的秘诀，就是在死前花尽钱包里的最后一分钱。不过我算错数了，提前把钱花光了。"

在生命的最后两天，他对过去的奢靡生活仍念念不忘，坚持要搬出医院回老地方去。这个老地方就是巴西里约热内卢市科帕卡巴加帕纳海滩旁边的皇宫饭店，这是昔日他与名流们厮混、和众多美女幽会的地方，住一晚要上万美元。难怪美国媒体把若热列为世界三大败家子之一。

这些富二代的资源和机会都比穷人的子女多，他们不用从底层做起，就可以在资本、技能、眼界上高人一等，他们本应该取得比父辈更优异的成绩，可是他们得到得太容易了，本身并没有与之匹配的能力，连祖宗的基业都没守住，更不用说发扬光大了。

历朝历代，不同时期的创业成功者都有着守业的困惑，守业说到底是一个财富管理问题。大到国家，小到个人，怎么才能让财富和事业传承下去，实现基业长青呢？

我们都知道小孩子出生后就要接种很多疫苗。这些疫苗能有效地防止一些疾病的发生。我们的财富也一样，要想创业的成果传承下去，就要做好事前的预防工作，要培养子女的忧患意识，让他们学会自强自立。

在这方面正泰集团的董事长南存辉的做法很值得推崇。他说：“我们没必要让下一代重新吃一遍我们吃过的苦，这样做没有任何意义，我们鼓励高管的子女念完书以后不要进正泰，到外面去打拼。其间经过考验成器的，可以由董事会聘请到正泰集团工作；若不成器，便是败家子，我们原始股东会成立一个基金，聘请专家管理，用基金来养那些败家子。”

回到《史记》里，如果傅、靳、周三位功臣不只把他们的爵位传承给后代，更把他们做人做事、自强不息的道理教给后代，那么他们也许就不会落到最后被杀头，封地和爵位被收回的下场。

结语

美国著名管理专家马歇尔·戈德史密斯曾经说：“能让你走到今天的东西，不能带你走向明天。”其实，创业永远没有终点，守业是创业的另一种表现形式。对于创业者来说，要自立自强，对于企业的继任者来说，也要葆有初心，开拓进取。

季布栾布列传

我们都知道，刘邦从一名市井平民，历经反秦起义、楚汉之争，最终成就了霸业。关于刘邦取得霸业的丰功伟绩，被很多史学家褒奖、称赞，但人们却很少关注刘邦治国的一面。

我们今天就讲讲刘邦成为皇帝以后，如何对待反对过他的人。季布、栾布是其中的代表，一个是项羽的残党，一个是抗命的人。这两个人都很有才能，性格刚直，那么刘邦会对这两个人如何处理呢？

我们先来说说刘邦昔日的敌人——季布。季布是楚国人，为人爱抱不平，喜欢惩恶扬善，在楚国是很有名气的侠士。在楚汉相争期间，项羽曾经命令他率领军队，攻打刘邦，因为他能征善战，曾经给刘邦造成了很大麻烦，多次让刘邦陷入困境。等到项羽被打败以后，汉高祖刘邦就开始悬赏重金捉拿他，并且下令说胆敢窝藏季布的，连坐三族。

季布一看情况不妙，就躲到濮阳一个姓周的人家里面当家仆

（为了方便我们暂且称周家的家主叫“老周”）。老周虽然在历史上籍籍无名，但也是个很仗义的英雄。有一天，老周偶尔发现季布的行为做派、言谈举止都不像普通人，老周就上去攀谈几句，再根据外边的传言，一下子确认了季布的身份，这时候才知道，当年跟随项羽推翻暴秦，闻名天下的大英雄竟然隐姓埋名，在自己家当了奴隶。

知道季布身份之后怎么办，是马上向官府告发他，领取官府丰厚的赏金吗？老周没有这么做。他找了个机会，对季布说：“我已经知道你是谁，你是闻名天下的大英雄，怎么能长久地屈身于草莽之间呢，我有一个主意，可以解脱你目前的困境，你如果觉得有理，就听从我安排，如果觉得不合适，那我就马上自杀，也好让将军放心。”

“白发如新，倾盖如故”大约说的就是这种人，为了一个刚认识的人，仅仅敬佩他的人品，敬佩他的本领，就愿意为之付出生命，这样的英雄，现在大概不多见了吧。老周话都说到这份儿上，季布当然只能听从了。

于是老周给季布剃去头发，脖子套上铁索，换上粗布衣服，让他坐进运棺材的车里，和周家的数十名家僮一起卖给了鲁县的朱家（注意一下，这朱家可是一个人的名字）。

朱家这人，虽然是山东人，却一点也不喜欢儒家学说，就像及时雨宋江一样，对江湖朋友特讲义气。他平常家里再穷，对有困难的朋友也是毫不藏私，倾囊相助，因此，在江湖上攒下很大的名气。正是因为老周知道朱家是这样的为人，才敢向季布以性命担保。

果然，朱家知道是季布，就把他买了下来，将他安排到田里去干农活，并告诫他的儿子说："田里的事情听由这个家奴自己去做，你一定要和他吃同样的饭，不可以怠慢他。"随后朱家又乘轻便的马车到洛阳，拜见汝阴侯夏侯婴。

夏侯婴邀请他一起喝了几天的酒，朱家乘着酒宴的机会对夏侯婴说："季布到底犯了什么大罪，让皇上这么急迫地追捕他？"

夏侯婴说："季布多次替项羽出谋，把皇上逼入困境，皇上因此十分怨恨，所以一定要捉到他才肯善罢甘休。"

朱家举着酒杯，看着夏侯婴说："您认为季布是个什么样的人呢？"

夏侯婴觉得朱家话里有话，也看着朱家说："他是个很有能力的人。"

朱家放下酒杯，郑重地说："臣子各自替自己的主子尽力，季布替项羽出谋划策，这只是他的职责而已。项羽的臣子难道就要统统斩尽杀光吗？"

夏侯婴虽然觉得朱家这话不好听，但还是耐着性子继续听朱家接下来的话："如今皇上刚刚得到天下，仅仅为了自己的私仇而四处搜捕一个人，这是要向天下人显示自己器量狭小啊！况且像季布这样贤能的人，汉朝搜捕却如此急迫，这样一来，他不是向北逃往匈奴，就是向南逃往越地。这种嫉恨壮士逼着他被迫去辅佐敌国的行为，就是伍子胥对楚平王掘墓鞭尸的缘故。您为什么不找个机会劝劝皇上呢？"

夏侯婴听到这就明白了，料到季布一定躲藏在朱家的家里，就答应说："好。"

等到有了机会，夏侯婴果然按照朱家的意思向刘邦进言劝谏。刘邦一开始有点抵触，后来也想通了，对于这样的人赶尽杀绝不利于民心归附，就赦免了季布。

后来刘邦召见了季布，季布也向刘邦表达了归附之意，君臣二人就这样和解了。刘邦还任命季布为郎中（掌管门户、车骑等事；内充侍卫，外从作战）。就这样，季布在老周、朱家和夏侯婴的帮助下，虽然兜了一个大圈，但是最后让皇帝把命令改了，这可不是一般人办得到的。难怪当时的人们都称赞季布能变刚为柔，司马迁也评价季布：身经百战，多次攻打敌军，斩将夺得敌人的军旗，真可算得上是好汉了。然后他遭受刑罚，给人做奴隶却不肯随便死去，表面看多么卑微啊！他之所以如此，一定是因为对自己的才能很自信，因此虽然受到侮辱却并不感到羞耻，以期望将来可以施展他的抱负，成就一番功业。

确实如此，季布之后对汉室天下忠心耿耿，汉惠帝时期担任中郎将，汉文帝时期担任河东郡守，还为汉朝抵御匈奴立下大功，因此成为流芳千古的汉室名将。

说完了季布，我们再来说栾布。栾布这个人在刘邦面前表现出来的过失可比季布还大，但是刘邦也没有治罪于他，这又是怎么一回事呢？这还要从栾布和梁王彭越的故事说起。

栾布是梁地（今河南东北部）人。当梁王彭越还是平民的时候，曾经和栾布有交情。栾布家里贫困，给一个卖酒的人家做短工。过了几年，彭越来到巨野（今山东菏泽）一带做了强盗，而栾布却被人劫持，卖到燕地（今北京房山附近）做了奴隶。栾布曾因替他的主人家报仇，被燕国将军臧荼推荐做了都尉，后来臧荼做了燕王，就任用栾布做将军。等到臧荼起兵造反，汉朝进攻燕国，俘虏了栾布，梁王彭越听说了这件事，就向刘邦进言，请求赎回栾布让他担任梁国的大夫。

后来栾布奉命出使齐国，还没返回来。高祖刘邦就以谋反的罪名处死了彭越，他的父母、兄弟、妻子三族都被斩尽杀绝。行刑后又把彭越的头悬挂在洛阳城门下示众，刘邦还颁布诏令说："敢收殓或看望的，立即逮捕。"

栾布从齐国返回后，听说了昔日好友如此凄惨的遭遇，就跪在彭越的脑袋下面，把自己出使的情况，对着彭越的脑袋汇报。他一边痛哭流涕，一边祭祀。一旁的官吏就抓捕了他，并报告给刘邦。刘邦见到栾布，就破口大骂："你要和彭越一同造反吗？我禁止任何人收尸看望，你却偏偏跑去祭祀哭他，这分明是要和彭越一起造反，赶快把他烹了！"

两名侍卫架起栾布，走向一口大锅，不甘心的栾布回过头对刘邦说："我临死之前还有一句话要说，说完再死。"

刘邦也好奇啊，就问："你要说什么？"

栾布面色沉痛地说："当年皇上被困彭城，兵败于荥阳、成皋一带的时候，项羽之所以不能继续向西追击，就是因为彭王驻守在梁地，跟汉军联合而给楚军造成威胁的缘故。在那时，只要彭王跟楚王联合，汉王就会失败；跟汉王联合，项王就会失败。再说垓下之战，如果没有彭王为皇上鞍前马后，项羽一定不会灭亡的。”

刘邦听着这些话，回忆着往昔彭越的好处，一时心里也不免受到触动。

栾布看刘邦已经不生气了，就继续说：“现在天下已经安定了，彭王受了封，一定就想把这个封爵世世代代地传下去。现在陛下仅仅为了到梁国征兵，彭王因病不能前来，陛下就怀疑他，认为他要谋反。谋反的证据也没有看到，只是单凭他不能前来这一点，就诛灭了他的家族。我担心有功之臣会人人自危。现在彭王已经死了，而彭王曾对我有恩，现在让我活着倒不如死去的好，就请陛下烹了我吧。”

刘邦听完了这些话，心想栾布这人还是为我着想的，他哭彭越就让他哭吧。之后刘邦就赦免了栾布的罪，还任命他做了都尉。汉文帝的时候，栾布在平定“七国之乱”时有功，被封为俞侯，还做了燕国的国相。

栾布这事，让我想到了小米集团被开除的副总裁汪凌鸣对小米公司的影响。汪凌鸣跟随小米总裁雷军多年，才华横溢，自己一个人就负责非洲地区所有的手机销售业务，可以说是雷军的得力干将，但因为违反法律法规，被雷军闪电开除。

很多人在朋友圈和微信上表达了对汪凌鸣的同情，这其中还包括很多高级管理人员。某位高管就曾经在朋友圈这样说：“汪凌鸣是在我进入公司后，第一个肯屈尊帮助我的管理层人员，虽然他今天犯了法，法不容情，但在个人感情方面，我会对他进行法律之外的合理援助。”

这条信息虽然很快被这位高管删除，但仍然被好事者记了下来，并在小米公司传播，很多人私下里预测，按照雷军治理公司的严格作风，一定会很快开除这个明确表示会对违法者提供帮助的高管。这位高管也说自己已经做好了被开除的准备。

但半年多过去了，这位高管的地位没有任何动摇，反而因为工作的成绩受到了一些嘉奖。雷军的秘书曾经问过雷军："难道您不知道最近公司都在传言些什么？"雷军笑着说："我什么都不知道，我只是知道在工作中有成果的人就应该得到奖励。"同时，他也劝诫他的秘书，不要去打听一些捕风捉影的事情，即便知道，也应该装作不知道。

很明显，雷军在暗示秘书，要让高管们去自由表达自己的合理情绪。雷军的态度也被高管们知晓，因此在汪凌鸣事件过后，高管们对雷军更加佩服了，对小米的热情不降反增，还为小米吸引了很多优秀的人才，小米的手机销量在同年上涨了百分之二十，成了业界一个难以理解的神话。

结语

季布和栾布都是极其难得的人才，他们虽然都得罪过刘邦，但都通过直接或间接地向刘邦陈明利害关系，最后得到了刘邦的原谅，还被封了官。这两人的故事给我们两个启示：

1. 在职场中，只要你有真本事，即使曾经得罪过领导，也不用害怕，只要你修炼内功，与人为善，迟早会得到领导的认可。

2. 不管是创业者，还是企业领导人，在企业的发展中都会犯错，但最重要的是知错能改。正如Uber创始人特拉维斯·卡兰尼克说过的："我意识到一些人形容我是个混蛋。我愿意承认自己不完美，也承认Uber这家公司不完美。而且和每个人一样，我和Uber都做过一些错事。但是在Uber，我们都愿意努力从错误中学习和成长。"

袁盎晁错列传

俗语说："自古正邪不两立"，这种说法简单地把人按照二元对立的标准划分为正反两派，这两种人之间的对立是非常尖锐的。但要知道，人性非常复杂，从来都不是非黑即白的。很多时候，就算是两个在道德上同样正直，工作能力也同样强的人，也会因为彼此的政见不同，或者性格不合，而产生矛盾和冲突。

西汉时期的名臣袁盎和晁错，就是这样两个人。袁盎信奉的是儒家思想，他强调等级名分，要求人们都按照"礼"的规范行事。而晁错则主张法家思想，要求皇帝对朝政进行改革，要求百官都依法行事。袁盎一直不认同晁错激进的改革方式，而晁错也认为袁盎的为人既保守又圆滑。于是，两个人之间的关系一直很紧张。

但在《史记》中，袁盎与晁错这两个斗了一辈子的死对头，却被司马迁写进了同一篇列传里。而我们可以通过对比这两位西汉名臣的故事，学习和借鉴他们的为人处世之道，这对提高我们的管理水平来说，是非常有益的。

袁盎的出身并不好，他的父亲曾经是一个江洋大盗，生在这样的家庭中，袁盎从小没有接受过太多的教育，一直在刘邦的皇后吕氏的一个侄子家里当门客。汉文帝登基之后，袁盎的哥哥袁哙推荐他入朝，担任了一个中郎的官职。

作为儒家弟子，袁盎对于礼教和名分十分看重，为了捍卫心中的信念，他敢于直言劝谏，因此司马迁评价他“敢犯颜色以达主义”，意思是说，袁盎不惜顶撞皇帝，也要维护他所重视的道义。我们下面讲个袁盎犯颜直谏的故事。

之前我们讲过，绛侯周勃是汉高祖刘邦手下的开国功臣，功勋卓著，汉文帝登基后，任命周勃做丞相。由于周勃德高望重，汉文帝对他非常恭敬，周勃退朝时，汉文帝甚至会站起身目送他离开。

袁盎认为这样的做法不妥，不符合君臣之礼，于是向汉文帝进谏说：“陛下认为丞相是一个怎样的人呢？”

汉文帝不知道他为什么这么问，就说：“丞相自然是身系江山社稷的国之重臣了。”

袁盎面色郑重地对汉文帝说：“依我看，周丞相只能算是汉室江山的大功臣，而当不起社稷之臣的称呼。一个真正的社稷之臣，要能做到与君王同生共死才行。当初吕后专权的时候，吕家的人完全把持了朝政，而高祖的血脉几乎就要彻底断绝了。那时候，周勃掌握着军权，却不敢带头拨乱反正，维护汉室正统。等吕后去世，大臣们联合起来推翻吕家，周勃才敢响应，率领军队诛杀吕家的叛逆者。所以我认为，周丞相只是一位功臣，却算不上是社稷之臣。现在丞相居功自傲，而陛下又对他十分恭敬谦让，这不符合君王与臣子相处时应当遵循的礼仪啊。”

汉文帝听了袁盎的话，觉得有道理。在朝中再面对周勃的时候，神色就变得庄重严肃起来，而周勃也开始畏惧汉文帝的威严了。

后来周勃听说了袁盎对汉文帝说的那番话，就责怪他说：“我和你哥哥是好朋友，你怎么反倒在皇上面前说我的坏话呢？”

袁盎说：“我说的是实话，怎么是坏话呢，道不同不相为谋。”从此他就不搭理周勃了。

后来周勃因为犯了错误，不仅丞相的职务被罢免，还被汉文帝赶回自己的封地。有人向汉文帝上书，说周勃有意谋反。汉文帝勃然大怒，把周勃抓了起来，这个时候，满朝文武没有一个人敢向汉文帝求情，只有袁盎挺身站出来，极力向汉文帝证明周勃的清白。在袁盎的奔走之下，周勃最终得以无罪释放。周勃这时无比感激袁盎，从此这两人冰释前嫌，成了一对挚友。

袁盎身上不只有直言劝谏的一面，他还能善待下属，宽容待人。袁盎在吴王手下担任丞相的时候，有个小吏和他的一个侍女私通。袁盎知道这件事后，并没有声张，对待这个小吏的态度还跟从前一样。后来有人告诉那个小吏说：“相爷已经知道你和他侍女之间的事了。”那个小吏非常害怕，就逃走了。袁盎知道后，亲自驾车把他追了回来，还把那个侍女赐给了他。

后来汉景帝派袁盎出使吴国，吴王有意谋反，就把袁盎关押起来，还准备杀掉他。恰巧当初那位小吏就是看守袁盎的人之一，他想要报答恩人，就把身上所有的钱物都拿出来，买来好酒请其他士兵喝。

等到看守袁盎的士兵都喝醉之后，那个小吏赶快打开牢门，对袁盎说："您赶紧逃跑吧，吴王已经决定，天一亮就下令杀您。"

袁盎一愣，心想这谁啊，这么好心，感激地问："你为什么要救我呢？"

小吏郑重地对袁盎说："您不认识我了吗？我就是当初那个和您侍女私通的小吏啊，您不但没有追究我，还成全了我们，我救您是为了报答当初的恩情啊。"

谁能想到，袁盎随手做的善举竟成了他救命的关键。

从这两个故事中，我们看出袁盎不仅是一个有立场有原则的人，而且还是一个情商高的人。尽管他的业务能力并不突出，但却能广结善缘、广交好友，而且在朝廷中德高望重，就连司马迁都评价他"名重朝廷"。

接着我们再来说说晁错这个人。

晁错年轻的时候，曾拜入当时的大名士张恢门下，和他学习法家思想。因为晁错学术水平高，通晓文献知识，被汉文帝任命为太常掌故。后来汉文帝又派晁错到一个叫伏生的儒学大师那里学习《尚书》，学成归来后，汉文帝就让他到太子刘启那里做官。由于晁错能言善辩，对很多问题都有非常高明的见解，因此深得太子的喜爱和信任，是太子的"智囊"。

汉文帝在位时，晁错多次进言，建议对诸侯分封制度进行改革，削减诸侯的封地，并收回他们手中的权力，但汉文帝没有采纳他的意见。当时只有太子刘启认为晁错的主张是有道理的，而以袁盎为代表的很多大臣，都反对晁错的主张。

汉文帝驾崩后，太子刘启继位，也就是汉景帝。汉景帝提拔晁错当了内史，并经常与晁错单独讨论国事，还按照他的提议，对很多法制进行了改革。晁错看汉景帝这么愿意采纳自己的建议，就把之前给汉文帝建议的《削藩策》拿出来了。

晁错对汉景帝说："现在诸侯们手中既有很大的权力，还有自己的军队，这样下去，他们迟早会生出反心。不如趁现在诸侯的力量还比较弱小，及早解决这个问题，否则等他们准备好的时候，国家就危险了。"

应当说，晁错是一个很有远见的人，他这个建议，对于巩固汉景帝的统治，稳固汉朝的江山，其实是非常有利的。但晁错的不足之处在于，他做事操之过急，改革的步伐迈得太快，又没有充分考虑到诸侯谋反的可能性。以至于当吴王打出"诛晁错，清君侧"的旗号造反时，晁错竟然手足无措，还给汉景帝出了一个御驾亲征的主意。

雪上加霜的是，晁错是一个情商很低的人，换句话说，他是一个不善于处理人际关系的人。司马迁评价晁错是一个"峭直刻深"的人，也就是说，晁错是一个严厉、刚直，近乎苛刻的人。因此，朝中那么多王公大臣，没有一个人喜欢他，愿意和他亲近。在汉景帝决定杀掉晁错，以平息诸侯们的叛乱时，竟然没有一个人愿意站出来替晁错说话。

从袁盎和晁错两个人的故事中，我们不难看出，作为一个领导者或管理者，自身的能力高低，并不是最关键的因素，而情商的高低，才决定了一个管理者能在职场中走多远。

说到这里，我就想起了华为。在外人眼中，华为的企业文化是狼性文化，但实际上，在华为老员工的眼中，华为却是一个充满温暖的大家庭。军人出身的任正非，对待下属就六个字：“爱兵切，用兵狠。”用兵狠就不必多说了，华为的加班文化早已深入人心。但为什么别的公司推行 996 就会招致一片反对声，而华为的员工却能甘之如饴呢？诀窍就在“爱兵切”这三个字上。

任正非曾经说过这样一句话：“你想当好领导吗，那么，多请部下们吃几盘炒粉吧，在轻松自由的氛围里，很轻易就能做到上下沟通，协同工作，部门的效率也就提高了。”于是，“吃文化”就变成了华为文化当中的一个重要组成部分，华为的员工守则还专门把这一条列了进去：公司提倡“吃文化”，上下级和同事之间互相请客吃饭，在饭桌上沟通思想、交流工作。

任正非在华为内部大大小小的会议上多次强调：谁请下属吃饭多，谁升得就快。他还说，任何一支铁军的领袖，都是关爱下属的。任正非自己也以身作则，他非常喜欢请下属吃饭，每次吃完饭，任正非的标准动作都是：刷卡，签字，撕发票。之所以要撕掉发票，目的就是避免用公费报销私人吃饭的费用。

任正非为什么要这样做呢？他认为，人才不是华为的核心竞争力，对人才的管理能力才是华为的核心竞争力。任正非还说，要把华为的每一位员工都真正当成是“有血有肉的人”，不能简单地把员工当作一块可以随意搬动的砖头。华为的管理者需要设身处地去理解员工的困难与需求，并帮助与引导他们达成个人与组织的共赢。

正是因为任正非有这样的胸襟和格局，他才能白手起家，把华为从小做大，发展为今天这样一个让国人为之骄傲和自豪的民族企业。

结语

司马迁认为，袁盎在治国理政方面虽然没有非常强的能力，但他对待下属有一颗仁爱之心，又能为了心中的大义而直言劝谏皇帝，因此既受到皇帝和大臣们的敬重，又能结交当时的游侠豪杰，因此易中天先生评价袁盎是“无双国士”。而晁错虽然在政治上很有才能，提出的建议也都有利于汉朝的江山社稷，但他的情商实在太低，最终才导致自己含冤而死。作为管理者，我们从这篇文章当中，应当吸取这样的经验和教训：

1. 做人应当方圆相济。“方”是为人立身之本，“圆”是处世办事之道，一个成熟的职场人，只有把做人的原则和处世的变通融合到一起，才能在职场中走得更好、更远。

2. 智商高，也要情商高。正所谓“一个好汉三个帮”，即使你的能力再强、水平再高，如果没有很好的人际关系作为职场润滑剂，最终难免会像晁错一样，落得个黯然收场。

张释之冯唐列传

中国有句俗话，叫“人过留名，雁过留声”。能在历史上留下自己的痕迹，是许多人的愿望，而要想名留千古，“载入史册”是最好的途径。

今天我们要讲的这两个人，本来都是平凡无奇的小人物，一个在基层打拼了十年，却迟迟不能升官；另一个在基层工作了大半辈子，却依旧不得重用。就是这种本来已经没希望出名的小人物，却因为敢对领导讲真话，最终名载史册，流传千古。他们就是我们今天这篇传记的主角：张释之和冯唐。

虽然张释之和冯唐都是因为敢说真话而出名，但他们说真话的依据不太一样，张释之是在法律的基础上讲真话，是个实事求是的人；冯唐呢，是在情理的基础上讲真话，是个敢于仗义执言的人。

今天，我们就从实事求是和仗义执言两方面，来解读一下这两个人。

既然这部分我们要讲的是实事求是，那么，我们就不妨实事求是地说句真话：在现在的职场上，处事圆滑被奉为“黄金法则”，而敢说真话、想说真话的人却越来越少了。实际上，我们一直存在一个误区：我们通常会认为“圆滑”和“正直”是对立的，其实并非如此。正直不是愣头青和缺心眼，圆滑也不是墙头草和挖墙脚，有底线、有原则的圆滑依旧是正直，这是不容否定的。

今天我们要说的这两个人就都是正直的人，司马迁称这类人为“长者”，称他们说的话为“长者之言”。

提起张释之，大家可能不太熟悉。但讲起他的逆袭之路，可就令人佩服了。张释之出身低微，靠哥哥捐钱做了小官。这小官一做就是十年，完全没有升迁的迹象。这时张释之也有些灰心丧气，便打算辞官回家。

也就是这时，他遇到了人生中的第一个伯乐：中郎将袁盎。袁盎在汉文帝一朝，是相当有名的，他因为个性刚直、有才干、有胆识而深受文帝的信任。袁盎也是个有眼光的人，他发现张释之是个人才，就举荐张释之做了谒者（负责传达、通报的近身随从，说白了，就是一个跑腿、传话的）。这个谒者虽然官不大，但有个好处，就是能经常见到皇帝。时常在最高领导面前晃悠，早晚混个脸熟。

终于，有一天，张释之被汉文帝叫去谈话了，这对他来说是个好机会。于是，张释之滔滔不绝地给汉文帝讲了一通秦汉两代的成败得失。汉文帝一听，不错啊，挺有才，只做个谒者是大材小用了，就这样，张释之被提拔成了谒者仆射，也就是谒者的头了。升官之后，张释之接触汉文帝的机会就更多了。

有一次，张释之跟随汉文帝去上林苑游玩，走到了虎圈，汉文帝兴致上来了，就问了上林尉几个问题。没想到这个上林尉心理素质不太好，皇帝一发问，他一紧张，就彻底懵了，只见他脸色发白、嘴唇颤抖、头冒虚汗，一个字也回答不出来，好在旁边看管虎圈的小官比较机灵，一五一十地回答了文帝的问题，这一对比，汉文帝更怒了，他对张释之说："这个上林尉简直就是个废物，连几只动物都弄不明白，免了吧。这个小官倒是很有才，要提拔！张释之，你来拟个诏书，给那个小官升官。"

张释之一听，先是沉默了一下，然后缓缓说道："陛下，您认为绛侯周勃是个什么样的人呢？"

汉文帝扫了一眼张释之，说道："这还用问，周勃是个长者啊。"

张释之接着问道："那您觉得东阳侯张相如又是个什么样的人呢？"

汉文帝不明白张释之葫芦里卖的是什么药，他不耐烦地说："当然也是长者了！"

看到汉文帝不耐烦，张释之也不慌，他继续说："这两位长者之所以是长者，是因为他们平时都沉默寡言，从不投机取巧，而这个小官的行为恰恰相反，他靠着一嘴投机的把戏，把您哄乐了，好达到自己升官的目的。"

汉文帝一听，心想："看这小官刚才那一脸急功近利的样子，还真是这么回事。"于是就没有给这个小官升官。反倒是张释之，由于敢说真话、不怕得罪人，回宫后就被任命为公车令了，这个公车令主要负责掌管皇宫的外门，也叫司马门，以及宫中夜间警备。

张释之担任公车令时，把实事求是、敢说真话的优良传统进一步发扬光大了。

有一次，太子刘启与梁王同乘一辆车入朝，按照宫中禁令：大小官员到了皇宫外的司马门都应该下车，但刘启和梁王仗着自己皇子的身份，没有下车。张释之看见后，立即追了上去，挡在了他们的车前，非得让二人下车不可。这还不算完，张释之还以“过司马门不下车为大不敬”的罪名，向汉文帝告状，说太子不守法度。

汉文帝虽然觉得张释之有点小题大做，但也不好说什么，因为人家是依法办事，你挑不出毛病来啊。于是汉文帝只得摘下帽子向太后赔罪，直到薄太后亲自下达特赦令，太子、梁王才得以进入宫中。经过这件事，汉文帝算是明白了：张释之这家伙是真敢说啊，关键是他说的话还都有法律依据，这是个当法官的不二人选，就这样，张释之再一次凭借着自己敢说真话，升官了，做到了大汉的廷尉，这可相当于现在的最高法院院长了。

在担任廷尉期间，张释之始终坚持法律至上、实事求是的原则，他敢说敢做，从不说假话。有一次，汉文帝出巡经过中渭桥，有一个人突然从桥下跑出来，一下子惊了御马，差点让汉文帝摔下来。

汉文帝非常恼火，当即命侍卫抓了这个大逆不道的家伙，并交给廷尉处理。汉文帝本以为廷尉会看明白自己的脸色，严肃处理，没想到，张释之在审问了肇事者之后，认为此人是无心之失，根据法律将肇事者判为“冒犯车驾，罚金四两”。

好家伙，汉文帝心中的“十恶不赦”，到张释之这里成了“罚钱了事”。汉文帝顿时大怒，责问张释之：“那个混账家伙惊扰了我的御马，幸好我的马性情温和，要是换了别的马，不就摔伤我了吗？

你怎么能判这么轻呢？”

张释之回答说：“法律是天子和百姓都应该共同遵守的准绳，不能偏私。按照法律规定，就该这么判啊。另外，我是廷尉，是天下公正执法的带头人，稍有偏失，各级执法者就都会随意效仿，那老百姓岂不就手足无措了吗？国家还怎么取信于民呢？”

这一番有理有据的话，让汉文帝很服气，他感叹说：“廷尉就应该是这样的。”

作为一个实事求是、正义敢言的人，张释之不仅具有职业精神，更具有道德勇气。但凡具有这种精神的人，为官必是好官，经商也必然是位优秀企业家，曾经的“烟草大王”褚时健就是这样一个实事求是的人。

1979 年 10 月，褚时健举家搬往玉溪。到了玉溪卷烟厂，出现在褚时健一家眼前的是一派破败不堪的景象：地面污水横流，厂房年久失修，更恶劣的是居住条件差劲至极。

尽管已经有了心理准备，但看到真实的居住条件时，褚时健依然十分震惊。他看到，有一名在工厂工作多年的老职工，祖孙三代挤在一个只有 28 平方米的房子里。就这还算条件好的，更严重的是，还有两家人共住 28 平方米房子的情况，为了避免尴尬，两家人的中间就用草席隔开。住在里面的一家人要出门必须穿过外面一家才能走出去。

厂房里的情况更是让褚时健难以接受，在车间的生产线，很多时候都是一名工人干活儿，其他工人要么在围观，要么在闲聊。那些极少数卖力干活儿的工人也被议论为“憨傻”，很多职工认为干多干少一个样，干与不干一个样。

然而这些还不算什么，最麻烦的是他的直接下属们都不干实事，他们大都故意旷工、不服从安排，这让褚时健非常恼火。于是他决心来个敲山震虎，吩咐人去把副厂长叫到办公室。

副厂长走进褚时健办公室，还没来得及问找他什么事，褚时健就指着他的鼻子说道："你给我听着，现在厂里到底是什么情况你我都清楚。我告诉你，你要再敢消极怠工，不干实事，我就第一个把你这个副厂长撤了，你信不信？"

副厂长当时就呆住了，他没想到这个新厂长居然如此强势，敢于直接戳破这层没人敢捅的窗户纸，当时吓得好半天没说出话来。就这样，"强人""敢说""实事求是"成了当时大家对褚时健的评价。

在褚时健掌管玉溪卷烟厂的第二个年头，他就开始着手改善职工住宿条件。同时，褚时健也在积极改善职工的伙食。由于褚时健秉承着一心要做实事的精神，在短短一年多的时间里，就把玉溪卷烟厂打造成了玉溪地区职工生活条件最好的厂区。后来玉溪卷烟厂取得的一系列成绩也经常为人称道。

讲到这里，大家可能会问了："你讲了这么多实事求是的故事，那到底什么是实事求是呢？"其实很简单，做老实人，说老实话，办老实事，这就是实事求是。

有的人依法律讲话，有的人依情理讲话，张释之明显是前者，而我们接下来要讲的冯唐则是后者。

王勃在《滕王阁序》中有"冯唐易老，李广难封"的诗句，苏东坡在《江城子·密州出猎》中有“持节云中，何日遣冯唐”的语句，那么，这个“冯唐”究竟是何方神圣呢？

冯唐，是西汉代郡人，说起来他和汉文帝也算是半个老乡，因为汉文帝在登基前就是代王。汉朝提倡以孝治国，一个人如果孝敬父母，就有可能被推荐到朝廷里做官。冯唐是个大孝子，因此被举荐做了中郎署长，侍奉汉文帝。中郎是皇帝的侍从人员，中郎署长则是中郎的长官，这个官职层次较低，大概相当于今天的科级干部吧。

有一次，汉文帝乘车恰巧遇到了冯唐，看见垂垂老矣的冯唐居然还在担任中郎署长，汉文帝好奇道：“您都这么大年纪了，怎么还在担任中郎啊？您的家乡在哪里呢？”冯唐颤巍巍地说：“启禀陛下，臣的家乡正是代郡啊。”

好家伙，原来是老乡。正所谓“老乡见老乡，两眼泪汪汪”，汉文帝倒没有哭，不过对于眼前这个老头，他明显感觉到一丝亲切，于是两人就在道上聊起来了。

汉文帝一开口就提到了家乡代地的风土人情，他问：“你听说过一个叫李齐的人吗？当年我当代王的时候，多次听人说起这个人，说他很有才干，说他在当年的钜鹿之战中表现神勇……这么多年过去了，这个名字我依然记得，有时在吃饭的时候还会想起来。老人家，您的老家也在代地，您听说过这个人吗？”

汉文帝这边说得深情款款，而冯唐却一脸不以为然，只见他淡淡地答道：“唉，据我所知啊，您说的这个李齐没有传说的那么厉害，要是和廉颇、李牧等人比起来，那可差了十万八千里呢。”

你说冯唐这话说的，汉文帝听了能高兴吗，就直接训斥道：“你这不是跟我抬杠吗？廉颇、李牧那是天下闻名的大将，李齐就算再有本事，也比不过这两个人啊。”

说完之后，汉文帝又觉得这么吼一位老人家有点不合适，于是平复了一下心情，问道：“你说李齐不如廉颇、李牧，那你是怎么知道的呢？”

冯唐回答说：“我的祖父在赵国时，担任过低级将领，和李牧的交情不错；我父亲从前在代地为官，和李齐也是朋友，所以我了解他们的为人。”

汉文帝听了冯唐的话，不由得感叹说：“可惜我得不到廉颇、李牧这样的人做将军，如果有这样的名将辅佐，我就不用再担忧匈奴的侵略了！”

汉文帝正在感叹呢，没想到冯唐又给他泼了一盆冷水，他说：“恕我直言，陛下您即使得到廉颇、李牧这样的名将，恐怕也不会任用他们。”

汉文帝这火本来还没消利落，冯唐这话更是火上浇油，他心想：“我屈尊和你聊聊故人之情，你倒好，反而讥讽起我来了。”于是一甩袖子，愤然回宫。

回到宫里冷静下来后，汉文帝就开始反思了：“这老头为什么当众让我下不来台呢？他难道不怕死吗？不对，这其中肯定有原因，我得找他问个清楚。”

于是就让人把冯唐叫了过去，责备他说：“你为什么当众顶撞我？有什么话不能私下告诉我吗？”

冯唐一听，就乐了，心说我正等着你说这句话呢，只见冯唐平静地答道："陛下，老臣听说古时君王派遣将军出征时，会亲自为远征的将军推车，边推边说，'国门以内的事我决断，国门以外的事，由将军您裁定'。有了这样的信任，在外的将军才会舍生忘死，奋勇杀敌，无所顾虑。当年李牧在赵国边境统率军队时，把征收的税金自行用来犒赏部下，朝廷从来都不干预，因此李牧才能够战无不胜。而眼下呢，我听说云中太守魏尚仅仅是因为错报了杀敌人数这种小罪过，就被陛下削夺了官位，还被判了刑。因此，我断定陛下即使得到廉颇、李牧这样的名将，也无法重用啊。"

冯唐一番话，把汉文帝说懵了。过了好半天，汉文帝才明白过来：敢情这老头，是要为云中太守魏尚打抱不平啊。他能为一个素不相识的人狠狠怼我，说明他很仗义啊，这是个好人，他说的那个魏尚恐怕也差不了，行了，通通重用！

于是，汉文帝当天就让冯唐拿着诏令前去赦免魏尚，重新让他担任云中太守，并提拔冯唐做了车骑都尉。就这样，冯唐靠着仗义执言，成功升职，而此时的他，已经是个八十多岁的老人了。

结语

太史公说："千夫诺诺，不如一士之谔谔"，有再多恭维、奉承的话，也不如有一个人讲真话。无论到什么时候，受人尊敬的都是那些敢说真话的正直之人。

对就是对，错就是错。分得清对错，说得出对错，这就叫作正直。很显然，张释之和冯唐都是正直之人。其实，世界上没有人不佩服正直，也没有人不理解正直，但却很少有人敢表达出正直，很多时候，沉默成了处世的最大智慧。正直敢言成了愚蠢的代名词，好好先生成了所谓的智者。

在张释之和冯唐身上，我们看到了一种光明磊落、毫无私心的高贵品质。我们在日常的工作生活中，可能会因为经验不足、思虑不足，偶尔说几句错话、闹几次笑话。但这不算什么，只要你心中怀有正义感、有公心，即使你说得不够好听，也比那些只为自己着想的好好先生强多了。

万石张叔列传

《万石张叔列传》被后世称为教育子弟的经典，它以万石君石奋为首，张叔为末，写了石奋家族、卫绾、直不疑、周文和张叔等人的事迹。这些人被写进同一个传记里面，是因为他们都有一个共同的特点：为人谦恭谨慎。这些人都不是才能出众的人，竟然单单依靠谦恭谨慎就能够封侯入相。这使得我们看到，谦恭谨慎对一个人事业的成功是何其重要。接下来我们就来讲讲石奋、卫绾和直不疑的故事。

我们先来说说万石君石奋。

石奋在十五岁的时候遇到了汉高祖刘邦，当时他只是个小官吏。他侍候刘邦非常恭敬，刘邦也喜欢和他聊天。

有一次，刘邦问他："你家中有些什么人？"

石奋老老实实地说："我家中只有母亲，不幸眼睛失明了。家里很穷，我还有个姐姐，会弹琴。"

刘邦看他老实听话，心中欢喜，就问他，"你愿意跟随我吗？"

石奋一听，这是多好的机会啊，马上说：“我愿意尽我所能为您效劳。”

就这样，石奋做了中涓，相当于是刘邦的亲近侍从，负责接收大臣进献的文书和大臣进谒的工作。刘邦还把他的姐姐召进宫封了美人。石奋一家从此平步青云。

汉文帝即位的时候，石奋由于积功升迁，做到了太中大夫，这是一个管百官言论的官职，但其实，石奋读书并不多，文才学问也一般，但论起恭敬谨慎没有人能够比得上他。当汉文帝要选择可以做太傅的人时，大家都推举石奋，石奋就这样做了太子太傅。等到汉景帝即位时，石奋毕竟当过皇上的老师，汉景帝就让他位列九卿，但因为石奋过于恭敬谨慎，汉景帝觉得在他身边不自由，有点怕他，就把他调离了身边，让他做了诸侯国的丞相。

石奋的长子石建，二子石甲，三子石乙，四子石庆，都因为性情谦恭，对长辈孝敬，办事谨慎，官位做到二千石。汉景帝就对石奋说：“你和四个儿子都官至两千石，作为臣子的尊贵荣耀都集中到你们一家来了。以后我就叫你万石君了。”这就是万石君的由来。

我们一直在说万石君是如何的恭敬谨慎，他到底有多恭敬呢？

话说汉景帝末年，万石君享受上大夫的俸禄告老还乡，但在朝廷举行盛大典礼时，他还是会来参加。每次经过皇宫门楼时，万石君一定要下车快走，表示恭敬，见到皇帝的车驾一定要手扶着车前的横木表示致意。皇帝有时赏赐食物送到他家，他必定叩头跪拜之后才弯腰低头去吃，就像在皇帝面前一样。

他的子孙辈做小吏，回家看望他，万石君也一定要穿上朝服接见他们，不直呼他们的名字。子孙中有人犯了过错，他不斥责他们，而是坐到侧旁的座位上，对着餐桌不肯吃饭。他这样做，其他的子孙们就纷纷责备那个有错误的人。犯错的子孙要通过族中长辈求情，本人裸露上身表示认错，并表示坚决改正，万石君才答应他们吃饭。

万石君平时处处严格要求自己，他的子孙后代也遵从他的教诲，为人非常孝顺谨慎，就连重视礼仪的儒生们，也都认为自己不如他们一家人。

石奋的长子石建，在当郎中令的时候，有一次向皇帝上奏章。等奏章发回来，石建读了以后，非常惶恐不安地说："写错了！'马'字下面连尾巴算上应该是五笔，现在写成了四笔，少写了一笔。皇上一定会怪罪我，我该死啊。"（当时通行的是隶书，马字的下部有五笔，像马的四足和尾巴的形状。）由此可见，石建的为人十分严谨认真。

石奋的小儿子石庆当太仆的时候，有一次为汉武帝驾车，汉武帝故意问他驾车的马有几匹。皇帝驾车的马按照规制是六匹马，这是大家都共知的事情。可石庆依然用马鞭一一把马数了一遍，然后才举起手说："六匹马。"要知道，石庆已经是石奋家最不讲究礼节的人了，却依然如此谨慎小心。后来，石庆做了齐国的国相，齐国上下都敬慕石家的家风，所以不用发布政令，齐国就得以大治，非常安定，齐国人还为石庆立了个石相祠。

我们再来说说卫绾。

卫绾凭着在车上表演杂技做了汉文帝的郎官，由于不断立功，后来升迁做到了中郎将。但他除了忠厚谨慎，没有其他的本事。汉景帝做太子时，他请皇帝身边的近臣饮宴，卫绾却借口生病不肯去。汉文帝临死时嘱咐汉景帝说："卫绾是德高望重的人，你要好好对待他。"等到汉文帝死去，汉景帝即位，虽然汉景帝一年多没搭理过卫绾，卫绾做事却一天比一天谨慎尽责。

汉景帝有一次驾临上林苑，命令中郎将卫绾和自己共乘一辆车，回来后问卫绾："知道我为什么要你陪同乘一辆车吗？"

卫绾恭敬地说："我从一个小小的车士幸运地升为中郎将，自己都不知道这是什么缘故。"

汉景帝这时提起了之前的旧事，问他："我做太子时邀请你参加宴饮，你为什么不肯来呢？"

卫绾诚惶诚恐地回答说："臣该死，确实是生病了！"

汉景帝看着他恭敬小心的样子，对他的疑虑一扫而光，就赐给他一把剑。

卫绾拒绝了，说道："先皇已经赐给我六把剑了，我不敢再接受陛下的赏赐。"

汉景帝对他的拒绝有点不悦，说："剑是人们所喜爱之物，往往用来送人或交换，难道你能保存到现在吗？"

卫绾回答说："全都在。"汉景帝有点不相信，就派人去取那六把剑，宝剑果然完好地在剑套中，不曾使用过。

后来卫绾因为军功封侯，并先后担任太子太傅和御史大夫，最终也荣升为汉朝的丞相。

《万石张叔列传》中的另一个人叫直不疑，他的故事也很有名，那就是“买金偿金，不疑盗嫂”的故事。

直不疑在汉文帝的时候当了郎官。有一天，他的室友告假回家，错把同室的另一位郎官的金子带走了。丢失金子的人怀疑是直不疑偷的，直不疑一句反驳的话也不说，直接赔礼道歉，承认了此事，还自己拿钱买了金子赔给丢金子的人。后来请假回家的人发现拿错了，回来归还了金子，先前那个丢金子的人感到十分羞愧。

这件事后，大家都说直不疑是个忠厚的人。汉文帝也对他十分称赞，逐步提拔他做到太中大夫。有一次在朝廷上集会，有人诽谤他说：“直不疑相貌很美，他和嫂子私通。”直不疑听说后，也不生气，只说了一句话：“我没有哥哥。”之后，他再也不做任何辩解。诽谤他的人羞愧得无言以对。

有时候，宽容一点，大度一点，退让一下，忍耐一下，恰恰可以展现出你真正的风范和修养。

从这三个人的故事里面，我们看到石奋、卫绾和直不疑，虽然都没有特别突出的能力，但是，凭借着谦恭、谨慎、忠厚的优良品德成了朝廷重臣。可见，一个人的德行对成功的影响有多大。尤其是万石君石奋，他不仅自己恭敬谨慎，还通过他的言传身教，给后代做出了榜样，让他的子孙也恭敬有礼，为他们的仕途前程奠定了良好的基础。

在现代的管理学理论中，有一条著名的“威尔逊法则”。这是由美国行政管理学家切克·威尔逊提出来的，他的核心思想就是言传身教。

威尔逊指出，领导者的指导是员工克服困难的后盾。指导有助于个人的成长并对组织的成功产生作用。手把手的现场指导可以及时纠正员工的错误，增强员工解决问题的信心，是提高员工素质的重要方式之一。

美国最有影响的企业家之一、麦当劳快餐店创始人雷·克罗克也信奉言传身教，他是“走动式管理”模式的实践者。他在日常的工作时间里，并不是坐在自己的办公室里，而是经常到各个部门和第一线去，实地考察，就地解决问题。

麦当劳公司曾有一段时间面临严重亏损的危机，克罗克为此十分焦虑。他按照自己的惯例到基层去巡查，突然发现了一个现象，那就是在生产一线根本看不到其他高级的管理者，除了他就是普通员工。

他问工人汤姆说：“怎么这里只有你们这些工人在工作，你们的经理戴维在哪里？”

汤姆苦笑一声：“他正在忙他自己的工作呢。”

克罗克就问：“什么工作？”

汤姆以一种不满的语气说：“抽烟闲聊呗。他们这些老爷一上班就待在办公室里面，能够在里面坐上一天不出来。”

克罗克听了汤姆的回答，转身向办公室走去。还没有进办公室，克罗克就听到了里面喧哗的说笑声，他推开办公室的门，屋里面烟雾缭绕。他发现戴维靠在舒适的高背椅上，正在和几个主管抽着烟高谈阔论。看到克罗克进门，大家一时有些尴尬。但是，克罗克什么都没有说，就推门走了出去。

下午，就有工人来到了戴维的办公室，做出了让他目瞪口呆的举动。他们把戴维原来舒适的椅背给锯掉了。对此，戴维十分恼火。他问工人："是不是只有我的椅背被锯掉了？"

工人回答说："不，是所有经理的椅背都被锯掉了。"

戴维只得无可奈何地骂了一句："疯子。"

没了舒适的椅背，戴维也只好时不时地去基层转转。当他看到了克罗克奔忙在生产一线的身影，理解了克罗克的苦心。于是，戴维也学着克罗克的样子，来到一线，现场了解情况，解决问题。很快，在克罗克的带动下，整个公司的管理人员都纷纷来到了第一线，不久公司就扭亏为盈了。

结语

今天的故事告诉我们两个道理：

1. 谦恭谨慎是一个人修养的具体表现。古希腊的哲人亚里士多德说过一句名言：对上级谦恭是本分，对平级谦逊是和善，对下级谦逊是高贵，对所有人谦逊是安全。万石君石奋用他的亲身经历给我们验证了这句话。

2. 身教言传以齐家。一个家族，一个企业，要生存，要发展，就必须有自己的文化，有自己的优良传统。而这种优良传统的延续，是依靠领导的言传身教来带动的。在这里，身教更重于言教。有句老话，“其身正，不令而行；其身不正，虽令不从”，说的就是这个道理。

田叔列传

在我国所有的省份当中，河北省一直是以默默无闻、吃苦耐劳的老黄牛形象出现的。尽管河北省靠近首都，但它低调到让大家几乎忘记了它的存在。可在历史上，河北省又号称“燕赵大地”。燕赵大地从来都不乏英雄豪杰、仁人志士。

说起燕赵大地上最典型的英雄豪杰，那当然就是被司马迁列入《刺客列传》中的荆轲了。但在《史记》当中，司马迁还记载了另外一位来自燕赵之地的杰出人物，他的名字叫田叔。田叔的儿子田仁也是一位品德高尚、才华出众的人，由于田仁与司马迁是好朋友，因此，司马迁在为田叔作传的时候，就把他们父子俩一同写入到《田叔列传》当中。

那么，我们可以从田叔、田仁这对父子的身上学到哪些管理者应当具备的才能和素质呢？

田叔是汉初赵国人，他的祖先曾是战国时期齐国田氏的后代。田叔自幼崇尚侠客，于是刻苦练剑，后来又师从当时一位著名的学者乐巨公，向他学习黄老之道，也就是黄帝和老子所推崇的政治理念。学成之后，田叔游历四方，广结好友，最后，他清正侠义的名声传到了赵国的丞相赵午那里。赵午很欣赏田叔的才干，就把他推荐给赵王张敖（汉初异姓王赵王张耳之子，妻子是刘邦独女鲁元公主）。张敖任命田叔担任郎中。田叔在任上时，严于律己、清正廉洁，因此不仅受到百姓们的称赞，赵王也很赏识他。

后来，陈豨在北方造反。汉高祖刘邦亲自带兵征讨陈豨，途经赵国。赵王张敖亲自捧着餐盘侍奉刘邦用餐，对刘邦非常恭敬。但刘邦却表现得十分傲慢，坐在席子上叉开腿，大声训斥赵王。要知道，古人非常重视礼仪，讲究“正襟危坐”，而叉开腿坐是一种十分不礼貌的行为，更何况是对一个王侯这样做呢？

俗话说“主辱臣死”，赵王的臣子们对刘邦无礼的表现感到非常愤怒，他们纷纷劝赵王说：“刘邦竟然对大王如此无礼，大王何必还在刘邦手下受委屈呢？干脆我们造反吧！”但赵王不同意，对大臣们说：“当年我的先祖在秦王嬴政手中亡了国，如果没有刘邦，我们这些人早就死无葬身之地了，你们怎么能说出造反这样的话呢？以后千万不要再提起了！”

退朝后，一个叫贯高的大臣私下对其他人说：“大王是一个仁厚的人，他不愿背叛刘邦，那我们干脆自己找机会刺杀刘邦吧。”其他大臣纷纷同意。

但这个消息不幸走漏出去，刘邦非常愤怒，命令人把赵王和他手下那些密谋刺杀的大臣们全抓起来。为了不让赵王被牵连，出主意的贯高主动担下了所有罪责。但刘邦还不解气，又发布命令说：

“如果赵国的官员百姓仍有敢追随赵王的，一同下狱处置。”但田叔和另一个叫孟舒的大臣并不害怕，他们换上囚徒的衣服，在脖子上戴上枷锁，跟随赵王一同到了长安。等刘邦审问清楚，知道赵王本人对刺杀的事并不知情后，释放了赵王，但将他贬为宣平侯。

田叔不顾自身安危，对蒙难的赵王不离不弃，赵王感念他的忠诚，向刘邦推荐了田叔。刘邦召见田叔，和他对话后，高兴地说：“你的能力和才华如此出众，我手下的大臣们没有一个能超过你的呀！”于是提拔田叔做了汉中的郡守。刘邦的原话是：“汉廷臣毋能出其右者。”“无出其右”这个成语就是从这个故事里来的。可见刘邦对田叔非常推崇。

刘邦去世后，汉文帝继位，他早就听说田叔是一个贤能而正直的人，于是就召见田叔，问他：“你知道朝中谁是忠厚有能力的贤良之人吗？”田叔回答说：“曾经担任过云中太守的孟舒，就是一个贤良之人啊。”

孟舒就是当年和田叔一起，追随获罪的赵王来到长安的大臣，他后来被刘邦封为云中郡的太守。但当时匈奴大举进攻云中郡，给当地百姓的生活、生产造成了很大的破坏，孟舒也因防守不力被罢免。汉文帝听到田叔推荐孟舒，感到很诧异，就问他：“孟舒担任云中太守的时候，没有抵挡住匈奴的入侵，导致数百名士兵的死伤，你为什么还认为他贤能呢？”

田叔回答说：“当年赵国的贯高谋反时，高祖曾下令说，谁敢追随赵王，就诛他的三族，这时孟舒自己披枷戴锁，把生死置之度外，跟着赵王一同到了长安，决心与自己的君主同生共死。难道这样的人不能称为贤明吗？他刚刚担任云中太守的时候，云中郡几经战乱，早已是兵困民乏了。当匈奴侵犯云中郡的时候，孟舒心疼百姓，不忍心让子弟兵出战，但百姓感念孟舒的恩德，不惜登城死战，这才是士兵们死伤的原因啊！”汉文帝听了田叔的话，非常感动，赞赏说：“孟舒确实是一个贤明的臣子啊！”于是重新起用孟舒，让他继续担任云中郡太守。

汉景帝即位后，也对田叔大加赞赏，任命他到鲁国做丞相。

田叔在担任鲁国丞相的时候，发现鲁王很喜欢打猎，甚至把政务丢到一旁。于是田叔每次都跟着鲁王一起到猎场，鲁王让田叔到屋子里休息，但田叔说：“大王还在猎场中驾马驰骋，我又怎么能安稳地坐在屋子里呢。”当时，田叔是三朝元老，年纪也不小了。鲁王听了非常惭愧，后来渐渐就不再沉迷于打猎的游戏中了。

从以上的故事里，我们可以看到，在田叔的身上，既有着燕赵豪杰的侠肝义胆，又有着勇于承担工作、敢于劝谏领导的优秀品质。这让我想到万科的董事会主席郁亮。

众所周知，万科的创始人王石是一个非常严厉的人。王石因为脾气很大，被员工在私下里称为“王老虎”，据说，站在王石的办公室外面，经常能听见里面传来的拍桌声和咆哮声。在与员工进行交流的时候，王石的言辞也往往很激烈，这让对面的员工感觉非常压抑，甚至喘不过气来。王石虽然骂过很多下属，却从来没有骂过一个人，那就是郁亮。

按照传统的观点来看，郁亮并不是一个听话的员工。他在万科有一句名言：“王石的话要不要听？要听！但听了之后要过三天再执行！”

就是这样一位似乎“不听话”的员工，不仅在36岁的时候，就被王石提拔为万科的总经理，更是被视为万科的下一任接班人，并于2017年从王石的手中，接过了万科董事长的重任。

那郁亮是怎样获得今天这些成就的呢？

早在北大读书时，郁亮就有意识地把自己身上贪图安逸、害怕冒险的性格弱点全都改掉了，因为他发现：只有那些充满挑战性的工作，才会让自己热血沸腾，乐在其中。因此，当万科面临转型危机的时候，郁亮面临着严峻的挑战，但他没有退缩、没有逃避，而是果断地迎难而上，积极为万科谋划，提出了“上下半场转换”的概念，得到王石的认可，并帮助万科渡过了史上最大的难关。

此外，郁亮在万科工作的时候，并不盲从领导，如果他认为王石的决策是错误的，就会与王石认真辩论，直到双方达成共识。王石也承认，自己跟郁亮之间，经常会就某个关键的决策而产生不同意见。王石也不止一次当众说过：“我最高兴的时候，就是我的某一个意见最后证明是错误的，而郁亮和管理团队是对的。”正是因为郁亮身上有着这种敢于亮剑的侠客精神，勇于挑战、不畏艰难，面对上级的错误决策，敢于直言劝谏，王石才最终决定，让郁亮成为自己的接班人。

说完田叔之后，我们再来说说他的儿子田仁。田仁继承了田叔的豪迈气概，田叔去世后，鲁王想要赠给田家百两黄金，以供家用，但田仁却不肯接受，他对鲁王说：“我不能因为收下大王赏赐的金钱，而损害先父清正廉洁的名声。”

田仁曾经在汉朝名将卫青手下当官，因为他打仗十分勇敢，屡立战功，卫青提拔他做了长史（相当于现在的秘书长或幕僚长，将军帐下的长史亦可领军作战）。田仁因为才干过人，又被汉武帝选中，让他管理河套地区的农垦工作。田仁在任上踏实肯干，百姓都颂扬他的名声。

田仁曾经向汉武帝上书说：“陛下，如今这天下有很多官吏贪赃枉法，而河南（今河南洛阳一带）、河内（今河南焦作、济源全境和新乡、安阳西部部分地域）、河东（今山西夏县北）这三个地方尤其严重。我认为应当从这三个地方开始，严厉查处官吏的贪腐行为。由于这里的很多官员与朝中的权贵勾结，干起坏事肆无忌惮，因此我请求陛下，让我到那里巡查整治。”

汉武帝答应了田仁的请求，派他到那三个地方整顿吏治，查办当地行为不端的官员。很多官员托人向田仁求情，劝他不要把事情做得太绝，但田仁不畏强权，严查到底，按照汉代法律的规定，将三地的太守都处以死刑。汉武帝很欣赏田仁的办事能力，就提拔他担任丞相司直，辅佐丞相办理政务。

后来太子有谋反的行为，汉武帝就派丞相率兵讨伐太子，丞相安排田仁把守城门，但田仁认为太子与皇帝毕竟是血肉至亲，不能做得太过，于是他违抗了丞相的命令，擅自放走太子。田仁违抗上级命令的事让汉武帝很愤怒，因此逮捕了田仁，最后将他处死了。

田仁冤吗？一点也不冤。田仁犯了个致命的错误：他在不了解太子谋反的详细情况下，只是自己认为汉武帝和太子有父子之情，就武断行事，不执行上级的命令。

当时太子已经谋反，汉武帝命令已经下来了，田仁竟然公然挑战皇帝的权威。汉武帝怎么可能忍得了？田仁如果对于抓捕太子有意见，就应该先按照汉武帝的命令行事，之后再向汉武帝陈述自己的意见，或许田仁的结局就不一样了。

结语

从田叔和田仁的故事里，我们可以学到：

1. 在职场中，难免会遇到自己的公司甚至是整个行业陷入困境的时候，在这种情况下，才能真正考验一个人的品性，就像那句老话说的“疾风知劲草，板荡识诚臣”。真正有能力、有担当的下属，在企业面临逆境的时候，更要迎难而上，努力探索，尽力帮助企业渡过难关。具备这样素质的人，无论到哪里，无论做什么，都会干出一番成绩的。

2. 有些时候，领导布置的工作、做出的决策难免会有失误，在这种情况下，应当首先与领导做好沟通，坦诚说出你的意见，争取与领导达成一致。但对于领导已经下达的指令，无论你认为是对还是错，都要坚决执行，这是成熟的职场人应当具备的素质，拒不执行领导命令，在职场中是大忌，田仁之死就是一个最好的例子。

扁鹊仓公列传

在司马迁的《史记》中，不乏文臣武将，帝王诸侯。但在《扁鹊仓公列传》中，司马迁却记载了两位医生。为什么惜字如金的司马迁会单独拿出一章，给扁鹊和仓公这两位医生作传呢？

那是因为，这两人的医术都非常的高明，是“悬壶济世医苍生，妙手回春解疾疼”的医学圣手，所以司马迁在《史记》中对二人的记载也多以医术、药方为主。不过由于二人都曾在行医期间游历天下，见过不少的达官显贵，自然也留下了许多发人深省的小故事，今天我们就看看能从这两个著名医生的故事里学到些什么。

“医祖”扁鹊的名字，大家肯定都是非常熟悉了，但在这里咱们还是得对扁鹊这个人进行一下简单的介绍。

根据《史记》记载，扁鹊是渤海郡郑地（今河北沧州一带）人，名叫秦越人。他年轻的时候，只不过是一个客栈服务员，和医生一点边都沾不上，一个老头的出现，却改变了扁鹊的命运。

话说这天，扁鹊正和其他人在客栈的大厅里忙活。这时来了一个穿着破衣烂衫的老头，进门就大喊："我是神医长桑君，给我开一间上房。"

其他跑堂一看，觉得这老头是不是疯了？穿的跟个乞丐一样，还说自己是名医？还敢开一间上房？大家互相看了看，就各自忙自己的事，没一个人搭理这个自称是神医的老头。

唯独扁鹊发现，别看这老头穿得不怎么样，但长得却是鹤发童颜，一派仙风道骨，绝不是一般人。于是赶紧跑上前去，恭恭敬敬地帮长桑君办理手续，并且把长桑君送进了房间。就在扁鹊办好一切，转身准备出去的时候，长桑君突然一把拉住扁鹊的手，一脸神秘地对他说："小伙子，我看你骨骼精奇、心地良善，是个悬壶济世的好材料，你想学医吗？"

扁鹊一听，这是好事啊，就说："当然想啦，学医不仅可以治病救人，还能云游天下，我当然想学了。"

长桑君眼睛一亮，说："那好，我这就把我的毕生所学传授给你。"

然后，长桑君就从怀中掏出了一包药和一本书，递给扁鹊，说："这本书是我一生行医的经验总结，你要好生阅读学习。这包药，你要和着雨水连吃 30 天，以后，你就能了解医术的奥秘了。"说完，不等扁鹊拜师行礼，就一把将扁鹊推出了房门。

扁鹊心想，我就是一个跑堂的，和这个叫长桑君的老头无冤无仇，他给我药也没收钱，没有理由骗我。于是就老老实实按长桑君的话，连续吃了 30 天的药。结果到了第 31 天的时候，扁鹊发现自己竟然拥有了一双透视眼，可以看到人的五脏六腑，就和现代的 CT

一样清晰准确。后来，扁鹊就凭着这手绝活而成了神医。

这个故事，当然是司马迁杜撰的了，但它从侧面写出了扁鹊医术的高超。

除了这个故事外，扁鹊最有名的故事得数中学课本中学过的《扁鹊见蔡桓公》(《史记》中的原文是见齐桓侯，但事情经过一模一样)，在此我就不再费口舌讲了。不过扁鹊见魏文王的故事我觉得更有意思，很有必要讲一讲。

传说有一次，扁鹊正在魏国行医，当时的国君魏文王非常仰慕扁鹊的医术，就想见见这个医生，看他到底是个什么样的人，于是派人请扁鹊进宫。

等扁鹊到了之后，魏文王就问扁鹊："我听说先生家兄弟三人，都精通医术，这真是太了不起了！不过我想问一下，您哥仨谁的医术最高明呢？"

扁鹊回答说："我长兄医术最高，二哥次之，我在三个人当中水平最差。"

魏文王对这个回答感到十分惊讶，就问道："不会吧，您也太谦虚了。要真是这样，为什么您的名气最大，而两位兄长却默默无闻呢？"

扁鹊摇摇头说："大王有所不知。我大哥治病，能在病情还没发作之前，病人自己都没觉察的时候，就看出病因，把人治好，这种事只有我们这些同行才知道，所以他没什么名气。我二哥治病，在病人病情初起，病人以为只是个小毛病的时候，就给他治好了，他这种人只有本乡的人能了解和称赞他，所以名气也不大。而我呢，常常是病人已经十分严重，谁都知道他活不长了，我才上去治疗，动大手术，把他从鬼门关拉回来，所以人人都夸我医术高明，能起死回生，我的名声也因此才能响彻天下。”

这个魏文王见扁鹊的故事，记载在先秦道家著作《鹖冠子》里，所讲述的道理就是预防胜于治疗，防患更胜于治患，这与“医者治未病”是同样的道理。

扁鹊与魏文王的这段对话，虽然说的是兄弟三人治病理念的对比，但把这种事前控制强过事发挽救的理念应用在企业管理中，同样是非常有价值的。

很多人都觉得，能让企业起死回生的是牛人，比如乔布斯重返苹果，稻盛和夫以垂暮之年拯救日航。可换个角度想，不让企业走到濒死的边缘不是更好吗？当一家企业面临倒闭时，需要花费无数的精力和心智，投入大量的资源才能让企业再度复兴，这对企业本身来说就是一种巨大的浪费。

有人认为，风起于青蘋之末，能在大风起时扼住命运咽喉的人，是人才。但是，能在一开始就遏制住大风，不让它起的人，就更是难得的人才。古人说：“善战者无赫赫之功，善医者无煌煌之名”（擅长打仗的人没有辉煌的战功，好的医生也没有显赫的名声），讲的正是这个道理。

杰克·韦尔奇对于通用来说，就是那个能在一开始就止住大风的人。

1981年，45岁的韦尔奇成为通用电气史上最年轻的CEO。当时的通用，从表面上看，各方面运转良好，看不出任何衰败迹象，外界也都对通用十分看好。那时的通用是电气行业的龙头老大，里根总统上台后，国际形势也更加有利于美国，像通用这样的大企业，继续平稳运营就可以了。

然而韦尔奇却看出来，这家已经有117年历史的老企业，正弥漫着官僚主义的气息，部门林立、机构臃肿、等级森严，如果再这样下去，前景堪忧。更加严重的是，当时的通用还染上了不少大公司都有的“恐龙症”，长期以老大自居，对市场反应迟钝，长此以往，必定会在日本、德国企业的冲击下走向衰落。所以韦尔奇在上任之后明确提出，要以经营小企业的方式来经营通用，彻底消除官僚主义。

当时，通用全公司共有40多万职工，其中经理就有25000人，高级经理500多人，副总裁130人。公司管理层次共有12层，工资级别多达29级。

韦尔奇的改革先从人员和管理体系开刀，他大刀阔斧裁减重叠机构，把管理层次减少到3层，把原来的350个经营单位，裁撤合并成13个主要部门，把员工裁减到27万人，足足少了三分之一。所以有人管韦尔奇叫“中子弹”，意思是他能把人无声无息地干掉，只让建筑物保持完好。在这种铁腕式的改革下，从公司到媒体，都对韦尔奇的做法产生怀疑，认为他是疯了。因为现在企业运转良好，根本没有必要进行这种外科手术式的裁员。

可后来的事实证明，韦尔奇是对的，他的做法是防患于未然。

之后的20年间，韦尔奇把通用公司打造成了一个充满朝气，富有生机的企业巨头。通用电气的市值由他上任时的130亿美元飙升到4800亿美元，成为全球市值最高的公司。

《扁鹊仓公列传》里和扁鹊一起讲述的还有仓公。仓公本名淳于意，是西汉时期的名医，虽然他是因为医术高超而入选《史记》，但发生在他身上最著名的故事却是“缇萦救父”，缇萦所救的那位父亲就是仓公淳于意，这个故事我们也在之前的《孝文本纪》中讲过，大家要是有兴趣，可以再回去看看。

司马迁在《扁鹊仓公列传》中并没有怎么写淳于意的故事，而是记载了他25篇重要的医案，以及淳于意和汉文帝之间的一些问答。但如果从医学角度看，仓公的这部分列传才是更具价值的东西，因为所记载的这25篇医案可以算得上是中国现存最早的医疗档案了。

仓公会把自己遇到过的典型病例详细记录，作为自己治病过程的总结。他的医案里，不仅记录了成功病例，也承认有诊断错误的时候，这种对病历记载认真和求实的态度，为后世医家提供了榜样。

对医生来说，记录病人的治疗过程非常重要。经营企业，回顾成败的过程也同样重要，这实质上就是我们特别强调和推崇的“复盘”文化。

中国现代企业的发展历程较短，更应该把企业的发展过程记录下来，总结这一路上的经验和教训，然后再以企业文化的形式传承给企业未来的接班人，让他们不要重蹈覆辙。可现在的很多企业家只重视积累资金，而不重视文化传承，导致企业很难再上一个台阶，甚至慢慢就没落了。

日本商界就非常关心中国企业的传承问题，因为在他们看来，在目前这个全球化时代，中国作为世界第二大经济体，又是日本的近邻，两国的联系必定十分密切，中国企业的未来一定会对日本商业界的未来产生巨大的影响。

而中国企业最大的问题，就是企业家一旦精力不够，或者生命终结，谁来接下一棒？这第一棒特别不好接，日本经济界曾断言，未来二十年，中国改革开放取得的成果，将在企业传承上面临挑战。为此，日本研究长寿企业的资深学者后藤俊夫，曾专程来中国考察访问。

后藤俊夫认为，日本的很多企业之所以长寿，是因为做到了家族传承与企业传承同步，而中国的企业在培养接班人方面做得很不到位。

2018 年，后藤俊夫与中国的企业培训师有一次座谈。

在这次座谈会上，后藤问道："中国企业家内心深处，最大的渴望是什么？"

有个企业家说："希望做大，成为世界 500 强！我们有太多企业还没走出国门。中国企业家希望像华为那样，走向全球。"

后藤说："这个问题，日本企业不是这样想，中国企业重视的是成为 500 强，日本企业关心的是延续 500 年。"

一句话，把很多中国企业家点醒了。

我们说 500 强，是规模；后藤俊夫说 500 年，是时间。这句话给了国内企业家很大刺激。因为笑到最后的人，才是胜利者，如果我们只是一味想着做大做强，却不想着如何将自己的企业传承下去，那又怎么能笑到最后呢？

结语

两千年前的扁鹊和仓公，他们悬壶济世，造福百姓，还留下了丰富的精神食粮。人要怎么活着才最好？医界有句名言：活得舒服活得长。这七个字的概括，胜过无数心灵鸡汤。

治疗疾病和运营企业的道理其实是相通的，一个企业要想活得舒服，就得防微杜渐，把问题扼杀在摇篮里；要想活得长，就得注意传承，让后来人看着前人“画的地图”前进，给后人标记好这一路哪里是弯，哪里是坑，只有这样，才能避免重蹈覆辙，企业才能健康发展。

吴王濞列传

古往今来中国农民起义军之所以造反，目的只有一个——就是解决吃饭问题，不逼到吃不上饭，无法生存的地步，百姓们大多会安居乐业。可有些人就是不想好好过日子，这些人还不是一般的老百姓，而是独霸一方的诸侯。西汉景帝时期的吴王刘濞就是这么一位，历史戏剧性的一幕从两千多年前的一天就此拉开。

两千多年前的西汉，吴王刘濞以 61 岁的高龄起兵造反，他企图以声东击西之计，攻破周亚夫。谁知道，久经战场的周亚夫稳扎稳打，让刘濞毫无可乘之机。

公元前 154 年三月，两军相遇。刘濞的败局已定，折腾了这么长时间，周亚夫龟缩不出，时不时出来抢一下粮食，骚扰一下吴军。搞得吴军军心不稳不说，最为重要的是饭都吃不饱。生存还是毁灭，不只是哈姆雷特的问题，也是当时刘濞面临的问题。刘濞很明显还想活几年，于是就想逃跑。周亚夫在后面穷追不舍，最后，刘濞抛下大部队，在少量精锐的保护下，逃到了东越，东越王假意热情接待吴王刘濞，却趁刘濞大意，杀了他，并且把他的头献给了周亚夫。至此，吴王刘濞这个“七国之乱”的带头人被周亚夫完美终结。

周亚夫可以说是“七国之乱”的终结者。吴王刘濞死后，其他六王自杀的自杀，被杀的被杀，到公元前 154 年四月，“七国之乱”被最终平定。这场战争，虽然仅仅历时三个月，但死伤十几万人，对刚刚建立不久的西汉王朝来说，是一场严重的劫难和考验。

那么，这个领头造反的吴王刘濞到底是个什么样的人呢？

刘濞是刘邦二哥刘仲的儿子，曾深受刘邦的喜爱和重用，公元前 196 年，刚刚满 20 岁的刘濞就被刘邦封为沛侯，身居要职，手握重兵。同年，英布举兵反叛，刘邦御驾亲征，刘濞以骑将身份随行出征，最终击破叛军，立下奇功。

英布之乱时，荆王刘贾被叛军所杀，吴郡又接壤东越诸国，乃是军事要地，刘邦担心江东人不服刘家皇权，于是决定选壮王镇守。由于刘邦的儿子们当时都还年幼，而刘濞正值壮年，勇猛无敌，又作战有功，所以公元前 195 年，刘邦改荆国为吴国，并将 21 岁的侄子刘濞封为吴王，统辖东南三郡五十三城，定国都于广陵（今江苏扬州）。

当时，刘邦观察这个侄子，就发现他面有反相，于是后悔把刘濞封为了吴王，但无奈已经封王授印，君无戏言，刘邦只能摸着刘濞的后背试探地说：“我预测大汉王朝建立五十年后，东南方会发生叛乱，不会是你吧？咱们都姓刘，是一家人，希望你谨慎处事，不要谋反啊！”听皇上刘邦如此说，刘濞自然是惶恐万分，立刻跪地叩头，连声保证："侄儿不敢！侄儿不敢！"

西汉时候的吴国，就已经是天下富庶地，不仅东南沿海盛产海盐，而且在豫章郡（今江西南昌）境内发现了铜矿山。于是刘濞凭借地域优势以及手中的权力开始大量煮盐、铸钱。贩私盐和铸私钱在古代都是违法的暴利行业，刘濞因此累积了巨大财富。再加上手握重兵，坐镇一方，整个江南俨然成了他的独立王国。

汉文帝刘恒在位期间，刘濞的儿子刘贤曾入京陪皇太子刘启喝酒对弈。这个刘贤，生性傲慢轻佻，在吴地跋扈惯了，竟然因为下棋时的棋路之争对太子刘启态度不恭，出言不逊。刘启大怒，拿起棋盘就打刘贤，不料失手把刘贤给打死了。

刘贤死后，汉文帝护犊子，并未严惩太子刘启，只是把刘贤的尸体送回吴国安葬。但刘濞得知爱子死讯后却说："天下一宗，既然死在长安就应该葬在长安，何必送回吴国？"然后，刘濞真就不顾死者安息，派人又把儿子刘贤的尸体千里迢迢送回了长安。

刘濞口中的"天下一宗"，明显是在怨恨汉文帝和太子刘启不顾念本家亲情，而把儿子尸体送回长安的做法更是直接表达了不满。刘濞从此更加肆无忌惮，不顾藩臣之礼，常年称病不上朝，俨然已经有了不臣之心。

景帝三年（公元前 154 年），汉景帝（即当年的皇太子刘启）听从了晁错的建议，针对刘姓诸王进行削藩。吴王刘濞第一个给予回应，联合楚王刘戊、赵王刘遂、济南王刘辟光、淄川王刘贤、胶西王刘昂、胶东王刘雄渠等刘姓宗室诸侯王，以"清君侧"为名发动叛乱，这就是西汉历史上著名的“七国之乱”。

但是，以吴国为首的七国虽然实力强劲，却终究不是朝廷的对手，汉景帝派大将周亚夫率军出击，这才发生了开头狼奔豕突的一幕。周亚夫三个月内便平息了叛乱，刘濞兵败被杀，终年 62 岁。

从公元前 195 年刘濞封王，到公元前 154 年“七国之乱”爆发，刘邦整整提前 41 年准确预言了侄子的谋反。既然如此，刘邦当初为什么不除掉刘濞，永绝后患呢?

刘邦并非预言家，也不懂谶纬之学，他说刘濞会谋反，其实是通过分析所得。刘濞作战勇猛，性格强势，必然不甘久居人下，刘邦当面说刘濞将来会谋反，其实只是一种试探，而当时刘濞的反应是诚惶诚恐，发誓不敢，刘邦因此放心了许多。此外，刘邦之所以不杀刘濞，更重要的原因则是他需要这个侄子的辅佐。前文提及，刘邦铲除异姓王后，急需强势的同姓王镇守各地，而他自己的儿子很少，并且还都年幼，无法担当大任，所以当时刘濞等兄弟子侄是他唯一可以倚仗的本家力量。那么，刘濞后来为什么真的反了?

这场劫难除了吴王自身的性格、私人恩怨这些表面原因外，从事件本身来看，其实还是中央和地方的矛盾，这个矛盾从西汉建国之初就存在：当初的异姓王，如今的同姓王。这个矛盾产生的表面原因是中央操之过急，粗暴削减地方的封地。更深层的原因，则是利益的分配没有找到一个平衡点，导致了既得利益者的反弹。所以，一个组织要做大做强，做好利益分配太重要了，对创业型企业来说就更重要了。

任正非说："华为能够走到今天，得益于分钱分得好。"徐小平说："创业的基础就是两个：一个是团队，一个是股权结构。"股权结构不合理，公司一定做不成。分好股权，可以助力企业吸引人才、资本与资源，共同做大蛋糕，成就的是"创业故事与中国合伙人"；分不好股权，做不大蛋糕，酿成的可能就是"创业事故与中国散伙人"。

任正非曾经在《华为的冬天》一文中写道："面对变革要有一颗平常心，要有承受变革的心理素质。我们要以正确的心态面对变革。"华为是这样说的，也是这样做的，在此，华为"利益均沾"的分配模式特别值得企业家借鉴和学习。

有一则小故事，可以成为华为的一个另类注解。1993 年初，在深圳蛇口的一个小礼堂里，华为召开了 1992 年年终总结大会。当时全体员工 270 人，第一次目睹了任正非满脸沉重、嗓音沧桑的真情流露。会议开始后，只见任正非在台上说了一句"我们活下来了"，就泪流满面再也说不下去，双手不断抹着泪水……

这是一面镜子。从中可以窥见任正非创业初期经受的艰辛与屈辱，也可以看见后来采取共赢市场策略和全员持股时，他的内心有多么坚定。宁愿与所有人利益均沾，宁愿自己只占 1.42% 的股份，也要让合作伙伴、让员工和自己一起拼命把企业做大。

1992 年华为销售收入只有区区 1 亿元，这点资金远远不够做市场。何况，研发也是一个需要花大价钱招收大量技术人员和连续投入大量资金的漫长过程……此时华为资金极为紧张，面临生死大考。

20 世纪 90 年代初，国外竞争对手们纷纷通过技术转让，与邮电系统甚至与当地政府成立合资公司等方式进入中国市场。任正非想，既然外资可以这样，自己拥有核心技术，为什么不可以呢？华为很快学到了这一点，而且做得更加彻底——华为不只是与一个地方的邮电系统合资，而是与全国的邮电系统合资，广泛吸收股份。

1993 年，华为得到广东省和深圳市支持，与全国 21 家省会城市邮电系统联合发起成立合资公司——莫贝克公司，注册资金 8881 万元。华为给邮电股东们的年分红承诺达 30%。

对邮电系统而言，这是用自己的资金在自己的地盘做市场，让自己获利，自然全力以赴。通过这种方式，华为与电信局客户之间形成了资金和市场的紧密联盟，就像硬币的两面，一面获得资金，另一面获得市场。资金解决了，市场打开了，华为大转折，迈过生死关，最终实现了全社会、消费者、邮电系统和华为的多赢。

“利益共同体”模式立竿见影，华为营收从 1992 年的 1 亿元增长到了 1996 年的 26 亿元，当年的股东也都获得了高额投资回报。至此我们可以看到，华为的市场逻辑其实很清楚，那就是打造“利益共同体”，有钱大家赚。任正非说：“现代企业竞争已不是单个企业之间的竞争，而是供应链的竞争。企业的供应链就是一条生态链，客户、合作者、供应商、制造商的命运在一条船上。只有加强合作，关注客户、合作者的利益，追求多赢，企业才能活得长久。”“利益共同体”的思想，在全员持股中则体现得更加直接。

1994 年，华为再次与各省邮电局成立了 27 家合资公司，进一步打通市场渠道，共计获得“风险投资”5.4 亿元，再次为华为的高速扩张和大规模研发输入了血液。“有利益共同体又有利益驱动机制，我们就能激活这个组织。”任正非说。利益均沾，成就了华为的伟业，成就了中国屈指可数的一家高科技公司。

相比华为，反观我们很多民营企业是如何做的呢？很多都是兄弟式合伙，仇人式分家。当员工利益不能与企业利益相匹配的时候，当客户利益不能得到基本保证的时候，当合作伙伴利益失去公平的时候，那么，作为企业的老板就要想一想，你的企业可能已经面临着巨大的灾难了！

合作是暂时的，利益是长久的。没有长久的利益平衡，也就不可能有长久合作的可能。企业与员工是这样，企业与客户是这样，民族之间是这样，国家外交也是这样。要想实现企业的快速发展，“利益均沾”是必须坚持的重要原则。

结语

以史为鉴可以知兴替，在如何平衡利益的关系上，西汉的“七国之乱”给了我们前车之鉴。最后请记住，利益趋同、上下同欲、思想统一、绩效必增，企业才会有生命力和内驱力，老板也要明白你带的是团队、搭的是平台、建的是机制、做的是共同事业，只有这样，企业才能在机遇与挑战之间寻求利益的平衡，最终做大做强！

魏其武安侯列传

陈忠实的小说《白鹿原》讲述了白嘉轩和鹿子霖二人争斗一生的故事。这让我联想到了《魏其武安侯列传》中记载的魏其侯窦婴和武安侯田蚡二人，太史公在这篇列传中，绝大多数的笔墨都落在这两人的争斗上。

司马迁之所以把魏其侯窦婴和武安侯田蚡合著一传原因有二：一是俩人都是外戚；二是俩人都当过丞相。按辈分，田蚡应该叫窦婴舅舅，然而，两人因为儒学走到一起，又因为志趣不合而分道扬镳并争斗不止。结果一人被杀，一人被吓死，最终两败俱伤。

元光四年夏天，丞相田蚡娶燕王刘嘉的女儿为夫人，王太后下诏，要列侯宗室统统前往祝贺。魏其侯窦婴邀灌夫同往。灌夫推辞说："我因饮酒，过去多次得罪过丞相，去了多有不便。"但架不住窦婴的劝说还是去了。

酒宴之上，丞相田蚡起身敬酒，诸侯宾客纷纷离席，俯伏在地。然而，当魏其侯窦婴敬酒时，只有少数几个故旧离席还礼，大多数人只是欠欠身子而已。

窦婴和田蚡同为列侯，都是外戚，区别仅在于一个是前任丞相，一个是现任丞相，而且这个现任丞相还是窦婴提携上去的。在座诸人中，大多数都曾看着窦婴眼色行事，想不到的是现在竟然这样厚此薄彼，窦婴的门下灌夫看在眼里，气在心里。不久，轮到灌夫敬酒，敬到武安侯田蚡时，田蚡不仅不还礼，还说什么“不能满杯”，这明显是对灌夫的轻视。

灌夫心中恼怒，强作笑颜，说：“将军已经尊贵到这个地步吗？连一杯酒也不能满？”露出明显的不快。当灌夫转向临汝侯敬酒时，临汝侯不但不还礼，还附在程不识将军耳边说悄悄话。临汝侯是灌婴的孙子，论年纪论辈分都低于灌夫。灌夫本来就一肚子火，见临汝侯小小年纪也敢如此无礼，破口大骂：“你平时诋毁程将军年老无能，一钱不值，现在见长者敬酒，怎么又像个女人似的和程将军唠叨起来了？”

临汝侯未及回答，田蚡插话说：“程将军和李将军是东西宫卫尉，你当众侮辱程将军，也就是侮辱李将军。”李将军指李广。田蚡的这番话是挑拨灌夫和程不识、李广的关系。灌夫十分推崇李广，田蚡有意把程、李并提，扩大灌夫的对立面。灌夫性情刚烈，发火实际上是冲着田蚡的，在气头上更不会把田蚡这个新丞相看在眼里，听到田蚡的话厉声回答说：“砍头洞胸我都不怕，管他什么程将军、李将军。”说完，怒气冲冲地拂袖而去。

田蚡抓住时机，对众人说：“这是我放纵灌夫的过错，必须加以训诫。”于是命令卫兵拦住灌夫。田蚡的门客籍福知道两人矛盾缘由，也知道田蚡不肯善罢甘休，急忙起身劝解，要灌夫向田蚡赔礼，避免矛盾进一步深化，灌夫不从。籍福把灌夫拖到田蚡跟前，按着灌夫脖子，硬让灌夫行礼谢罪，灌夫还是不从。田蚡命人把灌夫抓起来，又对长史说："今日奉旨开宴，灌夫犯了骂座（漫骂同座的人）不敬之罪，立即上奏。"便分头派兵把灌夫的僚属妻小全部抓起来，定了死罪。

窦婴见事情闹大，也看出来田蚡是借机报复，于是不顾家人劝阻，冒险夜见汉武帝，把宴上事情叙说一遍，力陈灌夫无罪。汉武帝决定第二天召集群臣讨论之后再定案。

第二天，文武百官齐集朝堂，窦婴大讲灌夫有功朝廷，醉后不敬，冒犯垂相，是该训诫，但罪不至死。田蚡则指责灌夫在颍川（今河南禹州）横行不法，死有余辜。窦婴也揭发田蚡兼并土地，沉溺于妇女声色之中，为官不清。田蚡长于辞令，巧言善辩，见窦婴揭自己短处，就辩解说："天下安乐无事，我为陛下肺腑之臣，爱好声色犬马，不过坐享太平而已。而窦婴、灌夫却招募豪杰，诽谤朝政，图谋不轨。"意思是，我的爱好不高雅，爱好音乐、狗马、田宅、歌伎艺人，不像你窦婴和灌夫，喜欢招集天下豪杰和壮士，彻夜商讨，发泄对朝廷的不满，不是观天象，就是低头谋划，偷偷观察宫内的动静，希望天下生变，真不知道你们这是想干什么？

双方唇枪舌剑，你来我往。辩论结束后，在汉武帝的母亲王太后的强力干预下，窦婴被追责下狱，后来又加上"景帝遗诏"这件说不清道不明的事，灌夫很快被灭族，窦婴也被处死。田蚡也不好过，虽然取得了暂时的胜利，但从此落下了心病，最后竟然因心病而死。他们二人为了一些争斗，最后不仅各自以凄惨的方式谢幕，更让窦氏和王氏外戚退出了政治舞台。

一杯酒引发的血案，当时看仅仅是一杯酒，其实两个人积怨已久，特别是在相位的争夺战中，两人心中都埋下了仇恨的种子。

当窦婴挟平叛之功居丞相之位时，窦府门庭若市，趋炎附势者比肩接踵。当窦婴相位旁落后，家中蚊子的声音都清晰可闻。窦婴实在忍受不了这巨大的落差。一山难容二虎，两个侯爷在这场你死我活的争斗中，谁是最终的赢家？答案很清晰，那就是在两人背后坐山观虎斗的汉武帝！

太史公《卫青列传》写到，苏建建议卫青招揽门客，卫青退让说道："自魏其武安之厚宾客，而天子常切齿。"窦、灌二人养士习气早已为汉武帝所不容。窦婴封侯后家中宾客每天络绎不绝，跑马走狗，天天不断，田蚡没有得势前也是窦府常客。而灌夫家里的食客少则几十，多则近百，宗族和宾客借势垄断利益，在颍川一带横行霸道。

加之，窦、灌二人性情相近，都有侠士之风，这样的人同病相怜并结成同盟，是汉武帝无法容忍的。联想一下汉武帝当政后对郭解、代郡（今河北蔚县）白氏、梁地（今河南东北部）韩无辟、阳翟薛兄、陕地（今河南三门峡）韩孺……这些游侠的打击，就知道汉武帝是多么痛恨所谓的游侠之风、江湖习气了。汉武帝深知韩非子"儒以文乱法，侠以武犯禁"的道理，不希望有独立于权柄监控之外的势力存在，所以打击这样的风气和侠士也是不遗余力。

很明显，汉武帝是不能容忍两个越来越强大的外戚存在的。田蚡死后，盘踞朝堂多年的外戚势力被汉武帝这么轻轻一拨弄就化为乌有。没了之前外戚势力的干扰，汉武帝开始了大刀阔斧的改革，汉武盛世在他治下开始呈现。所以说，在窦婴和田蚡的争斗中，汉武帝坐山观虎斗，最终从中渔利，夺取了胜利果实，这才是真正的幕后高手！

鹬蚌相争，渔翁得利。商场如战场，在没有硝烟的商海中，这其实是一种很好的商战战略思维。

2014 年的天猫“双十一”，世人关注的焦点聚焦到了酒类电商。从 11 月 11 日零点到 11 月 12 日零点，酒仙网和“1919”的战争，可用惨烈来形容。

电商不是“1919”的主营业务，但“1919”以如此猛烈的炮火，跨界参与此番“双十一”大战，目的只有一个：死磕酒仙网！“1919”精心谋划，弹药充足，志在必得。“双十一”之前一周，“1919”即抛出超低价“大礼包”，惹得茅台、五粮液等大咖酒企争相发出声明，轻轻松松登上了新浪、腾讯、网易等几大门户网站首页，成为业内业外热议的话题。

零点，战争开打，“1919”一马当先，2 小时内，董事长杨陵江早早就公布了耀眼的销售数据。酒仙网顿时陷入被动，而且在后来的 24 小时的大部分时间里狼狈不堪，几乎拿不出有效的反击手段。

最后关头，酒仙网祭出狠招，甩出了 5 万瓶 699 元的 53 度飞天茅台，董事长郝鸿峰在微信朋友圈公开喊话：“敢跟 5 万瓶 53 度飞天茅台 699 吗？”从限购 1 瓶，到限购 48 瓶，40 分钟卖出 27000 瓶，这才算勉强扳回一局。

次日清晨，“1919”董事长杨陵江发表郑重声明，双方打起了“口水仗”，从公关水平来看，“1919”是赢家。“双十一”当天，“1919”的关键词搜索一直遥遥领先于茅台、五粮液、酒仙网。“双十一”这天，从行业媒体到公众媒体，从自媒体到微信群，全都在谈论“1919”和酒仙网的大战。“双十一”过后，“1919”还是热点……

酒仙网费了九牛二虎之力，气喘吁吁地保住了销量第一的宝座，在公关上却是完败。这一点，从各媒体的报道以及微信群里大家的评论就知道了。而且从销售数据上看酒仙网也并不值得庆祝。

2014 年“双十一”电商大战，带给行业的意义非常重大。在“双十一”的血拼之中，最大的赢家是天猫。电商先后成就过服装、电器、化妆品，也成就过图书、手机、小零食，从天猫的种种迹象来看，它已经盯上酒水这块蛋糕，一定会通过这种手段将市场做大，当然最常用的手段就是引导参与者打价格战。此次“双十一”，天猫并未真正出手，几大酒类电商差点血拼到“势不两立”。其实，依赖天猫的酒类电商很难做大，因为天猫是你的小产权房，而且房租不低。

总之，这个世界上有一种人，干了一件事情就是一鱼一吃，这种人就是开店的人。这个世界上有一种聪明人，可以一鱼多吃。这种人就是像房东一样的人，做一个生意，他能同时赚多种钱：收租金、涨房租、买卖商铺、投资新商铺，这种坐收渔利的人才是真正的高手，相比单向思维，这就是立体思维。人要生存进步唯有创新，创新的前提是让自己有洞察力，凡事能举一反三，进行立体思维。

立体思维也称“多元思维”“全方位思维”“整体思维”，是指跳出点、线、面的限制，能从上下左右四面八方去思考问题的思维方式，也就是要“立起来思考”。

那么，如何获得这种能力呢？请记住，智慧一定来自全方位的视野，能力来自多维度的选择，所以大家要提升思维，一定要提高自己掌控全局的思维格局。观世界才会有世界观，走出去的同时，不断地读书学习，为自己进取赋能，这才是明智的选择。

结语

史家关于窦婴失败的原因众说纷纭。三个人的失败最终换来一个人的成功，争权夺势的诸侯，好勇斗狠的匹夫，说到底都是利益，窦婴和田蚡看重的是权势，灌夫看重的是横行无忌的感觉，做大哥的快感。欲望慢慢吞噬人的本性，让很多看上去十分疯狂的事变得顺理成章。

总之，你的思维格局决定了你的人生高度。拉开人与人之间差距的，就是不同的思维格局。你是什么样的思维格局，就会做出什么样的选择，从而决定了你的人生是什么样。只有转换思维，放大格局，才能突破局限，你的人生才会越飞越高！

韩长孺列传

前段时间，一则关于“豫章书院死灰复燃”的社会新闻引起了公众的广泛关注。事情的缘由是这样的：两年前，有很多人举报称江西省南昌市的一所民办教育培训机构——豫章书院存在严重体罚学生、囚禁、暴力等问题，对无数孩子的身心健康造成了极大的创伤。这些行为被曝光以后，迫于社会压力，豫章书院在2017年向当地教育部门申请了停办，但作为豫章书院校长的吴军豹却毫无反省之心，在学校关门后的一年多时间里，居然对举报者进行大肆恐吓报复，所以媒体用了“死灰复燃”这个成语来形容曾经为恶的豫章书院又重新活动起来了。

现在，看到“死灰复燃”这个成语，大多都是贬义的，但实际上，“死灰复燃”的原始出处不但不是贬义的，它还出自汉朝的一个励志故事。故事的主角是西汉名臣韩安国，他曾经含冤入狱，并且在狱中遭到狱吏的欺凌迫害。他在狱中对迫害自己的狱卒说：“死灰独不复燃乎？”狱卒回话说：“燃即溺之。”意思是说，死灰也是有可能重新燃烧起来的，结果狱卒很不屑，说如果你能重新燃烧，我就撒泡尿浇灭它。后来韩安国平冤昭雪，还成了两千石的高官，出狱后的韩安国并没有对曾经迫害过自己的狱吏挟怨报复，他宽宏大量地放过了所有曾经欺辱过自己的人。今天我们就一起来了解一下这位老成持重、“死灰复燃”的西汉名臣韩安国。

韩安国，字长孺，祖籍梁国成安县（今商丘民权），他自幼博览群书，学识渊博，是远近闻名的辩士与学问家。梁孝王听闻韩安国的大名，把他召入手下担任中大夫，成为梁孝王身边的得力谋士。他先后帮助梁孝王和西汉王朝化解了多次危机，因而深得汉景帝的信任。

汉武帝时期，韩安国更是进入了汉王朝中央政权的核心圈子。韩安国之所以能进入中央，和汉武帝的舅舅田蚡有着密不可分的关系。

汉武帝建元年间（公元前140—公元前135年），汉武帝的舅舅、武安侯田蚡担任了太尉。由于田蚡是汉武帝的母亲王太后同母异父的弟弟，因而备受宠信。不甘心在诸侯国当一辈子小官的韩安国送给田蚡价值五百斤金子的礼物，让田蚡在王太后面前为自己说好话。最终通过这层关系，汉武帝把韩安国从梁国调入了中央。

在进入中央以后，韩安国觉得当时的汉朝还没有做好对匈奴作战的准备，所以他对汉武帝进言说：“强弩之极，矢不能穿鲁缟；冲风之末，力不能漂鸿毛。”意思就是，强力的弩射出的箭，到了落地的时候，力量已尽，就连鲁地的薄绢也射不穿；疾风刮到最后，微弱的风力连大雁的羽毛也吹不起来。所以他建议汉武帝采用缓兵之计，先与匈奴和亲，以后再做打算，也正是由于韩安国的这个建议才使得汉王朝又有了一段休养生息的时间，直到国力和军力都准备得足够充分，才正式与匈奴开战，并取得大胜。韩安国也因此被汉武帝所赏识，历任大司农（相当于财政部长）、御史大夫（相当于最高检察院检察长）等高级职务，成为汉朝有史以来第一个从平民努力做到三公（丞相、御史大夫、大将军或大司马）的人。

韩安国最大的特点，就是善于处理各种复杂问题。最经典的案例就是他曾调解过汉景帝和梁孝王之间的家庭矛盾（这件事咱们在《史记·梁孝王世家》中讲过，简单来说就是，因为梁孝王仗着窦太后的宠爱，各种排场都堪比皇帝，还对汉景帝的皇位有想法，惹怒了汉景帝，是韩安国去向窦太后和汉景帝求情，才让梁孝王躲过一劫），以情动人，以理服人。连“清官”都难以裁断的帝王家事，却被韩安国处理得滴水不漏，非常完美。韩安国也因此受到窦太后和汉景帝的提拔和重用。

还有一件事更充分地体现了韩安国善于处理复杂问题的能力。

话说汉武帝元光四年（公元前 131 年），因为魏其侯窦婴的门客灌夫“使酒骂座”，就是借着酒劲发酒疯，这窦婴是汉武帝的奶奶窦太后的侄子，他与当时的丞相田蚡之间的矛盾已经激化到了不可调和的地步，都恨不得要弄死对方，两人一个是至亲，一个是重臣，汉武帝有点左右为难，就让两人当堂对质辩论，结果窦婴与田蚡两人在朝堂之上也是针尖儿对麦芒，疯狂地互相指责，谁也不肯退让半步。看到自己的两个长辈互相争吵，极不体面的样子，汉武帝不胜其烦，于是终止了两人的争吵，开始征求在朝大臣的意见。

当问到韩安国怎么看这件事时，韩安国沉默了一会儿，又正了正衣冠，这才诚恳地对汉武帝说："陛下，魏其侯说灌夫的父亲在七国之乱中为国而死，灌夫也曾在平定七国之乱时，手持战戟冲入吴军阵中，杀敌斩将无数，身受几十处创伤仍死战不退，依老臣看来，灌夫是我大汉少有的勇士，如果只是因为多喝了几杯酒，酒后失态而引起口舌之争，这不算是什么大罪过，不至于因为这点小事就判处灌夫死刑，所以，在这一点上魏其侯的观点是对的。"

说完这些话，韩安国沉默了片刻，又抬头看了看满怀期待望着自己的丞相田蚡，慢条斯理地接着说："丞相说灌夫和大奸巨恶的人称兄道弟，又喜欢欺压平民百姓，积累了数不清的财产，还在颍川横行霸道，任意凌辱侵犯皇族，这就有些过分了，正所谓'枝大于本，胫大于股，不折必披'（树枝比树干大，小腿比大腿粗，其后果不是折断，就是分裂），所以臣觉得丞相的话也不错。这魏其侯与丞相双方说的都有道理，老臣实在是不敢妄下结论，陛下您英明神武，想必心中早有决断，所以还是请陛下亲自裁决吧。"

田蚡一听韩安国这么说，感到十分不痛快，愤怒的火苗是"噌噌噌"直往脑袋顶上窜，心想："你韩安国可是我一手提拔上来的，要是没有我，你能进中央工作吗？这会儿该你报答我恩情的时候，你怎么成了缩头乌龟了？"所以退朝以后，怒气冲冲的田蚡出了宫门，就把韩安国叫上自己的马车，准备兴师问罪。

韩安国上了田蚡的马车，屁股还没有坐定，田蚡就阴沉着脸，气愤地质问他："老韩啊，我一直待你不薄，朝堂之上，我和窦婴老儿争论，在这种关键时刻，你就应该旗帜鲜明地站在我这一边，可你却在那儿和稀泥，你到底什么意思？"田蚡一边数落韩安国的不是，一边把车厢的壁板拍得啪啪直响。

韩安国等田蚡发完脾气，也不再那么激动了，才对安静下来的田蚡说出了自己的想法，他说："丞相大人啊，我这样做可全都是在为您着想，您今天在朝堂上的表现实在是不妥啊。魏其侯公然毁谤您，如果我是您，就应该立即摘下官帽，解下印绶，归还给皇上，然后向皇上请罪，说：'魏其侯的话都是对的，我因为是皇室亲眷的关系，才侥幸得到了这个相位，臣很惭愧，愿意把相位归还给陛下。'如果您这样说，皇上必定会称赞您有谦让的美德，不但不会罢免您，还会对您另眼相待。魏其侯一定也会内心惭愧，按照他的脾气，弄不好都得羞愧到关起门来咬舌自尽了。但是现在呢，他窦婴骂你，你也回骂他，你们两个既是皇亲又是重臣，这样彼此公然对骂，好像商人掐架、泼妇骂街一样，这实在是有失体统啊！"听到这儿，刚刚还怒发冲冠的田蚡如梦方醒，他急忙向韩安国认错，说："原来是这样，刚才的争论，我确实是过分了。"

然而韩安国的提醒为时已晚，这场辩论最终导致窦婴和田蚡的关系进一步恶化，走进了不可挽回的死胡同，朝着双方都不愿意看到的方向发展，最后灌夫全族被杀，窦婴也被杀，田蚡也因此落下了心病，不久悲惨离世。如果当初心浮气躁、斤斤计较的丞相田蚡能有韩安国的胸怀和格局，懂得以退为进，结局或许就会是另一番景象。

纵观韩安国的一生，我们发现他是个非常讲究策略，善于以退为进，有大格局的人。其实企业发展有时也需要这种策略。在资本寒冬、创业维艰的当下，越来越多的企业面临着严峻的生存环境。

那么，这些企业该如何存活下来呢？我想，不妨学一学韩安国，静下心来，选择以退为进的战略。

古语说“临渊羡鱼，不如退而结网”。退，不代表不做事，而是以退为进，要做一些平常没有时间做的事，做一些着眼于长远的事，做一些需要长时间才能完成并见效的事，通过“退”做这些事情，为企业长远的“进”奠定坚实的基础。从企业可持续发展的角度讲，做这样一些事情对任何企业而言都是必要的，是企业积累“软实力”不可或缺的过程。

“商业是一场持久战，一开始比的是灵感、勇猛和运气，接下来拼的是坚忍、格局和理性。”在市场经济条件下，企业有进有退很正常。经营或决策失误了，知难而“退”，在技术上寻求领先之道；在产品上追求创新；在管理上遵循科学，崛起并非难事。所以，“后退力”不是要埋没你的才智，不是让你一蹶不振，不是让你逃避问题，而是让你借机不断完善自我，为下一次前进储备更大的力量，为未来多增加一种选择的可能。

结语

古人形容插秧的情景曾做过这样的诗句：“手把青秧插满田，低头便见水中天。心地清净方为道，退步原来是向前。”往后退，退到最后，才能把所有的禾苗都插好了。所以，后退，其实是为了更好地成长。以退为进，世界才更广阔。

所以，为人处世，亦如同参禅。退却一步，才能冲得更远；谦卑反省，才会爬得更高。以退为进，是人生的一种大智慧。退步并不是忍让和怯懦，而是坚韧和刚强，真正的大丈夫是能屈能伸的，退只是表象，蓄势待发才是本质。懂得给自己留条退路，遇事才有转圜的空间，如果处处将自己限定，将永远走不出自设的死胡同。

李将军列传

在汉代，要说最著名的几位将领，李广必居其一。当时匈奴人都尊称李广为“飞将军”，只要有他在就不敢突袭。到了唐代，李广更成了人们顶礼膜拜的卫国大英雄，有不少诗文都在称赞李广：“但使龙城飞将在，不教胡马度阴山”“君不见沙场征战苦，至今犹忆李将军”。唐德宗时，统治者更是把李广等历史上六十四位战功卓著的名将供奉于武成王庙内，称为武成王庙六十四将。宋徽宗时追尊李广为怀柔伯，位列宋代武庙七十二将之一。

飞将军李广赫赫有名，但人们说起他，却总是一个悲情英雄的形象。的确如此，虽说李广战功卓著，却仕途坎坷：他一生与匈奴发生 70 余战，为二千石（相当于省部级官员）吏 40 余年，却至死未能封侯。无怪乎司马迁在《李将军列传》中直抒胸臆：“及死之日，天下知与不知，皆为尽哀。彼其忠实心诚信于士大夫也！”最令人扼腕的是，让匈奴闻风丧胆的老英雄李广的落幕居然是不堪受辱，自刎而亡，他的死充满了悲壮，这又是为什么呢？

李广出身于将门，他的先祖李信是秦朝名将，曾率军击败燕太子丹，李广家族世代担任仆射这一官职。汉文帝十四年，匈奴大举入侵萧关（今宁夏固原东南），李广以良家子弟的身份从军抗击匈奴，因为精通骑射，斩杀匈奴首级很多，被任为汉中郎。李广曾经随汉文帝出行，多次冲锋陷阵和猛兽搏斗，因而汉文帝不无感慨地说："可惜呀，你没遇到好时机，假如让你生在高祖时代，封个万户侯不在话下！"欣赏之情溢于言表。

汉景帝即位后，李广任陇西（今甘肃东南部）都尉（古代的郡尉，辅助太守掌管军事），后又改任骑郎将（掌管羽林骑）。李广离封侯最近的一次，是汉景帝时平定七国之乱。李广当时在周亚夫手下任职，作战非常勇猛，曾于万军之中，亲手夺得敌方军队的军旗，我们平常下军棋，军旗被夺，就只能推盘认输。所以说，这在当时可是奇功一件啊！但可惜的是，李广有勇无谋，非常缺乏政治敏锐性。他竟然接受了梁孝王刘武的将军令和奖赏，这让汉景帝非常生气。作为中央政府的将军，竟然私自接受了地方诸侯王的将军印，而且这个地方诸侯和中央政府还有各种错综复杂的矛盾，这绝对是犯了大忌的。汉景帝知道后极为光火，回来之后坚决不给李广封赏。刚好当时匈奴经常进犯汉朝，汉景帝一纸调令将李广调到边境担任太守，眼不见心不烦。从此，李广的命运就与抗击匈奴紧密联系在了一起。

汉武帝继位后，对待匈奴一改汉初的和亲政策，采取主动出击的策略。公元前 133 年，汉武帝在马邑（今山西朔州）策划了一场针对匈奴的诱敌歼灭战。不过由于遭到泄密，计划失败了，这就是有名的“马邑之谋”。之后，汉武帝派自己的亲信大臣卫青、霍去病大举进攻匈奴。此时李广虽然已经年过花甲，依然不肯服老，一心想要封侯的李广面对正在冉冉升起的新一代年轻将领，怀着五味杂陈的复杂心情，向汉武帝主动请求参战。但是汉武帝根本不想让他参战。为什么呢？原因有三：其一，年龄太大，不能逞前时之勇；其二，迷信的汉武帝认为李广“数奇”，“数奇”就是命不好，所以不想让李广去；其三，李广坚决要求去，这个“坚决要求”又犯了大忌，在专制体制之下，所有的事情都是由上面决定的，上面可以给，下面不可以要。李广要，其实是很犯忌讳的。但更重要的是，李广之所以要去，其目的不是国家社稷，而只是为了个人功名，这让武帝很是不爽。

汉朝大军出发之后，卫青探听到匈奴单于的下落，于是亲自率领精兵前往，这时候李广还在努力争取汉武帝的参战允诺，所以战争一开局，就对李广很不公平。汉武帝命令李广从远道迂回到匈奴后方，对单于形成合围之势，两路大军共同歼灭匈奴。

计划开始后，卫青命令李广走的那条路极为荒凉，根本不适合大军行动。原来，大军出发前，汉武帝根本没有把李广当回事，他密令卫青：不要让李广担当重任，免得他年老误事。所以当李广恳求卫青随同汉朝大军一起作战时，卫青却无动于衷，很强硬地拒绝了李广的要求。

李广见无法如愿，本就憋屈的心里更加悲愤，他也没向自己的顶头上司卫青辞行，就带着士兵们怀着满腔怒火出发了。由于路途艰险无比，李广的兵马又没有当地向导带路，最终迷失在茫茫戈壁中，结果没有赶上卫青的大部队。卫青独自率领西汉精锐部队与匈奴单于狭路相逢，幸运的是，最后大获全胜。在凯旋的路上，卫青才看到被风沙刮得狼狈不堪的李广部队。

错失了良机的老将李广不仅寸功未立，还因为贻误军机而获罪。按照军法，作战时迷失道路是大罪，卫青派人让李广到主帅大帐认罪。如果李广肯认个错，卫青就准备放他一马，毕竟他是老前辈，又是三朝老臣，而且风烛残年，能大事化小，小事化了，这事也就过去了。可没想到，秉性耿直、爱钻牛角尖的李广本就憋了一肚子委屈，这时候更加悲愤，他毅然决然地对卫青的使者说："一人做事一人当，是我带着大家走错了路，此事由我一人承担，不关别人的事！"说罢，李广扭头对部下慷慨诉说自己多年来的委曲求全："广结发与匈奴大小七十余战，今幸从大将军出接单于兵，而大将军又徙广部行回远，而又迷失道，岂非天哉！且广年六十余矣，终不能复对刀笔之吏！"说罢，毫不犹豫地拔剑自刎！

消息传到李广军中，全军上下无论是将官还是士兵，无不失声痛哭。百姓们听到这个消息，无论是老人还是儿童；无论是认识还是不认识李广的，也都为他的死而落泪。

杀父之仇不共戴天，尽管卫青并没有直接杀死李广，却因为李广之死沾上了道德污点。很多年之后，李广的儿子李敢，竟然把大将军卫青痛揍一顿，心有愧疚的卫青认为自己虽未杀李广，但李广因他而死，所以选择忍气吞声。但年轻气盛的外甥霍去病可不答应，在陪同汉武帝打猎的过程中，直接把李敢给射杀了，这是后话。

变通，是一种灵活的处事方式。一个人，如果不懂得变通，一意孤行，只会把自己逼入死角。我们从李广早年的郁郁不得志，以及他悲壮的结局中，看得出李广虽然有一定的军事才能，但是这个人也有他不容忽视的性格弱点：不识时务，不懂变通，盲目执着。最终让自己身心俱疲，心力交瘁。因此，仕途多舛在所难免。

在现代商业社会，要想不断占领市场的制高点，就要不断进行创新，要能随时代变化而变化。尼古拉斯·德雷斯塔德特就是一个靠着不断变化经营策略引领企业发展的优秀典范。

德雷斯塔德特 1898 年生于德国，13 岁那年随父亲来到美国，先在德国奔驰公司的美国赛车队做学徒，几年后就职于美国通用汽车公司。20 世纪 30 年代初，他负责管理凯迪拉克汽车在全国的服务体系，算是通用汽车公司的中级管理人员。

1933 年，美国经济大萧条时期，整个汽车市场极度萎靡，豪华车市场几乎崩溃。一天，通用汽车公司董事会的执行委员们正在开会讨论凯迪拉克汽车究竟是选择彻底停止生产，还是暂时保留这一品牌，等待市场行情好转的问题。这时，德雷斯塔德特敲门进来对委员们说，他有一个方案可以使凯迪拉克在一年内扭亏为盈，不管经济是否景气。听到这句话，委员们先是愣了一下，因为德雷斯塔德特当时并不是通用汽车的董事，所以他的话在平时是无足轻重的，但这时他们还是希望听听他的意见。于是德雷斯塔德特向委员们陈述了自己的方案，他说，公司以前对凯迪拉克采取的是“声望市场”策略，当时为争夺市场制定了一项战略：拒绝向黑人出售凯迪拉克汽车。可是，尽管采取这样的歧视政策，经他对全国各经销处服务部的观察，发现客户中有很多是黑人精英，他们大多为拳击手、歌星、医生和律师，即使在20世纪30年代经济萧条时期，也有丰厚的收入。

这些黑人在那个年代通常买不到象征社会地位的商品，但他们可以很容易地绕过通用汽车公司的禁售政策，只需要付给白人一笔钱，让他们出面帮助购买即可。德雷斯塔德特希望执行委员们能够变通地看待问题，抓住这一市场。为什么那些白人出面当一次幌子就能够赚几百美元，而通用汽车公司却要放弃这个市场呢？

起初，执行委员们不同意，他们认为那样做掉了自己的价。但是经过一番讨论后，他们请示了董事长，最终接受了他的这一建议，决定向黑人出售凯迪拉克汽车。1934年初，凯迪拉克的销售量增加了70%，整个部门也真正实现了收支平衡。

1934年6月，德雷斯塔德特被任命为凯迪拉克部门的总经理。他着手彻底改变豪华汽车的制造方式。在短短两年的时间内，凯迪拉克便成为通用公司最盈利的汽车。尽管1936年经济仍不景气，但凯迪拉克的销量却超过了经济繁荣时期的1929年。

由于奇迹般地使凯迪拉克起死回生，德雷斯塔德特在通用汽车公司内部的发展也平步青云。1936年10月，他被任命为公司最大部门雪佛莱的总经理。

古人云："穷则变，变则通，通则久。"这并不是一句空话，而是一个经过反复实践验证了的真理。懂得变通的人才能走出困境、找到人生的新起点和通向成功的光明大道。

结语

“冯唐易老，李广难封”，从李广之死中，我们也看到了李广悲剧的一生恰恰是他自己种下的因：他虽自身能力超强，却不识时务，不懂变通。

其实，变通是一种智慧。“思想有多远，我们就能走多远”，在企业管理中，变是创新，没有思想创新，就谈不上管理创新、产品创新、营销服务创新等。企业通过创新创造出适合于市场需要的商品来，才能长久存在并不断发展。

在商场上打拼的企业家不妨记住一句话：任何事情，要是都能用积极的心态，多换几个角度去思考问题，肯定会找到最适合的处理办法，让自己最终受益。

匈奴列传

对于在中原内陆安居乐业的农耕民族来说，北方草原上那些民风彪悍的游牧民族，始终是一把高悬在头顶上的达摩克利斯之剑，不知道什么时候就会落下来，给中原百姓们造成巨大的损失。

中原帝国和草原帝国之间的国运，始终是此消彼长的。在中原帝国实力强盛的时候，游牧民族就只能守着北方的苦寒之地，忍饥挨饿、待机而动，一旦中原帝国衰落，草原上的骑兵就会趁虚而入，对帝国边境进行劫掠，甚至彻底颠覆中原帝国的政权。从灭掉西周的犬戎，到西晋末年的五胡乱华，再到宋元之际的蒙古，这些草原游牧民族都曾对中原帝国大举进犯。

对于强盛的大汉王朝而言，匈奴一族一直都是北方最危险的敌人。匈奴趁着秦朝末年楚汉相争、天下动荡之际，强势崛起，对汉王朝北部疆域造成了巨大的威胁。从汉高祖刘邦，到汉武帝刘彻，一直都想要彻底消除匈奴带来的边患。那么，从汉王朝与匈奴的百年战争当中，作为管理者，又能吸取哪些经验和教训呢？今天咱们就从汉高祖刘邦与匈奴单于冒顿之间的故事来了解一下。

匈奴世世代代居住在北方的草原上，与文质彬彬的汉民族相比，匈奴的民风更加彪悍，就连幼小的孩子都可以骑在羊背上，用弓箭射杀一些麻雀、田鼠之类的小动物。稍微大一点的孩子，甚至可以独自猎杀狐狸、野兔。

匈奴人全民皆兵，每一个成年男子，都是很好的战士，因此，匈奴的人数虽然少，但战斗力却很可观，经常到中原国家的边境进行劫掠。

秦朝末年，楚汉相争，西楚霸王项羽和汉高祖刘邦忙于争夺天下，无暇顾及北方的匈奴。恰好在这个时候，匈奴内部发生了一场政变，匈奴的领袖被称为单于。老单于有好几个儿子，由于他宠爱小儿子，就想废掉原来的太子，改立小儿子为太子。但匈奴太子是个很有能力的人，他先下手为强，果断兵变，杀掉了老单于，自立为王，这个匈奴太子就是历史上著名的冒顿单于。在冒顿单于的带领下，匈奴部落接连吞并了周围的许多游牧部落，迅速兴盛起来，成为北方最强大的势力。

而在中原王朝这边，刘邦打败项羽之后，命令韩王信到代国驻守。这个韩王信，是战国七雄当中韩国国王的后代，刘邦派他去驻守的代国（今天的山西大同一带），是当时汉王朝与匈奴的边境线。

可就在汉高祖七年的秋天，发生了一件让整个大汉王朝蒙羞的事情。匈奴包围了驻守代国的韩王信，韩王信毕竟不是那个跟自己同名同姓的淮阴侯韩信，带兵打仗还差点本事。由于他抵挡不住匈奴的进攻，只得向匈奴投降，还公然和匈奴一起进攻汉王朝的领土，一直从代国打到了太原。

韩王信的叛变，让刘邦震怒。于是，就在同一年冬天，汉高祖刘邦亲自带领四十万大军，出征讨伐韩王信和冒顿单于。身为贵族的韩王信，带兵水平比起南征北战的刘邦，实在差得太远。刚一交手，韩王信的军队就被打得七零八落，就连统军大将都被刘邦斩杀了。韩王信只好带着残兵败将落荒而逃，与冒顿单于会合之后，联手抵御刘邦。

此时正是寒冬腊月，北方的天气越来越冷，刘邦手下的很多士兵没有经历过如此严寒的天气，被严重冻伤，甚至连手指头都给冻掉了。这样的伤情，导致汉军的战斗力大减。精明狡猾的冒顿单于得知这个消息后，把自己的精锐部队都藏起来，只留下老弱病残，假装自己打不过刘邦，一路败退逃跑。这个计策让正在气头上的刘邦有些忘乎所以，他命令大军全速前进，一路追击匈奴的军队。刘邦甚至抛下行动缓慢的步兵大部队，仅仅带领一小部分骑兵部队，轻骑突进，追杀冒顿单于，一路追到了位于大同城东的白登山（今名马铺山，位于大同东五公里处）。

等到了白登山下，刘邦远远就看见了山北边冒顿的黑色大旗，冒顿麾下的兵士也都骑着黑马，看上去乌泱泱的一片，好似早早在此等待刘邦。刘邦心想："好小子，这是想和我在此定胜负啊。那咱就碰一碰，看谁的'拳头'硬。"于是他立刻下令挥师进军，和冒顿决一死战。

这军令还没下完，突然间鼓声震地，喊杀喧天，白登山西侧飞出一彪军马，打着白旗骑着白马，为首大将正是匈奴的左贤王。

刘邦见此情景，立刻意识到自己中了埋伏，正准备全军回防，哪曾想后军处又传来呐喊。原来是东方山后又杀出一队人马来，尽是青旗青马，领头的是匈奴的右贤王。刘邦此时已无心决战，赶紧下令撤军。

就在刘邦大军向南撤退之时，白登山南方斜刺里又杀出一彪匈奴军马，匈奴骑士们擎红旗骑红马，把刘邦的军队死死堵住。刘邦定睛一看，带兵大将正是叛将韩王信。这路大军把刘邦的军队团团围住。

刘邦明白自己上了冒顿单于的当了，不禁连连叫苦。不得已，只好带领部队上山据守，就这样，匈奴将刘邦和他的部队包围在了白登山上。

数万名疲惫不堪的汉军骑兵，对阵数十万精锐的匈奴骑兵，无异于鸡蛋碰石头。刘邦几次尝试强行突围，都没有成功。看着白登山下的匈奴大军，再看看自己伤痕累累的将士，刘邦不禁感叹："我刘邦自起兵以来，入关中，平项羽，何曾落到过如此地步，难道今天就要命丧于此了吗！"

这时候，足智多谋的陈平站了出来，他对刘邦说："陛下您别着急，想当初我们也多次败于项羽之手，咱们不也熬过来了嘛，您不用这么悲观。"

刘邦一听陈平的话，赶紧问："军师莫非有何妙计能助我脱困？"

陈平胸有成竹地说："陛下，这东风西风，都不如媳妇的枕边风。咱既然搞不定冒顿单于，那不如从他老婆阏氏入手，您现在赶快准备好珠宝金钱，让我去拜见阏氏，至于怎么说还请您附耳过来，这种事不能为外人所知。”

刘邦立马屏退众人，附到陈平嘴边。陈平趴在刘邦耳边，嘀嘀咕咕说了半天，说得刘邦连连点头，连称妙计。

陈平马上跪地叩首，说道：“请陛下静候佳音。”说完这番话，陈平立马收拾行装，带好刘邦交给他的厚礼，连夜奔赴匈奴阵中。

至于陈平和刘邦说了什么，又跑到匈奴阵中和阏氏说了什么，各类史料中都没有详细记载，我们到现在也不得而知，可这一趟“深入虎穴”效果非常明显。阏氏在陈平走后，立马就跑到冒顿单于跟前，对冒顿单于说：“咱们现在把汉人的皇帝刘邦围困在白登山上，他刘邦和你冒顿都是大首领，咱们这么做是不是太不给人家面子了啊？”

冒顿单于听自己老婆这么一说，当时就急眼了：“你个妇道人家，头发长见识短，懂什么呀！他刘邦现在就是冲进了狼群的羊，我能让他活着回去？我要是杀了刘邦，整个中原就都是我的了，干吗要考虑他的面子。”

阏氏说：“您别着急，先听我说完。就算您现在杀了刘邦，打进了中原又能怎样呢？你就愿意住进憋憋屈屈的带顶的小盒子，放弃在草原上驰骋吗？那你还能算是匈奴人的单于吗？咱们匈奴世世代代都在草原生活，天就像是帐篷顶一样笼罩着整个草原，这种自由自在的日子，才是我们的生活，中原人的日子咱们匈奴终究是过不惯的。”

冒顿听完自己老婆的这番话，陷入了沉思，他思考的是一个“哲学”问题：我到底是谁的单于。就在冒顿思考问题的时候，阏氏接着说："而且我听说，这刘邦可不是个普通人，人们都说他是天神的儿子，就连睡觉的时候，也能涌现出五色的帝王气，要不他也不可能从一个亭长成为皇帝。您真的有把握能杀死刘邦吗？如果失败了您岂不是得罪了天神？'做人留一线，日后好相见'，咱们真的没必要做那么绝。"

阏氏说完后，只见冒顿深深地叹了一口气："好吧，就依你吧。我们匈奴终究是不能掌控中原的啊。"

于是，冒顿单于下令把包围圈放开了一个口子，刘邦这才逃出生天。回去之后，刘邦就派出使者，与匈奴缔结了和亲的盟约。从此，大汉王朝就通过和亲的方式，换取国内的和平，借此休养生息。

刘邦并不是一个普通的皇帝，他南征北战、戎马一生，就连赫赫有名的西楚霸王项羽，也败在了他手下。但就是这样一个伟大的开国帝王，也难免会有头脑发热、轻敌冒进，导致一败涂地的时候。

说到这里，咱们不得不提起中国企业界的一位传奇人物，那就是史玉柱。

当年，少年得志的史玉柱，凭借着年轻人敢打敢拼的劲头，在商海中混得风生水起。史玉柱是恢复高考之后的第一批大学生，改革开放之初，国内的普通民众对计算机还不了解，西方国家也对中国封锁计算机技术，而史玉柱就抓住这个时机，凭借自己创办的巨人汉卡，可以说是赚得盆满钵满，史玉柱在珠海创办的珠海巨人高科技集团，在当年可以说是全国最强大的高科技企业之一。

1992 年，史玉柱决定要盖一座巨人大厦，然而，他好大喜功的性格，加上想要盖"中国第一高楼"的不切实际的梦想，让史玉柱的欲望不断膨胀。

一次集团董事会上，史玉柱就向大家热情洋溢地描述了自己的宏伟构想，本以为会满堂喝彩，结果现场鸦雀无声。

会上有人建议史玉柱要注意投资风险，防止公司资金链断裂。但当时的史玉柱完全听不进去一点意见，坚持要建“中国第一高楼”。

结果，巨人大厦从最初设想的38层，层层加码到最终敲定的78层，投资金额也从最初的1亿元，变成了最后的12亿元。最终，这座原本能成为史玉柱最大荣耀的巨人大厦，却变成了巨人集团的不堪承受之重。为了维持巨人大厦的建设进度，史玉柱将巨人集团的大部分流动资金，都投进了这个深不见底的无底洞，但这一举措，却导致巨人集团的资金链彻底断裂，最终不得不宣告破产。

随着巨人集团的倒下，巨人大厦也成为中国最著名的烂尾楼之一。而曾经风光无限的史玉柱，也从福布斯财富榜上有名的大富豪，变成了一个身上背负着2.5亿元巨额债务的穷光蛋。

后来，凭借着脑白金这个现象级产品，史玉柱成功地东山再起了。他曾对自己当年失败的原因进行了反思，在一次公开演讲中，史玉柱说了这样一句话：“巨人的倒台是必然的，内因在我这个人，在于我的狂妄、不尊重经济规律、不懂管理、对事物困难估计得过低。”

结语

汉王朝同匈奴之间的战争，从汉高祖刘邦开始，一直持续到汉武帝刘彻登基之后，才算扭转局面。汉高祖轻敌冒进，兵败白登山之后，就再也没有对匈奴采取大规模的军事行动。为了安抚匈奴，汉高祖之后的汉文帝、汉景帝也不得不派公主与匈奴和亲，以维持帝国内部的和平安定，争取足够的时间用来休养生息。直到汉武帝时期，汉朝才有足够实力对匈奴发动多次大规模的战争，从卫青远征匈奴，到霍去病长驱直入，一直打到狼居胥山，才给这场持续近百年的战争画上一个句号。

从汉高祖刘邦和匈奴的故事当中，我们可以得到这样的经验和教训：企业在制定重大战略决策的时候，必须事先做好详尽的调研，将所有情况考虑周全，管理者千万不能为了追求短期的利益，贸然制定激进的策略。要知道，再精明的领导者，也难免会有犯错误的时候，一旦领导者脑袋一热做出一项错误的决策，就很可能把企业带到万劫不复的境地当中。

卫将军骠骑列传

中国历史上的名将非常多，但真正称得上儒将的不多，今天我们讲的汉代名将卫青可以称得上是一名文武双全的儒将。卫青是一个大局观超强的武将，他既能在战场上冲锋陷阵，又没有通常武人身上蛮横耿直的脾气，是一个彬彬有礼、识大体、知进退的帅才。因为他的存在，让汉朝的边境安定了数十年。

今天，我们就从恪守本分和领导艺术两方面，来解读千古名将卫青的故事。

坦白来说，自己创业当老板的人毕竟不是多数，更多的人会在职场度过自己的一生。既然在职场，那么就一定会涉及上下级之分，每个人都会扮演对应体系中的一个角色。这时候，如何恪守自己的本分，并且兼顾其他层级的关系，就显得特别重要了。

卫青，就是这样一个恪守本分的人。

相比李广这种将门世家出身的人，卫青的出身并不好，他的父亲郑季只是平阳县的一个官府办事员。当年郑季在平阳侯曹寿家做事，和平阳侯的侍女卫媪发生关系，生下了卫青，也就是说卫青是一个私生子，这在古代是很让人看不起的。后来，卫青的同母姐姐卫子夫因为偶然的机会，得到了汉武帝的宠爱，所以卫青也跟着姓了卫，字仲卿。

小时候，卫青在父亲郑季家里生活。由于卫青是私生子，因此郑季前妻生的儿子们都把他当作奴仆来使唤，完全不把他看作兄弟。我们都知道，童年时期的成长经历对一个人来说很重要，甚至会影响他今后的人生轨迹。小时候的卫青，就是在这种嘲讽与冷眼中长大的，所以卫青从小就非常小心谨慎，很会察言观色。

有一次，卫青跟人去甘泉宫办事，途中遇见一个犯人。这个犯人一看卫青，十分震惊，他快步走到卫青跟前，“噗通”一声就跪下了，对卫青说：“我懂相面，你是个贵人，将来能当大官，封侯，相信我！”卫青听了哈哈大笑，说：“我是奴仆所生的孩子，只要不挨打挨骂，我就心满意足了，怎会去想封侯这种不切实际的事呢，您怕是看走眼了吧！”

可事情就是这么奇妙，好运似乎总在眷顾善良的人。等到姐姐卫子夫成了汉武帝的妃子后，卫青也沾了姐姐的光，成了大中大夫。这中间固然有姐姐受宠的因素，但卫青出色的能力和品质，才是打动汉武帝的关键。

公元前 130 年，卫青就任车骑将军，奉命从上谷（今河北张家口怀来）出兵讨伐匈奴。公孙贺、公孙敖、李广等人也各领一万骑兵，分别从其他方向进军。可这一仗打下来，除了卫青在茏城（今内蒙古乌兰察布东部）斩杀几百个敌人外，其他各路全都打了败仗：

公孙敖损失七千人，李广就更惨了，因寡不敌众被敌人俘获，最后拼了老命才逃了出来。作为这场战争中唯一获胜的汉朝将军，卫青从此开始受到了汉武帝的重用。

公元前128年春天，卫子夫因为生了个男孩子被册立为皇后。同年秋天，卫青从雁门关出兵，率领三万骑兵攻打匈奴，斩杀敌军数千人。到了第二年，匈奴再度来犯，卫青又率军出击，成功击溃来犯之敌。卫青这一个又一个的漂亮仗，直接把陇西与河南地区全部收复，俘虏的匈奴人口、牲畜和物资不计其数。这跟汉初时候，刘邦被匈奴围困在白登山的情况相比，完全是一个天上一个地下。

为了打败匈奴，汉朝从刘邦开始就不断休养生息，积累资源，尤其是马匹资源。到了汉武帝时，汉朝的国力已经极为强盛了，但一时间还难以找到优秀的将领。卫青的出现打破了汉武帝用人的困局，只要卫青率兵出征，几乎从无败绩。这样一个才华横溢、前途无量的青年将领，必然会受到很多人的羡慕与追捧。但是，这往往也是危机的开始，因为很多人会因为这种飞跃式的升迁而迷失自我，从而导致悲剧。

可卫青不是这种人，从小就吃过苦的他，既明白当今生活的来之不易，又知道自己处在什么位置，他深知自己能有今天都是因为姐姐受到汉武帝宠爱的缘故。自己的背后有无数双眼睛盯着呢，只要一犯错就会有“千万只脚”朝自己“踩”过来，所以一定要小心小心再小心，千万不能犯错误，特别是超出自己本分的错误。

有一次，因为卫青俘虏了匈奴十多个高级官员，武帝不仅加封卫青六千户，还想顺带把卫青的三个儿子封侯。对此，卫青坚决推辞，他对汉武帝说："我一个出身卑贱的奴仆，能够在军队中任职已经十分荣幸了。军队之所以能大获全胜，完全是仰仗陛下您的神威盖世和各位将官的奋力血战。既然陛下已经降下天恩，加封我的食邑，我虽然心中有愧但也不好推辞。可我的几个儿子还都是小孩子，没有为国家立下过任何功劳，皇上加封他们，就不符合鼓励将士奋战的本意了，所以我是万万不敢接受的。"

这一席话，既表明了自己谦虚的态度，也给了皇帝台阶下，顺便还赢得了各位将领的好感。卫青这种上下兼顾的大局意识，还真不是一般行伍出身的人所能具备的。

后来，卫青又一次率领大军和匈奴作战，随军出征的右将军苏建却中了计，导致全军覆没，只剩苏建一个光杆儿司令逃回来了。这时候的卫青已经是大将军了，但他却没有独断专行，而是和众将一起商讨处理苏建的方案。苏建输成这样，很多将领都表示非常不满，比如周霸就说："自从大将军出征以来，不曾杀过一员副将。如今苏建弃军而回，必须以军法从事，明正典刑，以表明大将军的威严。"

不过，其他人却不建议杀掉苏建，他们说："苏建这次因为中计陷入了敌军的包围之中，是以寡敌众，但他没有退却而是血战到全军覆没才孤身逃回来，如果因此而被处死，这反而是告诉其他人战败后直接死了就行了，这会动摇军心的，所以苏建不能杀。"

卫青听了大家发言后，沉思了很长时间，最后才说："我侥幸以皇上亲戚的身份在军队中任职，这本就是很有威严的事了，而周霸将军劝我树立个人威严，这不符合作为臣子的本分。况且，虽然我有诛杀将军的权限，但我还是决定把情况上报给皇上，让皇上自己裁决，以表示臣子的不敢专权，这不是很好吗？”帐内文臣武将一听，齐声叫好。

你看，身为标准的皇亲国戚，当朝军队的一把手，卫青始终把汉武帝的权威放在第一位。即便自己有权限，在苏建这个问题上也不贸然执行，转而让最高领导来裁决。在汉帝国这个公司，卫青这个“市场总监”一直恪守本分，哪怕给公司创下了神话般的销售业绩，却依然把董事长汉武帝放在最高处，自己默默坚持低调做人、高调做事的原则。

可是，如果因为卫青的处事原则，你就把他当成烂好人，出了错也睁只眼闭只眼，那就太低估卫青了。

在卫青和匈奴单于会战的时候，前将军李广和右将军赵食其从东路进军，但因为迷了路，没能如期和卫青部队会合，贻误了战机，导致全歼匈奴主力的计划失败，直到卫青领兵回到漠南时，才遇到他们。按照军法，这算非常严重的军事失误，肯定要追究相关人员的责任，于是卫青派人去见李广和赵食其，传唤他们来卫青这里了解情况。结果，曾经战功赫赫，已经年过六十的李广不想忍受年轻军官的盘问和羞辱，自杀了。赵食其交了赎金后，被贬为了平民百姓。

这时候，肯定有人会说：卫青这也太不厚道了，李广将军一把年纪了，出了点儿错误也没啥吧，他怎么就不能网开一面呢？

可卫青是汉朝大将军啊，他是需要为所有的军事行动负责的，他和李广既是战友，也是上下级关系。卫青虽有儒雅大度的一面，但绝不是徇私枉法的人，对待李广这种功勋老将，尽管他非常尊重，可也不能因此就对他的错误视而不见。正所谓亲兄弟明算账，公事公办就是最合理的选择。

纵观卫青的一生，可谓是荣华富贵啥都有，典型的人生赢家，但他始终恪守自己的本分，知道怎样做事，怎样兼顾上下级关系，所以在同僚眼里，他的一生近乎完美。

和卫青同时期的还有一位名将，他就是卫青的外甥，年少成名、战无不胜的霍去病。这个霍去病有多厉害呢？汉武帝两次征讨河西之后，匈奴人留下了一段感叹："亡我祁连山，使我六畜不蕃息；失我燕支山，使我嫁妇无颜色。"这一席话，说的就是霍去病。

霍去病之所以有这么突出的表现，一方面，因为他的军事才能确实出众，能在深入敌后的突袭中打出很多漂亮仗；另一方面，那还真就是他舅舅卫青的功劳。

为什么这么说呢？霍去病年轻气盛，擅长奇袭，出奇制胜，多半会避开敌军主力，突袭敌军的背后。而卫青不同，他是汉朝军事方面的最高统帅，后期与匈奴进行大兵团会战时，他必须面对匈奴方面的主力部队，没有卫青大军的正面吸引，霍去病的侧后奇袭很难实现。尽管霍去病在河西战役中的战功盖过了同时期的卫青，但卫青对于战争的巨大意义是不容低估的。一个优秀的领导一定会把好的机会交给优秀的下属，让他们得以在"舞台"上尽情施展自己的才能。

NBA 传奇球队，洛杉矶湖人队的创始人杰里·巴斯，就是一个善于成就下属，自己默默支撑大局的人。在早期，湖人只是 NBA

里的一支普通球队，无论是管理水平、球队成绩还是经营业绩都需要改进。为提高管理层的运营水平，巴斯请出了退役的传奇巨星杰里·韦斯特担任总经理，让他全盘操控湖人队的运营。

韦斯特在做球员时就是顶尖高手，退役后进入管理层，又展现了非凡的眼光和才能，当时的韦斯特被称为体育运营圈顶级智囊。巴斯很清楚，韦斯特是一个难得的人才，无论是选拔球员，还是经营球队，很少有人能做得比他出色。

尽管韦斯特的风头盖过了巴斯，但巴斯很清楚，他不需要和韦斯特比个高下，他只需要选择最合适的人才，让他们一起把湖人队做大做强，这就是自己的终极目的。至于谁媒体曝光度高，谁的影响力更大，这些都不是他在意的事情。

在韦斯特运筹帷幄的时候，巴斯选择默默地做幕后和全局工作，让韦斯特有足够的空间施展才华。很多事关球队命运的大交易大动作，巴斯都选择让韦斯特全权处理，从不过度干涉。在他们合作的二十年里，老板巴斯和总经理韦斯特达成了高度的默契。这种默契，不仅成就了魔术师约翰逊、科比、奥尼尔等超级巨星的传奇，还让洛杉矶湖人队成功问鼎职业体育的巅峰。

结语

在司马迁看来，卫青是一个很有操守和准则的模范武将。当身边人都劝他招揽天下名士，巩固自己势力的时候，他却坚持说这些不是臣子和武将该做的事情。不管身处什么位置，始终不忘自己的位置和初心，而且始终装着全盘的格局和规划。作为一个优秀的领导，卫青一直都知道该如何妥善处理上下级之间的关系，也懂得把展现自我的机会尽量留给下属，让下属们发挥光和热，他这样的品格是值得每一个管理者学习的。

平津侯主父列传

2019年9月10日这一天不太寻常。这天既是教师节，也是马云55岁的生日，而且还是马老师正式退休的日子。武侠里的风清扬，现实里的阿里巴巴董事长，终于退出了刀光剑影的互联网江湖。

其实，同样的事情也发生在两千多年前汉武帝时期的一个人身上。40岁之前他目不识丁，做过狱吏，养过猪，40岁之后他开始学习《春秋》，60岁被朝廷辞退，70多岁才当上丞相。汉武帝认为他品行忠厚、谦让有礼，加之时刻和老板保持高度一致，为人勤俭低调，处事八面玲珑，深得士大夫们的赞许，最终成为汉武帝时期13位丞相当中唯一在相位上得以善终的丞相，这个人就是公孙弘。

同是布衣出身，而作为公孙弘的同僚和政敌，这篇合传里的另一位历史人物就很悲催了，虽然才华横溢却飞扬跋扈的主父偃因恣意妄为，不懂收敛，最终落得个满门抄斩，无人敢为他收尸的下场。

今天我们要讲的就是这二位，看看他们的人生经历对我们有什么样的启迪。

众所周知，汉武帝刘彻是一个在各方面都很有建树的皇帝，在他的手下当官压力相当大，而最难当的莫过于丞相了。汉武帝在位54年中先后一共任用了13位丞相，丞相之位就像韩国总统的魔咒一样，大多没有好下场，自杀的自杀，被杀的被杀。有个叫公孙贺的，听说武帝要让他做丞相时，竟“伏地大哭，不受印绶”，而公孙弘是个例外，他在宰相的位子上，不但做得顺风顺水，而且还开了汉朝无功封侯的先河。他做官做人究竟有什么诀窍？我们可从他和汉武帝的老师汲黯的两次正面交锋中了解一下。

汉武帝的老师汲黯，“为人性倨，少礼，面折，不能容人之过。合己者善待之，不合己者不能忍见”。意思是他个性清高，傲慢无礼，不讲面子，喜欢当面怼人，而且没有容人的肚量，对与自己意见相合的人就非常友善，不能容忍有反对意见的人。而公孙弘则恰恰相反，他的做法是“每朝会议，开陈其端，令人主自择，不肯面折廷争”。意思是，公孙弘从来不把自己的想法强加给汉武帝，而是陈述多个想法让汉武帝自己做选择，从不当面争个你高我低。让领导做选择题，做最后拍板的人，这是不少领导喜欢的，汉武帝也不例外。所以，汉武帝认为公孙弘这个人不但行为稳重，而且表达想法恰到好处，就越发厚待他。

没有对比就没有伤害，公孙弘的这种行事风格反衬得汲黯似乎有点不通人情世故。特别是朝堂之上，公孙弘经常给汲黯挖坑，拿他当炮灰，汲黯心里很不舒服。《史记》中记载，当公孙弘跟汲黯一起来向汉武帝汇报工作的时候，“汲黯先发之，弘推其后，天子常说（通‘悦’），所言皆听，以此日益亲贵”。就是说，公孙弘经常让汲黯先发言，自己则在一旁对汉武帝察言观色。如果看出汉武帝认同汲黯观点，那么，公孙弘就顺着说，如果不认同，就反过来说。所以这样的结果就是，公孙弘的观点总是能够贴合汉武帝的心思，汉武帝也越发喜欢公孙弘，当然，这也把汲黯给得罪了。

有一说一、有二说二的汲黯当然不会就此作罢。有一次，汲黯当堂向汉武帝揭发公孙弘，说："齐人多诈而无情实，始与臣等建此议，今皆倍（通'背'，违背）之，不忠。"意思是说，公孙弘这个人奸诈而且没实话，我们经常约定好了想法一起来向陛下汇报，但是等上了朝堂，他却经常违背约定而迎合陛下，所以他是个不忠诚的人。更要命的是，汲黯这一揭发，不少公卿大臣都跟着附和。由此也可见，公孙弘经常玩这一套，也不单单针对汲黯。这倒是有点出乎汉武帝意料，于是，汉武帝便问公孙弘这是怎么回事。

应该说，公孙弘是个处理危机公关的高手，他的对策非常高明，他并不为自己辩解，而只是对武帝说："真正了解我的人认为我忠诚，不了解我的人则认为我不忠（夫知臣者以臣为忠，不知臣者以臣为不忠）。"言外之意就是，我只对皇帝你忠诚就好了，别人说我忠还是不忠都无所谓。这句话说完，汉武帝更加认可公孙弘了，后来别人越诽谤公孙弘，汉武帝越袒护他。

后来，公孙弘又被人在汉武帝那里告了一状，告他的人还是汲黯。这时候的公孙弘已经是御史大夫，级别高于汲黯了。汲黯说："弘位在三公，俸禄甚多。然为布被，此诈也。"意思是说，公孙弘位居三公，享受高官厚禄。床上盖的却是麻布被子，这是假装艰苦朴素，以骗取陛下和天下人的好评。这种做法，究竟是何居心呢？

这在当时来说，完全就是诛心之论。所谓诛心之论，就是无端地质疑或者指责一个人行为的动机或内在想法，一旦应对不当，就有可能危及身家性命。后世岳飞“莫须有”（也许有吧）的罪名就是这种诛心之论的代表。于是，又轮到公孙弘表演危机公关能力了。

公孙弘从三个方面对汲黯的言论进行回应：

第一，承认。确实有这么回事，我用的就是麻布被子。

第二，举例说明。当年管仲治理齐国时，他生活的奢华程度不亚于齐桓公，而齐国治理得很好；后来晏婴治理齐国，晏婴的生活简朴得就像平民百姓，而齐国一样治理得很好，所以，个人的生活水平与治国无关。

第三，以退为进。他告诉汉武帝，我用麻布被子这件事，是汲黯揭发的，而满朝文武中，跟我关系最好的就是汲黯，现在汲黯直言禀告，说明此人忠诚可靠，没有私心杂念。如果没有汲黯这样的忠臣，陛下又怎么能听到这样的忠言呢?

既光明正大，又有理有据，而且还赞美了诽谤自己的敌人，这样滴水不漏的缜密回答让汉武帝很满意、很欣赏，所以，不仅没有怪罪公孙弘，还在公孙弘死后封他为“平津侯”，开创了无功封侯的先河。

从公孙弘与汲黯的两次交锋中，我们可以看出，公孙弘是个处事谨慎、思维缜密的人，以退为进的大局观总能让他很快摆正自己的位置，从不挑战领导的权威和底线，也不轻易为自己树敌。所以，无论什么样的危机，他都能用自己的智慧和圆通平稳渡过。

说到危机公关，著名餐饮品牌海底捞的做法和公孙弘有异曲同工之妙。

2017 年 8 月，一度被视为餐饮界标杆的海底捞，因食品卫生问题被推上了舆论的风口浪尖。在海底捞被爆出食品安全问题 3 个小时后，这家知名餐饮企业不但反应迅速，而且给出了一个堪称“危机公关范本”的声明。这份声明可以概括为：“锅我背，错我改，员工我养。”声明中清晰写明责任由董事会承担，涉事员工无须恐慌。声明一发马上引发了又一轮舆论高潮，民意也迅速反转，网友疯狂转发，舆论导向偏向正面。这样，海底捞在这次危机公关中，不仅没有失去民心，反而赢得了更多客户。这种实事求是、勇于承担责任、知错就改的态度和大局观念值得很多企业学习。

说完了公孙弘，再来说说今天这篇传记的另一位主角：主父偃。

主父偃其实是个非常有才华的有志青年，他出生在山东临淄，但没有投身儒家，而是入了纵横家，早年间游学于齐鲁，却不融于齐国的学术圈。于是，他抱着最后一丝希望来到了京城，求见大将军卫青。卫大将军挺赏识他，向汉武帝推荐了好几次，但都没啥消息。最后，无路可走的主父偃冒着杀头的危险上书汉武帝，提出了著名的“推恩令”，没想到这次奏效了。这项政令要求诸侯王将封地分给自己的子弟。后来根据这项政令，诸侯国被越分越小，汉武帝借此削弱了各诸侯国的势力。

在奏疏里，他陈述了八件律令，一项军事行动。具体内容我们就不一一讲了，总之就是建议汉武帝强化中央集权，削弱地方诸侯势力，推行律令，北伐匈奴，成就千古一帝，这让本就好大喜功的汉武帝高兴坏了，因为每件事都说到他心坎里了，所以当时就拜主父偃为郎中，“岁中四迁”，一年之中又给他升了四次官。

随着官职越升越高，功劳越来越大，主父偃开始放飞自我，越发膨胀，并亲手开启了自我毁灭之路。

主父偃身为纵横门下弟子，本就具有事无定主，反复无常，爱耍阴谋诡计的门派遗风，现在又成了皇帝面前的大红人，大臣们都害怕他这张嘴。为了迎合主父偃，很多人开始向他行贿，而且经常是巨额贿赂，有人劝他别太张扬，收敛一点儿，主父偃却不以为意，他说：“吾日暮，故倒行逆施之。”他认为，自己几十年来受尽白眼和嫌弃，连亲生父母都不把自己放在眼里，如今一把年纪，半截身子都入土了，才算熬出头来，所以一定要好好补偿自己。

主父偃的名言是：丈夫生不五鼎食，死则五鼎烹耳！五鼎是指古代行祭祀大礼时，要用五个大鼎，分别盛羊、豕（猪）、肤（切肉）、鱼、腊（干肉）五种供品，所以后来就用五鼎形容生活奢侈或指代高官厚禄。主父偃说，活着就要享受最奢侈的生活，即使将来有一天被烹杀也在所不惜，颇有点即便不能名垂青史，也要遗臭万年的味道。你想，就他这种想法，后面还能好得了吗？

主父偃年轻时曾游历过齐、燕、赵三国，但都不招诸侯王待见，小心眼儿的主父偃得势后，就决定对这三国诸侯王展开报复。

他先是利用燕王刘定国与父亲的姬妾通奸，又夺走弟弟的妻子做姬妾，还杀了肥如县的县令这件事，逼死了燕王刘定国，还废除了燕国封号。

然后又主动要求到齐国去当齐相，调查齐王的问题，并借着齐王与姐姐通奸的事情，小题大做，严刑审问齐王后宫的宦官，命令他们供出齐王的丑事。齐王胆小，就上吊自杀了，齐国的封号也被借机废除。

连续弄死了两个诸侯王，废除了两个诸侯国，这让所有曾经得罪过主父偃的人都感受到了危机。不愿坐以待毙的赵王刘彭祖决定主动出击，他上书汉武帝，告主父偃受贿贪污，逼死燕王和齐王。这可都是大事啊，于是汉武帝命人抓主父偃回来问话，主父偃只承认受贿，不承认逼死了齐王。

汉武帝本来打算赦免主父偃，没想到主父偃的政敌公孙弘坚决反对，他说："齐王自杀，封国被废，这种灭国的恶行，主父偃是罪魁祸首，陛下如果不杀他，就没法向天下人交代啊。"

汉武帝一想，也对啊。杀诸侯王，灭燕国、齐国这样的大事，总得对天下人有个交代，总得有人出来背黑锅啊。算了，"死道友不死贫道"，这锅还是让主父偃来背吧，于是下令灭了主父偃全家。

司马迁感慨地说："偃方贵幸时，客以千数，及族死，无一人视，独孔车收葬焉。"主父偃富贵时，依附他的门客有上千人，死的时候，那些人全都作鸟兽散，只有一个叫孔车的人为他收尸并安葬，这大起大落的人生就像黄粱一梦，一觉醒来，一切又都清零了。

其实在现实中，像主父偃这样的事例比比皆是。就拿近几年国家高压反腐来说，有多少落马官员，曾经也都是励志典范，年轻时凭着聪明才智和奋斗精神走上高位，可一旦大权在握，就开始腐化堕落，最终走上违法犯罪的不归路。

所以任何时代、任何人，当你在名利场高歌猛进的时候，不妨时不时停下来回望自己来时的路，想一想自己奔跑和攀登的初心是什么，否则，一旦迷失了人生的方向，祸事也就不远了。

结语

回顾《平津侯主父列传》，公孙弘和主父偃都是汉武帝时期的重臣，他们身上有很多相似点：都是平民出身，早年都曾经吃尽了生活的苦，终于在晚年得志，拥有了人人羡慕的大富大贵。可两人结局却大相径庭，一个得以善终，一个身首异处，为什么呢？

“祸兮福所倚，福兮祸所伏”，主父偃得到了五鼎食，依旧不认为那是幸福，可见他是个心“穷”的人。他自私贪婪，小人得志便猖狂，把生活的不幸当作倒行逆施的原因，因而变得更加急功近利，最终透支了自己的好运气，导致大祸临头，他败就败在忘记了自己的初心，迷失了自己。

而公孙弘跌宕起伏的人生中有更多成熟与隐忍，他低调内敛，重信守义，把生活的不幸变成砥砺前行的资本，后半生追求宁静致远，那是因为他深知自己晚年的幸福来之不易，因而更加珍惜眼前的生活。总之，两人结局迥异的原因，关键在于他们看待生活、看待世人、看待人生的方式不同，也就是两人在达到人生巅峰后对生活的初心不一样了，希望我们都能引以为戒吧。

南越列传

唐朝末期，有个叫裴铏的文人，写过一部名叫《传奇》的小说集，里面有一篇叫《崔炜》。这篇故事讲的是在唐贞元年间，有个叫崔炜的人，误打误撞进了一个墓地，只见墓室内“四旁嵌空，宛转可容千人”，“于洞中行，可数十里，其中幽暗若漆，但蛇之光烛两壁，时见绘画古丈夫，咸有冠带”，不久他见到了数间“垂金泥紫，饰以珠翠”的“锦绣帏帐”，还有四位侍女。据书中所言，该墓地正是南越王赵佗之墓。

没想到随着时光流转，一千多年后的一天，也就是在 1983 年，人们无意间在广州城北象岗发现一座南越国时期的大型石室墓，墓中情景竟然和小说《崔炜》里的很多场景不谋而合。比如书中有“四女”，而石室墓主有四位夫人陪葬；书中有壁画，墓中也有；书中的数间“帏帐”也和墓中诸多摆设相似。如果不是亲眼所见，常人很难对一座王陵内部的构造做出如此详细而真实的描绘。遗憾的是，这并非赵佗的墓，而是第二代南越王赵眛（赵佗的孙子）之墓。由此，有专家学者猜测，赵佗墓早在唐代贞元年间已经被盗，而且有宝珠和很多陪葬品流出。盗墓者为了掩人耳目，才假托了崔炜的故事。

其实，南越王赵佗去世后，因为其墓中金银珠宝众多，历朝历代很多有头有脸的人物，包括三国时期的孙权，都动过挖掘赵佗墓的歪脑筋，无奈都是水中捞月一场空。据史料记载，安葬赵佗遗体时，多置疑冢，发葬的灵车从番禺都城（今广州越秀区一带）四个城门同时出发，四具棺柩一模一样，下葬时又“棺棚无定处”。除丞相吕嘉和赵胡等少数几人，其他人全然不知南越王赵佗棺柩的下葬之处，赵佗的真正葬所也就成了千古之谜，这更给南越王赵佗增加了一丝神秘色彩。

那么，号称“南越武王”的赵佗究竟是个什么样的人呢？我们一起探究一下《南越列传》。

说到中国历史上最长寿的皇帝，很多人都会想到活了 89 岁的乾隆皇帝。但如果要把中国历史上形形色色的皇帝都算在内，那么乾隆皇帝的名次恐怕就要往后靠了。至少自称“南越武帝”的西汉南越王赵佗，就比乾隆皇帝活的时间久。

据史料记载，他从秦始皇一直活到汉武帝时期，一生经历九位皇帝，甚至连他的儿子都熬不过他，先他而去，不得已，赵佗只好把皇位传给了孙子赵眜。赵佗在公元前 204 年称帝直到 103 岁死去，在位 67 年，只不过后来接受汉朝册封，南越成为中原政权的附属国，因此没被列入正统。所以，赵佗只能是“土皇帝”里最长寿的了。

那么，这个最长寿的土皇帝是如何称帝的呢？这就要从秦朝末年的起义讲起了。

话说秦统一全国之后，在百越之地设置了桂林、南海、象郡三个郡。然而没过多久，农民起义的熊熊烈火就在中原大地成燎原之势。此时的南海郡的郡尉任嚣正在病榻之上，听闻北方战事，不免唉声叹气，泪眼婆娑。想当年，为了平定南越，那可是费了多大周折呀！如今老百姓刚过上安稳的日子，这战争又开始了。想了又想，他决定把当初和自己一起平定南越的副将，当时正在龙川县当县令的赵佗叫到跟前，语重心长地说道："听说陈胜等人发动叛乱，这些都是秦朝暴政导致的，咱们虽然也都是秦朝大臣，但是这山高皇帝远的，中央也没人管我们。说不定哪一天，这江山就易主了。与其观虎斗，还不如自立为王。但我这身子骨看来是不行了，纵观这整个南海郡，也只有赵佗你有能力在这大争之世纵横捭阖了，所以，我决定把南海郡交给你了。"

赵佗嘴上谦让，但心里别提多开心了。就这样，任嚣向赵佗颁布任命文书，让他代行南海郡郡尉的职务。没多久，任嚣就撒手西去了。

成为一把手后，赵佗立即对南海郡实施一级紧急戒备，封锁所有通往中原的关卡，然后借机杀掉秦国委派的官吏，换上自己的心腹。一切安排妥当后，赵佗以闪电之势将桂林郡、象郡收入囊中，并自立为南越武王。南越国的疆土辽阔，东面、南面濒临南海，北至南岭（今广东北部、广西北部和江西南部一带），西至夜郎（今广西、云南的大部），南至南海（今越南的中部和北部），东至闽越（今福建南部）。都城在番禺，即今广州市。至今，越南人还称南越王赵佗为“赵武帝”。

当中原的硝烟终于尘埃落定时，一个叫作汉的帝国矗立在中原大地。汉高祖刘邦自然没有忘记百越之地，但他已经厌倦了战争，最重要的是西汉帝国百废待兴，民心思定。所以，他认为最好的办法是能够让赵佗像韩信、彭越这些人一样俯首做帝国的诸侯王。于是刘邦派陆贾去南越封赵佗为南越王，赵佗也挺识趣，直接接受了大汉皇帝的册封。

不久，高祖刘邦驾崩，吕后时代开启。吕后听信谗言，对南越国关上了贸易的大门。这赵佗本来就有不臣之心，既然你吕后这样搞，那我索性一不做二不休，也别当什么王了，直接当皇帝得了。

历史经验告诉我们，贸易是国与国之间交往的润滑剂。贸易畅通，国与国之间的战争风险就会降低。果不其然，自从吕后关上了与南越的贸易大门之后，赵佗不仅自立为帝，还不断侵犯大汉边界。

总这样可不行啊，于是，汉文帝刘恒登基后，就想重新恢复对南越国的宗主国地位。于是，汉文帝派人修整了位于河北真定（今河北正定）的赵佗祖坟，召来赵佗的亲属来朝做官，并再次派出陆贾出使南越国。

一见面，陆贾也不寒暄，劈头就问：“老赵，你当皇帝这么大的事怎么也不见你吭一声？”

赵佗称帝，本来就底气不足，见陆贾言辞犀利，又不按常理出牌，立马就服软了，赶紧写了一封请罪信，里面写道：“都怪吕后听信谗言毁了我的祖坟，所以我才引兵攻打长沙国，我这样做只是为了出口气，我称帝之事完全是闹着玩呢，你别当真。”

在这封请罪信里，赵佗自称“蛮夷大长老夫臣陀”，极尽谦卑之态。

就这样，经过陆贾的一番劝诫引导，南越国再次成为大汉帝国的臣属国，赵佗当然对外也去掉了皇帝的称号。不过，这只是对外这样说的，其实关起门来，他依旧还是皇帝大爷。公元前137年，汉武帝建元四年，一代枭雄、南越国国主赵佗去世，享年103岁。

公元前200多年的岭南，人烟稀少、物产微薄、虎狼出没、瘴气横行，是一片完全没有开发的蛮荒之地。虽然在50万大秦铁骑的碾压下，地处岭南的百越第一次被纳入了中原帝国版图，但是秦军并未收服岭南人的心。

那么，长寿的南越王在岭南这个蛮荒之地都做了哪些事呢?

实际上，他还真做了不少实事。南越立国后，赵佗实行绝道闭关自治的策略，避开了中原的战火和动乱，并在境内实行有利于岭南发展的“和辑百越”的民族政策，有力地促进了汉越之间的民族大融合。一方面，他仿效秦制，在岭南建立一个中央集权、郡县分治的封建王国，但又不像秦王朝那样滥施暴政，而是有效地保护中原移民的政治、经济和文化传统，积极主张南越国与中原地区互通使者，互通贸易，大大促进岭南当地生产力的发展。另一方面，他又提倡汉越杂处，尊重越人的风俗，并主张王室成员与当地人通婚，任用越人的首领为国中重臣。

在文化方面，赵佗倡导“以诗书而化国俗”，教育越人“习汉字，学礼仪”，从而使“蛮夷渐见礼化”。南越丞相吕嘉（本是越人首领）后来作乱时，曾写了篇文章发布全国，来为自己辩解。从《南越列传》所引段落看，其完全是汉文的语气、文法。由此可见，汉文字在南越国中，上至君王、大臣，下至平民百姓，都相当普遍。这一切都很好地说明了赵佗在治理南越时大力传播中原文化，推动岭南文化水平的提高。故后人有言，“南越文章，以尉佗为始”。

在赵佗的“软硬兼施”的多重举措下，岭南人心渐拢，岭南文明逐渐成型，社会环境渐趋宽松、和平，落后的南越逐渐强大了起来。面对如此的治理成效，赵佗曾在汉文帝元年（公元前 179 年）上书中得意扬扬地称：“老夫身定百邑之地，东西南北数千里，带甲百万有余。”（《汉书 · 两粤传》）虽然这话明显有自夸之嫌，但也一定程度上反映出南越王国当时的实力。

南越从赵佗称王到亡国，共经历了五代，共 93 年，而赵佗在位 67 年，正是因为赵佗的长寿，南越才得以稳定而迅速地发展。秦军收服不了岭南人心，为什么赵佗却做到了？究其原因，秦军只有“硬功”，只懂“硬攻”，而赵佗却是善于“软硬兼施”，用通俗的话来说就是懂得“结合实际”“因地制宜”“因材施教”，最重要的是他能借助外力提升内力，拥有一个开放、包容的务实心态，可以说是对外开放的先驱了。

治理企业和治理国家一样，好的经营者一定要拥有一个开放、包容的心态，然而知易行难，并不是所有人都能做好这件事。

2017 年，中国物流行业可谓是风云变幻，硝烟不断，本应该最开放的互联网电商领域，“开放”却成了敏感词。2017 年 6 月 1 日，菜鸟和顺丰围绕数据传输和信息安全问题掀起一场“互撕大战”，双方各执一词。随后，腾讯、京东、美团、圆通、苏宁等公司悉数卷入并各自站队，混战局面犹胜当年腾讯大战360。

2017年7月19日，京东突然以天天服务排名垫底为名，向商户发出通知，关闭天天快递服务接口。紧接着，京东又建议商户不要用与阿里有关的快递企业的服务。

在京东商家论坛里，有商家用户留言，“万一客人就只有上面两家能到呢！万一客人强烈要求呢！”“我们公司是跟百世快递合作的，京东的订单占比不多，让我们怎么办？”京东显然更关注百世、天天快递的“服务不佳”，而不是用户的真实需求，也不相信市场会自然淘汰“服务不佳”的合作伙伴。在这场围绕天天快递的纠纷背后，实则是京东与苏宁，甚至和苏宁背后的阿里巴巴之间的商业竞争，显然天天快递成了两个商业巨头利益争夺战中的炮灰。

然而把狮子赶走，草原的生存环境就会变得和谐吗？答案取决于你想要怎样的开放。开放本身是包容的，平台之间却在互相竞争。本来大家各自在蓝海开放，一不小心又陷入了红海竞争，从争用户、争渠道，变成了争合作伙伴、争市场资源。说好的无边界成长，转眼又成了巨头筑墙。

众所周知，中国电商物流发展到今天已经成为一个全球领先的市场，这个市场的发展很大程度得益于包括阿里巴巴、京东商城、苏宁云商等领先的电子商务企业的推动。在它们的推动下，互联网加物流这种先进的商业模式得以普及，而互联网加物流的一个核心理念就是开放和共享。只有电商、快递物流协同发展，才能推动产业的集群升级，如果仅仅为自己的短期利益而采取断然割裂的做法，显然不利于整个电商物流市场的有序发展。

所以说，优秀的企业家能否拥有一个开放的心态，对于一个产业的发展至关重要。只有和业内外相关企业进行合作，共同打造一个和谐共生的生态链，进一步扩大自身的市场规模，进而把整个市场做大，最终各方才能达到合作共赢的目的。如果没有一个开放的心态，所有的开放战略最终都会走向失败！

结语

四十年前，当改革开放的号角吹响时，广州、深圳这些岭南之地都是冲锋的主力。如今，广东作为GDP比肩俄罗斯的经济大省，又肩负起“一带一路”这样的重任，继续引领中国的对外开放。实际上，广东如今这种开放、包容的心态，与两千年前赵佗开发、治理南越的做法非常相似。无怪乎，毛泽东称赞赵佗为“南下干部第一人”，他也的确不愧为中国开发岭南“第一人”！

当然，开放、包容，绝不只是治国之道，也是企业家的经商之道，经理人的管理之道，而要做到这一点，就必须善用外力，懂得协调各方利益。没有外力，包容就是空洞的；不会协调，开放就是危险的。

东越列传

商、周时期，在今天福建和它接壤的浙江南部、江西东北部、广东东部地区，散居着与华夏民族不同的各种部族，史称“七闽”。春秋、战国时期，也就是公元前770年至公元前221年，七闽之地先后成为长江流域的吴、越、楚等诸侯强国的势力范围。战国中期，楚国灭了越国后，越国王族子孙流散到东南沿海各地，和当地的土著部族融合，建立了许多王国。越王勾践的后代无诸、摇，就在七闽之地称王，建立了政权。《东越列传》讲的就是无诸、摇和他们后代的故事。

秦末时期虽然群雄并起，很多人都可能在一夜之间实现阶层跃迁。但是，帝王将相的位置始终属于少数人，尤其是一个国家的最高领袖，只可能在个别人中产生，多数人可能一辈子都无法触及最高权力圈层。因此，与其盲目称王称霸给别人当嫁衣，还不如选好一位带头人，然后跟着他走就对了。

越王勾践的驺姓后裔，闽越王无诸和东海王摇，在秦国兼并天下之后被废除了王的称号，成了部落首领。他们原本是一方之王，怎么肯甘心做一个小小的首领呢？在天下大乱，各方诸侯反抗秦朝的时候，他们意识到这是翻身的好机会。

于是，无诸和摇带领着越人一起归顺了鄱阳县令吴芮（后世称为鄱君，第一个响应反秦的秦朝官员）。他们出兵出力，跟随各路诸侯一起攻打秦朝，灭了秦朝之后，他们等待封赏，但是当时掌握大权的项羽并没有给这哥俩封王。

无诸和摇心里就不服气，作为越王勾践的后裔，他们认为自己遭到了不公平的对待。无诸就对摇说："我们越人为项羽这么卖命，他却始终看不见我们的功绩，在这里待着永远没有出头之日，没有实权和藩地，如何保护我们的子民？"

摇就建议说："那咱们就先不依附楚王，等等机会再说。"

这一等，还真让他们等到了机会。当汉军攻打过来的时候，他们便离开了项羽，转而去辅佐刘邦，并协助刘邦登上了帝位。刘邦是一位很懂得识人用人的领导，他重新封无诸为闽越王，掌管自己在闽中的旧地。

十年后，汉惠帝时期，当朝堂之上评估越人辅佐刘邦称帝的功劳时，很多越人认为，闽君摇的功绩更高，他的民众也更愿意依附他，惠帝刘盈便顺应民意，立摇为东海王，因为是在东瓯定都，大家又都称他为东瓯王。

无诸和摇在项羽的军队时，付出再多也得不到自己想要的。这时，他们就会果断转身，去找那个能满足他们条件的人，谁能让他们守住自己的封地当王，他们就归顺谁。

闽越王无诸和东瓯王摇，经过自己的努力，守住了自己的国土和荣誉，可是经历了几代之后，闽越王无诸的后代丢了祖宗打下的江山，身死国灭，而东瓯王摇的后代则世代封侯，让祖宗的基业传承了很久，这中间又有些什么故事呢？我们接下来就详细讲一讲。

闽越王的后代和东瓯王的后代都曾背叛过汉朝，同样是背叛，他们的结果却一个天上一个地下。

第一次背叛的主角是东瓯王。汉景帝时期，吴王刘濞联合诸王一起反叛，他想拉拢闽越王，闽越王不干，但是东瓯王心动了，背叛了汉朝廷，跟随吴王一起造反。

后来吴国被攻破后，东瓯王见形势不利，就暗中接受了汉朝的重金收买，在丹徒趁机刺杀了刘濞。因此东瓯王虽然背叛在先，却没有被惩罚，反而得到了汉朝的重金奖励，平安回到自己的封地。

吴王被刺杀后，他的儿子刘子驹一心想为父报仇，经常劝说闽越王去攻打东瓯王。汉武帝建元三年（公元前 138 年），闽越王终于答应了。随即闽越出其不意攻打东瓯，东瓯准备不足，城内粮食即将用尽，无奈之下，派人向汉武帝求救。

汉武帝召集大臣商量此事，太尉田蚡主张不救，他说："越人之间经常相互攻打，又反复无常，大费周章从中原朝廷出兵相救，就如同杀鸡用牛刀，不值得。早在秦朝的时候，就已经不把他们当作属国了，有秦朝的先例，我们不救，也合情合理。"

中大夫庄助主张要救，他说："秦朝当时连自己的都城咸阳城都抛弃了，更何况是小小的越国，但今时不同往日，我们有能力救人，为什么不救？现在小国在危难时，向朝廷告急，如果朝廷不帮助他们渡过难关，他们能去哪里求助呢？天子又怎么能当万民的父母呢？”

汉武帝当然想当万民之主，就说：“太尉的主张不可取。不过，我刚即位，也不想拿出虎符从中原各地调兵，那就近调兵吧。”于是武帝派庄助拿着符节到会稽郡（今江苏东部及浙江西部地区）调兵出征。汉朝的大军还没到，闽越王自知打不过，就赶紧领兵先行撤退了。

东瓯王这次的主动求助，得到了朝廷的援助，彼此之间建立了信任关系。东瓯王为了向朝廷表明忠心，加深双方的信任，也为了自己的子民不再被战乱侵扰，主动请求把族人迁到中原的江淮一带，世代享受朝廷的庇护。

东瓯王的背叛，由于他能迷途知返，帮助汉景帝平定了叛乱，不仅没有受到惩罚，还赢得了汉朝对他们的庇护。其实，这正是东瓯王和汉朝廷的相互信任，得到了双赢的结果。

越人的第二次背叛可就没这么幸运了，这次的主角是闽越王郢。汉武帝建元六年（公元前 135 年），郢带着东越人攻打南越，南越王赵胡就派人向汉武帝上书说：“南越和闽越都是汉朝的藩臣，怎么能擅自发兵相互攻击呢？如今闽越发兵侵犯臣，臣不敢发兵抗击，希望天子下诏书制止他们。”

汉武帝一听，高度赞扬南越这种遵守职责和盟约的忠义行为，就派了两位大将军前去讨伐闽越。汉朝的军队还没越过阳山岭，闽越王郢的弟弟馀善就害怕了，他私下召集了丞相和宗族们，对他们说："国王没经过朝廷允许，擅自发兵攻打南越，所以天子派兵来讨伐。如今汉朝军队众多，现在就是侥幸战胜了他们，朝廷还会派更多的军队来，直到把我们都消灭。如果我们杀了国王向天子请罪，天子要是接受，我们就可以罢兵了。天子要是不同意，我们就拼死作战，不能取胜就逃到海上去，你们以为如何啊？"

大家纷纷表示同意。于是，馀善发动政变杀死了闽越王郢，并派使者带着他的头去见大行令王恢。

王恢看到闽越王的首级，高兴地说："我军来这儿的目的就是讨伐闽越王，现在闽越王的头已经送到，闽越也已谢罪，不用打仗就消除了祸患，这当然再好不过了。"这样的好消息当然得赶紧告诉汉武帝。王恢就立即派人带着闽越王的头快马加鞭送到长安，并报告了闽越想要投降的情况。

汉武帝非常高兴，马上下令撤军。闽越王郢死后，闽越地区就群龙无首了，于是汉武帝就把无诸的孙子繇君丑立为越繇王，因为只有他没有参与这次造反。

发动政变杀死闽越王的人是馀善，功劳却给了别人，馀善当然不甘心，他就暗中拉拢地方豪强，想要自立为王，越繇王当然不想让他称王，两人之间的矛盾就越来越深。汉武帝知道后，认为不值得为馀善的事兴师动众，就说："馀善首先杀了郢，使汉军避免了许多劳苦，他是有功劳的。"于是，汉武帝就又立馀善为东越王。

就这样，在闽越这一片地区就有了两个王，繇王和东越王。

东越王馀善是个不安分的人，他又背弃了汉朝。

汉武帝元鼎五年（公元前 112 年），也就是闽越发生叛乱的 23 年后，南越人反叛，东越王馀善主动上书朝廷，请求率兵八千人，协助朝廷征讨南越。但是馀善却暗中和南越王勾结，借口海上风大，不能行军，故意延误战机。汉朝当时领兵的楼船将军杨仆就派使者向汉武帝上书，说馀善不可靠，不如顺手把东越王灭了。

馀善听说杨仆请求讨伐他，而且汉军已经逼近东越边境，十分恐慌，本有反心的馀善知道没有退路了，索性主动起兵造反，杀了汉军的三个校尉。馀善还私刻了“武帝”的印玺，假传圣旨，自立为皇帝。汉武帝听说后，大怒，立即调派了四路大军围剿东越。

在大军出动之前，汉武帝还在暗中派遣了已归附汉朝的越衍侯吴阳去劝说馀善，希望他能主动罢兵，馀善并没有听。吴阳看出馀善已经是铁了心要反叛，丝毫没有悔改之意，就暗中找来与自己私交不错的建成侯和越繇王，对他们说：“馀善反叛，裹胁你们造反。现在朝廷大军兵临城下，馀善毫无胜算，我们不如设计杀了馀善，归顺汉朝，这样或许还能侥幸免除罪过。”两人本来就不想反叛汉朝，听到吴阳的话，正合心意。于是他们设计杀了馀善，率领部下都投降了汉朝。他们三人也因为立了大功，都被封了侯。

经历了越人的几次反叛，汉武帝已经对东越人彻底丧失了信任，为绝后患，汉武帝命令把东越民众全部迁徙到江淮一带，至此东越一带就空无人烟了。

从上面的故事看出，信任对于一个国家来说多么重要。其实，信任对于一个企业来说同样非常重要，它能够最大限度地调动员工的积极性。有一项研究结果表明：一个企业的业绩至少有 30% 与员工是否努力直接相关。就是说，企业在不增加任何硬件和人员投入的情况下，通过调动人员的积极性，使每个人都能努力工作，就可以带来至少 30% 的收益增长。

依托青岛科技大学发展起来的软控股份就是这样一家信奉“信任管理”文化的企业。软控是橡胶机械行业的引领者，业务规模长期位居世界前列，2014 年橡胶机械销售收入位居世界第一，连续多年荣获“全球最佳供应商”奖。

多年来，软控始终坚持信任每一个员工。举个例子，有员工上班迟到了，管理干部不是想着去批评、扣工资或是质问他为什么迟到，而是会换一种角度替他着想，关心他昨天是不是加班了，是不是身体不舒服，是不是家中有什么难事，等等。

虽然软控也要求员工早晨上班打卡，但这并不是要刻意限定员工的上班时间，而只是为了统计中午吃饭的人数（食堂做多少饭也好有个依据）。软控的董事长袁仲雪说：“脑力劳动者没有 8 小时的工作概念，只要不影响团队合作和大家的工作进度，时间就应由他自己把握。”所以软控的员工“工作时间可以先办私事”。2005 年公司职能部门曾做过一次统计，占用工作时间办私事的仅有 3%，而大家主动加班则超过了 85%。

软控还有些外界看来“非常奇特”的规定，比如，员工的父母、同学、老师来青岛，只要员工认为需要，公司就可以派车，可以安排接待或是报销请吃饭的费用，而且不限次数。最初，有些管理人员担心：“要是成天有人来报销，这不麻烦了吗！”但事实是，从来没发现过哪个人成天来报销这类费用，相反，往往都是管理人员听说某个员工父母、老师从外地过来了，主动提醒、催促甚至干脆直接替他安排接待。

软控的董事长袁仲雪说："怀疑的成本是最高的，信任的成本是最低的，给予人才以充分信任，是最经济的管理办法。只要真正信任人，随后发生的事实也一定会证明，由信任人而得到的利益更大，'信任管理'可以实现'无为而治'。无论今后的业绩和规模做到多大，软控一定都会将'信任管理'进行到底。"

结语

汉武帝是在经历了越人首领一次又一次的背叛之后，才最终下定决心将他们灭国。越人首领的每一次背叛，都增加了信任成本，直至完全转变为不被信任。可见信任成本增加到一定程度也会产生质变。

松下幸之助曾说过："信用既是无形的力量，也是无形的财富。"无论做生意，还是做人，只要踏实维护自己的信誉，遵守自己的诺言，就一定会给他人留下好感，同时也会给自己积累未来的福报。

朝鲜列传

大家都知道，司马迁写的《史记》是一部纪传体史书，里面的故事多是以人物为主。但除了人物之外，司马迁还写了很多当时与汉朝有关系的小国，也把它们记在了列传当中，像什么《匈奴列传》《东越列传》《南越列传》等。今天我们来讲一个大家都比较熟悉的国家：朝鲜。

按照现在朝韩两国（朝鲜和韩国）的说法，最早在朝鲜地区建立王朝的人叫檀君，这位檀君在公元前2436年建立了古朝鲜国。这段历史听起来是有鼻子有眼的，但其实是在13世纪，也就是我国宋朝时期，由一个名叫一然的朝鲜和尚所写，在此之前的史料中根本没有关于檀君建立朝鲜的任何记录，所以这段历史很可能是编造出来的。

为什么我敢这么说？那是因为对于朝鲜的历史，在《史记》里就已经有详细记述了。

据《史记》记载，第一个在朝鲜土地上建立王国的，是“殷末三仁”（微子、箕子、比干）之一的箕子。箕子这个人我们以前讲过，他是商纣王的亲戚，因为得罪了纣王，被贬为奴隶。等到周朝建立后，箕子不愿做新王朝的臣子，便带着一帮殷商的旧人，漂洋过海，去到那时还是蛮荒之地的朝鲜建立了国家，史称“箕子朝鲜”。从此之后，朝鲜就和中国有了联系。

战国末年，秦朝攻灭了燕国。一个名叫卫满的燕国人，也因为祖国被灭而流亡朝鲜。在流亡的途中，卫满收集燕国的散兵游勇一千多人，渐渐地形成了自己的一股势力。后来，卫满趁当时的朝鲜王箕准（箕子的后代）不注意，起兵造反，推翻了“箕子朝鲜”，自立为王，这就是“卫满朝鲜”。

卫满在朝鲜称王的时候，恰逢汉朝刚建立不久。汉朝作为一个大一统王朝，总是需要一些国际影响力的，想要有国际影响力，那就得收几个“小弟”。朝鲜虽然地处东北，山高皇帝远，但毕竟也是一个和中国颇有渊源的国家，所以它就成了汉朝的第一个拉拢目标。当时汉朝的皇帝是汉惠帝，主要政策是以休养生息为主，因此汉惠帝就封卫满为外臣，承认了他的合法地位，并让他约束东北各部族。从此卫满朝鲜就以汉朝为靠山，不断扩张自己的地盘，扩充自己的军队，统辖的地区达到了方圆数千里。

这本来是一个你好我好大家好的局面，可到了卫满的孙子右渠当国王的时候，朝鲜却和它的“老大哥”汉朝闹掰了。

当时汉朝的皇帝正是赫赫有名的汉武帝，汉武帝这个人虽然英明神武、雄才大略，但却有个毛病，就是非常好面子。他非常喜欢享受万方来朝的快感，可朝鲜王右渠继位后，却一次都没有来长安觐见过汉武帝，甚至连使臣都没派过。这让汉武帝很不爽，他觉得，你朝鲜是我大汉的外臣，居然从来不朝见天子，这实在是太不像话了。于是就在公元前109年，派使者涉何持诏书前去朝鲜责备右渠，让他赶紧安排时间来长安朝见。

当涉何不远万里、跋山涉水地给右渠送去天子诏令时，右渠的态度却非常敷衍，仅用了一句“没空”，就把涉何给打发了，丝毫没有表现出要去长安的意思，还派使者把涉何“护送”回了长安。

在回长安的路上，涉何越想越来气：领导交付给自己的任务没完成不说，还被右渠打了脸，这回到长安后该怎么交差啊？涉何这么一想，不由得“怒从心头起、恶向胆边生”。干脆一不做二不休，叫上自己的随从就把朝鲜“护送”自己的使者给砍了，之后涉何装好朝鲜使者的人头，快马加鞭赶回长安。回到长安后，涉何就开始跟汉武帝编瞎话了，他说：“我在朝鲜时，发现朝鲜王右渠要造反，就奋不顾身地斩杀了一个朝鲜将军，把右渠给镇住了。”汉武帝一听，觉得涉何这个人真是太有本事了，就封涉何为辽东都尉，专门负责朝鲜事务。朝鲜方面得知这个消息却不干了，右渠心想：你涉何杀了我朝鲜的官员，我不追究也就算了，你居然还敢回来？于是派兵越过边界，偷袭辽东都尉府，把涉何给杀了。

汉武帝知道此事后，大发雷霆。虽然涉何擅杀属国使者、谎报军功有错在先，但朝鲜悍然越过国界，斩杀汉朝官员，这是绝不能容忍的事，这相当于是打汉武帝的脸啊。于是汉武帝派左将军荀彘、楼船将军杨仆，从水陆两个方向进攻朝鲜。

汉武帝本以为能轻轻松松就踏平朝鲜，没想到朝鲜国家虽小，战斗力却不弱，汉朝的两路大军都被打败了。其中率先发动进攻的楼船将军杨仆更是几乎全军覆没，他只身逃进了山里，经过十多天的逃亡，才重新聚拢了几千残部。

这场战役的失败，就像是给汉武帝的怒火上泼了一桶汽油，汉武帝都气炸了。他给荀彘和杨仆下了死命令：不能征服朝鲜，你们就别回来了。这诏书一下还真管用，汉朝大军就像是改头换面一样，变得勇猛异常。特别是左将军荀彘，一路高歌猛进，没几天就打到了朝鲜的都城，王险城下，包围了王险城的北部。楼船将军杨仆也打了过来，驻守在王险城的南边，汉军南北一夹击，把王险城围了个水泄不通。

朝鲜王右渠只能在城中负隅顽抗，凭借着高大的城墙抵抗汉军，汉军在之后的几个月中毫无进展，战争进入了相持阶段。其实在这期间，右渠也想过向汉朝投降，甚至都备好了礼品，准备派朝鲜太子去长安向汉武帝认错，但他害怕再次出现“涉何事件”，就又打消了这个念头。

时间一天天过去，身为左将军的荀彘越来越着急。一直在宫中侍奉汉武帝的他知道，如果不能征服朝鲜，每过去一天，汉武帝的火气就增大一分，等到汉武帝失去耐心了，那他荀彘可就惨了，所以他命令汉军加强了攻势，日夜不停地进攻，希望早日拿下王险城。

而楼船将军杨仆那边的情况就不一样了，他与朝鲜的第一仗就被打成了光杆司令，自己的部下也都是重新召集起来的散兵游勇，不但他自己信心不足，整个部队的士气也很低落。于是他整天就待在军帐里，想着如何与朝鲜讲和。每当荀彘那边找他约定一起进攻的时候，杨仆就一直拖着不肯打。

慢慢地，朝鲜那边也看出苗头来了，就明面上和荀彘血战到底，私下里和杨仆暗通款曲。荀彘也不是没想过招降朝鲜，但朝鲜那边态度很明确：我们只投靠杨仆，就是不想与你荀彘讲和。这样一来，使得荀、杨二人的步调总是不同步，王险城也一直都攻不下来。

时间一长，荀、杨二人也都互相明白是咋回事了，也就生出了各自的小心思。荀彘觉得：杨仆前有败军之罪，如今又和朝鲜私下往来，这肯定是要谋反啊。而杨仆那边觉得：你荀彘那么着急立功，不就是想争功，拍皇上的马屁嘛，这机会我怎么能给你呢？于是二人都给汉武帝写信，诉说对方的不是。

荀、杨二人互相抱怨的奏折，在汉武帝的桌上都已经堆成小山了，搞得汉武帝也很头疼。汉武帝紧急召见大臣公孙遂，对他说："朝鲜区区弹丸之地居然久攻不下，这是将帅无能啊。就因为这两个人各怀心腹事，总是不能达成一致，才迟迟不能攻破王险城。现在我命令你为督战特使前去朝鲜，解决这二人的问题，我给你灵活处事、先斩后奏的权力，务必使二人齐心协力。你要记住，征服朝鲜，乃是当前的第一要务！"公孙遂叩首领命，立即奔赴朝鲜。

到了朝鲜之后，公孙遂首先来到了左将军荀彘的军营当中。公孙遂刚进营门，就见一身甲胄、满脸血污的荀彘率众将迎了上来，给公孙遂行了个军礼。

公孙遂一看，这荀彘应该是刚下前线吧，于是扶住荀彘的手臂说："左将军不必多礼，快和我说说现在的战况如何，天子对此可是非常关心啊。"

荀彘用手抹了一把脸，叹了一口气说："还是没打进去啊，想当年我跟着卫青大将军驱逐匈奴数千里，如今却在朝鲜这个弹丸之地耗了这么长时间，真是有损天子威严，愧对大将军的名声啊。”

公孙遂对此感到很纳闷，就问：“您也算是身经百战了，怎么打个小小朝鲜还这么难？难道这朝鲜人比匈奴人还厉害？”

荀彘愤愤地说道：“朝鲜人当然比不上匈奴人，只是行军打仗最忌讳不听号令，行动不一。我多次和楼船将军杨仆商议要一起合兵攻城，可是他却毫不理会，根本不想和我一起作战。”

公孙遂一听荀彘的话，就更纳闷了：“楼船将军为何不肯助战啊？”

这时，荀彘冷笑一声说：“为什么？他是想谋反！我早已得到了消息，朝鲜使臣曾多次出入杨仆的军营当中，他们的关系很密切。我猜想，朝鲜那边肯定早就把他给收买了。如果到时候杨仆和朝鲜人合作，一起来攻打我军，我估计咱们很可能抵挡不住啊。”

公孙遂听完这番话，冷汗都下来了，他用颤抖的声音问荀彘：“那……那该如何是好啊？”

荀彘说：“我有办法，你是天子的使节，可以下令召杨仆前来我的军营。如果他不来，那就是谋反无疑，我们可以早做打算；如果他来了，那我们就当场捉拿他，到时候我就可以收编他的军队，征服朝鲜就易如反掌了。”

公孙遂一想，为今之计也只好如此了，就用符节召杨仆前来。等到杨仆刚刚踏进荀彘、公孙遂所在的大帐，早已埋伏好的兵士们就一拥而上，把杨仆当场拿下，荀彘也趁机收编了杨仆的军队。

在这之后，荀彘进攻王险城的攻势就更加猛烈。公孙遂则回长安给汉武帝复命去了。汉武帝听说此事后，对荀彘的做法非常不满，但因为还在打仗，并没有立即追究荀彘的责任，而是在心里默默地记了下来。

可远在朝鲜的荀彘并不知道汉武帝的想法，一门心思就想着如何搞定朝鲜，没日没夜地攻城。时间一长，朝鲜就坚持不住了，朝鲜的几个大臣就私下合计说："咱们虽然抵抗了汉军一年，但是看目前的情况早晚会被攻破的，不如早点投降，说不定还能混个军功，当个官。"于是就联手杀了右渠，投降了汉朝。自此，朝鲜终于被平定，汉武帝在朝鲜设立了四个郡（乐浪郡、玄菟郡、真番郡、临屯郡），正式将朝鲜纳入了汉朝版图。

荀彘班师回朝的时候，汉武帝就开始秋后算账了。荀彘与公孙遂因为争功越权，捉拿同僚而被处斩，杨仆则因为战斗不力而被贬为平民。

征伐朝鲜虽然赢了，但将帅没有一个人因此而立功封侯，这种事情在汉武帝一朝算是"独一份"了。这主要是因为汉朝与朝鲜的实力相差太悬殊，本该摧枯拉朽一般搞定的事情，却费了九牛二虎之力，消耗了大量的人力物力都没有效果，反要等到朝鲜内部出现问题后才能取胜。之所以会出现如此丢人的结果并不是因为朝鲜有多厉害，而是因为作为汉军主将的荀彘和杨仆二人，总是内斗，无法统一步调。

关于内斗，在管理学上有一个很形象的词语来说明这件事，叫作：螃蟹效应。为什么叫螃蟹效应呢？抓过活螃蟹的朋友们可能都知道，当装螃蟹的盆里只有一只螃蟹的时候，它总能想尽办法爬出来，可要是当盆里有好几只螃蟹的时候，就根本不用管。因为这些螃蟹都在挥舞着大钳子互相争斗，完全不会去考虑逃走的事。

在团队中，内斗其实是管理者们最担心的问题，内斗的情况一出现，就会给团队带来很沉重的负担，很多事情都无法顺利地推进下去，最终无法成事，所以人们常说："内耗"才是团队最高的成本。

结语

从《朝鲜列传》以及案例中的故事我们可以看出，内斗这件事永远是企业最大的敌人，这主观上是由于人性中自私的本性所导致的。作为企业的管理者，必须时刻提防这一情况的出现。

西南夷列传

《西南夷列传》记述了秦汉时代，我国西南地区许多部落国家的地理位置和风俗民情，以及汉武帝历时 30 年，将西南地区收入管制之下，使夜郎、滇等小国先后归附汉王朝，变国为郡的过程。

西南夷指的就是我国的西南地区，包括现在的云南以及贵州、四川西部。当时西南地区的部落国家有数百个，在收服过程中多半被汉朝消灭了，唯独夜郎和滇得到了汉朝授予的王印，这是为什么呢?

答案就在于对形势的判断和选择。在历史洪流中，很多人或团体没有创造形势的能力，但他们可以根据对局势的把控，找出应对局势的最优解。只不过有的找对了，有的却一错再错。

我们还是走进《西南夷列传》，看太史公怎么说。

秦朝灭亡汉朝建立，汉朝忙着和匈奴打仗，就把蜀郡原来的边界当作关塞，至于关塞西南方的那些小国家就都不要了，夜郎就是其中的一个。夜郎有精兵十万之多，国人也很富有，他的邻国南越（今中国广东、广西大部分地区、福建小部分地区、海南、香港、澳门和越南北部、中部的大部分地区），一直想把夜郎变成自己的国土，但未能如愿。

公元前135年，汉朝大行令王恢平定东越后，借着军威派番阳县令唐蒙去敲打南越，让他们好好服从汉朝廷。唐蒙到了南越的国都番禺城，见到了南越王，表达了让他们归顺汉朝廷的意思。但是南越王含糊其词，没有明确答应，只张罗着好酒好菜招待唐蒙。唐蒙看到餐桌上竟然有蜀郡出产的枸杞酱，要知道，蜀郡和南越距离可不近，唐蒙好奇啊，就问："你们哪里得来的这东西啊？"

南越王微笑不语，身旁的大臣含糊地说："我们西北方有条牂柯江（今北盘江上游一带，系珠江流域），这东西就是江上来往的商人带到番禺城的。"

唐蒙知道南越人没说实话，回到长安后，就找了蜀地的商人询问，商人告诉他："这蜀地出产的枸杞酱，很多人偷偷拿出去卖给夜郎。夜郎挨着牂柯江，江水很宽，有很多商船来往。南越人常用财物收买夜郎人，他们沿着牂柯江向西到过同师（今云南西部澜沧江与怒江之间），但即使这样，夜郎也不向它臣服。"唐蒙了解了这些情况之后，马上想到一个计策，就上书汉武帝说："南越国很富有，国土辽阔，名义上称作外臣，实际上是一方霸主，如果我们派兵攻打怕有困难。我听说夜郎国有十多万精兵，乘船沿牂柯江而下就能到达南越，不如拉拢夜郎国，攻其不备，定能拿下南越。"

汉武帝采纳了唐蒙的建议，任命唐蒙为中郎将，率领一千多士兵，还有运输粮草、辎重的一万多人，前往夜郎。唐蒙见到了夜郎首领多同，重重地赏赐了他，向他宣传汉朝的威严和恩德，约定向这里派驻官员，让多同的儿子当县令。夜郎本来就贪图汉朝的丝绸布帛，又想到汉朝据此路途遥远，终究不可能占据此地，就接受了唐蒙的约定。同签盟约的还有南越周边的其他小国，比如且兰国（贵州都匀附近的古国）、头兰国。

后来南越起兵造反，汉武帝想调遣且兰国的军队去打南越，但且兰君主害怕他的军队远行后，旁边的国家会乘机攻打他，不想借兵，于是杀了汉朝使者和驻守在当地的官员。汉武帝大怒，就派兵把南越和且兰国全灭了，还顺手把南夷的一些小国也收拾了。

夜郎侯一看这势头不妙，就主动到长安朝见汉武帝，表示归顺。汉武帝接受了他的朝见，封他为夜郎王。

再看滇国，最早在滇称王的叫庄蹻，他原来是楚国将领。当初，楚威王在位时，派他率领军队攻取了巴郡、蜀郡和黔中郡以西的地方。庄蹻到了滇池，一看池水浩瀚，纵横三百余里，旁边是肥沃富饶的大草原，便占领了这个地方，把它纳入楚国的领土。他正打算回楚国报告情况，正赶上秦国和楚国打仗，回楚国的路被阻隔过不去了，他就在滇池建国，做了滇王。

到了公元前 122 年，张骞出使大夏国回来对汉武帝说："大夏国很仰慕大汉的威仪，只是中间隔了一个匈奴，没有办法到大汉朝拜，如果穿过西南的身毒国（也就是古印度）修一条去大夏国的路，就可以解决这个问题了。"

汉武帝听完又动了开发西南的念头，于是派人去勘察道路情况。这些人来到滇国，当时的滇王尝羌盛情招待了他们，并安排十几批人去打探身毒国的路径，不过因为有昆明国的阻隔，没能如愿。但滇王和汉朝使者在这次勘察中建立了良好的关系，这些使者回朝以后没少对汉武帝说滇王的好话。

后来汉武帝灭了南越和且兰国，又收服了夜郎，而夜郎再往西就是滇国了。因为对滇王有好感，汉武帝没有马上去灭滇国，而是派人委婉劝告滇王前来朝见。

滇王自恃有军队数万人，周围还有两个和他同姓的小国相互依靠，就不肯听从劝告。但那两个小国多次侵犯汉朝使者和官员，汉武帝自然不允许别人对他不敬，便灭了那两个小国。

这个滇王本来也不想造反，见汉朝大军已经驻扎到自己的周围，便顺势而为，赶紧率领全国向汉朝投降，请求为他们设置官吏。于是汉朝就把滇国设置为益州郡，赐给滇王王印，仍然让他统治原来的百姓。

从故事中我们了解到，夜郎和滇国都不是一开始就臣服于汉朝的，因为道路的阻隔，两国对汉朝都不了解，在多次接触后，他们才开始了解汉朝及汉武帝。

当时，西南地区各部落分裂的局面依然存在，战乱不断，社会动荡不安，民族统一是人心所向，汉武帝收服西南正是大势所趋。夜郎和滇看到了汉武帝收服西南地区的决心，也看清了民族统一的趋势，尤其是南越和滇周围的小国被灭，让夜郎和滇更加认清了眼前的形势，臣服于汉武帝是最好的选择。虽然他们不再是逍遥一方的君主，但他们在强大的压力下保全了自己的国家。

兰国虽开始没打算造反，还与汉朝建立盟约，老老实实地经营着自己的国家，但汉武帝向他借兵时，他背叛了盟约，走上了造反的道路。也就是说形势发生变化时，他们没有顺形势变化而变化，只担心自己的小利益，为一己之私置大局于不顾，逆势而上，亲手敲响了自己的丧钟。

正如一些在资本市场中求发展的小公司，有的小公司开始就找关系与大公司建立联系，有的是迫于形势向大公司低头，最后被大公司收购。这些并入大公司的小公司，可以利用大公司的人力、物力、关系等一切资源来调整自己的资本结构、企业结构，从而改善经营状况。同时还可以借助大公司的声誉、品牌、形象来巩固市场地位，虽然它的自主经营权没了，但它的利润增加了。

这就是太史公教给我们的道理，顺势者昌，逆势者亡。那么怎样才能在纷繁复杂的大千世界精准地找到趋势，顺势而为呢?

我们都听过大禹治水的故事，但在大禹之前，他的父亲鲧，花了九年时间治水，都没有把洪水制服。因为他采用的是堵截的方法，试图拦住洪水，可是我们都知道水往低处流，这就是趋势，是无法阻挡的。

鲧失败后他的儿子大禹继承了父亲的事业，继续治水。他通过观察和研究，也总结了父亲的失败经验，借着水向低处流的规律，顺着水势，因势利导，把水引向低洼处，解决了水患。

后人在他的基础上通过引导的方式又解决了干旱的问题，引水灌田就是这样来的。如果说大禹治水采用的引导方法是根据水往低处流这个规律生成的，那么后人用这个方法来灌溉农田就是借势而上了。

清朝末年，上海闸北有一家小店，店里面住着夫妻二人，穷困潦倒，经常吃不上饭。小店的对面是一家姓于的开的水果店，有一次这于氏水果店从山东莱阳运了五十篓梨到上海，因为路途遥远，一路颠簸，再经雨一淋，运到上海时那些梨就开始烂了，不管怎样晾晒或削皮，都卖不出去。

这夫妻两个看对门的水果店扔掉了许多烂梨，就拾来吃。觉得很甜，就到于氏水果店，说要买他们的烂梨。于家想反正梨烂了也不值钱，没人买最后也是扔掉，现在有人要这不是好事吗，便一股脑地把梨贱卖给了他们。

这夫妻俩把梨拿回来，削了皮，挖掉烂掉的部分，再切成小块，一个铜钱买五块，生意很是兴隆。买得多了，这对夫妻就将梨削好放进大缸里用糖腌起来，这样更好吃，一上市卖得更火了。

后来夫妻俩到处买烂梨，削去皮放进锅里熬成梨汁，制成膏糖。后来朝廷的一位钦差大臣吃了这梨膏糖，觉得又甜又酸，很好吃，就将糖带到北京献给慈禧太后。慈禧正咳嗽，吃后觉得咳嗽好多了，而这糖的味道也好，便传旨叫夫妻俩进贡梨膏糖。这一下夫妻二人生意做大了，正式开了梨膏店。

于家水果店老板看这夫妻俩生意越来越好，很是嫉妒，知道这些梨膏糖是烂梨制成的，而最早的烂梨是他提供的。他越想越生气，就想警告一下这夫妻俩，告诉他们，老天在看着呢，你们竟然用烂梨，于是在夜里写了“天知道”三个字，贴在了夫妻俩梨膏店的大门上。

第二天，这夫妻俩一看“天知道”三个字，愣了一会儿，男老板哈哈大笑，说："我家店里的梨膏糖连皇上都吃过，他是当今天子，应当叫'天知道'，我就用这三个字当招牌！"

他把招牌写得特别大，往来的人觉得这招牌好奇怪便进来问究竟，得知是因为皇上、太后都爱吃梨膏糖，纷纷掏钱购买，这生意就更好了。

于家水果店老板吓唬人不成，反而让人家买卖更兴旺，字也被人利用了，就更生气了。他又在梨膏店墙上画了一个乌龟，把头缩进肚里，还写着"不知羞耻"。

第二天，梨膏店夫妻俩一看又是一愣，接着同声说："咱们用乌龟当商标吧，梨膏糖能止咳、延年益寿，龟也是长寿的。"从此，这个商标就成了上海的驰名商标。

烂梨本身是个劣势，但微烂的梨比好梨更甜，这也是事实。这夫妻俩只是发现了这个规律，也就是"势"，因势而生，想出了化整为零的方法，把梨切成碎块，品相好看，梨又甜，自然就卖出去了。

从本身的条件来讲，这夫妻俩卖梨是没有优势的，因为对门就是水果店，可是从另一角度讲，因为对门卖的是水果，他们也卖水果，借着对门的人气，再创新卖自己独特的产品，这就是借势而上。

对面于氏水果店老板的警告和侮辱，他们没有正面迎战，反倒退了一步，顺势而为，你警告我"天知道"，那我就用天知道做招牌，你骂我是乌龟，那我就用龟当商标，还省着我花心思去想了。

由此可见，势有大有小，大到国家建设，小到个人发展，无处不在。

结语

中国有一句老话：顺势者昌，逆势者亡。这是亘古不变的真理，万事皆有定律，违背“顺势”法则的人，成功的概率很小。但趋势不是一天造成的，而是一点一滴逐渐累积形成，成功者就是能及早发现趋势、运用趋势的人。

未来的趋势，并非遥不可及，它和我们的生活息息相关，而我们正置身其中。在21世纪的市场经济大潮中，经济形势纷繁复杂、市场环境瞬息万变，深挖中国商业环境、产业结构、消费升级、利率市场等要素背后的内在规律，因势而生地做出选择，这对国家、企业乃至个人都是一种必然的要求。

司马相如列传

司马相如这个人，我想大家多多少少都有所耳闻，他和卓文君之间的爱情故事，绝对是一段千古佳话。不过，在很多故事里，司马相如都是以一个“渣男”的形象出现，可就是这么一个“渣男”却值得司马迁在《史记》里为他单独立列传。这样看来，司马相如这个“渣男”也绝不简单。咱们借此机会再次澄清一下，司马相如是“渣男”这件事是后世演义传说中杜撰的，在正史中是没有记载的。

司马迁之所以会给司马相如单独列传，不是因为他和司马相如都姓司马，而是因为司马相如的文学水平。后世曾称赞说：“文章西汉两司马”，这“两司马”指的就是司马迁和司马相如。如果您要问司马相如的文学水平有多高，咱可以这么说，司马相如在汉朝文坛的地位，堪比唐朝的诗仙李白，所以咱们今天就来讲讲汉朝“李白”——司马相如的故事。

司马相如是蜀郡成都人，估计是他的父母认为“起个贱名好养活”，所以给他起的本名叫犬子，意思就是“狗子”。您可别以为我是在开玩笑，司马迁在《史记》中就是这么记载的。等司马相如上学之后，觉得自己的名字难听了，同时他自己还特别仰慕战国名臣蔺相如，就给自己改名为司马相如。

在当时，读书人的目的无非都是想当官，走向人生巅峰，可汉朝又不像后来的朝代有科举考试，所以要想当官，要么靠门路，要么就得花钱买，于是想要出人头地的司马相如就用家里所有的钱财给自己买了个武骑常侍的官。

虽然武骑常侍这个官是天子近臣，可司马相如却并不喜欢，因为这个职位的职责主要是“侍从，格猛兽”，而且汉景帝本人也不喜欢辞赋文章，所以这个职位根本无法施展司马相如的才华，于是司马相如趁梁王刘武来京城参见汉景帝的机会，跳槽到了梁王麾下。梁王这个人虽然没什么大才，但是对诗词歌赋很是爱好，他常带着司马相如和各种读书人、辩士相互交流，司马相如也因此写下了名篇《子虚赋》。

后来梁王去世，司马相如没了靠山，只好灰溜溜地回了老家。可是因为之前买官把家里的钱都花光了，他一个文弱书生也没什么可以用来养活自己的手段，不得已只能去投靠自己的好朋友临邛县令王吉。王吉这个人虽然只是个小地方官，但却十分欣赏司马相如的才华，每日给他送吃送喝，十分热情，搞得司马相如都有些烦了。

当时的临邛是汉朝的矿业大县，县中富人非常多，其中最富有的就是卓王孙和程郑，他们听说县令有京城来的贵客，就觉得这个人肯定不简单，于是置办酒席邀请王吉和司马相如吃饭。

等到了宴会那天，县令王吉早早地就来到了卓王孙家，和卓王孙、程郑两位富豪谈天说地，可直到开席了，也没见着“贵客”司马相如的身影。作为宴会主办人的卓王孙见这司马相如是左等不来右等也不来，就感到很好奇：这究竟是个什么人啊，摆这么大谱？回头正想找王吉打听打听，结果一回头发现王吉人也没了。卓王孙问了仆人才知道，县令王吉是亲自请司马相如去了。卓王孙一看这情况就更诧异了：能劳烦县令亲自去请，这人肯定不简单。

不一会儿，司马相如就在王吉的陪伴下闪亮登场了。司马相如本人是面如冠玉、身姿如松、气度非凡、英俊潇洒，这一下把卓王孙在内的所有人都给镇住了，卓王孙不禁慨叹道：“哎呀，原来这个仙人般的人物就是司马相如先生啊！果然不是一般人。”

在众人的注视中，司马相如只是站着，却一言不发。这时站在旁边的王吉清了清嗓子，发话了：“我这个朋友不仅长得帅，琴棋书画更是样样精通啊，而且他的文章堪称天下一绝，只是今天时间有限不便发挥，就弹首曲子给大家赔个不是吧。长卿（司马相如的字）请吧。”说完就向司马相如行了个礼。司马相如也不推辞，径直走到古琴边，向四周的众人略微一施礼，就坐了下来。旋即一抖手，弹出了一段悠扬的旋律，镇住了在座的所有人。

这一声琴响不仅镇住了在场的宾客，还吸引和打动了卓王孙的女儿卓文君。

话说这个卓文君啊，年方十九，长得是美艳动人，刚新婚不久丈夫就因病去世了，所以就回到娘家居住，本来在里屋闲得无聊，正在看书解闷的她，突然听到窗外传来了一阵优美的琴声。这新寡文君精通音律，一听就知道这个弹琴的人是个高人，于是悄悄打开一条窗户缝，想瞅瞅这个弹琴的人长什么样。

只因为在窗户缝里多看了这一眼，卓文君就把自己的一辈子给搭上了，因为弹琴的司马相如实在是太帅了啊，看得卓文君眼睛里都是小星星。就在卓文君陶醉在司马相如的相貌与琴声当中的时候，忽然听见琴声抖了一下，卓文君这才回过神来，仔细一看，原来弹琴的司马相如也正直勾勾地看着窗户缝里的卓文君。

两人这一次的眼神交错就如同天雷勾地火，一下就把爱情给点燃了。卓文君当即就下定决心，这辈子要是再嫁就只嫁给司马相如这样的人，可谓是“一见长卿终生误”啊。

而司马相如也早已被卓文君的美貌给迷住了。在宴会结束后，就悄悄地拦住一个小丫鬟，让她给卓文君递了张条，条上写了什么咱们不知道，但结果就是当夜卓文君就打点行装溜出家门和司马相如私奔了。

卓王孙知道女儿和司马相如私奔了之后，气得心脏病都快犯了。虽然女大不中留，可他万万没想到自己视若掌上明珠的女儿，居然会和一个只见过一次面、来历还不清不楚的人跑了，他是又气又恼，说道：“丢人啊，丢人啊，这丫头真是不成器啊，居然能干出这种事！罢了罢了，毕竟是我的骨肉，我也不能杀了她，但是她以后休想从我这里拿到一分钱，我卓王孙就当没有这个女儿！”

私奔的卓文君就和司马相如一起回了司马相如的老家成都。结果在看到司马相如家房子的那一刻，卓文君傻了，从小锦衣玉食的她从没见过这么破的房子，整个房子除了四面光秃秃的墙，包括桌椅板凳床在内什么都没有，就是一个毛坯房啊，是真正意义上的家徒四壁。但自己都已经和司马相如私奔了，总不能再回家吧？那就“嫁鸡随鸡，嫁狗随狗”吧。

靠爱情过日子一两天行，长时间过日子可真不行。时间一长，大小姐出身的卓文君实在是坚持不住了，就哭哭啼啼地扯住司马相如的袖角，说：“我这一辈子之前哪里受过这份苦，虽然我爸是不会给我钱了，但是哪怕是我回临邛找我兄弟姐妹们随便要点，都不至于让自己穷困到今天这个地步啊。”

司马相如轻轻揽住卓文君，温柔地说：“唉，让你受苦了。可现在咱们要是回临邛，问你的兄弟要钱，不是太没骨气了吗？自己动手丰衣足食，要不咱们回临邛创业吧。”于是夫妻二人打点行装、置办车马，又回到了临邛。

夫妻二人回到临邛以后，司马相如就把车马一卖，把卓文君当时带出家的首饰一典当，靠着这点小钱盘下了一间酒馆，位置就在卓王孙家的对面。等这一切都准备好了之后，司马相如让卓文君当垆卖酒，自己也穿上大围裙和雇工们一起跑堂洗碗，热火朝天地干了起来。他还打出了一个大大的招牌，上面写着：“蜀中第一才子为您服务，临邛首富之女亲自卖酒。”这招牌一打出去，整个临邛县都炸了，所有的人都跑来看热闹，想看看这临邛首富的闺女长什么样，更想看看把临邛首富闺女“拐走”的人长什么样。结果人们来了一看，这卓文君长的是貌如天仙，司马相如是玉树临风，一对璧人十分养眼。所以人们都会不自觉地进店来喝上两杯，夫妻二人的生意做得风风火火。

小夫妻这边的买卖是做得热火朝天，可街对面的卓王孙却坐不住了。自己十指不沾阳春水的女儿居然抛头露面亲自卖酒，这实在是太丢人了。不过，卓王孙又转念一想，现在木已成舟，也无可挽回了，而且司马相如这个人自己也见过，确实是一表人才、才高八斗，说不定还真有机会出人头地。想到这里，卓王孙决定，自己还不如干脆认了这门亲事。

于是卓王孙分给了小夫妻钱一百万，奴仆一百人，以及大量嫁妆和财物，司马相如于是带着卓文君回到成都置办田地和房屋，成为当地的富人。

看到这，估计有人要说了："这司马相如感情就是个吃软饭的啊。"没错，这时候的司马相如的确吃的是"软饭"，可也正是从这次"吃软饭"开始，司马相如的人生就开始时来运转了。

当司马相如正和卓文君安稳地过自己的小日子的时候，长安的朝廷里早就已经变了天了。当时的皇帝——汉武帝刘彻是个雄才大略但是非常能玩的人，而且还非常喜好诗词歌赋，一点都不像他爹那么无趣。有一次，汉武帝去上林苑打猎，路途中无聊的时候就拿过一卷书来翻看，正巧看到了《子虚赋》这篇文章。面对这篇行文潇洒、寓意深刻的文章，汉武帝非常赞赏，一边看一边念叨："好文章啊，好文章，写得真好。要是我和这作者是同一个时代的人多好，我非得封他当官不可，可惜了。"

恰巧这话被旁边管理皇帝猎犬的狗监杨得意听见了，杨得意听完这话就毕恭毕敬地对汉武帝说："这个写文章的人，小人认识。"

汉武帝一听，愣了，于是就对杨得意说："说说看，这写文章的人是谁？”

杨得意回话说：“此人名叫司马相如，是蜀郡成都人，和小人是同乡。”

汉武帝听完这话，心里一阵窃喜：“朕果然是天子啊，想什么来什么，真是踏破铁鞋无觅处，得来全不费工夫啊。”于是就派人去成都宣司马相如觐见。

等到司马相如日夜兼程赶到长安，见到汉武帝的时候，汉武帝一看来人仪表堂堂，器宇轩昂，心里就更满意了，于是就对司马相如说：“朕看了你的《子虚赋》，觉得你才华不错，想封你当个博士。”

汉武帝这话音未落，司马相如便直接跪在了地上，向汉武帝行了个大礼，说道：“承蒙圣上厚爱，但是《子虚赋》这篇粗鄙的文章，写的都是诸侯的事，不足表现出您作为天子的气概啊，我还能写出更好的。”

汉武帝一听，更加高兴了，当即赐给司马相如笔和竹简，让他当廷写作。结果司马相如下笔如有神助，文不加点、一挥而就，完成了一篇《上林赋》，里面把汉武帝的上林苑夸得如天堂一般，汉武帝自然是心花怒放，当即封司马相如为郎官。

从此之后，司马相如就成了汉武帝的亲信宠臣，干什么事都要司马相如为他写个文章，司马相如也很争气，每篇文章都写得十分精彩，令汉武帝是越来越离不开司马相如，就算是司马相如因为受贿被免官回家，也能很快官复原职，算是被恩宠到了极点。

汉武帝这个人，不仅喜好打猎，还很喜欢仙道，整天一有空就研究怎么才能飞升成仙，怎么才能长生不老。这事被司马相如知道以后，司马相如立刻写就了一篇《大人赋》，里面以仙人代指汉武帝，把汉武帝凌驾天云的气概描写得淋漓尽致，还暗含了一点——劝谏汉武帝不要因为求仙问道而荒废国事的意思，汉武帝看完是心花怒放，连连给司马相如点赞叫好，还赏赐了他不少好东西，司马相如此时绝对是朝中最炙手可热的红人之一。

不过司马相如这个人身体不太好，虽然汉武帝对他恩宠有加，可他自己却无福消受，没过几年就因病辞官，回到了茂陵（汉武帝的陵墓，很早就开始修了，位于陕西省兴平）附近的家中，没多久就病危了。汉武帝一听说司马相如病危的消息，就赶快召来了大臣所忠。汉武帝对所忠交代道："司马相如是个能人，文章写得前无古人后无来者，他的文章一定不能消失在这个世界上。你现在赶紧去他家，把他的书全部取来。"

所忠领命之后，马不停蹄地赶往司马相如家中，可是等他赶到的时候，司马相如已经死了。所忠心想，自己领命而来，不能没法交差啊，于是便问卓文君："长卿就没留下点什么书籍作品啥的？就这么走了？"

满脸泪痕的卓文君此时一边啜泣一边说："长卿平时是从来不写书的，但是他临走之前曾写了一卷书，告诉我说，如果有圣上的使者来，务必要使者把这卷书交给圣上，除此以外就没有了。"所忠听完之后，赶紧拿了书回去交给汉武帝。

当汉武帝拿到这卷司马相如的"遗书"打开一看，当即大呼一声："知我者长卿也。"原来啊，那本书上所记述的是有关封禅的事，把封禅的具体流程明明白白地写了个遍，早有去泰山封禅想法的汉武帝当然对此“爱不释手”了。司马相如死后五年，汉武帝封禅泰山，一切流程就是按照司马相如文章中所写的那样进行的，这算是司马相如为汉武帝所做的最后一份贡献吧。

司马相如之所以能受到汉武帝的恩宠，最重要的原因就是他总能及时地写出汉武帝想要的东西，这种“要什么就给什么”的策略，在商业中也是非常重要的。

在管理学上有这样一条著名的法则：“一个企业的经营成功与否，全靠对顾客的要求了解到什么程度。看到别人的需要，企业就成功了一半；满足别人的需求，企业就成功了全部。”这就是著名的阿尔巴德定理。

通用汽车的前总裁，艾尔弗雷德·斯隆就是这样一个非常善于使用阿尔巴德定理并获取成功的人。

斯隆原本是以一家轴承厂老板的身份加盟通用汽车的。在他加盟通用汽车的时候，通用汽车的整体状况其实不是特别好，因为竞争对手福特公司已经凭借着T型车的经典设计抢占了大部分的市场，这让通用汽车感到非常的难受，眼看就要被对手给挤兑垮了。就在这个时候，斯隆却敏锐地意识到，最好的汽车其实不是设计有多好，速度有多快，而是能充分满足消费者的需求，如果不能满足这一点，再好的设计也是白搭。因此，斯隆得出一个结论，汽车样式如果老是一成不变，是无法取得最后的成功的。等想明白这个道理后，斯隆开始将顾客的需求作为汽车研发的重点，为此他还提出了一个著名的口号：“为每一个钱包和每一种用途生产汽车。”在斯隆的领导下，通用汽车公司对市场上的消费者的各种需求进行了详细的研究和调查，并以此为基础决定要为每一个价位都设计出一款优秀的汽车。

在大的战略方针确定后，斯隆又把目光转向了经销商。他会定期走访各大经销商，了解他们的需求，收集汽车可能出现的问题，回到公司就对这些问题进行详细的研究，并提出解决方案。正是由于斯隆的这一策略，没过多久通用汽车的经营状况就有了极大的改善，几年之后，就击败了老对手福特，占据了全美最大的汽车市场份额，打了个漂亮的翻身仗。

结语

看完司马相如的故事我们可以发现，司马相如是个一等一的营销高手。在临邛时，他先摆起架子，吊足人们的胃口，然后出手“惊人”，一下就博得了众人的青睐，也博得了卓文君的芳心。在家徒四壁、生计难以维持时，他又运用自己的“名人效应”，吸引八方来客，让自己的生意变得红火。最重要的是，当他面见汉武帝，成为天子宠臣的时候，每次都能给汉武帝他最想要的东西，次次都能戳中汉武帝的“痛点”，从而获取无限恩宠，这样的本事真的是很了不起。

在商业当中我们也应该明白，掌握顾客的需求就等于掌握了胜机；实现顾客的需求就等于实现自己的利益。如果当企业的生产经营陷入迷茫的时候，阿尔巴德定理就是对失去方向的管理者们最好的提示。不过只是了解阿尔巴德定理并不算真正的掌握，聪明的人总是能掌握主动权，就像司马相如给汉武帝写封禅文章一样，主动发掘顾客需求，抢先一步做出顾客们需要的东西，才是一个优秀的企业领导者最应该去做的事。

淮南衡山列传

大家在书中和电视上常看到一些天潢贵胄声嘶力竭地呐喊："愿来世不要生在帝王家。"正所谓"家家有本难念的经"，在我们看来，身为皇室子弟，自然是锦衣玉食、富贵无边。其实不然，从安全系数上来说，我们平民子弟可要比皇室子弟高多了。

有权力，就有斗争，权力越大，斗争就越激烈。帝王家显然是全天下权力斗争最激烈的地方，古往今来，在帝王家里发生过多少次人伦惨案：儿子造老子的反，弟弟拆哥哥的台。在权力与欲望面前，什么父慈子孝、兄弟友爱统统被抛到了脑后。

从西周到汉初，各诸侯造反事件层出不穷，他们造反的理由各不相同，造反的形式也五花八门。但其中最奇葩的造反，当属西汉时期淮南王这一家人了。值得注意的是，有的人造反那是孑然一身，比如陈胜、吴广；但这淮南王造反却是子承父业、兄终弟及，一家人前赴后继地开展着造反大业。那么，又是什么原因让淮南王一家人如此热衷于造反呢？

今天，我们就一起来了解一下淮南王一家的奇葩造反历程，看看他们是如何一步步把自己送进火坑的。

淮南王刘长，是汉高祖刘邦八子中的第七子。按照常理来说，身为皇子的刘长应该是一出生就比别人高贵。可是，刘长小时候却并没有享受到任何荣宠。他刚生下来就失去了母亲，他的母亲叫赵姬，是刘邦路过赵国时，刘邦的女婿赵王张敖献给刘邦的，后来张敖因为谋反案被刘邦下了大狱，赵姬也就顺带着被关进了监狱里。

本来，赵姬怀着刘邦的皇子，又与谋反案无关，所以她想让刘邦放自己出狱，但是，当时的刘邦正处于盛怒之中，哪里肯理睬她呢，无奈的赵姬只好让弟弟去找当时吕后身边的大红人辟阳侯审食其帮忙。可是我们都知道，吕后这个女人是很善妒的，她怎么肯去救自己的情敌呢？结果可想而知，吕后不肯向刘邦进言求情，辟阳侯也不尽力相劝，绝望中的赵姬生下刘长后，含恨自杀了。当狱吏抱着刘长送到刘邦面前，刘邦才后悔莫及，他下令厚葬赵姬，并让吕后抚养刘长。

这倒是因祸得福了，刘长从小由吕后养大，怎么也算得上是她的半个亲儿子，因此，当吕后专权的时候，刘邦的另外几个儿子都遭了殃，只有一向低调老实的刘恒和被她亲手带大的刘长安然无恙。

后来，刘恒当上了皇帝，也就是汉文帝，此时高祖刘邦的儿子只剩下了文帝与淮南王刘长两个。汉文帝是个重感情的人，因此他对这个仅存的弟弟特别宠爱，宠爱到什么地步呢？宠爱到大庭广众之下杀害朝廷大臣也不降罪的地步。

长大后的刘长逐渐得知了他母亲自杀的真相，说起来，他如果要报仇，也应该找父亲刘邦和养母吕后啊，可是无论从哪方面来说，这仇他都是无法报的，那怎么办？就这样算了？当然不。这时刘长想起来了一个人——辟阳侯审食其。

“要不是这家伙当年不肯尽力，我母亲会死吗？不行，我要找他报仇！”于是恃宠而骄的刘长，怀着满腔的仇恨，就去了审食其的家里。见到审食其后，他二话不说就动手，取出藏在袖中的铁锤锤击审食其，猝不及防的审食其居然就这样被刘长给活活打死在家门口了！

曾经担任过大汉丞相的辟阳侯，竟在光天化日之下无故被杀，这可不是一般的大案。一时之间，朝野震惊。朝臣们震怒，他们强烈要求汉文帝对刘长予以严惩。可汉文帝着实舍不得这唯一的弟弟啊，更何况刘长还在那振振有词地喊着“父母之仇，不共戴天”的口号。于是，汉文帝决定息事宁人，除了安抚一下辟阳侯家属的情绪外，并没有对刘长采取任何惩罚措施。

通过这次事件后，刘长的胆子就更大了。既然我打死大臣都没事，那我不妨再干一票大的。那比打死丞相还大的事是什么呢？当然只能是造反了，他这次是想打倒汉文帝了。

于是，脑回路比较奇葩的刘长决定造反了。别人造反必然是尽起大军、背水一战，而他刘长造反就比较随性了，他在长安北部的一个小县城聚集了四十辆战车，然后领着七十余人，就这样准备造反了。如此儿戏的造反简直就是在侮辱大汉军队的战力，于是朝廷派了几支地方保安队就把造反的刘长给拿下了。

刘长被押解到长安，众多大臣向汉文帝死谏：“淮南王刘长，不遵法度，擅杀官员，勾结外敌，图谋造反，臣等请求陛下将刘长依法治罪。”

汉文帝无奈地下诏：“我不忍心依法制裁淮南王，交给诸位列侯和大臣们商议吧。”

张仓、刘敬等列侯与德高望重的大臣，共四十三人，再次向汉文帝死谏：“刘长不遵从法度，不服从天子诏命，图谋不轨，臣等决议应当立即依法制裁刘长。”

汉文帝只好说：“我不忍心依法惩治淮南王，那就赦免他的死罪，废掉他的王位吧。”

大臣们一看，知道汉文帝是无论如何也不会杀刘长了，只好冒死提议把刘长发配到蜀地。汉文帝也只能同意了，私下里却对袁盎说：“我只是让他吃吃苦头罢了，会让他回来的。”

刘长在被流放的途中，一路坐在囚车上，颠簸受苦。他越想越难受，就对身旁的仆人说：“我因为骄纵才看不到自己的过失陷入这种困境。人生在世，如何能忍受如此郁闷！”说完就绝食自杀了。

人与人之间就是这样，你越是对他纵容，他就越是无法无天。要知道，这世界上许多的大罪恶都是由纵容衍生出来的。汉文帝如果早早对刘长严加管教，而不是一味地偏袒溺爱，刘长也不会落得个人死国破的下场。在这件事中，汉文帝有着不可推卸的责任。作为领导，他没能及时纠正属下的过错；作为哥哥，他没能及时教育自己的弟弟，这才酿成了后来的悲剧。

作为一个领导者，一味地纵容属下无疑是致命的，这不禁让我想到了京东的创始人刘强东。刘强东的第一次创业是开餐厅，可后来因为对员工管理过于宽松导致员工腐败现象严重，最终经营失败。

所以当刘强东创建了京东后，他不再纵容员工，取而代之的是严格管理。他不容忍公司员工有任何违法、违反社会公德和坑蒙拐骗的事情发生，也不能容忍员工有一点贪污的行为。当京东的第一个财务总监陈生强踏入京东的那一刻，刘强东就严肃地对他说道："虽然你才刚刚到，但我想我们还是要先立个规矩的。有关财务的问题，要一切遵从法律框架，采购的所有商品都要全部带发票，我不允许这其中有任何猫腻，你明白吗？"

当然，除了这种严肃地"立规矩"外，刘强东还常常给员工们灌输正能量。他告诉自己的属下说："我们要靠正道去赚钱，活得要有尊严，不要为了生存去做那些乌七八糟、损害社会的事。"

在刘强东看来，他管不了这个社会，但是他一定要管好这一家公司，他决不允许公司以及公司的员工走上邪路。他经常教育员工不要贪腐，从来不会让员工掺点杂货，或者弄点价格猫腻去多赚一点钱。"走正路、做好人，靠自己的智慧和汗水去创造美好的生活"一直都是京东对员工们的要求。也正是这种严格的管理原则，帮助京东成为电商领域的佼佼者。

淮南王刘长死后，汉文帝本来是想把他的封地收归朝廷的。但这时，民间出现了一首民谣："一尺布，尚可缝，一斗粟，尚可舂。兄弟二人，不能相容。"朝臣都知道刘长的灭亡完全是咎由自取，虽然汉文帝有很大责任，但并不能说就是汉文帝一心想要谋杀自己的弟弟啊。但不知内情的老百姓却只看见了他们所相信的"事实"：

汉文帝流放了刘长，而刘长死在了流放途中。于是百姓们纷纷传唱起这首民谣，讽刺汉文帝暗害自己的弟弟。

防民之口，甚于防川。舆论的力量是盲目而强大的，即使身为帝王也招架不住。汉文帝对大臣们感叹道："百姓们都以为我是贪图淮南的国土而害了淮南王，我如今也是有口难辩，只能用行动向天下证明我的清白了。"于是汉文帝没有收回刘长的国土，反而把国土分给了刘长的三个儿子，其中的长子刘安继承父亲的王号，成了新一任的淮南王。

说起淮南王刘安，大家可能不太熟，但提起他编撰的经典书籍《淮南子》，那就大大有名了。我们所熟知的"塞翁失马，焉知非福"就出自《淮南子》这本书。

由于父亲刘长造反的缘故，刘安在即位初期很是勤政爱民，他不喜欢玩乐，只喜欢读书，一时之间，受到了天下百姓的爱戴，大家都称他为"贤王"。但可惜这个刘安也是个不本分的人，他的目的可不是做什么"贤王"，他是要做"贤君"的。

公元前139年，刘安入朝觐见汉武帝，汉武帝派遣太尉田蚡到霸上迎接刘安。这田蚡也是个轻浮之徒，因此和刘安走得很近。当他见到刘安的时候，便悄悄对刘安说道："方今皇上没有太子，大王您可是高皇帝的亲孙子啊，像您这样博学多才、名闻天下的贤王，就应该百尺竿头更进一步啊。我觉得如果皇帝一旦去世，那皇位就非您莫属了。"

当时，汉武帝的皇后陈阿娇婚后一直不孕，储君之位也一直空悬，听见田蚡这样说，刘安心里可是乐开了花。当然，他可不只是傻乐，他从那时起就在心里盘算着如何夺取皇位了。于是在入朝之后，刘安各处散财，以图收买朝中重臣，随时关注皇家动向，还在临走之时，留下了一批间谍。

当刘安回到封地之后，他谋反的心情更加迫切了。他已经等不及汉武帝驾崩之后再造反了，于是刘安开始召集并接纳各国在逃的罪犯以及一些唯恐天下不乱的好事之徒。这些人大多是轻薄无知之人，他们为了哄刘安开心，经常无根无据地出谋划策，只要刘安当时喜欢，他们就从不考虑事后的结果。既然刘安喜欢造反，那这些人自然就天天劝刘安造反。

于是刘安加紧制作攻战器具，囤积资金，用金钱贿赂周边郡国，希望大家一起造反，拥他为帝。身边的这些轻浮之徒，更是借天象反常之机胡编乱造一些祥瑞的话，阿谀奉承刘安，这让刘安听了很兴奋，赐给这些人很多东西。从此，刘安的喜怒均系于汉武帝有儿与无儿这件事上了。但很不幸的是，刘安的愿望破灭了。汉武帝在废去皇后陈阿娇之后，立卫子夫为皇后，接连生下三女、一子。

这下子人家皇帝有后了，你淮南王想当继承人的愿望就彻底落空了。这件事对刘安的打击很大，从此刘安陷入了深深的矛盾之中，没一天能睡上好觉，因为他一闭眼就会不停地思考一个问题：是造反还是再等等呢？刘安始终处于一种矛盾状态，时而积极准备谋反，又时而伺机观望，谋逆之念时断时续，最终也没有像吴楚七国那样大举兴兵，他只是在折磨着自己而已。

看见老爹如此辗转反侧、夜不能寐，刘安的女儿刘陵站了出来，她准备亲自做一次间谍，前往长安探听消息。这个刘陵从小就聪慧有口才，因此很得父亲的宠爱。这次刘安给了她许多金钱，派她到长安城中，探探朝廷及后宫内情，等待时机。刘陵遵从父命，一到长安就开始四处联络，就连皇帝左右的人也有被她收买的。

但刘安始终有贼心、没贼胆，而他手下的那些人平常吹起牛来一个顶俩，真要到造反的关键时刻，却纷纷劝阻刘安不要起兵。恰巧此时发生了一件事，彻底粉碎了刘安的皇帝梦。话说刘安的嫡长子叫作刘迁，这小子跟他爷爷、老爹一个德行，也喜欢造反。不仅如此，他还深知造反需要真功夫，他老爹舞文弄墨肯定是不行的，所以他从小就开始学剑术。听说郎中雷被剑艺精湛，便召他前来较量。

结果雷被不费吹灰之力就击败了这个自以为剑术无双的小王爷，这让刘迁十分生气，从此便在刘安面前说雷被的坏话。雷被虽然也是刘安的亲信，但是再亲也亲不过人家亲父子啊。雷被十分害怕受到迫害，决定连夜逃跑。逃到哪里去呢？当然是去长安告状了，刘安密谋造反那点事，雷被可没少参与，如今反倒是这个参与者率先反水了。雷被私自跑到长安，向汉武帝上书举报刘安父子。汉武帝立刻派人前往淮南核实情况。畏畏缩缩的淮南王刘安终究还是没能起兵反抗，最后父子二人先后自杀了。

结语

刘长与刘安父子虽然都是自取灭亡的叛乱之臣，但他们叛乱的方式却有很大不同。刘长是被娇惯坏了，从而养成了无法无天的放纵性格；刘安则是“不安分”的心理在作怪，他密谋造反多年，却一直犹豫不决，最后未动一刀一枪，就自我了结了。

在淮南王一家的造反过程中，我们应该注意的是汉文帝的行为。他既不是一个合格的哥哥，也不是一个合格的领导。作为领导，要有一定的原则底线，如果对下属过分纵容，很可能会影响整个公司的发展。当下属可以无法无天地从公司获取私利时，那这个公司怕是快要走到尽头了。因此，“驭下以严”是很重要的，过度宽容只会滋长他们的放纵心理，最终害人害己。

循吏列传

在中国历史上，有这样一个群体，他们虽然为官，但一不在朝堂，二不在沙场。他们虽没有魏徵、包拯那样的知名度，但是清正、廉明的作风一点也不输后者。这些官员或服务于诸侯，或深耕于地方。他们可能不被百姓熟知，但历史也为他们留了一席之地。而最早这样做的人就是司马迁。在《史记》中，司马迁把这些官员统称为“循吏”，为他们也写了一个“列传”。司马迁的这种体例，为《汉书》《后汉书》直至《清史稿》所承袭，成为正史中记述那些重农宣教、清正廉洁、“所居民富、所去见思”（为官时让百姓富足，离去时让百姓思念）的州县级地方官的固定体例。

其实，无论是官场还是公司组织，都需要好的领导来管理，否则上梁不正下梁歪，任何事业都不会有好的发展。

那怎样才能算得上循吏，或者说好领导呢？单从字面意思来看，带领大家干、引导大家走，这才叫领导。司马迁的《循吏列传》就讲述了当好领导所必备的基本素质。

晋文公时代，有一个叫李离的大法官。有一次，他根据下属向他汇报的案情，将人错判了死刑。后来，当他得知真相后，非常悲愤，就命令下属把自己拘押起来，准备以死来弥补自己的过错。

晋文公是个爱惜人才的君王，怎么能让李离就这样赴死呢？因此，晋文公就开导李离说："官阶有高低，处罚也有轻重，这案子是下面人弄错了，并不是你的罪责啊！"

别说当时了，就是现在的法治社会，晋文公说的这话也没毛病啊。但是，李离却不这样认为，他说："我是这里的长官，没有让下属行使我的权力；我领取的是长官的俸禄，也没有把好处分给他们。可现在因为我的失误错判了，却要把责任推给下属，这是没有道理的。"

听了这话，晋文公感觉哪里不对劲。想了一下，就反问李离："照你这样说，我不是也有罪吗？"

谁知李离却说："法官断案有法规，错判刑就要亲自受刑，错杀人就要以死偿命。您是因为我能够明察秋毫、明断是非才让我做法官。现在我没有做到明察秋毫而枉杀人命，应该判处死罪。"

晋文公自认为已经把道理讲得很透彻了，谁知道李离的反驳也是滴水不漏。但是，晋文公还是不想让李离以这种方式死掉，就想再劝劝他。谁知，李离趁晋文公不注意，猛地从身边卫士的身上抽出一把剑，往脖子上一抹，含笑而去了。这就是历史上有名的"李离伏剑"。

可能在有些人看来，这个李离有点"傻气"，但他这种严于律己、勇于负责的精神确实可敬可佩，足以传颂千古，启迪后世。

勇于承担责任，是为官者必备的素质，是领导者应有的道德规范。领导是什么，领导就是责任。领导有权也有责，权和责是对等的。既然当了领导就应敢于负责，一丝不苟。工作没有做好，食不甘味，寝不安席；工作出了问题，勇于承担责任，接受应有的处罚。即使过错和失误是下属所犯，领导者也要勇于承担自身的领导责任，给下属创造宽松的环境，让下属敢于创新、敢于尝试，这是领导者的本分，也是领导者应有的觉悟。虽然李离的做法有些极端，并不值得我们现代人效仿，“人命关天”是事实，但人非圣贤孰能无过，所以一定的容错机制也是必须的。

说完李离敢于担责的故事，再来看一个以身作则的故事。公仪休是战国初期鲁国人，由于才学优异做了鲁国的国相。任职期间，他遵守法度，按原则行事，做事一丝不苟，因此百官的品行也都很端正。不但如此，他还命令为官者不许和百姓争夺利益，做大官的不许占小便宜。

曾经有位客人亲自上门，想给他送一条鱼。但是，公仪休说什么也不肯收下。客人认为，不就是一条鱼吗，至于这么认真吗？就奇怪地问他：“我听说您非常喜爱吃鱼，我这才送鱼来，可是您为什么不接受呢？”

公仪休看着一脸疑惑的客人，不觉笑了起来，说道：“正是因为我很爱吃鱼，才不能接受啊。你想想看，现在我做国相，自己还买得起鱼吃；如果因为今天收下你的鱼而被免去官职，那么今后谁还肯送鱼给我？所以我绝不能收下。”

公仪休不仅自己遵守纪律，还做出了一系列有利于民生的举措，而且有些举措在我们现代人看来都有点疯狂。比如，公仪休吃了自己家种的菜，觉得非常好吃，于是他立刻让人拔掉不允许再种；看见妻子织出的布漂亮结实，他就果断地毁了织机不让妻子再织布。邻居见了非常纳闷，问他："大人啊，你不收别人送的鱼，我们知道这叫清廉，可以理解，但是你把自家的菜拔掉，把妻子织的布扔掉，我们真的是不理解啊！"

公仪休拉着邻居到自家院中坐下，然后解释说："如果自己家种的菜好吃，你觉得我们还会再去买百姓的菜吗？如果自己织的布匹自己用，那百姓织的布又能卖给谁呢？这样一来，那百姓的生活不就会变得拮据了？更何况，我身为宰相，本就家境富裕，不需要再另谋生计，而那些百姓们，他们要想生活得好，就要把自己生产的菜呀布呀拿出去卖。我这样做，正是为了能让百姓们多卖点东西啊！"

听完公仪休的讲述，邻居们豁然开朗，对他也越发信服。

按理说，公仪休身为宰相，吃条鱼也算不上是受贿，种点菜、织点布也无可厚非。但作为百官的领导，负有引导各级官员和百姓的职责，自己如果收下了别人的一条鱼，那么上行下效，别人就有可能收一头牛，如此一来，坏风气就会漫延开，整个组织就要陷入腐败。正是因为公仪休的自我约束，鲁国才有了清正廉明的官僚体系，实现了良性发展。

上学的时候，我们都背诵过孟子《生于忧患，死于安乐》这篇文章，其中写道："舜发于畎亩之中，傅说举于版筑之间，胶鬲举于鱼盐之中，管夷吾举于士，孙叔敖举于海。”这里的孙叔敖就是具有管理智慧的典范，司马迁把他列在《循吏列传》第一位。

孙叔敖在楚国为官三个月就升任了国相，由于他施政育民，使得官民之间和睦同心，风俗十分淳美；执政宽缓不苛刻却有禁必止，让官吏不做邪恶伪诈的事情，民间也没有盗窃事件发生。在他的辅佐下，楚庄王成为春秋五霸之一。他本人也积劳成疾，38岁病逝他乡。

作为楚国的国相，孙叔敖不但清正廉洁，而且他的管理也充满了智慧。比如，秋冬两季是农民的休整期，基本上没有什么农业劳作。于是，他就鼓励人们进山采伐林木。采伐之后并不着急运出去，而是等到春夏时候，借着水位不断上涨的河水，巧妙地把木材运出大山。这样一来，百姓们不需要付出太多劳力，就能够完成工作。更重要的是，合理利用农闲时间，让百姓有了谋生的途径，增加了收入，生活也变得越来越好。

最能体现孙叔敖管理智慧的，就是下面这个故事。

当时，楚国人出行的时候，流行坐矮车。但是，矮车不但容易碰伤马腿，而且车速很慢，一旦发生战争，不利于运送物资，于是楚庄王想要把矮车改高。一些头脑简单的大臣立刻响应说：“大王只要下一道旨意，发个告示就行，看哪个敢不执行就抓起来！”

孙叔敖却不这么认为，他说：“大王，我认为这种方法不妥。百姓们已经习惯乘坐这种矮马车了，如果强迫他们改造马车，势必会引起百姓的不满，政策就更难以推行下去了。”

楚庄王一琢磨，的确如此，于是问道：“那依你之见，应该怎么办呢？”

孙叔敖说："其实很简单，大王只需要发布告示，说根据天象，今年可能发大水。为了避免洪水漫灌，各家各户的门槛要加高一些。这样一来，门槛加高了，那些乘车的人就需要频繁下车过门，为了方便，他们自然就会把车的底座改高了。"

楚庄王虽然有些犹豫，但还是昭告天下。百姓们为了防止洪水，纷纷加高了门槛，可这样一来，马车再进门的时候，车底就会蹭到门槛，非常不方便，于是百姓们又把马车底座改高以方便出行。半年之后，楚国的矮车全部改造完毕，孙叔敖不用下令强制百姓，百姓们就自然顺从了他的教化。

由此可见，管理者不仅要有心，还要有脑子，真正把这两者融会贯通的人，才是真正懂得管理艺术的人。

而被称为"中国最硬核创业者"的褚时健，就是一个敢于担责、做好表率并懂得管理艺术的人。

早在 1981 年 11 月，褚时健从农村的"包干到户""包产到户"中得到经验，率先在玉溪卷烟厂第二车间尝试"单箱卷烟工资含量包干"的分配改革，说白了就是工资、奖金与产量挂钩，结果当月产量比上月增加了 140 箱，而且质量也得到有效提升。当真金白银兑现时，工人的积极性空前高涨，由以前"上班要人喊，出工不出活"的状态，很快就转变成"早来晚走，争分夺秒"，全厂日产量几乎翻倍，当年玉溪卷烟厂的上缴利税就达到 1.8 亿元。

对于提拔起来的干部，褚时健向来采取的态度是信任、放权。当时烟厂的对外业务账目巨大，涉及几亿元资金的业务比比皆是，中层们面对如此巨大的权力，都有些畏惧。但褚时健的态度斩钉截铁，他说："你们签！我既然信任你，就让你干，你不要担心，我给你一张委托书，闯祸了打官司我来承担。"于是，玉溪卷烟厂的中层干部就有了一个共同特征：敢干。比如，负责管理"第一车间"烟叶开发工作的赵德才，平均每年有十多亿元的财务审批权，但他从没有出过纰漏。赵德才说："我们其实也是传递褚厂长的信任，他信任我们，我们信任下面的人，大家形成一个信任的机制。那么多年，一点问题都没有出过。"

在企业经营上，褚时健更是独具慧眼，充满艺术。褚时健想要建立烟草基地，自己种植优质烟草，来提高烟草质量。《烟草种植法》规定，卷烟原料由烟草公司调拨，卷烟厂只负责生产卷烟，其他环节无权插手。这难不倒褚时健。1985 年的春天，玉溪市的一位乡长找到褚时健，想向褚时健借款 10 万元帮助农民种植烟草。褚时健立刻抓住这个机会，同意无偿为烟农提供种植烟草的资金，但是要求烟农必须按照他的方法来种植烟草，并将烟叶交给玉溪卷烟厂，乡长立刻就同意了。于是，褚时健顺利地获得了 2400 多亩试验田，达到了自建烟草基地的目的。

结语

领导是一门艺术，不仅需要有带领员工攻城略地的能力，还要拥有敢于担责的勇气、以身作则的自律精神以及管理的智慧。在《循吏列传》的故事里，我们可以学到：

1. 作为领导者，必须要有担当，这就意味着，自己要主动去承担团队或者下属的某些失误、错误。然而，主动担当也不意味着所有的责任都往自己身上揽。为此，建立相应的容错机制也是必须的。

2. 火车跑得快，全靠车头带。领导要带好队伍，就必须从自身做起，严格要求自己，以积极向上的工作作风带动全体员工，形成心往一处想、劲往一处使的合力。

3. 管理是一门艺术，只要抓住重点，只需要花费很小的力气就能撬动巨大的目标。因此，多掌握一些管理的技巧，就能够达到事半功倍的效果。

汲郑列传

宋代诗人陈普在《咏史上·汲黯》中写道："汉家社稷何依倚，黯直粗疏一病翁。"说汉朝的江山社稷最值得依靠和依赖的人就是汲黯，这是一个忠直敢谏，看上去粗疏无礼的病老头。汲黯是千古一帝汉武帝唯一畏惧的人，对此，太史公在《史记》中有一段生动的描写，大将军卫青入朝时，汉武帝可以蹲在厕所里见他；丞相公孙弘入朝时，汉武帝可以衣帽不整地接见他；而汲黯入朝时，武帝不把皇冠戴正都不敢见他。

在《汲郑列传》里，司马迁记述的两个人物，一位是郑当时，而另一位就是汲黯。两个人都在汉武帝手下为官，政绩突出并且清廉自守。然而，司马迁更赞赏汲黯刚直不阿的品性，于是，在这篇传记里面汲黯就成了主角。下面，我们就讲一讲，司马迁极力赞赏的汲黯是一个什么样的人。

汲黯，字长孺，濮阳人。他出身官宦世家，在汉景帝时，当了太子洗马（辅佐太子，教太子政事、文理的官职），从此和当时还是太子的汉武帝结下了不解之缘。汲黯为人端正严肃，不苟言笑，平时就和学校的教导主任一样，搞得大家都很害怕他。

等到汉武帝即位后，汲黯担任谒者，这是一个随时站在国君左右，主管皇帝和群臣之间事务传达的官。从此，汲黯开始展现他为官的才华。

有一次，东南沿海的越族人因为一点小事互相斗殴打架，事情闹得很大，传到了汉武帝的耳朵里。因为这件事涉及民族问题，汉武帝就派汲黯去调查一下。可没承想，汲黯根本没去越地，他走到吴县就扭头回来了，并上报皇帝，说："我根本没去越地。"

看到这，大家可能会有疑问，你前面还说汲黯为人严肃、刚正不阿，怎么对皇帝交付的差事这么敷衍？而且还敢理直气壮地汇报？不仅您这么想，汉武帝也是这么想的，于是便非常气愤地质问汲黯："我让你去调查越族人斗殴的事情，你怎么这么敷衍？"

汲黯先给汉武帝行了个大礼，然后慢悠悠地站起来，回答说："陛下，您能这么责怪臣，这很好，说明臣日常教您的话，您听进去了。但是臣在这件事上并没有做错。"

汉武帝更来气了："你抗旨不遵，还敢说没有过错？"

汲黯继续说："陛下别急，且听我说。东南的越人，生性就凶狠爱斗，他们之间互相打斗那是再正常不过的事了，每年上报他们打斗的奏折，没有一千也有八百，您平常只是不知道而已，只不过这一次您是特别留意了才觉得事情很大。根据朝廷制度，这种事完全可以由地方长官全权负责，可您却派天子使臣去调查，这并不符合程序，也有损天子的威仪啊。"

汉武帝一听，心想汲黯说得对啊，如果因为这点事就派使臣去过问，那以后全国上下有点什么事，我不得天天派使臣啊，估计没两天朝廷里的大臣就该被我派光了，于是就听从了汲黯的建议。

还有一次，河内郡失火，大火烧毁了一千多户人家。汉武帝又派汲黯去调查，汲黯回来报告说："河内郡的大火是场意外事故，虽然火势很大，烧了一千多户，也有些许死伤，但当地官员的善后做得很及时，目前已经没什么问题了。我路过河南郡的时候又发现有一万多户受水灾旱灾影响的贫民，场面真的是太惨了，竟然到了易子相食的地步。我实在是不忍心，就擅自做主，用天子所赐的节杖发放河南的仓库存粮来救济他们，特此请罪。"

汉武帝听了报告后，哈哈大笑，说："你这是在宣扬我的功绩，何罪之有？"非但没有责罚他，还升了他的官。

我们从这两件事，就可以看到汲黯的为官才干。首先，他做事很有分寸。《论语》中说"君子不重则不威"，意思是如果不庄重就没有威严，越族人打架斗殴这样的小事都要天子过问，真有大事又该如何？第二，我们可以看到，汲黯能够明辨事情的轻重缓急，火灾事小，灾民事大。他有魄力，敢担当，能够见机行事，勇于负责。这一切都显示了汲黯卓越的政治才干。

汲黯不但在朝廷内供过职，还曾被外放当过三次地方官。

第一次，他被外放为东海郡太守。只用了一年的时间，东海就被治理得井井有条，百姓路不拾遗、夜不闭户。

第二次，被外放的地点比较近，就在京城边上。这次被外放却是一个彻彻底底的"阴谋"。当时，汲黯与丞相公孙弘和权臣张汤不和，经常与他们当堂辩论，搞得他们非常恼火。于是，公孙弘就向汉武帝建议说：“右内史辖区内住的都是达官贵人以及皇室宗亲，这些人最难管理，不是威信很高、为人正直的大臣是不能胜任的，而汲黯素有威名，大家也都很敬畏他，让他来管理最合适。”汉武帝一听有道理，就听从了公孙弘的建议。

公孙弘建议让汲黯去管理这种“刺头”多的地方，是为了让汲黯得罪人，好借机来陷害汲黯。但让他大失所望的是，汲黯担任右内史好几年，不仅没有出事，还把这片辖区治理得政通人和，所有人都愿意服从汲黯的管理。由此可见汲黯的管理能力是真的很强。

第三次，是汲黯老年的时候。当时正赶上国家要更换新货币，很多人都在借机私下铸造假币，扰乱国家经济秩序。楚地的情况最严重，成为全国最大的假币制造窝点。汉武帝觉得淮阳郡作为楚地交通和商贸的要地，是治理假币问题的重中之重。于是就想让汲黯去管理，当时的汲黯已经是一位重病在身的老人了，他不想去离家千里的淮阳郡任职。汉武帝几次三番地强迫他去，汲黯都不愿意。最后汉武帝只好说：“我只是借重你的威望，你只要躺在床上就行了。”汲黯不得已只得去上任，结果他再次不负众望，很快就把淮阳郡的假币集团连根拔起，当地的政治和经济秩序都得以恢复，但遗憾的是，汲黯却病死在任上，再也没能返回京城。

从汲黯的经历我们可以看出来，汲黯是一个很有政治才干的人。他既可以站立朝堂，也可以治理地方。

在《史记》里并不只是突出表现汲黯的政治才干，更主要的是刻画了汲黯正直的性格。在整篇文章里，汲黯刚直不阿的表现，给我留下了深刻的印象。

司马迁在《史记》里评价汲黯，说他“为人性倨少礼，面折，不能容人之过”。为人刚直傲慢，不太注重礼数，常常当面给别人难堪，不能容忍他人的过错。与他一样正直高尚的，他会另眼看待；与他意见不合又善于钻营谄媚的，就永远不相往来。哪怕对皇帝，汲黯也敢秉死直谏，经常也会让汉武帝下不来台。因此，许多人都不喜欢他。

汲黯这个人“倨傲少礼”到了什么地步呢？我们可以从他对那些皇亲国戚，还有皇帝宠信的人的态度中看出来。汲黯对这些人都不假辞色，而是有话直说，想骂就骂。就拿对太后的弟弟——担任过丞相的武安侯田蚡的态度来说吧，汲黯去见他，只作揖而不行大礼。

即便是对汉武帝，汲黯也是毫不留情。

有一次，汉武帝正在吹嘘自己如何英明神武、雄才大略。汲黯听着听着就不耐烦了，他直截了当地打断汉武帝的话，一脸严肃地说：“皇上您只是在表面上施行仁义而已，根本不是发自内心的，因为您内心的欲望和杂念太多了。就您这个样子，怎么可能达到尧、舜的功绩呢？”

正在兴头上的汉武帝听完，气得七窍生烟，却又不好直接发作，只好把桌子一掀，回了后殿。回去后，汉武帝的气也没消，一整个晚上都在骂汲黯：“这个老家伙，真的是太过分了！”

后来，匈奴的浑邪王投降汉朝，浑邪王到了长安后，因为带了很多部属，所以有一些贪图小利的商人就和这些匈奴人私下做生意，因此触犯了法律，被抓住要判处死刑的人有五百多个。汲黯看到这个情况，就找汉武帝说："为了一些归降的匈奴，而去杀一些不懂法律的无知百姓是不应该的。"

汉武帝听了汲黯的话，没有应声，也没有同意。等汲黯走了以后，汉武帝才说："我是有些日子没听汲黯说话了，但今天一听，他却又开始胡说了。"

从汉武帝的这句话，我们可以看出，汲黯确实是个忠臣、直臣。如果不听他说话，你总是会想念他的建议，可如果你听他说话的时候，他说的话却又总是会气得你发疯。像这样的臣子是皇帝身边不能缺少，也必须要信任的。

看汲黯的一生，他不畏权贵，敢于抗争。即便是面对当朝皇帝，皇亲国戚和丞相、酷吏，依然敢于直抒己见。虽然他经常把汉武帝气得吹胡子瞪眼，但没有受到汉武帝的严厉惩罚。这是因为汲黯的所作所为都是出自一颗正直、真诚的心。他说出的一切气人的话，都是为了这个国家好，都是发自内心的肺腑之言，也正因为如此，汉武帝才会一而再再而三地容忍汲黯的"大不敬"，始终信任他。

在现今的企业管理中，如果管理者想要取得成功，学会真诚正直是非常重要的。管理大师彼得·德鲁克在他的《管理：使命、责任、实务》一书中就指出，领导者正是通过其正直的人品，才能够实现其领导，如果一个企业富有精神，那是因为它的最高领导者的精神崇高。

2007年的一个下午，有三个人静静地坐在一张桌子旁喝着咖啡。一位优雅的女士正在一边喝着咖啡，一边认真地说着什么。时间已经过去了三个多小时，可是那两位男士却仍然满脸犹豫。

这时，那位女士说起了一段往事："当年我还在做家教，每个月只能攒下几百块钱。可我需要买服务器，这需要上万块钱。我就找'渔夫'借钱。"

坐在对面的男士问："渔夫，谁是渔夫？"

女士说："哦，是我在网上认识的朋友，网名叫渔夫。他开了一家软件公司，一年能够收入几十万，他借给了我八万块钱。"

男士又问："那是哪一年？"

女士回答："2003年。"

另外一位男士感叹说："嗯，那个时候这可算是一大笔钱。"

女士笑笑说："是的，但是'渔夫'第二天就把钱打到了我的银行卡上。这些年也没有渔夫的音信，估计他可能已经把这件事给忘了。"

一位男士问："那你跟我们说这件事干什么呢？"

那位女士说："我的意思是说，如果当年没有这八万块钱，就没有我的今天。因此，你们如果要投资我的项目，那就要把这八万块钱折算成股份。"女士平静而坚定地说。

两位男士相互看了一眼，最终点了点头："龚女士，说句老实话，我们刚开始并不看好你的项目。因为你的项目看不出比别人有更大的优势。但是，你的要求打动了我们，你的人品是项目真正的保证。我们决定答应你的条件，并且投资你的项目。"

这两位男士就是著名的天使投资人王强和徐小平，而那位龚女士就是“世纪佳缘”的创始人龚海燕。

2011 年，龚海燕找到了那位名叫“渔夫”的网友。龚海燕对他说：“我今天通知你，5 月 11 日，我经营的公司将在纳斯达克上市，成为中国婚恋网第一股，我邀请你作为敲钟的嘉宾，顺便还给你当年借给我的八万块钱。如果按照 IPO 的价钱，你这八万块钱已经成长了一千倍。也就是说，当初的八万块钱，到 2011 年 5 月 11 日，已经变成了八千万。”

龚海燕就是凭着一颗正直、真诚的心赢得了投资人的信任，走上了成功的道路。

结语

身处伴君如伴虎的环境，汲黯可以做到犯颜直谏又全身而退，这不单单是运气好那么简单。我们看汲黯的经历，可以从他的身上学到许多东西。

汲黯之所以能够被汉武帝赏识，最根本的原因，还是他有才能。他出身官宦世家，从小耳濡目染，对为官之道有深刻感悟，对于自己的本职工作，他能做到游刃有余。正是因为拥有出众的才干，他才能避开政敌设下的陷阱，也博得了爱才惜才的汉武帝的青睐，奠定了事业的基础。

汲黯虽然拥有过人的才干，但是，让他名垂青史的却是他的正直。他曾经面对的对手是让天下人望而生畏的酷吏张汤，而汲黯就敢当众斥责他。汲黯之所以愿意这么做，敢于这么做，都是因为他是真心诚意在为国家着想。也正是因为拥有正直、真诚的心，他才会得到汉武帝那么多年的信任和倚重，即使一直都不是所谓顶级高官，但他永远都是汉武帝在困难时会第一个想到的人。

酷吏列传

《酷吏列传》是《史记》中司马迁着墨较多的一篇。全篇主要人物不下十个，包括郅都、宁成、周阳由、赵禹、张汤、义纵、王温舒……他们有个共同的称谓——酷吏。

无论怎么看，酷吏都不是一个褒义词。它所包含的残酷、暴烈的特征，让人联想到诸如“请君入瓮”的典故，而且被称为酷吏的人往往不得善终，这些都为酷吏这个词蒙上了一层贬义色彩。

其实，这些被称为酷吏的人往往都很清廉，也很有能力，怎么就被安上了酷吏这个名号呢？怎么就多数死于非命呢？今天我们就来讲讲《酷吏列传》中的代表人物张汤的故事。

说起来，张汤在法律方面也算是家学渊源了，他的父亲是长安县丞，这相当于是长安副县长，主管文书、刑狱等工作，是真正的法律工作者。从小，张汤就受父亲影响，是个另类小神童，有趣的是，他居然审过老鼠。

有一天，小张汤的父亲出门去上班。临走前，特意嘱咐小张汤说："今天中午咱们吃肉，你就别出去玩了，老实在家看着，别让老鼠把肉给偷了。"

小张汤觉得不就是看个肉嘛，就一口答应了下来："没问题，我一定好好看着。"可小孩子毕竟玩心重，等父亲一走，小张汤就出去和小伙伴们疯玩去了，把看肉的任务给忘到了九霄云外。

张汤的父亲下班回家，看见张汤在家门口和一帮小伙伴们玩耍，就快步上前，一把揪住小张汤的耳朵，大声呵斥道："我让你看着肉，你居然出来玩？如果肉被偷了，看我怎么收拾你。"小张汤赶紧跟着父亲回家，进了厨房一看，果不其然，一大块肉全被老鼠给偷走了。

张汤父亲一看这情况，直接一把将小张汤按在大腿上，脱下小张汤的裤子，高声说道："监守不利，应罚二十大板！"然后抄起竹板就向小张汤的屁股上打去，"啪啪啪"打得小张汤是哭爹喊娘。

一般小孩遇到这种情况估计也就认栽了。可执着且另类的张汤却没这样做，因为他觉得罪魁祸首是偷肉的老鼠，所以暗自发誓，一定要把这老鼠抓出来。到了第二天早上，张汤的父亲准备去上班的时候，发现小张汤正拿着个铲子，到处挖墙根，父亲全当是小孩淘气，根本就没在意。等到晚上回来的时候，却发现儿子已经在门口老老实实地站着了，好像在故意等自己回家一样。

小张汤看到父亲回来赶紧快步迎上去，对着父亲作了个揖，恭恭敬敬地说："父亲大人，昨日偷肉的'案犯'已经被我抓获，请父亲大人和我一同会审。"

父亲听完这话一愣："哟，这是把昨天的老鼠抓着了？小孩子还假模假式地要审老鼠？行，反正下班早，就陪孩子玩会儿吧。"于是就随小张汤一同进屋，审老鼠去了。

进到屋里，父亲才发现，地上有一只老鼠被五花大绑，旁边还有一块吃剩下的肉。这时，小张汤郑重地坐在了书桌前，一拍惊堂木，“啪”的一声，然后高声喊道：“呔，大胆案犯，偷吃肉食，现在‘鼠’赃并获，你还有什么好说的？”

老鼠估计是受到了惊吓，“吱吱吱”地叫个不停。

“什么？你居然说不是你偷的？那这块肉是怎么回事？看来你是敬酒不吃吃罚酒啊！”说到这里，小张汤拿起不知从哪里找来的鞭子，站起身来对着老鼠猛抽了三鞭，打得老鼠又是“吱吱”地叫。抽完之后，小张汤再次郑重地坐下：“说，你到底是怎么做的案？”

老鼠还只是“吱吱”地叫。

小张汤听完老鼠的叫声，煞有介事地提笔在竹简上写了点什么，然后高声宣判：“经审查，‘案犯’罪证确凿，本人也已认罪，根据本朝律法，偷窃贵重财物者当斩，立即执行。”说完就拿起一旁桌子上的小刀，“哐哐哐”就将老鼠剁成了好几块，然后拿起刚才写的竹简，双手高举着呈给自己的父亲，说道：“父亲大人，这是‘案犯’的审讯文书。”

父亲接过这卷竹简来一看，顿时对这个儿子刮目相看，《酷吏列传》原文中说：“其父见之，视其文辞如老狱吏，大惊，遂使书狱。”意思就是说，这份判决书的文辞格式，如同一个资深的老法官写的，作为长安县丞的父亲办案这么多年，都很少能看到文笔如此成熟的判决书，他觉得自己的儿子可能真是个当“法官”的好苗子，于是便开始有意引导小张汤学习断案。

俗话说："三岁看大，七岁看老"，从审老鼠的故事可以看出，张汤作为一位法律工作者，业务能力还是过硬的，那么他的才华到底是如何受到汉武帝赏识的呢？这事还要从张汤敢于办别人不敢接的案子说起。

张汤在父亲去世之后，就接任了父亲的职位，也成了长安的公务员，一干就是很多年。因为他自身修养很好，工作态度也很积极，办案断狱的水平极高，所以就得到了当朝权贵——汉武帝的舅舅武安侯田蚡的赏识。等到田蚡当了丞相后，就征召张汤做了长史（田蚡的秘书长），并多次向汉武帝推荐张汤，汉武帝一看是自己舅舅极力推荐的人，也不好推辞，就封了张汤做御史，专职断案。

公元前 130 年，汉朝后宫之中发生了巫蛊案，这在当时是一件天大的事，但是却没有人敢接这个案子，因为犯罪嫌疑人是汉武帝的皇后陈阿娇。陈阿娇就是汉武帝金屋藏娇的那位，她的母亲是大汉的长公主、汉武帝的亲姑妈，而且这个案子中疑点重重。因为大家都摸不准汉武帝对这件事是个什么态度，号不准汉武帝的"脉"，判轻判重可能都不合适，搞不好可能还得把自己搭进去。就在大家一筹莫展的时候，张汤站了出来，自告奋勇把这个"烫手的山芋"接了过来。

俗话说"没有金刚钻，不揽瓷器活"，张汤敢揽下这个案子，就肯定是有信心办好。他在这个案子中，记录翔实，审查得当，揪出了不少陈皇后的同党。当巫蛊案的卷宗呈现在汉武帝面前的时候，汉武帝打开一看，各项处置审判都十分合他的心意，当庭对张汤大加赞赏，提拔他当了太中大夫，从此张汤开始平步青云。

从张汤这段发迹的经历我们可以看出，张汤之所以能获得汉武帝的青睐，就在于他敢于完成别人不敢接的任务，并且能将这个“棘手”的任务完美地完成，这充分体现了张汤的核心竞争力。

美国管理学家韦特莱曾说过：“成功者所从事的工作，是绝大多数人不愿意去做的。”这就是著名的“韦特莱法则”。

麦当劳的传奇 CEO 查理·贝尔就是这样一位“敢做别人不敢做的事”的成功者。作为麦当劳历史上第一位非美国籍的 CEO，查理·贝尔的人生极富传奇色彩。

查理·贝尔出身贫寒，他 15 岁就被迫走出家门、自谋生路。有一天他来到了一家麦当劳店，希望店长可以给他一份工作。店长一看，这个小伙子面黄肌瘦，穿着也很破烂，就不太想用他，于是就说：“我们店里暂时不需要人手，要不你去别的店里碰碰运气吧。”

可为了生计奔波了一天的贝尔已经疲惫不堪了，他对店长哀求说：“店长先生，请你行行好，如果我今天找不到工作，明天我就可能会露宿街头了。我恳求你给我一份工作，什么工作都可以，我一定会把它做好的。”

店长看贝尔这么真诚，就有些犹豫，许久都没有出声。

贝尔一看这个情况，感觉到可能有戏，又连忙说：“我看您店里的厕所一直都没人打扫，又脏又乱，这样很可能会影响您店里的生意，我愿意帮您打扫，只要您愿意留下我。”

店长对贝尔的这番话感到很诧异，他没想到贝尔居然注意到了这一点，而且他说的也是实话，因为厕所很难打扫，根本没有员工愿意干这份工作。于是店长点点头，说：“好吧，我同意你来打扫厕所，但是如果你打扫不好，我只能解雇你。”

听到这番话，贝尔好像抓住了一根救命的稻草，连忙点头答应。让店长没想到的是，就是这样一份别人都不愿意去做的脏活累活，贝尔居然做得非常好，他还仔细总结了打扫厕所的经验，提高了打扫效率，就连大半夜他也会去巡察厕所是否整洁干净。贝尔还特意在厕所里摆放了一些花草，还在厕所里贴了不少名言警句，增添厕所的趣味性。很多顾客都笑着说，这家店的厕所居然比不少饭店的厨房都干净。

三个月后，贝尔正式被这家店录用，成为一名麦当劳的正式员工。到了 19 岁，贝尔就成了澳大利亚最年轻的麦当劳店长，27 岁就出任了副总裁，两年后进入了董事会。这时候绝不会有人想到，这个年轻有为的小伙子的职业生涯居然是从扫厕所开始的。

张汤和贝尔之所以能够成功就是由于抓住了一次“艰难的机会”，像这种成功的机遇，在市场、职场的竞争中并不少见，只是很少有人愿意去做罢了，而张汤和贝尔正是因为牢牢地把握住了这个机会，才为自己以后的飞黄腾达提供了一个“登天梯”。

除了敢于干别人不敢做的事情之外，张汤这个人还非常善于揣摩汉武帝的意图。汉武帝一直都是儒家学说的拥护者，因此张汤每逢判决大案的时候，都想着如何附会儒家学说的观点，糅合在自己的案卷之中。当他官做到廷尉时，还特意召集一帮博士按照儒家学说的观点来修改法律，以此博取汉武帝的欢心。

不仅如此，张汤每次对汉武帝申报疑难案件，都会把汉武帝的态度给记下来，如果被斥责就当场认错，并顺着汉武帝的心意去审判。

只要是汉武帝想严查的，他就亲自督办、死查到底，如果是汉武帝想要宽恕的，他就交给执法宽松、公平的御史去处理。所以只要是他判的案子，总是能让汉武帝满意，因此越来越得汉武帝的宠信。

张汤虽然被汉武帝宠信，判案子也严苛，还经常因为皇帝的指示或者私人的恩怨而有失公平，但他的人缘却很好，对老朋友们也都很宽厚，朝廷上下对他交口称赞。

有这样八面玲珑的本事，想要平步青云实在是太简单了，没过多久他就被汉武帝任命为御史大夫。在丞相位置空缺的日子里，张汤就几乎承担了丞相的职责，治理天下的政策多出自张汤之手，如果他生病了，汉武帝就会亲自去探望他，当时能享受如此待遇的官员，可能只有张汤一人。

可常在河边走哪有不湿鞋，整日玩弄法律的张汤虽然人缘很好，但因为气量狭小，两面三刀，也总有得罪人的时候。

有一次，有人偷偷挖了汉文帝陵园里殉葬用的钱财，汉武帝雷霆震怒。丞相庄青翟觉得，自己作为丞相在这件事上自然是不能免责了。虽然平日里他和张汤的关系不太和谐，但事关重大，他也不想被张汤这个心狠手辣的酷吏“穿小鞋”。于是他还是决定去找张汤商量这事该怎么办，希望张汤能给自己脱罪，毕竟人在屋檐下不得不低头。

等到了张汤府上，庄青翟先是恭恭敬敬地给张汤行了个大礼，然后抱拳拱手对张汤说：“有人私自挖掘孝文皇帝的陵墓，这可是大罪啊。我作为丞相有失察之责，估计这事儿是免不了被皇帝责罚了，闹不好乌纱帽都保不住了，你说我应该怎么办啊？”

张汤这么聪明的人，一下就明白了庄青翟想干什么，于是哈哈一笑，说："作为丞相也就是个失察的责任，只要你主动去找圣上认个错，估计也就没事了。如果你不放心，我陪你去，我这个御史大夫也有监督不严的责任嘛。明早咱俩就去面见圣上，主动检讨。"庄青翟一听张汤都这么说了，心里的大石头算是落了地了。

到了第二天，张汤果然在约定的时间到达皇宫门口，早早到来的庄青翟一看：这张汤还真是挺靠谱啊，于是赶紧上前迎接张汤，二人携手一起进宫面圣。

可等真见到了雷霆震怒的汉武帝，事情就发生了变化。原本答应为庄青翟开脱的张汤却换了说法，他说："按本朝律法，庄青翟身为丞相，这么晚才上报皇帝，这是明知故纵，应该免职，我愿意亲自查办此案。"

庄青翟一听，当场就傻了："原来你张汤是这么个两面三刀的货，居然给我挖这么大个坑。"等庄青翟回到家中，把这事一说，丞相府里的官员幕僚们可都炸了锅了，都觉得这张汤背信弃义，是个奸诈小人，所以就记恨上了张汤。于是这帮丞相府的幕僚官员就开始到处撒网，搜罗张汤的罪过。

像张汤这种酷吏，怎么可能没点黑材料，所以这一翻还真就让丞相府的这帮人给翻到了。原来，张汤曾将自己在朝廷中所掌握的一些有关国家工程的消息告诉给一个叫田信的商人，让他在朝廷命令下达前，囤积工程建设用的货物，好和自己分赃，这在当时可是杀头的大罪。被张汤坑了的庄青翟自然不会放过这个机会，直接觐见汉武帝把张汤给告发了。

汉武帝一看，人证物证俱在，没法袒护张汤了，就召张汤来了解情况。等张汤来了，汉武帝先是不动声色地试探道："我听说我每次想干的事，总有商人会事先知道，因此而囤积货物、哄抬物价，挖国家的墙脚。你说是不是朝廷里有人给他们通风报信啊？"

这时候的张汤却变得不那么聪明了，想都不想就回答说："那肯定啊，绝对有人给那帮商人当眼线，我这就去把他揪出来。"

汉武帝一听这话，心想："我都给你点得这么明白了，你还在这儿装腔作势地骗我，看来你以前也没少骗我啊。"于是汉武帝也不当场揭穿他，一挥手，就让张汤出去了。

第二天，张汤就被逮捕下狱，从张汤被下狱调查的那一刻起，状告张汤的文书就像雪片般堆积在了汉武帝的桌子上。汉武帝见此情景，就将张汤交由另一个著名酷吏赵禹审判。赵禹责备张汤说："你真是聪明一世糊涂一时，怎么不识时务呢？你办的案件，被灭族的有多少人呢？人家如今告你的罪状都有证据，天子一次次处理你的案子，想让你自裁，你还有什么好辩解的呢？"说罢就解下佩剑，递给了张汤。

张汤接过剑来，长叹一口气，从怀里拿出早已写好的认罪文书交给赵禹，然后双眼一闭，横剑自刎，一代酷吏就此结束了自己的一生。

结语

从张汤的故事中我们看出，一个人想要出头，除了有能力，更要有勇气，要做别人不敢做的事。正是因为这种勇气，张汤才敢接手陈皇后巫蛊案，让自己的能力有了用武之地，得到了汉武帝的赏识。

但是这个故事也提醒我们，做人不能两面三刀，更不能知法犯法，否则败亡也只是迟早的事。

大宛列传

我上中学那会儿考试有一道历史选择题，问下列哪些水果秦始皇没吃过，选项有桃子、李子、葡萄等。正确答案就是葡萄，因为葡萄是西汉张骞出使西域后传过来的。当时就有很多人调侃道：你看当皇帝又怎么样？还不是连颗葡萄都没吃过。这当然是一句戏言了，不过说起张骞出使西域这件事，还真不是带回几种水果这么简单。张骞出使西域这几十年，足迹遍及西域诸国，记录了大量的信息，这些信息在后来汉武帝对匈奴的战争中起到了举足轻重的作用。由此可见，信息尤其是关键信息的重要性。

司马迁写的这篇《大宛列传》讲的就是张骞两次出使西域的经过，以及他走过的这些西域诸国的风土人情，书中的大宛就是今天的乌兹别克斯坦、塔吉克斯坦和吉尔吉斯斯坦三国交界地区的费尔干纳盆地，大宛国的首府古代叫贰师城，现在是土库曼斯坦的阿斯哈巴特城。今天，我们就一道去看看张骞的成功与失败，参考一下他的经验。

现在很多人以为张骞出使西域是为了贸易交流，但事实上并非如此。他当年可是带着明确的军事使命出发的。

秦汉时期，雄踞在中原以北的强大游牧民族——匈奴，一直是中原帝国的心腹大患。如何解决掉北方这只虎视眈眈的“野兽”，一直是一大难题。中外闻名的长城就是为了抵御匈奴南下而修建的，虽然它的实际用处远远不如我们想的那么强大。

汉武帝时期，有人向汉武帝报告说：“陛下，臣得了一个好消息。匈奴刚刚打败了大月氏，还拿大月氏王的头骨当酒杯用。大月氏人如今恨死了匈奴，只可惜势单力薄，只能不断往西逃亡，这可是我们联合大月氏打击匈奴的好机会啊！”汉武帝听后大喜，立刻开始招募使者，准备出使西域联合大月氏。

张骞当时是郎官，身体强壮、五官端正、善于交流，可以说各方面都很优秀，因此应聘成功。于是，他从陇西出发前往大月氏。但是要想去大月氏，就一定要从匈奴境内穿过，虽然张骞一伙人已经非常小心了，可惜运气不太好，遇到了一队匈奴骑兵，不幸被捕。

他们很快就被押送到了匈奴王庭去面见当时的军臣单于，单于见到张骞这群人，直接开门见山地问道：“你们这是想干吗去？”

张骞当然不能说我们要去联合大月氏打你啊，就换了种说法，道：“我们是去大月氏进行交流访问。”单于虽然四肢发达，但也不是个傻子，只见他哈哈大笑几声，问道：“大月氏在我们的北边，你们去交流访问，能有什么好事？我还一直想派使者去南越交流访问一下呢，我想问问你们汉邦的君主能答应吗？”当时，南越王总想着脱离汉朝，自立山头，所以时不时就造个反，匈奴要派使者联系南越，汉朝当然不能同意了。

匈奴把张骞给扣了下来，为了让张骞归附匈奴，单于不但好吃好喝地招待张骞，还给他安排了一个当地女子当老婆，后来张骞还跟这个女子生了个儿子。一晃十几年过去了，匈奴人以为张骞肯定早就被同化了，先不说出使大月氏的事儿了，记不记得自己是个汉人都不一定了。于是，就放松了对他的看管。但张骞的决心又岂是这些匈奴人能看透的。他在匈奴的这十几年里，一天都没有忘记自己的使命，甚至连汉朝使者的符节都妥善保管着。趁着匈奴人大意之时，他带着随从们一起逃离了匈奴。

但是，过了匈奴，并不能直接到大月氏，而是先要经过大宛和康居两国。张骞很有谋略，他对大宛王说："我是替汉朝出使大月氏的，希望大王您能派人做向导送我去那里。等我完成使命回到汉朝，汉朝定会给您带来无数礼物以示感激。"很明显，张骞这是在用利益打动对方。大宛王果然同意了，派人送他到了康居，然后又辗转将他们送到了大月氏。

见了新的大月氏王，张骞赶紧讲了汉朝希望和大月氏联合打击匈奴的计划。大月氏王听后，不但不兴奋，反而淡淡地说："按你们汉人的说法，此事需从长计议，急不得，急不得。"

这一下就把张骞给说蒙了。难道就这么"展颜消宿怨，一笑泯恩仇"了？从大月氏王的王宫出来，一阵阵商贩的吆喝声和欢笑声惊醒了恍惚中的张骞。他抬头向周围看去，只见周围人声鼎沸、歌舞升平，哪像他之前想的那么惨啊。

原来，大月氏被匈奴打败后，向西走了很远，到了大夏国。大夏国人爱做买卖，不好战，所以很容易就被善于骑马射箭的大月氏人征服了。这片土地肥美富饶，周围也没有强敌，被匈奴人追得仓皇逃窜的大月氏人终于找到了一处可以安家的地方。就这样，十几年过去了，安逸与太平早已磨灭了他们对匈奴的仇恨。他们又怎能愿意为了一个远隔数万里的汉朝轻启战端呢?

眼看这次出使任务不可能完成了，张骞只好打道回府。这次他当然不想再被匈奴抓住了，于是沿着南山行进，想从羌人居住的地区绕道回汉朝，可惜他的运气依然不怎么好，又被匈奴人捉到了。悲催的张骞又被扣留了一年多，直到公元前126年匈奴内乱，张骞才趁机和老婆孩子一起逃回汉朝。

从军事角度看，张骞的这次出使任务显然是失败的。很重要的一个原因就是他缺乏支持他作出正确决策的准确信息，这就是信息的不对称造成的。很显然，掌握信息充分的那一方比掌握信息少甚至不知道正确信息的另一方要有利得多。

现代西方企业界有这样一句名言：控制了信息就控制了企业的命运，失去了信息，也就意味着失去了一切。因此，在做任何决策前，都不要盲目行动，一定要先充分收集信息。

张骞的故事就这么结束了吗?当然没有。一个有勇有谋的人，必定会吸取教训，从头再来。正是因为出使大月氏的失败，让张骞意识到了正确、充分的信息对决策有多么重要。于是，他整理了这十余年来在西域诸国搜集的情报，并向汉武帝详细汇报了西域各国的情况。汉武帝听完之后，认为这些信息非常重要，特封张骞为太中大夫，虽然这不是什么实权职位，但也相当于现在的厅局级干部了。

虽然出使大月氏任务失败了，但凭着收集来的信息，张骞展示了自己巨大的价值，不但没有受到处罚，反而加官晋爵。

三年后，也就是公元前 123 年，汉武帝决定反击匈奴，派大将军卫青攻打匈奴，张骞以校尉的身份跟随。这是一个官阶不低的武职，汉武帝之所以让张骞从文到武跨界工作，就是因为他之前在匈奴收集了很多情报。也正是因为张骞的信息，汉军屡战屡胜。在班师回朝后，张骞平步青云，被封为博望侯。要知道，能征惯战的飞将军李广一辈子最大的遗憾就是没能封侯，虽然血汗流了不少，但是终归没有张骞的独家信息价值大。

两年后，张骞又当上了卫尉，同李广将军一同去攻打匈奴。匈奴大军包围了李广，而张骞因为误了约定的时间，导致李广部队损失惨重，被判了死刑，虽然花钱赎罪，但依然被削职为民。

虽然张骞丢了官，但是他的独家信息价值太大了，两年后，皇上又召见了他，问他对西域各国该采用怎样的外交决策。张骞分析了一番，认为应该重点出使乌孙国，同时出使大宛、大月氏、安息等十几个国家。这一次，张骞掌握的西域各国信息又为他立了大功。已是平民的他直接被任命为中郎将，中郎将这个职位可不得了，在汉代只有发生战事的时候，统兵者才会被称作将军，平时武官所能获得的最高官职就是中郎将。第二次出使西域后，张骞又被封为大行，主管邦交礼仪，同样位列九卿。

张骞靠着自己掌握的信息成功扭转局面，二度为官，可见信息的重要性。

管理界有一条著名的“沃尔森法则”，由美国企业家S.M.沃尔森提出，这个法则的核心观点是：一个企业在竞争的最后究竟能获得多少利益，与决策者在事前掌握了多少关键信息是成正比的，简单说就是你能得到多少，取决于你能知道多少。

“二战”前后，日本有一家叫作尼西奇的小公司，主业是婴儿尿垫，也生产雨衣、旅游帽等产品，不过订单一直不太多，眼看就要撑不下去了。

一天下班的时候，公司总经理多川博听到员工在抱怨：“公司越来越不景气了，虽说很讨厌换工作，但是毕竟要养活老婆孩子呀。”另一位说：“是呀，战争结束后，天皇就一直鼓励大家多生孩子，可是工作不好怎么敢多生呢？”

多川博听了心烦，但是认为大家说的也有道理，然而怎么样才能改善经营，让大家都有钱赚呢？

皇天不负有心人，苦苦思索的多川博，有一天看到了一份人口普查报告，报告上说，日本每年大约出生250万婴儿。这让多川博眼前一亮，他立刻想起了员工抱怨的那些话，现在他才发现那些话里包含着很有价值的信息，那就是大战之后通常都会出现婴儿潮。多川博心想，按每个婴儿每年最低消费2条尿垫计算，一年就需要500万条，如果再把眼光放到全世界，那市场简直太大了。而生产尿垫不正是尼西奇公司的专长吗！

连日来笼罩在多川博心上的阴云一下子消失了，他果断做出了全面升级尿垫、尿布产品的战略决策。大量专业研究人员迅速涌入尼西奇公司，废寝忘食地进行材料、花色、工艺、品类的升级换代研究。

这一决策让尼西奇迅速成为日本尿布大王，产品畅销全世界，尼西奇的尿布占到全世界总需求量的1/3，成为世界第一大尿布专业公司。1978年，日本天皇裕仁为了表彰尼西奇公司卓越的商业和贸易表现，特授予多川博“蓝绶褒章”，这个勋章是专门表彰那些对社会福利、公共事业做出特殊贡献的人，对企业家来说是相当高的荣誉。

一个经营不善的小公司一跃成为世界级公司，根源在于那条根据人口普查信息做出的战略决策，可见关键信息对于个人和企业的发展有多么重要。

结语

一个成功的企业，离不开管理者的运筹帷幄，而管理者的运筹帷幄，更离不开对信息的掌握、运用。一个优秀的管理者，必然是善于从微小的信息中发现蛛丝马迹并果断有效利用的人。这一点不论何时都不会改变。

游侠列传

据说，在每一个中国人的心中，都有着一个侠客的梦想。就连阿里巴巴董事局前主席马云这样的人物，都在人生巅峰时刻，特意请来许多顶尖的功夫明星一起拍电影过了一把侠客的瘾。然而，马云商人的身份实在是太深入人心了，所以他扮演的侠士不管怎么看都好像差了点意思。

那么，究竟什么样的人，才能称得上是“侠”呢？在《神雕侠侣》这部经典的武侠小说里，金庸先生借着大侠郭靖之口，说出了他心目中对于“侠客”的看法和评价：“侠之大者，为国为民。”但是，法家代表人物韩非子，对于“侠客”这个群体却有着截然不同的看法。韩非子认为：“侠以武犯禁。”也就是说，这些武功高强的侠客们，往往会依仗自己超强的功力，去触犯甚至对抗国家的法令，而这种做法是不值得鼓励的。

镜破光犹在，兰死香不改。在那些青史留名的侠客们身上，究竟是像韩非子所说的呢，还是像金庸先生所说的呢？让我们一起从《游侠列传》当中寻找答案吧。

话说在西汉洛阳这个地方，有个叫剧孟的人。在当时，洛阳经商的人比较多，而且很多人出名、发达也都是因为经商的缘故。比如我们在讲《平准书》的时候，提到过一个叫卜式的“羊倌丞相”，就是牧羊发家后出资赞助朝廷，最后把官做到丞相的高位。但是，剧孟这个人不一样，他对经商没啥兴趣。不过，这并不妨碍他的名气在诸侯间的扩散。那么，他是如何做到这一点的呢？答案就是行侠仗义。

怎么个行侠仗义法呢？司马迁说剧孟的行为大致和另一个侠士朱家差不多。对于朱家这个人，看过《季布栾布列传》的人应该不会陌生。在那里面讲到，朱家不仅私藏朝廷命犯季布，还通过夏侯婴向刘邦进言，免掉季布的罪行。这事，放在当时，弄不好是要连累自己，被杀头的。但是，朱家还真把这事给干成了。最后，刘邦不仅免掉了季布的罪行，还任命季布为郎中。

除为人仗义外，剧孟还有一个特别的爱好，就是喜欢博棋（指六博棋），而且他做的多半是年轻人的游戏。从这一点，我们大体上可以推断出来，剧孟这人不仅能够和上了年纪的人说到一起，还能够与很多年轻人、小辈们玩儿到一起。用现在的话说，剧孟不仅侠肝义胆，而且是社交达人。剧孟的人际交往能力究竟有多强呢？据说，他母亲去世的时候，前去送葬的车就有千乘之多。

说到这里，很多人可能会想，剧孟是不是也像现在很多混黑社会的，笼络的都是一些小喽啰之类的人物。如果真这样想，就有点小看剧孟了。更何况，如果剧孟真的只有这点能耐，估计司马迁在写《游侠列传》的时候，也会掂量掂量，要不要把他加进去。实际上，剧孟不仅能和底层人物打成一片，也能和很多诸侯级的上层人物抱成一团，而且在大是大非面前，很有自己的定力。

剧孟生活的年代，恰逢吴、楚七国叛乱。当时，汉景帝派大将周亚夫前去平叛。军中无小事，更何况是平叛这样的大事。周亚夫一接到命令，就星夜兼程，向东进发。当他带兵赶往河南，会兵荥阳的时候，想了解一下洛阳的情况。于是，他就带了几个随从，乘坐驿站的马车到洛阳周边看看。

结果，刚到洛阳城郊外，就碰上了前来迎接的剧孟。原来，剧孟通过小道消息，得知周亚夫有可能会前来试探，所以早就在郊外等候。

一见剧孟，周亚夫先是一惊，但也转瞬就露出笑意。

剧孟好像也看出了周亚夫的心理变化，然后不等周亚夫问话，就直接说："大人放心，洛阳无事。"

周亚夫一听，高兴地说道："洛阳得以保全，这是我没有想到的，剧孟你没有动，也是在我意料之外的，这样看来，荥阳以东不用发愁了。吴、楚举大事不求助剧孟，可见他们成不了大事。"

周亚夫这样讲，其实也从侧面反映了剧孟当时的境遇和实力。实际上，如果剧孟要造反的话，也差不多相当于一个诸侯国了。但是，剧孟不但没有勾结叛军，还主动联系周亚夫，向他传递情报，因此，剧孟不仅是一个仗义的侠士，也是一个识大体的智者。就是这样一个名扬诸侯、势可敌国的侠士，据说在死的时候，家里连十金的钱财也没有。当然，这不是说他最后落魄了，而是他压根就对钱财这些身外之物没有感觉，这侠士才叫真侠士。

在侠客们身上，除了“侠之大者，为国为民”的光彩一面，有时候也难免会有“以武犯禁”的一面，比如司马迁在《游侠列传》中讲的另一个侠士郭解就是这样。

郭解，是轵县（今河南济源东南）人。按照司马迁的说法，郭解是西汉著名女相士许负（她精通相术，曾为许多王公贵族相面，预言非常灵验，因此被汉高祖封为“鸣雌侯”，是古代少数的女列侯之一）的外孙。郭解的父亲据说也是一个侠客，不过在汉文帝时期因为犯事被杀。若干年后，郭解也走上了和父亲一样的道路，被汉武帝所杀。不过，这是后话。咱们先看看郭解年轻时候是啥样子。

郭解这个人，个子矮小，但精明强悍。用司马迁的原话评价此人“少时阴贼、慨不快意，身所杀甚众”。意思就是说，郭解小时候，非常残忍狠毒。狠毒到什么地步呢？只要心中愤慨不快，就很有可能杀人，而且他亲手杀的人非常多。

除了随意杀人外，郭解还干过很多其他“以武犯禁”的勾当，比如藏匿亡命徒、私自铸造钱币、盗挖坟墓等。这坏事干得太多了，数都数不过来。很多人开始纳闷了，就这样一个人，司马迁该不会是拿人家贿赂或者被胁迫了才把他写进《史记》的吧？其实啊，是我们多想了。

郭解这个人，年轻的时候是挺浑的，按照当时的法律，不知道要死多少回了。不过，这人也真是命大，每次在危急时刻都能平安脱身，即使被抓住了，也能遇到大赦，所以一直活得好好的。

这人一上岁数，性子、脾气也都会收敛，所以想的也就会多些。郭解这个人也是这样，有一天，他坐在大树下乘凉，突然产生了一丝明悟，开始反思自己的人生。最后，就像佛祖在菩提树下证道一样，这郭解也顿悟了。他不但开始改变行为，检点自己，还用恩惠回报怨恨自己的人、施舍别人，而且对别人怨恨很少。如果说以前的郭解像一个“屠夫”的话，那现在的郭解就是一个活生生的“出家人”啊。

咱们不妨举一个例子来看看郭解的变化。

郭解，姐姐有个儿子，也就是郭解的外甥。有一天，郭解的外甥在外面与人喝酒，强行给对方灌酒。被劝酒的人本来就不怎么喝酒，碍于郭解的面子，已经喝了不少了，到最后实在喝不下去了，就说：“老兄啊，不能再喝了，再喝我就受不了了。”

郭解的外甥平时就嚣张跋扈，他哪里会替别人着想，脑子里就是一根筋：“你不喝，就是不给我面子；不给我面子，就是不给我舅舅面子。”说完，伙同自己的同伴，拿起酒就往那人嘴里强灌。

结果，那人发怒了，拔出手边的剑，一剑刺出去，正中郭解外甥的心房。慌乱之中，大家顿时都傻眼了，那个被灌酒的人撒腿就跑，郭解的外甥就这样死掉了。

看到儿子死于非命，郭解的姐姐非常愤怒，就派人出去找凶手，但最后连个人影都没找到。无奈之下，姐姐就去找郭解，说：“亏你号称侠客，朋友遍天下，如今人家杀了我的儿子，现在连凶手都抓不到。”

说完，姐姐让人把儿子的尸体丢在郭解家门前的大路上，也不埋葬，她想用这种方式刺激郭解。郭解想，这样也不是事啊，于是，他就暗中派人打探凶手的下落。凶手一听郭解亲自出手了，心中非常恐慌，就主动上门，跪在地上，把事情的经过一五一十地给郭解讲了一遍。

郭解本来就对事情的大体过程有所了解，听完凶手的诉说，亲手扶起凶手，说："是我的孩子无理在先，你杀他没有错。"

这凶手一听，还以为自己耳朵出问题了，但是一看郭解扶自己的态度，以及他脸上愧疚的表情，感觉郭解是认真的。就这样，郭解把这个凶手给放了，还命令下面的人以后不准再找这个人的麻烦。

这件事传出去以后，人们纷纷称赞郭解的道义行为，前来依附郭解的人比以前更多了。

说到这里，我不由得想起这样一个人。这个人是黑手党首领，常干违法的勾当，但同时他也是许多弱小平民的保护神，深得人们爱戴。说到这里，估计很多人已经猜出了他的名字，没错，就是电影《教父》里面的维托·柯里昂。

柯里昂本是意大利西西里人，少年时代，自己的父亲和兄弟都被黑手党首领杀害了，在母亲的舍命掩护下，维托独自逃脱，并辗转来到了美国。在经过了经济大萧条、失业与艰苦的奋斗之后，他终于一步一步地建立起自己的事业。即便事业有成，最后形成了一个规模庞大的家族式黑帮集团，教父依旧保持着他的绅士风度，而且对于前来向他寻求帮助的人来者不拒，即便这些人的身份很卑微。

在电影《教父》的开场，教父柯里昂在为女儿办婚礼之余，特意在办公室里接见了几位客人。这几位客人有的是面包师，有的是入殓师，但是，柯里昂都以客人的礼仪接待了他们。事实证明，教父是非常有远见的，因为这些人在后来，都以各自的方式帮助了教父。

那么，作为一个黑帮首领，教父为什么会得到这些人的敬重呢？答案其实就是教父这个人重情讲义，而且能够为他们伸张正义。简言之，教父不仅本人仗义，还愿意为别人主持道义。

教父有三个儿子：长子桑尼，虽然强悍，但暴躁好色；次子听话，但过于懦弱；小儿子看似不合群，但实则有情有义，且精明能干。从为人和道义层面上讲，他也和父亲最像。这也是为什么，教父对小儿子格外重视，最后安心把家族事业交给小儿子的原因。试想一下，如果长子桑尼接班，即便他有让别人顺从的魄力，但以他的作风，会有人忠心跟随吗？

《教父》虽然讲的是黑帮题材的故事，但是对我们做人、做事、做企业还是非常有借鉴意义的。教父有所为有所不为，而且对于自己划定的红线很有定力。教父的取胜和发家之道是帮助别人，帮助弱势群体，实际上，这也是历史上很多侠士的作风。现在很多企业之所以把一部分利润用到慈善事业上，也和侠士或者教父助人的做法异曲同工。当然，这些做法在本质上都是为了让自己站在道义的制高点上，为自己树起一面道义的旗帜。这面旗帜，就像是一种无形的吸引力，把不同领域的人吸引到自己身边。

结语

我们今天这个社会，可能不存在像剧孟、郭解这样的侠士，但是侠义精神却遍地开花。比如，曾经为救一陌生人，在滔天巨浪中三进三出，被称为“侠之大者”的装修工人魏青刚，再比如，用“惊天一挡”的壮举书写新时代红色传奇的排雷英雄杜富国。

当然，要想把侠义精神用在商业领域，光有勇气还是不够的，必须要有谋略。而剧孟、郭解等人给我们的经验则是，想做大，就必须人脉广；想做强，就必须引力强。引力从何而来？从我们为人处世所遵守的法则，我们所坚守的道义而来！简单来讲，你是什么样的人，就会吸引什么样的人。

佞幸列传

有句老话说："国家将亡，必有妖孽。"虽然世界上并不存在真正的妖孽，但是历朝历代的宦官、靠着溜须拍马上位的小人，他们在大家眼中都是祸国殃民的妖孽群体。对于这一类人，大家普遍印象都不好，但他们真的就那么十恶不赦吗？

世界上并没有绝对的好与坏，即便是这些宦官和佞臣，他们也有着自己的故事和苦衷，有的甚至并不是刻意为恶的。毕竟，赵高和魏忠贤那种权力欲望极强的角色还是属于少数，大多数宦官、佞臣都是有血有肉、有欲望、有弱点的普通人。

今天，我们就从职场交际和立足策略两个角度来解读这篇《佞幸列传》。

回顾历史，会发现一个很有意思的问题：那就是很多被皇帝宠信的宦官或佞臣，他们基本上只跟皇帝关系融洽，对于其他的文臣武将，或者下面的仆人奴婢，他们要么不怎么接触，要么就仗着皇帝的威风狐假虎威、飞扬跋扈，久而久之，自然就让大多数人心怀怨恨。

汉文帝时期，宫里有几大宠臣，大臣有邓通，宦官则有赵同和北宫伯子。北宫伯子受宠幸，是因为他仁爱和善，口碑好；赵同受宠幸，是因为他善于观察星象和望气，这在古代可是堪称核心竞争力一般的技能。而邓通凭什么受宠幸呢？只有两个字：运气。

有一天早上，汉文帝从睁开眼就很兴奋，双目放光，在寝宫里到处走来走去。汉文帝的这种表现把周围人弄得摸不着头脑，于是侍从就问："陛下您为何如此高兴呢？"

汉文帝仰天大笑，说："朕昨晚做了个梦，梦见自己想飞仙升天，但总是差一口气。突然，一个黄头郎从背后给朕助推了一把，然后朕就如愿以偿了。"

侍从若有所思地说："听陛下您的意思，难道是认为现实中可能确有其人？"

汉文帝答道："对，朕打算前往渐台一游，去寻访梦中的奇人。朕还依稀记得，梦中黄头郎的衣带在背后打了个结，众位可以据此来判断。"

当汉文帝一行人到达渐台后，果然看见了一个与梦中特征完全符合的黄头郎。这个黄头郎，正是在此地划船多年的邓通，他永远也想不到，自己的命运会因为皇帝的一个梦而发生改变。

来到皇宫后，汉文帝把邓通当作贵人来善待，一天比一天更加宠幸他。假如换作其他别有用心的人，可能就会借着皇帝的宠爱胡作非为了，但邓通生性老实谨慎，不喜欢也不善于和外人交往，所以在皇宫里也没啥朋友。而且，邓通也不喜欢外出游玩，所以，汉文帝干脆经常去邓通家看他。

有一次，宫里请来了著名的相士许负，汉文帝因为偏爱邓通，便拉着邓通的手，让许负也给他相面。

结果邓通非常抵触，像个大姑娘一样害羞，还支支吾吾地对汉文帝说："臣本是一介匹夫草民，幸得陛下宠爱，方能有此境遇。至于相面一事，实在没有必要。"

汉文帝哪管那么多，一边嘲笑邓通，一边让许负给他相面。没想到许负见了邓通以后却眉头紧锁，连连摇头，说："这个郎君虽然长得十分俊俏，但最终会贫困饥饿而死。"

此言一出，包括汉文帝在内的所有人都无比惊讶。但汉文帝毕竟是宠爱邓通的，马上斩钉截铁地宣称："能使邓通富贵的人只有朕，怎么会让他忍受贫困呢？"于是，汉文帝干脆把蜀郡严道的铜山整个赏赐给邓通，并且赋予他自己铸造钱币的特权，这就和给邓通发了一台印钞机一样，又因为邓通铸造的钱币质地优良，流行天下，便有了"邓氏钱"这个说法，而邓通也被后世的老百姓奉为财神。

其实，即便没有铜山和邓氏钱，邓通依然是家财万贯的上大夫。可这份赐予铜山铸钱的荣耀和地位，很多出身入死的武将，奋斗多年的文官几辈子都不一定能拥有。平心而论，朝廷上大多数人对邓通绝对是不服气的，凭什么我们流血流汗还苦哈哈的，你一个黄头郎，就凭着皇帝的一个梦飞黄腾达了，这不公平。

众臣子们的这份心情完全可以理解，我们常说某某人德不配位，不能服众，就是这个意思。在职场上，你得到的奖励如果不能匹配你的贡献，那么必然会遭到大家的声讨。有多少功劳，就享受多少回馈，这才公平又合理。

所以，如果这时候邓通果断拿出自己的家财，结交朝廷上的文臣武将和天下名士，那么很可能大大逆转自己的风评，今后的人生也会少很多风险。毕竟，汉文帝终究会驾鹤西去，你邓通又没什么朋友人脉，一旦失去最高领导者这个靠山，后果肯定不堪设想。

但是，邓通并没有这么做，依旧只是维护自己的生活。所以，他的财富只会让人嫉恨，而不是让人羡慕。

接下来发生的事情，更是把邓通的后半生彻底打入了低谷。

汉文帝曾经得了痈疽病，非常难受。为了让汉文帝减轻痛苦，邓通便时常为汉文帝吮吸脓血。或许是因为人一生病就容易脆弱的原因，病榻上的汉文帝总是闷闷不乐，有一次干脆问邓通："你说，这天下谁最爱朕呢？"

邓通恭恭敬敬地回答道："应该没有谁比得上太子（后来的汉景帝）对您的爱了。"

汉文帝一听，心想："既然太子最爱我，那么你能为朕吮吸脓血，他也必然可以。"

于是当下次太子来探望自己时，汉文帝就让他吮吸脓血。太子一看老爹流脓的痈疽，再看看老爹恳切的眼神，就硬着头皮，为老爹吸脓上药。虽然遵照指示做了，但脸上还是有不情愿的神色。事后，太子得知邓通为文帝吮吸脓血的事情后，一边感到惭愧，一边又对邓通怀恨在心。等到太子一即位，邓通立马被贬为草民，后来因为盗窃罪，被没收了家产，最后干脆只能寄居别人家里，最后真的因为穷困而饿死了。

人性，往往是经不起测试的。如果邓通识大体有远见，他肯定会劝阻汉文帝不要去测试太子的行为，毕竟他是未来的最高掌权者，要考虑他的面子和尊严，但邓通还是没有这么做。

纵观邓通的一生，不是祸国殃民的坏人，但也不是那种识大体高情商的聪明人。在大汉朝这个职场，他只关注自己和“总裁”汉文帝的关系，根本不去经营自己和同事们的人脉圈子，也不去为自己的未来做铺垫，甚至在不知不觉中连未来的“总裁”汉景帝也一并得罪了，所以才落得悲惨的下场。

有一句话，叫作“不要把平台当成本事”。很多宦官佞臣之所以能够大富大贵，要么依靠贵人的引领，要么就是依靠平台的优势。此外，他们真的没有多少让人服气的立足资本，否则司马迁也不会用“力田不如逢年，善仕不如遇合（卖力耕作，不如逢个好年景；善于做官，不如碰个好官运）”这句话来形容他们了。

汉武帝时期有个民间艺人，叫李延年。李延年一家上下，都是歌舞演员，在当时也算得上曲艺世家。后来李延年因为犯了法被判处宫刑，并被安排到宫中养狗。说实话，这个开局并不怎么样，甚至说是惨到了极点，但贵人的出现，硬生生地改变了李延年的人生。

这个贵人，就是汉武帝的姐姐平阳公主。

有一次宫廷宴会上，平阳公主告诉汉武帝，说李延年的妹妹能歌善舞，是个绝色美人。汉武帝一听，心生欢喜，见到了李延年妹妹之后，更是无比喜欢，索性便把李延年妹妹召进宫中，成了自己的嫔妃。妹妹进宫了，李延年也靠着裙带关系跟着进来，为汉武帝处理一些日常琐事，陪汉武帝吃喝玩乐。

有一天，汉武帝闲来无事，就想思考一下宫廷歌曲的风格和定位，因为李延年擅长音乐，就问李延年："如果给天地庙匹配一套歌词歌曲，该是怎样的呢？"

李延年当然知道武帝的心思，马上双目放光，满脸堆笑着说："陛下，您的文治武功，即便放眼历史，也少有人可比。所以属下觉得，这套歌词歌曲应该走大气恢宏的路线，目的就是歌颂陛下您的皇恩和神威。"

"嗯……"汉武帝沉思半晌，又问："那你觉得，谁最适合担当此事的总负责人？"

李延年大步上前，扑通一声跪倒，恳切地说道："若陛下不嫌弃，臣愿效犬马之劳，必定不负圣意。"

就这样，李延年凭借自己的音乐才华赢得了汉武帝的好感。后来，他的妹妹还给汉武帝生了个宝贝儿子，这更是让李家人享尽了荣华富贵。

按道理说，李延年只要不乱来，这辈子肯定是衣食无忧，富贵到老。但他就是不安分，不仅变得嚣张跋扈，还和宫女们乱来，一步步往绝路上走。

起初，汉武帝还不怎么在意这些事情。但当李延年妹妹去世后，汉武帝对李延年的态度立马翻转：不仅下旨处死他，还把他的兄弟一并拿下。风光一时的李延年一家，就这样草草地退出了历史舞台。

由此可见，李延年的个人能力也好，在武帝心目中的地位也好，根本算不上是核心竞争力，他之所以能够飞黄腾达，完全是因为平阳公主这个贵人穿针引线，再加上自己妹妹为他搭建的平台，让他成了皇亲国戚，离开这个平台，李延年就啥也不是。

但是，也有人身处跟李延年完全相似的开局，却走出了截然不同的人生，这个人就是同为汉武帝时期的重臣大将军卫青。

我们读《卫将军骠骑列传》时讲过，卫青是家奴出身，与李延年比也说不上谁更好一点，同样因为平阳公主的原因见到汉武帝，后来又因为姐姐卫子夫受到汉武帝的宠爱而得到机会，但他与李延年的差别是，他不依靠姐姐的庇护，也不靠溜须拍马，而是靠战场上的硬实力，七战匈奴，无一败绩，这就是卫青的战功。用现代职场的概念来说，卫青就是一个拥有核心竞争力的人，即便他不去刻意奉承上级，他依然是无可替代的那一个。

所以，错把平台当本事，是很多人成功后不能清醒认识自己的关键。

青年相声演员岳云鹏成名之前，是一个饭店打工仔，他进入德云社之后，一直踏实勤恳，但在人才济济的德云社，他无论天赋还是出身，毫无出众的地方，但他硬是靠着自己的勤奋和努力，逐渐开始在一班师兄弟中崭露头角。

后来，岳云鹏越来越火了，喜欢他的观众都用“小岳岳”这个爱称来调侃他。而且，他还接到了很多电影公司和游戏公司的邀请，请他演戏、做代言。

有一天晚上，岳云鹏在参加完一个电影公司安排的聚会后，兴高采烈地给师父发了条信息：“师父，我真的火了，别人都找我演电影了。”

结果第二天，郭德纲约他出来见面。一见面，本来笑嘻嘻的岳云鹏见师父一脸严肃，不禁有些惊恐和迷惑，忙问："师父，我又惹您生气了吗？"

郭德纲没有直接回答他的问题，只是淡淡地问："告诉我，人家凭什么请你演戏？"

岳云鹏一怔，不知道怎么回答，脸色也随之变得尴尬。

郭德纲接着厉声问道："是因为你演戏演得好，别人才请你吗？"

岳云鹏苦笑着说："当然不是了，我又不是专业演员。"

于是郭德纲轻叹一声，语重心长地说："孩子，你记住，别人找你拍电影，或者做代言，不是因为你形象多么好，演技多么好，而是因为你在德云社说相声，算得上是圈内一个腕儿。如果没有支撑你的这一切，你觉得谁会买你的账呢？"

师父一番话，让沉浸在喜悦中的岳云鹏如梦初醒。从那以后，岳云鹏再也不随便接商业和影视项目，而是把更多注意力放到自己相声演员的本职上来，因为他知道，说相声是他的起家之本，是他事业的根，这才是他不可替代的核心竞争力。

结语

相比于战场上呼风唤雨的猛将，以及朝廷内运筹帷幄的谋臣，宦官佞臣们没那么多风光的事迹，但他们都以各自的运气和性格，在历史上留下了各种或啼笑皆非，或发人深省的故事。因为机缘巧合，他们过上了普通人梦寐以求的生活，但又因为缺乏才能和远见，导致他们并没有成为卫青、霍去病那一类的人物，这些人的故事，可以给我们当代创业者留下一些启示。

第一，在职场交际中，不要只维护自己和领导的关系，必须兼顾大多数人。道理很简单，只专注于维护上级关系，但并没有为公司创造价值，这种行为放到任何平台都会被人唾弃。只有踏实做事，在创造价值的同时也让他人一起享受回馈，才能赢得大家的尊重与支持。

第二，不要错把平台优势当成自己的本事，要锤炼核心竞争力。很多时候，我们业绩好，走出去脸上有光，未必是因为我们自己能力多么出色，很可能是因为平台优质，品牌口碑出色。一旦脱离现有平台的支撑，我们很可能会失去很多东西。所以，要想真正挺直腰杆，并且吸引到好平台、好资源，最有效的方法就是锤炼自己的核心竞争力，提高在职场上的不可替代性。

滑稽列传

听到“滑稽”（gǔ jī）这个词大家可能会觉得很陌生，其实，这里所说的“滑稽”，就是我们现在常说的“滑稽（huá jī）”一词。因为文字在流传使用的过程中发生了音变，所以造成了这种现象。滑稽在古代最早是一种盛酒的器具，这个器具有一个特点就是肚特别大，盛满酒可以喝一天，和咱们现在的扎啤桶有点像，后来“滑稽”一词被引申为“能言善辩，言辞流利”的人。可见古人的想象力一点也不比咱们现代人差。

今天咱们讲的这篇《滑稽列传》，记录的就是这样一类人，他们才思敏捷、伶牙俐齿，将语言的艺术运用得炉火纯青。如果在现代上个“吐槽大会”“我是演说家”这类的脱口秀节目，几乎都是冠军选手。

不过，大家不要以为他们只会耍耍嘴皮子。《滑稽列传》中讲道：“天道恢恢，岂不大哉！谈言微中，亦可以解纷。”这句话可以简单理解为，这世间的大道理太多了，但是通过语言也可以解决很多纷扰。可见，司马迁对他们的评价之高。

下面，我就来具体讲一讲《滑稽列传》。

在《滑稽列传》中第一位出场的人物叫淳于髡。他是齐国的一个上门女婿，身高不足七尺（周朝，一尺约合今 23 厘米），按照今天的说法，也就刚刚接近一米六。不过此人滑稽多变，口才了得，“数使诸侯，未尝屈辱”。

当时，淳于髡在齐威王手底下当官。齐威王大家应该比较熟悉，现代中学语文课本上有一篇著名的文章《邹忌讽齐王纳谏》，讲的就是邹忌通过与城北徐公比美，来观察妻妾的回答，借此向齐威王进谏的故事。这里咱们就不展开细说了。要说的是齐威王即位后前几年的生活状态。《史记》记载：“齐威王之时，喜隐，好为淫乐长夜之饮，沉湎不治……百官荒乱，诸侯并侵，国且危亡，左右莫敢谏。”就是说，齐威王在位的时候，整天只知道吃喝玩乐，不理朝政，文武百官上行下效，也跟着荒淫放纵。其他诸侯国看准机会都来侵犯齐国，齐国危在旦夕，大臣们却不敢出来劝谏。

这时候，我们主角淳于髡首先站了出来。在齐威王举办的一次宴会上，大家推杯换盏，谈笑风生，淳于髡看到君臣气氛很融洽，就端起酒杯来到了齐威王的面前。此时，齐威王正在和其他大臣你来我往，相互祝酒，忽然看到愁眉紧锁的淳于髡，便开口问道：“淳于大人，今天宴饮正欢，您为什么愁眉不展啊？”

淳于髡听到齐威王向自己问话，并没有急于向齐威王说出现在齐国所面临的实际情况，也没说如果齐国再这样吃喝玩乐下去，就要亡国了的话。而是巧妙地用了一个隐喻，向齐威王提出了自己的建议。淳于髡说道：“大王，我听说‘国中有大鸟，止王之庭，三年不蜚又不鸣，王知此鸟何也？’”这句话不难理解，就是说齐国有一只大鸟，落到了齐王的院子里，这只鸟竟然三年不飞，也不鸣叫，这是为什么呢?

齐威王听到这话，先是脸色一沉，没有说话，不过随后，便“哈哈”大笑了起来，因为他知道这是淳于髡在警醒自己，那只大鸟说的就是他自己，当即便回答说：“此鸟不飞则已，一飞冲天；不鸣则已，一鸣惊人。”

此后，齐威王内修于政，外御强敌，齐国一路崛起，声威震慑中原三十六年之久。

接下来，我们将目光转移到秦国。秦国也有一位语言艺术极高的人，名叫优旃。优旃是秦国的歌舞艺人，个子也不高，却是一个讲故事的高手，而且讲的故事都能让人觉得很有道理。

有一年深秋雨夜，秦始皇在宫中设宴，殿内灯火通明，殿外西风阵阵。雨滴打在殿外守卫的铠甲和兵刃之上，给这寂静的夜晚又增添了几分肃杀之意。优旃前来赴宴的时候，看到守卫们因细雨凉风有些瑟瑟发抖，心里不免起了恻隐之情，便在守卫面前停下了脚步，向他们问道：“汝欲休乎？”就是说：“你们想休息一会儿吗？”

这凄风苦雨的天能休息当然再好不过了。守卫们便回答说：“这样就太好了。”

优旃一听此话，赶紧几步凑上前去，放低声音在他们耳边说道：“那好，一会儿你们注意听我的口号，如果听到我大声地叫你们，你们就赶快回应我，都记清楚了吗？”守卫们连连点头，优旃就匆匆进了大殿。

宴会开始后，殿内歌舞升平，美酒佳肴，欢声笑语，一片祥和，群臣纷纷向秦始皇祝酒，大呼万岁，万岁，万万岁。正在这个时候，优旃突然大喊了一声：“守卫！”

这一声“守卫”把大臣们手中的酒杯子差点给吓掉地上，秦始皇更是怒上心头，正要发作，突然听见遥遥传来一声守卫的回答。紧接着优旃又喊道：“你们长得那么高有什么用？长得高只能在外面露天淋雨；我虽然个子不高，但却有幸在这殿内饮酒休息。”

秦始皇戎马一生，深知士兵们的辛苦，一听这番话，火还没发，自己先泄了气，拿起酒杯走到优旃面前说道：“秦国有先生，实乃国之大幸！”当即下令，守卫士兵减半值班，轮流接替。

到了秦二世胡亥，这个混世魔王想粉刷整个秦国的城墙，来彰显大秦帝国的威严。咱们想想，自秦始皇统一六国后，可以说是普天之下莫非王土，整个秦国的城墙都要刷一遍，这必然是一项劳民伤财的面子工程。不过，朝中大臣心中虽然反对，面上却是敢怒不敢言，只有优旃拍手叫好道：“善。主上虽无言，臣固将请之。漆城虽于百姓愁费，然佳哉！漆城荡荡，寇来不能上。即欲就之，易为漆耳，顾难为荫室。”

什么意思呢？就是说：“太好了，皇上，您这个想法真好，即使您不说，我原来也想请您这样做的。漆城墙虽然给百姓带来痛苦和耗费，可是这样城墙会变得很美呀！城墙粉刷得漂漂亮亮的，敌人来了也爬不上来。不过臣有个担心，就是粉刷城墙这个事容易，但是粉刷完了之后，得找一个地方把城墙放进去阴干，这个地方却不好找，您觉得呢？”

秦二世听了优旃的话，也知道自己的计划不靠谱，只好干笑了两声，取消了工程计划。

俗话说：“良言一句三冬暖，恶语伤人六月寒。”听了上面的几个小故事，相信大家已经感受到了言语的妙处。精彩、漂亮的故事，不但能够让古代君王听得进臣子的建议，对于我们现代企业管理也有重要的意义，像马云、王石、乔布斯、巴菲特等无一不是讲故事的高手。但是如何讲这个故事，却值得我们去推敲思考。“今今乐道”读书会联合创始人何伊凡老师写过一本书，叫《形象市值》，书中就谈到企业家讲故事的三种模型：“从哪儿来”“到哪儿去”“我是谁”。下面我们就通过这三个维度来学习一下如何讲好一个故事。

一、从哪儿来

对于企业家来说，如何讲好“从哪儿来”这个故事，选择“痛说革命家史”无疑是一种很好的选择。在《形象市值》中就记录了东盛集团董事长郭家学早年的艰苦创业史。

郭家学的第一个创业项目是养猪，他发誓要做科学养猪第一人。为了能稳定投放 6 次饲料，他每天凌晨 4 点不到就起来喂猪。结果几个月下来，猪又肥又壮，郭家学却瘦了。

猪养肥了，总得卖，但是山区陡峭，无法通车，他又怕赶猪会从悬崖上掉下去，就只能把 200 多斤的猪捆到门板上，自己一头一头地背着走十几里山路，常常是猪屎、猪尿和着汗水一起顺着脖子往下淌。

郭家学每次讲这个故事的时候，台下都是短暂的沉默，之后是持续的掌声。这个故事能够让你感受到他创业之初的艰难。

人们天生愿意体验美好的瞬间，却也善于记忆和复述艰难、凄苦的日子，而听众们会从这些艰难、凄苦的经历中获得力量。因为他们知道了每一个成功的背后都有着许多和他们一样平凡而辛苦的付出，这样你和听众的距离自然就拉近了。但是，这样的故事必须用细节来填充，如果郭家学只是讲了他背猪下山，没有“猪屎、猪尿和着汗水一起顺着脖子往下淌”这样的细节，你还会身临其境般地体会到郭家学的辛苦吗?

二、到哪儿去

“到哪儿去”是与愿景有关的故事。南非总统曼德拉，在历经27年的牢狱生活后，在总统的就职典礼上，做出了一个震惊世界的举动。

总统就职开始后，曼德拉起身致辞。在介绍完各国的政要之后，他又对现场观众和全世界媒体说：“各位贵宾能光临我的就职典礼，我深感荣幸，但是今天我最高兴的是，当初在监狱里看守我的3位狱警也来到了现场。”然后，曼德拉邀请这3位狱警起立，把他们一一介绍给大家。

看着年迈的曼德拉缓缓起身，恭敬地向3位曾经关押甚至折磨他的看守致敬的时候，所有人都安静了下来，对他的博大胸怀肃然起敬。

曼德拉曾经这样说道：“我年轻的时候性子很急、脾气暴躁，正是在监狱中学会了控制情绪，才活了下来，当我走出囚室，迈过通往自由的监狱大门时，我已经很清楚，如果不能把悲痛和怨恨留在身后，那么我其实还在监狱之中。”

曼德拉还说：“我说过，我为反对白人统治而斗争，也为反对黑人统治而斗争，我珍视的是自由与民主的社会理想，我希望为这个理想而生，并实现这个理想！但是如果需要，我也准备为这个理想而死……”

曼德拉就是这样一位很清楚“到哪儿去”的人，正是因为如此，他才能做到“不念过去”。通过曼德拉的故事我们可以看出，只有看到未来，才能创造未来，而愿景是最好的黏合剂，当你砌下一块砖时，要告诉别人你是在建一座教堂。

三、我是谁

对于创业者而言，“我是谁”是最难讲的故事，因为这并不是简单地告诉别人你是谁，而是要触动他意识中对你的认同。这需要一种“去标签化的节奏感”。

新东方创始人俞敏洪很善于告诉别人“我是谁”。他最早给自己贴上的标签就是“自卑”。

1980 年，俞敏洪经过三次高考才被北京大学西语系英语专业录取。第一天去北大报到，他穿着布衣，挑着扁担，背着脸盆和棉被走进宿舍，舍友们一见俞敏洪非常吃惊，甚至有人把他当成农产品推销员，这让他很自卑。进入大学，俞敏洪因为普通话不好，不敢轻易开口，所以自己的社交圈子很小，这让他更自卑。在大学的几年生活中，他过得很压抑，因为身边的同学在任何一方面都比自己强，他心理的负担越重人就越封闭，他曾经哀叹说：“曾经有一个男孩，在大学四年的时间里没有谈过一次恋爱，没有参加过一次学生会活动。”这个男孩就是他自己，可见俞敏洪那时的自卑已经到了极点。

为了克服自卑找到自信，俞敏洪就开始拼命背单词，最后，他硬是背下一本汉英词典，成了新东方早期词汇量最丰富的老师。在俞敏洪成功后的一次演讲中，他说：“我的自卑延续了整整十年，直到我从北大出来，做了新东方，最后发现我居然有能耐把徐小平和王强从美国非常好的岗位上拉回来一起创业的时候，我才开始对自己有了认可。有了徐小平和王强的鼓励，我才从自卑中摆脱出来。”

由此可见，告诉别人我是谁，不是解释行为，而是围绕着自我的标签进行的一次去标签化的过程，目的是在这个过程中让听众感受到你的生命节拍。

结语

古人云：“一人之辩，重于九鼎之宝；三寸之舌，强于百万之师。”放眼看去，古今中外，有多少商企政要因为一次好的演讲，一个好的故事改变了当时的局势，改变了人类和世界的历史。诸葛亮舌战群儒，鲁子敬力排众议，马丁·路德·金的“我有一个梦想”，麦克阿瑟的“老兵不死”，任正非的“除了胜利我们已无路可走”，马云的“改变世界的不是科技,是梦想”，都在说明运用好语言艺术的重要性。讲好一个故事，不仅可以激励人心，更能够让我们的团队凝聚奋进，所向披靡。

日者列传

古代把人分为三六九等，就是我们经常说的三教九流。三教指的是儒教、道教、佛教。九流相对复杂，分为上九流、中九流、下九流，大体说来是按人所从事的职业分的。

服务天而管制人的，为上九流，如一流佛祖二流天，三流皇上四流官；取悦人、服务人的为下九流，如一流高台（唱戏）二流吹（吹鼓手、喇叭匠），三流马戏四流推（剃头）；那中间联系上九流和下九流的人群就是中九流，如一流秀才二流医，三流丹青（书画）四流皮（皮影），这些职业有些技术含量，介于管制和被管制中间。

所谓“日者”就是“占候卜筮”的人，简单来说就是过去通过观察日月运行等自然规律，为人们进行占卜的人。按古人九流之分，日者（占卜）算是中九流。

不过，现在职业不再作为衡量人高低贵贱的标准，但人与人之间的距离、隔阂已经形成，始终无法消除，以至于一问起从事什么职业，都会表现出不同的回响和反应。选择什么样的职业似乎决定了你会成为什么样的人，正因为如此，选择职业才变得更加困难。

司马迁在《日者列传》中关于职业也提出了自己的见解，我们不妨从对待职业的态度和职业的选择两个方面，来看看他是怎么说的。

一、对待职业的态度：大道相通，小中亦有不凡

司马迁在《日者列传》中记载了这样一个故事。

一天，汉朝的两位大夫宋忠和贾谊在一起讨论圣人之道，边讨论边感慨。

贾谊说："我听说古代的圣人，如不在朝做官，就必在卜者（占卜的人）、医师的行列中。做官的人我比较了解，但占卜者我却不了解。"

宋忠一听，附和说："贾兄的困惑，我也有，我听说长安东市有一家占卜馆，非常有名，咱们不如去看看。"

于是，两人结伴去了那家占卜馆。因为天刚下完雨，路上行人稀少，那家占卜馆也没什么生意，馆主司马季主正坐在店铺里给徒弟们讲解天地法则、日月运行、阴阳吉凶的规律。宋忠和贾谊两个人在旁边听了一会儿，觉得这个司马馆主讲得非常好，就上前聊了起来。

贾谊首先发问，他说："我看先生相貌堂堂、谈吐非凡，为什么却要从事这种低微污浊的占卜行业呢？"

司马季主捧腹大笑说："我看你们两位应该都是有文化的人，怎么会说出这种浅薄的话呢？你们认为的贤者、高尚的人是什么样的，算命又怎么低微卑贱了呢？"

贾谊和宋忠回答说："当官的人自然是高尚的、贤能的，不能当

官当然就是低微的了。”

司马季主不紧不慢地回答道：“先生最好不要这么快下结论，你们只是看到了事物的一面，做官的当然是贤能的人，他们把国家和百姓的利益放在第一位，称赞别人不图回报，批评别人也不担心被怨恨。但有些做官的人，他们只谋求个人的利益，自夸其功，专做违法害民的勾当，他们也算得上是高尚贤能的人吗？”

宋忠和贾谊一听也有道理，但是多少有些不服气，就反驳说：“夫卜者多言夸严以得人情，虚高人禄命以说人志，擅言祸灾以伤人心，矫言鬼神以尽人财，厚求拜谢以私于己。”意思是说：卜者多用夸大怪诞之辞来迎合人的心意；虚假抬高人的命数来取悦人心；编造灾祸以使人悲伤；假借鬼神以骗人钱财；贪求酬劳以利于自身。这些都是可耻的行为，所以我们才说是低微污浊的。

司马季主听完这话心中有些不快，便说道：“你们说我们爱说好话，那你们见过说客、辩士吧？他们为实现自己的欲望，往往抬出古圣先贤来，讲起虚夸之词，没有比他们更厉害的了，但很少有人批评他们，因为要想使国家富强、事业成功，不这样做不行。而我们算命的，是以天地的运行规律为根本，解说天地间的厉害，人事间的吉凶成败，这要比那些说客辩士们难得多，自然也要说得更多，但这不是欺骗别人啊。”

一时间，宋忠和贾谊四目相对，突然感觉口中词穷，正要开口辩解的时候，司马季主继续说道：“你们说我们算得不灵验，要知道，太阳不能永远在东方，到了中午必定向西移动，月亮过了十五之后必定出现亏缺，先王的圣道也有时奏效有时无效，天地圣人都有缺陷，凭什么要求占卜者说的话就一定要灵验呢？ 再说了，我们每次占卜都要沐浴更衣、端正仪容，说的也是规劝人们忠君爱民、父慈子孝的话，我们的所作所为常常会让生病的人痊愈，将死的人得生，祸患的事得以避免，这种无量功德，难道只值几十、几百个大钱吗？怎么能说我们要的钱多呢？”

面对司马季主一声声的质问，宋忠和贾谊竟然拿不出辩解的理由。但是，司马季主却越说越起劲，他说：“千里马不能和疲累的驴同驾一车，凤凰不会和燕子麻雀成一群，而贤者也不愿跟不肖者为伍，以你们二位的见识，恐怕很难理解这些道理的吧？”

最终，宋忠和贾谊被说得哑口无言，一脸尴尬，灰头土脸地走了。

西汉经学家褚少孙（《史记》在流传过程中散失了十篇，有的不全，有的只剩下了目录，褚少孙对这些散失的部分作了补充，这篇《日者列传》的后半部分就是他补充润色的）说：黄直是位大夫，陈君夫是个妇女，但都擅长相马，一样天下闻名；留长孺因善于相猪而出名；荥阳褚氏因善于相牛而成名。能够凭一技之长而出名的人很多，他们都有高于世俗和超过常人的风范，可见做什么职业都能有所成就。

大道相通，小中亦有不凡。无论是做人还是做事，无论做什么职业，本质上都有相同或相近的规律性。那些看似风光的职业，其实背后也有不为人知的艰辛，而那些受人尊敬的岗位同样也有让人唾弃的败类。

很多人不屑于那些平凡的职业，但他们却不知，平凡并非见识短，再平凡的岗位也可能有不凡的人和不凡的见解。

既然任何职业都能有不凡的成绩，我们也端正了对待职业的态度，那么我们要怎样选择职业呢？

二、关于职业的选择：事无难易，好之不如乐之

在《日者列传》的下半部分，褚少孙又补充说："非其地，树之不生；非其意，教之不成。"土地不合适，种什么也不生长；教育的内容不合心意，教什么也难以成就。意思就是说要因材施教，感兴趣才是关键。大凡家庭教育子女，应当看看他们喜好什么，如果这喜好能够让他们安身立命，就应该支持他们的喜好。如果他们不喜欢，即使给他再多的资源他也难取得成功，这一段对于我们选择职业来说也是很好的指导。

我们都知道，每个家庭的经营和维护却离不开主妇们的辛苦操劳和默默付出，但熟悉的地方没有风景，很少有人愿意只做一个围绕家庭转的"专职主妇"。可是就有一位女性非常喜欢做家务，并在这看似"不起眼"的工作中，创造出了价值和意义，甚至是名气和财富，她就是被称为日本收纳女王的近藤麻理惠。

近藤麻理惠从幼儿园大班时就喜欢主妇杂志，她热爱烹饪、打扫、整理与裁缝等家务事。小学六年级时，她最大的梦想是成为一名"家庭主妇"。

一般人都会觉得家庭主妇也算是职业吗？这也太没出息了，可是近藤却不这样想。

到国中三年级时，近藤阅读了一本畅销书《丢弃的艺术》，她受到启发，开始全心投入收纳整理技巧的研究中，希望找到一种“任何人都可以做到的，只要整理一次就不会再变乱”的整理方法。

她发现很多东西都是多余的，因此她提议只留下那些让自己“怦然心动”的东西，就是用手一件一件地触摸这些东西，看自己是否对这些东西有感觉。这看似随意的动作其实有很深的道理，因为只有那些让你有感觉的物品才是你真正需要的。

她还建议在整理的时候把衣物叠成长方形，垂直着放。这样的好处是规整、省空间，而且不会在抽取衣物的时候影响“队形”，造成拿一件乱一堆的情况。通过这样有序地整理，她使生活空间和生活状态得到了实质上的改变。

很多人通过她教授的整理方法来整理物品，不但整理了房间，同时转变了对生活的态度，身心的健康和幸福感也得到提升。她说，整理这件小事，整理的不仅是房间还有你的人生。

其实道理就是这么简单，只是很多人因为不屑于做这份工作，而没有在这上面倾注精力和心思罢了。

近藤麻理惠凭借一己之力，打破人们对主妇的偏见，通过写作出书、演讲宣传来指导人们如何整理自己的家，使生活更加简洁舒适，也因此一步一步地走向顶级家居整理的殿堂，在赢得了名利和财富的同时，也获得了体面和尊严。

她的成功就在于把平凡的甚至不能称为职业的家务活提高到了一个做学问的地位，她因为由衷的热爱而成全了一个职业，同时这个职业也成全了她。借用孔夫子的一句话：知之者不如好之者，好之者不如乐之者。说的是，了解怎样学习的人，不如喜爱学习的人；喜爱学习的人，又不如以学习为乐的人。工作也同样如此。

有位哲学家到一个建筑工地，看见三个正在砌砖的工人，他分别问这三个人：“你在干什么？”

第一个工人头也不抬地说：“我在砌砖。”

第二个工人抬头说：“我在砌一堵墙。”

第三个工人满怀憧憬地说：“我在建一座美丽的教堂！”

后来，砌砖头的还在砌砖；砌墙的成了工程师；建教堂的成了一名伟大的企业家。

砌砖是项枯燥的工作，如果不喜欢，那眼中只有砖，能把砖砌好，就很不错了。只有喜欢，才会把工作当成创造美好愿景的一部分，才能在工作中找到乐趣，并最终实现美好的愿望。

在职业选择上，我们不妨以爱好为基础，认真选择。因为喜欢才能以工作为乐，以工作为乐才能不知疲倦，全情投入。人们常说最好的厨子是最喜欢吃的人，也是同样的道理。

结语

管理学大师彼得·德鲁克曾经说过：“真正推动社会进步的不是少数几个明星式的CEO，而是更多默默工作的人，这些人经常是名不见经传，甚至文化程度教育背景都不高，但是里面却有经理人、企业家，还有创业者。”所以说，在这个世界上，职业没有高低贵贱之分，任何一个在职业上认真负责的人都值得被尊重。不要因为一个职业在世俗眼中是不起眼的就放弃，只要自己真心喜欢，就要坚定地去做，喜欢真的能当饭吃。

龟策列传

对于未来，迷茫的人往往充满不安，总希望自己能够提前掌握未来的动向，从而做出最明智的选择。算命，就是一种比较常见的预测未来的方式。根据中国科学技术协会的抽样检查报告，每 4 个人中就有 1 个人“非常相信”或者“有点相信”算命。“算命”真的灵验吗？很多朋友不以为然，认为这是愚昧的行为，是教育水平低下的表现。但是，整体教育水平居世界前列的中国香港，却是著名的“迷信之都”。在那里，算命先生和风水师就像金融白领一样，不但提供一对一的咨询服务，还在报纸、杂志、电视、电台开设专题节目，为市民讲解各种风水命理的问题。

对于算命这回事，古人更把它上升到国家层面，用来测算国运和战争胜负，等等，以至于司马迁发出感慨：“自古以来的圣明君王将要建立国家承受天命，兴办事业，都要遵从卜筮以助成善事。”

其实，司马迁在这里所说的卜筮，就属于算命的范畴。那么，这个卜筮究竟有什么样的魅力能让古人把它和国家战略相关联，它和龟策又是什么关系，究竟对我们“学管理，做企业”有什么启示呢？接下来，我们就一起走进《龟策列传》，来探索上面这些问题的答案。

上面我们已经提到几个关键词：算命、卜筮和龟策。而且我们已经知道，卜筮说白了，其实就是算命。那么，卜筮和龟策是什么关系呢？在这里，我们需要澄清一个很常见的认识误区，即人们常以为卜筮是一个词，代表的也是一件事。其实不然，“卜”和“筮”在古人那里是分开理解的，是人们解决疑难，预测吉凶的两种方式。据司马迁的记载，类似于“卜”和“筮”这样的方法，《尚书》中记载了五种，如果这五种方法得出的结论不一致，那就顺从占多数的意见。这也表明，虽有卜筮，但人们也并不专信卜筮。

关于卜筮，《礼记·曲礼》上也有记载，比如里面说道：“龟为卜，策为筮。”意思是说，古时卜用龟甲，筮用蓍草（《中国植物志》正名为云南蓍，是菊科，分布于中国云南、湖南西北部、湖北西部、甘肃东部等地）。所以说，这龟甲、蓍草都是古人用来卜筮的工具。

在古代，人们预测吉凶不仅方法多，而且历史也很悠久。据说，卜筮早在唐尧、虞舜以前就有了，但是因为没有留下可靠的信息，人们也不知道他们都预测了什么事。不过，从夏朝开始，历朝历代的兴衰都有了卜筮的相关记录。比如，大禹娶涂山氏之女卜兆得吉，于是夏启建立了世代相传的夏朝；简狄吞飞燕之卵生契（帝喾与简狄之子、帝尧异母的哥哥，商族始祖），卜兆吉顺，所以殷朝兴起；善于播种百谷的后稷（周族始祖）蓍筮得吉，因而周朝国君终于成为天下之主。

在古代，关于预测吉凶这样的事，并不是中央王朝才会去做，实际上，很多蛮、夷、羌等少数民族也有这样的传统。他们有的用金石，有的用草木，总之，各国占卜习俗都不尽相同。不过，在所有的预测里面，涉及战争的卜筮是最多的。

卜筮在古人那里很受重视，另外一个体现就是他们对占卜工具的严格要求。比如龟甲和蓍草，他们并不是早早就备好放在那里，而是到用的时候才现找。为什么要这样呢？原来，他们认为龟甲蓍草，收藏久了，就会丧失灵性，而且一旦卜筮完毕，这些龟甲蓍草也会立刻就被丢弃。既然卜筮这么重要，那么这事一般都由谁来做呢？

其实，在古代，有一类人专门干这个事，而且还有官职。比如西汉时期，这种官职就叫太卜官，是汉高祖沿袭秦朝的制度而设立的。不过，在西汉初期，因为吕后专权，加上后来的文景之治，这类官都不怎么受待见。为什么呢？前面讲了，占卜最常用到的地方就是战争，但是吕后、文帝和景帝的时候，战事并不多。不过，到汉武帝时期可就不一样了，他不仅北击匈奴，还南破闽越。什么人最希望打仗呢？第一类人是商人，他们希望世界乱一点，这样他们就可以发战争财；在汉武帝时候，也有很多太卜官希望战争永远不要停止，因为这样他们就有了用武之地，而且也能够发财。比如，当时有一个叫丘子明的人，就是通过占卜预测战争胜负，大受汉武帝宠幸，而且还获赠了巨额财富，以至于到后来，他的地位甚至压倒满朝公卿。

不过，江湖上有句话叫作“出来混总是要还的”。这卜筮本来就带有迷信色彩，一个人、两个人偶尔几次预测对了拿点封赏也就得了。结果太卜官们一看丘子明那风光的样子，一个个胆子也都大了起来，他们不仅预测战事，还预测政治、预测人。你说以汉武帝的雄才大略以及卫青、霍去病这些良将的军事才能，预测他们打胜仗那基本上是十拿九稳，但是，你非要预测政治和人，那就有点走钢丝的味道了。果不其然，后来有很多太卜官开始用卜筮来猜测巫蛊（信奉借助超自然的神秘力量对人、事施以控制影响的方术）行为。在当时，这可是很要命的事情，满朝文武不论你是否做过违法的事情，只要被太卜官“算出来”你有谋反之意，那可就要大难临头了。所以，有一段时间，朝廷上下的文武百官都不敢得罪太卜官，而且还要奉承说他们测算的确实很灵验。但是，这些卜官里面有些人本来就意图不轨，甚至用了很多欺骗的手段。终于有一天，汉武帝通过调查，发现很多大臣的死其实就是太卜官的诬陷，结果，当时很多太卜官都被汉武帝灭了三族。

卜筮现在看来，好像是挺迷信的，而且历史上还出现过很多像汉武帝这样被卜官欺骗的案例。但是，古人其实并不像我们想象的那样古板。比如，司马迁就在《龟策列传》中说：“君子谓夫轻卜筮，无神明者，悖；背人道，信祯祥者，鬼神不得其正。”这意思就是说，古时的君子认为，那些轻视卜筮不信神明的人，是糊涂；背弃人的主观能动性，只迷信所谓吉祥之兆的，鬼神也并不会真来帮助你。这也充分说明，古人固然迷信，但他们并不糊涂，也知道人的谋略在国家大事上的重要价值。

咱们就拿汉武帝北击匈奴这事来说。卫青率军出征之前，汉武帝先让太卜官预测一下吉凶。很快，结果出来了，是吉兆。那么，此时汉武帝是否就可以高枕无忧了，卫青是否也就可以上战场的时候只带着长矛，不做任何筹划了。答案当然是否定的。其实，无论卜官预测的结果如何，卫青都会在打仗的时候，结合具体情况，采用不同的谋略。卫青非常清楚，在战场上，他的经验、谋略肯定比卜官的话更可靠。

我们常说，古代是迷信的世界，现代是科学的天下。实际上，迷信与科学的界限并不像我们想象中的那样明显。古人固然迷信，但并不妨碍他们“谋事”的科学性。同样地，今天我们口口声声说自己相信科学，但是有时候在想问题、处理事情的时候还是会不自觉地相信某种迷信的观点，或者说，是想寻找一种精神安慰。但是，光有精神安慰显然是不够的，你必须有办法、有谋略，此时，就应该让大脑发挥它的价值。带兵打仗如此，管理企业如此，做事业更是如此。

2019 年的中国电影市场中，有这样一匹黑马：它只是一部国产动画片，而且灵感来自已经显得有些老套的中国古代神话。但是，就是这样一部电影，自 2019 年 7 月 26 日在中国内地上映以来，票房却像泄闸的洪水一般，一发不可收。上映首日票房 1.38 亿元，打破动画电影内地票房纪录，紧接着，它又打破单日、首周、单周的票房纪录。上映第五天，该片票房超越当年《西游记之大圣归来》创造的纪录，票房近 10 亿。接下来的一个多月，像《红海行动》

《复联 4》这样偶像级、实力派的大片，都成了这部动画片在票房排行榜上的垫脚石。直到 2019 年 8 月 31 日，这部名叫《哪吒之魔童降世》的动画片正式超越改编自刘慈欣小说，由吴京主演的《流浪地球》，位列中国电影史票房第二位。

伴随着这部动画电影的热映，里面的一句台词也刷爆网络。这句台词出自主角哪吒之口，叫“我命由我不由天”，在电影里，哪吒的性格和作风可谓将这句话发挥到了极致。那么，《哪吒之魔童降世》这部电影的成功，与哪吒的这种性格塑造是什么关系呢？

我们可以说“我命由我不由天”的主题是让这部电影大火的重要原因，哪吒身上这种逆天改命的性格确实左右着故事情节的发展，是电影的核心看点。但是，我们不要忘了那些银幕后的英雄们，“我命由我不由天”的真正出处是他们。

说到幕后英雄，首当其冲的自然是这部电影的导演兼编剧“饺子”了。“饺子”的真名叫杨宇，大学生活是在四川大学华西药学院度过的。听到这，大家可能会感觉很不可思议吧？没错，这个“饺子”既不是北京电影学院也不是中央戏剧学院这种影视科班出身，他最初的专业也基本上与动画设计没什么关系。但饺子的经历就是如此传奇，他就是学医出身的。在有些人看来，专业都已经定了，而且大学也上了一半了，就不要再“折腾”了吧。但是，“饺子”偏偏不信命，在他大三那年，一个偶然的机会，“饺子”接触到了玛雅（Maya）这种动画软件，然后就着了魔一样爱上了它，于是从零开始学习动画创作。而且，“饺子”不仅仅只是把它当作兴趣去学，在毕业后，他干脆直接去了广告公司上班。

按理说，学医出身、半路出家的“饺子”，毕业后能够找到一个符合自己兴趣的工作已经很不容易了。但是，“饺子”还是不甘心，他心里还有一个更大的梦想。于是，他辞掉了在广告公司的工作，把自己关在一个狭小的出租屋里，没日没夜地研究动漫。终于，功夫不负有心人，《哪吒之魔童降世》诞生了。

在这部电影里，哪吒有这样一句台词：“别人的看法都是狗屁，你是谁只有你自己说了才算，这是爹教我的道理。”结合导演兼编剧“饺子”的经历，这又何尝不是他自己的想法呢？

《哪吒之魔童降世》的票房奇迹还在继续，但是现象背后值得我们反思的事情还有很多。不管是作为创业者规划人生，还是作为产品经理设计产品，这部电影都是一面镜子。

结语

卜筮作为一种带有迷信色彩的行为，虽然在推演求胜、预测吉凶方面的现实意义已经不大了，但是它并没有失去精神层面的意义。时至今日，预测未来依旧是我们现代人正在做的事情，只不过与古人用龟甲、蓍草不同，今天，我们的预测工具已经有了翻天覆地的变化，比如我们用卫星预测天气，用大数据预测流感，用基因技术预测寿命等。但是，有一样东西，是用技术难以预测到的，那就是人的命运。

当初“饺子”在医学院学习时，如果有人预测他的命运，恐怕大多数人会说他能成为一个名医。当他放弃医学专业，改行做广告时，恐怕很多人会说他不务正业，肯定没有人能预测到他会成为一个动画片导演，更不会有人预测他的电影能产生那么大的轰动效应。所以“饺子”实际上就是电影中哪吒的现实化身，“我命由我不由天”恐怕也是他发自灵魂最深处的呐喊。

货殖列传

2007年，北京大学光华管理学院EMBA学员，曾专程到太湖大学堂，听国学大师南怀瑾先生讲了两天课，在这两天的时间里老先生只讲了一篇文章，那就是《史记》当中的《货殖列传》。

这篇《货殖列传》除了记述人物外，还体现了司马迁的重要的经济思想。它不但揭示了不少千古不变的经济规律与经商手段，更是金句频出，比如“贵上极则反贱，贱下极则反贵”（商品涨到极高点的时候，就会下降；当商品降到最低点的时候，价格就会上涨）、“天下熙熙，皆为利来；天下攘攘，皆为利往”，等等。所以，《货殖列传》一直以来被中国历代商人奉为商界的“孙子兵法”。《货殖列传》无论是史学价值还是思想价值，以及它所阐释的商道规律及智慧在两千多年后的今天依旧拥有巨大的影响力。

那么，《货殖列传》究竟是一篇怎样神奇的文章呢？今天我们来一探究竟。

《货殖列传》记载了自春秋开始到汉武帝时期从事商业活动的代表性人物的事迹，融合了当时的时代背景、经济地理区划及经济思想等内容，夹叙夹议，独具匠心。

根据古汉语词典之释义，“货殖”一词，其中的“货”，就是货币、货物、买、卖的意思；而殖，则是经商、增加、增长的意思；所以“货殖”指的就是经商盈利，谋求“滋生资货财利”以致富。也就是利用货物的生产和交换，进行相应的商业经营活动，从而获取最大的利益。

《货殖列传》的主要内容大致可以分为四部分：一、全国经济地理区划。什么地方的人擅长做什么买卖，这可以说是中国历史上第一个经济地理区划。二、先秦与西汉的富豪排行榜。三、全国十数个文化风俗区，要做生意一定要了解各个地方的风俗习惯，因为即便外国人到中国来做生意，也要懂得中国人的人情习惯。四、发展经济与生财之道的多样性。

由于篇幅有限，今天我们就集中讲一讲先秦时期富豪排行榜上的一位超级富豪——白圭，与大家分享一下他的致富秘籍。

白圭，名丹，西周人。传说他的师父是鬼谷子，不过这点在《史记》中没有明确的记载，大家听听就行了。

白圭曾当过魏国的相国，在任上还颇有成就，治水有功。后来目睹了朝政一天天的腐败，白圭感到无能为力，心灰意冷之下便毅然决定弃政从商，游历于各地，寻求商道。

等到游历归来，回到洛阳之后，白圭就正式开始了他的经商之旅。恰巧此时魏国正赶上李悝的变法初见成效，贵族特权减弱，农业生产发展迅速，白圭便抓住了这一政策机遇，抛弃了大家都看好的珠宝生意，选择从事农副产品贸易。

白圭以“人弃我取，人取我与”作为经商的指导思想。这乍一看有点奸商囤积居奇的意思，其实恰恰相反。这个“人取我与”的“与”字是给予人优惠的意思。总的来说，意思就是在收获的季节农民大量出售谷物的时候，自己就买进谷物，把丝绸、漆器之类农民需要的必需品卖给手头宽裕的农民；等到粮食歉收的时候，就把自己囤积的粮食卖出，再把农民手中滞销的手工原料和产品买回来。但是白圭卖粮并不会溢价太多，买商品也不会砍得太狠，这样，他就赢得了大量农民的信任。白圭的这个做法在丰年可获得大量利润，在歉年虽然牺牲了部分利润，但赢得了农民们的信任，调节了供求关系，保护了农民等手工业者的权益，是一个“薄利多销，积累长远”的可持续发展道路。

如果仅仅是这样，只能体现出白圭是一个为富有仁的商人，还不够传奇，接下来我们就来看看白圭的独门经商秘法。

白圭之所以会被后世传说成是鬼谷子的学生，主要是因为白圭这个人擅长阴阳五行之术，而且可以靠这个手段来经商发财。比如他通过岁星纪年法（中国上古时期的一种纪年方法，以六十年为一个运转周期）和天文、气象的知识总结出了一套农作物丰收歉收的规律。太岁（中国古代的一个天文学名词，指的是木星）运行到天空的卯位（正东方向）与酉位（正西方向）时，今年会五谷丰收，但下一年庄稼的收成会不好；当太岁运行到天空的午宫（正南方向）和子位（正北方向）时，今年会发生旱灾，转过年来，庄稼的收成会很好。白圭将这种自然规律成功运用到了经商方面，并以此来决定每年的贸易计划，所以在太岁居于卯位的时候，白圭就会趁着五谷丰收囤积大量的粮食，好在来年年景不好的时候卖出，由于来年的粮食会供不应求，价格较高，白圭就可以以此来赚取利润。

白圭虽然很有钱，但是“能薄饮食，忍嗜欲，节衣服，与用事僮仆同苦乐”。意思是说，他为人生活朴素，克勤克俭，还经常下基层与农工们一起劳作，同甘共苦。加上他诚信经营，薄利多销，信任支持他的人越来越多，生意也越做越大，很快便积累成了天下巨富。

白圭对于自己的商业理论和商业活动，非常自信。他曾经宣称：“吾治生产，犹伊尹、吕尚之谋，孙、吴用兵，商鞅行法是也。”就是说，我在经营产业时，就像是伊尹、姜子牙那样老谋深算，也像是孙武、吴起用兵作战那样变化无穷，还像是商鞅执行法令那样坚定明确。

晚年的白圭兴趣爱好也挺独特，他没有像其他富商大贾一样隐居于世过潇洒快活的日子，反而创立了中国历史上第一家商学院，当起了院长教起了书。不过白圭的招生标准还挺严格的，他认为真正的商人，不应唯利是图，他还说：“智不足与权变，勇不足以决断，仁不能以取予，强不能有所守，虽欲学吾术，终不告之矣。”这句话的意思就是：“如果一个人的智慧够不上随机应变，勇气够不上果敢决断，仁德不能够正确取舍，强健不能够有所坚守，虽然他想学习我的经商致富之术，我终究不会教给他的。”所以，他认为一个真正的好商人，必须具备智、勇、仁、强这四种最基本的素质。如果没有这四种素质的人向他学习经商之道，他会“终不告之”。

简单来说，白圭的思想丰富而且实用，最重要的是树立了“儒商”“良商”的正面典型，因此司马迁称赞他为“治生始祖”，这里的“治生”就是指做生意。天下人谈论起经商致富之道都纷纷效仿白圭，民间将他奉为“商祖”和“财神”。

可以说，白圭是先秦时期商业思想的集大成者。他通过不断学习诸子理论，将其灵活运用于商业实践，同时还通晓农业、气象和天文学，这让他在经商一事上更加游刃有余。他的“为商四宝”——“智”“勇”“仁”“强”对后世影响很大。他确立的从商正道，告诉我们一个道理：做生意就是做人。

说到这就不得不提到徽商的杰出代表胡雪岩。

胡雪岩是晚清时期的传奇商人，是著名的红顶商人。他曾帮左宗棠筹措钱粮平定叛乱，也曾一手创办了赫赫有名的“福州船政局”。但要说起胡雪岩最得意的一桩生意，那绝对是创办了胡庆余堂。号称“江南药王”的胡庆余堂是1874年胡雪岩精心筹建的国药店，一百多年过去了，至今仍矗立在杭州河坊街上。

胡庆余堂的名字来自《周易》中的“积善之家必有余庆”，而胡庆余堂的经营也一直秉持着这个理念。

关于胡庆余堂的创立曾有这样一个故事。相传，当年胡雪岩有一位爱妾生了病，心急如焚的胡雪岩自然要派仆人去药店抓药，可是取回药来一看，其中有不少药材都已经发霉变质了。最开始胡雪岩以为是药店的伙计一时疏忽，所以就再次派仆人前去换药，可没承想，药店的伙计不仅不给换药，还出言嘲讽说：“本店只有这种药材，你家主人要是嫌弃我们的药不好，那就让他自己开一个呗。”胡雪岩听了这番话大怒，他觉得人命是不能拿来当儿戏的，于是就真的开了一家药店，并以“真材实料，童叟无欺”为纲领，正是这条纲领让胡庆余堂成为传承上百年的金字招牌。

在杭州胡庆余堂老药铺里，内外挂有各种招牌、匾额五十多块，都是挂向外面给顾客看的，但是唯有一块“戒欺”匾是挂在后厅里面的，专门给自己的员工看，这就是为了提醒自己的员工不能欺骗顾客，不能以次充好、缺斤少两，拿顾客的生命来开玩笑。

胡雪岩还亲自为这块牌匾作了跋文，其中“采办务真，修制务精”这两句话可以说是胡庆余堂的八字真经，而且他说到做到，这是最难得的。

为了保证药品的真材实料，胡雪岩规定要到全国各地坐庄办货，不能有一点儿差错；在制造药材的过程中，也必须严格遵守工艺流程，讲求精工细作，决不允许偷工减料。胡雪岩为了确保药品质量，甚至不惜成本地铸造了金铲银锅。这种“不欺顾客，不欺自己”的精神，值得现在的企业学习。

德是企业的立身之本，如果经营无德，就算企业发展得再大，最后都会倒掉；赚的钱再多，最后也都会被败光。中国人都讲究“名垂青史，千古留名”，就是说，人生最大的意义就在于死了以后，还会被人们怀念，能做到这一点就算是成功了，而胡雪岩就已经凭借着创立胡庆余堂做到了这一点。

结语

《货殖列传》这篇文章，史学界公认是“历史思想及于经济，是书盖为创举”，意思就是说：把经济理念融入历史思想中，是这本书所做的创举。《货殖列传》中记录的都是富而好礼，富而有道的人，这也源于司马迁积极向上的财富观念。在司马迁看来，要做一个有财富的君子，保障好自己和家人的幸福生活，同时乐善好施，用智慧和财富给社会带来更大价值，这才是生财之大道。

虽说古往今来，“天下熙熙，皆为利来，天下攘攘，皆为利往”，但司马迁依然能够对财富保持清醒的认识，告诉人们“无财作力，少有斗智，既饶争时（没有财富的时候就应努力劳动创造财富，稍有财富以后就要凭智慧去经营，财富多了就要去争取获利的时机）”“礼生于有而废于无”等诸多商业道理和商业思想，从商业道德的层面给后人很多启示。

太史公自序

今天我们要讲的是《史记》中的最后一篇——《太史公自序》。

《史记》作为司马迁一生的心血结晶，承载了他全部的思想，所以最后还是得由他来给这本“奇书”画上一个句号。在《太史公自序》中，司马迁讲述了自己的家世渊源，陈述了自己写作《史记》的原因，并为《史记》中的每一篇文章都做了小序。按照清代史学家牛运震的说法：“《太史公自序》者，盖太史公自序所以作《史记》之本旨也……凡一切纲领体例，莫不于是粲然明白，此太史公教人读《史记》之法也。”意思就是说，《太史公自序》是司马迁讲述《史记》主旨的文章，书中的所有架构和设想都说得非常清楚，这是司马迁教给我们读《史记》的方法。

那么司马迁为什么要写《史记》，从他写《史记》的过程中，我们又能学到什么呢？这就是咱们今天要讲的内容。

大家都知道，司马迁又称太史公，可司马迁之所以有这个别号并不是因为他写作了《史记》，而是由于他曾在汉武帝时期担任过太史令一职。

当时太史令这个职位，并不是动动笔杆子、记录点历史就轻松了事的工作，还要兼管国家典籍、天文历法，通晓祭祀礼仪，是一项非常重要的工作。司马迁能担任太史令一职，除了司马迁自己的志趣外，和他的家学渊源也是分不开的。

按照《太史公自序》中的说法，司马迁家的先祖从尧、舜时代开始就是掌管天文地理、史料典籍的官员。后来因为一些变故，举家迁居到秦国，成了普通的地方官，再也没有人担任史官一职。直到司马迁的父亲司马谈的时候，才重操祖业当了汉朝的太史令。

因为家中世代著史，所以在这种氛围中长大的司马迁也对历史十分感兴趣。他从20岁开始，就周游全国探访名师研究学问，考察各地的名胜古迹，收集历代名人的传说。

传说有一次，司马迁来到古魏国的大梁，也就是现在的开封附近，他看见大梁的城门宽阔宏大，高耸入云，突然想到之前史料中曾记载的“大梁夷门”，于是不由得感慨道：“这夷门果然宽广啊。”

这句话恰巧被旁边守门的老头儿听到了，只见那守门老头儿“呵呵”地笑了两声，便开始上下打量起司马迁来。

司马迁一看，这老头儿的笑声中充满了嘲讽，眼神中包含着深意，一下就想起了战国时看守夷门的贤者侯嬴，便暗自嘀咕：“信陵君在夷门遇到了贤者侯嬴，因此能窃符救赵，难道这个老头儿也是像侯嬴一样的贤者吗？”想到这里，司马迁便快步上前，对着老头儿深深地鞠了一躬，谦虚地问道：“请问老人家，您笑什么呢？难道这里不是大梁城的夷门吗？”

老头儿看他态度不错，就笑着说："小伙子，你既然知道大梁城有夷门，想必也是个读书人，可这哪里是夷门啊，这是大梁的南门，你要找的夷门是现在大梁城的东门。你们读书人从书本上看来的知识，只是只言片语，还赶不上我这看大门的老头子哟。"

这下子，司马迁恍然大悟，不由得在心里感叹道："如果仅凭书本著史，不知道要闹出多少笑话，这闹笑话是小，要是误导了后人，就把司马家的脸给丢尽了。还是要多出来实地查访一下才行，书中可没有记载这些东西。"

正是由于司马迁重视实地考察，重视向事件的当事人和目击者访问请教，才能在《史记》中弥补很多缺漏的史料，纠正大量旧资料中的偏颇错误，为后世人呈现了尽可能真实的历史。

可真正促使司马迁成为太史令，撰写《史记》的，并不是由于他本人对历史的兴趣，而是为了完成父亲司马谈的遗愿。

公元前 110 年，"北驱匈奴，南抚诸夷"的汉武帝觉得自己已经完成了一生中最重要的几件事。为了昭显自己的天子威仪，宣扬自己的功德，就准备率领百官登泰山封禅。对于皇帝要封禅这件事，最高兴的莫过于司马迁的父亲司马谈了。因为亲眼见证皇帝的统一大业，目睹封禅的全过程是司马谈毕生的梦想，之前从没有人能详细地记录封禅的全过程。

司马谈为了这次封禅大典，做了万全的准备，日日夜夜都期盼着那一天的到来。可是命运弄人，你越想干成什么就越干不成。眼看着去泰山封禅的日子就要来临的时候，一个晴天霹雳把司马谈击倒了：汉武帝封禅不带他去！司马谈的毕生梦想就此破碎。

等到司马迁接到自己父亲病倒的消息，赶回家中的时候，他的父亲躺在床上已经只有出气没有进气了。病床上的司马谈看到自己远游回家的儿子，想要坐起来，却浑身使不上力气，只能缓缓伸出颤巍巍的手，像是要抓住什么。

正跪在地上行礼的司马迁见此情景，赶紧爬到父亲的床前，双手一把握住了父亲冰凉的手，就在二人双手紧紧相握的那一刹那，司马谈的眼泪再也控制不住，父子两人相顾无言。

过了很久，司马谈才一边哭，一边慢慢地说道："我们司马家世代为天子史官，上掌天文，下述史实。当今天子即将进行封禅大礼，承接尧、舜的荣光，完成四海一统的大业，这是千古难逢的盛世啊，可我却无缘参加，这是命啊！难道我们司马家的事业就要这样断绝在我的手里吗！我愧对司马家的列祖列宗啊！"

司马迁只是缓缓地摇了摇头，便咬住嘴唇不再说话，泪水一直在他的眼眶里打转。

这时，司马谈用尽全身的力气将儿子的手拉到胸前，紧紧握住："在我死之后，你一定要继任太史令的位子，要把明君贤臣、忠义志士的故事传扬下去，让他们的声名彰显后世，千万不可断绝天下修史的传统。只有这样才能不辱没我们司马家的名声啊！切不可断绝了我司马家祖祖辈辈的事业！"

司马迁听完这些话，"咚咚咚"给自己的父亲磕了三个响头，然后痛哭流涕地说："儿子虽然愚笨，可是绝不敢辱没司马家先祖的荣光，绝不敢辜负您老人家的期望。"说罢便将头再次叩了下去，不敢再看父亲，双肩因哭泣而不停地抖动着。

司马谈看到这一幕，默默地在床上点了点头，放心地合上了双眼。

为父亲守孝三年后，司马迁正式接任太史令，开始收集各类典籍中的资料，写作《史记》。他在写作《史记》的过程中，时时刻刻都以真实作为第一要素，虽然写作《史记》是自己父亲的遗愿，但也包含着司马迁自己的理想，他曾说自己写《史记》是为了“正《易传》，继《春秋》，述往事，思来者”，更是为了“究天人之际，通古今之变，成一家之言”，所以必须原原本本地记录真实的历史事件，还原英雄豪杰们的本来面目。

司马迁这种实事求是的写史风格，虽然可以将《史记》写得精彩，却让汉武帝十分为难。比如，当汉武帝听说司马迁最近在写《高祖本纪》时，就整日地提心吊胆，心想：“我祖上那些不太光彩的事如果让他如实地写出来了，势必会影响高祖皇帝的威名啊，那岂不是太没面子了吗？”于是，汉武帝专门为这个事单独召见了司马迁。

汉武帝一见司马迁，就单刀直入：“子长（司马迁的字）啊，听说你在写高祖，那么你准备怎么写啊？”这意思很明显了，是告诉你要悠着点，知道什么该写、什么不该写。

可司马迁似乎就是不明白，他想都没想就说道：“照实写。”

“什么？照实写？”汉武帝有点着急了，他不自觉地提高了自己的语调说：“你难道还想把高祖皇帝屡战屡败，被项羽打得落荒而逃的事写出来吗？”

司马迁看都没看汉武帝，依旧行着礼，淡淡地说道：“不错，不仅高祖是这样，就算是您，我也会照实写的。您北驱匈奴的丰功伟业，您好大喜功的脾气性格，我都会如实写出来。”

听了司马迁的回答，汉武帝虽然生气，却也敬佩司马迁的风骨和对史实的执着。

唐代史学家刘知幾认为，做一个敬业的史学家必须具备“史学”“史才”“史识”三要素。清代史学家章学诚认为，除此之外还必须具有“史德”。在中国两千多年的历史长河中，能够同时具备以上四条而无愧的，非司马迁莫属。

老天是永远不会顺遂人愿的，有时候命运稍微打一个喷嚏，都可以对一个人造成重大的打击。

公元前 99 年，正当司马迁专心致志地撰写《史记》时，李陵事件发生了，这彻底改变了司马迁的命运。

汉武帝在位时期，曾多次发动对北方匈奴的战争，在名将卫青、霍去病的带领下驱赶匈奴，使匈奴远遁漠北。但公元前 99 年的这次却与往常不同，汉武帝这次派遣的主帅李广利是个靠裙带关系上位的无能之辈。在他糊里糊涂的指挥下，都尉李陵的千人部队被匈奴的大军包围了，李陵也在箭尽粮绝之后力尽被擒，然后选择了诈降的策略以图东山再起。

当李陵兵败投降的消息传到长安后，武帝愤怒万分，他怒喝道：“作为臣子不能尽忠而死，活着干什么！”满朝文武见武帝大怒，纷纷随声附和，痛斥李陵的投降行径。

可此时，司马迁缓缓出列，说道：“陛下，臣认为李陵罪不至死，以臣对他的了解，李陵绝非叛国投敌之人。”

汉武帝一听，更生气了，没想到李陵这种“汉奸”，居然还有人为他辩护，真是岂有此理。于是武帝板着脸问道：“哦？那你说李陵是什么样的人呢？”

司马迁似乎没有看见汉武帝难看的脸色，他认真地回答说：“李陵平时孝顺母亲，对朋友讲信义，对人谦虚礼让，对士兵有恩信，常常奋不顾身地急国家之所急，有国士的风范。试问这样的人，怎么会叛国投敌，所以这其中必有隐情，还望陛下查清楚再做决定啊。”

司马迁的一番话可把盛怒之下的汉武帝给气坏了，“岂有此理！李陵投降叛国证据确凿，难道是因为他平日表现好就可以抹去的吗？你这是包庇李陵的罪行，强行辩解，来人啊，把司马迁给我拉下去！”

司马迁被关进监狱以后，案子落到了著名的酷吏杜周手中，杜周严刑审讯司马迁，司马迁忍受了各种肉体和精神上的残酷折磨，但始终不认错，最后被处以宫刑。这对当时的人来说是最具羞辱性的惩罚，大事未成却横遭大难，司马迁整个人跌到了谷底。

身受宫刑，还被囚禁在牢狱之中的司马迁也灰心过，他曾对来看望他的人感叹说：“完了，一起都完了。我现在身体已经毁了，没有用了，还不如一死了之。可惜我父亲交付给我的事业还没有完成啊！”说完就号啕大哭。

发泄过后，司马迁开始反省，他自言自语道：“不行，我的事业还没有完成，我还不能去死！”说完这句话，司马迁突然提高了嗓门，大声说道：“昔西伯拘羑里，演《周易》；孔子厄陈、蔡，作《春秋》；屈原放逐，著《离骚》；左丘失明，厥有《国语》；孙子膑脚，而论兵法；不韦迁蜀，世传《吕览》；韩非囚秦，《说难》《孤愤》；《诗》三百篇，大抵贤圣发愤之所为作也。”（从前周文王被拘禁羑里，推演了《周易》；孔子遭遇陈、蔡的困厄，作有《春秋》；屈原被放逐，著了《离骚》；左丘明双目失明，才编撰了《国语》，孙子的腿受了膑刑，却论述兵法；吕不韦被贬到蜀郡，世上才流传《吕览》；韩非被囚禁在秦国，才写有《说难》《孤愤》；《诗》三百篇，大都是圣人贤士抒发愤懑而作的。）

司马迁略微停顿了一下，接着说：“这些人都是心中聚集郁闷忧愁，理想主张不得实现，才创作出了伟大的作品。现在我身遭大难，这是上天让我向这些人学习啊，我一定要把《史记》写下去！”

最终司马迁正是依靠这种坚韧不拔的品质和强烈的使命感，才完成了被誉为“史家之绝唱，无韵之离骚”的《史记》。

在我们现代社会，也有很多身受大难却依靠自身“想要为后世留下点什么”的想法而取得杰出成就的人，大科学家史蒂芬·霍金就是一个这样的人。

大家对霍金的名声和成就可能已经很熟悉了，但今天咱们还要说点“老生常谈”的话题，因为霍金这个人实在是太有代表性了。

史蒂芬·霍金 1942 年生于英国牛津，他出生的那一天是 1 月 8 日，正好是大科学家伽利略逝世 300 周年，这也许是个巧合，可是冥冥中似乎也注定了霍金就应该和物理学有些“奇妙”的联系。

霍金的父亲是牛津大学的热带病专家，母亲也在牛津大学研究哲学，可出身书香门第的霍金在年少时读书成绩却很不好，整天爱鼓捣一些小玩意儿，连作业也写得很潦草。教课的老师都对霍金感到很头疼，他上课不好好听讲，课后不认真写作业，可就是这么一个不着调的“浑小子”，他的外号居然是“爱因斯坦”，因为他超爱物理学。

虽然霍金从小就不好好学习，但他是真很聪明。他 17 岁就考上了牛津大学，上大学之后的霍金玩得更厉害了，天天划船、喝酒、泡妞儿，每天就看一小时书，可就这样，他还是只用了非常短的时间就拿到了一等荣耀学位，20 岁就进入剑桥大学开始攻读宇宙学博士。

就在霍金边玩边学边开挂的时候，厄运来了。他在 21 岁后，开始发现自己总是无缘无故地摔跤，一次两次不要紧，时间一长，霍金就觉得不对劲了，去医院检查的结果，就像是在霍金胸口抡了一锤，他被诊断出患有“肌萎缩侧索硬化症”，就是我们现在常说的“渐冻症”。得了这个病的人，身体将会逐渐失去运动能力，而且寿命不长。当时的医生检查完就和霍金说了：“小伙子啊，你还是赶紧回去准备后事吧，你活不过两年了。”

霍金自己也曾说过：“意识到我得了一种不治之症并在几年内要结束我的生命，对我真是致命打击。这种事情怎么会发生在我身上呢？为什么我要这样夭折呢？我出院后不久，就做了一场自己被处死的梦。我突然意识到，如果我被赦免的话，我还能做许多有价值的事。我还做了好几次另一个场景的梦，在梦里，我要牺牲自己的生命来拯救其他人。毕竟，如果我总是要死去，做点善事也是值得